IPO and VALUATION

IPO와 가치평가

임득수

박영사

머리말

상장예비심사 등 IPO를 추진하는 기업은 IPO에 적용되는 현행 법규와 상황을 잘 파악하여 적용하여야 한다.

기업경영에서 IPO(기업공개)는 초기 단계의 가장 중요한 목표이자 생존 이유일 것이다. 불확실성과 어려움이 가득한 "데스 밸리(Death Valley)"와 스케일업 밸리(Scale-up Valley) 및 레드 오션(Red Ocean)을 지나 불특정 다수에게 내가 경영하는 회사를 자랑하고 그들의 박수를 받으며 그들로부터 사업을 키워나갈 자금을 공급받아 맘껏 꿈을 펼쳐 보는 것은 생각만 해도 감동적인 일이다.

IPO에 대한 관심은 기업을 하는 사람들의 가장 큰 관심사이다. 기업의 미래에 기대를 걸고 투자로 도와준 어려운 시점의 지원군들에 대한 보답을 할 수 있는 길이기도 하고 다음 단계로 도약할 수 있는 베이스캠프로 마일스톤이기도 하다. 역동적 용트림의 순간이며, 웅비승천의 시발점이다. 흘러가는 강물 일엽편주에 낚싯대 드리운 조사의 꿈이기도 하다. 그러나 IPO는 경영의 새로운 도약을 위한 변곡점이자, 끊임없는 혁신을 위한 출발점임을 잊어서는 안 된다.

성공적인 IPO를 위해서는 기업의 체질이 갖추어지고 그것이 외부적으로 나타나 대중의 인정을 받아야 한다. 내부적인 준비와 홍보도 필요한 것이다. 그러기 위해서는 기업의 발전과 경영에 방향성을 가져야 한다. 시가 차이를 노리는 투기성 자산의 축적보다는 건전한 사업용 자산과 효율적인 운영을 통해 기업의 내실을 다져야 한다. 건전한 사업용 자산과 이들을 적재적소에 효율적으로 활용할 줄 아는 운영 능력을 통해 사업의 결실을 맺어야 한다.

IPO에 대한 가치평가는 그 과정 하나하나가 투자자인 고객들에게 중요하며 바른 모습을 그들에게 보이기 위한 단장하는 법들이 외형을 보는 투자자나 이 분야 전문가들의 시각을 통하여 제시된다. 이러한 각 부분의 모양새들이 합쳐져서 IPO주관회사를 통하여 하나의 단장된 형태로 투자자들과 만나게 되는 것이다. 그것이 주는 재무서류인 재무상태표로 자산을 어떻게 확보하여 전투준비 태세를 갖추고 있는지, 손익계산서를 매개할 전후의 과정과 결과가 어떠한지, 발생주의의 틀을 벗어나 현금의 흐름은 어떻게 만들어 가는지를 독자들에게 보여주는 것이다. 이러한 재무제표는 과거 실적과 앞으로 전개할 사업계획을 통하여 향후 회사의 미래까지도 적나라하게 보여준다. 이는 IPO를 추진하는 기업뿐 아니라, 그 과정에서 대상 기업과 유사한 기업들 중 이미 상장된 기업들의 모습과 어울려 함께 제시되기 때문에, 이를 살펴보는 입장에서는 마치 한 편의 영화를 처음부터 끝가지 감상한 뒤 그에 대한 평을 쓰는 것과 같은 경험을 하게 된다.

IPO평가를 통하여 투자자에게 제시하는 정보는 투자 및 평가 전문가로 신주인수까지 담당할 주관회사(대표 주관회사)가 세부 조사 평가하고 또 다른 전문가인 다수의 공동 인수인들 의견까지 수렴한 희망 공모가격이 제시되며 향후 전개될 사업에서 매년 시현할 이익과 재무상태 등이 그 평가의 과정과 조사 적용된 근거자료, 계산의 과정과 중간 중간 판단의 근거, 그에 대한 이론 및 이론 채택의 사유 등이 금융감독원이나 한국거래소 공시서류를 통하여 제시된다. 아울러 한국거래소 및 금융감독원의 통제 과정으로 대표 주관회사에서 제출한 문서에 대한 문제 지적과 그 엄격한 풀이과정, 그 조정의 결과까지 나타난다.

본서에서는 이러한 절차와 내용들을 다음과 같이 IPO평가 사례와 함께 기술하였다.

- 유가증권 시장과 코스닥 시장의 특성
- 기업공개(IPO)의 절차
- 공모가의 산정방법과 비교회사 선정
- 재무추정 및 희망 공모가격 산출
- IPO의 문제점 및 유의사항

이들은 IPO 코스닥 시장에 대한 평가를 사전검토 및 현장실사와 각종 이론 적용에 대하여 실제 IPO를 진행하여 현재 코스닥 시장에서 성장을 이어가고 있는 기업을 대상으로 평가한 사례와 아울러 설명할 것이다.

여기에는 코스닥 시장의 정해진 상장과정에서 2~3년이 걸리는 지난한 평가과정이 포함된다. 매출 추정을 위한 철저한 검증의 과정과 근거수집, 시장 판단이 포함된다. 원가산정을 위한 원가요소들과 생산과 판매에 연관된 자원의 소모량 판단과 신중한 단가의 적용, 자금의 소요와 그 자금조달의 방법 및 조달비용, 발행할 주식 수와 시장가격의 결정 과정, 공동 인수할 타 투자사 및 전문가들의 의견 수렴과정 등이 포함되어 있다.

지난 2024년 우리나라 코스닥시장은 내수경기의 위축, 수출 둔화, 글로벌 분쟁 등으로 자본시장의 불확실성이 더욱 확대되었음에도 불구하고 128개 기업이 상장하며 2.4조원의 공모금액을 조달하는 등 모험자본 시장 역할을 충실히 수행하여 성장 잠재력이 있는 다양한 업종의 기업들이 코스닥시장에 진출하였다. 여기에는 로봇, 항공·우주, AI 등과 같은 정부육성 첨단 산업군, 그리고 반도체, 바이오 등 여러 분야에서 유망한 중소·벤처기업들이 상장하였다. 이는 한국거래소 및 관계기관 등이 빠르게 변화하는 산업 트렌드와 현재 진행중인 4차 산업혁명 시대에 대응하기 위한 노력의 결과였다고 볼 수 있다.

또한 코스닥시장은 대한민국 경제의 근간이 되는 여러 산업에 성장동력을 부여하기 위해 역량을 집중하였다. 특히 공급망 안정 및 밸류체인 강화에 기여할 수 있는 소재·부품·장비(소부장) 전문기업 32사가 다양한 상장 트랙을 통해 상장하는 등 자본시장을 통한 산업 육성을 뒷받침하였다. 코스닥시장은 앞으로도 미래 산업의 주축이 될 수 있는 잠재력을 보유한 기업들이 자본시장에 진출할 수 있도록 지원을 계속할 것이다. 기업들은 코스닥 상장이 기업 성공의 중요한 특이점(Singularity Point)이 될 것이다.

본서는 기업을 경영하며 IPO를 구상하고 있는 CEO나 기업가, 또는 그 재무담당자들에게 난해한 IPO의 절차와 평가방법을 안내하고 절차마다 다가오는 핵심 이슈와 대응방안까지 아이디어를 제공하게 될 것이다.

한편, IPO 가치평가도 가치평가의 하나이다. 따라서 기업가치평가에 대한 포괄적이고 균형된 이해를 위해 FCF라 불리는 현금흐름할인법 또는 소득접근법을 위시한 상대가치평가법, 초과이익률법 및 법률상 규정된 평가법인 상속세 및 증여세에 의한 평가, 합병기업 간의 평가 등에 대하여도 다룬다.

IPO를 위한 평가방법 등 본서에 수록한 평가이론은 다음과 같다.

- 제1편 기업가치평가
  DCF 등 본질적 기업가치 평가원리와 상대가치평가 방법 및 초과이익률법 등을 다루어 가치평가의 기초를 익힌다.
- 제2편 IPO와 가치평가
  기업이 IPO를 수행하기 위한 절차와 IPO를 위한 남다른 평가방법을 익힌다.
- 제3편 법령에 의한 가치평가
  가치평가가 공공·다수에 영향을 미치는 경우는 평가의 공정성을 기해야 한다. 기업 간 합병이나 세금이 걸려 있는 상속·증여세의 평가방법을 익힌다.
- 보론: 가치평가에 소요되는 인접지식을 익힌다.

조금만 깊이를 더해보면, 여기서 초과이익은 정상이익을 초과하는 이익을 말하며,

$$\text{초과이익} = IC \times (ROIC - WACC)$$

로 산정된다. 여기서 IC는 투하자본, $ROIC$는 투하자본이익률, $WACC$는 투하자본의 자본 조달 비용이다. 이 산식은 영업이익에서 자본 비용을 공제한 경제적 부가가치(EVA)와 같으며 시장 이자율을 반영하여 계산한 기업의 시장가치와 개념을 함께한다. 모든 평가의 결과는 정상이익과 대비하여 초과이익의 개념으로 정리가 가능하다. 오히려 IPO 평가에서는 PER에 의한 상대가치만을 인정하는 편인데, 그 이유는 기업의 이익은 매년 동일하지 않고 변동성이 커 안정성이 적기 때문이다. 특히 현재의 K-IFRS 체계하에서는 영업외 손익이 이익계산에 그대로 반영되며 이 경우는 정상영업 외적 사유로 당기순이익이 변경되기도 한다.

평가를 아무리 잘 하여도 미래 현실을 정확히 반영할 수는 없다. 2024년 10월 말

상장한 새내기 주들이 공모가에서 많게는 38.25%(에이럭스), 적게는 12.5%(성우)를 하향하고 있음을 볼 수 있다. 웨이비스(−27.4%), 탑런토탈솔루션(−23.67%), 씨메스(−23%), 에이치엔에스하이텍(−22.82%), 클로봇(−22.54%) 등도 공모가를 하회하였다.

다른 평가방법들이 주관성이 많이 개입되므로 객관적인 PER에 의한 상대가치 평가법으로 IPO 평가를 하는 것인데, 이렇게 평가한 새내기 IPO 상장기업들이 상장의 문턱에서 상장을 연기하거나 상장된 기업들의 주가가 위의 예와 같이 상장 후 형편없이 하락하는 경우 등이 있는 것으로 보아 비교기업 선정이나 할인율 계산 또는 희망공모가격 제시 등 일련의 과정에 어떤 허점이 있음을 의미하고, 그것은 IPO 절차와 평가방법에 대하여 더 과학적인 연구가 필요하다는 방증이 될 것이다.

AI와의 관계에서, 본서는 대부분 AI의 검증을 받았다. 그러나 AI는 아직은 질문 외는 한 발자국도 나가지 못하며 따라서 질문이 일부라도 잘못 되었을 경우에는 대책이 없다. 유관 사안들을 폭넓게 포괄하는 능력이 현저히 떨어지며 오히려 복잡한 문제에 대하여는 회피성을 가지고 계산도 가끔은 틀린다. 저자와는 대화와 문제풀이 중 수많은 사과를 받았다.

본서가 부디 독자의 학습의욕을 충족하고 상장을 원하는 이들의 가이드로서 균형된 시각을 가질 수 있도록 하며 궁극적 목적의 성취도구가 되기를 바란다. 본서의 출판에 자료를 제시해 준 최진우 회계사, 알아보기 힘들 정도의 악필임에도 타이핑의 고역을 전담해준 아들 혜량, 모든 것을 총괄하며 교정과 고난을 같이한 아내에게 감사한다. 또한, 졸고임에도 출판을 허락해주신 출판사 박영사 직원들과 대표님께 감사한다.

2026년 2월

서가에서

차 례

PART 01 기업가치평가

CHAPTER 02 IPO 가치평가

PART 03 법령에 의한 가치평가

CHAPTER 01 합병기업의 가치평가

CHAPTER 02 상속세 및 증여세법에 의한 가치평가

QR코드를 스캔하시면 참고문헌과 부록을 확인할 수 있습니다.

QR코드를 스캔하시면 정오표를 확인할 수 있습니다.

IPO와 가치평가

IPO and VALUATION

기업가치평가

PART

01

CHAPTER 01

가치평가 개념

1. 기업가치
2. 가치평가
3. 기업가치 평가모형
4. 가치평가의 활용

1. 기업가치

1) 기업가치의 개념

가치라는 말은 일상생활에서 우리와 매우 친숙한 말이다. 가치가 있는 일이 있고 가치가 큰 물건이 있으며 가치가 있는 사람이 있다. 물론 가치가 없는 짓도 있다. 사람은 가치를 추구하며 산다고 할 수 있는데(valuable life), 이 가치란 무엇일까? 우리가 보통 쓰는 가치라는 말의 뜻을 살펴보자.

(1) 일반적인 가치의 개념

가치라는 말을 우리는 쉽게 사용한다. 가치라는 말은 여러 의미를 가지고 있는데, 아래 경우가 그것이다.

① **취득원가(Acquisition Cost)**: 어떤 물건을 취득할 때 지불한 가격이다. 우리가 쓰는 가치라는 말 속에는 무의식적으로 취득원가의 개념이 내포되어 있다. '그걸 내가 얼마에 샀는데'라는 뜻을 포함하여 말하고 있다.

② **장부가치(Book Value)**: 두 번째는 장부가치이다. 이것은 장부에 얼마로 적혀있다는 의미로 구매한 지 오래되었으면 감가상각을 하고 난 후 현재는 얼마나 가치가 남아 있는가 하는 의미이기도 하고 조금씩 사서 모으는 것이라면 지금까지 얼마나 사 모았는가를 의미하기도 한다. PBR(Price Bookvalue Ratio)에서는 순자산가치를 말한다.

③ **순자산가치(Net Asset Value)**: 특정 자산을 타인과 공동으로 취득했거나 일부를 차입금 등 부채를 조달하여 취득했다면 그 자산에 대한 내 지분은 얼마인가를 계산하여 나의 몫을 말하기도 한다. 이때는 '자산가액 - 부채가액'을 가치로 말한다.

④ **공정시장가치(Fair Market Value)**: 가치는 공정시장가치를 말하기도 한다. 특정 물건을 불특정 다수가 어떤 간섭 없이 거래할 수 있는 가격이 있다면 이를 시장가치로 볼 수 있다.

⑤ **공정가치(Fair Value)**: 공정가치의 개념은 신 회계기준인 IFRS가 도입되면서 광범위하게 확산되었다. 영업권이나 특허권 같은 무형자산을 실질가치가 얼마인지 산정하여 공표하거나 유형자산에 대한 감정평가한 금액 등을 공정가치로 인정하여 활용할

수 있다.

⑥ 순실현가치(Net Realizable value): 순실현가치를 가치의 의미로 쓰기도 한다. 특정자산을 이용하여 얻을 수 있는 판매가치 등을 말한다.

⑦ 대체가치(Replacement Value, Replacement Cost): 특정자산을 새로운 물건으로 교체할 때 얼마가 들어가는지를 따져 그 교체비용(대체원가로 부르기도 함)을 가치로 표현하기도 한다.

이상의 설명들은 유형적인 측면을 언급하였는데, 가치란 정신적인 의미를 내포하는 경우도 많다. 애절한 추억이 깃든 빛바랜 사진 한 장의 가치나 가슴을 녹여주는 편지 한 통의 가치, 한편 오래 다투던 나의 정당성을 인정한 판결문 하나의 가치는 생명만큼 소중할 수도 있다. 미국 법무부가 수사하는 반독점 사안의 경우 수조 원 또는 수천억 원의 재산이 연루되거나 신병 구속의 여부를 결정할 수도 있다. 어른들은 젊은이들에게 '가치있게 살아라'한다.

(2) 비즈니스상 가치의 개념

기업을 하는 사람들은 가치를 다음과 같이 표현한다. 기업가치평가나 회계 또는 경영의 차원에서 가치는 다음과 같은 의미를 가질 수 있다.

① 운영가치(Operating Value): 기업을 존속하는 데 따른 운영가치를 말한다. 자산은 그 자체로 가치가 있으나 이들이 기업경영에 쓰여질 때는 수익을 창출하는 기능이나 자격이 부여되므로 가치는 증가한다. 책상 하나가 사무실에 있으면 경영자산이지만 밖에 버려져 있으면 구매한 폐기물 스티커를 붙여야 처리된다. 운영가치는 청산가치와 상대되는 개념으로 쓰이며 계속기업가치로 사용될 수도 있다. 청산가치는 기업의 사업을 중단하고 남아있는 재산을 처분하는 매각가치를 말한다. 이는 Non Operating Asset Value라고 할 수 있다.

② 종단가치(Terminal Value): 지속가치(Continuing Value)라고도 한다. 터미널밸류 또는 종단가치라고 번역되는 이 용어는 기업의 가치평가는 평가 시점에서 조사 및 추정이 가능한 시점(보통 3~5년 또는 10년 등)까지 매출이나 비용을 추정하여 이 기간 동안 발생할 것으로 추정되는 이익을 현재가치로 할인하여 가치를 계산한다. 그러나 기업은 영속적 수명(Eternal Life)을 갖는다고 가정되므로 추정된 기간 이후 존속되는 기

간까지의 가치를 별도로 계산하게 되는데, 이 별도로 계산되는 가치를 종단가치(terminal value)라고 한다. 계속 사업을 영위할 때의 영구 가치의 개념이다.

③ **기업가치(Enterprise Value)**: 기업가치는 기업 전체의 가치를 의미한다. 기업을 매수하려면 기업이 부담하고 있는 부채는 지급 금액에서 공제된다. 매매 이전에 채권자와 협의하여 명의 이전 방식을 사전 협의하여 처리한다. 기업가치는 자기자본가치와 타인자본가치로 구성되는데 자기자본가치는 시가총액이고 1주당 가격은 시가총액을 주식수로 나누어 계산된다.

④ **지분가치(Equity Value)**: 기업의 가치는 자기자본가치와 타인자본가치로 구성된다.

기업가치 = 자기자본가치 + 타인자본가치

한편, 기업가치의 자기자본 부분만을 가치로 인식하기도 한다. Equity는 자기 지분을 의미한다.

⑤ **1주당가치(Value Per Share)**: 간혹은 1주당 가치를 표현하기도 한다. 상장법인의 경우는 1주당 가치가 증권시장에서 거래되는 가격이 되지만 비상장기업의 경우는 거래가격이 없으므로 별도로 계산하여야 한다. 기업의 가치를 계산하고 부채가치를 공제한 후 이것을 주식수로 나누어 1주당 가치를 계산한다.

⑥ **청산가치(Liquidation Value)**: 기업의 청산가치를 의미한다. 청산하는 기업의 자산은 운영가치를 가지지 못한다. 일괄적으로 처분하는 절차를 거치는데, 이때의 처분가격에서 부담하는 부채를 공제한 가치를 의미한다.

가치평가론 또는 회계학이나 기업을 논할 때 가치라는 말의 의미는 다양하게 쓰여진다. 대부분 폭넓은 가치라는 의미를 한정하기 위해 설명문을 붙여 사용하므로 의미 전달에 문제는 없을 것이나 설명문이 붙어있지 않을 경우에는 그 의미를 판단하여 정확한 소통을 하여야 할 것이다.

2) 계속기업가치와 청산가치

(1) 밸류업과 PBR

본서의 집필이 시작된 2024년 중반은 우리나라 기업들의 저평가(코리아디스카운트: Korea Discount)로 인한 밸류업(value-up: 기업가치개선) 프로그램이 막 가동을 시작한 시기이다. 한국거래소장이 우리나라 10대 기업 재무책임자들을 불러놓고 증권시장에서 저평가된 기업의 대외적 가치를 어떻게 끌어올릴 것인가에 대하여 논의(2024.8.22. 한국거래소, 정은보)를 하였다. 우리나라 증권시장에서 형성된 주가는 코리아 디스카운트가 반영되어 저평가되어 있다.

주가 형성의 적정성을 나타내는 지표 중 하나는 주가/순장부가액 비율 PBR(Price Bookvalue Ratio)이다. Book Value는 재무제표상 장부가액으로 순자산가치를 의미하기도 하고 취득원가를 의미하기도 한다. Net Book Value는 순장부가액이니 곧 상각후 자산가치 또는 순자본을 의미하니 다소의 의미 차이는 있다 하더라도 처분하면 받을 수 있는 금액이고 Price는 주가이니 PBR은 청산매각 금액 대비 계속기업의 가치 즉 주가비율을 말하고 있다. PBR이 1이 못 된다는 것은 주식을 다 팔아도 회사 재산을 다 사지 못한다는 말이다. 기업이 재산을 취득하여 사업을 하는 이유는 그 재산으로 돈을 벌자는 것인데 사업가치를 말해주는 주식 값으로 소유재산을 사지 못한다는 것은 사업을 할 의미가 없다는 것이다.

[표 1-1]은 우리나라 10대 기업의 PBR 등 비교표로 여기에는 10대 기업 중 PBR이 "1"이 넘는 기업은 HD현대, 삼성, 엘지 3사뿐이고 SK, 포스코, 현대차, 한화, GS, 롯데, 신세계의 7사는 그에 못 미친다.

PBR의 중요성은, 2024년 6월 열린 일본 상장사들의 주주총회는 PBR 총회나 다름 없었다고 하는 말이 나올 정도이었다. "왜 PBR이 1배도 안 되는지 설명해 주세요"라는 질문에 경영진은 해명하느라 진땀을 뺐다고 한다. 일본 주주총회 풍경은 내년에 열릴 한국 상장사들의 주총 미리보기 판이라며 한국도 밸류업 프로그램이 본격 가동하면 내년 주총장에서는 PBR개선 관련 주주 질의가 많이 있을 것으로 보인다. 이 사실을 안다면 자기가 보유한 주식의 저평가를 주주들은 어떻게 생각할 것인가?

함께 분석된 ROE에 대하여 보자. ROE(Return On Equity)는 투자한 자본에 대한 이익률을 나타낸다. 투자자는 ROE를 기대하고 투자한다고 볼 수 있다. 투자금에는 이

표 1-1 우리나라 10대 기업의 PBR 등 비교표

No.	기업명	PBR	ROE	배당성향	시가총액
1	HD현대	1.27배	2.38%	37.73%	60.9조원
2	삼성	1.26	4.97	47.37	673.6
3	LG	1.09	2.16	42.32	157.7
4	SK	0.99	-4.36	-22.22	210.7
5	포스코	0.87	3.61	38.64	61.6
6	현대차	0.60	11.31	23.08	141.8
7	한화	0.53	3.31	17.26	40.0
8	GS	0.42	3.47	29.63	12.3
9	롯데	0.31	1.18	91.65	16.1
10	신세계	0.19	0.47	123.13	4.3

* *PBR*=주가÷주당순자산, *ROE*=순이익÷자기자본, 배당성향=배당금÷자기자본
시가총액: 2024.8.22. 기준, 기타는 2023 사업보고서 기준

익이 붙어야 하기 때문이다. 그런데 현대차만 겨우 10%를 넘고 SK는 적자이며 기타는 5%를 밑돈다. 이래 가지고는 투자자의 투자 의욕을 끌어올리기 어렵다. 자본시장의 문제가 야기되는 것이다.

국내 매출 상위 500대 기업 중 상장사 286곳을 분석(2024. 11.28 기업분석 연립 리더스 인덱스)한 결과 기업들의 평균 ROE는 2021년 10.1% 대비 2023년에는 5.2%로 떨어졌다. 평균 자기자본은 1,906조 7,185억 원에서 2,222조 9,194억 원으로 16.6% 증가했으나 당기순이익은 192조 1,555억 원에서 114조 8,598억 원으로 40.2% 감소했기 때문이다. 업종별로는 서비스업의 ROE가 가장 큰 낙폭을 보여 서비스업 19개사의 ROE는 27%에서 3.2%로 하락했다. 평균 자기자본은 7% 상승하였지만 당기순이익이 87.5% 줄었다. 그중 네이버는 68.5%에서 4.1%까지 급락하였다.

(2) 회생제도

회생제도가 있다. 기업의 경영이 어려워지면 여러 채권자들이 재산의 압류 및 강제 집행을 추진하여 업무를 할 수 없는데, 영업의 회복가능성이 있는 기업의 경우 강제집행 등을 중지하고 채무 상환을 사업을 해서 벌어 갚을 수 있도록 해달라고 법원에 신청을 하는 것이다. 법원은 기업의 청구가 타당하면 - 타당하다는 말은 계속기업가치가 청산가치보다 크다는 말이다 - 채무들의 강제 집행을 중지하고 부채의 상환

은 상환 일정을 세워 사업에서 발생하는 이익으로 갚도록 결정을 해준다. 간혹 채권자들은 연합하여 부채의 상당 부분을 자본전입을 통해 채무상환 부담을 줄여주기도 한다. 이 회생 결정 때의 판단기준이 대상기업의 계속기업 가치가 핵심이 된다는 것이다. 부실화된 기업이지만 현재 보유재산을 처분하여 채권자들한테 몇 푼씩 나누어주고 빚잔치로 끝내는 것보다 사업을 하게 해서 그 이익으로 부채를 상환하게 하는 것이 채권자나 국가 경제에 있어서도 유리하다는 것이다. 회사가 파산되면 그 기업의 사업성이 사라지고 종업원들의 해고 등 사회문제가 생기기 때문에, 사업성이 살아있고 계속기업가치가 청산가치보다 큰 경우에는 법원은 파산에 임박한 기업의 채무 지급을 중단하여 채권자들에게 고통을 주면서까지 기업의 회생 신청을 받아들이는 것이다.

(3) 계속기업의 가정

일반적으로 기업의 가치평가에는 계속기업(영구기업: 영구적으로 존재할 기업)을 가정한다. 기업을 창업하는 사업가들의 기업에 대한 소망이 영원하다고 보기 때문이다. 법인설립등기를 하면 등기부등본에 법인 존속 연수를 30년을 기재했었으나 이는 상징적이며 회계학 등에서는 기업의 영속성을 전제로 이론을 전개하는 것이다.

그러나 근래의 기업들이 IT나 BIO 등 분야에서는 실제 그 내용연수가 눈에 보이는 경우가 있다. 현재 평가대상인 당 기술을 뒤이어 또 다른 어떤 기술이 등장하는데, 이 기술은 그 기술과의 사잇 기술로 수명이 3~5년으로 정해지는 경우이다. 이럴 경우는 기술의 수명 연한을 사전에 추정된 기한에 맞추어 평가를 하여야 한다. 이럴 경우는 계속기업 또는 영속기업의 가치를 배제한다.

기업형태 등 서류만으로 이루어지는 기업도 있다. 국내·외를 불문 소위 서류상 회사(Paper Company)의 경우는 설립 시부터 수명이 제한적인데, 이런 회사의 경우는 많은 경우 불순한 의도로 설립되는 경우가 많고 특수목적의 단기성 불법자금을 다루므로 큰 수익성 대비 일반적 투자자를 대상으로 하는 가치평가를 할 필요는 없다.

정부 등이 추진하는 일시성의 프로젝트를 수행하는 경우도 있다. SPAC 제도는 기업 인수 목적의 순수 서류회사임은 다른 용도이다. 동해의 유전개발 대왕고래사업, 체코의 원전을 건설하는 사업이나 남해나 서해대교를 건설하는 경우 당해 사업에 대한 가치를 사업성 판단의 견지에서 해 볼 수도 있다.

평가의 대부분은 일반 투자자의 자금유치를 목적으로 하고 있다. 일반적인 가치

평가는 장기적 존속기업이 대상이다.

2. 가치평가

1) 가치평가의 의의

평가를 하는 일은 참으로 매력적인 일이다.

첫째는 평가를 하려면 우선 상당한 지식을 갖추어야 하므로, 평가자라 하면 어떤 지식인이 된 듯한 느낌이 들기 때문이다. 평가의 형태는 어떠하더라도 좋다.

특정 물건에 대하여 좋다 나쁘다 보통이다를 평가해도 좋고 물맛을 보고 물맛이 좋다 나쁘다 하든가 과일을 먹어보고 맛이 어떻다, 여행을 해보고 그 여행지가 어떻다고 기행문을 쓰는 일도 참 신나는 일이고, 누군가 장사를 처음 시작하는 떡을 해서 나누어주며 맛을 좀 보시라 하는 것은 축복을 해줄 일이고 즐거운 일이다.

우리나라 K9자주포나 KF-21 전투기의 시험관으로 참여한다면 그것은 명예에 관한 일이다. 헝가리에 수출하는 탱크 시험관으로 참여한다면 어떻겠는가? 김정은이 만든 핵 잠수함을 시험한다면? 미 항공우주국이 유인우주선을 시험하는데 보잉사의 우주선 CST-100 스타라이너(Commercial Space Transportation-100)에 나사 소속 우주비행사 2명을 태워 우주(국제우주정거장 ISS)에 보냈는데 문제가 생겨 Space X의 크루 드래곤에 탑승시켜 지구 출발 197일 만에 귀환하도록 하였는데, 그 우주비행사가 되어 우주를 시험하는 위치에 서 있다면 얼마나 멋진 일일 것인가?

가치평가는 가치를 계산하는 일로 사과의 값을 계산한다든가 어느 회사에서 출시하려는 어린이용 장난감의 값을 평가해 보는 것도 가치평가의 일종이라 할 수 있을 것이다. 파리올림픽에서 따낸 메달의 가치는 얼마로 해야 할까? 양궁의 금메달, 배드민턴의 금메달 또 탁구의 은메달이나 수영의 동메달의 가치는 얼마일까? 금메달의 값은 모든 종목마다 다 같을까? 제조원가는 같겠지만 그 의미는 다를 것이다. 세 개의 금메달을 딴 양궁의 김우진 선수는 그 세 개의 각 메달의 가치가 같을까? 두 개를 딴 선수에게 그 두 개의 가치 차이는 얼마나 될까? 금메달을 따서 병역을 면제받은 선수에게 그 메달의 가치는? 한·일 혼혈아로 메달을 따서 할머니에게 바친 효녀에게 그

메달의 가치는 얼마나 될까?

이러한 것들이 다 평가에 해당된다고 볼 수는 있을 것이다. 그러나 본서에서는 추상성을 배제하고 특정 제품을 만들어 이것을 시장에 팔며 사업을 한다고 하는 경우 그 사업의 가치는 얼마나 되느냐 하는 구체적인 평가에 대하여 접근한다. 평가를 처음 접하는 사람들은 어떤 면에서 매우 어렵게 생각하는데, 우리가 하려는 가치평가는 상식적인 일로 어렵지도 않고 매우 쉽고 재미있는 일이다.

어떤 사람이 기차를 제동하는데 그동안 마찰을 이용한 기차의 브레이킹 시스템을 쓰던 것을 공기 브레이크를 발명하여 특허를 등록하고 사업을 시작했다 하자. 아마 이것이 세계 최초 제품이라면 그 안전성과 소음 및 정차의 부드러움 때문에 모든 기차에 적용하여야 할 것이다. 이때는 이 기술을 발명한 사람이나 기차 운영 시험자와 또 이 사업에 투자를 하려는 사람 모두가 이 사업의 가치를 알고 싶어 할 것이다. 이때 이 기술을 이용하여 사업을 할 경우 그 가치가 얼마가 될 것인가를 계산하게 되는데, 그 계산법은 상식에 의거 아래와 같이 계산하면 된다.

제1법: 원가기반 접근법

1. 평가할 에어브레이크의 투입과 대상 기관차의 관계를 설정한다.
2. 대상 기관차를 조사 및 추정하고 다음 소요 재료와 작업할 전문가를 가늠해 본다.
3. 재료와 인건비의 소요수량과 단가 및 일일 작업량(수량×단가)을 추정해 본다.
4. 작업방법, 작업량 등에 맞추어 기간별 작업량으로 나누고 요약한다.

제2법: 수익기반 추정법

1. 제품의 발명 시점에 움직이는 기차의 대수를 파악한다.
2. 이 에어브레이크를 하루에 몇 개씩 교체할 수 있는지 계산한다.
3. 새로 제작되는 기차의 생산량과 조정하여 일 또는 월간 납품 수량을 계산한다.
4. 납품 단가를 위에서 계산된 수량에 곱하여 판매금액을 계산한다.
5. 월 또는 연으로 계산된 판매액에서 제작 원가를 차감하여 이익을 계산한다.
6. 내년 이후의 이익은 적절한 할인율로 감하여 유효한 수명이 다할 때까지 전체 이익을 계산한다.

이러한 손익계산이라면 상식적인 원리에 기반한 것이니 모르는 사람이 없을 것이다. 다만, 여기서 향후 발생할 미래이익에 대하여는 적절한 이자율로 할인하여 현재가치로 파악하는 현가화 할인이라는 기술적 부분만 부족할 뿐이다. 가치평가란 이렇게 단순하고 상식 범위 안에 있다.

2) 기업가치평가의 내용

기업가치는 이윤을 추구하면서 비즈니스를 하고 있는 기업이 계속기업으로서 기업이 가진 유형, 무형 또는 인적자원을 활용하여 얻을 수 있는 미래 수익 창출 능력의 현재 평가액이라 할 수 있다.

결산은 일반적으로 매년 사업에 대하여 수행한다. 결산으로 계산된 이익은 투자한 주주들에게 배당도 지급하고 정부 재정 지출을 위한 세금도 납부한다. 기업이 창출하는 매출, 수입수수료, 수입이자 등의 수익과 원재료비, 인건비, 제반 경비 등의 지급하는 비용을 측정하고 회계 처리를 통해 회계적 정산을 한다.

한편, 기업의 가치는 미래가치이므로 정해지지 아니한 사실에 대한 추정계산도 포함된다. 이러한 가치평가 작업은 쉽지는 않다. 더구나 추정은 추정의 시점에 따라－계절성, 호경기·불경기의 차이에 따라－보이는 미래가 달라지고, 추정하는 사람의 성격이나 전문성에 따라 달라지며, 특히는 얻어지는 데이터가 큰 영향을 주기도 한다. 연도별로 계산한 손익을 현재가치로 할인할 때의 할인율도 큰 차이가 난다. 애플이나 삼성전자 같은 세계적 기업의 경우는 0.5% 포인트의 차이로 수천억의 가치 차이가 나타날 것이다.

가치평가의 목적에 따라서도 차이가 많다. 기업을 공개하여 투자를 받으려 하는 경우나 자금대여를 위한 담보의 경우, 기업 미래가치 비전을 수립하려는 경우, 또는 인수·합병이나 상속 인가 등에 따라 다르다. 그래서 상속세 및 증여세법(상증법)이나 합병 등에 관한 공적 평가에는 평가의 방법을 정해놓고 그대로 하도록 하고 있다.

3) 가치평가에 대한 오해

(1) 가치평가에 대한 몇 가지 오해

가치평가에 대해 다음의 몇 가지 오해가 있다.

첫째는 가치평가는 복잡한 계산과정을 거치므로 평가의 결과는 정확할 것 같다는 것이다. 그러나 평가과정에는 많은 주관적 요소들이 들어가므로 대략적 정확성만 인정된다고 보아야 한다. 과정이 많을수록 인위성이 커진다.

둘째는 어렵게 평가한 결과를 오래 사용할 수 있다고 생각하는 것이다. 그러나 이는 반대이다. 기업의 가치계산 결과는 평가한 시점 이후에는 달라지기 때문이다.

셋째는 가치평가 모델이 더 정교하고 상세하면 평가의 결과는 더 정확할 것 같으나 그렇지 않다는 것이다. 가치평가 모델은 단순할수록 평가의 결과는 더 신뢰성 있는 값이 도출된다는 것이 일반적으로 오랜 경험을 통하여 인정된 인식이다.

(2) 가치평가정보의 이용자 차이

가치평가 정보의 이용자에 따라서도 큰 차이가 있다. 사회에서 보는 기업가치는 역사적 산업과 기업의 상황에 따라 달라진다. 산업혁명과 그 이후 노동 집약, 자본집약 형태에 따른 기업을 보는 시각은 자본의 수요자로서의 기업을 보고 담보능력의 가치로 기업의 가치를 정의하였으며 유형자산이 평가의 대상이었다.

이후에는 기업 보유 총자산에 관심을 보였고 이해관계자들은 총자산 보유액의 순위로 기업순위를 발표하기도 하였다. 이 시기에는 총자산을 구성하는 타인자본인 부채에 대한 관심이 컸다. 파산비용에 관심을 가졌으며 자산의 소유도를 파악하는 지표로 부채비율, 활용의 정도를 파악하는 수익률이 가치평가의 기초가 되었다.

채권자 입장에서는 대여금의 회수 가능성을 기준으로 기업의 가치를 보아왔다. 경영비율 중에서도 유동비율과 부채비율이 중심이었으며 발생되는 이익으로 이자는 제대로 받을 수 있는지를 가늠하는 이자보상배율 및 발생된 이익에서 자본비용을 공제한 이익인 EVA(경제적부가가치) 개념이 중요하게 여겨지기도 했다. 그러나 무엇보다도 차입금 상환이나 신규 투자가능성을 가늠하는 영업이익 또 투하자본이익률(ROIC) 등이 중요하다.

주주가 바라보는 기업의 가치는 기업의 목적을 이익 극대화로 놓고 보는 현대 경영에서는 주주의 입장을 반영한 이익(영업이익)의 중요성을 빠트릴 수 없다. 영업이익률, 매출액 이익률과 함께 주주에게 이익을 분여하는 배당성향, 앞에 언급한 투하자본이익률 등이 판단의 기준이다. 영업의 지속에 따라 그 지속성은 중요하다. 혁신에 따른 이익률의 증가, 신기술과 신산업의 창발 및 신 시장 진출 등은 주주가치에 큰 영향을 미치고 기업의 생존과 나아가 발전을 보장하게 된다. PBR이나 ROE 등의 지표는 주가를 리드하므로 기업의 Value Up에 앞장서며 기업가치 증대 측정의 지표이기도 하므로 기업가들은 이를 향상시키기 위한 노력을 하여야 한다.

3. 기업가치 평가모형

1) 기업가치평가 모형의 속성

기업가치평가모형이란 IPO를 할 때나 합병 또는 투자유치를 위한 기업가치 평가 도구로 기업가치에 영향을 주는 증거들을 파악하고 경제 현황에 대한 현재 및 미래 지표들과 함께 이들을 활용하여 기업가치를 계산하는 것이다.

📖 예제_ 다음 자료들은 가치평가 방법 중 어느 방법을 적용하기 위한 자료인가?

no	자료		평가방법
①	당초 매입가격	o	
②	인근 유사건물 거래가격	o	o Cost Approach
③	지역별 용도별 경매 낙찰률	o	o Market Approach
④	이 건물로부터 발생하는 임대수익	o	o Income Approach
⑤	건물의 내용연수	o	
⑥	정기예금이자율	o	
답	Cost Approach - ①, ⑤ Market Approach - ②, ③ Income Approach - ①, ④, ⑤, ⑥		

기업가치를 평가하는 방법은 평가대상 기업의 본질가치를 찾아가는 내재가치평가모형과 평가대상 기업과 유사한 상장기업의 공개된 가치를 비교하여 평가하는 상대가치평가모형으로 구분된다. 여기에 이러한 평가법들을 융합하되 가능한 한 주관성을 배제하고 객관성과 합리성을 기준으로 평가하는 방법을 정의한 법규상의 방법들이 있다. 이들을 기업가치평가모형이라 하며 다음과 같이 구분된다.

평가방법은 평가속성에 따라 내재적 가치평가모형으로 현금흐름할인모형(DCF)과

표 1-2 가치평가모형의 유형

구분	평가모형	개요
IPO평가	선택적	상대가치/내재가치 평가
내재가치 평가모형 (절대가치 평가모형)	• 순이익 환원법	NI, EBIT, EBITDA등으로 평가: 금융업 등 순이익과 현금흐름 차이가 크지 않은 기업에 적용
	• 현금흐름할인 평가모형 (DCF)	미래현금흐름을 토대로 평가
	• 청산가치 평가모형	자산의 매각가격으로 평가
	• 장부가치 평가모형	회계상 자산-부채와 금액
	• 배당할인 평가모형	배당지급액을 토대로 평가
	• 초과이익 평가모형	정상이익을 초과하는 미래초과이익
상대가치 평가모형	• 주가 순이익 배수법	비교기업의 주가/순이익 배수로 비교평가
	• 주가 매출액 배수법	비교기업의 주가/매출액 배수로 평가
	• 주가 장부가 배수법	비교기업의 주가/장부가 배수로 평가
	• EV/EBIT 배수법	비교기업의 EV/EBIT 배율 평가
	• EV/EBITDA 배수법	비교기업의 EV/EBITDA 배율 평가
법률에 의한 평가	• 본질가치(자본시장법)	자산가치 수익가치의 가중평균가
	• 시가/본질가치(상증법)	상속증여 재산평가(보충적 평가)
	• 시가/본질가치(자본시장법)	합병시 평가

배당평가모형(DDM)이, 유사기업들의 공개된 가치를 비교하여 평가하는 상대가치평가모형으로 PER, PSR, PBR 배수법, EBIT, EBITDA 배수법 등이 있다. 또한 이들은 법령 등 목적에 따른 변형된 평가방법으로 유가증권분석모형, 상속·증여가치 평가모형, 합병 평가모형 등이 있으며 이들은 실제 기업가치평가를 하면서 어느 모델을 선택할 것인가는 평가의 목적 및 관점에 따라 결정하게 된다.

기업가치평가모형은 일반적으로 다음의 3가지를 갖추어야 한다. ① 이론적 부합성: 모형이 가치평가 이론에 부합하여야 한다. 즉, 기업가치가 미래에 주주들이 수취하게 될 현금흐름의 현재가치를 반영하여야 함은 물론이다. ② 실용성: 실제 평가모형을 적용할 때 실용적이어야 하므로 가능한 단순한 논리적 예측을 통해 실제의 가치에 접근할 수 있어야 한다. ③ 유의성: 기업가치의 결정변수들이 기업의 내재적 가치를 유의하게 반영하여야 한다.

2) 가치평가 모형

몇 가지 기본적인 기업가치평가모형들을 간략히 소개하면 다음과 같다.

(1) IPO 평가모형

코스닥 시장에 상장하기 위한 첫 절차가 IPO이다. IPO 평가에서는 상대가치평가모형을 주로 사용하며, 평가 대상 기업과 유사한 상장 기업을 선정하여 PER(주가수익배율) 등의 지표를 활용하여 상대 평가한다. 다음의 모형에 따라 가치를 평가한다.

그림 1-1 IPO를 위한 상대가치평가모형

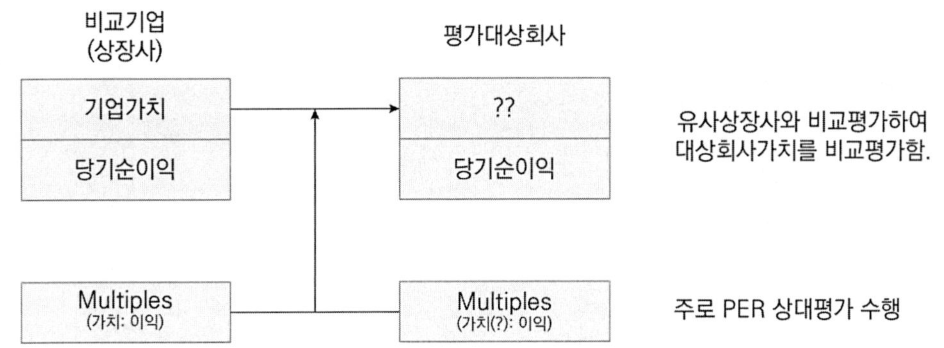

상장을 위해서는 한국채택국제회계기준(K-IFRS)을 적용하여 체계화된 재무제표에 대한 회계감사의견을 '적정'으로 받아야 하고 자금조달의 목적을 특정하여 미래 수익성과 배당능력을 분석 및 제시하여 일반 대중으로부터 투자 욕구를 끌어내어 투자를 유치하는 것이다.

- 비교기업인 상장사는 평가대상 회사와 업종, 회사규모, 회계기간, 매출액, 이익 등에 대하여 유사성이 있는 기업을 선정
- 평가대상 기업과 선정된 비교기업의 관계를 가장 잘 설명할 수 있는 평가지표의 선택 및 계산

• 평가대상 기업의 가치

기업의 가치 = 당기순이익 등 × 선정된 지표의 유사기업과의 배율

등으로 가치를 산정하고, 평가된 가치를 중심으로 공모가를 결정하여 공시

(2) 배당할인모형

배당은 주주가 투자의 결과로 받는 모든 것이다. 배당을 가치평가를 위한 평가특성을 반영하여 이를 가치평가의 결정변수로 사용하는 것은 당연하다. 주주가 기업으로부터 받는 부를 통하여 기업의 가치를 잘 설명할 수 있는 것이다. 산식은 다음과 같다.

산식: $V = \sum_{t=1}^{n} \frac{D_t}{(1+r)^t}$

V: 기업가치

D_t: t시점의 배당

r: 할인율

t: 시간(시점)

배당은 기업의 이익이나 최종의 청산배당까지를 포함하며, 원하는 기간까지의 배당흐름(D)이 계속되는 근거를 찾아 기업 자체와 배당의 위험(r: 할인율)으로 할인하는, 기업의 내재가치를 계산하는 모형으로 단순하며 포괄적 가치를 계산하는 방식이다. 이 모형은 가치의 창출보다는 분배(distribution) 측면에 초점을 맞추고 있어 가치창출요인에 대한 정보로는 불충분하다는 흠이 있다. 배당정책은 기업가치 창출과는 다를 수 있고, 무배당기업의 경우는 미래 배당예측이나 그를 통한 가치 예측이 쉽지 않다. 따라서 이 모형은 배당이 일정한 대규모의 제약회사나 전기, 철도, 통신 등의 기업에 적합하다 할 수 있다.

(3) 현금흐름할인모형

기업이 사업에서 발생하는 현금흐름을 모두 추정할 수 있다면 기업의 가치는 그 현금흐름을 모두 합산하면 될 것이다. 기업의 경영활동으로부터 도출되는 현금의 추정 가능성을 전제로 기업이 존속할 수 있는 기간을 예측하고 그 기간 동안 발생하는 현금흐름(잉여현금흐름: FCF)을 추정하여 이를 적절한 할인율로 현재가치로 환산하면 이것이 기업의 내재적 현재가치가 된다. 이것을 산식으로 표시하면 다음과 같다.

산식: $V=\sum_{t=1}^{n}\frac{FCF_t}{(1+r)^t}-I$

V: 기업가치

FCF_t: t시점(기간)의 현금유입액(Free Cash in Flow)

r: 할인율

I: 현금투자액(Cash out Flow)

이 산식은 현금흐름을 계산하기로 결정한 기간(t: 회계기간)에 대하여 제한이 걸리지 아니한 현금유입(자유현금흐름 또는 잉여현금흐름, FCF: Free Cash Flow)을 그 기간 동안의 일정 할인율(r)로 할인하고 당해사업을 위하여 투입한 현금을 차감하여 기업가치를 산정하는 방식이다.

투자금액이 수년에 걸쳐 발생될 경우에는 2차년도 이후 투자액에 대하여는 현금유입과 마찬가지로 할인하여 계산한다. 현금흐름을 할인한다 하여 DCF(Discounted Cash Flow)방식이라 하고 기업가치평가라 하면 거의 이 방법을 의미한다.

FCF를 계산하려면 재무추정방식을 써서 연차별 매출과 비용을 추정하고 여기서 계산되는 당기순이익에 현금흐름이 수반되지 아니하는 항목들과 운전자본의 소요액을 조정하여 계산한다.

현금흐름할인모형도 매우 간단한 산식으로 여러 의미를 포함하여 미래 기업가치를 계산할 수 있다는 점에서 대단히 훌륭하며, 미래재무추정 과정에서 기업에 관한 여러 가정들을 얼마든지 넣을 수 있다. 할인율의 산정도 금융기관의 이자율이나 국가 간 금융 Spread, 기업의 규모위험 등 경영위험 프리미엄(MRP: Management Risk Premium)

등 평가대상이나 평가자의 특성을 반영할 수 있어 편리한 방법이다.

그러나 현금흐름할인모형은 추정과정의 주관성이 결과에 크게 영향을 미칠 수 있다. 또한 당해 기간 중 창출된 가치를 반영하지 못하여 자본적 지출에 대하여는 그 투자의 효익이 발생하기 전에 이전 투자의 현금창출액을 직접 차감함으로써 투자와 창출된 현금의 관계가 다소 불확실하다는 단점이 있다.

(4) 자산가치 방식

자산가치 방식 또는 자산가치 접근법이란 평가기준일 현재의 기업의 자산 및 부채의 가치를 평가(자산-부채)하여 순자산을 산출하는 방식으로 이를 장부가액 또는 장부가치라 하며 1주당 가치는 순자산을 발행주식수로 나누어 계산한다.

장부가치는 공정가치로 보지는 않는다. 자산가치 접근법을 가치평가에 활용하려면 장부가치를 공정가치로 조정하여야 한다.

자산가치는 청산가치로 활용할 수 있는데, 청산가치란 기업이 자산을 모두 처분하고(현금화) 부채를 모두 상환한 후 남은 자산(현금)의 가치를 말한다. 자산가치 방식은 기업회생절차(법정관리)에서 기업회생 여부를 판단하는 중요한 기준이 되는 지표이다. 계속기업가치가 청산가치보다 큰 경우 법원은 기업회생절차 개시결정을 할 수 있다.

(5) 수익가치 방식

수익가치 방식 또는 수익가치 접근법은 미래에 예상되는 경제적이익 또는 Cash Flow를 현재가치로 환산하여 가치를 산정하는 방식이다. 이렇게 산정된 수익가치는 주식수로 나누어 1주당 가치를 계산할 수 있다.

수익가치 방식은 두 가지 핵심요소가 있는데, 그중 하나는 '미래에 예상되는 경제적 수익'을 추정하는 것과 이를 현재가치화하기 위하여 할인에 쓰일 '할인율'을 결정하는 것이다. 미래수익은 기업이 가진 모든 자원을 활용하여 벌어들일 수 있는 모든 수익(매출)에서 희생될 자원의 양(비용)을 차감하여 계산기간(회계기간)의 이익을 계산한다. 할인율은 앞의 현금흐름 할인모형에서 설명한 내용과 같다. 현금흐름 할인모형은 수익가치 방식의 하나이다. 다만, 수익만 추정하는 것이 아니고 자산의 변동과 투자금액도 계산한다.

자산가치 방식과 수익가치(순손익가치) 방식은 상속 및 증여 또는 기업간 합병을 하는 경우 법에 의한 비상장주식 평가의 중요한 방법이다.

(6) 상대가치 방식

상대가치 방식 또는 상대가치접근법은 평가대상 기업의 가치평가 시 가치를 알고 있는 기업과 평가대상 기업을 비교하되 상대적 변수를 활용하여 계산하는 방식이다. 상대적 변수는 PER, PSR, PBR 등 공개되어 있는 자료를 사용한다고 볼 수 있으므로 시장가치 접근법으로 볼 수 있다.

상대가치 방식을 쓸 때는 두 기업의 매개변수를 쓰게 되는데, 이 매개변수의 성격이 다르면 계산된 대상기업의 가치가 바르게 계산되었다고 볼 수 없다. 따라서 PER 변수를 쓴다면 PER＝Price÷Earning(주가÷이익)의 산식이 적정해야 하므로 이익률이 큰 BIO나 IT업종기업과 이익률이 낮은 건축이나 기계 제조판매 업종 간 비교하면 안 될 것이다. 따라서 상대가치 방식에서는 비교대상 기업의 선정이 중요하며, 이는 업종뿐이 아니고 규모(매출이나 자산규모 포함) 또는 지역, 국가와 결산시기, 이익의 발생 여하 등의 유사성을 가진 비교기업을 선정하여야 한다.

상대가치 방식은 주가배수법(Price－Multiple: PER, PSR, PBR등 활용)과 기업가치배수법(EV－Multiple: EV/EBIT, EV/EBITDA 등)이 구분된다. 전자는 주주 관점에서 평가하는 방법이다.

참고 유가증권분석 모델

① 분석모델의 종류

1. 현금흐름할인(DCF) 분석: 기업이나 자산의 미래 현금 흐름을 예측하고 이를 현재 가치로 할인하여 평가

2. 비교기업 분석(Comparable Company Analysis): 유사한 기업의 시장 가치를 비교하여 대상 기업의 가치를 평가한다. 주가수익비율(PER), 주가순자산비율(PBR), 주가매출액비율(PSR) 등의 지표를 사용한다.

3. 선택권 가격 결정 모형(Option Model): 주식이나 상품 가격이 특정 조건에 따라 변할 때, 미래의 가치를 평가하기 위해 쓸 수 있는 모델이다.

4. 기초적 분석(Fundamental Analysis): 기업의 재무제표, 경영진, 산업 동향 등을

분석하여 해당 유가증권의 내재 가치를 평가한다.

5. 기술적 분석(Technical Analysis): 증권 차트와 시장 데이터를 분석하여 가격 움직임을 예측하는 방법이다. 주가 차트, 거래량, 이동 평균 등 다양한 도구를 사용한다.

6. 포트폴리오 이론(Modern Portfolio Theory, MPT): 투자 포트폴리오의 위험과 수익을 최적화하는 방법론으로, 자산 배분 전략을 제시하고, 다양한 자산 간의 상관관계를 고려하여 포트폴리오의 전체 리스크를 최소화하는 것을 목표로 한다.

7. 자본자산가격 결정 모형(Capital Asset Pricing Model, CAPM): 자산의 기대수익률과 자기자본의 할인률을 위험(베타)으로 연결지어주는 모델로, 특정 자산의 위험 프리미엄을 계산하여 그 자산의 적정 수익률을 평가한다.

8. 행동재무학(Behavioral Finance): 투자자 행동과 심리적 요인이 시장과 가격에 미치는 영향을 연구하는 분야로, 투자자들이 비합리적인 결정이나 편향을 보일 때 어떻게 시장이 영향을 받는지를 분석한다.

9. 효율적 시장 가설(Efficient Market Hypothesis, EMH): 모든 정보가 이미 시장 가격에 반영되어 있어, 투자자가 높은 수익을 지속적으로 얻기 어려운 시장 상태를 설명한다. 이 가설에 따르면, 초과 수익을 얻기 위한 모든 전략은 무의미하다고 주장된다.

10. 다요인 모델(Multi–Factor Models): 특정 자산의 수익률 예측에 여러 가지 요인(예: 크기, 가치, 모멘텀 등)을 고려하는 모델이다. 이론적으로, 여러 요인이 자산의 수익률에 영향을 미친다고 가정한다.

11. 재무 레버리지 이론(Financial Leverage Theory): 기업의 자본 구조에서 부채와 자본의 비율이 기업 가치와 수익성에 미치는 영향을 분석한다. 이를 통해 기업이 어떻게 자본을 조달하고 사용하는지가 가치에 미치는 영향을 평가한다.

12. 배당 할인 모델(Dividend Discount Model, DDM): 주식의 가치를 배당금을 통한 미래 현금 흐름으로 평가하는 방법. 주식의 예상 배당금을 할인하여 현재 가치를 계산한다.

13. 잔여소득 모형(Residual Income Model): 기업의 잔여 소득(회계상 이익에서 자본비용을 차감한 금액)을 기반으로 회사를 평가하는 방법. 이 모형은 기업의 실제 경제적 가치를 평가하는 데 유용하다.

14. 주가–상대가치 분석(Relative Valuation): 공통된 통계(예: PER, EV/EBITDA 등)를 기반으로 하여 기업이나 유가증권을 비교하여 상대적인 가치를 평가한다.

15. 기술적 분석 도구(Technical Analysis Tools): 이동 평균선, 상대 강도 지수(RSI), MACD(이동 평균 수렴-발산 지표) 등의 다양한 기술적 지표를 사용하여 주가 패턴 및 추세를 식별하고 매매 타이밍을 결정한다.

16. 시나리오 분석(Scenario Analysis): 다양한 가정에 따른 여러 시나리오를 생성하고 각 시나리오에 따른 자산의 성과를 평가하여 투자 결정을 내리는 방법이다.

17. 스트레스 테스트(Stress Testing): 극단적인 시장 상황에서 투자 포트폴리오의 성과를 평가한다. 이를 통해 잠재적인 위험 요소를 파악하고 포트폴리오의 내구성을 확인한다.

18. 정량적 분석(Quantitative Analysis): 통계 및 수학적 모델을 사용하여 주식이나 채권의 성과를 분석하고 예측하는 방법. 일반적으로 알고리즘이나 컴퓨터 모델을 사용한다.

19. 산업 분석(Industry Analysis): 특정 산업의 동향과 경쟁 환경을 분석하여 기업의 성과 및 잠재성을 평가한다. 산업의 성장률, 규제 환경, 기술 변화 등을 고려한다.

20. 선물 및 옵션 거래 전략: 파생상품을 활용한 거래 전략으로 위험 헤지 또는 수익 창출을 목표로 한다. 이를 통해 시장의 특정 방향성을 예측하거나 변동성을 이용한 수익을 추구한다.

2 이들의 종합모델

여러 분석 방식을 결합한 다음의 모형은 투자 및 유가증권 분석에서 더 깊이 있는 통찰력과 예측 정확성을 제공할 수 있다. 이런 결합된 접근 방식은 다양한 이론과 방법론의 장점을 살리고, 단점은 보완하는 데 도움이 될 수 있다.

1. 퀀트 투자 전략(Quantitative Investment Strategies): 정량적 분석과 기술적 분석을 결합한 전략입니다. 예를 들어, 알고리즘 거래에서 이동 평균선, 상대 강도 지수(RSI), 저평가/고평가 지표(P/E 비율 등)를 사용하여 매매 신호를 생성하는 방식이다. 이를 통해 시장의 패턴을 분석하고 예측하는 데 도움을 준다.

2. 멀티팩터 모델(Multi-Factor Model): 다양한 요인(시장 요인, 가치, 규모, 모멘텀 등)을 사용하여 자산의 수익률을 설명하고 예측하는 모델로, 개별 요인의 영향을 분석하여 포트폴리오를 구성하고 조정하는 데 유용하다.

3. 기본적 분석+기술적 분석의 결합: 기업의 재무제표 분석과 경영진 평가(기본적 분석)를 통해 장기적인 투자를 검토하고, 가격 차트와 패턴 분석(기술적 분석)을 통해 매매 타이밍을 결정하는 접근이다.

4. 다변량 회귀 분석(Multivariate Regression Analysis): 여러 변수 간의 관계를 파악하는 데 사용되며, 이를 통해 경제적 요인이나 회사의 변화를 기반으로 주식의 성과를 예측할 수 있다. 예를 들어, GDP 성장률, 금리, 유가 등의 변수가 주식 수익률에 미치는 영향을 분석한다.

5. Monte Carlo 시뮬레이션: 다양한 투자 가정 아래에서 자산의 가치를 예측하는 방법으로, 정량적 데이터와 시장 변동성을 기반으로 포트폴리오의 잠재적 성과를 평가한다. 주로 위험 분석과 포트폴리오 최적화에 사용된다.

6. 상황별 포트폴리오 최적화: 기본적 분석을 통해 다양한 자산의 리스크와 수익을 평가한 후, 기술적 분석을 통해 최적의 진입 및 청산 시점을 결정하여 포트폴리오를 조정하는 방법이다.

7. ESG 통합 투자 분석(Environmental, Social, and Governance): 기업의 재무적 성과를 기본적으로 분석하되, 환경, 사회적 책임 및 지배구조(ESG)를 통합하여 종합적인 평가를 수행한다. 이는 지속 가능한 투자에 중점을 둔다.

③ 기술투자자들에게 적합한 모델

기술투자자는 기술 분야에 대한 전문적인 이해와 함께 세심한 분석이 필요하며 형평성을 갖추어야 한다. 다음의 모델들이 추천된다.

1. 기본적 분석 모델(Fundamental Analysis Model)

- 시장과 기술 동향 분석: 기술 기업의 수익 모델, 성장 잠재력, 경쟁력을 평가해야 한다. 예를 들어, SaaS(Software as a Service) 모델을 사용하는 기업에 대해 매출 성장률, 고객 유지율 등을 분석할 수 있다.
- 재무제표 분석: 손익 계산서, 대차대조표 및 현금 흐름표 등을 통해 기업의 재무 건전성을 점검한다.

2. 현금흐름할인 모델(Discounted Cash Flow Model, DCF): 기업의 미래 현금 흐름을 예측하여 현재 가치로 할인한 뒤, 기업 가치를 평가한다. 기술 스타트업의 경우, 초기

단계에서 수익이 없는 경우에도 성장 잠재력을 고려하여 이 모델을 활용할 수 있다.

3. 멀티팩터 모델(Multi-Factor Model): 성장 요인, 규모 요인, 가치 요인 등을 포함한 다양한 팩터를 사용해 기술 주식의 리턴을 분석하는 모형이다. 예를 들어, 높은 이익 성장률을 가진 기업은 상대적으로 높은 시장 수익을 가져올 수 있다.

4. 상장사 비교 분석(Peer Comparison): 유사한 기술 기업들과의 비교를 통해 경쟁력을 평가한다. P/E 비율, EV/EBITDA, 매출 성장률 등을 비교하여 상대적인 가치를 판단하게 된다.

5. 기술적 분석(Technical Analysis): 가격 차트, 이동 평균선, 거래량 등을 통해 시장의 심리를 분석하여 매매 타이밍을 결정한다. 기술 기업은 시장의 변동성이 크기 때문에 기술적 분석이 중요할 수 있다.

6. 산업 분석(Industry Analysis): 해당 기술 산업의 동향, 경쟁 환경 및 규제 사항을 파악하여 투자 결정을 내린다. 예를 들어, 인공지능(AI) 또는 블록체인 같은 특정 분야의 발전 방향과 시장 규모에 대한 분석이 포함된다.

7. 시나리오 분석(Scenario Analysis): 다양한 기술 발전 방향 및 투자 환경 변화에 따른 여러 시나리오를 통해 기업의 미래 성과를 평가한다. 예를 들어, 특정 기술의 성공 여부에 따른 매출 및 이익 변화를 시뮬레이션한다.

8. 버즈 분석(Buzz Analysis): 소셜 미디어, 뉴스 기사, 기술 블로그 등에서 기업 및 기술과 관련된 대중의 관심도를 분석하여 투자 결정을 보완한다. 기술 회사들은 대중의 인식 변화가 주가에 큰 영향을 미칠 수 있다.

④ 재무적 투자자들에게 필요한 모델

주로 경제적 가치를 극대화하고 리스크를 관리하기 위해 다양한 분석 도구와 모델을 사용하여 목적을 달성할 수 있다. 그 내용들을 분류하면 다음과 같다.

1. 할인 현금 흐름 모델(Discounted Cash Flow Model, DCF): 기업의 미래 현금 흐름을 예측하고 이를 현재 가치로 할인하여 기업 가치를 평가하는 방법이다. 이는 재무적 투자에 있어 가장 기본적이고 널리 사용되는 방법 중 하나이다.

2. 비교 기업 분석(Comparable Company Analysis): 유사 산업 내 경쟁사들의 지표(예: P/E 비율, EV/EBITDA)를 비교하여 투자 대상을 평가한다. 이는 재무적 투자자가 상

대적인 가치를 판단하는 데 유용하다.

3. 비용－편익 분석(Cost－Benefit Analysis): 특정 투자 결정의 총 비용과 잠재적 이익을 비교하는 방법으로, 투자가 유익한지를 판단하는 도구이다. BEP 분석이 가능하며, 수량으로도 분석할 수 있다.

4. 상징적 기반 모델(Symbolic Modeling): 특정 자산의 리턴을 보다 계산적이고 구체적으로 이해하기 위한 모델로, 시장 간의 상관관계나 자산 간의 리스크를 평가한다.

5. 포트폴리오 이론(Portfolio Theory): 자산 간의 분산 투자와 위험 관리를 통한 포트폴리오 최적화 방법론은 현대 포트폴리오 이론(MPT: Modern Portfolio Theory, 평균분산분석) 등에 기반하며 리스크와 수익 간의 trade－off를 통해 최적의 자산 배분을 찾는 데 사용한다.

6. 모멘텀 및 가치 투자(Momentum and Value Investing): 특정 자산의 가격 추세(모멘텀)를 분석하거나, 저평가된 자산(가치)을 찾는 전략으로, 다양한 시장 상황에서 수익을 극대화하는 방법이다.

7. 리스크 관리 모형(Risk Management Models): VaR(Value－at－Risk), CVaR (Conditional Value－at－Risk) 등의 도구들을 통해 투자의 리스크를 정량적으로 측정하고 관리한다.

8. 산업 및 시장 분석(Industry and Market Analysis): 시장 동향, 경쟁 상황 및 경제적 요인을 분석하여 투자 전략을 수립한다. 즉, 특정 산업이나 시장의 성장 가능성을 평가하는 데 주안점을 둔다.

9. 기술적 분석(Technical Analysis): 가격 차트와 거래량 데이터를 분석하여 매매 신호를 포착하는 기법이다. 주가의 단기 변동성에 따른 투자 결정을 내리는 데 유용하다.

10. ESG 통합 투자(ESG Integration): 환경, 사회, 지배구조(ESG) 요인을 분석하여 지속 가능한 기업에 대한 투자를 고려한다. 최근 ESG 투자 원칙이 중요한 키워드로 부상하고 있다.

4. 가치평가의 활용

1) 기업경영정보의 제공

(1) 사업타당성 검토

신규사업을 시작할 때는 그 사업의 미래가 수익성이 있는가를 검토하여야 한다. 이것은 미래 진행될 사업에 대하여 가능한 자료를 조사하여 미래 사업을 추정해 봄으로써 타당성을 검토해 볼 수 있다. 투입되는 자금의 규모와 소요비용을 계산해 보고 자원과 정성을 들였을 때 목적으로 하는 사업이 일정 매출을 발생시켜 이익이 나겠는가 계산을 해 보는 것이다. 미래 발생할 이익은 적절한 할인율을 써서 현가화해야 함을 잊지 말아야 한다.

이때 활용할 수 있는 모형은 순현가법(NPV: Net Present Value)이나 경제적 부가가치법(VBM: Value Added Method) 등을 활용할 수 있다. NPV법은 사업으로부터 얻는 이익의 현재가치와 투자액의 현재가치와의 차액이 이익인가를 따져 양이면 사업성이 있다고 보는 것이고, EVA법은 NPV법에서 투입된 자본비용(자기자본비용+타인자본비용)까지 감안하여 자본비용을 커버할 수 있는 사업이면 사업성이 있다고 보는 것이다.

(2) 사업 구조조정이나 리밸런싱에 활용

삼성물산이 사업 성과에 대한 인센티브를 단순 이익의 창출을 기준으로 하였다가 EVA를 도입하여 당해 사업을 수행함에 있어서 투입되는 자본에 대한 비용을 감안해 보니 적자인 사업들이 많아 성과평가 제도를 근본부터 재구축했다고 한다. 삼성의 내부 관리체제의 일대 혁신적 사건이었다. 투입되는 자본에 대한 이자는 부담해야 한다. EVA가 음수라는 것은 사업에서 이자도 못 건진다는 것을 의미하기 때문이다.

회사 내부의 경영상 문제가 발생하면 이를 해소하기 위해 구조조정을 실시한다. 사업들을 통폐합하기도 하고 특정 사업은 철수하거나 외부의 사업과 연계하기도 한다. 이때 사업의 가치를 평가하려면 그 사업의 미래가치를 판단해 보아야 한다.

근래 SK나 두산 또는 한화 등이 추진한 리밸런싱(사업구조조정)을 수행함에 있어서도 계열사간 미래 사업과 현재의 캐시 카우(cash cow) 역할을 하는 사업들을 조정하여 사업과 자본의 조화를 꾀하는 경우에도 그 근저에는 가치평가가 자리를 잡고 있는 것이다.

(3) 투자 의사결정

자본주는 사업가에 투자를 함에 있어 안정성과 수익성이 있어야 투자를 한다. 사업가는 자본을 모집할 때 자신의 미래 사업비전을 보여주면서 투자를 하면 이득을 얻을 수 있음을 홍보하게 된다. 이때 사업가가 제시하는 것이 미래 자기사업의 가치 분석자료이다.

비상장기업의 경우는 자본주 설득이 매우 어렵다. 그러나 상장기업의 경우 좋은 사업 아이템으로 주식시장에 홍보하고 좋은 평가를 받으면 목적한 자금을 어렵지 않게 모을 수 있다. 상장기업들이 신규 사업을 벌이면서 유상증자(언론에서는 '유증'이라 주로 쓴다) 공고를 내고 자금을 모으는 것을 많이 볼 수 있다.

(4) 증권시장 상장(IPO) 가치평가

유가증권시장이나 코스닥 시장에 상장을 하여 자본을 조달하려 하면 초기단계 기업은 주로 IPO를 하게 된다. IPO는 코스닥 시장에서 자본을 조달하려 하는 기업이 코스닥 시장에 첫 얼굴을 보이는 것으로, 이 기업이 코스닥이라는 자본시장이 요구하는 요건을 갖추고 성실하게 기업활동을 할 것인가를 시험하는 자리이다. 이때 회사의 주식을 시장에 내면서 가격을 제시하는 것은 가치평가의 방법에 의하여 계산한 공모가를 제시하게 된다.

IPO시의 가치평가는 주로 PER을 이용한 상대가치 평가 방법에 의하여 계산하며, 다른 방법을 채택할 경우는 그에 합당한 논리를 제공하여야 한다. PER 방식은 여러 비교기업들을 추출하여 PER 배수를 이용하여 기업가치 계산 및 공모가를 산정한다.

2) 회사 정리 등에 활용

(1) 회사 정리

회사의 경영이 안 좋아지면 파산·폐업을 하거나 회생의 가능성이 있으면 법정관리를 신청할 수 있다. 법정관리는 기업을 폐업하지 아니하고 사업을 지속하여 부채를 갚겠다는 의도인 것이다. 채권자들도 부도에 의하며 그냥 돈을 떼이는 것보다 사업을 정상적으로 하여 시간을 가지고 채권을 회수하는 편이 유리할 것이다.

이때 그 결정은 법원에서 하게 되는데, 그 판단의 기준은 그 기업의 청산가치와 계속기업 가치를 비교하여 계속기업 가치가 청산가치보다 클 때 허락을 하게 된다. 계속기업 가치는 기업의 미래가치로 가치평가에 의해 산출되는 값이다.

(2) 기업 분할 및 분리

기업을 분할하는 것은 기업 내에서 육성하던 사업을 분리 독립시키든가 병행하여 운영하던 사업을 다수로 분리·독립시키는 방법으로 회사를 나눌 수 있다. 다른 기술이나 사업을 얻어 별도 사업을 수행하기도 하며 자금의 수요로 사업부나 비주력 기업을 매각하기도 한다. 이런 경우 신규로 생겨나는 사업에 대한 미래가치를 평가하여 사업계획을 수립하게 된다. 사업부를 매각할 때도 매각 가액은 가치평가를 하여 매각한다. SK가 SK이노베이션과 SK ENS의 합병에 성공하고 다음으로 추진하는 일이 부채구조조정이며, 비주력 기업들을 매각 대상으로 내놓을 때도 기업의 실상에 따른 가치를 평가하여 매각 협상을 하게 된다.

(3) 기타

가치평가는 각종 유형별 투자가나 금융가, 납세자 등 많은 분야에서 활용되고 있다. 재무제표를 작성함에 있어 IFRS에서는 공정가치(Fair Value) 개념을 자산·부채 평가에 광범위하게 적용하도록 하고 있다. 가치평가의 연장선상으로 인식되는 기술가치평가에서도 기술거래, 라이선싱, 기술의 재무증권화, 기술의 가치증진 등에 쓰인다. 또한 우선주의 보통주 전환 시 적용하는 전환비율, 기업 인수합병 시의 합병비율 등의 산정 등에 쓰이며 상속이나 증여 시 자산평가의 목적으로 쓰인다.

CHAPTER 02

현금흐름할인모형에 의한 가치평가

1. 화폐의 시간가치
2. DCF에 의한 가치평가 구조
3. 현금흐름(Cash Flow)
4. 할인율
5. 추정기간의 분리와 가치산정
6. 재무추정
7. 매출액 계산
8. 비용의 추정
9. 투자 및 자본조달 계획
10. 순운전자본의 증감액 산정
11. 법인세 비용
12. 추정 재무제표의 작성
13. 사업별 잉여현금흐름 산출
14. 자본비용
15. 영구가치와 기업가치

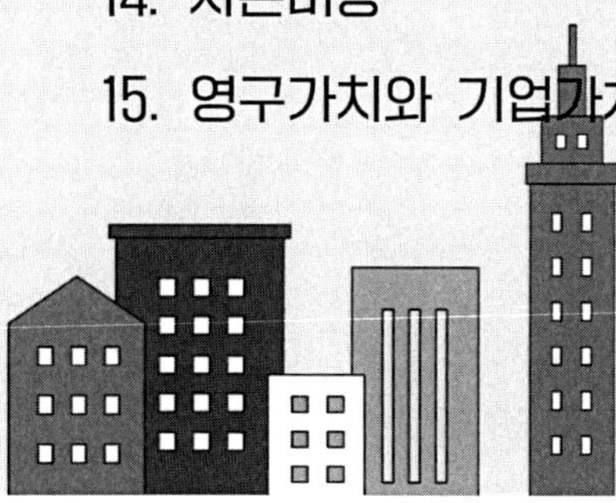

Valuation을 우리말로 왜 기업가치평가라 했을까? 이는 단순히 가치평가 아닌가? 이와 관한 문헌을 한국어로 최초 번역하신 교수님께 여쭈어보았다. 그분의 대답은 그것이 산업과 경제에서 쓰이는 용어로 경제적 실체에 적용되는 것이기 때문이라 하셨다.

1. 화폐의 시간가치

현행의 회계기준에서는 금융상품을 이전의 기업회계기준에서와 같이 유가증권의 범주에서 다루는 것이 아니라 유가증권은 물론이고 현금과 예금, 매출채권, 매입채무, 기타의 자산과 부채에 이르기까지 포괄하여 정의하고 영향을 미치고 있으며, 더구나 우리나라의 적용 회계기준이 현재 국제회계기준(K-IFRS)과 일반기업회계기준으로 상장회사와 일반 피감사 대상 기업들에 각각 적용되고 있는데, 양 회계기준에서 다루는 내용이 계정과목부터 많이 다르게 취급하고 있다.

예로, 일반기업회계기준에서는 유가증권에 대하여 이를 "유가증권은 취득한 후에 만기보유증권, 단기매매증권, 그리고 매도가능증권 중의 하나로 분류"하고 유동성과 비유동성을 구분하여 회계처리하도록 규정하고 있다. 이에 비해 국제회계기준에서는 유가증권을 최초 인식 후, 상각후원가측정금융자산(만기보유증권), 기타포괄손익-공정가치측정금융자산(매도가능증권), 당기손익-공정가치측정금융자산(단기매매증권)으로 구분한다.

돈과 시간이 결합하면 이자가 발생한다. 돈에는 시간에 따른 가치가 있다. 여러분이 1년 후 100만 원을 받을 확정 채권이 생겼다 하자. 그런데 그걸 대신해서 지금 얼마를 받겠냐고 물으면 얼마라고 답할 것인가? 그 차이가 여러분의 현재 돈의 시간가치이다. 지금 자금의 긴급성과 조달능력에 따라 달라지겠지만 이러한 외적 요소들을 제거하면 여러분이 돈에 대해 가지는 가치율이 나온다. 이것이 본인의 주관적 이자율, 즉 개인적 돈에 대한 가치율이 평가된다. 이것은 현재 여러분이 속해 있는 환경의 여러 요건들의 화학적 결합률이라 할 수 있다.

1) 이자의 구분: 단리와 복리

화폐에 발생하는 이자의 개념은 두 가지로 나눌 수 있는데, 돈에 대하여 일정률의 이자가 일정한 시간 동안에 동일하게 발생한다는 개념과, 그 발생한 이자에 또 이자가 발생하는 개념을 생각해 볼 수 있다. 우리는 전자를 단리(단순이자)라, 후자를 복리(복합이자)라 한다.

[그림 2-1]은 단리와 복리에 의한 이자의 증가를 그래프로 표시한 것이다. 복리는 이자에 이자가 붙으므로 우상향으로 급한 곡선을 그리며 올라가고 단리는 일직선으로 표시된다.

그림 2-1 단리와 복리의 이자선

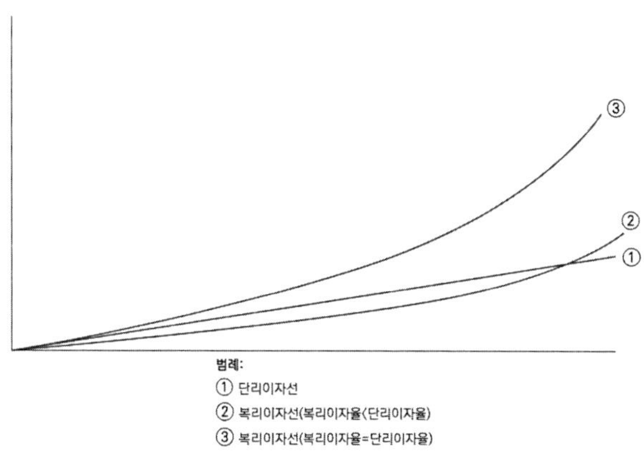

이를 이자율을 산입하여 계산을 해보면 다음과 같다. 단리와 복리를 분리하여 별도 표면이자율과 이자율의 형태가 원리합계에 어떤 영향을 미치는지를 [표 2-1] 등에서 확인할 수 있다.

표 2-1 1,000원 투자 시 이자의 형태에 따른 비교표

이자율	구분	1년 후	2년 후	3년 후	4년 후	•••	10년 후
10%	단리	1,100	1,200	1,300	1,400		2,000
10%	복리	1,100	1,210	1,331	1,464		2,593
9%	복리	1,090	1,188	1,295	1,412		2,367

이 표에서는 같은 이자율 10%에 대하여는 단리와 복리가 1차년도 이후에는 격차가 벌어짐을 알 수 있고, 단리 10% 복리 9%일 경우 3~4년에 발생 이자가 동일해짐을 알 수 있다. 계산 내역은 다음과 같다.

표 2-2 단리 10% - 단리와 복리의 이자계산 비교(이자율 10%) (단위: 원)

단리 계산	현재	1년 말	2년 말	3년 말	4년 말	•••	10년 말
기초원금	1,000	1,000	1,000	1,000	1,000		1,000
이자 (1년 말)		100	100	100	100		100
(10%) (2년 말)			100	100	100		100
(3년 말)				100	100		100
(4년 말)					100		100
							..
(10년 말)							100
원리합계	1,000	1,100	1,200	1,300	1,400	..	2,000

표 2-3 복리 10% - 단리와 복리의 이자계산 비교(이자율 10%) (단위: 원)

복리 계산	현재	1년 말	2년 말	3년 말	4년 말	•••	10년 말
기초원금	1,000	1,000	1,000	1,000	1,000		1,000
이자 (1년 말)		100	100	100	100		100
(10%) (2년 말)			110	110	110		110
(3년 말)				121	121		121
(4년 말)		090			133		133
(10년 말)							약 236
원리합계	1,000	1,100	1,210	1,331	1,464	...	2,593

[표 2－4]는 복리이자이나 단리의 경우보다 낮은 이자율의 경우를 표시한다. 상기 [그림 2－1]의 이자선 ②에 해당한다.

표 2-4 복리 9% - 단리와 복리의 이자계산 비교(이자율 9%) (단위: 원)

복리 계산	현재	1년 말	2년 말	3년 말	4년 말	•••	10년 말
기초원금	1,000	1,000	1,000	1,000	1,000		1,000
이자 (1년 말)		90	90	90	90		90
(9% (2년 말)			98.1	98.1	98.1		98.1
(3년 말)				106.9	106.9		106.9

복리 계산	현재	1년 말	2년 말	3년 말	4년 말	•••	10년 말
(4년 말)					116.5		116.5
(10년 말)							195.4
원리합계	1,000	1,090	1,188.1	1,295	1,411.5		2,367.3

자료: 이자율표

표 2-5 복리와 단리의 이자 차이 비교

구분	이자율별 이자	비교
단리	* 단리 이자율 10%로 10년 경과 시의 이자 차이 비율 : 100%	
복리	1. 복리 이자율 10%로 10년 경과 시의 이자 차이 비율 : 159% 2. 복리 이자율 9%로 10년 경과 시의 이자 차이 비율 : 137%	} 높음
	3. 복리 이자율 8%로 10년 경과 시의 이자 차이 비율 : 116% 4. 복리 이자율 7%로 10년 경과 시의 이자 차이 비율 : 97%	} 비슷
	5. 복리 이자율 6%로 10년 경과 시의 이자 차이 비율 : 79%	낮음

(복리에 얽힌 이야기) 뉴욕의 맨해튼 24달러에 팔리다

인디언의 24달러

지금으로부터 약 400년 전 1626년 뉴욕 맨해튼에 살던 인디언들은 네덜란드 이민자들에게 맨해튼을 단돈 24달러에 팔았다. 그것도 24달러에 해당하는 유리구슬 등을 받고 땅을 넘겨주었던 것이다. 그 부유한 도시의 땅이 불과 24달러라니, 깜짝 놀랄 일이다.

그러나 여기에는 복리라는 반전 스토리가 있다. 당시의 24달러를 2025년까지 연이자율 7.5%의 복리상품에 투자하였다면 현재가치로 87.8조 달러가 되기 때문이다. 2024년 미국의 국내총생산(GDP)이 29조 달러임(중국 19조 달러, 일본 4조 달러)을 감안하면 이는 큰돈이다. 이를 단리상품에 투자했으면 10,320달러에 불과하다.

이 이야기는 복리를 말할 때 가끔 인용되는 예이다. 당시의 인디언들이 어리석었다거나 네덜란드인들이 사기행각을 벌였다는 식으로 희화화되기도 하는 얘기이다. 복리의 경우는 위 예에서와 같이 기간과 이자율에 따라 일정 시점부터는 이자에 대한 이자가 상승 속도를 더하다가 원리합계는 걷잡을 수 없이 늘어가게 된다. 물론 실제에 있어서는 그렇게 장기간을 보유하고 있을 수 있는가와 중간 이익 실현에 대한 가정 등을 하지 않은 것이다. 이때 지급한 물품은 비버가죽 30개 정도의 돈이었다고 한다.

당시 네덜란드인들은 은화를 사용하였고, 이들은 이 은화를 탈러라 불렸는데, 이는 나중 달러의 단위로 자리를 잡았다고 한다.

이에 대한 실증적 분석은 [그림 2-1]의 그래프나 계산표로 입증하였다.

2) 미래가치

미래가치란(Future Value) 현재 보유한 금원을 미래 일정 시점에서 평가한 가치를 말한다. 돈이 시간을 품고 이식을 하여 새끼를 매어 낸 결과이다. 원금과 이자를 합하여 표시한다. 인플레이션이나 미래 화폐의 실제 가치에 영향을 미치는 기타 요인에 대한 수정은 포함되지 않는다.

미래가치는 미래 일정 시점의 복리 예금의 원리합계를 계산하는 방식에 적용하는 것과 동일하다. 물론 예금 수령액은 발생된 이자에서 세금을 공제한 후 지급되므로 원리합계 계산방식에 의한 금액과는 다르다.

연금에도 복리로 계산한 이자가 가산하여 지급하게 되는데, 연금은 일정 기간 동일한 금액을 수령하는 것이므로, 정해진 기간 발생하게 되는 원리합계 금액을 룰에 의하여 환원하는 방식으로 이자율이 결정되게 된다. 이것은 화폐의 시간가치 계산에 사용된다.

(1) 단일금액의 미래가치

단일금액의 미래가치란 일정 금액이 일정 이자율로 일정 기간 후 얼마가 될 것인가가 미래가치가 된다. 그 계산은 다음과 같다.

단일금액의 미래가치 계산: $F_v = P_0 \times (1+r)^n$

F_v: 미래가치

P_0: 현재 보유금액(자산)

r: 이자율 (10년 후 9%의 연금가치: 2.367)

n: 기간

예로 1,000원의 9%이자율로 계산한 10년 후의 미래가치는 2,367원이 된다. 이 계산은 보통의 경우 미래가치표㈜에 의해 계산할 수 있다.

표 2-6 단일금액(복리)의 미래가치

㈜단일금액의 미래가치(현재금액: 1,000원, 이자율 r=10%)

기간(n)	계 산 방 법		미래가치(F_v)
	미래가치공식 이용	미래가치표 이용	
1년	$1{,}000\times(1+10\%)^{1}$	1,000×1.10000	1,100
2년	$1{,}000\times(1+10\%)^{2}$	1,000×1.21000	1,210
3년	$1{,}000\times(1+10\%)^{3}$	1,000×1.33100	1,331
4년	$1{,}000\times(1+10\%)^{3}$	1,000×1.46410	1,464
5년	$1{,}000\times(1+10\%)^{3}$	1,000×1.61051	1,620
⋮	⋮	⋮	⋮
10년	$1{,}000x(1+10\%)^{10}$	1,000x2.5937	2,593.7

(2) 연금의 현재 가치

연금의 현재가치란 향후 일정 기간 매기 동일한 금액의 현금흐름이 발생할 때의 그 현금흐름의 현재가치의 합(전체 흐름을 현재가치로 한 합)을 말한다. 연금의 대표격인 국민연금은 소득자가 매월 일정 금액을 국민연금보험료로 납부하고 법에 따라 일정 연령 이후부터 매월 국민연금을 수령하게 하는 제도이다. 일반 연금의 경우 금융기관과의 약정에 의거 매월 일정액을 납부하고 약정기간 연금을 수취하는 것과는 다르다. 이는 모두 월에 따른 계산을 한다. 이자율 선정을 위하여 연간 일정액을 납입하고 수령하는 연금의 현재가치를 산정해 보면 [표 2−7]과 같다.

연금의 현재가치는 수령하는 금액의 현가의 합이다. 연간 이자율이 r이고 향후 n

표 2-7 연금의 현재가치 계산

구분	합계	제1년 말	제2년 말	제3년 말
수취금액	3,000	1,000	1,000	1,000
현금흐름현가	2,486	909	826	751
계산식		$1{,}000\times1/(1+0.1)^{1}$	$1{,}000\times1/(1+0.1)^{2}$	$1{,}000\times1/(1+0.1)^{3}$

년 동안 매년 말 동일한 현금흐름이 발생하는 경우 연금의 현재가치는 다음과 같이 계산된다.

연금의 현재가치 계산

$$PA_n = A \times \frac{1}{(1+r)^1} + A \times \frac{1}{(1+r)^2} + A \times \frac{1}{(1+r)^3} + ... + A \times \frac{1}{(1+r)^n}$$

$$= A \times \frac{1 - \frac{1}{(1+r)^n}}{r}$$

여기서 PA_n: 연금의 현재가치

A, F_v: 매 기간 받는 연금액

r: 이자율

n: 수취기간

수취금액이 달라질 때는 A를 A_1, A_2, A_3, .. 등으로 교체하면 된다. 월로 계산할 때는 이자율을 월로 계산하거나 연간 지급액을 합계하여 쓰기도 한다. 이것은 연금가치표를 활용하여 계산할 수도 있다. 계산식을 일괄 적용할 때는 위의 연금의 현재가치 계산 중 아래 식을 쓰면 된다.

3) 현재가치

현재가치란 미래의 현금흐름이 현재로는 얼마인가를 나타내는 것이다. 이는 복리로 이자만큼 할인하여 계산한다. 현재가치는 미래가치와 반대개념이다. [표 2-8]은 현재가치와 미래가치의 계산요령 및 원리를 보이고 있다.

표 2-8 현재가치와 미래가치의 개념

	현재		1년		2년
기간					
	100,000	(1+0.05)	105,000	$(1+0.05)^2$	110,250
미래가치		100,000×(1+0.05)=105,000		100,000×$(+0.05)^2$=110,250	
현재가치		100,000=105,000÷(1+0.05)		100,000=110,250÷$(1+0.05)^2$	

100,000원의 2년 후의 미래가치는 1,000,000원×$(1+0.05)^2$로 110,250원으로 구해지고, 110,250원은 110,250 ÷ $(1+0.05)^2$로 하여 100,000원으로 계산된다. 이 계산은 현재가치표로 계산할 수 있다. 계산식으로는 다음과 같이 계산된다.

$$PV = \Sigma FVn \times \frac{1}{(1+r)^n}$$

여기서 PV : 연금의 현재가치

F_v: 미래 n 시점의 현금흐름

r: 이자율

n: 수취기간

4) 화폐의 위험 대가

현금을 금고에 넣어두고 있으면 재미가 없다. 돈은 굴려서 눈사람을 만들어야 하는데 늘어나지를 않는 것이다. 투자에는 위험이 있으니 안전자산, 즉 무위험 증권에 투자하면 이자가 적다. 그래서 다소 위험이 있으나 보편적으로 안전하면서 이익이 많은 곳에 투자를 하게 되는데, 이때는 고위험 고수익(High Risk High Return)의 법칙이 적용되며 큰 수익을 원할수록 원본 손실의 위험도 증가한다.

수익률로 회사채 발행 등급을 대비해보면 AAA에서 AA, A, BBB까지는 투자등급으론 안전하다 하는데 수익성으로 보면 AAA나 AA등급은 수익률이 매우 낮아 투자자들한테 매력은 없어, 투자대상으로는 수익률은 괜찮고 어느 정도 안전한 기업들이 선호되고 있다. BBB 등급은 투기등급 직전 등급으로 채권지수 ETF의 경우는 BBB 등급이 지수를 가장 크게 좌우하며 수익률의 70~80% 정도가 BBB 등급의 회사채에서 나온다고 한다.

과거에는 미국 상장기업의 평균 신용등급이 'A'였으나 기업들의 회사채 발행량이 많고 빚이 늘어 지금은 BBB로 내려갔다. 그러나 투자등급이라 하더라도 위험이 없는 것은 아니며 투기등급이라 해도 모두 손실을 보는 것은 아니니, 전반적으로는 투자라는 위험을 부담하는 대가로 무위험 증권에 대한 투자보다 더 높은 이윤을 가득하게 되는 것이다.

예시

① 숫자계산

4% 정기예금을 가입하면 1년 후 원금의 1.04배를 취득한다. 그러나 투자상품 HYBB에 투자 시 연 10%의 이익을 얻는다고 하면 1년 후 1.1배의 원리합계를 취득한다. 이를 3년 내지 5년 기간에 투자한다고 할 때 정기예금의 경우는 5년 후 1.21665원을, HYBB 투자의 경우는 1.61061원을 받아 30% 이상의 순익을 얻게 된다.

이를 투자 형태에 따른 이윤과 위험 그래프로 보이면 [그림 2-2]와 같이 투자형태별 위험도표로 표시할 수 있다. 그래프에는 표시되지 않았으나 부도 등 원금손실이 있을 수는 있다.

② 그래프

미국의 경우 만기 20년 이상 국채에 투자하는 ETF가 있고, 모든 정크등급에 투자하는 hyg, 정크등급 중에서는 안전한 편인 BB등급 회사채에만 투자하는 HYBB도 있다. B등급까지는 다소 안전하다는 평가이다.

그림 2-2 투자형태별 이윤과 위험

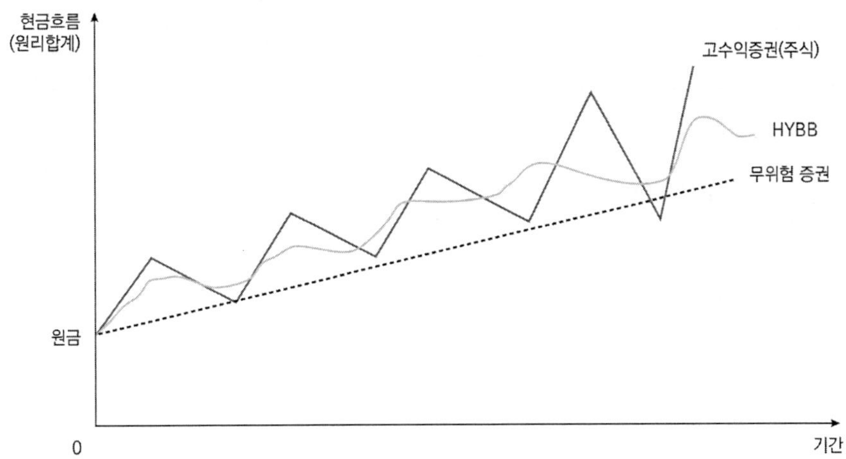

출처: 윤재성 · 김현석 월가의 투자, 2023, p80.

2. DCF에 의한 가치평가 구조

(1) 가치산정의 흐름

기업의 가치를 평가하기 위해서는 당해 기업의 미래 현금흐름과 활용자산 또는 조달자본에 대한 적절한 할인율 및 미래 성장률을 알아야 평가를 할 수 있다.

자산을 기업활동의 원천으로 영업을 위해서는 영업자산이 쓰이며 이 자산들의 미래활동을 현금흐름으로 환산한다. 영업용 자산과 비영업용 자산의 구분이 필요하여 영업용 자산도 사업의 목적에 따라 2개 이상의 사업으로 구분될 수 있다. 구분되어 가치평가가 필요한 사업(??) 각각에 대하여 현금흐름 추정 및 현금흐름에 따른 분리된 추정 기간별 할인율과 성장률이 산정되어야 한다.

평가의 최종 목적은 기업 전체로서의 가치(기업가치)와 기업가치에서 부채가치를 차감한 지분가치이다. 현금흐름할인법의 적용과정을 도식화하면 다음과 같다.

그림 2-3 현금흐름할인법 도해

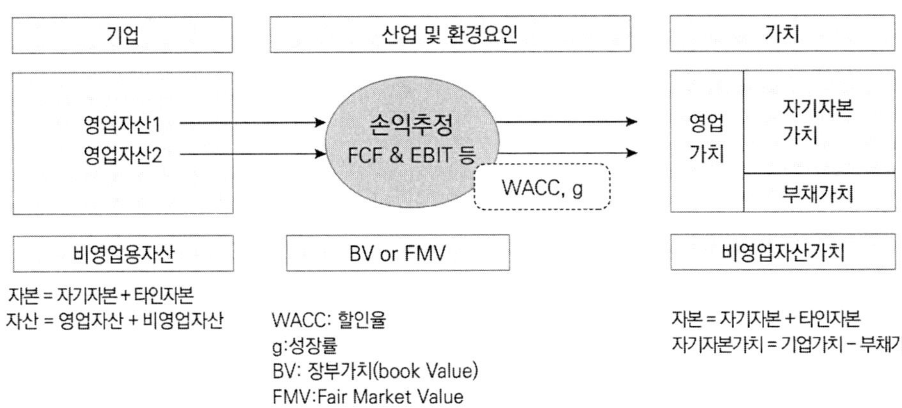

여기서 확인해야 할 항목은 다음과 같다.

① 총 기업가치 산정 방법

② 개별 사업별 영업가치 산정 방법

③ 비영업용 자산의 구분 및 가치

④ 개별 사업별 잉여현금흐름(FCF) 산정방법

⑤ 추정기간 결정

⑥ 각 기간별 사업별 할인율 및 성장률

⑦ 영구가치 산정방법

(2) 기업가치 산정

기업가치는 기업이 가진 자산으로서 기업의 가치에 영향을 미치는 모든 요소들이 반영되어 평가되어야 한다. [그림 2-3]에서 보는 바와 같이 기업가치의 요소는 다음과 같이 구성된다.

① 평가대상 사업들의 가치

평가대상 기업 내에 평가대상 사업은 다수 존재할 수 있다. 하나의 회사가 여러 사업부로 나뉘어 있어도 하나의 사업을 하면 하나의 사업을 평가하고, 사업부별 또는 몇 개씩 묶어 사업이 수행되면 각 사업들에 대하여 별도로 또는 사업이 유사하면 묶어서 평가할 수 있다.

② 비영업용 자산의 가치

비영업용 자산은 투자목적으로 취득한 부동산이나 유가증권 또는 사업에 필요한 규모를 초과하는 현금 등이 포함된다.

③ 소요자본 규모 및 조달방법과 조건

출자금과 차입금은 자기자본과 타인자본을 구성하며 자기자본 비용 및 타인자본 비용을 발생시키며 이들은 자본비용으로 기업 가치평가의 핵심요소가 된다.

기업가치는 다음의 산식으로 계산된다.

> 기업가치 = $\sum$사업가치 + 비영업용 자산가치
>
> 사업가치: 평가하고자 하는 대상으로 다수로 분류될 수 있음
>
> 비영업용 자산가치: 사업에 공여하지 아니하는 잉여 자산 가치

(3) 사업가치의 산정

가치산정의 대상이 되는 사업은 미래에 무언가를 이루려 하는 목적이 있다. 산정된 사업의 가치는 주로 투자자에게 제시되고 유혹성이 있을 때는 투자자의 지갑을 열게 할 것이다. 산정된 사업의 가치가 중요한 만큼 산정의 방법도 중요하다. 결론에 도달하는 과정의 신실성은 결과에 대한 신뢰성을 담보할 수 있기 때문이다.

사업가치는 다음과 같이 산정된다.

1. 사업이 하나인 경우

사업가치 $V = \sum_{t=1}^{n} \frac{FCF_t}{(1+r)} +$영구가치

영구가치 $TV = \frac{FCF_{n+1}}{r-g}$

2. 사업이 여러 개인 경우

사업가치 $V_0 = \frac{FCF_1}{1+r} + \frac{FCF_2}{(1+r)^2} + \frac{FCF_3}{(1+r)^3} + \cdots + \frac{FCF_n}{(1+r)^n} +$ 영구가치

V_0: 사업가치

FCF_n: 각 기간별 순현금흐름. $NOPLAT$ 기준

r: 할인율($WACC$가 될 수 있음)

영구가치: 추정기간 이후의 사업가치(위 산식과 동일)

g: 성장률

3. 현금흐름(Cash Flow)

현금흐름(cash flow)은 기업이 영업을 수행함에 따라 유입 또는 유출되는 현금의 흐름 현상을 말한다. 순현금흐름(net cash flow)은 현금으로 측정한 회사의 이익이 된다.

현금흐름을 논할 때 자유현금흐름(free cash flow)과 잉여현금흐름(residual cash flow)을 구분하기도 한다. 전자는 현금흐름에서 투자금을 뺀 것(Cash Inflow－Cash Outflow)으로 기업이 임의로 사용할 수 있는 현금으로 정의할 수 있으며, 후자는 현금흐름에서 자본비용을 차감한 금액으로 일종의 잉여금을 의미한다. 그러나 실무에서 이들은 전자의 개념으로 일괄 쓰이기도 한다. 가치평가에는 FCF가 쓰인다.

1) 발생주의 회계의 한계

기업은 발생주의 및 실현주의를 토대로 이윤을 계산한다. 이를 발생주의 이윤이라 한다. 발생주의 회계 이윤에는 다음과 같은 문제가 있다.

그림 2-4 발생주의의 회계 왜곡

왜곡 재무상태표

<table>
<tr><td colspan="2">차 변</td><td colspan="3">대 변</td></tr>
<tr><td colspan="2">유형자산
기타자산</td><td colspan="3">부 채</td></tr>
<tr><td rowspan="2">수취채권</td><td>정 상</td><td colspan="2">자본(이익외)</td><td rowspan="4">자
본</td></tr>
<tr><td>비정상</td><td>수취채권비정상</td><td rowspan="3">이
익</td></tr>
<tr><td rowspan="2">재고자산</td><td>정 상</td><td>재고자산비정상</td></tr>
<tr><td>비정상</td><td>실제정상이익</td></tr>
</table>

비정상인 수취채권은 회수하지 못하는 채권이나 가공채권이며, 비정상 재고자산은 판매하지 못한 제품 등이 이익에 미치는 영향으로, 이들은 실제 이익을 깎아먹고 실질적 결손을 발생하게 하거나 자금부족의 경영위기를 가져올 수 있다.

왜곡 손익계산서

<table>
<tr><td colspan="2">차 변</td><td>대 변</td></tr>
<tr><td colspan="2">비 용</td><td rowspan="3">수 익</td></tr>
<tr><td rowspan="2">이익</td><td>정상</td></tr>
<tr><td>비정상</td></tr>
</table>

대리점이나 관계사 간 가공 매출에 의한 형식상의 이익을 시현한 경우 비정상이익을 공제하면 실제 이익의 규모가 줄어들거나 손실이 생길 수도 있다. 현금을 수반하지 아니하는 거래 및 그 회계처리를 용인한 발생주의 회계의 부작용이다.

발생주의 회계의 한계는,

1. 매출을 하여 이익을 시현하였으나 현금 회수를 못하여 자금 경색에 빠질 수 있다.
2. 생산된 제품의 매출이 되지 않고 기말재고가 많으며 적은 매출과 그에 해당하

는 원가가 계상되어 이익이 계상되었으나 원자재 대금과 인건비의 지급 자금도 부족하다.

3. 실제 매출은 발생하지 않고 매출이 부족하다는 핑계로 대리점이나 관계회사에 가공 매출을 잡는다. 그러면 매출과 외상 매출금이 올라가나 회수할 수 없는 채권으로 경영부실과 허위 재무보고 및 현금 부족의 상황이 벌어진다.
4. 발생주의 이익에서 현금흐름에 근접하는 이익개념인 EBITDA나 EBIT를 쓴다 하여도 근본적으로 녹아있는 부실이익을 덜어내지는 못한다.

2) 순현금흐름 이익 계산

발생주의 회계인 손익계산서상 이익을 당기순이익이라 하는 데 대해 현금주의 이익을 순현금흐름 이익이라 표현하였다.

순현금흐름(FCF)으로 표현되는 순 현금이익은 위에 설명한 문제점을 말끔히 해소해 준다. 현금이 입금되지 아니한 매출은 매출로 인정하지 않으므로 가공 매출채권이 계상될 수 없고 과다한 재고자산이 쌓일 때도 적은 매출의 계상 대비 실제 지급하는 재료비와 노무비 및 경비 등이 계상되어 현금이익은 손실로 계상되기 때문이다.

FCF는 기업이 공시하는 데이터가 아니며 별도로 계산하여야 하는데, 기업이 공시하는 재무제표 중 현금흐름표에 그 내용이 나와 있다. 현금흐름표는 재무상태표로부터 도출되는데 직접법과 간접법으로 작성할 수 있다. 현금의 증가와 감소는 재무상태표 계정의 증가나 감소로 나타난다.

표 2-9 현금흐름표의 구조

현금의 흐름을 일으키는 기업의 활동	현금흐름표 표기
1. 영업활동	1. 영업활동으로 인한 현금흐름
2. 투자활동	2. 투자활동으로 인한 현금흐름
3. 재무활동	3. 재무활동으로 인한 현금흐름
기업활동에 의한 현금의 증가 감소	순 현금흐름 증감

현금흐름표에 나타나는 기업의 활동은 영업활동, 투자활동 및 재무활동이다. 이 중 영업활동으로 인한 현금흐름을 계산하는 방법으로 직접법과 간접법이 있으며 다음과 같이 계산과정이 상이하다.

표 2-10 영업활동 현금흐름의 계산방식 차이(직접법과 간접법)

직접법에 의한 계산	간접법에 의한 계산
1. 매출 등 수익활동으로부터의 유입액 (+)	1. 당기순이익 (+)
2. 매입, 종업원 급여, 판매관리비 유출액 (-)	2. 현금지출이 없는 비용 등 가산 (+)
3. 이자수익 (+)	(감가상각비, 퇴직급여 등)
4. 배당금 수익 (+)	3. 현금의 유입이 없는 수익 차감 (-)
5. 이자비용 (-)	(유형자산 처분이익, 외화 평가이익 등)
6. 미지급 법인세 지급 (-)	4. 영업활동으로 인한 자산부채의 변동(±)

어떤 형식의 현금흐름표든지 현금흐름표의 첫 번째 기록되는 항목은 '영업활동으로 인한 현금흐름'이다. FCF에 쓰이는 현금이익은 이 합계금액을 쓰면 된다. 간접법으로 계산한 사례가 많으므로 간접법 사례를 설명하면, ① 우선 친숙한 손익계산서의 당기순이익에서부터 시작하고 ② 손익계산서에 계상되었으나 현금의 유입이 없거나 유출이 없는 항목들을 가감하여 제거하고 ③ 자산·부채의 변동 중 영업활동에 기인한 변동을 가감하여 자유현금흐름(FCF)인 순현금흐름을 계산한다. 다음은 현금흐름표를 예시한다.

현금흐름표

xxx(주) 제xx기 20x5년 1월 1일부터 12월 31일까지 (단위: 천원)

계정과목	제xx(당)기		제xx(전)기	
	금	액	금	액
I. 영업활동으로 인한 현금흐름				4,000
1. 당기순이익	5,000	6,000	3,000	
2. 현금지출이 없는 비용 등의 가산	3,000		2,000	
가. 감가상각비	1,500		1,000	
나. 퇴직급여	1,000		700	
다. 대손상각비	500		300	
3. 현금의 유출이 없는 수익 등의 차감	200		100	
가. 외화 환산이익	200		100	
4. 영업활동으로 인한 자산 부채의 변동	(2,200)		(1,100)	
가. 매출채권의 감소(증가)	(2,000)		(1,000)	
나. 재고자산의 감소(증가)	(3,000)		(500)	
다. 매입채무의 증가(감소)	1,000		200	
라. 기타	1,800		200	

계정과목	제xx(당)기		제xx(전)기	
	금	액	금	액
II. 투자활동으로 인한 현금흐름		(1,000)		(500)
1. 투자활동으로 인한 현금유입액	2,000		1,500	
가. 당기금융상품의 감소	1,500		1,000	
나. 보증금의 감소	500		500	
2. 투자활동으로 인한 현금유출액	(3,000)		(2,000)	
가. 장기투자증권의 취득	1,500		1,000	
나. 토지 및 건물의 취득	1,500		1,000	
III. 재무활동으로 인한 현금흐름		(2,000)		(1,000)
1. 재무활동으로 인한 현금유입액	2,000		1,000	
가. 장기차입금의 증가	2,000		1,000	
2. 재무활동으로 인한 현금유출액	(4,000)		(2,000)	
가. 단기차입금의 감소	3,000		1,000	
나. 유동성 장기부채의 상환	1,000		1,000	
IV. 현금의 증가		3,000		2,500
V. 기초의 현금		3,000		500
VI. 기말의 현금		6,000		3,000

이 현금흐름표에서 현금이익은 당기는 3,000천원, 전기는 2,500천원이다. 이 이익에는 신용으로 거래하는 매출채권과 매입채무 등이 제거된 상태이므로 발생주의 회계로 인한 이익의 왜곡 문제는 발생하지 않는다.

자유현금흐름(FCF)은 운영 현금흐름에서 자본지출을 차감한 것으로 기업이 사업으로 벌어들인 돈 중에서 세금과 영업비용 및 설비투자액 등을 제외하고 남은 돈을 말한다. 자본지출은 미래를 위한 투자를 말하는데, 최소 매년 감가상각비만큼은 투자가 되어야 현상을 유지한다고 보아야 한다.

순자유현금흐름(FCF)을 다른 말로 하면 잉여현금흐름이라고 하기도 하며, 순 영업 현금흐름에서 자본지출 및 투자지출을 뺀 것으로 계산할 수 있다. 투자지표를 간략히 계산하는 것이다. 한편, "주인수입(owner's earning)으로 표현하기도 하고 '순이익 + 감가상각비 - 필수 자본지출'[1]로 계산한 산식을 워런 버핏(Warren Buffett)은 자기의 의사결정 지표로 쓰고 있다.

1) 버핏의 투자 판단지표이다. 이는 FCF의 변형 형태라 할 수 있다.

3) FCF의 계산

현금흐름표에서 잉여현금 흐름을 구하는 방법은 다음과 같다.

내용	금액		비고
1. 영업활동 현금흐름의 조정		xxx	
가. 영업에서 창출된 현금흐름	xxx		
나. 이자수취	(-) xxx		
다. 이자지급	(+) xxx		
라. 배당금 수취	(+) xxx		비영업용 제외
마. 법인세 납부	(-) xxx		
2. 투자활동 현금흐름의 조정		xxx	
가. 영업용 자산 투자금액	(+) xxx		
나. 비영업용 자산 투자금액	(-) xxx		
다. 장단기 금융상품 투자금액	(-) xxx		
FCF		xxx	

※ 재무활동으로 현금흐름은 가치평가 시의 현금흐름과 무관하다.

비영업 현금흐름 해당 사항

① 초과현금의 증감

② 투자자산의 증감

③ 기타 비영업 자산부채의 증감

④ 세후 이자 배당금 임대료 수익

4. 할인율

할인율은 추정된 미래 현금흐름을 기간에 맞추어 현재가치로 환산하는 시간가치를 반영한 이자율이다. 할인율은 당해 자금 투자자의 요구 수익률을 반영한다. 따라서 기업에 자료를 조달하는 주체에 따라 그 율은 달라진다.

자금조달의 주체는 자기자본의 경우는 주주이므로 기업을 소유·경영하려는 자본주에게 지급할 제비용을 공제한 모든 것의 투자액 대비 비율일 것이며, 금융기관의 대여금의 경우는 대출 환경을 반영한 기업의 재무상태와 수익성 및 평가등급 등을 고려한 대출 이자율이, 회사 발행 사채 매입자들의 경우는 사채 발행 시 적용한 시장 이자율이, 요구수익률이 될 것이다. 요구수익률은 협상에 의하여 계약으로 정해진다. 계약상의 요구수익률은 최종 요구수익률이므로 이후 언급하는 요구수익률은 최종 요구수익률을 의미한다.

이러한 각 투자자의 요구수익률은 회사 입장에서는 그들의 요청을 거부할 수 없으므로 그 조건으로 자금을 조달할 수밖에 없으며 바로 할인율이 된다. 다만, 채무의 경우는 조달의 조건과 금액 및 기간 등이 상이하므로 DCF방식의 가치평가에서는 하나의 대표율로 평균치를 산정하여야 하며 자기자본 할인율은 공시된 자료가 없으므로 대체적인 방법을 모색하여야 한다는 애로가 있는 것이다.

(1) 투하자본할인율과 자기자본할인율

투하자본은 기업경영을 위하여 투자된 타인자본과 자기자본 모두를 의미하므로 기업이 그 실제로서 운영하는 전체 자료에 대한 할인율을 의미하고 자기자본 할인율은 부채를 제외한 자기자금만에 해당되는 할인율을 말한다. 자기자본에 대하여는 차입증서나 차입약정서와 같은 지급할 이자에 대한 정함이 없으므로 가격 결정에 대한 모형을 써서 추정하는데 일반적으론 CAPM(자본 자산 가격 결정 모형: Capital Asset Pricing Model)이라는 방법론을 쓴다. 여기서 도출된 자기자본 할인율(k_d)은 별도 산출된 타인자본 할인율(k_d)과 가중평균되어 FCF를 현가화하는 데 쓰일 할인율 하나를 산정하게 된다. 타인자본 할인율은 일반적으로 차입한 부채들의 이자율을 차입금액으로 가중평균한 값을 사용한다.

(2) 타인자본할인율의 법인세효과

할인율을 적용하는 잉여현금흐름(FCF)은 세후 영업이익(NOPLAT: Net Operating Profit Less Adjusted TAX)이다. 순수 가처분 이익에 해당한다. 이때 가중평균하는 타인자본 할인율은 차입금에 대한 이자에 해당하는 것이고 세전 이익을 계산할 때 이미 법인세 부분만큼은 가산된 것이니 타인자본비용에는 법인세효과$(1-t)$가 있다. WACC(Weighted Average Cost of Capital)을 계산할 때 이를 감안하여야 한다.

단기수익중심의 단기투자 이익도 제비용 개념에 포함시키거나, 소액주주를 자본

투자자로 볼 경우, 이러한 투자자의 수익률은 채권 등 투자자의 수익률을 약간 상회하는 정도의 적정 수익률로 보아야 한다.

(3) 인플레이션과 할인율

물가는 매년 어느 정도 올라간다고 볼 수 있다. 물가상승을 인플레이션이라 하며 기업의 매출과 매입에도 이 영향은 반영되어 있다고 보아야 한다. 당해 기업의 제품에 미친 인플레이션율이 특별히 높다면 이를 어떻게 반영할 것인가를 고려하여야 한다. 그러나 일반적으로는 정부가 발표한 물가상승률을 감안하여 그만큼 명목가치가 상승하였다고 볼 수 있다. 이 경우의 회사 수익률은 다음과 같이 계산된다.

수익률 = 1 + 명목수익률
　　　= (1 + 실질수익률) × (1 + 물가상승률)
명목수익률 = 실질수익률 + 물가상승률 + 실질수익률 × 물가상승률
　　　　　≒ 실질수익률 + 물가상승률
　　　　　(∵ 실질수익률 × 물가상승률∞0)

수익률을 실질수익률로 환산하지는 않는다. 매출과 이익의 산정 시 실질 수익률로 환산할 수는 있으나 너무 번거롭고 실제의 경제환경 계수들은 명목 가액으로 되어 있기 때문이며, 필요시 결과치에서 보정하면 된다.

5. 추정기간의 분리와 가치산정

가치평가에는 추정 기간을 설정하여야 한다. 설정된 기간 동안의 현금흐름을 추정하고 이 현금흐름을 할인율로 현가화하고 그 이후의 기간은 영구 현금흐름을 계산하여 가치를 구하게 된다. 보통의 가치평가 보고서에는 추정한 기간이 5년 또는 3년이나 긴 경우 10년을 추정하였고 IT 등 기술발전이 빠른 경우 추정실질내용연수에 따라 2~3년을 추정하기도 한다.

3년 내지 5년의 기간은 기업이 현재의 환경하에 보유한 기술을 적용하여 가시적 계획을 수립할 수 있는 기간이다. 그 이후에는 기술과 환경의 변화로 기업의 나아갈 방향이 보이지 않는다. 만약 더 멀리 보인다면(원자력 발전이나 철도, SOC사업 등) 10년이나 30년을 추정할 수도 있다. 눈에 보이는 기간 이후에는 일정한 가정을 세우고 그러한 추세가 지속된다는 가정하에 현금흐름(Cash Flow)의 일정 추세화 성장률을 산정하여 영구가치를 산정하는 것이다.

(1) 지속적 동일한 수입이 있는 경우의 가치

이것은 다음과 같은 몇 가지 가정에 의하여 정리할 수 있다. 첫째는 처음부터 영구 기간 동안 동일한 현금유입이 지속되는 경우로 가치의 계산은 다음과 같이 할 수 있다.

$$\text{기업가치} = \frac{FCF_1}{(r-g)}$$

$FCF_1 = FCF_1(1+g)$: 둘째 해의 현금흐름

r: 할인율

g: 성장률

$r-g$: 자본화율(환원율: capitalization rate)

기업가치: 여기서의 기업가치는 앞에서의 영구가치 계산방식과 동일함

(2) 일정기간의 재무추정과 그 후의 영구가치 계산

둘째는 일정기간은 환경과 사업이 눈에 보이므로 그 기간 동안은 사업의 기획과 유무형 자산의 취득, 이를 수행하기 위한 자금조달, 나아가 자금원 등에 대한 계획을 세우고 그 이후에 대한 영구가치를 산정하는 경우이다. 이 경우의 가치계산은 다음과 같이 된다.

기업가치 = 추정기간의 현가 + 영구가치(+비영업 자산가치)

$$V=\sum_{t=1}^{n}\frac{FCF_n}{(1+r)^t}+\frac{FCF_{n+1}}{r-g}$$

FCF: $Free\ Cash\ Flow$

n: 추정기간

r: 할인율

g: 성장률

비영업용 자산가치는 회사보유 자산 중 투기 등 목적으로 취득한 자산으로 영업가치 추정에서 제외 해 두었다가 영업가치 산정 후 합산해 준다.

(3) 조건 변경의 반영과 영구가치

셋째는, 가시적인 일정기간은 FCF의 추정에 의해 현재가치를 계산하되 조건 변경을 반영하는 방법이다. 예측기간 동안의 상황 변경을 반영한다고 볼 수 있다.

가치 = 제1조건 가치 + 제2조건 가치 + 영구가치

$$V=\sum_{t=1}^{n_1}\frac{FCF_{n_1}}{(1+r_1)^{n_1}}+\sum_{t=1}^{n_2}\frac{FCF_{n_2}}{(1+r_2)^{n_2}}+\ \bullet\ \bullet\ \bullet\ +FCF_{n1+n2+1}(r_{nn}-g)$$

$V=Value$

$r_1\sim r_n$: 각 기간 구간의 할인율

$n_1\sim n_n$: 각 구간의 기간($nn_2\sim nn_3:nn_2$)

FCF_{nn}: n기간의 FCF

$FCF_{n1+n2+1}$: 추정 마지막 FCF의 익년 FCF, $FCF_{nn}\times(1+g)$

영구가치는 조건변경 이후의 가치를 의미한다.

다음 단계는 기업가치를 산정하는 절차이다. 이때는 FCF 추정에 의하여 할인율과 성장률을 활용하여 산정한 현재가치와 회사가 추정 시 비영업용 자산으로 추정에서 배제한 투자 또는 투기용 자산의 가치를 합하여 산정하게 된다.

이를 비영업용 자산가치라 하며, 이 비영업용 자산은 회사의 영업용이 아니고 FCF 추정과는 전혀 다른 현금흐름을 보이거나 현금흐름이 없으므로 목적사업과 함께 현금흐름을 추정하는 것은 옳지 않다. 기업가치 산정식은 다음과 같다.

> 기업가치 = 영업가치(위에서 산정한 가치) + 비영업용 **자산가치**
>
> $V_B = V_O + V_E$
>
> V_B: 기업가치
>
> V_O: 추정된 영업용 자산의 가치
>
> V_E: 비영업용 자산가치(Extra Asset Value)
>
> 비영업용 자산
>
> – 화폐일 경우는 그 금액
>
> – 미래의 권리일 경우는 그 현가
>
> – 사업일 경우는 기업가치 산정방식의 추정이 가능함. 다만, 그 가치가 중요하지 않을 경우는 자산가치의 합계로 산정할 수 있음.

6. 재무추정

재무추정은 미래 현금흐름을 산정하기 위한 절차이다. 회사에서 시장에 매출할 상품이나 제품 또는 용역의 규모를 판단하고 이에 대한 원가를 추정하여 향후의 이익을 계산하면서 현금흐름은 그 윤곽이 드러난다. 재무추정을 실시하는 기업은 기존의 사업을 하고 결산보고를 해 왔던 기업일 수도 있고 아직 설립되지 않은 태생 중인 기업일 수도 있다. 이러한 기업의 재무추정은 일정기간에 대하여는 추정에 의하여, 그 후는 영구가치로 계산하는 방식을 취한다.

추정할 미래에 대하여는 현재 기업의 미래 비전을 따져 보든가 가치적 측면의 미래 위험을 현금흐름 차원에서 점검해 볼 수도 있으며, 신규 사업 아이템을 창발(創發

–전에 없던 것이 새로 나타남)하여 미래비전을 수치화하여 설계해 볼 수도 있다. 이럴 때 사용되는 것이 사업의 언어인 회계이다. 계산된 매출이나 비용·원가 등과 소요되는 자금 및 그 운용의 결과로 나타나는 유무형의 자산과 조달자본의 원천 등을 손익계산서나 재무상태표로 표현해보고 재무적 분석을 통하여 기업의 부족한 점을 찾아내 더 좋은 미래를 창출해가는 절차를 가지는 것이 재무추정이다.

1) 재무추정의 절차와 준비

재무추정의 첫 번째 단계는 추정할 사업의 내용, 즉 추정 대상을 확정하는 일이다. 현재 수행중인 사업이 대상인지 신규사업을 일으킬 것인지, 신규사업을 현재의 사업에 얹을 것인지 별도의 사업을 일으킬 것인지를 판단하여야 한다. 중요한 요소의 하나는 사업유형이다. 대상 사업이 원자력 발전사업일 경우에는 소요자본이 수십 조를 넘나들고 소형 원자로인 SMR 발전소만 해도 1조(5억~10억 달러: 700억~1.4조원, 엔지니어뉴, '25.6.5) 정도의 사업이므로 그에 걸맞은 평가의 준비가 필요하다.

조선이나 항공, 무기체계 등의 사업은 규모가 크다. 바이오 사업도 만만찮은 규모를 가지고 있으며 AI 같은 회사 유행 기술이나 전기자동차, 우주산업, 초전도 기술이나 컴퓨터 기술 등은 개인기업 단독 수행이 어려울 만큼 큰 사업들이다. 재무추정은 이러한 추정 대상 사업의 정의부터 시작하여 미미한 볼트와 너트 등의 세부적 부품에까지 미치는 광범위한 업무이다.

재무추정 절차

가. 추정 대상 사업의 식별

나. 평가방법결정–평가방법, 기간분류, 사업별 분류 방법

다. 산업 및 시장 구분·조사

라. 매출 추정

마. 원가 추정, 비용 추정

바. 소요 자금 규모 및 조달방법별 재무계획

사. 소요투자 추정

아. 재무제표 작성 - 손익계산서, 제조원가 명세서, 재무상태표, 현금흐름표

자. 자유(잉여)현금흐름(FCF)의 계산

2) 추정 대상 사업의 식별 및 사업 외 자산

(1) 추정 대상 사업의 식별과 평가방법 결정

(가) 대상사업

재무추정의 첫 단계인 대상 사업의 식별은 자금조달을 얼마나 할 것인지, 그 조달이 가능한지, 규모가 크다면 정부나 사회적 공감대를 확보하였는지 등에 대한 거시적 판단이 먼저 수행되어야 한다. 이러한 공감대는 사업성 유무도 영향을 미치는데 투자자들에 대한 배당(exit) 문제도 논의의 대상이기 때문이다.

추정의 목적이 법인 간 합병 등으로 외부전문가 자문형식의 금융감독원 보고사항일 수도 있으며 IPO를 위한 평가일 수도 있다. 해외자본의 유입을 목적으로 하는 경우는 평가의 기준과 적용 회계 기준 및 적용 법규, 자금의 국제 간 이동이나 환율 등의 거시적 변수들에 대한 검토도 필요하다.

스페이스-X 등의 우주선 개발이나 우주여행 사업의 경우는 안전의 문제도 평가와 재무추정 업무수행 가부를 따지는 주요 요소가 될 것이다.

재무추정 대상 사업에 대한 정의가 내려지면 그 다음은 제공하는 제품이나 용역이 공급될 시장에 대한 검토를 하여야 한다. 어떤 형태건 제공하는 제품이나 서비스는 특정 산업군에 포함될 것이므로 그 산업에서 추정 대상인 제품이나 서비스를 얼마나

그림 2-5 M. Porter의 5 Force Model

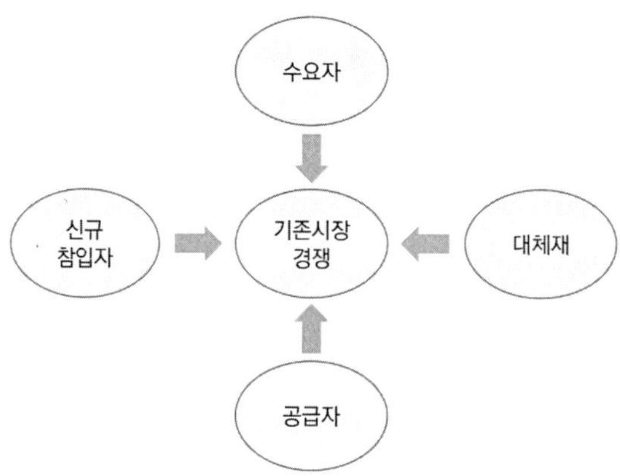

받아줄 것인지, 시장의 크기는 어느 정도이며 시장 점유율을 얼마나 가져갈 수 있는지, 그 목표는 얼마인지도 따져보아야 한다.

산업분석에는 M. Porter의 5 Force Model을 많이 쓰고 있다. 이 모델은 시장의 경쟁 관계를 분석하여 경쟁력을 판단하는 방법인데, 시장 경쟁자를 기존 시장의 경쟁 관계에서 고객인 수요자와 공급자를 수직축으로 놓고 상하 경쟁 관계를 나타내며, 신규 시장참여자(참입자: market entrant)와 대체재를 수평축으로 놓고 시장 분할 및 경쟁 관계를 분석하고 있다. 산업분석의 다양한 방법론은 IPO 가치평가의 '2. 상장환경분석' 부분을 참조한다.

(2) 비영업용 자산의 구분

비영업용 자산이란 가치평가 목적 사업 외의 기업이 보유한 모든 가치를 가진 유무형의 자산을 말한다. 사업의 수행에는 꼭 맞는 자산이 필요하다. 현금이라 하더라도 꼭 필요한 금원을 초과하는 것은 영업자산이 아니다. 사업가치는 영업(operation)에 의해 창출되는 잉여 현금흐름과 할인율에 의해 산정되고 비영업용 자산은 나중 합산되므로 비영업용 자산을 잘못 산정하면 기업가치가 잘못 계산된다. 이는 정확한 투자 소요액 계산과 함께 정밀검토되어야 할 것이다.

① 비영업용 자산의 분리

기업의 자산은 모든 자산이 기업의 영업수익에 공헌하는 것은 아니다. 제품을 생산하여 이를 판매하는 과정에서 꼭 필요한 자산이 활동을 하고 기업의 이익을 창출하는 것이다. 투기 또는 투자나 미래 사옥을 지을 목적으로 토지를 매입해 놓았다면 이 토지가 지금의 수익을 창출한다고 볼 수는 없기 때문이다.

기업의 비영업용 자산은 재무상태표의 각 항목에 여러 형태로 존재한다. 현금도 필요한 현금 외에 보유하고 있는 부분은 비영업용 자산이며, 재고자산 속에도 현재는 생산 중단 등으로 생산제품에서 멀어진 제품에 대한 보유 원재료 등의 재고자산도 있다. 이들은 나중 진부화 부분을 찾아 실질적 경제적 가치를 초과하는 부분에 대하여는 장부가액을 제각하여야 한다. 유가증권은 그 자체로 이자를 창출하며 특정 목적의 수익을 창출한다고 보기 어렵고 무형자산은 대부분 비영업용 자산으로 보아야 할 것이다. 다만, 산업재산권으로 현재 제품의 생산을 위하여 권리가 기여되는 자산은 영업용 자산으로 보는 것이 타당할 것이다.

② 비영업용 무형자산

평가대상인 사업의 목적은 분명하므로 목적 사업에 직접 쓰이지 않는 산업재산권, 회원권, 영업권이나 개발비 등은 비영업용 자산으로 분류될 수도 있다. 비영업용 자산으로 분류되는 무형자산은 취득원가 중 잔존가액을 회계 기준에 따라 정확히 산정하여 비영업용 자산으로 식별하여야 한다.

③ 유가증권

유가증권은 보통 비영업용 자산으로 구분한다. 그 자체로 어떤 영업적 활동성이 없다고 인정되기 때문이다. 그러나 당해 유가증권이 영업에 필연적인 항목일 경우에는 영업용 자산으로 구분하여야 한다. 취득의 목적과 원인에 따라 자회사의 지분증권이나 장기간 보유하면서 배당 또는 투자 환익을 목적으로 취득하였으면 이는 비영업용 자산으로, 거래의 전제조건으로, 즉 거래 보증용이나 건설회사와 기타 영업을 위한 공제조합 출자증권 등의 경우에는 영업용 자산으로 구분함이 타당하다. 이들은 영업을 취소해야만 탈퇴 및 제거할 수 있기 때문이다.

비영업용 자산으로 구분되는 유가증권은 많은 경우 가치가 액면에 못 미치는 증권을 강제로 떠넘기는 강제취득 자산이 있다. 이러한 경우는 시장가치를 측정하여 장부에 실질가치를 반영하여야 한다.

④ 비영업용 유형자산

기존 보유한 유형자산은 영업 가치 추정에 영향을 미치지 않는다. 가치계산은 현재를 '0'(제로베이스)으로 보고 미래 현금흐름을 추정하기 때문이다. 그러나 현재 수행하려는 사업용 자산을 가지고 있는 경우(예로 100억 원어치)와 무일푼으로 시작하는 것과는 엄연한 차이가 있으므로 이 부분은 조정되어야 할 것이다.

다만, 유형자산을 투자목적으로 취득했거나 매각하여 대가를 취할 수 있는 자산의 경우 그 가치를 비영업용 자산으로 삽입할 수 있다.

⑤ 초과보유 현금

기업의 현금 보유 적정액은 측정이 어렵지만 존재한다. 모 기업 회장이 현금 보유량이 많아 투자수익을 주주들에게 돌려주지 못한다하여 해임되었던 예도 있다. 과거에는 총 자산의 2% 이내를 사업상 필요현금으로 예시하기도 하였으나 세계적인 빅테크들의 투자를 보면 수억 달러에서 100억 달러를 쉽게 넘나드는 것으로 보아 일정한 기준이 있을 수는 없는 것 같다. 그러나 현행의 사업을 운영함에 있어 필요한 현금의 적정 규모는 존재한다.

업무용 유동자산으로 업무용 유동부채를 충당할 정도의 현금을 제시하기도 하는데 타당치는 않고, 사업 목적을 함께 대비하여 적정 금액을 판단하여야 할 것이다.

(나) 평가방법

평가방법은 절대적 평가방법을 쓸 것인가, 상대적 평가방법을 쓸 것인가로 구분된다. 법률행위의 일환이면 법령에 의한 평가를 한다. 현금흐름할인법에 의한 경우 기한을 어떻게 나눌 것인가를 결정한다. 대부분은 일정기간 추정하고 추정 이후 기간은 계속기업가치를 계산하는 방식으로 한다.

7. 매출액 추정

1) 매출액 추정의 원리

제공되는 제품이나 용역에 대한 내용이 파악되고 시장에서의 수용상태를 확인하였으면 시장 점유율이나 매출목표에 대한 타당성 검토를 하여야 한다. 매출액은 재무추정에 가장 중요한 요소로, 우리가 애써 찾아가는 미래 현금흐름도 많은 경험을 가진 시장 전문가가 이것은 '매출액 대비 몇 %야'라고 언급하면 어림이 되고 그 노력들이 빛을 잃을 수 있을 만큼의 중요 포인트이다. 따라서 시장과 동기화되는 정확한 매출액을 추정하는 것은 더할 나위 없이 중요하다. 이 의미로 앞서 산업분석이나 시장분석을 먼저 수행한 것이다.

매출액의 추정 계산 원리는 간단하다. 매출 예정수량에 판매 단가를 곱하면 매출액은 계산된다.

$$매출액 = \sum 매출수량 \times 단가$$

수량: 판매되는 제품의 판매 수

단가: 판매되는 제품의 판매 단가

매출액 산정은 쉬운 계산 구조를 가지고 있으나 그 중요성은 너무나 크며 실제 달성할 매출액을 찾기는 매우 어려워 재무추정의 50%는 미래 매출 추정에 노력이 들어간다고 할 수 있다. 한번 추정한 매출액에 오류가 발견되면 재계산하는 수고를 아끼지 않아야 한다.

2) 매출액 추정법

(1) 전략적 목표 수립법

매출액 목표는 일반적 지속사업의 경우는 전기 또는 이전 대비 회사의 성장목표인 달성목표 몇 %를 가산하면 쉽게 산출될 수 있다. 그러나 이 방법은 과학성이 없으며 책임질 사람도 없어 달성을 못하면 영업사원들만 일괄 골탕을 먹게 되는 lump－Sum 방식(lump－sum 계약방식－일괄계약방식)이다.

(2) 영업부문별 집계

이보다 좀 더 개선된 방식은 지역과 제품을 빠짐없이 책임 부여된 영업부문이나 대리점의 판매 목표를 합하여 매출액 목표를 잡는 것이다. 이때 판매사원이나 대리점은 자신의 달성률에 대한 책임이 있으므로 나름의 근거를 가지고 매출액을 추정해서 보고하게 된다.

이는 SOTP(Sum of the parts)라 할 수 있다. 많은 자회사를 거느린 경우, 중요한 pipeline 자산을 보유한 경우 등에 유용하다. 이렇게 집계된 예상 매출액은 목표치와 대비하여 목표에 부족할 경우는 각 영업 주체별로 조정하게 된다. 예산보다 높은 경우는 많지 않지만 이럴 경우 각 영업부문 담당자들의 계획을 점검하고 달성이 불가능한 매출액이면 계획을 수정하여야 할 것이다.

(3) 시장 점유율법

앞에서 M. Porter의 5 Force Model을 이용하여 산업분석 및 경쟁 분석을 통해 점유 가능한 시장 섹터를 확인했으면 시장 규모와 그 가능 점유율을 토대로 매출액을 추정할 수 있다.

시장 점유율에 의한 매출액 추정 시에는 각별히 조심할 부분이 있다. 어쩌면 시장 점유율에 의하여 추정된 매출액은 상상을 초월한 금액이 산출될 수 있다. 이런 경우 산출된 매출액을 그대로 추정 매출액으로 잡을 수는 없다. 그 전제가 되는 것이 큰 매출의 관리력이다. 우선은 제품의 생산능력으로 설비와 기계의 시설을 포함한 공장 생산능력을 갖출 수 있느냐와 시장의 공급 능력이 이를 뒷받침할 수 있는가, 판매 시설은 수용 능력이 있는가, 나아가서는 매출액이 증가하면서 과연 영업이익률 및 부가율은 유지해 나갈 힘이 있는가 등이 신중하게 검토되어야 한다.

추정매출액 = 시장규모 × 시장 점유율	①
정상적 성장을 하는 시장의 경우	
추정매출액 = 기존매출액 × (1 + 시장성장률)	②
= 시장규모 × (1 + 시장점유율) × (1 + 시장성장률)	③
⇒ 시장규모 × {(1 + 시장점유율) × (1 + 시장점유율 성장률)} × (1 + 시장성장률)	④

시장 공략을 적극적으로 해 간다면 시장점유율도 상승할 것이다.

시장이 성장하여 그 점유율도 높아가는 경우, 즉 AI를 개발하는 엔비디아나 오픈AI 또는 AMD 등은 ④번 식의 적용이 타당할 것이다.

(4) 델파이 방법

델파이 방법은 과거의 통계적 데이터가 없거나 과학적 추정이 불가능한 경우, 이 분야 전문가들의 의견을 들어 미래를 예측하는 미래 추정의 한 방법이다.

사업에서 도출되는 제품이 신기술의 신제품이어서 과거의 매출 자료의 축적이 없고 과학적 추정법이 없으면 매출 추정에서도 델파이법을 쓸 수 있다.

전문가 집단을 매출 추정 TF(Task Force)으로 소집하고 시장에 대한 동종·유사제품 등의 존재와 목적제품의 시장 돌파능력과 유사제품에 대한 경쟁력 등을 설문하고 최종적으로 시장의 크기 대비 판매 가능 수량과 판매 가능 가격을 판단하여 매출액을 추정할 수도 있다. 시장을 처음 개척하는 경우, 그 제품이 지금까지 흔적이 없었던 제품이 아닌 이상, M. Porter에 의하면 경쟁 유사제품과 그 공급기업에 대하여 목적 제품은 신규참여자로 시장에 참여하게 되는 것이다. 신제품은 경쟁제품과의 품질과 서비스, 공급능력, 생산능력 등에 대하여 상세히 분석하여 경쟁력 관련 정보를 제공하여야 한다.

(5) 기타의 방법

① 지수평활법

매출 추정은 과거의 매출 실적을 사용하면 성장률을 이용하여 쉽게 매출액을 추정할 수 있다(평균 성장률법). 매출에 영향을 미치는 요소는 과거의 매출 실적만이 아니고 제품의 광고비나 매출 할인의 적용, 서비스의 강화, 품질개선 노력 등에 의해 매출의 성장률은 변화한다. 지수평활법은 매출에 영향을 미치는 여러 요소를 종합하여 이를 매출 추정에 활용하는 방법이다.

$$S_t = S_{t-1} + \alpha \cdot (A_{t-1} - S_{t-1})$$
$$= a \cdot A_{t-1} + (1-\alpha) \cdot S_{t-1}$$

S_t: 추정대상 연도의 매출 추정치

A_{t-1}: 전년도 매출 실적

a: 평활상수

이 방법은 매출예측과 재고관리, 비용계획 등에 쓰여지며 단순지수평활법이 추세를 제대로 반영하지 못하면 지수평활법으로 예측정확도를 높일 수 있다.

② 회귀분석법

회귀분석법은 매출과 매출에 영향을 미치는 여러 변수들 간의 인과관계(causal relationship)를 통계적으로 밝히는 방법이다. 매출에 영향을 미치는 변수를 식별하고 매출과 그 변수 간의 상관계수를 구하여 매출을 추정한다. 이는 통계분석의 방식으로 산식이 도출되므로 SPSS나 Excel에 있는 통계기능을 사용하여 상관계수를 구할 수 있다.

매출에 영향을 미치는 변수도 매출과의 상관관계를 분석해 볼 수 있는 것은 광고선전비 등의 비용, 판매원 수나 대리점의 수 또는 그 직원 수, 특정 산업의 경우는 수출입 동향이나 유가 등에 영향을 받거나 인구성장률, GDP 증가율 등과의 상관관계가 있을 수도 있음을 유의해야 한다.

8. 비용의 추정

1) 비용의 개념

기업의 활동(activity)은 비용을 써서 수익을 창출하는 과정이다. 비용은 자산의 소멸을 초래한다. 자산의 소멸은 새로운 자산의 창출에 쓰인 비용과 그에 기여하지 못한 손실로 구분된다. 자산은 또 다른 자산을 창출하는 힘이 있으므로 자산의 다른 명칭으로 용역잠재력(service potential)이라고도 한다. 소멸된 자산은 그 쓰임에 따라 비용과 손실로 구분되며, 비용 중에 제품의 제조에 쓰여 매출되는 제품의 제조원가를 조성한 비용을 매출원가로, 기업의 전반적 관리를 위하여 쓰인 비용을 관리비로, 제품의 매출을 위하여 쓰이는 비용을 판매비로 구분한다.

현금은 자산이나 용역의 구매 또는 부채의 상환을 위하여 대가로 지급할 수 있는

그림 2-6 자산의 형태변환(순환과정)

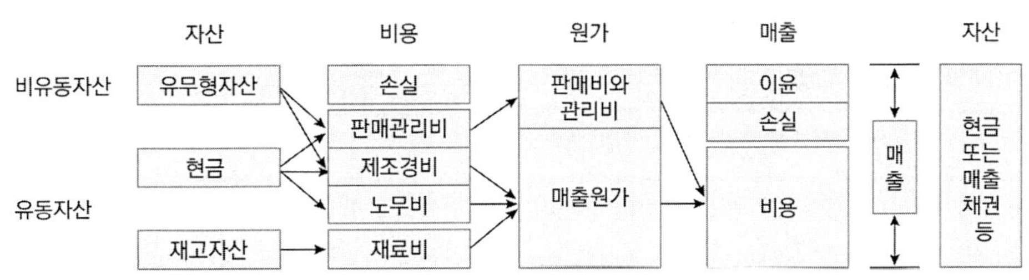

모든 것을 말한다. 재고자산은 상품과 제품 및 제품의 제조에 쓰이는 원재료와 변형된 형태의 재공품 등을 포함한다. 유·무형자산은 재고자산의 움직임을 지원해주는 역할로 주로 감가상각과 감모상각을 통해 제조경비나 판매관리비로 경영활동에 기여한다.

이러한 비용화되는 자산의 경영활동 중 수익 창출에 기여하지 못한 현금의 허비나 화학 재고자산의 증발 등의 감모 부분 등은 손실로 인식된다.

2) 제조원가 중 재료비의 추정계산

제품의 형상을 구성하는 모든 요소들을 원재료 또는 부품이라 한다. 이들을 일괄하여 회계에서는 원재료라 한다. 화학공정에 들어가는 원재료는 별도로 구분하여 원료라 하기도 한다. 구매 또는 생산한 원재료를 사용한 원가는 재료비로 집계된다.

재료비 = $\sum$재료소비수량 × 재료단가

재료소비수량: 실제 제품의 생산에 투입된 재료의 측정단위별 수량

재료단가: 투입재료의 측정단위별 평가된 단가

부재료비는 동일한 산식에 의거 재료비로 편입되나 공용재료로 소모재료비는 제조간접비로 구분하여 제품 등으로 배부하거나 제조경비 중 소모품비로 계상하였다가 제조경비의 처리방법에 따라 처리한다.

(1) 재료비의 계산

재료비 = $\sum$판매제품수량 × $\sum$원재료품목수량 × 단가

재료비: 매출된 제품의 총 원재료비

판매제품수량: 매출 추정된 각 제품의 수량

원재료 품목수량: 제품 1단위당 소요되는 각 원재료 수량

단가: 소요 원재료의 평가된 단가

※ 평가된 단가란 원재료의 구입 단가가 변동함에 따른 선입선출법이나 평균법 등을 적용하여 적법하게 평가된 단가를 말함.

매출액이 추정되었으면 그 원가를 추정 계산한다.

원재료비는 제품을 구성하는 원재료의 원가이므로 추정된 제품의 매출 수량에 대하여 소요 원재료의 원가를 산출하면 된다.

원재료 투입비용인 재료비를 구하는 계산식은 기초와 기말의 재고자산 단가가 다르므로 다음과 같이 계산한다.

재료비 $= \sum$(기초재료 재고액+당기매입액−기말원재료재고액)

원재료비는 기존 기초에 보유한 원재료에서 당기 구매분을 더하고 제조에 소요된 원재료를 차감하면 기말 원재료 금액이 나오지만 불출의 횟수와 평가방법에 따라 달라지는 단가를 적용함은 대단히 불편하므로, 회사의 정해진 평가방법에 따라 기말 재고자산의 금액을 먼저 책정하고 이를 독립변수로 하여 재료비를 계산하는 것이 편리하다. 또한 계속 기록되는 재고의 계산오류나 감모, 단가계산의 난해성 등을 감안하여 실제 재고를 실사 절차를 통하여 확정하기 때문에 정확히 파악된 기말재고를 먼저 확정하는 것이 합리적이다.

재고 흐름에 따른 재료비의 계산 기초재고 금액+당기 매입액-불출액(재료비)=기말재고 금액 ⇒ 이 방법은 사용하지 아니함, 대신 다음 식 사용 기초재고 금액+당기 매입액-기말재고=불출액(재료비)

계상된 재료비는 제조원가명세서에 기초재료 재고액과 당기 매입액 및 기말재료 재고액으로 구분하여 표시된다. 재고의 기록, 실사, 단가 결정방법 등은 별도의 교재를 참고하여야 할 것이다.

가치평가에서 추정에 활용한 생산량은 여러 가정들이 조합된 것이고 실제 생산에 들어가면 변동이 심하므로 생산계획이 매출 추정치나 원재료 소모량에 직접 영향을 주지는 아니한다.

(2) 직접재료비와 간접재료비

재료비의 구분은 재료비와 소모품비로 나누어 소모품비는 구분하여 제조경비로 하거나 제품이나 제조부문비로 배부할 방법이 있으면 배부를 하되 재료비는 제품에 직접 배부하거나(직접원가계산) 종합적으로 배부계산(전부원가계산 또는 종합원가계산 등) 하여 원가계산을 한다.

변동원가계산 방식으로 원가를 계산하면 재료를 직접재료와 간접재료로 구분하여야 한다. 직접재료란 소비되는 재료가 쓰이는 제품을 구체적으로 연관시킬 수 있는 재료로 이를 특정 제품이나 제품그룹에 배부할 수 있는 원가이다. 직접재료비는 직접노무비, 직접경비 및 직접 판매비와 관리비 등과 결합하여 변동비를 구성하고, 별도 산정되는 고정비와 어울려 제품단위당 공헌이익을 계산할 수 있게 된다. 변동비는 제품의 생산량(또는 조업도)에 따라 원가가 비례하여 증가와 감소를 하는 성격의 원가이고 고정비란 생산량이나 조업도의 변동에도 변동되지 않고 일정 수준을 유지하는 원가를 말한다.

공헌이익의 계산식과 그 활용은 다음과 같다.

표 2-11 변동원가계산

부분 공헌이익손익계산서 A

공헌이익의 산출(표준/응용)		
매출액	xxx	
변동비	xxx	①
공헌이익	xxx	②
생산수량(표준)	xxx	③
단위당 공헌이익	xxx	④(②÷③)
생산수량(실제)	xxx	⑤
고정원가	xxx	⑥
제조원가	xxx	⑦(=①+⑥)

부분 공헌이익손익계산서 B

공헌 영업이익의 산출			
매출액		xxx	①
직접비			②
직접재료비	xxx		③
직접노무비	xxx	xxx	④
공헌이익		xxx	⑤(①-④)
고정제조간접비		xxx	⑥
매출총이익		xxx	⑦(⑤-⑥)
변동판관비	xxx		
고정판관비	xxx	xxx	⑧
영업이익		xxx	⑨(⑦-⑧)
단위당재료비		xx	③÷생산수량
변동제조원가		xxx	④÷생산수량

공헌이익은 매출액에서 고정비를 차감하여 공헌이익을 구하는데 생산제품 단위당 제조원가를 계산하므로 향후 생산 및 판매량의 변동에 따라 원가산정이 간단해진다. [표 2-11]의 공헌이익 손익계산서에서 A와 B는 같은 것으로 A에서는 변동원가를 단위당 변동비로 산정하여 일정한 조업도에 대한 원가를 계산할 수 있음을 보여주며, B에서는 고정제조간접비와 판매관리비를 가감하여 영업이익이 산출되는 구조를 보이고 있다.

변동비는 직접재료비와 직접노무비로 제품생산 단위당 일정한 원가가 소요되므로 일정 생산량에 대한 원가는 '직접단가×생산수량'으로 계산된다.

고정비는 간접재료비와 간접노무비를 포함한 제조경비 등 고정성 비용들을 말하며 일정 조업도(정상조업도, 기준조업도 등으로 표현)를 기준으로 단위당 고정비를 산정하여 일정 조업도에 대한 원가를 산정한다. 실제 원가와 변동원가계산에 의한 차이는 차이분석을 통하여 경영통제에 활용한다.

사전에 각 원가계산에 대한 표준을 설정하기도 하는데 표준을 기준으로 원가를 계산하는 방식을 표준원가계산이라 하며, 과학적으로 설립된 표준과의 차이는 경영에 과학성을 부여할 수 있는 훌륭한 과학적 관리방법을 제공한다. [표 2-11]의 A와 B의 원가계산서는 목적에 따라 여러 형태로 응용할 수 있다.

다만, CVP 분석에서는 직접재료비, 직접노무비 및 직접판매관리비를 변동원가로 인식한다. 조업도란 생산량이나 노동시간, 기계시간 등 직접원가 산정의 척도로 쓰일 수 있는 계측치를 말한다.

3) 제조원가 중 노무비의 추정(인건비 추정)

인건비는 제품 제조에 소요되는 부분은 노무비로 하여 제조원가에 포함되고 관리인력의 인건비와 영업과 마케팅 관련 비용은 관리비와판매비로 계상된다.

급여는 피고용인의 직책이나 직급에 따라 지급되는 월 급여가 있으므로 여기에 부대되는 수당 등을 포함하여 지급 금액을 집계하여 계산한다.

인력의 소요계획에 따라 구성원들에 대한 임률을 적용하여 인건비를 산정한다. 현재의 조직 규모에서 연속선상의 추정이라며 일정 증가율을 산정하며 신규사업일 경우에는 기계나 인력 수요를 예측하여야 한다. 우리나라의 급여나 노무비는 많이 경직되어 있어 변동비로 보기는 어렵다.

> 노무비 = $\sum$제조인력 × 임률
>
> 급여 = $\sum$(관리 · 영업)인력 × 임률
>
> 노무비: 제조원가 해당 인원에 대한 지급액
>
> 급여: 판매·관리 해당 인원에 대한 지급액
>
> 임률: 본인 지급 총 급여(시, 월, 연 또는 회사의 지급기준에 따름)

(1) 주요 기계와 인력수요 예측

기계수요: 생산계획에 따라 작업(가공)능력으로 작업량을 나눈 기계 대수, 자본 수요로 자금 공급이 필요하며, 감가상각을 통하여 비용을 배부하나 토지비의 경우는 원가배분이 되지 않으므로 그에 대한 이자 등을 감안하는 것이 타당할 것이다.

인력수요: 기계작업자의 경우는 기계별 작업인력 수가 표시되므로 소요 기계 수에 소요인력을 곱하여 산정할 수 있으며 조립·사상 또는 컨베이어 시스템 작업의 경우는 공정별 소요인력을 작업속도에 대비시켜 산정할 수 있다.

자재관리, 생산관리, 품질관리, 시험·연구 인력 등에 대하여는 업무량에 따른 소요부서별 인원수를 산정할 수 있다. 장기 추정이므로 규모의 변화에 따른 인력의 증가와 임률의 변화를 반영한다. 보조하는 간접인력의 인건비를 감안한다. 대표이사의 급여는 주로 판매비와 관리비로 계상하는데, CEO 등이 엔지니어로 연구개발 등에 실질적 기여가 있을 경우는 기여도에 따른 일부의 제조원가 배분을 고려하여야 한다.

관계사의 손을 빌려야 할 경우나 특수한 기술로 반드시 외부가공이나 외주로 처리해야 할 내용이 있는 경우는 외주가공비를 계상하되 제조경비로 간접비로 처리하지 않고 직접비로 처리하여야 한다.

기계 수요에 따른 인력 수요는 연동되어 있으므로 함께 추정할 수 있다.

(2) 직접노무비와 간접노무비의 구분

손익계산서에 계상되는 인건비는 매출원가와 판매비와 관리비로 구분된다.

매출원가에 계산된 인건비는 원재료와 같이 고정비와 변동비로 구분될 수 있으며 판매비와 관리비는 고정비와 변동비로 구분이 가능하다. 이러한 구분은 변동원가계산이나 표준원가계산을 위한 직접비를 분리하는 것으로 생산량이나 매출량의 변동에 대응이 쉽다는 장점이 있다. 표준원가를 통한 생산능률 향상은 경영상 추진할 혁신대상으로 관리의 핵심이다.

4) 제조경비 또는 제조간접비

제조원가는 재료비와 노무비, 경비의 3요소로 구성된다. 발생되는 원가는 제품으로 집계되어 매출원가로 손익계산서에 계상된다. 그러나 각 원가들을 직접비와 간접비로 구분하면 [그림 2-7]과 같이 제조직접비와 제조간접비로 나눌 수 있다.

그림 2-7 제조간접비의 식별

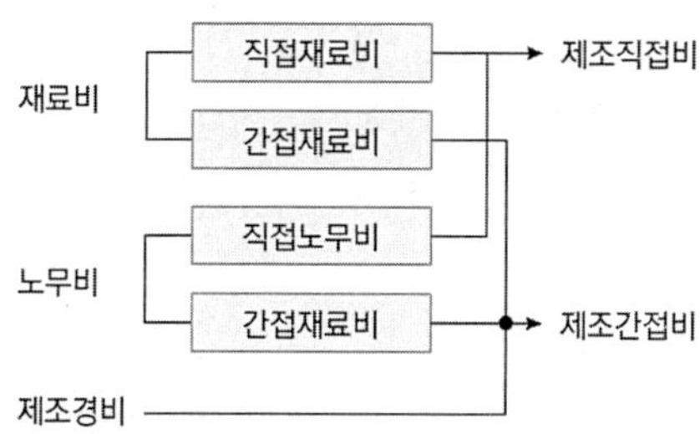

생산의 여러 부문(예로, 기계부, 영선부, 전기부, 품질관리부 등)에서 발생된 비용들은 서비스를 제공받는 부문에 부문비를 배부하는데, 주로 간접부문비를 직접부문으로 (서비스를 상호 주고받는 경우는 일방배부나 상호배부 등의 방법을 배부) 배부하여 최종 제조원가를 산정한다.

원가를 제조직접비와 제조간접비로 구분하면 금액이 상대적으로 큰 직접비는 관리통제가 쉽게 되고 제조간접비도 관리하는 여러 기법이 있어 경영 및 통제에 유리한 면이 많아 많은 기업들이 이 방법을 쓰고 있다.

제조경비는 관련 계정과목이 많아 개별 계정별로 추정하기가 쉽지 않다. 한편은 각 계정의 금액이 미치는 영향력이 크지 않으므로 이를 일괄적인 배부기준을 써서 유사한 계정들을 배부하는 데도 큰 문제가 없다. 각 계정의 원가는 원가동인을 사용하여 아래와 같이 논리적으로 추정할 수 있다.

표 2-12 원가동인에 따른 제조경비 추정

원가동인	영향계정 등
매출액	판매수당, 접대비, 세금공과
매출원가	외주가공비
제조원가	포장비, 소모공구비, 별도 관리되지 않는 원재료나 부품
제조수량	품질검사비, 포장비
재료비	부재료비, 간접재료비
재료수량	간접재료비
노무비(인건비)	4대보험, 복리후생비
노무시간	시간수
인원수	복리후생비, 피복비, 정액수당, 통신비, 수도광열비, 주민세
점유율	A/S비
기계 대수	기계수선비, 가계정비비(오버홀 등)
기계 가동시간	감가상각비, 감모상각비, 수선비
직접비 처리	소모공구비 별도 수량 관리하지 않는 원재료 등

※ 중복되는 내용들은 운영 형태에 따라 선택할 수 있음

※ 정부 원가계산에서는 인과관계에 따라 재료비법, 노무비법, 원가법, 작업시간법, 기계시간법, 수량법 등으로 제품에 배부하도록 하고 있음.

9. 투자 및 자본조달 계획

1) 투자 및 자본조달

기업은 자산의 활동으로 인하여 그 목적인 이익이 창출된다. 따라서 영업에 필요한 자산의 확보는 그를 가동하여 수익을 올릴 근로자의 확보와 버금가거나 앞선다.

투자계획 절차

(1) 목표 설정 - 장·단기, 연구개발계획 포함

(2) 목표 제품과 생산량 계획 - 기간별

(3) 주 기계 도입계획(생산량÷주 기계 생산능력＝소요대수)

(4) 주 기계별 소요인원 및 소요면적 산정

(소요인원＝기계별 필수인원×소요기계대수)

(소요면적＝기계별 소요면적×소요기계대수)

(5) 기타 시설장비별 소요인력 및 작업장 면적 산정

(6) 소요작업장 면적에 따른 공장규모 결정(복리후생공간 등 감안)

(7) 공장 및 시설확보 계획(공장 구매 또는 임차, 기계장치와 설비의 확보 계획)

(8) 자금조달 계획

(9) 가치평가에 적용

투자 및 자금조달은 일정 계획이 수립되어야 한다.

투자 및 자금조달 계획 (단위: 억 원, 명)

구분	20x5년				20x6년				20x7년				비고
	1	2	3	4	1	2	3	4	1	2	3	4	
공장확보	▭ 30												운영 전 임차 일부
기계도입		▭ 5	▭ 5			▭ 5							
인력확보	▭ 200				▭ 100								공채
지급계획	10	2	2	3	5	12		2	8		10		
자금조달	30				20								xx금융, 사채20

▭ 초기준비/인력 및 자금

※ 자금조달처: xxx 출자, xxx 차입 (제1금융권, VC투자 등)

※ 기계식별: 메이커 xxx, 대당 가격 xxx (타사 경쟁력 확보)

조달된 기계는 기계장치 계정으로 분개되어 재무상태표에 표시된다. 자금조달은 시기를 놓치면 안 된다. 신규사업의 경우 대규모 인력조달이 필요한데 주변 인력공급 기관과의 협력이 필요하다. 만반의 준비가 갖추어지면 기관의 가치평가 보고내용을 다시 한 번 Review한다. CEO의 확신이 서면 시행하게 된다.

2) 감가상각

유형자산의 경우에는 감가상각을 통하여 자본을 배분한다.

감가상각은 취득가가 있고 내용연수와 잔존가치가 있으면 적절한 상각방법을 선택하여 결산기에 상각을 한다. 추정 재무제표이기 때문에 매년 1년분씩 상각하면 될 것이다. 토지는 가치가 감소하지 않으므로 원가를 배분하지 않으며, 건설가계정도 상각하지 않는다. 건물, 구축물, 기계장치, 집기, 비품, 차량운반구, 선박 등은 모두 상각 대상이며 내용연수와 잔존가액 및 상각방법이 다를 수 있으므로 적절한 선택을 하여야 한다. 상각비는 제조경비로 분류되고 생산되는 제품에 배부되어 제조원가를 거쳐 매출원가를 구성하였다가 자산을 생성하며 재탄생된다.

10. 순운전자본의 증감액 산정

1) 산정원리

운전자본은 기업의 단기 운영에 필요한 자본(유동성과는 다르며 매출채권으로 영업상 채권을 주로 말함)을 말하며 자산에는 매출채권의 형태로 부채에는 매입채무의 형태로 존재한다. 순운전자본은 이들의 순액(매출채권-매입채무)이다. 순운전자본의 증가는 차기에 잉여 현금흐름(FCF)이 남아 자본조달을 덜 해도 되며 반대의 경우 추가로 자본을 조달해야 함을 표시한다. [표 2-13]은 순운전자본의 증감을 나타내고 있다.

표 2-13 순운전자본 증감액 계산표

운전자본 계정	y+1	y+2	y+3	y+4	y+5
매출액	10,320	36,036	68,860	97,006	121,258
매출원가	9,054	29,056	56,762	78,209	97,712
매출총이익	1,266	6,980	12,098	18,797	23,546
매출채권	1,234	4,072	7,783	10,962	13,702
기타유동자산	640	2,112	4,037	5,686	7,107
재고자산	1,068	3,526	6,739	9,491	11,864
매입채무	1,238	3,974	7,764	10,698	13,365
기타유동부채	1,189	3,817	7,456	10,279	12,835
운전자본(자산)	2,942	9,710	18,559	26,139	32,673
운전자본(부채)	2,427	7,791	15,220	20,972	26,200
순운전자본 소요	515	1,919	3,339	5,167	6,473
순운전자본 증(감)	515	1,404	1,420	1,828	1,306

주1) 자산부의 기타 유동자산은 영업상의 발생채권으로 봄
주2) 부채부의 기타 유동부채는 영업상의 발생채무로 봄

따라서 순운전자본 소요 증가액은 각 연도별 515, 1,404, 1,420, 1,828 및 1,306이 되며 각 연도에 별도로 조달하여야 한다. 이는 잉여현금흐름의 여유분이 있으면 이를 충당할 수 있다.

2) 미지급금과 미수금, 장기미수금 또는 장기미지급금

유·무형자산의 취득이나 처분에 따른 미지급금이나 미수금, 그 기간이 1년 이상일 경우에는 장기미수금 또는 장기미지급금의 경우는 이를 그대로 순운전자본 증감에 포함시켜도 된다. 기계나 차량의 취득시 미지급금이 발생했다면 미지급금의 증가로 영업활동으로 인한 순현금흐름이 증가하게 된다. 그러나 동액만큼의 지급하지 아니한 자산의 증가가 투자활동으로 인한 순현금흐름에 자본의 사용으로 나타나기 때문에 전체적으로는 FCF에 미치는 영향은 없다. 향후 이를 상환할 경우에도 미지급금의 감소는 현금지급에 대한 반작용이므로 순운전자본의 증감이 동시에 이루어져 현금흐름표에 표시만 될 뿐이지 FCF에 미치는 영향은 없다.

이러한 원리는 미수금과 유형자산의 처분 거래에서도 동일하게 적용되며 장기미지급금과 장기미수금에도 동일한 영향을 미치므로 그 계정이 재무상태표상 유동자산에 있든지 비유동자산에 있든지 문제가 되지 않는다. 재무상태표 중에서 1년 기준(또는 정상영업주기 기준)에 따라 유동과 비유동을 애써 구분하려 했던 노력을 FCF의 산정시에는 하지 않아도 되는 것이다.

3) 기타의 계정과 순운전자본

재무활동이 이루어지면 그 결과는 현금의 흐름으로 FCF의 증가와 감소를 야기한다. 재무활동에는 자금의 차입 및 상환과 증자와 감자, 그리고 이에 수반되는 배당과 이자의 수취와 지급이 있다. 재무활동의 결과물로 얻어지는 배당과 이자는 영업활동으로 분류하는 것이 맞다. 그 외의 계정들의 변화가 FCF를 변동시키는 요인이 있으면 그것이 현금이 아닌 한 순운전자본의 증감으로 식별하면 된다.

비영업용 자산에 대한 투자의 경우는 별도로 분리하여야 하며 장단기 금융상품투자금액[2]은 현금으로 취득하는 경우 현금을 감소시키며 FCF에 이미 반영되어 있으니

2) 회계상의 금융상품은 수취채권과 유가증권 및 유동부채의 지급채무까지 포괄하는 폭이 넓은 개념이다.

고려할 필요가 없으며 혹 미지급 처리된 것은 유무형자산의 취득과 유사하다. 따라서 FCF의 계산을 위한 순운전자본의 증감에 반영할 사항은 없다.

4) 순운전자본 증감 유의사항

순운전자본 증감은 기업이 당기중 보유한 운전자본에서 차기에 추가로 필요한 운전자본을 말하는 것으로, 추정에 의한 차기 순운전자본 필요액에서 당기 보유한 순운전자본을 차감함으로 계산된다. 이 증감액은 현금흐름표상 '영업활동으로 인한 자산부채의 변동'을 활용할 수 있다.

유의할 사항은, 만약 유형자산 구입에서 투자 활동에 잡힌 미지급이 있으면 투자 활동에 비현금이 잡히고 유동(또는 비유동)자산에 순운전자본 증감으로 잡히므로 상쇄된다. 재무활동으로 인한 현금흐름도 사전에 제거하고 계산한다.

11. 법인세 비용

법인세율은 실제 부담할 법인세율을 적용한다. 법인세율표는 초과 누진율로 표시되어 있으므로 과세표준이 위치하는 구간의 첫 금액부터만 적용하고 그 이하 구간에서는 아래 세율을 적용한다. 우리나라의 현재 법인세율은 초과 누진율이며 법인세법에서 정한 내용은 다음과 같다. 법인세의 10%를 지방소득세로 부과한다.

표 2-14 법인세율

과세 표준구간	법인세율	지방소득세율	합계	누진공제액
2억원 이하	9%	0.9%	9.9%	
2억원 초과 200억원 이하	19	1.9	20.9	20,000,000
200억원 초과 3,000억원 이하	21	2.1	23.1	420,000,000
3,000억원 초과	24	2.4	26.4	9,420,000,000

※ 세율 적용은 초과누진율(높아진 세율은 높아지는 과표부터 적용)로 적용함

※ 과세표준을 해당 구간의 세율을 곱한 뒤 누진공제액을 빼면 세액이 산출됨

여러 법인별 소득세율은 다음과 같다. 지방소득세는 각 세율에 10%가 가산된다.

표 2-15 여러 법인별 소득세율

법인구분	과세 표준구간	각사업연도소득		청산소득	
		세율(%)	누진공제	세율(%)	누진공제
영리법인	2억원 이하	9	-	9%	10%
	2억원 초과 200억원 이하	19	2,000만원	19	20.000,000
	200억원 초과 3,000억원 이하	21	420,000만원	21	420,000,000
	3,000억원 초과	24	9,420,000만원	24	9,420,000,000
비영리법인	2억원 이하	9%	-		
	2억원 초과 200억원 이하	19	2,000만원		
	200억원 초과 3,000억원 이하	21	420,000만원		
	3,000억원 초과	24	9,420,000만원		
조합법인 (조특법§72)	20억 이하	9			
	20억 초과	12	6,000만원		

가족 법인 중에서 부동산 임대업을 주된 사업으로 하거나 부동산 임대수익, 이자수익, 배당수익 금액을 합산해서 매출액의 50%를 초과하거나 직원을 5명 미만으로 고용하는 법인을 성실신고 확인 대상 소규모 법인이라고 한다. 이때는 200억원 이하는 19%로 동일 세율을 적용한다. 자본비용을 계산하면서 법인세는 타인자본비용을 감소시키는 역할을 한다. 자기자본비용은 수익률(R_e)을 그대로 적용하나 타인자본비용의 수익률(R_d)은 법인세효과$(1-t)$를 감안한다.

FCF를 계산할 때 이용되는 손익계산서의 당기순이익은 타인자본비용인 지급이자가 공제된 후 계산된 법인세를 차감한 이익이다. 실제 납부할 법인세율을 추정하기는 어렵다. 따라서 β를 추정하는 하마다모델에서는 각 연도별 산정된 법인세 공제 전 이익을 과세표준으로 하여 현행 적용세법에서 정한 법인세율로 계산한 법인세를 평균하여 사용하고 있다. 당기순이익은 법인세 공제 전 순이익에서 법인세비용을 차감한 금액이 된다.

미래 추정 손익계산서에서는 법인세비용을 세전 이익에 법인세율을 적용하지만 법인세법에서는 회계상의 당기순이익을 세무조정이라는 세무회계의 과정을 거쳐 과세표준을 계산하고 이를 기업이 부담할 법인세로 하고 있다.

세무회계에서 주로 간섭(세무조정사항)하는 것은 ① 사회 정의 차원에서의 교통범칙금 등의 벌금 등의 비용 부인 ② 사회 용인 한도를 초과하는 접대비 한도, 기부금 한도 기준을 초과하는 지출의 부인 ③ 부정당하다고 인정하는 자금의 운용 - 대표이사의 회사자금이용(가지급금), 관계사 간의 초저가의 자금 전용 부분에 대한 이자수익 인정 ④ 수익금액 결정방식의 차이에 대한 과세 ⑤ 자산의 평가방법(유·무형자산 감가상각, 재고자산 평가 등)의 차이 등에 대한 과세 등이다. 손익계산서의 당기순이익에서 세무상의 과세표준을 계산하는 과정은 다음과 같다.

기업회계상 당기순이익

\+ 임금가산 및 손금불산입: 인정이자 가산, 벌과금 부인
− 손금산입 및 익금불산입: 충당금 과다 환입
− 이월 결손금 : 누적결손금(15년) 인정

과세표준
×
법인세율
=
법 인 세(+부가세(지방소득세)=법인세비용)

추정 손익계산서상 계산된 결손금은 손익계산에도 결손연도 이후에 이익에서 차감할 이월결손금으로 계산해 주어야 한다. 결손금 이월공제 인정 연수는 2020년부터는 15년, 그 이전은 10년이다. 세금감면 조건이나 절세효과도 적용한다. 경우에 따라 이 부분이 중요할 수 있다. 한계 법인세율 적용대상이 되면 한계 법인세율을 적용하여 법인세 비용을 계산할 수 있다.

추정 재무제표의 작성 대상이 되는 추정 사업의 전개에는 세무상 조정해야 할 사항들이 포함되지 않는다고 보아야 한다. 순수한 영업만을 가정하기 때문이다. 따라서 추정 재무제표상 당기순이익을 과세표준으로 함에 무리는 없다.

12. 추정 재무제표의 작성

현실적인 추정 재무제표를 작성하여 기업의 가치가 타당성 있게 작성된다. 미래는 불확실하다 하여도 가능한 모든 상황을 추정하고 이익 계상이 과다하지 않도록 보수적으로 추정하는 것이 중요하다.

1) 추정재무제표 작성 흐름

추정재무제표는 추정재무상태표, 추정손익계산서 및 추정현금흐름표와 추정제조원가명세서 등이다. 자본변동표를 넣지 않은 것은 이를 작성할 수는 있으나 그 변동이 정해진 자본의 변동만을 나타내기 때문에 별로 효익이 없다는 점이다.

추정재무제표의 작성은 추정제조원가명세서로부터 시작한다. 그림에서 보듯, 손익계산서는 제조원가를 포함한 손익계산표이고 재무상태표는 제조원가명세서에서 정해진 원재료와 재공품 등을 그대로 가져오기 때문에 제조원가명세서가 더 원초적인 보고서로 추정재무제표는 추정제조원가명세서의 추정에서부터 시작한다.

그림 2-8 추정재무제표 작성 흐름

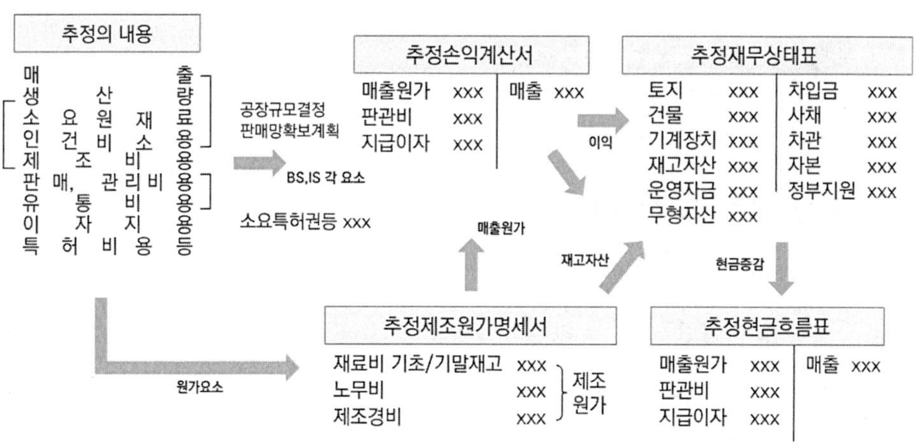

2) 기초자료 조사

재무추정을 위한 시작은 기초자료의 조사 및 수집이다. 가치평가를 의뢰받은 평가자라면 평가 대상에 대한 기초적인 자료가 의뢰인에게 있다.

평가목적인 제품의 시장과 기술 및 경쟁자와의 기술 경쟁력, 이 기술을 적용했을 경우 경쟁자들이 점유하고 있는 시장에 그들의 장벽을 뚫고 시장점유를 얼마나 확보할 것인지, 매출을 얼마나 올릴 것인지, 나아가서는 초기 시장 진입 시부터 점차 펼쳐질 기술 및 시장 전략을 어떻게 구사해서 얼마만큼의 시장확보를 통해 경영 안정선에 도달할 것인지, 여기 소요되는 비용과 시설투자 및 일반 경비는 얼마를 사용하게 될 것인지에 대한 상당히 구체적인 복안을 가지고 있다.

평가자라면 이들 자료를 의뢰인으로부터 받아 여기부터 시작하면 된다. 평가자는 평가에 필요한 시장에서의 대상기업을 선별하고 그들로부터 필요한 자료를 입수하는 것과, 평가방법을 어떤 방법으로 선택할 것인지, DCF 방법 등을 사용할 경우에는 할인율을 어떻게 할 것인지 등에 대한 자료 준비와 제시된 자료들의 총괄적인 정밀 검토가 필요하다. 물론 평가에 필요한 자료들은 의뢰인의 방향성을 파악하고 평가자가 자체적으로 그에 타당한 조사 및 조달하여 사용하게 된다.

여기서는 시장의 크기와 매출 가능성 및 그 추정액, 제품 한 단위를 생산하는 데 소요되는 재료비, 노무비 및 제경비 등의 원가, 유통과 판매 및 관리비용, 각종 무형자산의 구매비 등이 조사되어야 한다.

3) 추정 재무제표의 작성

(1) 추정 제조원가명세서

앞에서 설명한 대로 추정재무제표는 추정제조원가명세서에서부터 시작된다. 제조업이나 건설업이 아닌 경우는 바로 손익계산서에서 시작하게 될 것이다. 제품의 제조 등에 소요되는 원재료의 투입과 노무비 등이 계산이 제조원가명세서에 기록되고 완성된 제품이 손익계산서로 넘어간다. 매출원가는 완성된 제품이 판매분 해당 제조원가에 해당한다. 제조원가명세서의 원재료와 재공품의 기초와 기말 잔액은 재무상태표의 그것과 일치한다.

3년 또는 5년 등으로 추정된 재료비와 노무비 및 제조경비들을 반영하여 제조원가명세서를 작성하면 다음과 같다.

추정 제조원가명세서

㈜XX통신기술　　　　제xx기 2025년 1월 1일부터 12월 31까지　　　　(단위: 백만원)

과 목	Y+1	Y+2	Y+3	Y+4	Y+5
I. 재 료 비	6,513	21,492	42,312	58,432	73,040
II. 노 무 비	393	668	978	1,215	1,480
III. 제 조 경 비	2,148	6,896	13,472	18,562	23,192
1. 복리후생비	102	328	641	883	1,103
2. 전력비	330	1,059	2,070	2,852	3,563
3. 가스수도료	102	689	1588	1821	2127
4. 감가상각비	200	282	307	791	1,138
5. 세금공과	13	42	81	112	140
7. 보험료	25	81	158	217	271
9. 외주비	703	2,255	4,406	6,070	7,584
10. 운반하역보관포장비	54	172	337	464	580
11. 외주공사비	32	103	201	277	346
12. 기타경비	587	1,885	3,683	5,075	6,340
IV. 총제조비용	9,054	29,056	56,762	78,209	97,712

여기 적용된 비용처리방식은 아래와 같다.

재료비＝기초재료재고액－당기매입액－기말재료(원재료)재고액

노무비＝실제 발생원가. 실지급액－정기 미지급비용＋당기 미지급비용

당기 제품 제조원가＝기초재공품재고액＋당기 총 제조비용-기말재공품재고액

※ 주요 체크포인트

① 기초·기말 원재료 재고는 재무상태표의 전기·당기 원재료 금액과 일치함

② 기초·기말 재공품 재고는 재무상태표의 전기·당기 재공품 금액과 일치함

③ 당기 제품 제조원가는 손익계산서로 이기되어 있음

(2) 추정손익계산서

추정제조원가명세서에서 완성 후 넘어온 제품은 손익계산서에 기록되는데, 판매분은 매출에, 판매분에 대한 제조원가 또는 구매원가는 매출원가로 계상된다.

추정손익계산서

㈜xxx 통신기술 2025~2029년 (단위: 백만원)

과 목	Y+1	Y+2	Y+3	Y+4	Y+5
I. 매출액	10,920	36,036	68,880	97,006	121,258
II. 매출원가	9,054	29,056	56,762	78,209	97,712
III. 매출 총 이익	1,866	6,980	12,118	18,797	23,546
IV. 판매관리비	644	2,126	4,064	5,723	7,154
1. 급여	264	872	1,667	2,348	2,934
2. 복리후생비	34	1112	214	301	376
3. 세금공과금	21	69	131	184	230
4. 임차료	11	36	69	97	121
5. 감가상각비	25	83	158	223	279
6. 광고선전비	2	7	14	19	24
7. 경상개발비	287	948	1,812	2,551	3,189
V. 영업이익	1,222	4,854	8,054	13,073	16,392
VI. 영업외 수익	3	72	196	242	420
1. 이자수익	3	72	196	242	420
VII. 영업외 비용	120	240	360	360	360
1. 이자비용	120	240	360	360	360
IX. 법인세비용	243	1,031	1,736	2,850	3,619
XI. 당기순이익	862	3,655	6,154	10,105	12,833

※ 추정손익계산서는 포괄손익항목은 포함시키지 않는다.

(3) 추정재무상태표

추정손익계산서에서 넘어온 제품의 기초와 기말재고, 제조원가명세서의 원재료, 재공품의 기초와 기말의 재고가 재무상태표에 기록된다.

추정재무상태표

㈜뇌통신기술 2025~2029년 (단위 : 백만원)

과 목	Y+1	Y+2	Y+3	Y+4	Y+5
자 산					
I. 유동자산	3,115	13,298	28,346	38,216	53,693
1. 현금예금	173	3,588	9,786	12,077	21,020
2. 매출채권	1,234	4,072	7,783	10,962	13,702
3. 기타유동자산	640	2,112	4,037	5,686	7,107
4. 재고자산	1,068	3,526	6,739	9,491	11,864
II. 비유동자산	6,175	7,010	7,545	13,530	16,115
i) 투자자산					
ii)유형자산	6,175	7,010	7,545	13,530	16,115
1. 토지	2,000	2,000	2,000	2,000	2,000
2. 건물	3,000	3,000	3,000	5,000	5,000
3. 기계장치	1,300	2,300	3,300	8,300	12,300
4. 차량운반구	100	300	300	300	300
감가상각충당금	225	590	1,055	2,070	3,485
자 산 총 계	9,290	20,308	35,891	51,746	69,808
부 채					
I. 유동부채	3,428	10,791	20,220	25,971	31,200
1. 매입채무	1,238	3,974	7,764	10,698	13,365
2. 단기차입금	1,000	3,000	5,000	5,000	5,000
3. 기타유동부채	1,189	3,817	7,456	10,273	12,835
II. 비유동부채	1,000	1,000	1,000	1,000	1,000
1. 장기차입금	1,000	1,000	1,000	1,000	1,000
부 채 총 계	4,428	11,791	21,220	26,971	32,200
자 본					
I. 자본금	4,000	4,000	4,000	4,000	4,000
II. 자본잉여금	0	0	0	0	0
III. 이익잉여금	862	4,517	10,671	20,775	33,608
1. 이월이익잉여금	0	862	4,517	10,671	20,775
2. 당기순이익	862	3,655	6,154	10,105	12,833
자 본 총 계	4,862	8,517	14,671	24,775	37,608
부 채 와 자 본 총 계	9,290	20,308	35,891	51,746	69,808

(4) 추정현금흐름표

추정재무상태표와 추정 손익계산서를 이용하여 다음의 간접법 현금흐름표를 작성한다.

추정현금흐름표

㈜뇌통신기술 2025~2029년 (단위 : 백만원)

계 정	Y+1	Y+2	Y+3	Y+4	Y+5
I. 영업활동 현금흐름	572	2,616	5,199	9,290	12,945
1. 당기순이익	862	3,655	6,154	10,105	12,833
2. 현금유출이 없는 비용 등의 가산	225	365	465	1,014	1,417
가. 감가상각비	225	365	465	1,014	1,417
3. 영업활동으로 인한 자산과 부채의 변동	-515	-1,404	-1,420	-1,829	-1,305
가. 매출채권의 감소(증가)	-1,234	-2,838	-3,711	-3,179	-2,740
나. 기타유동자산의 감소(증가)	-640	-1,472	-1,925	-1,649	-1,421
다. 재고자산의 감소(증가)	-1,068	-2,458	-3,213	-2,752	-2,373
라. 매입채무의 증가(감소)	1,238	2,736	3,790	2,934	2,667
마. 기타유동부채의 증가(감소)	1,189	2,628	3,639	2,817	2,562
II. 투자활동 현금흐름	-6,400	-1,200	-1,000	-7,000	-4,000
1. 투자활동으로 인한 현금유입액	0	0	0	0	0
가. 토지의 처분	0	0	0	0	0
2. 투자활동으로 인한 현금유출액	6,400	1,200	1,000	7,000	4,000
가. 토지의 취득	2,000	0	0	0	0
나. 건물의 취득	3,000	0	0	2,000	0
다. 기계장치의 취득	1,300	1,000	1,000	5,000	4,000
라. 차량운반구의 취득	100	200	0	0	0
III. 재무활동 현금흐름	6,000	2,000	2,000	0	0
1. 재무활동으로 인한 현금유입액	6,000	2,000	2,000	0	0
가. 단기차입금의 차입	1,000	2,000	2,000	0	0
나 장기차입금의 차입	1,000	0	0	0	0
다. 유상증자	4,000	0	0	0	0
2. 재무활동으로 인한 현금유출액					
가. 사채의 상환	0	0	0	0	0
IV. 현금 및 현금성 자산의 순 증감	173	3,415	6,198	2,291	8,943
V. 기초의 현금 및 현금성 자산	0	173	3,588	9,786	12,077
VI. 기말의 현금 및 현금성 자산	173	3,588	9,786	12,077	21,020

13. 사업별 잉여현금흐름 산출

개별 사업별 FCF는 현금흐름표로부터 도출된다. 기본적인 FCF 산출식은 다음과 같다.

잉여현금흐름 산정
영업이익
법인세비용
± 현금의 유출입을 수반하지 아니하는 수익, 비용
± 순운전자본의 증감
− 자본적지출
잉여현금흐름

이 내용들은 기본재무제표인 현금흐름표에 있으므로 현금흐름표로부터의 도출 방법을 살피면 다음과 같다.

1) 영업이익과 법인세

다음의 부분손익계산서와 주석으로 영업이익과 법인세비용을 확인할 수 있다.

자료

1. 요약 부분손익계산서

과목	금액(천원)	비고
영업이익	8,054	
영업외수익	196	
영업외비용	360	순영업외비용 164
법인세차감전순이익	7,890	법인세율: 9.9%주)
법인세비용	781	
당기순이익	7,109	

주) 지방소득세율 포함

2. 주석(법인세 등)

과목	금액(천원)	비고
당기부담할 법인세	781	
이연법인세자산 변동	236	이연법인세 참조
법인세비용	1,017	

<u>법인세비용 계산</u>

1. 당기 부담할 법인세: 781천원

   이연법인세는 당기 납부할 법인세가 아니므로 가치평가에서는 고려하지 아니함

2. 영업이익에 대한 법인세

   가) 부담액 = 781 × (8,054 ÷ 7,890) = 797

   나) 법인세 부담률 = 781 ÷ 7,890 = 9.9%

   다) 영업이익에 대한 법인세 부담액 = 8,054 × 9.9% = 797

3. NOPLAT(Net Operating Profit Less Adjusted Tax)

   영업이익-영업이익에 대한 법인세 = 8,054 − 797 = 7,257

2) 현금흐름 산정

현금흐름표를 이용하여 현금흐름을 계산하면 다음과 같다.

(1) 법인세의 계산

법인세율은 앞에서 보인 것과 같다. 여기서는 편의상 20%를 일괄 적용한다.

세후이익(NOPLAT)의 계산(산식: 영업이익 - 영업이익에 대한 법인세)

계정과목	Y+1	Y+2	Y+3	Y+4	Y+5
영업이익	1,222	4,854	8,054	13,073	16,392
법인세 비용(20%)	244	971	1,611	2,615	3,278
차감잔액(NOPLAT)	3,883	6,443	10,458	13,114	360

(2) 현금을 수반하지 아니하는 거래

본 사례에서 현금유출입을 수반하지 아니하는 거래는 다음과 같다.

현금유출이 없는 비용 등	225	365	465	1,014	1,417
가. 감가상각비	225	365	465	1,014	1,417

현금유출이 없는 비용은 본 사례에서는 감가상각비가 있으며, 감모상각, 퇴직급여 등이 여기 해당한다. 현금유입이 없는 수익은 본 사례에서는 없다.

(3) 영업활동으로 인한 자산과 부채의 증감

영업활동으로 인한 자산과 부채의 변동 내역을 현금흐름표에서 구하면 다음과 같다.

계정과목	Y+1	Y+2	Y+3	Y+4	Y+5
영업활동으로 인한 자산과 부채의 변동	-515	-1,404	-1,420	-1,829	-1,305
가. 매출채권의 감소(증가)	-1,234	-2,838	-3,711	-3,179	-2,740
나. 기타유동자산의 감소(증가)	-640	-1,472	-1,925	-1,649	-1,421
다. 재고자산의 감소(증가)	-1,068	-2,458	-3,213	-2,752	-2,373
라. 매입채무의 증가(감소)	1,238	2,736	3,790	2,934	2,667
마. 기타유동부채의 증가(감소)	1,189	2,628	3,639	2,817	2,562

(4) 잉여현금흐름의 계산

이상의 내용을 포괄하여 잉여현금흐름을 구하면 다음과 같다.

잉여현금흐름

㈜뇌통신기술 2025년~2029년 (단위: 천원)

계 정	Y+1	Y+2	Y+3	Y+4	Y+5
1. 영업이익	1,222	4,854	8,054	13,073	16,392
법인세 비용(20%)	244	971	1,611	2,615	3,278
차감잔액(NOPLAT)	3,883	6,443	10,458	13,114	360
2. 현금유출이 없는 비용 등의 가산	225	365	465	1,014	1,417

계 정	Y+1	Y+2	Y+3	Y+4	Y+5
감가상각비	225	365	465	1,014	1,417
3. 영업활동으로 인한 자산과 부채의 변동	-515	-1,404	-1,420	-1,829	-1,305
가. 매출채권의 감소(증가)	-1,234	-2,838	-3,711	-3,179	-2,740
나. 기타유동자산의 감소(증가)	-640	-1,472	-1,925	-1,649	-1,421
다. 재고자산의 감소(증가)	-1,068	-2,458	-3,213	-2,752	-2,373
라. 매입채무의 증가(감소)	1,238	2,736	3,790	2,934	2,667
마. 기타유동부채의 증가(감소)	1,189	2,628	3,639	2,817	2,562
잉여현금흐름	4,108	6,808	10,923	14,128	1,777

주1) 기타유동자산과 기타유동부채에는 투자나 재무활동 내역은 없다.

주2) 일반적으로 장단기대여금이나 장단기투자증권은 영업활동과 무관한 투자자산으로 분류한다. 기타의 자산에서는 영업활동과 관련이 있는 부분만 감안하게 된다.

현금의 유출입이 없는 감가상각비, 감모상각비, 대손상각비, 퇴직급여 등은 현금 유출입이 없는 비용에 가산하지만 이자비용, 이자수익은 가치평가에서는 고려하지 아니하며, 퇴직급여충당금 잔액을 초과하여 현금 지급한 부분{분개 예: 차) 퇴직급여 xxx 대) 현금 xxx}은 기타 순운전자본 감소 항목에 포함시킨다.

14. 자본비용

예제_ 전제한 ㈜뇌통신기술은 신규사업을 펼쳐나가면서 다음과 같은 Cash Flow를 예측한다. 다음 자료로 이 현금흐름의 현가를 구하라. 할인율은 10%이다.

연차별	1	2	3	4	5
예상이익	1,000	2,000	3,000	4,000	5,000
현가계수	0.909	0.826	0.751	0.683	0.621

〈풀이〉

현가: 각 연도별 예상이익×현가계수

=9,090+16,500+22,530+27,320+31,050

=86,490

사업을 하기 위한 각별한 아이템이 있어 이를 시행하기 위한 미래 사업계획 예측으로 사업의 미래를 손익계산서 등의 재무제표로 추정하고 연차적 현금흐름을 추정하였으면, 이를 현가로 환산해 주어야 한다. 이미 설명했듯 미래의 현금은 지금의 현금과는 다르기 때문이다.

미래 현금할인에 쓰이는 할인율은 시중에서 통용되는 시장이자율이 아니다. 시장이자율은 채권이나 사채의 발행 시 그 관련 비용들을 연계하여 유효이자율로 실현가치를 환산하는 회계학적 방식이 아니라, 사업을 구상하는 기업가가 조달하려는 자본의 종류를 식별하고 이들의 이자율을 써야 한다. 이 이자율이 기업가가 자본을 활용하면 지급하는 자본에 대한 비용(자본비용)이기 때문이다.

타인자본은 기업이 주로 금융기관들로부터 조달하는 금융 차입금이 위주이며 자기자본은 주주로부터 조달하는 투자액이 중심을 이룬다. 기업은 외부 차입금에 대하여는 약정된 이자를 지급하게 되며 주주들에게는 배당 등의 형태로 자본에 대한 비용을 지급하게 된다.

조달된 각 타인자본에 대한 약정된 이자율에 의한 자금의 유출(이자비용)이 자본비용이며, 차입금의 경우에는 약정된 이자율에 따른 이자를 지급하게 되고 주주에게는 적어도 유사한 다른 기업 특히, 상장을 하려하는 또는 기존 상장기업들만큼의 배당을 지급할 것이 기대된다. 따라서 조달되는 자본의 종류와 규모 및 각 자본 별 이자율을 산정하여야 한다.

여기서는 각 자본에 대한 조달의 형태와 그에 따른 자본비용에 대하여 논한다.

1) WACC(가중평균자본비용)

위 입문 예제에서는 향후 5년간에 걸쳐 예상되는 현금흐름을 할인율 r(여기서는 10%)로 할인하여 현가를 산정하였는데, 이 r은 자기자본과 타인자본의 각 이자율과 구성에 따라 달라진다. 타인자본 조달이 많으면 그 조달 비용(이자율)에 근접한 할인율이 적용될 것이고 자기자본이 많으면 자기자본 이자율에 가까운 이자율을 적용하게 될 것이다. 이것은 다음과 같은 계산식으로 표현할 수 있다.

여기서, WACC는 우리가 구하려는 자기자본과 타인자본을 연계한 할인율이며, 이를 구하기 위해서는 자기자본 이자율(R_e)과 타인자본 이자율(R_d)이 자기자본 조달액(E)과 타인자본 조달액(D)으로 가중평균($\frac{E}{D+E}$와 $\frac{D}{D+E}$)되는데 부채의 비용(이자비용)은 과세대상이 아니므로 자기자본비용 대비 법인세율만큼의 비용이 차감($1-t$ 배율)되는 것이다. 여기서 산식에 대한 지수들의 설명을 덧붙여보면 다음과 같다.

산식: $WACC = Re \times \frac{E}{D+E} + Rd \times (1-t) \times \frac{D}{D+E}$

$WACC$: 가중평균자본비용, Weighted Average Cost of Capital

R_e: 자기자본 이자율(Interest Rate of Equity)

R_d: 타인자본 이자율(Interest Rate of Debt)

t: 법인세율(TAX Rate)

E: 자본조달액(Equity)

D: 부채조달액(Debt)

이 산식에서 도출한 가중평균자본비용 WACC는 관련 변수들을 안다는 가정하에 산출이 되는 것이다. t는 세법에 정해진 세율이 있으니 도출이 어렵지 않으나 R_d의 경우 차입금의 종류가 단기차입금, 장기차입금, 사채 및 외화차입금 등이 있고 그 차입 조건에 따라 차입금액과 이자율이 각기 달라 하나의 R_d를 도출하기가 쉽지 않다.

R_e의 산출은 그나마 차입금별 이자율이 정해진 R_d를 구하기보다 다른 이론적 접근이 필요하며 D와 E의 타인자본과 자기자본은 소요자본의 조달에 따라, 또는 연차적 결산의 결과 발생되는 이익에 따라 달라진다. 즉, 이익의 발생은 자본에 변동을 가져오고 그 결과 D와 E의 비율이 변화하여 이것은 추정 기간 매 연도별 부채와 자본의 비율을 변경시켜야 하느냐의 우려를 낳게 된다.

이를 자본의 순환성이라 하며, 기업마다의 특징이 있는데, 가치평가에서는 이를 일일이 인식 및 반영할 수 없어 시장을 중심으로 한 CAPM방식으로 추정하여 사용한다.

(1) 법인세율(t)의 산정

기업을 경영하려는 자가 개인사업을 하겠다면 개인소득세율을 적용하면 된다. 대부분의 기업은 법인 형태로 운영되므로 국내에서 사업을 하는 경우는 아래의 법인세율을 적용한다. 다만, 법인세 과세 대상인 과세표준과 법인 이익 또는 현금흐름과는 차이가 있으므로 법인세율 적용 시 이를 감안하여야 한다. 법인세율은 앞에 제시되었고 소득세율은 다음과 같다.

소득세율

과세 표준구간	소득세율	지방소득세율	합계	소득세누진공제액
1,400만원 이하	6%	0.6%	6.6%	
5,000만원 이하	15%	1.5%	16.5%	126만원
8,800만원 이하	24%	2.4%	26.4%	576만원
1.5억원 이하	35%	3.5%	38.5%	1,544만원
3억원 이하	38%	3.8%	41.8%	1,994만원
5억원 이하	40%	4.0%	44.0%	2,594만원
10억원 이하	42%	4.2%	46.2%	3,594만원
10억원 초과	45%	4.5%	49.5%	6,594만원

※ 초과누진세율로 적용. 지방소득세 계산방법: 초과누진율로 소득세 계산 후 10%를 가산(2025년 적용)

미국 등 해외에 법인을 설립하는 경우는 법인 소재지의 국가 법인세율을 감안하고 그 국가와의 조세협약을 반영하여야 한다. 우리나라는 96개국(2025년 2월 현재) 개국과 조세협약을 체결하여 시행중이며 대부분 해당 소득이 발생한 국가에서 그 국가에 납부한 세금은 공제 해주므로, 대한민국의 세율이 낮을 경우에는 추가로 국내에서 부담할 법인세는 없으며 높을 경우에는 국내 세율로 계산한 부담세액에서 그 국가에서 납부한 세금을 공제하고 납부를 하게 되므로 미래 추정 시에는 대한민국에서 납부할 세액만을 계산하면 되며 실질 법인세율은 추정기간의 법인세비용(지방소득세 포함)을 계산하고 이를 평균하여 사용한다.

(2) 타인자본비용(R_d)의 산정

재무상태표의 부채부에는 차입금(사채 포함), 미지급금, 지급채무 및 퇴직급여 충당금 등이 표시된다. 가치평가에서는 기업의 자본비용을 계산하는 것이므로 이자부 부채에 대해서만 타인자본의 범주에 포함시킨다. 기타의 부채들은 이자의 발생이 없기 때문이다.

이자부 부채는 반드시 차입액과 차입 기간 및 그 이자율이 나타난다. 가중평균자본비용을 산출하기 위한 타인자본비용 R_d는 이를 차입금들에 대한 규모(금액)별 가중평균 이자율을 산정하여 적용하면 될 것이다. 차입금에는 장·단기 차입금이 없고 혹 평가일로부터 며칠 남지 않은 만기로 곧 사라질 차입금은 그래도 포함시킨다. 이 경우 대체 될 차입금의 상황변화에 대하여도 차입 조건의 차이가 큰 경우(분명할 시) 등 그 반영을 어떻게 할 것인가의 문제는 남는다.

저리 또는 정부·지방자치단체 등의 지원 자금 등은 어떻게 할 것인가의 문제가 생긴다. 이런 경우는 기업의 장기적 차원에서 당해 산업 및 기업의 기술개발 등에 대한 정부 지원이 지속될 것이라면 응당 포함시키는 것이 타당할 것이나 단기 지원에 따른 가까운 시일 내에 상환 및 추가지원은 중단될 것이라면 제외시키는 것이 보다 실제에 가까운 평가가 될 것이다.

타인자본에 대한 가중평균이자율을 계산하는 방식은 차입금의 원금과 이자율을 가중평균하여 구하는 방법과 회사채기준수익률을 활용하는 방법이 있다.

① 차입금과 해당 이자율을 이용하는 방법

기업은 차입금을 활용한다. 그에 대한 평균이자율을 구하는 방법 중 가장 간단한 방법은 해당 차입금에 대한 이자율을 차입 원금으로 가중평균하여 구하는 방법이다.

표 2-16 타인자본의 가중평균이자율 산정표

계정과목	차입액	차입기간	차입이율	가중치	이자율
단기차입금	100,000	20x5.3.1~20x6.3.1	8%	10%	0.8%
단기차입금	200,000	20x5.8.1~20x6.8.1	6%	20%	1.2%
사 채	450,000	20x4.9.1~20x7.9.1	12%주1)	45%	5.4%
장기차입금	200,000	20x4.7.1~20x7.7.1	5%	20%	1.0%
정부지원금	50,000	20x3.8.1~20x8.8.1	2%주2)	5%	1.0%
계	1,000,000			100%	9.4%

주1) 사채는 차입액을 발행가액/순장부가격으로 하며 차입이자율은 유효이자율로 한다.
주2) 정부지원금은 지원이 지속되고 이러한 자본구조가 유지될 가능성이 높으면 포함한다.

② 회사채 등 기준수익률을 활용하는 방법

평가기관이 책정하는 회사채 기준 수익률(투자등급 및 투기등급)을 이용하는 방법과 CB, BW 등 원천별 이자율을 추정하는 방법이 있다.

법에서 정한 국제신용평가기관은 다음과 같다.

1. Standard and Poor's Financial Service, LLC
2. Moody's Investors Service, Inc
3. Fitch Ratings, Inc

a) 회사채기준수익률 활용법

회사채기준수익률을 이용하여 타인자본비용을 구하는 일반적인 방법은 다음과 같다.

1. 기준 수익률 파악: 최근 발행된 회사채의 수익률 정보를 확인. 이는 시장에서 거래된 동일신용등급의 회사채에 기반하여야 함
2. 스프레드 조정: 만약 필요한 경우, 위험 프리미엄을 추가. 이는 기업의 신용등급에 따라 달라질 수 있음

표 2-17 등급별 스프레드

등급	2025-03-21	2025-06-20	2025-08-22	2025-09-08	2025-09-15	2025-09-22
AAA	2.98	2.79	2.75	2.73	2.72	2.73
AA+	3.06	2.88	2.82	2.81	2.79	2.80
AA	3.10	2.92	2.86	2.85	2.83	2.84
AA-	3.15	2.98	2.92	2.91	2.89	2.90
A+	3.46	3.34	3.30	3.28	3.26	3.25
A	3.72	3.64	3.60	3.59	3.57	3.56
A-	4.17	4.09	4.06	4.06	4.04	4.03
BBB+	6.42	6.34	6.32	6.32	6.30	6.29
BBB	7.46	7.38	7.36	7.36	7.33	7.33
BBB-	8.83	8.75	8.73	8.73	8.70	8.70
BB+	11.11	11.03	11.01	11.01	10.98	10.98
BB	12.51	12.43	12.41	12.41	12.38	12.38
BB-	13.76	13.68	13.66	13.66	13.63	13.63

주: 3년 만기 일반 무보증사채 기준
출처: KAP

3. 세후 비용 계산: 타인자본비용=회사채 기준 수익률×(1−법인세율)

b) 전환사채(CB)를 이용

회사채기준 수익률과 같은 방식으로 CB, BW 등을 이용하여 자본비용을 구할 수 있다.

전환사채의 경우, 타인자본비용은 일반적으로 다음과 같이 계산할 수 있다.

- 타인자본비용 = 전환사채의 이자율 (쿠폰율) × (1 − 법인세율)

c) 신주인수권부사채(BW)를 이용

신주인수권부사채의 경우에도 기본적으로 이자비용을 기준으로 산출할 수 있다.

- 타인자본비용 = 신주인수권부사채의 이자율(쿠폰율) × (1 − 법인세율)

(3) 자기자본비용(R_e)의 산정(CAPM)

자기자본에 대한 이자율(R_e)을 산정한다. R_e는 R_d와 달리 참조할 이자율이나 할인율이 없다. 그래서 CAPM(자본자산 가격 결정모형: Capital Asset Pricing Model)이라는 추정 방법을 활용한다.

① CAPM 기본모형

CAPM의 기본모형은 다음과 같다.

$$R_e = R_f + \beta(R(m) - R_f)$$

R_e: 자본이자율

R_f: 무위험이자율

β: 상관계수

$R(m)$: 시장이자율

$(R(m) - R_f)$: ERP(시장위험 프리미엄, 지분위험 프리미엄)

이 모형은 자본이자율을 산정할 때 무위험이자율에, 상수이며 상관계수인 체계적 위험도 베타(β)와 주식시장의 위험 프리미엄($R(m) - R_f$)을 곱한 값{$\beta \times (R(m) - R_f)$}을 더하는 형태이다. 이것은 마치 수학의 기본함수 $y = ax + b$와 형태가 같다. 상수 a

그림 2-9 R_e와 증권시장선

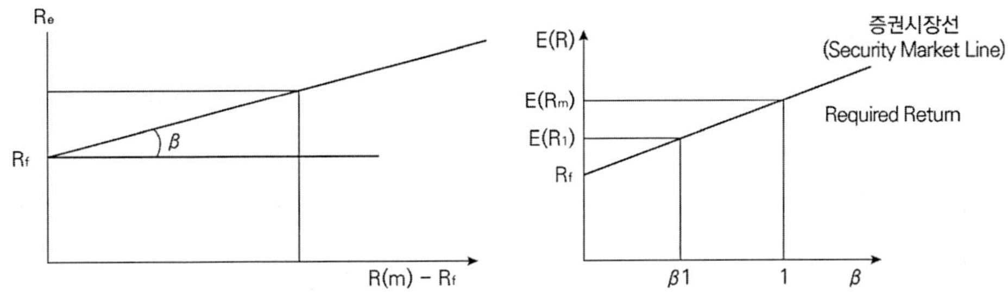

[표 1] Re 산출곡선　　　　[표 2] 증권시장선

는 β이고 절편 b는 R_f, x는 $(R(m)-R_f)$로 대응된다. 그러나 CAPM의 함수는 그리 단순하지 않다.

이를 그래프로 그리면 [그림 2-9]와 같은 형태가 된다. 증권시장선이란 모든 위험자산의 균형기대수익률과 체계적 위험(베타, β) 사이의 선형관계를 나타내는 그래프이다.

[표 2]의 증권시장선에서 β가 증가하며 $E(Rm)$이 증가하면 [표 1]의 $R(m)-R_f$가 증가하여 R_e는 커지게 된다. 다른 해석으로 일정 시점에서는 $R(m)-R_f$는 일정하므로 β가 증가하면 R_e가 증가한다고 볼 수도 있다. 시장위험 프리미엄 $ER(m)-R_f$는 기업의 위험의 시장가치라 할 수 있다. 이는 β에 따라 R_f를 초과하여 나타난다. 이 값은 β의 값에 따라 R_e를 결정하게 되는 것이다. 시장 상황에 따라 동일하게 이자율이 바뀌면 β가 1이다. 철도나 금융 등은 시장변화에 크게 요동하지 않으니 β는 1보다 적고 IT나 투기성 업종의 β는 1보다 크다. [그림 2-9]의 [표 1]과 [표 2]는 상황을 다른 측면에서 본 것일 뿐이다.

② 무위험 자산과 무위험 수익률

[그림 2-9]에서 보면 위험자산에 대한 기대수익률은 무위험 수익률에 기대위험 프리미엄($E(Rm)-R_f$)(expected risk premium)을 가산한 것이다. 여기서 무위험 수익률은 무위험 자산이 내재한 수익률인데, ① 투자한 자산의 파산이나 부도 등의 위험이 없다는 것과 ② 투자 시의 기대수익이 변치 않는다는 두 가지 특성을 가져야 한다.

대개 국가가 발행한 채권을 무위험 자산으로 보는 견해가 있는데, 엄밀한 의미에서는 대한민국과 같이 국가위험(country risk)을 가진 국가의 국채는 무위험 자산이라 할 수 없다. 반면 미 재무성이 발행한 증권은 무위험 증권이라 할 수 있을 것이므로 장기 재무성 증권을 무위험 증권으로 하고 이를 R_f로 놓아 해당 기간의 재무추정 및 수익률을 계산하는 것이 적절하다 할 것이다. 미국에서는 10년 또는 30년 미국채 수익률을 무위험 수익률로 쓰고 있다.

문제는 한국에서의 가치평가 시 미국채 수익률을 적용할 수는 없다는 것이다. 그래서 국가위험에도 불구 5년 만기 또는 10년 만기 국고채 수익률을 무위험 이자율로 사용하고 있다. 더 적절한 율이 있으면 사용할 수 있다.

참고 증권시장선과 자본시장선

증권시장선(SML): $E(R_i) = R_f +\ [\mathrm{E}(R_m)\ - R_f]\ *\ \beta_i$(베타)

자본시장선(CML): $E(R_p) = R_f +\ [(\mathrm{E}(R_m) - R_f)/\delta_m]^*\ \delta_p$

이때, $E(R_m)$: 시장포트폴리오의 기대수익률

δ_m: 시장포트폴리오의 위험(표준편차)

R_f: 무위험자산의 수익률

증권시장선(SML)과 자본시장선(CML)의 공통점은,

① 기대수익률과 위험의 관계를 나타낸 식(또는 그래프)이라는 점에서는 같다.

② 위험이 커지면 그에 따른 기대 수익률도 점점 커져야 하는 선형 직선관계에 있다는 점이다.

증권시장선(SML)과 자본시장선(CML)의 차이점은,

① 증권시장선(SML)은 위험을 체계적 위험으로, 자본시장선(CML)은 총위험으로 계산한다.

$$R_e = R_f + \beta(R(m) - R_f) + \alpha$$

비체계적 위험은 시장포트폴리오(M)을 구성하면 없어지는 분산 가능한 위험으로 예를 들면 파업이나 화재 등을 들 수 있겠고 체계적 위험은 시장포트폴리오(M)을 구성하여도 없어지지 않는 분산 불가능한 위험으로 인플레이션 위험이나 이자율 변동 위험 등이 여기 속한다.

이러한 체계적 위험과 비체계적 위험을 더한 것이 총위험으로 분산 또는 표준편차로 나타난다.

② 두 번째 차이점은 증권시장선(SML)은 효율적 포트폴리오뿐만 아니라 모든 주식과 포트폴리오에 성립하는 데 반해 자본시장선(CML)은 효율적 포트폴리오에만 성립되는 식이다. 이것은 ①과 연결되는데, SML은 포트폴리오로 비체계적 위험을 제거하므로 모든 포트폴리오에 성립이 가능한 것이며 CML은 총위험을 감안하므로, 비체계적 위험을 제거할 수 없어 비효율적 포트폴리오의 균형수익률의 적용이 불가하고, 따라서 효율적 포트폴리오에만 적용되는 한계가 있다.

③ 실무응용모델

CAPM 기본모형에서는 개별회사의 비체계적 위험[3)]은 투자 포트폴리오를 효율적으로 구성함에 의하여 모두 소멸되고 시장 포트폴리오에 대한 체계적 위험만 남게 된다고 보고 있다. 이는 추가적 고유 위험을 부인하는 것인데, 실무에서는 이를 인정하기 어렵다. 회사의 규모나 경영자 위험 등에 따른 고유위험이 존재하는 경우에는 다음 산식을 적용한다.

총위험 = 체계적 위험(베타) + 비체계적 위험

이 식은 CAPM 기본모델에 α가 첨부된 것인데, α는 회사 고유 위험을 의미한다. 이를 추가하는 이유는 CAPM의 기본모델이 가진 회사 규모나 세금 등의 고유 위험이 존재하지 않는다거나 무위험 이자율에 의한 금융이 시행된다는 조건 등이 충족되지 않기 때문이다.

3) 체계적 · 비체계적 위험: 회사가 가지는 위험 기업 자체위험과 환경적 위험으로 나누어, 전자에는 경영상, 자본조달 등 재무위험 및 기술이나 마케팅전략 등의 위험으로 이를 비체계적 위험으로 하고 후자를 경기변동이나 금리, 환율, 유가 등의 환경으로 보고 체계적 위험이라 한다.

시장도 체계적 위험에 대한 대가는 지급하지만 비체계적 위험은 보상하지 않는다. 한편, 비상장기업에 대하여는 포트폴리오를 구성하더라도 개별기업이 가지는 위험이 모두 제거되기는 어렵다. 상장기업과 달리 일부 비체계적 위험에 대한 보상여부를 고려하여야 한다. 이는 고유 위험 프리미엄(Specific risk premium)이라 하며 규모 위험 등은 계량화가 가능하나 그 외는 평가자의 경험에 의한 주관적인 기대치를 적용하기도 한다.

④ 자본구성비율

타인자본과 자기자본(D&E) 간의 가중치는 순환관계가 있으므로 목표 자본구조를 이용한다. 목표 자본구조는 회사가 장기적으로 지향하는 타인자본과 자기자본의 비율로 산정하거나 회사의 과거 타인자본·자기자본의 비율에 타당성이 있으면 활용하기도 하며, 나아가서는 평가 대상기업이 추구하는 자본비율에 수렴되는 유사 동종 상장기업들의 비율을 조사하여 일정 수의 기업들의 평균을 사용할 수도 있다(합리적이라면 가중치를 쓸 수도 있다고 본다).

목표 자본구조 설정시의 가중치는 시가를 기준으로 한다. 타인자본은 대부분이 화폐성 이므로 장부가액을 활용할 수 있으나 자기자본의 경우는 시가와 장부가의 차이가 크므로 상장기업의 주식 발행 시가총액을 파악하여 이를 활용하여야 한다.

목표 자본구조를 추정하는 방법에는 PBR(Price Bookvalue Ratio)을 활용하기도 한다. 우선 비교 대상기업으로 엄선된 기업들의 PBR을 구하고 이들을 평균하여 시가와 장부가액 비율을 산정한 후 대상기업의 자본에 이를 적용하여 추정 시가 및 부채가치를 산정한 후 목표 자본구조를 계산한다.

PBR외에도 PER 또는 EV－EBITDA Multiple을 써도 대상기업의 부채비율을 구하고 목표 자본구조를 산출할 수 있다.

2) 베타(시장탄력성: β)

(1) 개념

자기자본 이자율 계산식에 들어있는 베타(β: 평가 대상기업 시가의 시장탄력성)는 CAPM의 꽃이며 가치평가이론 중 가장 어려운 부분이라 할 수 있다. 그러나 우리가 평가대상으로 하는 기업을 평가함에 시장의 주가변동에 대한 목표기업의 주가변동을 추적, 비교하여 그 변동률을 감안할 필요가 있음을 알게 되는데 이때 시장 주가변동률과 대상회사 주가변동률을 표시한 것이 베타이다.

즉, 시장에서 주가가 1% 변동할 때 대상회사는 몇 % 변동하는가를 시장위험 프리미엄($R_m - R_f$)과의 비율인 베타(β)배만큼의 변동폭이 생긴다는 것을 표시하는 것이다. 당연히 한국전력이나 조선업 등의 베타는 시장 변화율보다 폭이 적으며, IT나 경기에 민감한 호텔 숙박업은 폭이 크다.

시장의 주가변동을 시장 평균 주가지수로 그래프로 나타내듯 대상기업의 주가지수를 비상장이라 하더라도 개념적 차트를 보일 수 있으므로 시장의 등락 시 대상기업의 등락폭이 측정될 수 있을 것이다. 이것이 증권시장선에서 R_m(또는 R_m-R_f)의 변화에 따른 베타(β)의 변화가 대상기업의 자기자본 이자율(R_e)에 영향을 미치는 것을 표시한 [그림 2-9]에 나타나 있는 것이다. 이는 시장수익률과 개별자산 수익률의 상관계수이며 1보다 큰 것을 공격적 주식, 1보다 작은 것을 방어적 주식이라 한다.

이를 포트폴리오 이론으로 들어가 보자. 기업이 가진 체계적 및 비체계적 위험은 기업의 잘 분산된 투자로 인하며 기업 고유 위험을 나타내는 비체계적 위험은 증권시장 본래의 위험인 체계적 위험을 남기고 사라진다는 것인데 실제로는 시장에서의 비체계적 위험은 100% 소멸되지 않고 잔여하는 부분이 남게 된다. 이 부분이 대상기업의 주가변동을 시장 주가변동 대비 고유 변동성으로 나타나 β로 표시되는 것이다.

이러한 베타의 측정은 회귀분석에 의하여 구한다. 그러나 비상장기업에는 시장 데이터가 없어 바로 구할 수는 없다. 회귀분석 방법 외 베타를 구하는 방법은 베타에 영향을 미치는 변수인 사업의 유형(business type), 영업 레버리지 정도(degree of operating leverage) 및 재무 레버리지 정도(degree of financial leverage)를 고려하여 베타를 추정할 수 있다.

참고 레버리지와 자본비용

제1절 영업레버리지

* 레버리지: 기업 자산이용에 고정비 발생되고, 자금 이용 時 지불하는 고정비용

1) 영업레버리지 효과(Operating Leverage Effect)

고정비로 인해 매출액 일정 변화율에 대응하여 영업이익보다 크게 변화하는 영업

손익의 확대 효과

→ 생산량 관계없이 고정비 있는 경우 발생

2) 영업레버리지도(Degree of Operating Leverage: DOL)

$$DOL = \frac{\frac{\triangle EBIT}{EBIT}}{\frac{\triangle R}{R}} = \frac{(P-Q)Q}{(P-V)Q-FC} = \frac{R-VC}{R-VC-FC}$$

* 고정영업비용(Fixed Cost) 상승 → 영업레버리지도 상승

제2절 재무레버리지

1) 재무레버리지 효과(Financial Leverage Effect)

- 기업 부채 사용하면 부채 이자는 약정 시기에 지급되어야 함
  → 주주 위험과 이익에 영향
- 타인자본 사용함으로써 이익/ 손실 확대되는 것

2) 재무레버리지도(Degree of Financial Leverage: DFL)

$$DFL = \frac{\frac{\triangle EPS}{EPS}}{\frac{\triangle EBIT}{EBIT}} = \frac{EBIT}{EBIT-Int} = \frac{R-VC-FC}{R-VC-FC-Int}$$

3) 고정재무비용(Int) 상승 → 재무레버리지도 상승

제3절 결합레버리지

재무레버리지 & 영업레버리지 결합

→ 주당순이익(EPS) 대한 수익변동효과 커짐

: EPS의 분산 & 위험률 증가

결합레버리지도(degree of combined leverage : DCL)

$$DCL = \frac{\frac{\triangle EPS}{EPS}}{\frac{\triangle R}{R}} = DOL \times DFL = \frac{R - VC}{R-VC-FC-Int}$$

* 고정영업비용(FC) & 고정재무비용(Int) 상승 → 결합레버리지도(DCL) 상승

제3절 결합레버리지

1) 결합레버리지의 효과

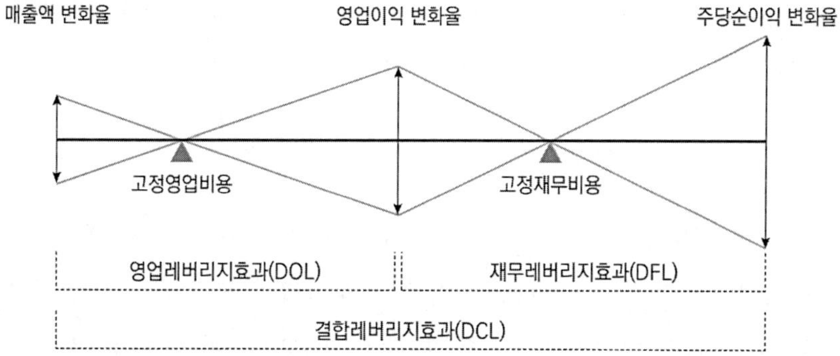

2) 레버리지 분석

* 기업위험 = 경영위험 + 재무위험

경영위험(business risk): DOL

재무위험(financial risk): DFL

제4절 자본비용

자본비용(cost of capital): 기업이 자본 사용 대가로 자본제공자(주주 또는 채권자)에게 지급해야 하는 비용

1) 자본비용의 의의

- 투자안 평가의 기준
- 자본조달결정의 판단기준(자본조달비용의 최소화)

2) 자본비용의 기능

- 투자를 위한 최소한도의 수익률이므로 투자결정 기준이 된다
- 소요자금을 조달하는 방법 결정 때에 기준이 되고 이 기준 참작
- 기업 최적자본구조(optimal capital structure) 결정하는 데 중요한 역할
- 국민경제에 영향을 미침

제5절 자본비용의 계산

1) 보통주의 자본비용

1. CAPM 이용한 보통주 자본비용 추정: $rs = rf + [E(rM) - rf]\beta s$

2. 항상성장모형을 이용한 보통주 자본비용 추정: $rs = D_1/P_0 + g$

2) 부채와 우선주의 자본비용

1. 부채의 자본비용 → 사채의 유통수익률(만기수익률): rB=이자비용/부채의 가치

2. 우선주의 자본비용: rP=우선주의주당배당/우선주의 가격

(2) 하마다 모델과 베타의 계산

사업유형은 시장 상황에 대하여 시장 변동대비 기업의 가업여건 변동 정도를 나타내고 영업 레버리지는 기업의 총비용 대비 총 고정비의 비율로 기업 영업이익 도출구조를 나타내며 고정비가 큰 기업의 큰 영업이익 변동성이 1이 넘는 큰 베타를 나타내게 한다. 재무 레버리지는 부채의 역할을 말하므로 부채비율의 변화가 레버리지도에 미치는 역할을 말한다.

이러한 이론들을 종합하여 베타를 구하는 방법은 다음과 같다. 대상기업의 목표자본구조에 대한 베타를 유사업종 상장기업 베타로부터 추적해 나가는 것이다.

가. 평가 대상기업의 유형에 맞는 상장기업 샘플을 선정한다. 상장기업에는 베타에 대한 통계자료가 있으므로 유사 상장기업의 자료를 인용하여 대상기업의 베타를 추정하려는 의도이다.

나. 평가 대상기업의 레버리지화되어 있는 현재 베타(levered beta)로부터 그 기업이 속한 사업 또는 산업의 무부채기업 베타(unlevered beta)를 구한다. 상장기업은 현재의 베타가 현재의 부채비율로 산정된 것이므로 부채의 영향을 제거하는 것이다. 동종업종이라도 평가 대상기업의 영업위험과 전혀 다른 위험도를 보이는 기업은 배제한다.

상장기업의 주식 베타값을 무부채 베타로 전환하는 것을 하마다모델(Hamada model)을 활용할 수 있다. 무부채기업 베타를 구하는 식은 다음과 같다.

무부채베타는 일반 기업의 베타(부채기업 베타)로부터 다음과 같이 구할 수 있다. 이는 부채 부분을 제거하고 부채의 법인세효과를 삽입한 것이다.

$$\beta_u = \frac{\beta_L}{1+(1-t) \cdot \frac{D}{E}}$$

β_u: 무부채기업 베타 unlevered β

β_L: (재무레버리지 반영) 일반기업 베타 ≤ levered β

r: 법인세율, marginal tax rate

$\frac{D}{E}$: 부채비율(D: 부채, E: 자본)

위 산식을 바꾸어 쓰면 $\beta_L = \beta_u + \beta_u \times (1-t) \times \frac{D}{E}$ 이 되고 이 식은 부채기업베타는 무부채기업 베타에 $\beta_u \times (1-t) \times \frac{D}{E}$을 더한 것으로 법인세효과를 감안한 부채비율만큼을 더해준 값으로 판단한 것이다.

무부채기업 베타 계산 사례

비교대상기업	시가총액	차입부채	베타	부채비율 (D/E)	Unlevered Factor	U.L 베타 (*)
A	3,000	1,000	1.2	0.5		0.857
B	2,000	1,000	0.8	1.0	(*)	0.444
C	1,000	500	1.0	1.0		0.556

(*) $\beta_u = 1.2 \div (1+(1-20)\%) \times 0.5) = 0.857$(법인세율을 20%라 할 때)
$= 0.8 \div (1+(1-20)\%) \times 1.0 = 0.444$
$= 1.0 \div (1+(1-20)\%) \times 1.0) = 0.556$

이때 적용할 부채비율은 발행주식 시가 대비하여 산정한다. 즉 부채비율(D/E)은 장부상 차입부채 ÷ 시가총액으로 계산하는 것이다. 계산에 포함된 기업들이 대상기업과 동일한 영업 레버리지를 가지는가 유념하여야 하며 이질적인 기업은 제거하고 산출하여야 한다.

D/E=장부상 차입부채÷시가총액

다. 가중평균 베타를 계산하고 기업 전체로서의 무부채기업 베타를 산출한다. 대상기업의 사업이 하나이면 산정된 무부채기업 베타를 사용한다. 여러 사업이면 각 사업별 시장가치 비율로 가중평균한 베타를 산출하여 사용한다. 사업별 매출액이나 자산총액을 기준으로 할 수도 있다.

라. 목표 자본구조를 가정한 레버리지 베타(β_L)를 구한다. 무부채기업 베타가 구해졌으면 대상기업의 목표 자본구조를 적용하여 레버리지 베타(β_L)를 구한다. 이는 B_u를 구하는 식의 반대이다.

$$B_L = B_u \times 1 + [(1-t) \times \frac{D^*}{E^*}]$$

B_L: 레버리지 베타. 즉 주식 베타(Levered Beta, Equity Beta)

B_u: 언레버리지 베타. 즉 무부채기업의 베타(Unlevered Beta, Beta without any debt

r: 법인세율

D^* / E^*: 목표 부채비율

평가 대상회사는 외부자금의 유입이 되어야 신규 프로젝트를 수행할 수 있는 것이 보통이다. 따라서 외부자금의 유입으로 사업을 진행할 수 있으며, 그 결과 일정한 부채비율을 구성하고 이는 회사의 레버리지 역할을 하게 된다. 부채비율은 목표 사업과 도입 부채에 대하여 구체화할 수 있으면 그를 채택하나 분명치 않으면 목표 자본구조를 찾아내 적용한다.

기업의 베타는 평가 대상기업의 사업부별로 산정할 수 있다. 기업가치평가를 사업부별로 하는 경우에는 사업부별 FCF나 WACC를 별도로 산정해야 하며 이 경우에는 베타도 별도로 평가하여야 한다. 위 사례에서 D, E, F 기업에 대한 무부채 베타를 아래와 같이 평가하였다면 2개의 사업에 대한 베타는 다음과 같이 산정된다.

적요	제1사업부			제2사업부		비고
	A	B	C	D	E	
부채베타(levered β:β_L)β	1.2	0.8	1.0	(*)		법인세율 20%
부채비율	0.5	1.0	1.0			
무부채베타(unlevered β:β_u)	0.86	0.44	0.56	0.55	0.77	(1-0.8xD/E)로 나눔
무부채베타평균(단순) 가중치(영업자산) 가중평균무부채베타	0.63 7,000			0.66 3,000		자산비율이 합리적임
가중무부채베타	0.443			0.200		0.443 + 0.200
목표부채비율	0.643					

적요	제1사업부			제2사업부		비고
	A	B	C	D	E	
목표부채베타(LB)	70% 1.004 (**)					

(*) 비교 대상기업 및 무부채 베타를 산정한 것으로 함

(**) $\beta_L = \beta_n \times 1 + (1-t) \cdot \frac{D}{E} = 0.643 \times (1 + 0.8 \times 0.7) = 1.004$

(하마다모델에 의한 부채 베타 산정)

3) 한국공인회계사회의 MRP와 SRP의 연구

한국 공인회계사회(KICPA)에서는 2022년 6월 28일, 한국의 시장위험 프리미엄 가이던스와 기업규모 프리미엄 연구 결과를 발표하였으며 이후 이 연구는 2025년 6월 10일 갱신되었다. 그 내용은 다음과 같다.

(1) 시장위험 프리미엄 가이던스 내용

한국 공인회계사회 가치평가 위원회는 우리나라 가치평가 실무현황, 한국과 해외 자본시장의 추세, 글로벌 경제상황 및 실무 전문가와 학계의 의견 등을 종합하고 연구하여 한국의 시장위험 프리미엄을 검토하였으며, 이를 토대로 유럽 국가들의 공인회계사 단체에서 발표한 시장위험 프리미엄에 대한 권고안 등을 참고하여 이 결과를 발표하였다. 이 연구는 가치평가와 관련된 여러 이슈 중 실무적으로 가장 큰 영향을 미치는 할인율과 할인율에 영향을 미치는 여러 요소 중 위험프리미엄(Risk Premium)에 대한 연구를 수행하였다.

(2) 한국의 시장위험 프리미엄

시장위험 프리미엄(MRP: Market Risk Premium)은 위험투자에 대한 대가로 무위험 수익률을 초과하는 주식시장의 기대수익률을 말한다. 이는 CAPM의 핵심 구성요소이며 투자위험에 대한 시장참여자의 기대(expection)를 반영하고 있다.

현금흐름할인모형(DCF: Discounted Cash Flow)에서 쓰이는 가중평균 자본비용(WACC: Weighted Average Cost of Capital)의 산출에는 자기자본비용(R_e), 타인자본비용(R_d) 및 기업의 목표 자본구조 등에 대한 정보가 필요한데 이들을 평가 대상기업에서는 나오지 않으므로 가정과 추정을 포함한 여러 모델들의 도움이 필요하다.

자기자본비용은 투자자의 기대수익률이며 MRP는 시장 포트폴리오의 기대수익률과 무위험 이자율의 차이가 된다.

(3) 한국의 MRP 추정결과

$E(R_i) = R_f + \beta_i[E(\mathrm{R_i}) - \mathrm{R_f}]$

$E(R_i)$: 대상기업의 기대수익률

R_f: 무위험 이자율

β_i: 시장에 대한 목적주식의 민감도

$E(R_m)$: 시장의 기대수익률

이 자료 발표일 현재 한국의 시장위험 프리미엄을 7~9%로 제시하였다.

(4) 규모위험 프리미엄 추정결과

한국 공인회계사회의 가치평가 위원회의 또 다른 연구의 하나는, 할인율 관련 기업규모 위험 프리미엄(SRP: Size Risk Premium)이다. 그 결과는 다음과 같다.

규모위험 프리미엄: 3분위수

규모	평균[주1)]	시가총액(단위: 백만원)			
		MIN	MAX	MEDIAN	MEAN
Mid	-0.36%	684,805	333,000,000	1,764,975	5,768,043
Low	1.37%	225,687	683,357	368,985	392,600
Micro	4.02%	30,080	225,640	137,890	137,828

규모	순자산장부금액[주2)](단위: 백만원)					
	MIN	MAX	MEDIAN	MEAN	Q1(1분위)	Q3(3분위)
MID	34,040	402,000,000	1,507,678	6,631,739[주3)]	574,877	4,448,450[주3)]
LOW	32,624	5,941,952	329,487	458,587	175,826	563,750
Micro	14,129	1,046,366	121,296	172,567	72,501	202,808

주1) 여러 방법론에 따라 산출된 평균값을 단순 평균한 것임

주2) 규모분위수별 순자산 장부금액 관련 내용은 실무적용 시 참고목적으로 보여주는 것이며 주재무제표(연결재무제표)를 기준으로 함

주3) 특정 기업의 순자산 장부금액이 예외적으로 커서 3분위보다 평균이 더 크게 나옴

규모위험 프리미엄: 5분위수

규모	평균[주1)]	시가총액(단위: 백만원)			
		MIN	MAX	MEDIAN	MEAN
1분위	-0.58%	1,369,008	333,000,000	327,641	8,980,733
2분위	0.06%	511,402	1,368,508	777,077	826,556
3분위	1.21%	271,159	511,237	368,985	374,668
4분위	3.02%	156,552	270,717	205,140	208,543
5분위	4.66%	30,080	155,844	106,137	104,012

규모	순자산장부금액[주2)] (단위: 백만원)					
	MIN	MAX	MEDIAN	MEAN	Q1(1분위)	Q3(3분위)
1분위	113,483	402,000,000	3,003,442	10,300,000[주3)]	1,189,944	8,857,496[주3)]
2분위	34,040	6,992,189	589,531	951,447	323,169	1,251,377
3분위	39,190	2,268,249	321,376	431,750	184,719	556,277
4분위	32,624	1,816,296	193,880	267,629	114,464	347,841
5분위	14,129	917,478	96,586	127,995	59,153	149,298

주1) 여러 방법론에 따라 산출된 평균값을 단순 평균한 것임
주2) 규모분위수별 순자산 장부금액 관련 내용은 실무적용 시 참고목적으로 보여주는 것이며 주재무제표(연결재무제표)를 기준으로 함
주3) 특정 기업의 순자산 장부금액이 예외적으로 커서 3분위보다 평균이 더 크게 나옴

15. 영구가치와 기업가치

소득접근법을 적용하게 되면 기업의 영업활동의 단일기간법을 적용하면 일정 기간, 예로 3년, 5년 또는 10년 등의 기간을 정하여 현금흐름을 산정하거나 다기간법을 적용 할 경우에는 개별 추정 기간의 현금흐름에 대하여 해당 기간의 할인율로 할인한 현재가치를 먼저 계산한다.

1) 영구가치

이렇게 정해진 기간에 대한 현금흐름의 현재가치는 유한한 정해진 기간에 대한 것이나 기업가치평가는 기업의 연속성을 전제로 하므로 추정 기간 이후의 기업가치를 산정하여야 한다. 이때 필요한 영구가치 산정요소는 추정 기간 이후의 영구 현금흐름과 성장률 및 적용할 할인율이다. 이 중 영구 현금흐름은 추정 기간의 최종 현금흐름

으로부터 변동된다고 보아야 하고 할인율은 추정 기간 적용한 할인율을 특별한 이유가 없는 한 적용하면 될 것이나 성장률은 적절한 추정을 하여야 한다.

성장률은 기업 연속성에 적용되는 성장률이므로 영구 성장률이라 할 수 있고 이 성장률은 최소한 물가성장률이 감안되며 기업 특성과 산업의 특성상 사업화 한 기술이나 네트워크의 특성 등을 반영하여 조정되어야 할 것이다. 영구가치는 다음과 같이 계산된다.

영구가치: $TV = \dfrac{FCF_{n+1}}{r-g}$

TV: Terminal Value

FCF_{n+1}: $n+1$기의 ≠ tCash Flow

r: 할인율($WACC$)

g: 성장률(growth rate)

$$\because \text{ 영구가치} = \frac{FCF_{n+1}(1+g)}{(1+r)^{n+1}} + \frac{FCF_{n+2}(1+g)^2}{(1+r)^{n+2}} + \frac{FCF_{n+3}(1+g)^3}{(1+r)^{n+3}} + \cdot\cdot$$

$$+ \frac{FCF_{n+\infty}(1+g)^{\infty}}{(1+r)^{n+\infty}} = \frac{FCF_{n+1}}{r-g}$$

또는,

$$\text{영구가치} = \sum_{t=1}^{\infty} \frac{FCF_{n+t}(1+g)^t}{(1+r)^{t+1}} = \frac{FCF_{n+1}}{(r-g)}$$

2) 기업가치

추정기간 동안의 영업가치가 산정되고 영구가치가 산정되면 영업가치 산정을 준비하면서 보관해두었던 비영업자산의 가치를 끌어내서 이들을 합하여 기업가치를 구한다. 그 식은 다음과 같다.

기업가치 = 영업가치 + 영구가치 + 비영업자산가치

CHAPTER 03

상대가치평가

1. 개요
2. 평가의 요소와 적용 방법

1. 개요

가치평가 방법 중 상대가치 평가방법은 평가 대상기업을 이미 주식시장에 나와 있는 기업들을 사례로 선정하여 가치를 추정한다는 의미에서 시장접근법 또는 시장사례법이라고도 한다.

주식시장의 기업들 중에는 평가 대상회사와 유사한 기업들이 많이 있다고 볼 수 있다. 인터넷 금융회사인 토스뱅크를 상장하려고 그 가치를 추정한다면 이미 상장되어 있는 인터넷 금융기관인 카카오뱅크나 케이뱅크 등이 그 사례가 될 것이다.

수익접근법 또는 소득접근법(income approach)이라고도 하는 현금흐름할인모형(DCF)은 기업의 수익을 산정하여 가치를 산정하므로 회계적 기초와 할인율 등 금융기법이 동원되므로 논리적이고 과학적이어 합리적인 추정의 결과를 도출 해내는 깊이가 있으나, 추정의 과정에서 평가자의 주관이 많이 개입되어 산출된 결과에 대한 객관성에 도전을 받고 있다. 그러나 시장의 기존 기업들을 대상으로 하는 상대가치 평가법은 얼마나 유사한 국내외 사례들을 발굴해 내느냐와 그들의 유사성을 어떻게 찾아내는가의 문제가 있을 뿐 기업의 가치를 인위적으로 측정한 후 그것이 시장에 융화되기까지의 복잡한 과정을 이미 거친 것이기 때문에 더 객관적이라 할 수 있다.

그래서 IPO에서는 현금흐름 할인모형(DCF)이나 배당 평가모델(DDM)을 사용하기도 하지만, 시장의 객관성 때문에 상대가치 평가법이 주로 활용된다. 한편, 기술성장기업 특례상장에서는 DCF 평가의 비중이 높다.

시장가치 접근법은 현금흐름 할인법에 비해 단순한 듯 하지만 유사 상장회사를 찾는 노력이나 그들의 방대한 자료들에 대한 조사·분석 등에 어떤 경우는 큰 노력이 들어갈 수도 있다. 평가 대상기업들의 특수성으로 인해 비교 대상기업을 찾기 어렵거나 발견되지 않을 수도 있고 발굴한 유사기업이 실제는 유사기업이 아니거나 유사성이 낮을 수도 있다. 그러면 그 평가결과는 평가 대상회사의 가치를 제대로 반영하지 못한다고 할 수 있는데, 이는 곧 상대가치 평가법의 한계라 할 수 있다. 또한, 현금흐름 할인모형인 수익접근법에 비하여 매우 제한된 변수에 의하여 가치가 산정되므로 과연 간단한 몇 가지 변수가 복잡한 기업의 가치를 제대로 반영할 수 있을지에 대하여도 의문이 생기는 부분이다.

IPO를 위한 평가로 주로 사용하는 PER의 경우 주가도 변동성이 많고 회사의 이익도 연차별 분기별 변동성이 많아 적용된 변수들은 어느 특정 시점의 계수가 사용된 것이다. 영구적 기업의 가치를 측정하는 지표는 타당한가에 대한 물음이 생기는 부분이다.

PER에 의해 비교가치로 철저히 분석하여 평가하고 많은 증권전문가들이 의견을 내어 제시한 가격이 시장에서는 요동치는 것이 자주 보이는 것은 평가의 근본적인 한계와 주식시장의 끊임없는 변동성이 동시 반영된 때문이라 할 수 있다.

2. 평가의 요소와 적용 방법

1) 평가요소

상대가치 평가를 위해서는 물론 제일 먼저 평가 대상회사가 있어야 한다. 그 회사는 정상적인 영업을 수행하며 평가의 목적이 명확해야 한다. 즉, 상장을 위한 평가인지 합병이나 자본의 증자 또는 투자유치, 자금의 차입, 외화의 유치 등 분명한 평가의 목적이 있어야 한다.

상대가치 평가의 다른 요소는 평가 대상회사와 유사한 비교할 대상회사가 있어야 한다. 비교 대상회사는 평가 대상회사의 특징을 잘 반영하여야 한다. 비교 대상회사로부터 PER이나 EV/EBITDA, PBR 등의 재무수치를 도출해 내고 평가 대상회사의 동일한 재무수치를 도출해야 하므로 평가 대상회사의 보고된 재무제표는 필수이다. 비교 대상회사는 기업의 규모와 업종, 결산기 등을 고려하여 신중하게 선정하게 된다.

2) 평가의 절차

평가를 하기 위해서는 맨 먼저 확인할 사항이 평가의 목적이다. IPO를 하려 하는지, 해외 자금의 유치인지 등은 목적과 상대방의 요청에 따라 평가의 방법이 달라질 수 있기 때문이다. 목적과 평가방법이 정해지면 유사기업을 발굴하는 작업을 하게 된다. 유사기업은 현재의 증권시장이나 기업들이 이미 국제화되어 있고 우리나라의 기업들도 유니콘 기업들이 등장하므로 대상기업 선정의 폭이 넓어졌다.

해외 주식시장은 미국은 나스닥(NASDAQ)이나 뉴욕 증권거래소(NYSE) 및 아메리칸 증권거래소(ASE)가 있으며 중국, 일본, 영국, 인도, 베트남, 홍콩 등 여러 기업 사례가 있다. 평가의 목적에 따라 선정하면 될 것이다.

그 다음은 평가 대상회사와 비교 대상회사의 시가 배수를 계산해내야 한다. 시가배수의 산정은 국가마다 적용하는 회계 기준의 차이가 있으며 기업의 회계 정책에 따라 금액의 차이가 크게 발생하고 사족이 붙어있을 수 있다. 이러한 재무제표 표시에 대한 검토가 필요하다.

다음 단계는 계산된 시가배수와 비교 대상회사의 가치를 활용하여 평가 대상회사의 가치를 계산하는 것이다. 비교 대상회사가 하나인지 여럿인지, 여럿일 경우는 각 비교 대상회사들의 산정된 시가배수를 단순 평균할 것인지 가중치를 줄 것인지도 판단하여야 한다. 외국기업일 경우 외화의 환산도 고려하여야 한다.

평가의 절차를 요약하면 다음 [표 3－1] 상대가치 평가절차와 같다.

표 3-1 상대가치 평가절차

단계	내　용
1단계	평가 대상회사의 확인 및 평가목적 정의
2단계	적용할 시가배수(배수지표)와 비교 대상회사의 선정
3단계	적용할 시가배수의 산정 – 평가 대상회사 & 비교 대상회사
4단계	평가 대상회사의 가치 산정

3) 유사 상장회사 방식과 유사 인수·합병 방식

(1) 유사 상장회사 방식

비교 대상회사 또는 비교 기준회사는 일반적으로 국내·외 주식시장에서 유사한 상장사를 다수 추출하고 그 유사성을 검토하여 최적 상장사 몇 개를 선정하는 방법을 사용한다. 상장사의 업종에서 유사한 기업을 찾아내고 그들의 취급하는 제품이나 서비스에서 영업의 유사성을, 기업의 규모나 결산 기일 및 궁극적으로는 산출되는 시가배수의 범위를 가지고 선정한다.

유사상장회사 방식에서 사용하는 배수 지표는 PER, PBR, PSR, EBIT, EBITDA 또는 MVIC/EBIT 등이다. 이들은 투하자본방식(Invested capital basis)과 자기자본방식

(equity basis)에 따라 구분하여 산출하고 적용한다. [표 3−2] 배수지표 자료는 투하자본방식과 자기자본방식에 따라 적용 가능한 지표들을 요약하고 있다.

표 3-2 배수지표의 구분

투하자본방식(IC base)	자기자본방식(equity base)
–	PER(Price Earning Ratio)
–	PBR(Price Book value Ratio)
–	PSR(Price Sales Ratio)
MVIC/EBIT	MVE/EAT
MVIC/EBITDA	MVE/EBT
MVIC/FCFe	MVE/FCFe
MVIC/Asset	MVE/Net Asset
MVIC/Sales	MVE/Sales

acronyms

PER: Price Earning Ratio

PBR: Price Bookvalue Ratio

PSR: Price Sales Ratio

MVIC: Market Value of Invested Capital

MVE: Market Value of Equity

EBIT: Earning Before Interest and Taxes

EBITDA: Earning Before Interest, Taxes, Depreciation and Amortization

EAT: Earning After Taxes

EBT: Earning Before Taxes

FCFe: Free Cash Flow to Equity(FCFf=Free Cash Flow to the Firm)

- 평가 대상회사의 가치 = 평가 대상회사의 영업 가치 + 비영업용 자산 가치

  평가 대상회사의 영업가치

  $$= \text{비교 대상회사의 가치} \times \frac{\text{평가대상회사의 평가지표}}{\text{비교대상회사의 평가지표}}$$

- 비교 대상회사의 가치 = 여러 유사 상장사의 가치를 단순 또는 가중평균 등 적절한 방법으로 산정함
- 평가지표: 회계 처리 방법, 회계 정책 등을 감안하여 대상회사와 동일한 조건으로 조정된 비교 가능한 지표를 선정함

이 배수지표를 이용하여 평가 대상회사의 가치를 산정하는 방법은, 평가 대상회사와 비교 대상회사의 평가지표를 비교 가능토록 바이어스를 제거하고 산정한 다음, 상기 산식을 적용하여 구한다.

비교 대상회사의 가치는 상장회사일 경우에는 회계 기준에서 정하는 대로 평가 기준일 전일의 종가로 하거나, 상속세 및 증여세법에서 정하는 바와 같이 평가 기준일 전일의 종가와 그 전 1주일 및 1개월의 두 가지 방법으로 거래량으로 가중평균한 3가지 가격의 평균(3평균가액)으로 할 수 있다. 그 외에도 합리적인 비교가격을 산정할 수 있는 방법이 있다면 배척할 이유는 없을 것이다.

비교대상회사의 가치(기준주가) = {(평가기준일 전일의 종가 + 직전 1주일간 거래량 가중평균 가격 + 직전 1개월간 거래량 가중평균 가격)/3}

※ 3가격평균가 : 본서에서는 이 결과를 '3가격 평균가'라 표현한다.

(2) 유사 인수·합병 방식

상대적 가치를 평가하는 것은 시가가 노출된 특정 기업에 대하여 평가 대상기업과의 유사성을 기준으로 그 가치를 평가하는 방법이다. 앞에서는 상장된 기업을 소환하여 유사성을 찾아 그 비율로 가치를 산정하는 방식을 살폈다.

기업의 유사성은 유사한 상장회사가 있으며 한편은 평가된 시가가 있으면 이를 기준으로 평가를 할 수도 있다. 기업의 평가는 다음의 경우에 수행한다.

- 기업간 인수·합병(M&A)
- IPO 평가
- 상속·증여의 평가
- 투자를 받기 위한 가치평가

이러한 경우들은 기업의 평가 시 평가목적에 합당하며 기업 실태가 목적 적합한 유사성이 있으면 참조할 수 있는 소지가 있다. 여기서는 이들을 대표하여 인수·합병의 경우를 비교한다.

인수·합병은 대상기업 간의 관계가 중요하다. 관계사와 투자 관계가 있으면 이는 공정·객관적인 거래가 성립되었다고 볼 수 없다. 사업의 유사성은 어느 정도 유사하지 않으면 비교의 의미가 없다. 상장기업의 수에 비해 M&A 사례는 실제로 조건에 합당한 사례를 찾기는 어렵다. 우리나라에서는 경총이나 상장협의회 또는 거래소 등에서 자료를 찾을 수 있고, 금융감독원이나 금융감독원 공시 사이트(www.fss.dart.or.kr) 등에서 합병이나 증권신고, 재무제표 등에 대한 자료를 찾을 수 있을 것이다. 한편, 외국의 경우는 Mergerstat, Bizcomps 및 전문 평가기관 들에서 자료를 입수할 수 있을 것이다.

자료 입수에는 그 발생 시점도 매우 중요하다. 너무 기간이 멀면 경기나 경제 변화에 대한 비교 가능성에 제약이 있을 수 있다. 특히 회계 기준의 변경이나 경영 주체의 변동은 비교 가능성에 대한 제약요소가 될 수 있다. 앞에 설명한 IPO 유사기업 선정방법을 참조한다.

(가) 거래 내용의 파악

거래는 인수나 합병을 타깃으로 한다. 합병은 합병하는 기업들 중 하나 이상은 없어지는 것으로 흡수합병과 신설합병이 있으며 전자는 흡수당하는 기업은 사라지는 것이고 신설합병은 합병기업들이 모두 사라지고 새로운 기업이 탄생하는 것이다. 인수는 피인수 기업은 존재하면서 그 사업이나 영업 또는 주식을 인수하는 것을 말한다.

정상적인 경우라면 인수든 합병이든 자산이나 영업에 대한 나름의 평가가 있었을 것이므로 이 평가자료는 다른 기업의 평가에 도움이 된다. 설혹 관계기업이나 특수관계에 있더라도 평가서가 제출되었으면(형식 불문, 계산서는 존재할 것이다) 이는 평가에 도움이 된다고 할 수 있다.

거래가 있으면 거래 계약이 성립했을 것이고 거래가격이 결정되었을 것이며 거래가 산정의 근거와 대금 수수내역이 있을 것이다. 이들을 찾으면 자산평가의 전제와 방법, 산정된 금액에서 지급액으로의 변화 과정이나 결정률, 거래의 근거와 원인 등은 평가에 직·간접으로 활용할 수 있는 정보들이다.

대금의 지급방식은 현금이나 어음·수표로 지급하거나 주식 교환 및 LBO 방식

등이 있다.

주식을 교환할 경우는 교환하는 대상기업의 1주당 가치가 산정되어야 교환비율이 결정되며 이사회의 결의와 주주총회를 거치면서 주식 교환비율에 대하여 소액주주를 중심으로 치열한 공방이 있기 마련이고, 이러한 과정을 거쳐 합병이 결정되었다 하더라도 이에 불복하는 주주들이 주식매수청구권을 행사하며, 주식매수청구권 행사가격도 일종의 평가가액이 되는 것이다. 이 행사가격은 양 기업의 교환비율 산정 시 평가한 내용으로 결정되는 것이 보통이다. 교환되는 주식에는 우선주나 전환사채 또는 신주인수권부사채 및 전환주식 등이 개입될 수 있으며 이 경우는 융합주식으로서 별도의 평가방법이 있으므로 주의를 요한다.

(나) LBO 방식

차입매수(LBO: Leveraged Buy Out) 방식이란 인수 대상 기업의 자산과 미래 현금흐름을 담보로 대규모 차입을 통해 기업을 인수하는 방식으로, 인수한 후 인수결과의 잉여 현금 발생액으로 차입금을 상환하는 방식이다. 이 경우는 높은 재무적 리스크를 수반하는데, 차입을 위한 담보가치에 대한 차원과 차입 후의 부채비율의 증가 같은 재무구조의 변화와, M&A 실패 시의 위험부담, 자금 조달비용 등에 대하여도 가치산정에 적절히 반영되어야 한다.

적대적 M&A의 문제도 있다. 기업거래에는 고려아연 사태에 영풍과 연합한 MBK 같은 투기적 다량의 자금이 개입될 소지가 있는 것이다. 그룹 내부에서의 전략적 M&A 외에는 인수·합병이 적대적으로 전환될 수 있고, 고려아연 사태에서 보여준 주가의 급등이나 진행 과정에서 발생할 수 있는 업무집행의 배임 문제 등까지 묶여 소송전으로 갈 소지도 있다. 이런 경우는 극단적인 예이나 적대적 M&A의 거품을 어떻게 제거할 것인가에 대하여도 여러 다양한 검토가 필요하다.

종합사례

상대가치 평가방법을 이용한 기업의 가치평가한 간단한 사례를 보이면 다음과 같다. 이 방법에서는 PER 배수를 이용하였다.

Ⅰ. 회사 현황

(1) 대상회사의 보유기술과 그 경쟁력

분야별	경쟁력	비고
항공분야	거의 독점적인 경쟁력을 가지고 있음. 2024년 6월 현재 국내시장(공항, 학교, 군 등) 점유율 90% 이상 확보	해외사업 추진
물류, 특송분야	해외 경쟁사대비 저렴한 공급가와 국내 고객의 추가 요구 및 장애 요청에 대한 효율적인 대응으로 경쟁력 확보가 가능	
항공교통관제 시뮬레이션 분야	거의 독점적. 국내시장(민간, 공공기관, 군, 교육기관) 점유율 90% 이상 확보	
특허등록	GS(Good Software, 1등급) 인증: 2건, 특허 등록: 1건, 특허 출원: 2건, 기업 인증서: 4건, 지적재산권: 4건	
SW 인증내역	2건의 Good Software(1등급) 품질인증서를 취득	

(2) 기업의 성장성

기업 성장 전략: 경쟁력 극대화 및 환경변화에 효과적 대응

분야별	성장전략	비고
해외진출	협소한 국내 시장의 한계를 극복하고, 국가 인지도 향상 등에 따른 대외 경쟁력 향상의 기회를 활용	해외 국제공항
SaaS	한정된 특수 분야를 위한 솔루션이라는 한계극복을 위해 사용료징수 서비스 제공 방안 등 노력	아키텍처 전환
솔루션고도화	현재 솔루션의 기능을 향상하고 기술 수준 제고를 통하여 선진 솔루션들과의 격차를 줄이기 위한 노력	
신규솔루션개발	항공교통 관제시뮬레이터 솔루션 또한 드론/UAM 시장의 활성화와 CBTA(Computer based Training and Assessment) 체제로의 전환 등이 요구되며 차세대 솔루션 개발	

(3) 해외사업 진출

해외 진출 추진 계획

사업명	협업기관	개략일정	비고
몽골 징기스칸국제공항 ATCS 구축	KOTRA	~'25년 12월	신규
우즈베키스탄 ACTS시스템 구축	항공청	~'25년 12월	신규
카자흐스탄 ATCS시스템 구축	한서대학교	~'26년 12월	신규
우간다 엔테베국제공항 AODB 유지보수	KOICA	~'25년 12월	연속
우간다 엔테베국제공항 특송물류자동화	UCAA[4]	~'27년 12월	신규
우간다 마케렐레대학 원격강의 플랫폼	KOICA	~'28년 12월	신규
우간다 엔테베국제공항 FIDS 구축	KOICA	~'25년 06월	연속
동아프리카 항공교육아카데미 설립	수출입은행	~'28년 12월	FS완료
캄보디아 항공교육원 ATCS 재구축	KOICA	~'27년 09월	2차
필리핀 마닐라 니노이아퀴노공항 리모델링	IIAC	15년+5년	업무협약
페루 친체로신공항 AODB, FIDS 공급	KAC	~'27년 09월	신규
라오스 출입국관리시스템 구축	KOICA	~'26년 12월	본사업
라오스 신공항 AODB, FIDS시스템 구축	KAC	~'27년 12월	신규
르완다 AODB, FIDS 구축 용역	KAC	~'26년 09월	신규
합계		향후 5년간 추정	

(4) 재무적 타사 비교

산업평균 대비 재무지표

구분	연도	매출액증가율 (성장성)	영업이익률 (수익성)	자기자본비율 (안정성)	이자보상배수 (안정성)	매출채권회전율 (활동성)
당사	2023	6.80	10.61	56.25	11.00	5.78
		21.33	8.94		23.51	5.22
산업평균	2022	41.12	-22.31	34.79	-2.22	19.40

4) UCAA(Uganda Civil Aviation Agency, 우간다민간항공청)

II. 추정재무제표 작성

1) 손익계산서

(1) 평가 개요

평가방법: 상대가치 평가방법 중 PER(Price/Earning Ratio)는 해당 기업의 주가와 주당순이익(EPS)의 관계를 규명하는 비율로서 기업의 영업활동을 통한 수익력에 대한 시장의 평가, 성장성, 영업활동의 위험성 등이 총체적으로 반영된 지표로 본 평가에서 적용한다.

(2) 손익추정

- 회사의 매출은 사업부별로 제공 서비스 매출로 이루어짐
- 인건비는 매출 성장률에 비례, 연 5% 증가를 가정함
- 이자비용은 신규자금조달건에 대하여 6%의 전환사채의 경우로 가정

추정 손익계산서(향후 5년간 사업부 종합)

㈜스마트xx (단위: 백만원)

구분		부분별	2024년	2025년	2026년	2027년	2028년	합계
매출		항공사업부	8,000	10,000	15,000	18,000	20,000	71,000
		물류사업부	9,000	10,000	15,000	25,000	25,000	84,000
		ATC사업부	5,000	9,000	11,000	13,000	20,000	58,000
		드론탐지레이더	-	3,000	9,000	15,000	20,000	47,000
		기타(컨설팅,장비공급 등)	2,000	7,000	7,000	5,000	5,000	26,000
		해외사업부문(*)	(1,000)	(5,000)	(7,000)	(10,000)	(12,000)	항공·물류에 포함
		매출계	24,000	39,000	57,000	76,000	90,000	286,000
비용	고정원가	인건비	2,500	4,063	5,938	7,917	9,375	29,793
		임차료	35	36.75	39	41	43	195
		제세금	479	778	1,138	1,517	1,796	5,708
		기타(감가상각)	23	23	23	23	23	115
		(고정원가)계	3,037	4,901	7,138	9,498	11,237	35,811
	변동원가	판관비	150	244	356	475	563	1,788
		이자비용	350	650	950	950	950	3,850
		기타(재료비 등)	16,800	30,030	43,890	58,520	69,300	218,540
		(변동원가)계	17,300	30,924	45,196	59,945	70,813	224,178
순손익			3,663	3,175	4,667	6,558	7,950	26,012

(*) 해외사업부문 매출 괄호표시는 항공, 물류에 계상된 것임(합계에 불포함).

III. 유사기업 선정

유사기업 발굴

항공 소프트웨어 제작업체로 동종 기업 찾기 어려운 바, 최근 코스닥 시장 상장 자료와 업종 등 유사성을 고려하여 핑거, 웹케시, 쿠콘, 브리지텍, 케이씨에스 총 5개 소프트웨어 전문업체를 유사기업으로 선정

2024년 1분기 LTM 기준 비교기업 PER 산출

㈜xxx (단위: 백만원, 원, 주, 배)

구분	핑거	웹케시	쿠콘	브리지텍	케이씨에스
적용 당기순이익(A)주1)	3,539	3,824	5,689	3,270	2,483
적용주식수(B)주2)	9,360,608	13,636,248	10,254,685	11,952,500	12,000,000
주당순이익(C=A/B)	378	280	555	274	207
기준일 종가 (D)	6,070	6,970	12,690	5,270	5,050
1주일 평균 종가 (E)	6,200	7,100	12,800	5,350	5,100
1개월 평균 종가 (F)	6,150	7,050	12,750	5,300	5,080
적용 기준주가주3) (G=Min[D,E,F])	6,070	6,970	12,690	5,270	5,050
PER(H=G/C)	16.06	24.89	22.86	19.23	24.4
PER 평균	21.49배				

주1) 적용 당기순이익은 20x4년 1분기 LTM 기준(지배주주) 당기순이익을 기재함

주2) 적용 주식수는 평가기준일(20x4년 08월 05일) 상장주식 총수

주3) 기준주가의 경우 평가기준일(20x4년 08월 05일) 직전일의 1개월 거래량가중평균종가, 1주일 거래량가중평균종가, 기준일 종가 중 가장 낮은 값을 적용함.

- 계산예는 '4. PER 평가방법을 통한 상대가치 산출 1) 평가방법 (1) 비교기업 기준주가 산정 (마) 비교기업 기준주가 산정' 참조

※ LTM(Last Twelve Months)은 '최근 12개월'을 의미한다. 평가기준일의 직전 분기까지를 기준으로 한다.

3가격 중 가장 낮은 값을 적용

상장 주식 초기 주가의 안정적 가격 결정을 위하여 유사 기업에 대하여 3가지 방식으로 계산된 가격들을 비교해 가장 낮은 값을 선택함으로써, 단기적인 주가 변동성이나 일시적인 과열을 배제하고 보다 보수적이고 합리적인 공모가를 산출할 수 있다. 이는 발행사와 투자자 모두에게 예측 가능한 가격대를 제시하여 IPO 과정의 신뢰성을 높여준다. 이러한 방식은 한국거래소의 공모가 산정 규정이나 증권인수업무에 관한 규정에서 명시된 것은 아니지만, 실제 IPO 실무에서 증권사들이 보편적으로 사용

하는 관행이다. 이는 증권사가 공모가 산정의 적정성을 스스로 입증하고, 향후 발생할 수 있는 법적 분쟁이나 투자자들의 불만을 최소화하기 위한 자율적이고 보수적인 원칙으로 자리 잡았다.

Ⅳ. 주식수 산정

회사는 향후 4가지 새로운 제품을 개발하기 위하여 2024년에 50억원, 2025년에 40억원 그리고 2025년에 30억원씩을 상환전환우선주(RCPS)나 전환사채를 통해 조달할 계획을 가지고 있다.

신주발행 수	주당 액면가액	액면가액	주당 발행가액	발행가액	배수
100,000	5,000	500,000,000	50,000	5,000,000,000	10

2028년 말까지 모두 전환이 이루어진 경우 회사의 보통주 수량은 340,000주이다.

구분	주식수(주)	비고
기발행	100,000	보통주식수
2024년 신주	100,000	신주모집(전환수량 포함)
2025년 신주	80,000	신주모집(전환수량 포함)
2026년 신주	60,000	신주모집(전환수량 포함)
합계	340,000	-

Ⅴ. 평가결과

(1) 2028년 말 보통주 주식 1주당 평가액

1주당 평가액은 다음과 같다.

구 분	산출 내역	비 고
2028년 추정 현금흐름	7,950	단위: 백만원
적용 PER	21.49	유사회사 PER 평균
기업가치 평가액	170,839	단위: 백만원
적용주식수	340,000	단위: 주
주당 평가가액	502,466	단위: 원

(2) 평가결과 요약

이상의 평가결과 2028년 추정 순이익은 7,950백만원, 여기 유사기업 PER 평균 21.48를 곱하면 기업가치는 170,486백만원, 이를 CB등 모든 주식화가 완료된 상태를 가정하여 총발행주식수 340,000주로 나누어 1주당 평가액 502,466원을 구한다.

평가결과 요약표

<table>
<tr><td>평가방법</td><td colspan="4">상대가치법</td></tr>
<tr><td>평가모형</td><td colspan="4">PER</td></tr>
<tr><td>적용 재무수치</td><td colspan="4">추정치</td></tr>
<tr><td>적용산식</td><td colspan="4">추정 당기순이익(①) x 유사기업 PER(②) ÷ 주식수(③)</td></tr>
<tr><td rowspan="6">적용근거</td><td colspan="2">구 분</td><td>수 치</td><td>참고사항</td></tr>
<tr><td>①</td><td>2028년 추정</td><td>7,950 백만원</td><td>(1) 순이익 추정</td></tr>
<tr><td rowspan="2">②</td><td>유사기업 PER</td><td>21.49</td><td>(2) 유사기업 PER 산출</td></tr>
<tr><td>기업가치</td><td>170,486 백만원</td><td></td></tr>
<tr><td>③</td><td>주식수</td><td>340,000 주</td><td>(3) 예상 주식수</td></tr>
<tr><td colspan="2">주당 평가 가액</td><td>502,466 원</td><td>① x ② ÷ ③</td></tr>
</table>

CHAPTER 04

기타의 가치평가 방법

1. 초과이익모형
2. 주식 가치평가

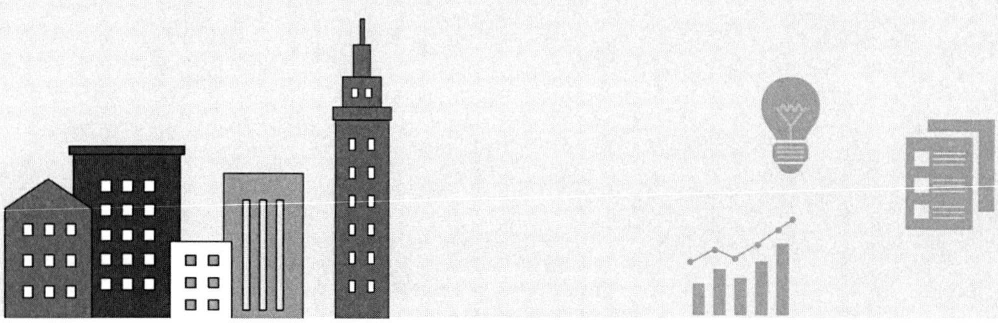

1. 초과이익모형

1) 개요

초과이익모형(RIM: Residual Income Model)은 주주를 이성적 투자자로 여기고 투자한 자본에 대하여 일정한 수익을 초과하는 이익을 가치로 산출하는 모형이다. 발생한 초과이익은 현가화하여 계산한다. 초과이익률은 자기자본 비용을 초과하는 이익으로 자기자본이익률에서 자기자본비용률을 차감하여 산출한다.

초과이익모형은 현금흐름할인모형(DCF), 배당할인모형(DDM) 등과 이론적으로 동일한 결과를 가져오면서 평가자의 주관성이 최소화된다.

> 초과이익＝당기순이익-자기자본×자기자본 비용률
>
> ＝ 자기자본×(ROE-COE)
>
> 주주지분가치(Equity Value)＝자기자본＋미래 초과이익의 현재가치의 합
>
> - 자기자본은 전기의 자기자본을 의미함
> - ROE: Return Of Equity(자기자본 이익률)
> - COE: Cost Of Equity(자기자본 비용률)

초과이익모형은 주주지분가치를 기업의 수익성으로 정의했다는데 의미가 있다. 수익성은 기업가치의 증가를 가져온다. 배당할인모형의 경우는 가치의 분배(distribution)에 초점을 맞추는 데 비해 초과이익모형은 가치의 원인을 수익의 창출에서 찾는다.

현금흐름할인모형(DCF)에서는 기간 중 창출된 으로 계산되므로 경제적부가가치를 반영하지 않고 잉여현금흐름에서 투자액을 차감하여 할인한 값을 가치로 산정하기 때문이다.

> 경제적 부가가치(EVA: Economic Value Added) ＝ 당기순이익 － 자본비용
>
> ＝ 세후순영업이익(NOPAT) － 투하자본 × 가중평균자본비용(WACC)

그러나 초과이익모형은 주주의 요구분인 자기자본 비용을 차감하여 가치를 계산하므로 경제적부가가치 개념이 포함되어 있다.

초과이익모형에 의한 가치를 산정하는 절차는

① 정상 현금흐름의 가치를 산정 → ② 초과이익과 그에 적용할 자본화율 및 무형자산 가치 산정 → ③ 초과이익 가치 산정으로 구해진다.

2) 정상 현금흐름의 가치를 산정

기업의 현금흐름에는 비정상적이거나 비반복적(non-recurring) 요소들이 발생하는데, 이들은 정상 영업 행위들이 아니므로 이들을 제거한 순수 기업활동의 결과라 할 수 있는 정상화된(normalized) 현금흐름을 계산하는 것이다. 이는 정상현금흐름이며 투하자본 순현금흐름(ICCF: Invested Capital Cash Flow)이다. 그러나 설령 비반복적이라도 정상 영업활동의 일환이라면 이들을 어떻게 반영할 것인가를 고민하여야 할 것이다.

비정상현금흐름에는 자산의 처분에 의한 현금흐름이나 작업설물이나 폐기물의 처분, 일시적 행사에 의한 현금흐름 등을 예로 들 수 있다. 비정상 현금흐름으로 보이는 계절성 사업에서 발생하는 주기적 현금흐름의 변화는 정상으로 인정한다. 비영업용 자산은 측정 대상이 아닌 비영업용 사업과 함께 제거한 후 측정한다. 가치산정 방법 중 원가접근법(자산접근법: cost approach)에서는 목적이 자산가치 산정이므로 자산 항목에 포함되어 있는 비영업용 자산을 굳이 제거할 필요가 없는 것이다. 그러나 과다 현금이나 투자 부동산 같이 현금흐름에 차이가 있는 자산을 포함시키면 목적과 본질에서 어긋난 결과가 초래한 것이므로 본서에서는 이를 구분할 것을 권고한다.

3) 순유형자산 가치산정

다음으로 정상 영업상의 순유형자산과 순유형자산의 가치를 산정한다. 순유형자산은 다음과 같이 구한다.

> 순유형자산 = 순운전자본 + 유형자산
>
> 순운전자본: 영업용 유동자산-영업용 유동부채 + 기타의 비유동자산
> - 기타의 비유동부채

유형자산: 건설가계정은 제외한다.

건설가계정: 기타 비유동자산에 포함시킨다.

위 산식에서 보는 바와 같이 무형자산은 순유형자산에 포함되지 않는다. 순운전자본의 가치와 정상 현금흐름의 가치의 차이는 무형자산의 가치이며 이는 초과이익의 가치이기 때문이다.

순유형자산에 대한 수익률은 다음과 같이 계산한다.

① 순 유형자산으로 조달 가능한 차입부채를 산정하고

② 부채로 조달 가능한 부분은 부채로, 부족한 부분은 자기자본으로 하며

③ 타인자본과 자기자본의 할인율을 가중평균한 WACC를 산출하고

④ 순 유형자산에 대한 현금흐름을 구한다.

순유형자산의 현금흐름은 다음과 같이 계산된다.

순유형자산의 현금흐름 = 순유형자산 × 수익률

차입부채 = 순유형자산 중 차입가능액

자기자본 = 순유형자산 - 차입부채

순유형자산 수익률(가중평균자본비용, WACC)

$$= Re \times \frac{E}{D+E} + Rd \times (1-t) \times \frac{D}{D+E}$$

WACC: Weighted Average Cost of Capital

Re: 자기자본 수익률

Rd: 타인자본 수익률

t: 법인세율

E: 자기자본

4) 초과이익을 이용한 기업가치 산정

(1) 잔여이익과 초과이익

잔여이익은 투자중심점의 이익에서 투자액으로부터 벌어들여야 하는 최소한의 이익을 차감한 금액으로 보통 기업의 창출 이익에서 자본비용(기회비용이라고도 함)을 차감한 후 남은 이익을 말한다.

한편, 초과이익은 기업이 투자자의 요구수익률을 초과하여 창출한 이익이며, 요구수익률은 투자자마다 다를 수 있으나 대부분 IRR을 요구수익률로 한다. 초과이익과 잔여이익의 의미는 다르나 실무에서는 이들을 혼용하여 쓰는 경우가 많다.

잔여이익과 초과이익은 다음과 같이 계산된다.

> 잔여이익 = 영업이익 - 자본비용
>
> 초과이익 = 영업이익 − 자원의 대체비용
>
> • 잔여현금흐름 = 정상현금흐름 - 자본이자율 비용
>
> • 초과현금흐름 = 정상현금흐름 - 요구수익률 비용
>
> = 정상현금흐름 - 순유형자산 현금흐름 = ICF - ACF
>
> ICF: 정상 현금흐름(Invested Capital Cash Flow)
>
> ACF: 순 유형자산 현금흐름(Asset Cash Flow)

요구수익률이 자본이자비용과 같으면 잔여현금흐름과 초과현금흐름은 동일하다. 그러나 요구수익률은 투자자의 요구인 자본이익률인 데 비해 자본이자률은 타인자본 비용까지 들어간 개념이다. 초과이익은 다음과 같이 계산된다.

초과 현금흐름은 초과이익이다. 그 현재가치의 합이 영업권(Goodwill) 또는 기업가치를 형성하며 무형자산을 구성한다. 순유형자산 현금흐름이란 FCFF(Free Cash Flow to Firm)로 기업 전체의 자본비용을 나타낸다.

(2) 초과이익의 확장

(가) 초과이익과 EVA

위에서 정의한 초과이익은 기업이 영업에서 얻는 수익이 자본비용(타인자본비용 + 자기자본비용)을 초과하는 이익을 말한다. 초과현금흐름과 EVA는 다음과 같이 다양한 방식으로 정의된다.

> 초과(잉여) 현금흐름 = 정상영업 현금흐름-총 자본비용
>
> $= \text{FCF}_{\text{N}} - \{Re \times E + Rd(1-t) \times D\}$
>
> $= \text{IC} \times (\text{ROIC} - \text{WACC})$
>
> $= \text{NOPLAT} - \text{IC} \times \text{WACC}$
>
> = NOPLAT − 자본비용
>
> = EVA
>
> R_e, R_d: 자기자본×타인자본 이익률
>
> E, D: 자기자본과 타인자본
>
> IC: 투하자본(Invested Capital)
>
> ROIC: 투하자본 이익률
>
> WACC: 가중평균자본비용
>
> EVA: 경제적부가가치(Economic Value Added)
>
> NOPLAT: Net Operating Profit Less Adjusted Tax

경제적 부가가치(EVA)는 기업 고유의 영업활동으로부터 창출된 기업가치의 순증가액으로 Stern과 Stewart가 창안하였다.

여기서 NOPLAT는 현금흐름(Cash Flow)상의 순이익으로 'Adjusted'란 발생주의 회계인 기업회계기준에서 Cash Flow를 말하는 현금주의로 전환하기 위한 감가상각비, 충당금, 이연법인세 등의 법인세효과들을 조정한다는 의미이고 ROIC$(1-t)$에 포함된 이자비용 'I'(Interest)를 공제하기 전의 이익에 대하여 적용하기 때문에 법인세효과 $(1-t)$가 적용된 것이다.

(나) EVA

EVA는 자본비용을 초과한 영업이익을 뜻하므로 의미상으로 초과이익의 정의와 동일하다. 아래 식으로 표시되고 결국 EVA는 투하자본 이익률이 자본비용을 초과하는 이익(부가가치)으로 계산되는 것이다.

$$\text{EVA} = \text{영업이익} - \text{자본비용}$$
$$= \text{IC} \times (\text{ROIC} - \text{WACC})$$

(3) 초과이익과 이자보상배율

기업은 사업의 결과(영업이익)를 투자자들(자본주와 채권자)이 나누는 구조이다. 다만, 채권자들에게는 사전 약정된 이자를 지급하고 자본주들은 이자까지 다 지급한 이후 자기의 이익을 (무한대로) 향유하게 된다. 영업이익으로 이자를 충당하지 못하는 경우는 회사의 경영이 자본주들의 욕구를 충족하지 못하였다고 볼 수 있는 것이다. 자본비용 중 이자비용 관련해서는 이자보상배율과 이자보상비율로 정의할 수 있다. 전자는 영업이익을 발생이자의 배율로, 후자는 영업이익을 발생이자의 비율로 정의한 것이다. 따라서 이자보상배율이 1(일) 미만 또는 이자보상비율이 100% 미만이라면 이는 경영에 심각한 문제가 생겼다는 것을 의미한다. 이자부담 관련 경영비율은 다음과 같이 표시할 수 있다.

$$\text{이자보상배율} = \frac{\text{영업이익(EBIT)}}{\text{이자비용}}$$

$$\text{이자보상비율} = \frac{\text{영업이익}}{\text{이자비용}} \times 100$$

여기서 EBIT(Earning Before Interest and Tax)는 기업의 핵심 영업활동에서 발생한 이익. 금융비용과 세금을 공제하기 전의 이익을 말한다.

이자비용은 기업이 부채(차입금, 회사채 등)의 사용대가로 지급하는 비용이다

(4) 초과이익과 MVA

EVA에서 한 걸음 더 나아간 MVA(Market Value Added)는 시장 부가가치로, 시장 부가가치는 EVA의 현재가치의 합계액 $\{\sum PV(EVA)\}$으로 표시되며, MVA로 표시한 기업가치는 다음과 같이 표시된다.

$$\begin{aligned}\text{기업가치} &= IC + MVA \\ &= IC + \sum PV(EVA) \\ &= IC + EVA/WACC\end{aligned}$$

$$\begin{aligned}\text{MVA} &= \sum PV(EVA) \\ &= \sum_{t=0}^{n} \frac{EVA_t}{(1+WACC)^t} \\ &= \sum_{t=1}^{n} \frac{EVA_t}{(1+WACC)^t} + \frac{CV_n}{(1+WACC)^n}\end{aligned}$$

- PV(EVA): Present Value of EVA
- MVA = 기업가치 − IC
- CVn: n시점의 영업투하자본의 잔존가치

한편, MVA는 시장가치이므로 이는 다음 식으로 표시된다.

$$\begin{aligned}\text{MVA} &= \text{기업가치} - IC \\ &= \text{시가총액} - \text{자기자본가치}\end{aligned}$$

(5) 초과이익과 DCF 모형

현금흐름할인모형에서는 다음과 같이 표시된다.

$$NOPLAT = IC \times ROIC$$

$$\begin{aligned}\text{기업가치} &= NOPLAT \div WACC \\ &= IC \times \frac{ROIC}{WACC}\end{aligned}$$

NOPLAT: Net Operating Profit less Adjusted Tax

NOPLAT는 단순 법인세 비용이 아니고 현금흐름을 계산하기 위한 현금흐름을 수반하지 아니하는 비용과 수익 등에 대한 법인세 효과, 비과세나 감면 등에 대한 내용들의 영향이 제거된 순수 현금흐름에 대한 순법인세를 의미한다.

(6) 초과이익과 배당할인모형

배당할인모형의 기본식은 다음과 같다.

$$V = \sum_{t=1}^{n} \frac{D_t}{(1+r)^t}$$

이 산식에서 배당의 기간을 영구화하면 초기 투자액을 포함하게 되며, 이는 아래와 같이 DCF와 동일한 산식이 성립한다.

$$V = \sum_{t=1}^{n} \frac{D_t}{(1+r)^t}$$

$$= D_1/(r-g)$$

$$\text{기업가치} = IC \times \frac{ROIC}{WACC}$$

$$= IC \times (\text{ROIC} \div \text{WACC})$$

$$= FCF_1/(r-g)$$

가 되어, 결국 현금흐름할인법의 기본식과 동일해진다.

각 방식의 계산 예를 들면 다음과 같다.

계산 예

IC = 1,000, ROIC = 12%, WACC = 10%라 하면,

EVA방식	EVA = IC x (ROIC - WACC) = 1,000 x (12% - 10%) 20 기업가치 = IC x EVA/WACC = 1,000 x 20/10% = 1,200
DCF방식	NOPLAT = IC + ROIC = 1,000 1,000 x 12% = 120 기업가치 = NOPLAT/WACC = 120 ÷ 10% = 1,200
DDM방식	기업가치 = D/WACC = 120 ÷ 10% = 1,200

5) 초과이익모형 계산 사례

기업 A의 현재 시점의 자기자본은 3,000원이다. 기업 A의 향후 10년간의 재무추정은 다음과 같다. 이 자료를 토대로 초과이익과 추정기간 이후의 잔여가치를 합산하여 주주 지분가치를 산출하라.

문제

주주지분가치 산정용 자료(단위: 백만원)

적요	1년	2년	3년	4년	5년	6년	7년	8년	9년	10년
1. 순이익	700	760	820	880	910	970	1030	1040	1130	1210
2. 자기자본	3000	3700	4460	5280	6160	7070	8040	9070	10110	11240
3. ROE(%)	11.7	12.9	12.1	11	10.3	10.6	11.1	11.5	12.1	12.6
4. 지수	COE(%) = 6.0 Rf(%) = 2.0 MRP(%) = 4.0 베타: 1.1 할인율: 10%									
5. ROE-COE	5.7	6.9	6.1	5	4.3	4.6	5.1	5.5	6.1	6.6
6. 최소이익(6%)	283	322	362	404	447	462	475	484	491	495

- 필수 수익률은 CAPM을 통하여 산출한다. 이는 자기자본 비용이며 기대수익률이다.
- 자기자본비용 = 무위험이자율 + 베타 x 시장위험 프리미엄($Rf + \beta \times MRP$)
- 무위험이자율은 미래 장기 현금흐름에 대한 가치평가를 위해 5년 만기 국고채 이율을 채택하여 반영한다.
- 시장위험 프리미엄은 시장 포트폴리오 기대수익률과 무위험 이자율의 차이로, 종전 6~8%였으나 근래의 저성장 국면에서 기대치가 낮아서 3~5% 정도로 추정한다.
- 영구성장률은 추정기간 10년 이후의 잔여이익의 영구성장률이며 여기서는 '0'으로 한다.

풀이

적요	1년	2년	3년	4년	5년	6년	7년	8년	9년	10년
1. 순이익	700	760	820	880	910	970	1030	1040	1130	1210
2. 자기자본	3000	3700	4460	5280	6160	7070	8040	9070	10110	11240
3. ROE(%)	11.7	12.9	12.1	11	10.3	10.6	11.1	11.5	12.1	12.6
4. 지수	COE(%) = 6.0 Rf(%) = 2.0 MRP(%) = 4.0 베타: 1.1 할인율: 10%									
5. ROE-COE	5.7	6.9	6.1	5	4.3	4.6	5.1	5.5	6.1	6.6
6. 최소이익(6%)	283	322	362	404	447	462	475	484	491	495

적 요		1년	2년	3년	4년	5년	6년	7년	8년	9년	10년
7	초과이익	508	523	535	542	516	518	515	460	483	491
	현가계수	1.100	1.210	1.331	1.464	1.611	1.772	1.949	2.144	2.358	2.594
	초과이익의 현가	461.8	432.4	401.6	370.2	320.2	292.1	264.5	214.4	204.8	189.2
8. 초과이익 합계											5,090
9. 초과이익 현가											3,151
10. 자기자본											4,334
11. 주주지분											7,485
12. 총주식 수											50,000
13. 주당 가치											149.70

부채가치는 감안하지 아니함. 자기자본은 10년 후의 자본을 현재가치로 할인

계산식: 자본 = 전기자본 + 전기잉여금, 현가계수: 10%에 대한 현가계수

주주지분가치 = 자기자본 + 초과이익의 현가

2. 주식 가치평가

1) 평가절차

그림 4-1 주식가치평가 Flow

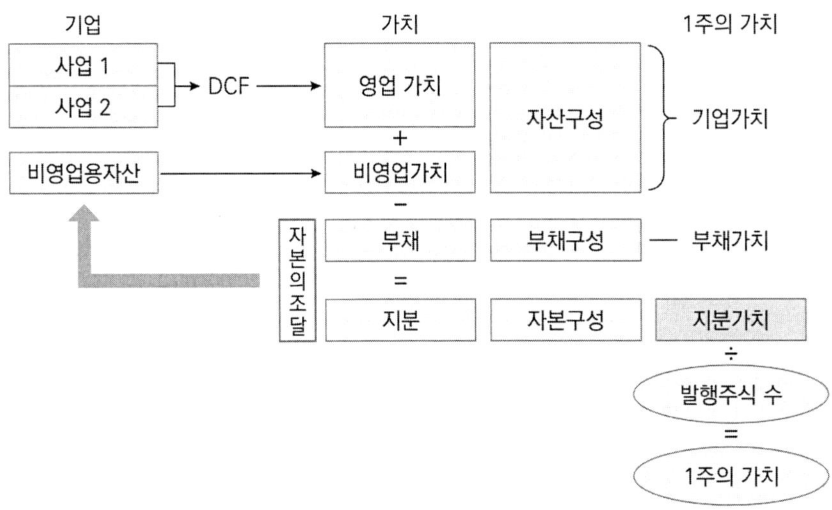

주식 1주의 가치는 주식의 거래 시 1주를 사고 팔 수 있는 금액이며, 1주의 주가에 발행주식 총 수를 곱해주면 시가총액이며 총 주주가치가 산출된다.

주식의 가치는 주식의 매매 시에도 필요하며 주식을 담보로 자금을 차입할 때 담보가치를 계산하는 데도 필요하다.

주식의 가치를 평가하는 방법은 현금흐름할인모형을 적용하여 미래 현금흐름을 구하고 영업가치를 구한 다음 비영업용 자산의 가치를 합한 후 부채가치를 차감하여 지분가치를 산출한 후 이를 발행주식 총 수로 나누어 1주의 가치를 산출한다. 그 계산흐름은 [그림 4-1]과 같다.

2) 기업가치의 산정

기업가치는 대부분 기업의 연속성을 전제로 하여 산출한다. 연속기업이므로 현금흐름할인모형에서 일정 기간 동안 현금흐름을 추정하고 그 이후의 기간에 대하여는 현금흐름과 성장률(growth rate)을 감안한 영구가치 또는 종단가치를 산정한다.

기업가치는 다음의 산식으로 구해진다.

기업가치(영업가치) = 추정 기간의 가치(Value of Projected Period) +계속기업가치(CV: Continuing Value)[5]

(1) 추정 기간의 가치

기업 현금흐름의 추정은 보통 5년 내지 3년으로 한다. 대부분의 기업들은 자기회사의 3년 내지 5년의 사업계획을 가지고 있으며 추정할 수 있는 기간이다. 설정된 기간 동안의 사업별 매출액을 추정하고 그에 대한 매출원가와 판매비와 관리비 및 영업외 손익을 추정하여 법인세 전 순이익을 산출한다.

제조원가에는 매출제품에 들어가는 원재료·부재료들의 재료비와 노무비 및 제조

5) 계속기업가치는 위에서 계산한 기업가치를 말할 수도 있다. 이 경우는 계속기업가치는 종단가치(TV: Terminal Value)로 써야 할 것이다. 다만, 지금까지 논의한 종단가치는 기업이 영속적임을 전제로 무한수명으로 계산하였다. 그러나 역사상 무한 기업은 없다. 따라서 이제까지의 종단가치 계산법은 수정될 필요가 있다. 다만, 1,000년 기업은 있다.

경비로 나눈다. 제조경비는 계정과목별로 추정하거나 매출에 대한 변동성을 감안하여 고정비와 변동비로 나눌 수도 있다.

여기에 현행의 법인세법에 따른 법인세율을 감안하여 법인세를 산출하고 법인세 전 순이익에서 법인세 등을 공제하여 당기순이익을 구한다. 당기순이익에서 현금의 수수가 없는 비용과 수익들을 가감하고 운전자금추가소요액을 가감하여 잉여현금흐름(FCF: Free Cash Flow)을 구한다.

연차적으로 산출된 연도별 순현금흐름(CF)은 할인율이라는 가중평균자본비용(WACC)으로 할인하여 추정 기간의 가치인 현가를 구한다.

$$\text{추정 기간의 가치} = \sum_{t=1}^{n} \frac{FCF_t}{(1+r)^t}$$

FCF: 잉여 현금흐름(Free Cash Flow)

r: 할인율(가중평균자본비용)

t: 추정 기간(3년 또는 5년, 특별한 경우는 10년 등)

이때 가중평균자본비용은 다음과 같이 구한다.

$$\text{WACC} = R_e \times \frac{E}{D+E} + R_d \times \frac{D}{D+E}$$

WACC; 가중평균자본비용

R_e: 자기자본 이자율

R_d: 타인자본 이자율

E: 자본

D: 부채

※ 가치평가시 D와 E는 예정 부채비율을 활용한다.

(2) 계속기업가치

계속기업가치(Continuing Value)는 기업이 추정한 기간 후에는 문을 닫는 것이 아니니 그 후의 영업에 대한 가치를 산입하여야 하는 것이다. 따라서 추정 기간 이후에

'계속사업을 수행하는 가치'인 계속기업가치를 산입한다. 이때 관련되는 변수는 계속기간(무한 존속을 전제로 함) 동안의 현금흐름(FCF), 할인율, 계속기간의 성장률 등이다.

$$계속기업가치 = \frac{FCF_{n+1}}{(WACC - g)} \div (1+\mathrm{WACC})^{n}$$

$$FCF_{n+1} = FCF_{n}(1+g)$$

g: 성장률

산식의 후단은 현가화 과정이다.

2) 성장률의 고려사항

계속기업가치의 계산식을 보면 성장률 g는 할인율을 줄여줌으로써 가치계산 결과를 크게 상승시키고 있다. 평가자는 추정 기간을 통하여 3~5년 후의 기업은 성장하며 FCF는 상승하는 추세이고 이는 기업의 성장성을 단정하고 있음을 쉽게 추측하게 한다. 그러나 기업들은 늘 성장만 있는 것이 아니며 좀 더 장기적인 관점에서 보면 성장을 하는 도중 하향할 수도 있으며, 한편은 Business Life Cycle 관점에서 보면 언젠가는 하향 시기가 있고 해산·청산을 하게 된다.

비용을 써서 가치평가를 하는 시기는 자금이 필요한 시기이거나 대부분 상승세이며 성장기를 감안하여 기업의 미래를 추정하는 3~5년 후의 성장은 무한 지속한다고 볼 수는 없다.

따라서 성장률을 적용할 때는 특별히 유의해야 한다. 성장률은 보통 물가상승률 수준을 감안하는 방법이 있고 비교 대상기업 또는 소속산업에 대한 성장률을 통계적인 방법으로 구하여 적용할 수도 있다. 여기에 당해 기업의 특성을 다소 가감할 수도 있을 것이다.

그러나 이 경우에도 기업 수명은 유한하고 산업과 경제는 무한하다는 점을 잊어서는 안 된다. 성장률은 기업이 속한 산업의 성장률을 반영하게 되고 기술이 가진 혁신능력을 토대로 하며 양자가 가지는 관계성은 다음과 같다.

$$g \underset{\infty}{\leq} \text{산업성장률} \times \text{기업 기술혁신능력} \times \text{경쟁력}$$

AI나 양자컴퓨터, 반도체 등은 본서를 집필하는 시기에는 매우 유망한 기술이다. 이러한 산업군에서 사업을 펼친다면 그 산업의 성장성은 대단히 클 것이다. 그러나 여기에는 치열한 경쟁이 있다. 많은 인재와 큰 자금이 소요된다. 앞서나간 선행주자들이 있으므로 그 산업에서 경쟁력을 확보하기가 쉽지 않다는 것이다. 한 치 앞이 안보이는 초경쟁의 시대에서는 살아남는다는 것 자체가 기적일지 모른다.

3) 주당 가치의 계산

추정 기간의 가치와 계속기업의 가치가 산정되면 이 둘을 합하여 전체 기업가치(Firm Value)가 계산된다. 여기서 타인자본가치를 차감하면 자기자본가치, 지분가치 또는 주주가치가 계산된다. 주당 가치는 자기자본가치를 발행주식수(Outstanding Shares)로 나누어 계산한다.

부채가치는 평가 시점의 이자부 부채(Interest Bearing debt)만 해당 된다. 이자가 발생하지 않는 매입채무와 미지급금 등은 부채가치에 포함되지 않는다. 이자 약정이 있는 관계사 간 차입금은 부채가치에 포함시켜야 할 것이다. 그러나 이자가 없는 차입금의 경우는 어떻게 할 것인가의 문제가 있다. 이것이 차입이 맞고 향후 약정이 변경될 소지가 있어 이자가 발생하는 조건을 상대방이 가지고 있다면 이것은 부채가치에 포함시키는 것이 타당할 것이다.

$$\text{기업가치} = \underbrace{\text{추정 기간의 가치} + \text{계속기업가치}}_{\text{영업가치}} + \text{비영업 자산가치}$$

$$\text{자본(지분)가치} = \text{기업가치} - \text{부채가치}$$

$$\text{1주당 가치} = \frac{\text{자본(지분)가치}}{\text{총 발행주식수}}$$

총 발행주식 수: 평가기준일 현재의 총 발행 보통주식 수

기업가치는 영업가치와 비영업가치로 나누어진다. 비영업가치는 기업이 쓸데없는 투기를 하여 재산을 빼돌리는 듯한 느낌을 준다. 그러나 사옥을 짓기 위해 취득한 부동산이나 비업무용 부동산으로 취급된다. 미래를 책임질 자원은 현재 쓰이는 것들이 아니다. 업무용과 비업무용 자원을 적절히 조합함으로 기업의 가치는 물먹은 솜방울 마냥 무거워질 수 있다.

참고 1,000년 기업

세계에는 1,000년 된 기업이 있다. 이 기업은 이웃 나라 일본에 있는 곤고구미로, 서기 578년에 창업한 건설회사이다. 일본에는 100년이 넘는 장수 기업들이 무려 5만 개가 넘는다고 한다. 한국은행이 2008년에 조사한 결과, 세계 200년 이상 장수기업의 수는 일본이 3,164개, 독일이 837개, 네덜란드가 222개, 프랑스가 196개, 영국이 186개, 러시아가 149개, 오스트리아 142개 및 이탈리아 104개의 순으로 세계 경영을 수행한 국가들의 기업 역사도 깊다. 우리나라 최고(最古)기업은 두산(130년, 1896년), 동화약품(129년, 1897년), 신한은행 등이다. 다만, 두산은 적산(敵產)기업 쇼와기린맥주를 불하받아 OB맥주를 설립했으며, 신한은행은 한성은행을 인수받은 은행으로, 1897년 순수 민족자본 한성은행이 설립된 이후 공립한성은행으로, 주식회사 한성은행으로 그 역경기를 거쳐 코스피1호 상장기업 조흥(朝興–조선부흥)은행으로 변경되었다가, (종목코드: 000010) 2006년 신한은행에 흡수된다.

곤고구미(金剛組, Kongo Gumi Co.,Ltd.): AD578년 설립

일본의 최고 건축 기업으로 명목상 세계에서 가장 오래된 기업이다.

578년에 비다쓰 덴노가 백제로부터 여러 장인들을 대거 받아들였고 쇼토쿠 태자(성덕태자, 聖徳太子, 574년 2월 7일 ~ 622년 4월 8일, 일본서기-621년 2월 5일 설 있음)가 시텐노지를 건축하게 하여 593년에 완성한 후 607년에는 호류지를 지었는데, 참여한 목수 중 백제인 전주 류씨 가문의 류중광이 금강중광(金剛重光: 곤고 시게미츠)이라는 이름으로 일본에 남아 대대손손 시텐노지의 증축과 유지보수를 담당한 것이 곤고구미의 시작이다.

2005년 파산 위기 이후로는 오사카의 유수 건설회사인 타카마츠 컨스트럭션 그룹의 계열사에 편입되었다. 그러나 근래 경영이 호전되어 이익을 창출하고 있다고 한다. 시텐노지나 호류사 등의 건축물 외에도 1595년 도요토미히데요시의 명으로 중건한 오사카의 현존 최고 건물 쇼만인(아이젠도)의 다보탑 등을 이 곤고구미에서 지었다 한다. 초대 동량(棟梁)은 백제에서 귀화한 도래인으로 한국명은 류중광(콘고 시게미츠, 金剛重光)이다.

시텐노지(四天王寺), 593년 건립

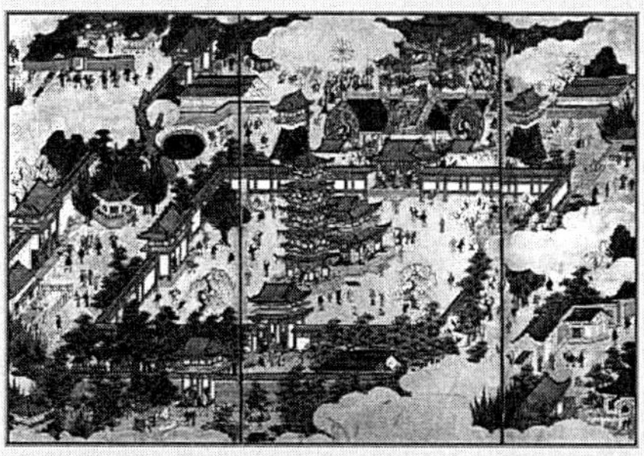
곤고구미의 상징인 오사카 시텐노지(四天王寺)

시텐노지(일본어: 四天王寺)는 오사카시 덴노지구 시텐노지에 있는 절이다. 쇼토쿠태자 건립의 전승이 있는 7개 사찰 중 하나로 일본서기(日本書紀)에 따르면 스이코 천황 원년(593년), 불교가 일본에 도입되자 불교 반대파와 불교 찬성파가 대립하게 되었는데, 쇼토쿠 태자는 불교 반대파와의 전쟁에서 이기면 절을 지어 부처님께 바치겠다고 맹세하고, 승전 후 불법의 수호신인 사천왕(시텐노:四天王)을 기리는 시텐노지를 지었다.

경내 중앙 남쪽으로 회랑으로 둘러싸인 중심 가람이 있고, 그 북쪽으로 육시당(육시예찬당), 동쪽으로 쇼토쿠태자를 모시는 성령원이 있다. 경내 서부의 한 획은 시텐노지중학교, 고등학교 부지로 되어 있다. 경내 북쪽은 동쪽이 정원이 있는 본방, 서쪽이 묘지로 되어 있다.

이들은 제2차 세계대전 말기인 1945년, 미군의 공습(오사카 대공습)으로 소실됐으나 건축사가인 후지시마 가이지로가 설계해 철근 콘크리트 구조로 재건됐다. 아스카시대의 건축 양식 재현이 시도되면서 오층탑은 1959년, 금당은 1961년에 복원되었다. 1월 14일 도야도야마쓰리, 4월 22일 쇼료에마쓰리와 11월 3일 시텐노지 왓소마쓰리가 열린다.

참고: 일본서기(일본어: 日本書紀, にほんしょき 니혼쇼키는 일본에 존재하는 가장 오래된 정사(正史)로, 일본의 육국사(六國史)의 첫 번째에 해당한다. 덴무 천황의 명으로 도네리 친왕이 중심이 되어 편찬, 680년경에 시작하여 720년에 완성했다. 일본의 신화 시대부터 지토 천황의 시대까지를 취급한다. 왕실을 중심으로 하여 순한문의 편년체로 구성되어 있으며, 전 30권과 계도(系圖) 1권으로 이루어져 있으나 계도는 현재 전해지지 않는다. 그러나 이주갑인상(二周甲引上-일본 서기의 역사를 120년 인상했음) 사실이 드러나 한국 학자 중에는 사서(史書)가 아니라 「사서」(詐書)라고 평을 하기도 한다.

호류지(일본어: 法隆寺, ほうりゅうじ, 법륭사)

일본 나라현 이코마군 이카루가정에 위치한 사찰. 법륭사 또는 호류사는 나라현 이코마군 이카루가정에 있는 성덕종의 총본산으로 일본불교 중흥의 시조인 쇼토쿠 태자(聖徳太子)가 창건한 사원이다. 이카루가데라(斑鳩寺, いかるがでら)라고도 한다.

호류지(法隆寺)

역시 쇼토쿠 태자가 세운 사원인 오사카의 시텐노지가 세워진 지 약 20년 뒤인 607년이라 알려져 있지만 확실한 증거가 있는 것은 아니고 많은 논란이 있기는 하다. 금당, 5중탑 등이 있는 서원(西院)과 몽전 등이 있는 동원(東院)으로 나뉘어 있는 호류지의 서원가람(西院伽藍)은 현존하는 세계에서 가장 오래된 목조건축물들 중 하나이며, 호키지와 함께 1993년에 "호류지 지역의 불교건축물"로서 유네스코 세계문화유산으로 등록되었다.

CHAPTER 05

기술가치평가

기술가치평가 방법은 크게 수익접근법(Income Approach), 시장접근법(Market Approach), 비용접근법(Cost Approach) 세 가지로 분류된다. 기술이 실현된 제품이 기업을 이루고 그 연속성이 곧 기업이라 할 때 기술의 가치는 기업가치의 부분집합이며 그 가치는 계산될 수 있다. 실제 기술가치평가 시에는 평가 대상 기술의 성숙도, 활용 목적, 자료의 확보 가능성 등을 고려하여 이 세 가지 방법 중 하나를 선택하거나, 둘 이상의 방법을 조합하여 가치를 산출하는 것이 일반적이다.

표 5-1 기술가치평가 3가지 방법론

구분	수익접근법	시장접근법	비용접근법
핵심 원리	기술이 미래에 창출할 경제적 이익의 현재 가치를 평가	유사 기술의 실제 거래 사례를 비교하여 상대적 가치를 평가	기술을 대체하거나 재현하는 데 드는 비용을 기준으로 평가
주요 적용 방법	현금흐름할인법(DCF), 로열티 공제법(Relief from Royalty), 초과수익법 등	거래사례비교법, 로열티 비교법 등	재생산원가법 (Reproduction Cost), 대체원가법 (Replacement Cost) 등
장점	기술의 수익 창출 능력을 직접적으로 반영하며, 가장 이론적으로 합리적임.	시장에서 실제 검증된 가격이므로 객관성과 설득력이 높음	기술 개발 초기 단계나 사업화 계획이 불확실할 때도 측정이 용이함
단점	미래 현금흐름 및 할인율 추정에 주관적 판단이 개입되어 정확도 편차가 큼	유사한 거래 사례의 충분한 정보 확보가 어려움. 비교 대상을 조정하기 까다로움	기술의 미래 잠재적 수익성을 반영하지 못하고, 단순 원가에 머무를 수 있음

1. 기업가치평가의 방법

1) 수익접근법(Income Approach)

기술이 미래에 가져올 경제적 효익을 현재 시점의 가치로 환산하여 평가하는 방법으로, 가장 널리 사용되고 대표적인 방법이다.

(1) 현금흐름할인법(Discounted Cash Flow, DCF)

현금흐름할인법은 기술이 적용된 사업 전체의 현금흐름을 예측하고, 이 중 기술이 기여하는 부분(기술기여도)만큼을 분리하여 현재 가치로 할인하는 방법이다. 여기에는 기술의 경제적 수명, 현금흐름 추정, 기술기여도, 할인율(위험을 반영한 이자율) 등이 반영된다.

(2) 로열티 공제법(Relief from Royalty)

로열티 공제법은 평가 대상 기술을 보유하지 않았을 경우 사용하는 방법으로, 제3자에게 라이선스를 받아 사용하며 지급해야 했을 가상의 로열티 합계를 현재 가치로 환산하여 기술 가치로 간주하는 방법이다. 기술 개발이 초기 단계이거나, 사업화가 아직 불확실할 때 유용하게 사용된다.

2) 시장접근법(Market Approach)

동일하거나 유사한 기술이 시장에서 실제로 거래된 가격(라이선스, 매매 등)을 찾아 이를 비교 분석하여 가치를 추정하는 방법이다.

시장접근법에는 객관적인 시장 거래 정보를 기반으로 하여 신뢰성 있는 시장 거래 사례를 기준으로 가치를 측정하는 거래사례비교법이 있다. 다만, 단순히 거래 가격만 비교하는 것이 아니라, 기술의 성격, 권리 범위, 거래 시점 등을 비교 대상과 조정하는 과정(조정 계수 적용)이 필수적이다. 거래사례를 찾을 수 있다면 가장 설득력이 높다.

3) 비용접근법(Cost Approach)

평가 대상 기술을 개발하거나 취득하는 데 소요된 총 원가를 산정하여 그 원가를 가치로 보는 방법이다.

(1) 재생산원가법(Reproduction Cost)

현재 시점에서 동일한 기술을 새로 개발하는 데 필요한 원가(재료비, 노무비, 경비 등)를 추정하여 추정된 원가를 가치로 평가한다.

(2) 대체원가법(Replacement Cost)

평가 대상 기술과 동일한 경제적 효익을 갖는 다른 기술을 개발 또는 구매하는 데 필요한 원가를 추정하여 그를 가치로 본다. 이때에는 단순히 투입된 원가뿐만 아니라, 시간이 지남에 따른 기술의 물리적·기능적·경제적 진부화를 반영하여 감가상각을 적용해야 한다.

2. 할인율

할인율(Discount Rate, d)은 미래 수익을 현재 가치로 환산할 때 적용하는 이자율로, 해당 사업의 위험(Risk)을 반영한다. 기술가치평가에서는 일반적으로 기업의 가중평균자본비용(WACC, Weighted Average Cost of Capital)을 사용하며, 기술의 특수 위험이 있을 경우는 WACC에 프리미엄을 더하여 쓰기도 한다.

(1) 가중평균자본비용(WACC)

할인율 (d)은 기업이 자금을 조달하는 데 드는 비용(부채와 자본의 비용)을 그 구성 비율에 따라 가중평균하여 계산한다.

변수	의미	설명
k_e	자기자본비용(Cost of Equity)	CAPM(자본자산가격결정모형) 등을 통해 산정되며, 주주가 요구하는 수익률을 의미
k_d	타인자본비용(Cost of Debt)	은행 대출 이자율, 회사채 이자율 등 부채 조달 비용을 의미
E	자기자본 총액(Equity)	주식, 자본금 등 자기자본 규모
D	타인자본 총액(Debt)	부채 총액
t	법인세율 (Corporate Tax Rate)	부채 이자는 세금 공제 효과가 있으므로 $(1-t)$를 곱해 조정
R_f	무위험수익률(Risk-Free Rate)	국고채 금리 등 위험이 전혀 없는 자산의 수익률
beta(β)	베타(Beta) 계수	해당 사업의 시장 위험도를 나타내는 지표(시장 전체 대비 민감도)

변수	의미	설명
R_m-R_f	시장위험프리미엄 (Market Risk Premium)	시장 전체에 투자했을 때 기대되는 초과 수익률
Risk Premium	기술특수 위험 프리미엄	기술의 불확실성, 사업화 실패 위험 등 개별 기술이 갖는 추가 위험을 보정하는 항목

(2) 기술평가 실무가이드에 의한 할인율의 산출

기술평가 실무가이드에서는 할인율을 다음 산식을 이용하여 계산한다.

산식 중소기업자기자본비용(K_e) = 상장기업자기자본비용 + 비상장규모 위험프리미엄 + 기술사업화 위험프리미엄

상장기업자기자본비용 = $R_f + \beta \times [E(R_m) - R_f]$

$E(R_m)$: 시장포트폴리오에 대한 기대수익률

R_f: 무위험이자율

이 산식을 적용할 때 비상장기업의 자본비용이나 기술사업화 프리미엄 등의 산출이 어렵기 때문에 상장기업자기자본비용 + 비상장규모 위험프리미엄은 사전에 조사하여 설정한 율을, 기술사업화 위험프리미엄은 평가대상 기술에 대하여 기술사업화위험프리미엄 평점에 대한 사업화위험프리미엄에서 정한 위험프리미엄 값을 상기 공식에 대입하여 K_e를 구한다.

(가) WACC 산출표

WACC는 위 산식에 따라 자기자본과 타인자본의 각 이자율과 구성비에 따라 산출된다. 이때, 자기자본비용은 비상장 기업이므로 상장기업의 CAPM과 규모위험프리미엄 및 기술사업화 위험프리미엄을 합하여 결정되는데, 기술평가 실무가이드는 업종에 따라 CAPM과 규모프리미엄은 정형화하여 계산되어있고 기술사업화위험프리미엄은 기술 및 시장위험에 대하여 각 기술에 대하여 평가한 후 이를 그 평점에 따라 프리미엄값을 조견표로 산출하도록 하고 있다.

표 5-2 WACC의 산출

자기자본비용	상장법인 WACC	CAPM+규모위험프리미엄 (비상장중기업)	기술사업화위험프리미엄
	6.97%	8.65%	3.80%
타인자본비용	6.75%		
자기자본비율	63.43%	타인자본비율	26.57%
WACC	9.84%	(8.65+3.8)×63.43%+(6.75×36.57%)×(1-0.2104) =(1-0.2104)	

(나) 기술사업화위험프리미엄의 산출

여기서 기술사업화위험프리미엄은 기술 및 권리위험과 시장 및 사업위험 각 5항목을 선정하여 평가한 값을 이용하여 다음의 표에 의하여 산출한다.

구분	평가항목	평점				
		매우 미흡	미흡	보통	우수	매우 우수
기술 및 권리위험	차별성	1	2	3	4	5
	기술경쟁강도	1	2	3	4	5
	모방난이도	1	2	3	4	5
	기술사업화 환경	1	2	3	4	5
	권리안정성	1	2	3	4	5
시장 및 사업위험	시장진입 가능성	1	2	3	4	5
	시장경쟁강도	1	2	3	4	5
	시장의 성장 전망	1	2	3	4	5
	생산용이성	1	2	3	4	5
	수익성	1	2	3	4	5
종합평점	34점					
위험프리미엄	3.80%					

기술사업화위험프리미엄의 평가결과에 따른 사업화위험프리미엄 산출은 다음 표에 의한다. 기술사업화위험프리미엄 평점 34의 경우 사업화위험프리미엄값은 3.80%로 나타나 있다.

표 5-3 기술사업화 위험프리미엄 평점에 대한 사업화 위험프리미엄

평점	위험 P	평점	위험 P	평점	위험 P
20	10.01%	31	4.75%	41	1.99%
21	9.33%	32	4.42%	42	1.76%
22	8.72%	33	4.10%	43	1.55%
23	8.15%	34	3.80%	44	1.33%
24	7.62%	35	3.51%	45	1.13%
25	7.14%	36	3.24%	46	0.93%
26	6.68%	37	2.97%	47	0.73%
27	6.25%	38	2.71%	48	0.54%
28	5.84%	39	2.46%	49	0.36%
29	5.46%	40	2.22%	50	0.18%
30	5.10%				

(3) 기술평가 실무가이드에 의한 기술의 내용연수 산정

기술의 가치는 당해 기술이 사업에서 가지는 중요도, 당해 기술의 구성비 및 영향을 미치는 기간으로 결정된다. 따라서 기술의 내용연수를 반드시 주정하여 가치 평가에 반영하여야 한다. 기술의 수명은 특허 잔존연수와 당해 기술의 경제적 내용연수 중 짧은 것으로 하여야 한다.

수익추정기간 = 짧은 것(특허권의 잔존 권리기간, 개별기술의 경제적 수명)

특허권의 잔존기간은 특허권의 설정기간이 20년이니 출원일로부터의 기간을 계산하면 될 것이고, 경제적 내용연수는 다음과 같이 구한다.

개별기술의 경제적 수명 = f(TCT 지수, 기술요인, 시장요인)

$$= Q_2 + (Q_3 - Q_2) \times \frac{\text{획득값-기준값}}{\text{최대값-기준값}} \quad (\text{if 획득값} \geq \text{기준값})$$

또는

$$= Q_1 + (Q_2 - Q_1) \times \frac{\text{획득값-최소값}}{\text{기준값-최소값}} \quad (\text{if 획득값} \leq \text{기준값})$$

여기서 Q_1: TCT 최소값

Q_2: TCT 중앙값

Q_3: TCT 최대값

획득값: 〈표 5-4〉 기술의 경제적 수명 영향요인평가표에 의한 획득점수

최대값 : 100%

최소값 : 20%

기준값 : 60%[6)]

참고 1

TCT(Technology Cycle Time): 특정 기술이 시장에서 경쟁력을 유지하는 기간(기술의 경제적 수명)을 특허 인용 정보(PCI: Patent Citation Information)를 이용하여 분석하는 지표

참고 2

특정산업분류코드는 IPC코드와 다르므로 특정 산업의 Q값을 구할 때는 IPC코드를 확인하여야 한다.

Q_1, Q_2, Q_3 등의 값은 기술평가실무가이드에 다음과 같이 나와 있다.

표 5-4 기술의 경제적 수명

IPC	내용	평균	Q_1	중앙값 (Q_2)	Q_3
A61K	의약용, 치과용 또는 치료용 제제	9.75	4	8	13
A61L	재료 또는 물건을 살균하기 위한 방법 또는 장치 일반; 공기의 소독, 살균 또는 탈취; 붕대, 피복용품, 흡수성 패드 또는 수술용품의 화학적 사항; 붕대, 피복용품, 흡수성 패드, 또는 수술용 물품을 위한 재료	9.11	4	8	13

6) 기준값: 일반적으로 대상기술들에 대한 평가결과들이 존재할 경우 평균값을 적용하지만, 그러한 데이터가 없을 경우 일단 특정값(60%)으로 가정함.

3. 기술기여도

1) 기본 개념 및 목적

기술기여도(Technology Contribution Rate, α)는 전체 사업 가치 중 기술의 몫을 객관적으로 분리하는 핵심적인 역할을 한다. 이는 전체 사업에서 발생하는 수익(현금흐름)에 기술이 공헌하는 비율(α)을 의미하며, 정량적 공식보다는 복합적인 평가 요소를 통해 산출된다. 기술기여도의 산출 방식은 기술성, 권리성, 시장성, 사업성 등 다양한 평가 요소를 정성적·정량적으로 분석하여 비율을 도출하는 기술요소법(Technology Factor Method)이 주로 사용된다.

기술기여도는 다음과 같이 계산된다.

$$\alpha = V\_{기술} / V\_{사업}$$

(1) 기술요소법의 구조(평가 요소)

기술기여도(α)는 기술의 특성(T)과 시장 환경(M) 및 사업 주체의 역량(B)을 가중평균하여 산출한다.

표 5-5 기술기여도 산출방법

평가요소	평가항목	가중치(예시)	역할
기술성(T)	기술의 우위성, 난이도, 진부화 속도, 완성도 등	W_T주)	기술 자체의 경쟁력
권리성(R)	특허 권리의 범위, 안정성, 침해 방어 가능성 등	W_R	법적 독점력
시장성(M)	시장 성장성, 시장 점유율, 시장 규모, 경쟁 구도 등	W_M	기술이 수익을 창출할 환경
사업성(B)	경영진 능력, 생산 능력, 마케팅 역량, 재무 안정성 등	W_B	기술을 사업화할 주체의 역량

주) W_T, W_R, W_M, W_B : 기술성, 권리성, 시장성, 사업성의 각 가중치

예시 기술기여도(α) 산정식

기술요소법은 각 팩터에 대한 정성적, 정량적 평가(Rating)를 점수화하고 가중치를 적용하여 최종 기여율을 도출하는 방식이다. 기술기여도는 기본적으로 각 요소별 기여율을 가중평균하여 산출한다.

- Factor Score: 각 평가 항목에 대한 정성적/정량적 분석 결과(예: 0~100점)를 표준화한 값
- Weight: 각 요소의 중요도에 따라 부여된 가중치(총합 100%)이다.

이러한 요소별 평가를 통해 해당 사업의 전체 가치 중 기술이 실제로 얼마나 중요한 역할을 하는지를 객관적인 수치로 환산하여 α를 결정한다.

기술요소법(Technology Factor Method)에 의한 주요 4가지 팩터(기술성, 권리성, 시장성, 사업성)에 대한 평가 방법과 가중치를 다음과 같이 산정한다.

□ 기술기여도 산출 4대 팩터 평가 방법

기술요소법이 사용하는 기술요소는 일반적으로 기술성(T), 권리성(R), 시장성(M), 사업성(B)의 네 가지 주요 팩터로 구분되며, 각 팩터는 여러 세부 항목(Sub-Factor)으로 구성되고, 이들은 해당 항목들을 평가하여 점수(Rating)를 산정하게 된다.

1 기술성(T: Technology)

- 평가 목표: 평가 대상 기술 자체의 우수성, 완성도, 경쟁력을 평가한다.
- 주요 세부 항목:
  - 기술의 완성도 및 구현 가능성: 개발 단계, 상용화 가능성
  - 기술적 우위성: 경쟁 기술 대비 성능, 비용 우위
  - 기술의 수명 및 진부화 속도: 기술의 잔존 수명 및 대체 가능성
  - 응용 범위 및 파급 효과
- 레이팅 방법(점수화):

등급	평가점수(예시)	평가기준
최우수(Very High)	90 ~ 100점	타 기술 대비 혁신적 우위, 기술적 완성도가 매우 높음
우수(High)	70 ~ 89점	기술적 우위가 명확하고, 상용화 가능성이 높음
보통(Medium)	40 ~ 69점	경쟁 기술과 유사하거나 약간의 우위가 있으나, 안정성은 확보됨
미흡(Low)	0 ~ 39점	기술적 결함이 있거나 진부화 속도가 빠름

2 권리성(R: Right)

- 평가 목표: 기술을 보호하는 법적 권리(특허, 실용신안 등)의 강도와 안정성을 평가한다.
- 주요 세부 항목:
  - 권리 범위의 광협: 청구 범위가 넓고 포괄적인지
  - 권리의 안정성: 특허 무효 가능성, 존속 기간 잔여 여부
  - 침해의 용이성: 제3자의 모방 및 침해 방어 용이성
  - 배타성 및 독점성 확보 수준
- 레이팅 방법(점수화): 기술성과 유사하게 점수화하며, 특히 침해 방어 가능성이 높을수록 높은 점수를 부여한다.

3 시장성(M: Market)

- 평가 목표: 기술이 활용될 시장의 성장 잠재력과 매력도를 평가한다.
- 주요 세부 항목:
  - 목표 시장의 규모 및 성장률: 시장의 현재 규모 및 예측 성장 속도
  - 경쟁 상황: 시장 경쟁 강도, 대체재 유무
  - 시장 진입 장벽 및 기술의 시장 점유 가능성
  - 제품의 시장 수용도
- 레이팅 방법(점수화): 시장 성장률, 규모 예측치 등 정량적 데이터를 활용하여 점수를 산출하는 데 중점을 둔다.

4 사업성(B: Business/Budget)

- 평가 목표: 기술을 사업화할 주체(기업 또는 연구기관)의 역량 및 재무 안정성을 평가

- 주요 세부 항목:
  - 경영진 및 연구진의 역량: 해당 분야 경험 및 기술 이해도
  - 생산 및 마케팅 인프라: 생산 설비, 유통 채널 확보 여부
  - 재무적 안정성: 부채 비율, 현금 흐름 등
  - 사업 계획의 구체성 및 타당성
- 레이팅 방법(점수화): 재무제표 분석 등 정량적 분석과 경영진 인터뷰 등 정성적 분석을 병행하여 점수를 산출한다.

가중치 산정 방법 및 최종 기여도 산식

1 가중치 산정 방법

가중치는 각 팩터가 기술의 최종 수익 창출에 미치는 상대적인 중요도를 반영해야 한다.

- 전문가 패널 설문: 가장 일반적인 방법으로, 해당 분야의 전문가(기술, 법률, 경영 전문가)들을 대상으로 각 팩터의 중요도에 대한 설문조사를 실시하고, 그 결과를 평균하여 가중치를 결정한다.
  ① AHP 기법(Analytic Hierarchy Process): 여러 전문가의 주관적인 판단을 쌍대비교(Pairwise Comparison) 방식으로 수집하여, 계층적 구조 내에서 각 팩터의 일관성과 중요도를 수학적으로 도출하는 방법이다. 가장 체계적인 가중치 산정 방식으로 알려져 있다.
  ② 평가 목적 및 기술 단계 반영: 기술의 초기 단계일 경우 기술성에, 사업화 직전 단계일 경우 시장성 및 사업성에 더 높은 가중치를 부여하는 등, 평가 목적에 따라 가중치를 조정할 수 있다.

2 최종 기술기여도(α) 산출 산식

각 팩터별 평가 점수와 가중치를 곱하여 합산한 후, 이를 기여율로 변환

- T, R, M, B: 각 팩터에 대한 최종 평가 점수(레이팅 결과를 표준화한 값)
- W_T, W_R, W_M, W_B: 각 팩터에 부여된 가중치(합계는 100% 또는 1.0)
- α: 최종 기술기여율은 개별 팩터의 가중평균으로 구해진다(예: 0.35=35%)

$$\alpha = \sum_i (Pi \times Wi) \\ = (T \times W_t + R \times W_r + M \times W_m + B \times W_b)$$

기술기여도 산출은 단순히 공식을 적용하는 것이 아니라, 각 팩터에 대한 객관적이고 체계적인 정성/정량 분석이 필수적이다.

기술완성도, 기술우위성, 진부화 속도, 권리성에 의한 평가

1 기술완성도

기술가치평가의 핵심 요소 중 하나인 기술완성도는 기술성(T) 팩터의 가장 중요한 세부 항목이다. 기술완성도는 해당 기술이 현재 어느 단계까지 개발되었으며, 상업적 생산 및 판매를 위해 얼마나 신뢰성 있고 안정적인 상태인지를 평가하는 방법이다.

1) 기술완성도 평가 방법

기술완성도를 평가하는 가장 대표적이고 체계적인 방법은 기술준비수준(TRL, Technology Readiness Level) 지표를 활용하는 것이다. TRL은 미국 NASA에서 처음 개발되었으며, 기술개발의 초기 연구 단계부터 최종 상업화 단계까지를 9단계로 구분하여 객관적인 평가 기준을 제공한다.

표 5-6 TRL 평가방법

TRL 단계	명칭	평가목표(기술완성도 기준)	상용화 위험도
TRL 1-3	기초/개념 증명 단계	기초 연구와 핵심 기술 개념의 관찰 및 보고. 실험실 수준의 개념 증명	매우 높음
TRL 4-6	개발/시제품 단계	실험실 환경을 벗어나 운용 환경과 유사한 환경에서 핵심 기술 요소가 통합되어 검증됨. 시제품(Prototype) 제작	중간
TRL 7-9	실증/사업화 단계	실제 운용 환경에서 시제품이 성공적으로 테스트되고, 실제 상업 생산 및 판매가 이루어지는 단계	낮음

2) TRL 9단계별 상세 평가 항목

기술완성도를 평가할 때는 다음 9가지 단계 중 현재 기술이 어느 단계에 해당하는지 판단하고, 다음 단계로 넘어가기 위해 필요한 증거(Evidence)와 과제가 무엇인지 확인한다.

표 5-7 TRL 9 단계별 상세 평가 방법

TRL 단계	정의 및 평가 주안점
TRL 1	기초 원리 관찰 및 보고: 기초 과학 원리 및 특허성 확인(최소의 증거)
TRL 2	기술 개념 및 응용의 정립: 개념 정립 논문, 설계 초안
TRL 3	분석 및 실험을 통한 핵심 기능의 입증: 실험실 환경에서 핵심 기술의 기능 및 성능 입증(Proof of Concept)
TRL 4	실험실 환경에서 기술 구성 요소의 검증: 주요 부품이 통합되어 실험실에서 작동하는 것을 확인
TRL 5	준(準) 운용 환경에서 기술 구성 요소의 검증: 실제 환경과 유사한 시뮬레이션 환경에서 검증
TRL 6	준(準) 운용 환경에서 시제품(Prototype)의 시스템 검증: 전체 시스템이 실제 크기로 제작되어 시뮬레이션 환경에서 성능 입증
TRL 7	실제 운용 환경에서 시제품의 시스템 실증: 실제 환경에서 통합된 시제품이 목표 성능을 달성하는 것을 확인(Field Test 완료)
TRL 8	실제 시스템의 완성 및 검증: 최종 제품 규격으로 완성되어 사용자의 요구 조건을 모두 만족
TRL 9	실제 운용 환경에서 성공적인 시스템 운영: 기술이 상업적으로 성공적으로 운용되고, 양산 및 판매가 이루어짐(상용화 완료)

3) 기술완성도 평가 시 가중치 및 점수화

기술가치평가에서는 이 TRL 지표를 사용하여 기술완성도에 대한 정성적 점수를 부여한다.

- 가중치 반영: 일반적으로 기술성 팩터 내에서 '기술완성도'가 가장 큰 가중치(예: 기술성 내 40%)를 차지한다. 그 이유는 미래 현금흐름의 불확실성을 줄이는 가장 중요한 지표이기 때문이다.
- TRL-점수 변환: TRL 1-3은 낮은 점수(30~50점), TRL 4-6은 중간 점수(60~80점), TRL 7-9는 높은 점수(85~100점)로 변환하여 최종 기술성 평가에 반영된다.

요약하자면, 기술완성도의 평가는 TRL 수준을 정확히 진단하고, 다음 단계로의 진입에 필요한 위험 요소를 파악함으로써, 기술의 가치에 내포된 불확실성(Risk)을 정량화하는 과정이라고 볼 수 있다.

2 기술 우위성

기술 우위성(Technical Superiority)은 평가 대상 기술이 경쟁 기술 대비 얼마나 뛰어난 성능, 낮은 비용, 차별화된 기능을 제공하는지를 객관적으로 평가하는 방법이다.

1. 정량적 평가: 비교 대상 기술과의 핵심 성능 지표(KPI) 분석

평가 대상 기술의 핵심 성능 지표(Key Performance Indicators, KPI)를 설정하고, 현재 시장의 최고 수준 기술(Best Available Technology, BAT) 또는 주요 경쟁 기술과 수치적으로 비교한다.

표 5-8 기술우위성 평가지표

핵심 성능 지표(KPI)	UWB 안테나 기술 예시	평가 방법
정확도	실내 위치 추적 오차 (예: ±5cm vs 경쟁사 ±10cm)	정량적인 벤치마킹 테스트 결과 비교
효율성	전력 소비량 (예: 50mW vs 경쟁사 100mW)	에너지 효율성 및 운용비용 절감 효과 측정
소형화	모듈 크기 및 무게	제품화 및 다양한 응용 분야 적용 가능성 평가
수율/안정성	대량 생산 시 초기 불량률 및 내구성	생산 공정 안정성 및 신뢰성 데이터 활용

2. 정성적 평가: 기술적 차별성 및 대체 불가능성

정량적 수치 외에, 기술이 시장에서 갖는 독점적인 지위와 차별성을 평가한다.

- 진입 장벽: 경쟁사가 이 기술을 모방하거나 따라오는 데 필요한 시간과 비용, 기술적 난이도 등을 평가한다.
- 표준화 기여도: 기술이 산업 표준(예: IEEE 표준)에 얼마나 기여했는지 또는 표준을 선도하고 있는지 평가한다.
- 기술 성숙 단계 차이: 경쟁 기술이 TRL 5단계에 머물러 있는데, 평가 대상 기술이 TRL 8단계에 도달했다면 이는 매우 큰 우위성으로 평가된다.

- 점수화: 우위성 평가 항목에 대해 '현저한 우위', '약간의 우위', '경쟁사와 유사', '열위' 등의 등급을 부여하고 이를 점수(Rating)로 변환하여 기술성 팩터에 반영한다.

3 기술 진부화 속도

기술은 등장했다 언젠가는 사라진다. 이 과정을 기술의 진부화라 하며 그 속도(진부화 속도: Obsolescence Rate)에 따라 기업이 이를 오래 보유하면 이익을 향유할 수도 있고 급하게 명멸할 수도 있다. 기술 진부화 속도는 평가 대상 기술이 새로운 기술의 등장이나 시장 환경 변화로 인해 가치를 상실하는 속도를 평가한다. 이는 기술의 경제적 수명(N)을 결정하는 데 중요한 근거가 된다.

1) 정량적 평가: 기술 진부화 지표 분석

기술이 빠르게 변하는 정보통신기술(ICT) 분야에서는 진부화 속도를 객관화할 수 있는 지표를 활용한다.

표 5-9 기술진부화

진부화 지표	UWB 안테나 기술 예시	평가 방법
특허 인용 지수	평가 대상 특허가 최근 인용되는 빈도	인용이 줄어들면 기술의 중요도가 낮아지고 있음을 시사
기술 수명 주기 위치	기술이 도입기, 성장기, 성숙기, 쇠퇴기 중 어디에 위치하는지	S-커브 분석(S-Curve Analysis)을 통해 예상되는 수명 예측
대체 기술 등장 시점	6G, 새로운 센싱 기술 등 대체 기술의 예상 상용화 시점	경쟁 기술의 로드맵 분석

2) 정성적 평가: 기술 생태계 분석

기술 자체를 넘어, 기술을 둘러싼 외부 환경의 변화를 분석한다.

- 핵심 부품의 변화: 기술을 구성하는 주요 부품(예: UWB 칩셋)이 급격히 변화하여 안테나 설계 자체가 무용지물이 될 가능성 분석.
- 표준/규제 변화: 기술 관련 산업 규제나 국제 표준이 평가 대상 기술에 불리하게 변화할 가능성 분석.
- 점수화: 진부화 속도가 '매우 빠름'으로 평가될수록 기술의 경제적 수명(N)이

짧게 잡히며, 기술성 평가에서 낮은 점수를 받게 된다. 반대로 '매우 느림'으로 평가되면 장기간 안정적인 수익 창출이 가능하다고 보아 높은 점수를 부여한다.

이처럼 기술 우위성은 경쟁 대비 기술적 강점을, 진부화 속도는 미래 가치 유지의 안정성을 평가하여, DCF와 로열티 공제법의 핵심 변수(N, α, r) 산정에 필요한 근거를 제공한다.

기술완성도, 기술우위성, 진부화 속도에 의한 기술성 평가

❶ 기술성(T) 평가 항목 및 가중치 설정

NX－020/NX－UTR 안테나 기술의 예를 들면, 통신/전자 산업의 특성상, 기술우위성이 시장 선점에 가장 중요하며, 진부화 속도는 장기적인 수익성을 결정하므로 다음과 같이 높은 가중치를 부여한다.

표 5-10 기술성 평가항목 및 가중치 설정

세부 팩터	평가 점수 기준(5점 만점)	가중치(Wi)
기술완성도	TRL 8 이상(실제 시스템 적용 및 검증 완료)	30%
기술우위성	경쟁 기술 대비 15% 이상의 성능/비용 우위 확보	45%
진부화 속도	기술 수명주기 10년 이상 또는 광대역 호환성 확보	25%
합계		100%(1.0)

❷ NX-020/NX-UTR 기술의 개별 팩터 평가

NX－020/NX－UTR 기술 자료(소형화, UWB 통합, 재난망 적용)를 기반으로 전문가 평가를 실시한다.

세부 팩터	NX 기술의 평가 근거	평가 점수(Pi)(5점 만점)
기술완성도	전국 터널 및 지하철에 NX-UTR 적용 실적(TRL 8~9) 확보. VSWR 1.1~1.3으로 신뢰성 입증.	5
기술우위성	기존 야기 안테나 대비 17배 소형화 및 8개 대역 통합. 경쟁사 대비 압도적인 공간 효율성 제공.	4.5

세부 팩터	NX 기술의 평가 근거	평가 점수(Pi)(5점 만점)
진부화 속도	$540\text{kHz} \sim 6\text{GHz}$의 UWB(초광대역) 지원으로 5G/6G 등 미래 통신 표준에도 유연하게 적용 가능.	4

3 기술성(T) 점수 산출

기술성(T) 점수는 각 팩터의 평가 점수와 가중치를 곱하여 합산한 가중평균 점수이다.

$$T = (P_{완성도} \times W_{완성도}) + (P_{우위성} \times W_{우위성}) + (P_{진부화} \times W_{진부화})$$

$$T = (5.0 \times 30\%) + (4.5 \times 45\%) + (4.0 \times 25\%)$$

$$T = 1.50 + 2.025 + 1.00$$

$$T = 4.525\text{점}(5\text{점 만점 기준})$$

4 최종 기술기여도(α) 산출에의 연계

- 산출된 기술성 T의 점수(4.525)는 이제 표준화된 값으로 변환된다.
- 점수 표준화: T의 점수 4.525점을 100점 만점 기준으로 변환(4.525/5×100 = 90.5점) 또는 기여율 계수 4.525/5=0.905로 변환
- 가중치 반영: 이 표준화된 점수에 W_T(전체 기술기여도 산식에서의 기술성 가중치)를 곱하면, 기술성 기여분=0.905×W_T. 이 값은 최종적으로 권리성(R), 시장성(M), 사업성(B)의 기여분과 합산되어 최종 기술기여도(α)를 결정하게 된다.

예시: 만약 전체 α 산정에서 W_T가 40%라면, 기술성 부문에서만 0.905×40% =36.2%를 기여하게 된다.

5 권리성 평가

기술가치평가의 권리성(R) 팩터는 기술의 법적 보호 수준과 독점력을 평가하는 데 중점을 둔다. 이는 기술이 창출할 미래 수익을 경쟁자로부터 보호받을 수 있는 능력을 의미하므로, 가치평가에서 매우 중요하다.

권리성 평가는 주로 특허(Patent)를 중심으로 이루어지며, 특허의 안정성, 범위, 침해 방어 용이성의 세 가지 축으로 구분된다.

1) 권리의 안정성(Stability) 평가

- 평가 목표: 현재 등록된 특허가 향후 제3자의 무효 심판이나 소송에 의해 무효화될 위험이 얼마나 낮은지를 평가한다.
- 주요 세부 항목
  - 특허 존속 기간 잔여 여부: 기술의 경제적 수명 기간 동안 특허 권리가 유효한 잔여 기간을 확인한다. 잔여 기간이 길수록 안정성이 높다.
  - 등록 요건 만족 여부: 특허 등록 결정 시의 심사관 판단에 오류가 없었는지, 선행 기술 조사가 철저했는지 등을 재확인한다.
  - 특허 무효 심판 이력: 이미 무효 심판이 청구되거나 진행된 이력이 있는 경우, 권리 안정성이 낮게 평가된다.

2) 권리 범위의 광협 (Scope) 평가

- 평가 목표: 특허의 청구항(Claims)이 경쟁 기술을 포괄적으로 막을 수 있도록 넓게 작성되었는지, 아니면 매우 좁게 한정되어 모방이 쉬운지를 평가한다.
- 주요 세부 항목
  - 청구항의 개수 및 구조: 청구항의 수가 많고 구조적으로 잘 조직되어 있을수록 독점력이 높다.
  - 주요 기술 요소 포함 여부: 기술의 핵심 요소가 모두 청구항에 포함되어 법적 보호를 받고 있는지 확인한다.
  - 우회 설계 가능성: 경쟁사가 특허의 청구항을 비껴나 다른 방식으로 유사한 기능을 구현할 가능성(우회 설계)이 낮을수록 권리 범위가 넓게 평가된다.
  - 기술 포트폴리오: 하나의 기술을 여러 특허(핵심 특허, 주변 특허, 보조 특허 등)로 방어하는 포트폴리오(Portfolio)가 구축되어 있는지 확인한다.

3) 침해 방어 용이성(Enforceability) 평가

- 평가 목표: 특허가 침해되었을 때, 이를 입증하고 법적 대응을 통해 이익을 회수하기가 얼마나 쉬운지를 평가한다.

- 주요 세부 항목
  - 침해 입증 용이성: 침해 사실을 제3자가 쉽게 관찰하거나 분석할 수 있는지(예: 하드웨어 외형)를 확인한다. 소프트웨어 알고리즘처럼 내부적으로만 작동하는 기술은 입증이 어려워 방어 용이성이 낮게 평가될 수 있다.
  - 특허권자 명확성: 특허권자가 명확히 평가 대상 기업(또는 기관)으로 되어 있는지, 공동 소유 등으로 분쟁 소지가 없는지 확인한다.
  - 국가별 등록 현황: 기술을 사업화할 주요 시장(미국, 유럽, 중국 등)에 특허가 등록되어 있는지 확인한다.

4) 권리성 평가의 점수화(Rating)

권리성 팩터는 위 세 가지 축의 평가 결과를 합산하여 점수화된다.

- 점수 부여: 특허 포트폴리오가 완벽하고, 침해 입증이 쉬우며, 잔여 존속 기간이 길다면 최우수(Very High) 등급(90~100점)을 부여하여 기술기여도(α)를 높이는 데 기여한다.
- 가중치: 일반적으로 권리성은 기술성 다음으로 높은 가중치(예: 20~25%)를 차지하여, 기술가치 보호에 대한 중요도를 반영한다.

이처럼 권리성 평가는 기술의 시장 진입 및 독점 기간을 법적으로 보장하는지를 확인하는 필수적인 절차이다.

권리성(R) 평가 예

1 권리성(R) 평가 항목 및 가중치 설정

권리성(R)은 단순히 특허 개수보다는 특허의 질과 보호 범위에 높은 가중치를 부여한다.

세부 팩터	평가 점수 기준(5점 만점)	가중치(Wi)
특허 보호 범위	핵심 기술(소형화, 통합)의 청구 범위가 넓어 회피가 어려운 정도	40%
권리 잔존 기간	핵심 특허의 남은 유효 기간 (15년 이상: 높음)	30%
국가별 등록 현황	미국, 유럽, 일본, 한국 등 주요 목표 시장에 등록 완료 여부	20%
법적 안정성	현재 특허 무효 소송이나 분쟁 가능성이 낮은 정도	10%
합계		100%

2 NX-020/NX-UTR 기술의 개별 팩터 평가

NX 기술이 획기적인 소형화 및 통합을 달성했음을 기반으로, 특허 전문가가 권리성을 평가했다고 가정하면 다음의 결과가 나타난다.

세부 팩터	NX 기술의 평가 근거	평가 점수(Pi) (5점 만점)
특허 보호 범위	통합 안테나의 내부 구조 및 UWB 대역 처리 기술에 대한 청구 범위가 넓어, 경쟁사가 쉽게 모방할 수 없는 강력한 기술적 장벽 구축.	5.0
권리 잔존 기간	2017년(NX-020) 및 2021년(NX-UTR) 개발 기술로, 핵심 특허의 잔존 기간이 15년 이상 충분히 확보됨.	4.5
국가별 등록 현황	목표 시장인 한국, 미국, 일본 등 주요 통신 선진국에 출원/등록 절차 완료 또는 진행 중.	4.0
법적 안정성	현재까지 특허 무효 심판이나 분쟁 이력이 없으며, 원천 기술에 대한 권리 침해 가능성이 낮음.	5.0

3 권리성(R) 점수 산출

권리성(R) 점수는 각 팩터의 평가 점수와 가중치를 곱하여 합산한 가중평균 점수이다.

$$T=(P_{범위}\times W_{범위})+(P_{기간}\times W_{기간})+(P_{국가}\times W_{국가})+(P_{안정}\times W_{안정})$$

$$R=(5.0\times 40\%)+(4.5\times 30\%)+(4.0\times 25\%)+(5.0\times 10\%)$$

$$R=2.00+1.35+0.80+0.50$$

$$R=4.65\text{점(5점 만점 기준)}$$

4 최종 기술기여도(α) 산출에의 연계

산출된 권리성 R 점수(4.65)는 최종 α 산출에 반영된다.

• 점수 표준화: R 점수 4.65점을 100점 만점 기준으로 환산하거나 계수로 변환하면, 4.65/5=0.93, 가중치를 반영: 이 표준화된 값에 W_R(전체 기술기여도 산식에서의 권리성 가중치)를 곱하면 권리성 기여분=0.93×R(전체). 이 값은 기술성(T), 시장성(M), 사업성(B)의 기여분과 합산되어 최종 기술기여도(α)를 결정하게 되며, R 점수가 높을수록 기술의 독점적인 지위와 장기적인 수익 안정성이 확보되어 기업가치 평가에 긍정적인 영향을 미치게 된다.

기술기여도 산출(기술성 및 권리성 점수 활용)

제시된 기술성(T) 점수와 권리성(R) 점수를 활용하여, 기술기여도 산정 공식에 따라 기술기여도를 산정한다. 기술성, 권리상, 시장성 및 사업성의 가중치를 각각 40%, 25%, 20% 및 15%로 하면, 기술기여도=$(T\times W_r + R\times W_r + M\times W_m + B\times W_b)$이므로,

$$
\begin{aligned}
\text{기술기여도} &= (0.905\times 40\%)+(0.930\times 25\%)+(\mathrm{M}\times 20\%)+(\mathrm{B}\times 15\%) \\
&= 0.3620+0.2325+0.2\mathrm{M}+0.15\mathrm{B} \\
&= 0.5975\ +0.2\mathrm{M}+0.15\mathrm{B}
\end{aligned}
$$

가 된다.

4. 기술가치평가 사례

대상기술: 초광대역 안테나(UWB Antenna) 기술가치 평가

평가방법: 로열티 공제법

1) 수익접근법을 기초로, 로열티 공제법 (Relief from Royalty Method)으로 평가

로열티 공제법은 기술을 직접 보유함으로써 제3자에게 지불해야 할 로열티 비용을 절감하는 이익을 현재 가치로 환산하는 방식이다.

초광대역 안테나 기술가치평가(로열티공제법)

(1) 평가 대상 기술 및 주요 가정(Hypothesis)

평가 대상 기술에 대한 주요 가정은 다음과 같다.

표 5-11 평가 대상 기술에 대한 주요 가정

구분	가정 내용	산정 근거
평가 대상 기술	UWB 기반 안테나 기술	IoT, 스마트 팩토리 등 고성장 시장을 상정
기술의 경제적 수명(N)	5년	기술의 라이프사이클 및 핵심 특허 잔여 기간 고려
가정 로열티율(r)	3.5%	(후술할 기술기여도 분석에 따라 상정된 비율)
할인율(d)	11.0%	UWB 시장의 높은 성장성 및 기술적 불확실성 반영
법인세율(t)	22.0%	구간별 누진율이나 일정률로 가정

(2) 매출액 및 기술 기여율 가정(기술기여도 반영)

표 5-12 매출액 및 기술 기여율에 의한 기술기여도 판정

연도(t)	SALES(UWB 모듈 적용 제품 연간 예상 매출액)	기술기여도(α) 반영(로열티율 3.5% 산출 근거)
1년차	100억원	[기술성(T)] 칩셋의 소형화 및 저전력화에서 우위(High)
2년차	120억원	[권리성(R)] 핵심 특허 3건의 권리 범위가 넓어 안정적임 (Very High)
3년차	140억원	[시장성(M)] 실내 위치 추적 시장이 연 20% 이상 고성장 중 (Very High)
4년차	160억원	[사업성(B)] 대기업 공급망 확보 및 마케팅 역량 우수 (High)
5년차	180억원	최종 α 반영: T, R, M, B 모두 우수하여 로열티율을 3% 후반대로 높게 산정: 3.5%

표 5-13 4팩터 평가

팩터	가중치(AHP 기반 예시)	평가 결과	기술기여율(α) 반영 역할
기술성(T)	30%	고정밀도/저전력 우위(Excellent)	기술 경쟁력이 로열티율의 하한선을 결정
권리성(R)	20%	광범위한 독점성(Excellent)	법적 독점력이 로열티율에 프리미엄을 부여
시장성(M)	35%	고성장 시장 및 대형 수요처 확보(Excellent)	미래 현금흐름을 예측하는 매출액(Sales)에 직접적 영향
사업성(B)	15%	사업화 역량(Good)	할인율(d)을 결정할 때 위험을 낮추는 역할
종합	100%		

기술성, 권리성, 시장성이 모두 우수한(총 기술기여도가 높은) 경우, 이 기술이 없이는 해당 사업이 불가능하거나 높은 비용을 지불해야 하므로, 로열티율(r)은 높아지게 된다. 이 예시에서는 4가지 팩터의 높은 평가를 종합하여 3.5%라는 로열티율을 도출한 것이다.

(3) 기술가치 산출 산식 및 결과

기술가치(V_기술)는 기술의 경제적 수명 동안 발생할 세후 공제 로열티 현금흐름의 현재가치 합계이다.

- 산식: CF_t(세후 공제 로열티 현금흐름) = (Sales_t × 0.035) × (1 − 0.22)

표 5-14 로열티 현금흐름 산정

연도(t)	예상매출액(S_t)	세전 로열티 절감액	세후 로열티 절감액(CF_t)	할인율 (1.11)^t	현재가치(PV_t)
1년차	100억 원	3.50억 원	2.730억 원	1.1100	245,945,946원
2년차	120억 원	4.20억 원	3.276억 원	1.2321	265,887,590원
3년차	140억 원	4.90억 원	3.822억 원	1.3676	279,467,734원
4년차	160억 원	5.60억 원	4.368억 원	1.5181	287,725,600원
5년차	180억 원	6.30억 원	4.914억 원	1.6851	291,500,760원
기술가치 (V)					1,370,527,630원

S_t = St, CF_t = CFt, PV_t = PVt

(4) 평가 결과 요약

UWB 고정밀 안테나 기술은 5년간의 경제적 수명과 3.5%의 로열티율을 가정했을 때, 현재 시점의 기술가치는 약 13.71억 원으로 산정된다. 가중치와 기술기여도(α)의 관계는 위 산식에서 로열티율 r(3.5%)은 기술기여도(α)를 간접적으로 반영한다.

2) 현금흐름할인법(DCF, Discounted Cash Flow)에 의한 평가

DCF 방식은 기술이 적용된 사업 전체의 세후 현금흐름을 예측하고, 이 중 기술이 기여하는 몫(기술기여도, α)을 분리하여 현재 가치로 환산하는 방법이다.

초광대역 안테나 기술가치평가(DCF법)

(1) 평가 대상 기술 및 주요 가정(Hypothesis)

평가대상 기술은 초광대역 안테나(UWB Antenna) 기술이며, 앞서 로열티 공제법에서 상정한 가정을 기반으로 DCF에 필요한 사업의 영업이익률과 기술기여도에 대한 가정을 추가한다.

표 5-15 추가 가정

평가 대상 기술: UWB 기반 고정밀 실내 위치 추적(Indoor Positioning)용 안테나 기술

구분		가정 내용	산정 근거
기존	기술의 경제적 수명(N)	5년	
	할인율(d)	11.0%	WACC와 기술적 위험을 반영한 할인율
	법인세율(t)	22.0%	
추가	영업이익률(OPM)	18.0%	UWB 모듈 산업의 평균 수익성 고려
	기술 기여도(α)	40.0%	(기술성, 권리성, 시장성, 사업성 종합 분석 결과)

(2) 연도별 매출액 및 현금흐름 산출 추정

DCF 계산을 위해 5년간의 예상 매출액과 영업이익을 산출한다.

표 5-16 매출 및 영업이익 추정

연도 (t)	예상 매출액 (Sales)	영업이익률 (OPM)	예상 영업이익	세후 영업이익
1년차	100억 원	18.0%	18.0억 원	18.0 x 0.78 = 14.04억 원㈜
2년차	120억 원	18.0%	21.6억 원	21.6 x 0.78 = 16.848억 원
3년차	140억 원	18.0%	25.2억 원	25.2 x 0.78 = 19.656억 원
4년차	160억 원	18.0%	29.8억 원	28.8 x 0.78 = 22.464억 원
5년차	180억 원	18.0%	32.4억 원	32.4 x 0.78 = 25.272억 원

㈜ 0.78 = 1 − 0.22

(3) 기술가치 산출 산식 및 결과

기술가치 V_기술은 기술의 경제적 수명 동안 발생할 세후 기술 기여 현금흐름의 현재가치의 합계이다.

$$\text{V\_기술} = \sum_{k=0}^{n} CFt / (1+r)^t$$

$$\text{CFt (세후 기술 기여 현금흐름)} = \text{(세후 영업이익\_t)} \times \alpha$$

표 5-17 연차별 현재가치 산정표

연도(t)	세후 영업이익	기술 기여도 (α=40%)	CFt(기술 기여 현금흐름)	할인율 (1.11)^t	현재가치(PV_t)
1년차	14.040억원	0.40	561,600,000원	1.1100	505,945,946원
2년차	16.848억원	0.40	673,920,000원	1.2321	547,001,623원
3년차	19.656억원	0.40	786,240,000원	1.3676	574,904,057원
4년차	22.464억원	0.40	898,560,000원	1.5181	591,914,637원
5년차	25.272억원	0.40	1,010,880,000원	1.6851	599,892,024원
기술가치(V)					2,819,658,287원

(4) 평가 결과 요약 및 비교

UWB 고정밀 안테나 기술은 5년간의 사업 현금흐름과 40%의 기술기여도를 가정했을 때, 현재 시점의 기술가치는 약 28.20억 원으로 산정된다.

표 5-18 DCF법과 로열티 공제법 비교

구분	로열티공제법	DCF법
산출된 기술가치	약 13.71억원	약 28.20억원
주요 변수	매출액 및 로열티율(3.5%)	매출액, 영업이익률 (18%) 및 기술기여도(40%)
특징	기술이 절감하는 비용적 측면을 강조하여 보수적으로 산출되는 경향이 있음	기술이 창출하는 사업적 이익 전체를 기준으로 하여 더 공격적으로 산출될 수 있음

DCF법은 사업의 수익률(영업이익률)과 기술기여도(α)라는 추가적인 가정을 사용하므로, 로열티 공제법에 비해 일반적으로 더 높은 가치가 산출되는 경향이 있다.

(5) DCF법을 위해 가정한 영업이익률과 기술기여도(40%)의 산정 근거

초광대역 안테나 기술의 가치평가를 DCF 방식으로 진행하기 위해 가정한 영업이익률(18.0%)과 기술기여도(40.0%)의 산정 근거는 다음과 같다.

(가) 영업이익률(Operating Profit Margin, OPM) 산정 근거

영업이익률은 기술이 적용되는 사업의 수익성을 나타내며, DCF법에서 미래 현금흐름을 산출하는 데 핵심적인 요소이다.

산정 방법:

- 산업 평균 분석: 초광대역(UWB) 안테나 모듈이 주로 사용되는 IoT 통신 부품 산업 및 정밀 위치 추적 시스템 산업의 상장 기업(유사 기업)들을 분석하여 평균적인 영업이익률을 참고한다.
- 제품의 특성 반영: UWB 안테나 기술은 고정밀성을 요구하므로, 일반적인 저가 통신 모듈보다 높은 기술 프리미엄을 붙여 판매할 수 있다.
- 시장 경쟁 상황: 현재 UWB 모듈 시장이 고성장 초기 단계에 있으며, 기술적 진입 장벽이 비교적 높아 경쟁 심화로 인한 가격 하락 압력이 아직 크지 않다고 가정한다.

표 5-19 영업이익률의 산정 근거

고려요소	UWB 안테나에 미치는 영향	최종 가정(18.0%)과의 관계
높은 기술 집약도	생산 원가는 높으나, 높은 판매가격을 책정할 수 있어 마진에 긍정적	평균보다 높은 이익률을 상정하는 근거
초기 시장의 독점성	경쟁사 대비 가격 결정력이 높아 수익성에 유리	
규모의 경제	대규모 생산이 이루어지기 전이므로, 원가 절감 효과가 제한적일 수 있음	마진을 지나치게 높게 잡지 않는 이유

이러한 요소를 종합적으로 고려하여, 해당 UWB 모듈 사업이 유사 통신 부품 산업 평균(약 10~15%)보다 다소 높은 18.0%의 영업이익률을 안정적으로 유지할 수 있다고 가정했다.

(나) 기술기여도(α) 산정 근거(40.0%)

기술기여도는 앞서 논의한 기술요소법에 따라 UWB 안테나 기술의 4대 팩터(T, R, M, B)를 평가하여 종합적으로 40.0%를 산출했다고 가정한다.

4대 팩터별 평가와 가중치 적용

기술기여도 40%는 해당 사업의 수익 중 40%가 UWB 안테나 기술 자체에 의해 창출된다는 의미이다.

표 5-20 기술기여도 산정 근거

팩터	세부 평가 요약	가중치 (예시)	평가 점수 (100점 만점)	가중 평균 점수
기술성(T)	고정밀/초소형 설계로 타사 대비 우수. 완성도 높음.	35%	85점	85 x 0.35 = 29.75
권리성(R)	핵심 특허가 광범위하고 독점적임	25%	90점	90 x 0.25 = 22.50
시장성(M)	IoT, 스마트 팩토리 시장 고성장. 수요처가 명확함	25%	88점	88 x 0.25 = 22.00
사업성(B)	경영진 경험 및 생산/공급망은 안정적이나, 초기 투자 부담 존재	15%	75점	75 x 0.15 = 11.25
종합		100%		85.5

이렇게 산정된 최종 기술기여도는 85.5점으로 평가되었다.

- 점수 표준화: 총합 85.50점은 기술적 강점이 매우 높음을 의미한다.
- 기술기여도(α) 변환: 40%는 기술요소법의 평가점수와 기술기여율 간의 표준화된 매핑 테이블을 통해 도출된다. 예를 들어, 100점 만점에 80~90점 사이는 통상적으로 35~45%의 기술기여율로 변환될 수 있다. 이는 개별기술강도를 산출하여 구하는데, 기술성과 사업성의 각 요소를 도출하고 그를 통한 값을 구하여 이를 산업기술요소값에 적용하는 것이다.
- 결론: UWB 안테나 기술은 권리성과 기술성이 매우 뛰어나고 시장 성장성이 담보되므로, 전체 사업 이익(18.0% OPM) 중 40.0%가 이 기술에 기인한다고 판단하여 높은 기술기여도를 부여했다.

이러한 정량적/정성적 판단과 가정에 의해 DCF법의 핵심 변수인 영업이익률과 기술기여도가 결정되며, 이 변수들이 최종 기술가치에 그대로 영향을 미치게 된다.

(6) 시뮬레이션 - 영업이익률과 기술기여도 변경

핵심 변수인 영업이익률(OPM)과 기술기여도(α)를 변경했을 때, 초광대역 안테나 기술가치(V)가 어떻게 변동하는지 시뮬레이션한 결과는 다음과 같다.

기술가치평가는 민감도 분석(Sensitivity Analysis)을 통해 가정의 변화에 따른 가치 변동 폭을 확인하는 것이 중요하다.

(가) 시뮬레이션 개요 및 변동 가정

이전 논의에서 사용한 매출액, 경제적 수명, 할인율 등은 고정하고, OPM과 기술기여도(α)만 변경하여 3가지 시나리오를 비교하면 다음과 같다.

표 5-21 매출액, 경제적 수명, 할인율 고정, OPM과 기술기여도 변동

시나리오	영업이익률(OPM)	기술기여도(α)	가정 배경
기준(Base)	18.4%	40.0%	이전 평가 결과(기준점)
낙관(Optimistic)	22.0%	50.0%	강력한 IP 독점력 확보 및 경쟁사 대비 원가 우위 달성
비관(Pessimistic)	14.0%	30.0%	경쟁 심화로 판매 단가 인하 및 IP 방어 실패로 기술 차별성 약화

(나) 시나리오별 기술가치 산출 결과

기술가치(V)는 세후 기술 기여 현금흐름에 비례하므로, OPM과 α가 동시에 변하면 가치 변동 폭이 매우 커진다.

표 5-22 시나리오별 가치 도출

시나리오	OPM 변화율	α 변화율	산출기술가치(V)	변동폭
낙관 (Optimistic)	22.0%(uparrow 22.2%)	50.0% (uparrow 25.0%)	약 43.01억 원	uparrow 약 52.5%
기준 (Base)	18.0%	40%	약 28.20억 원	0%
비관 (Pessimistic)	14.0%(downarrow 22.2%)	30.0% (downarrow 25.0%)	약 16.40억 원	downarrow 약 41.8%

OPM과 기술기여도가 변동하는 경우 UWB 안테나 기술의 가치는 16억원에서 43억원의 사이에 있다고 볼 수 있다.

(다) 민감도 분석의 해석

초광대역 안테나 기술의 가치는 영업이익률과 기술기여도라는 핵심 변수에 대해 매우 민감하게 반응하며, 낙관적 가정 시 기준 가치 대비 50% 이상 상승할 수 있지만, 비관적 가정 시 40% 이상 하락할 수 있어, 사업화 전략 수립 시 두 변수의 현실적인 달성 가능성을 면밀히 검토해야 한다.

(라) 변수별 민감도 요약

변수	변동이 가치에 미치는 영향	시사점
영업이익률(OPM)	사업의 수익 창출 능력을 직접적으로 결정한다. OPM이 높을수록 기술가치도 정비례하여 증가한다.	원가 경쟁력 및 판매 가격 결정 전략이 기술가치에 가장 큰 영향을 미친다.
기술기여도(α)	전체 이익 중 기술의 몫을 분리한다. α가 10%p 변동하면 가치도 큰 폭으로 변한다.	특허 포트폴리오 강화, 기술 차별화 유지를 통해 α를 높게 유지하는 것이 중요하다.

(7) 기술기여도 측정을 산업기술요소와 개별기술강도를 이용하는 방법

위 (5)에서 산정한 기술기여도는 영업이익률(Operating Profit Margin, OPM)과 기술기여도(α)에 의하여 산정하였다. 이것을 기술평가실무가이드(2021)에서는 다음과 같이 제시하고 있다.

(가) 기술가치 측정법

기술평가실무가이드(2021.2.26.)에 의하면 기술가치는 다음의 식에 의하여 산출된다.

기술가치 = 기술의 사업가치(Business Value) × 기술기여도

기술기여도(%) = 산업기술요소 × 기술의 비중 × 개별기술강도

- 산업기술요소 = 최대 실현 무형자산가치비율 × 평균기술자산비율
- 무형자산가치 = 기업시장가치(시가총액) –순자산가치
- 순자산가치 = 자산총액 - 부채총액
- 무형자산가치비율 = 무형자산가치 / 기업시장가치(시가총액)
- 기술자산비율 = 연구개발비 / (연구개발비 + 광고선전비 + 교육훈련비)
- 기술의 비중: 대상기술 제품(서비스)을 구성하는 전체 기술 중에서 대상기술이 차지하는 비중
- 개별기술강도: 산업 선도기술 대비 대상기술의 상대적인 수준

기술가치는 사업가치(기업가치)를 당해 기술의 사업에 대한 기여도(기술기여도)만큼 인정한 것이다. 이때의 기술기여도는 당해 기업에서 차지하는 당 기술의 부분(기술비율)에 대하여 산정하는데 여기에는 직접추정법과 경험칙법 및 기술요소법이 있으나 보통은 기술요소법을 많이 쓴다.

(가) 산업기술요소의 측정

위 산식의 기술의 사업가치(Business Value)는 위에서 산출된 사업의 가치를 이용하면 된다. 기술요소법은 기술기여도를 산업기술요소와 개별기술강도를 곱하여 산출하는 방식이다.

평가대상기술의 산업기술요소

(단위: %)

표준산업분류		최대무형자산 가치비율	기술자산 비중	산업기술 요소
C26	전자부품, 컴퓨터, 영상, 음향 및 통신장비 제조업	68.05%	97.78%	66.54%

* 기술가치평가 실무가이드(2021.2.26.) Part2 기술가치평가 부록3 산업기술요소에서 도출

(나) 개별기술강도의 측정

개별기술강도는 당해 기술에 대한 기술성 및 사업성에 대하여 각 평가 항목을 도출하고 여기에 가중치를 주어 다음과 같이 평가한다. 각 항목들은 5점을 만점으로 하고 10개의 항목이므로 총점은 각 50점이다. 이들은 단순합계하여 거기에 상대적 점수를 부여하는 방식이다. 당 안테나 기술의 기술성과 사업성을 평가하면 다음과 같다. 평가 대상은 기술성, 사업성 및 권리성이다.

표 5-23 기술성 및 사업성 평가결과

<기술성 평가표>	
평가항목(각 5점 만점)	점수[주)]
혁신성	4
차별성	4
대체가능성	4
활용성	4
파급성	4
진부화가능성	3
모방난이도	4
권리보호강도	4
권리안정성	4
침해발견 및 입증용이성	4
합계	39

<사업성 평가표>	
평가항목(각 5점 만점)도	점수[주)]
시장진입 가능성	5
수요민감도	4.5
예상 시장점유율	4
사업화준비기간	4.5
사업화소요자금	4.5
생산용이성	4
경제적 수명	4
매출성장추세	4
수익성	3.5
파생적매출	4.5
합계	42.5

주) 점수는 임의 부여한 것임

이를 토대로 앞에 산정한 산업기술요소만큼의 비율을 산정하면 아래 표와 같다.

표 5-24 최종 기술기여도 산정

<table>
<tr><td>산업기술요소(%)</td><td colspan="3">66.54%</td></tr>
<tr><td rowspan="3">개별기술강도(점)</td><td>구분</td><td>기술성</td><td>사업성</td></tr>
<tr><td>개별기술특정점수</td><td>39</td><td>42.5</td></tr>
<tr><td>가중치</td><td>1</td><td>1</td></tr>
<tr><td>(기술성 및 사업성 강도의 합산)</td><td colspan="3">81.5</td></tr>
<tr><td>최종 기술기여도(%)</td><td colspan="3">산식: 기술기여도 = 산업기술요소 × 개별기술강도
54.23% = 81.5 × 66.54 %</td></tr>
</table>

초광대역 안테나 기술은 기술기여도가 54.23%로 평가되었다.

(8) 현대적 환경 변화를 감안한 지표 설정

위에서 산정한 개별기술강도는 현재의 규정(기술평가 가이드, 2021)에 의해 당해 기술에 대한 기술성 및 사업성 평가 지표를 결정하고 이를 평가하여 산정하였다. 그러나 지금은 환경 등 ESG의 영향이 커지는 시기이므로 이를 조정하여 평가지표를 적용하면 다음과 같이 될 수도 있다. 여기서는 고성능 초광대역 안테나인 NX−020에 대하여 평가표를 작성해 본다. 여기서는 개발단계별 가중치를 달리 한다.

표 5-25 개선 기술성 평가표

<table>
<tr><td>구분</td><td>신규 평가항목(각 5점)
NX-020 적용 관점</td><td>기존의 평가 항목(각5점)</td></tr>
<tr><td rowspan="2">기초</td><td>1. 기술적 차별성</td><td>혁신성</td></tr>
<tr><td>2. 기술 자립도</td><td>차별성</td></tr>
<tr><td rowspan="2">성능</td><td>3. 성능 신뢰성 & 안정성</td><td>대체가능성</td></tr>
<tr><td>4. 에너지 효율성(E)</td><td>활용성</td></tr>
<tr><td rowspan="2">확장</td><td>5. 플랫폼 호환성</td><td>파급성</td></tr>
<tr><td>6. 기술 융합 유연성</td><td>진부화가능성</td></tr>
<tr><td rowspan="2">지속</td><td>7. 기술 수명주기</td><td>모방난이도</td></tr>
<tr><td>8. 대체 기술 난이도</td><td>권리보호강도</td></tr>
<tr><td rowspan="2">미래</td><td>9. 친환경 설계(E)</td><td>권리안정성</td></tr>
<tr><td>10. R&D 확장성</td><td>침해발견 및 입증 용이성</td></tr>
</table>

표 5-26 개선 사업성 평가표

구분	평가항목 NX-020 적용 관점	평가항목(각5점)
시장	1. 시장 진입 확장성	시장진입 가능성
	2. 예상 시장 점유율	수요민감도
수익	3. 가격 경쟁력	예상 시장점유율
	4. 매출 성장 잠재력	사업화준비기간
환경	5. 공급망 안정성(GVC)	사업화소요자금
	6. 진입장벽 구축	생산용이성
위험	7. 규제 대응 및 인증(G)	경제적 수명
	8. 투자 회수 가능성	매출성장추세
전략	9. 마케팅/영업 역량	수익성
	10. 사회적 기여도(S)	파생적 매출

이때 개발 단계별 가중치는 다음의 비율을 적용한다.

개발단계별 가중치					
초기단계(TRL 1-4)		중기단계(TRL 5-7)		후기/상용화단계(TRL 8-9)	
기술성	사업성	기술성	사업성	기술성	사업성
70%	30%	50%	50%	30%	70%
아직 매출이 발생하지 않는 단계이므로, NX-020 안테나의 광대역 성능 구현 여부와 독창성에 높은 점수를 주어야 한다. 시장성은 예측치에 불과하므로 비중을 낮춘다.		기술적 완성도는 어느 정도 입증되었다. 이제 '이 기술을 누구에게 팔 것인가(확장성)'와 '양산 가능한가(공급망)'가 기술력만큼이나 중요해지는 시점이다.		기술적 우위는 이미 고정값(상수)이다. 이 단계에서는 제조 단가 절감, 규제 통과, 마케팅 능력 등 실제 돈을 벌어들이는 능력이 가치 평가의 핵심이다.	

IPO와 가치평가

CHAPTER 01 기업의 자본조달과 증권시장

CHAPTER 02 IPO 가치평가

PART 02

CHAPTER 01

기업의 자본조달과 증권시장

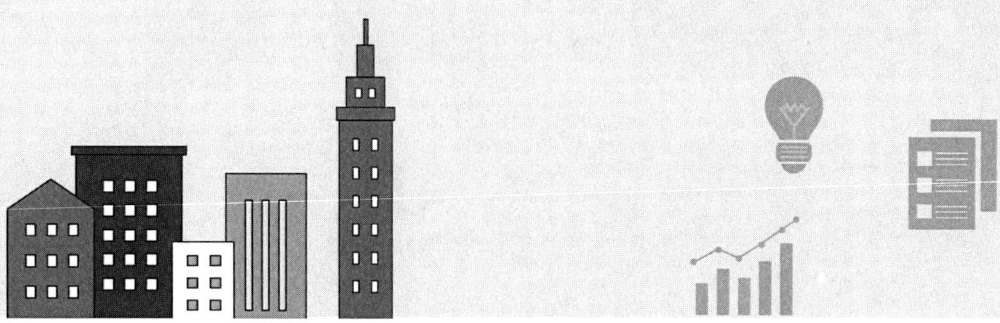

기업의 자본조달은 증권시장을 통하여 이루어진다. 기업은 성장이 숙명적 과제이며, 기업의 지속적 성장을 위해서 자본시장은 기업에 필요한 자금을 공급한다. 투자자들이 참여함으로써 기업의 부실 등에 따른 투자자의 손실이 예상된다. 정부나 세계의 금융당국은 의도적 또는 부실경영에 의한 투자자를 보호하기 위하여 다양한 법적 규제와 통제장치를 마련하고 있다. 우리나라는 과거 증권거래법, 선물거래법, 간접 투자자산 운용업법 등이 통합된 '자본시장과 금융투자업에 관한 법률'에 의거하여 통제하고 있다. 이 법에 의거, 우리나라 자본시장은 한국거래소가 주도한다.

1. 자본시장법과 한국거래소

1) 자본시장법의 목적

자본시장법의 본명은 '자본시장과 금융투자업에 관한 법률'이고 그 목적은 "자본시장에서의 금융혁신과 공정한 경쟁을 촉진하고 투자자를 보호하며 금융투자업을 건전하게 육성함으로써 자본시장의 공정성·신뢰성 및 효율성을 높여 국민경제의 발전에 이바지함"(제1조)이라고 하였다.

2) 자본시장법의 제정

이 법의 제정 경과와 이 법에 의하여 폐지된 법률은 다음과 같다.

(1) 경과

증권의 발행 및 공시 등에 관한 규정(금융위고시) 제정

2007. 7. 3.	자본시장법 국회 통과
2007. 8. 3.	자본시장법 공포
2008. 7. 29	자본시장법 시행령(대통령령) 공포 자본시장법 시행규칙(총리령) 공포
2008. 8. 4.	금융투자업규정(금융위고시) 제정
2009. 2. 4.	자본시장법 시행

(2) 폐지법률

자본시장법은 다음 6개 법률을 포괄하므로 이들을 폐지하였다.

1. 「증권거래법」
2. 「선물거래법」
3. 「간접투자자산 운용업법」
4. 「신탁업법」
5. 「종합금융회사에 관한 법률」
6. 「한국증권선물거래소법」

(3) 한국금융투자협회의 설립

한국금융투자협회는 종전의 「증권거래법」 제162조에 따라 설립된 한국증권업협회, 종전의 「선물거래법」 제75조에 따라 허가를 받아 설립된 선물협회 및 종전의 「간접투자자산 운용업법」 제160조제3항에 따라 허가를 받아 설립된 자산운용협회를 합병하는 방법으로 설립하였다.

3) 한국거래소

(1) 설립의 근거 및 업무

한국거래소의 설립은 자본시장과 금융투자업에 관한 법률 제7편에 근거하며, 다음의 업무를 수행하되 다음 각 호의 업무를 행함에 있어서 이 법 또는 정관 등에 따라 거래소시장에서 투자자를 보호하고 증권 및 장내파생상품의 매매를 공정하게 수행할 책무를 가진다(제373조의7: 상장 및 시장감시 등의 책무).

1. 증권의 상장 및 상장폐지 업무(자§373조의 7, 1)
2. 시장감시 및 이상거래 심리, 제402조제1항제1호부터 제3호까지의 규정에 따른 업무(자§373조의 7, 2)
3. 상장법인의 신고 및 공시관련 업무, 그 밖에 투자자를 보호하고 공정한 거래질서를 확보하기 위하여 필요한 업무로서 대통령령으로 정하는 업무(자§373조의 7, 3, 령§354조의 6)

자본시장법 제402조제1항제1호부터 제3호까지의 규정에 따른 업무

1. 시장감시, 이상거래의 심리 및 회원에 대한 감리(지정거래소가 제78조제3항 및 제4항에 따라 행하는 감시, 이상거래의 심리 또는 거래참가자에 대한 감리를 포함한다)
2. 증권시장과 파생상품시장 사이의 연계감시(지정거래소가 제404조제2항 및 제3항에 따라 행하는 거래소시장과 다른 거래소시장 사이 및 거래소시장과 다자간매매체결회사 사이의 연계감시를 포함한다)
3. 제1호 및 제2호에 따른 이상거래의 심리, 회원에 대한 감리, 연계감시의 결과에 따른 회원 또는 거래참가자에 대한 징계 또는 관련 임직원에 대한 징계요구의 결정

대통령령으로 정하는 업무

자본시장법 시행령 제354조의6(거래소의 책무) 법 제373조의7제3호에서 "대통령령으로 정하는 업무"란 법 제377조제1항제7호에 따른 상장법인의 신고·공시에 관한 업무를 말한다.

(2) 주요기능 및 역할(정관 제2조)

- 유가증권시장·코스닥시장·코넥스시장 및 파생상품시장의 개설·운영에 관한 업무
- 증권 및 장내파생상품의 매매에 관한 업무
- 증권의 매매거래 및 장내파생상품거래에 따른 청산 및 결제에 관한 업무
- 장외파생상품거래의 확인, 청산 및 결제에 관한 업무
- 장외파생상품 거래정보의 수집·보관 및 관리에 관한 업무
- 증권의 상장에 관한 업무
- 장내파생상품 매매의 유형 및 품목의 결정에 관한 업무
- 상장법인의 신고·공시에 관한 업무
- 시장감시, 이상거래의 심리 및 회원에 대한 감리에 관한 업무
- 증권의 경매업무
- 유가증권시장·코스닥시장·코넥스시장 및 파생상품시장 등에서의 매매거래와 관련된 분쟁의 자율조정에 관한 업무

- 시장정보의 제공 및 판매에 관한 업무
- 각종 지수의 개발, 산출 및 판매에 관한 업무
- 시장과 관련된 전산시스템의 개발 및 운영에 관한 업무
- 부동산 및 전산장비 임대업무
- 외국거래소(그 지주회사를 포함한다) 및 증권·파생상품관련 기관과의 제휴·연계·협력 등에 관한 업무
- 외국거래소 및 증권·파생상품 관련 기관 등에 대한 시스템 수출·업무자문 등에 관한 업무
- 석유제품현물전자상거래의 도입 및 운영에 관한 업무
- 금 현물시장의 개설 및 운영에 관한 업무
- 온실가스 배출권 거래시장의 개설 및 운영에 관한 업무
- 온라인소액투자중개를 통하여 증권을 발행한 자 등의 주권의 장외거래와 관련한 주문정보 제공 및 정보통신망 운영 등에 관한 업무
- 중소벤처기업 등의 인수합병의 중개 지원에 관한 업무
- 위 업무이외에 법령에 따라 부여된 업무
- 그 밖에 위 업무에 수반되는 부대업무

(3) 설립의 경과와 역사

한국거래소는 1956년 2월 11일 대한증권거래소로 설립되었다. 1963년 5월 3일, 한국증권거래소로 명칭이 바뀌었으며, 2005년 1월 27일 한국증권선물거래소로 바뀌었다가 2009년 2월 4일 지금의 한국거래소로 개명하고 업무를 정비하였으며 그 역사는 다음과 같다.

참고: 자본시장법 부칙 <법률 제8635호, 2007. 8. 3.>

제1조 (시행일) 이 법은 공포 후 1년 6개월이 경과한 날부터 시행한다. 다만, 부칙 제3조 · 제5조 및 제6조는 이 법 공포 후 1년이 경과한 날부터 시행한다.

한국거래소의 역사

1956년 2월 영리단체 대한증권거래소가 설립되었으며, 1962년 4월에는 주식회사 대한증권거래소로 전환, 1963년 5월에는 증권거래법의 개정으로 공영제 한국증권거래소로 전환되었다. 한국선물거래소는 선물거래법에 의해 설립된 특별법인으로 설립되어 선물 및 옵션 상품을 거래하는 기관이었다. 1999년 4월에 미국달러선물·양도성예금증서(CD)금리선물·금선물·미국달러옵션 4개의 상품시장으로 상장하여 개장하였다. 이후 1999년 9월 29일에 국채선물, 2001년 1월과 12월에 코스닥 50선물, 코스닥 50옵션을 각각 상장하였고, 2002년 5월에는 국내 최초의 미국형 선물옵션인 국채선물옵션을, 2004년에는 주가지수선물·옵션 및 개별주식옵션을 상장하였다. 2005년 1월 한국증권선물거래소법에 따라 한국증권거래소와 코스닥·한국선물거래소·코스닥위원회가 합병된 통합거래소인 한국증권선물거래소로 소속이 변경되었다.

이후 한국증권선물거래소는 2009년 2월 4일 모든 금융투자상품을 다루는 자본시장통합법의 시행에 따라 한국거래소(KRX)로 명칭이 변경됐다. 한국거래소는 증권 및 장내파생상품의 공정한 가격 형성과 그 매매, 그 밖에 거래의 안정성 및 효율성을 도모하며 유가증권시장과 코스닥시장, 선물·옵션시장을 운영하고 감시한다. 선물거래소의 주요 기능은 선물시장에 참여하는 국내외 투자자들에게 조직화된 시장과 안정적인 시스템을 제공하여 파생상품시장을 공정하고 투명하게 운영하는 것이다. 또한 시장 참여자들이 신뢰를 가지고 투자할 수 있도록 시장에 대한 감리 활동과 정보제공 역할을 담당하며, 효율적인 시장기능을 극대화하기 위하여 청산기능도 동시에 수행한다.

선물거래의 시초는 17세기경 일본의 도쿠가와 막부시대에 오사카 근교의 도지마를 중심으로 한 미곡거래로 여겨지나, 오늘날의 거래소 형태를 갖춘 최초의 선물거래소는 1848년 미국의 시카고에 설립된 시카고상품거래소(CBOT)라고 할 수 있다.

2. 증권시장의 주권상장

증권시장은 주식·채권·수익증권 등의 증권이 발행되고 거래되는 시장을 말하며, 특정한 종목의 주식이 유가증권시장이나 코스닥시장에서 거래될 수 있도록 하는 것을 증권시장의 주권상장이라 한다. 한편, 자본시장은 보다 넓은 개념으로 직간접의 장기적인 자본이 거래되는 광범위한 시장을 의미한다.

1) 주권상장

(1) 기업의 성장과 자본 조달

기업이 급속한 기업환경의 변화를 이기고 혹독한 개혁과 혁신을 통하여 성장하게 되면서 사업의 발전과 기업 성장을 위하여 자금이 필요하게 된다. 소요 자금은 사업 시작 시 준비했던 범위를 대부분 훨씬 초과하게 되는데, 이를 충분히 조달하는 것은 쉽지 않은 일이다. 특히 이를 주변에서 좁은 네트워크로 조달하기는 어렵다. 그래서 기업들은 자본시장인 코스닥이나 코스피 또는 미국의 나스닥 등을 넘보게 된다. 이때 IPO나 주권상장을 추진하게 된다.

기업공개는 CEO와 재무팀에서 기업성장의 1차 목표로 정하여 추진하게 된다. 어느 정도 햇수가 지남에 따라 오매불망 바라던 매출액이 어느 정도 수준에 오르고 자산규모가 커지면 회사 내부의 직원 수와 보유 기술 수준, 영업이익, 미래비전 등에 따라 상장을 전제로 한 외부 자본주 또는 VC들이 입질을 하기 시작한다. 대표이사의 지분율을 조정하여 자금을 유입하며 IPO를 전제로 한 재무구조를 맞출 수 있다. 회계감사를 조율하고 IPO 심사를 대비한다. 이때부터 회사는 내심 IPO 준비를 시작한다고 할 수 있다. IPO는 준비단계, 실사단계, 심사단계, 청약단계의 4단계로 구분할 수 있으며, 각 단계마다 발행 회사를 중심으로 여러 전문가 등 다양한 이해관계자가 관여하게 된다.

코스닥 시장 상장 관련법규는 다음과 같다.

- 상법
- 자본시장과 금융투자업에 관한 법률

• 금융회사의 지배구조에 관한 법률
• 증권의 발행 및 공시 등에 관한 규정(금융위원회)
• 코스닥시장 상장규정(한국거래소, 전부개정,2021.8.25., 규정 1977호)
• 증권 인수업무 등에 관한 규정(금융투자협회)

여기서 주식 등이라는 의미는 다음과 같다(코스닥시장 상장규정§2①10).

가. 주식(보통주식, 종류주식)

나. 신주인수권이 표시된 것

다. 전환사채권

라. 신주인수권부사채권

마. 외국주식예탁증권

바. 가목부터 마목까지의 증권으로 교환하거나 상환할 수 있는 사채권

자본은 기술을 적용한 제품생산 등을 위해서 쓰여진다. 그 신기술을 개발 발전시킬 R&D 비용 충당 목적도 있다. 건물과 기계장치 등을 포함한 생산 시설과 국내외로 공급되어지는 제품의 생산을 위한 원재료비와 인건비 등의 각종 비용들을 위한 자금이 포함된다. 특정 제품의 주문이 있어 매출 계획이 잡히면 다음과 같이 매출과 원가가 계산된다.

매출 = 매출수량 × 매출단가
원가 = 매출수량 × 조달단가

제품이 생산되어 판매단계에 이르려면 먼저 기계·시설 장치들이 있어야 하고 원재료와 인건비 등의 조달이 되어야 한다. 이러한 비용들은 제품이 생산되어 매출 및 대금의 회수 이전에 발생한다.

즉, 위 계산 구조에 따라 매출단가가 조달단가보다 높으므로 판매 후 이익이 발생하니 매출을 해야 하는데 문제는 매출액의 상당 비율을 차지하는 원가를 판매금액 회수 전에 갚아야 한다는 것이다. 따라서 매출채권을 회수한 후 지급하기로 하고 소요자금은 차용하여야 한다. 이러한 상태가 지속 되면서 처음에는 작은 양이었던 것이 점점 그 규모가 늘어나면서 외부회계감사를 받게 되고 사업이 커지면서 상장(Going Public)을 통하여 국내외의 경쟁에 참여하게 된다.

상장하는 과정에 기업공개(IPO: Initial Public Offering)를 하게 되는데, 기업공개는 상장을 하기 위한 절차로, 기업 설립 후 처음으로 법적인 절차와 방법에 따라 불특정 다수(외부 투자자)에게 회사를 공개하고 주식을 공개매도하는 것을 말한다. 이는 상장 규정에 따른 주식분산요건(유가증권시장 주식 25% 주주수 200명 이상, 코스닥시장 주식 25%, 소액주주 500명, 코넥스시장 주식 5%) 등을 갖추기 위하여 행해지는 것으로 상장의 선행 요건에 해당한다.

(2) 주권상장과 IPO

주권상장, IPO 및 공모는 서로 밀접하게 연관되어 있지만 정확히는 다른 개념이다. 그 차이를 단계별로 설명하면 다음과 같다.

(가) 공모(Public Offering)

공모는 기업이 새로 발행하는 주식이나 기존 주식을 불특정 다수의 일반 투자자들에게 공개적으로 판매하는 행위를 말한다. 공모는 모집과 매출로 나뉘는데, 모집은 기업이 새로 주식을 발행하여 자금을 조달하는 것이고, 매출은 기존 주주가 보유한 주식을 일반인에게 판매하는 것을 말한다. 공모의 중심 개념은 주식을 일반 대중에게 '판다'는 행위 그 자체이다. 공모의 목적은 대규모 자금을 조달하거나 기존 주주의 투자 회수를 돕는 데 있다. IPO의 중요한 절차 중 하나이다.

(나) 기업공개(IPO: Initial Public Offering)

IPO는 '최초의 공모'라는 의미로, 비상장 기업이 처음으로 일반 대중에게 주식을 공개하고, 동시에 주식시장에 상장하는 전반적인 과정을 의미한다. IPO는 단순히 주식을 파는 행위를 넘어, 기업의 재무 상태, 사업 계획 등 모든 정보를 투명하게 공개하고, 증권거래소의 엄격한 심사를 거치는 복잡한 절차를 포함한다. IPO의 핵심은 비상장 기업이 '처음으로' 일반 대중에게 주식을 공개하고 상장하는 '전체 과정'을 의미한다는 것이다.

IPO의 목적은(초기 기업 팽창을 위한) 대규모 자금 조달과, 기업 인지도 및 신뢰도 제고, 기존 주주들의 투자금 회수 기회 제공 등 다양한 목적을 가진다. 공모를 포함한 여러 절차, 주관사 선정 및 공모 주식 우선 인수, 기업 실사, 증권신고서 제출, 수요예

표 1-1 세 가지 개념의 관계 요약

개념	설명	관계
공모	주식을 일반 대중에게 공개적으로 판매하는 행위	IPO의 핵심 절차 중 하나
IPO	비상장 기업이 처음으로 주식을 공개하고 상장하는 전체 과정	공모를 포함하며, 상장을 목표로 함
주권상장	주식이 증권거래소에서 거래될 수 있도록 자격을 부여받는 것	IPO의 최종 결과이자 목표

측 등으로 이루어진다.

(다) 주권상장(Listing)

주권상장은 기업의 주식이 한국거래소(유가증권시장, 코스닥시장)에서 공식적으로 매매될 수 있도록 '자격'을 부여받는 것을 말한다. 주권이 상장되어야만 일반 투자자들이 HTS(Home Trading System), MTS(Mobile Trading System) 등을 통해 자유롭게 주식을 사고팔 수 있게 된다. 주권상장의 핵심은 주식시장에서 주식을 사고팔 수 있는 '자격'을 얻는 것이다. 주권상장의 목적은 주식의 유동성을 높이고, 기업이 상장기업으로서의 여러 혜택(자금 조달 용이, 세제 혜택 등)을 누리기 위함이다. Listing은 IPO의 최종 목표이자 결과가 된다. IPO(전체 과정)를 통해 공모(주식 판매)를 진행하고, 그 결과로 기업의 주식이 주권상장(거래 가능)되어 일반 투자자들이 시장에서 매매할 수 있게 된다.

(3) 증권시장 및 상장요건

(가) 상장 개요

기업이 발행한 주권을 증권 시장에 처음으로 상장시키는 것을 상장이라 한다. 증권시장은 유가증권 시장, 코스닥 시장, 코넥스 시장 및 K-OTC 시장 등이 있다. 상장은 상장 예비 심사 청구후 공모(모집 및 매출)를 하는 공모상장과 직상장 및 SPAC 상장 등으로 구분되며, 직상장은 코스닥 상장법인이 공모 없이 시장이전 하는 경우에만 인정된다. 상장의 시점별로는 신규상장, 재상장, 추가상장 및 변경상장으로 구분된다.

신규상장, 재상장, 추가상장 및 변경상장 등의 개념은 다음과 같다.

표 1-2 시점별 상장구분

분류	설명
신규상장	처음으로 증권시장에 상장하는 경우, 공모상장과 직상장으로 구분
재 상 장	분할, 합병 또는 상장폐지 후 5년이 지나지 아니한 법인의 재상장
추가상장	증자 합병 등으로 주권을 새로 발행해 상장하는 것
변경상장	주권의 기재내용 변경 또는 새로운 주권으로 교체, 발행하여 상장

(나) 상장심사 요건

신규상장의 경우 심사요건은 다음과 같다.

표 1-3 신규상장 심사요건

분류	설명
정관 필수기재사항	투자자보호 관련 핵심사항을 정관 필수기재사항으로 명시 의무화
질적 심사	'지배구조', '내부통제제도', '경영진 관련사항', '각종 계약내용' 등을 중심으로 질적심사 실시
계량적 요건	'영업활동기간', '경영성과', '최대주주 변경제한' 등 적용배제 '지배구조', '금융투자업자(발기인) 및 임원자격' 등 요건 추가

질적 심사 요건

상장 신청 법인이 상장기업으로서 적격한지 여부를 판단하기 위하여 질적 측면을 검증하는 요건으로 기업경영의 계속성, 경영투명성 및 경영안정성, 기타 투자자보호에 관한 사항으로 구분한다.

- **기업경영의 계속성**: 영업, 재무상황, 기술력 및 성장성, 기타 경영환경 등에 비추어 기업의 계속성이 인정될 것
- **경영투명성 및 경영안정성**: 기업지배구조, 내부통제제도, 공시체제 및 이해관계자와의 거래, 상장전 주식거래 등에 비추어 경영투명성 및 경영안정성이 인정될 것
- **기타 투자자 보호**: 기타 투자자보호 및 코스닥시장의 건전한 발전을 저해하지 않는다고 인정될 것

(다) SPAC 심사

SPAC(Special Purpose Acquisition Company)은 공모(IPO)를 통해 조달한 자금을 바탕으로 다른 기업과 합병하는 것을 유일한 목적으로 하는 명목회사(Paper Company) 제도로, 이를 통해 일반투자자들도 투자의 안정성을 보장받으면서 소액으로 기업 인수합병시장에 참여할 수 있으며, 유망한 비상장기업들이 주식시장의 상황에 구애받지 않고 적기에 대규모 투자자금을 조달받으면서 상장할 수 있는 길을 마련한 것이다.

SPAC 합병절차

일반적으로 SPAC은 법인설립, IPO 및 상장, M&A라는 3단계 사이클을 통해 그 목적을 달성한다. SPAC은 다음의 절차로 진행된다.

그림 1-1 SPAC의 절차

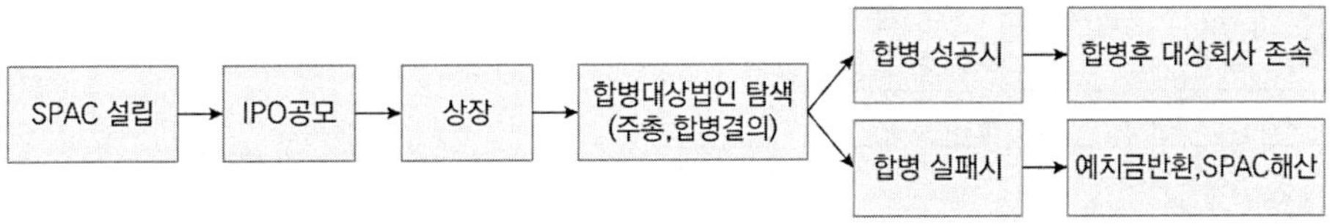

SPAC의 요건

SPAC 합병을 위한 요건은 다음과 같다.

- 상장을 위하여 IPO를 실시하며, 공모자금은 90% 이상을 금융기관에 예치하여 인출을 제한한다.
- IPO로 주권을 거래소에 상장하는데, 상장특례를 인정하고 있다.
- SPAC의 경영진에 의해 탐색된 M&A 대상기업의 가치는 의무예치금액의 80% 이상이 되어야 하며, 합병상장예비심사청구서로 상장적격성 심사를 받아야 한다.
- 합병상장심사 승인 주주총회에서 발기인은 의결권 행사가 제한된다.
- 존속기한 내에 M&A를 완료하지 못하는 경우에는 의무예치금액을 일반주주에게 반환하는 등 청산절차가 진행된다.

SPAC의 합병절차와 심사

SPAC의 합병 시 합병절차와 제출서류 및 심사요건은 다음과 같다.

표 1-4 SPAC의 합병 시 합병절차

구분	내용
절차	이사회 결의 → 합병공시 → 합병상장 예비심사청구서 및 관련서류 제출 → 상장심사 및 심사결과 통보 → 증권신고서 제출/주총개최 등 합병절차 진행
심사대상	spac과 합병하는 비상장법인
제출서류	상장예비심사청구서 및 재무제표 등 심사관련 서류 (비상장법인 최대주주 주식 등에 대한 보호예수(상장 후 1년)증명서 포함)
기타사항	합병에 따라 발행되는 주식은 신주상장 절차에 따라 상장

표 1-5 SPAC의 합병시 심사요건

유가증권	
구분 요건	심사 요건
경영활동기간	설립 후 3년 이상 경과 및 계속 영업
자기자본	자기자본이 200억원 이상
경영성과 (수익성) (①, ②, ③ 중 택 1)	① 최근 연도 이익 30억원 & 3년 합계 60억원 이상 ② 최근 연도 ROE 5% 이상 & 3년 합계 10% 이상 ③ 자기자본 1천억원 & ROE 3% 이상(or 이익 50억원) & 현금흐름(+)
감사의견	최근사업연도 적정, 직전 2년 적정 또는 한정
주식양도 제한	주식의 양도에 제한이 없을 것
합병대상법인 규모	대상법인 합병가액 or 자산총액이 예치(신탁)자금의 80% 이상

코스닥	
항 목	합병대상법인 심사요건
이익규모	① 계속사업이익 20억원 (벤처 10억원) ② 계속사업이익 있을 것&매출액 100억원(벤처 50억원)
감사의견	최근 적정
주식양도제한	제한이 없을 것
질적 요건	기업의 계속성, 경영투명성, 경영안정성 및 주주이익 침해여부, 투자자 보호 및 시장건전성 심사
합병대상법인 규모	합병대상법인 규모가 SPAC 공모예치자금의 80% 이상일 것

(4) 코넥스시장 상장요건

코넥스시장의 상장요건은 다음 표와 같다.

표 1-6 코넥스시장 상장요건

구분	내용	비고
중소기업 여부	중소기업기본법 제2조에 따른 중소기업에 해당될 것	
지정자문인	지정자문인 1사와 선임계약을 체결할 것	특례상장은 제외
주식 양도제한	주식의 양도제한이 없을 것 * 다만, 법령 또는 정관에 의해 제한되는 경우로서 그 제한이 코넥스시장에서의 매매거래를 저해하지 않는다고 인정되는 경우는 예외	
감사의견	최근 사업연도 감사의견이 적정일 것	
액면가액	100원, 200원, 500원, 1,000원, 2,500원, 5,000원 중 하나일 것	액면주식에 한함

자료원: 한국거래소

2) 3시장 상장요건

우리나라의 증권시장은 유가증권시장, 코스닥시장 및 코넥스시장의 세 시장이 있다. 여기 상장을 하기 위해서는 두 가지의 요건을 갖추어야 한다. 앞에 든 상장조건을 요약하면 다음과 같다.

(1) 시장별 상장요건 비교

그중 하나는 가장 중요한 기업의 규모가 어느 정도 되어야 한다는 것으로, 보통 자기자본이 코스닥시장은 15억원 내지 30억 원, 유가증권 시장 상장을 위해서는 300억원이 되어야 한다. 유가증권시장 상장을 위해서는 자기자본이 100억원 이상, 시가총액이 200억원 이상이 되어야 한다. 매출은 최근 300억원 이상, 최근 3년간 평균 200억원 이상일 것을 요구하고 있다.

코스닥 상장요건은 일반기업이나 벤처기업 및 성장형벤처 기업이 모두 다르므로 유의를 필요로 한다. 한편, 회계감사를 받아야 하며 이때 적용하는 회계기준은 한국채택국제회계기준(K-IFRS)을 적용하도록 하고 있다.

표 1-7 코스닥시장과 유가증권시장의 상장요건 비교

요건		코스닥			유가증권시장
		일반기업	벤처기업	성장형 벤처	
경과연수		3년 이상	-	-	3년 이상
택일	자기자본	30억원 이상	15억원 이상	15억원 이상	100억원 이상
	시가총액	90억원 이상			200억원 이상
상장주식수		-			100만주 이상
자본상태		자본잠식 없을 것			-
매출액		-			최근 300억원. 3년 평균 200억원
택일	이익규모 매출액 기준시가 총액	1. ROE 10%	1. ROE 5%	-	1. ROE: 최근 5%+3년 합계 10% 이익: 최근 25억원+3년 합계 50억원
		2. 당기순이익 20억원	2. 당기순이익 10억원		2. 매출액 500억원+시가총액 1,000억원 이상
		3. 최근 매출액 100억원+시가총액 300억원 이상	3. 최근 매출액 50억원+시가총액 300억원 이상		3. 매출액 700억원+시가총액 500억원+영업현금흐름 20억원 이상

자기자본이익률(ROE)＝이익 ÷자기자본×100
유가증권: 영업이익, 법인세차감전계속이익, 당기순이익 중의 적은 금액 기준
코 스 닥: 당기순이익 기준
자료: 한국거래소

(2) 회계감사 대상 기업

① 일반 기업 회계감사

주식회사외부감사에 관한 법률 제4조는 외부 회계감사의 대상기업을 다음과 같이 정하고 있다. 여기 해당하는 회사는 재무제표를 작성하여 '회사로부터 독립된 외부의 감사인(회계법인 또는 감사반)'에 의한 회계감사를 받아야 한다. 재무제표 및 연결재무제표의 감사인은 동일하여야 한다.

다음의 기업은 회계법인의 회계감사 대상이다.

1. 주권상장법인
2. 해당 사업연도 또는 다음 사업연도 중에 주권상장법인이 되려는 회사
3. 그 밖에 직전 사업연도 말의 자산, 부채, 종업원수 또는 매출액 등 대통령령으로 정하는 기준에 해당하는 회사. 다만, 해당 회사가 유한회사인 경우에는 본문의 요건 외에 사원 수, 유한회사로 조직변경 후 기간 등을 고려하여 대통령령으로 정하는 기준에 해당하는 유한회사에 한정한다.

※상세한 내용은 '3. 코스닥 시장 상장절차 참조'

② 상장을 하려는 기업 감사인 지정

상장을 하려는 기업은 금융감독원이 지정한 감사인으로부터 회계감사를 받아야 한다. 감사인 지정 실무는 금융감독원 회계관리국에서 담당하고 있다. 상장을 준비하는 기업은 1회에 한하여 감사인의 재지정을 요청할 수 있으며, 재지정 이후에는 지정요청 철회가 불가능하다. 상장신청인은 결산일 3개월 전까지 감사인 지정을 신청하여야 하며, 금융감독원은 감사인 지정신청 접수 후 다음 달 2주 이내에 감사인 지정 결과를 통보하고 있다.

감사인 지정 신청시 제출서류 및 효력기간

■ 제출서류

금융감독원이 요청하는 구비서류는 다음과 같다.

① 감사인 지정요청서 및 공문

② 기업공개 절차가 진행중이라는 사실을 확인할 수 있는 서류
이사회의사록
주주총회 의사록
대표주관회사 계약서

③ 직전 사업연도 말 재무상태표

■ 지정감사인의 효력기간

지정사업연도에 효력이 유지된다.

※ 참고로, 2020년부터는 회계투명성 제고를 위해 모든 상장사에 대해 9년 중 3년은 증권선물위원회가 감사인을 지정하도록 외부감사법이 개정되었으며, 제도와 실무 등의 세부사항은 금융감독원 회계 포탈 홈페이지(http://acct.fss.or.kr)의 외부감사인 선임(외부감사 FAQ) 코너에서 확인하거나 담당팀으로 직접 문의할 필요가 있다.

기업을 상장하는 것은 외부 회계감사와 같이 의무사항이 아니다. 상장을 하고 싶으면 자기 회사를 그 요건에 맞추어 상장 등록을 하면 된다. 상장을 하지 아니하는 기업도 있다. 삼성생명은 회사의 규모가 맘모스만큼 커질 때까지 비상장기업으로 있었으며 결국은 상장 전 계약자 배당을 둘러싼 소송 등 많은 이야기를 남기고 2010년 5월 12일 유가증권시장에서 상장사의 비전을 함께 했다.

3) 코넥스 시장

증권시장은 주식이나 채권 등 각종 증권이 거래되는 시장을 증권시장이라 한다. 유가증권을 통하여 자금이 수급되는 직접금융방식에 의한 금융시장이다. 상장한 주식은 한국거래소에서 거래된다. 주식거래는 코스피 시장 코스닥 시장이나 코넥스 시장에서 거래된다. 이 중 코넥스 시장들의 내역은 아래와 같다.

(1) 개요

코넥스 시장은 2013년 7월 1일 출범했으며, 한국 주식시장의 제3시장에 해당한다. 한국거래소에서 운영하며, 코스닥시장의 요건을 충족하지 못하는 중소기업들을 상장해 성장을 도우려는 목적으로 설립되었다. 이 시장이 출범하면서 기존의 제3시장으로 평가받던 한국장외시장은 제4시장으로 밀려났다.

코스피 · 코스닥과 달리 별도의 주가지수를 발표하지 않으며 내부적으로 지수 산출을 하고 있지만 시장 규모가 작고 인지도도 낮으며 거래량도 적어 매년 10%가량의 기업들이 코스닥으로 빠져나가기 때문에 지수가 실제 시장 상황을 반영한다고 보기에는 어렵고 파생상품을 만들기도 쉽지 않다.

(2) 출범

우수한 기술력을 가지고 있는 벤처기업임에도 불구하고 신생기업 등의 이유로 일반적인 자본시장 조달법으로는 자금 조달을 하지 못하여 성장에 제한이 있는 중소 벤처기업들을 강소 벤처기업으로 육성하기 위한 목적으로 여러 여건을 감안하여 새로운 시장을 신설한 것이 코넥스이다. 2013년 자본시장통합법 개정 등의 제도적 장비가 완료됨에 따라 2013년 7월 1일 오전 9시 21개 종목이 신규 상장하여 출범하였다. 아진엑스텍, 아이티센시스템즈, 퓨얼셀, 에스에이티이엔지, 대주이엔티, 이엔드디, 하이로

닉, 비앤에스미디어, 옐로페이,에프앤가이드, 스탠다드펌, 태양기계, 랩지노믹스, 피엠디아카데미, 베셀, 테라텍, 메디아나, 웹솔루스, 엘앤케이바이오,비나텍, 에스엔피 등으로, 이 중 아진엑스텍, 아이티센, 에스에이티이엔지, 이엔드디(현 에코앤드림), 하이로닉, 랩지노믹스, 베셀, 메디아나, 엘앤케이바이오, 비나텍 등 상당수가 코스닥으로 이전 상장했다.

(3) 코넥스 상장 요건

① KOSDAQ과 KONEX의 상장요건 비교

구분	KOSDAQ		KONEX
	일반기업	벤처기업	
재무	자기자본 30억원 이상 또는 시가총액 90억원 이상	자기자본 15억원 이상 또는 시가총액 90억원 이상	자기자본 5억원, 매출 10억원, 순이익 3억원 중 한 가지 충족
감사의견	최근 적정		적정
경과연수	3년		〃
기타	세칙의 액면가액일 것, 주식양도제한 없을 것		지정자문인 지정

② KONEX 평가가격 및 시초가 결정방식

구분	평가가격	호가범위
공모	상장신청일 이전 6개월 이내 또는 상장신청 이후 공모가 있는 경우 공모가격을 평가가격으로 함	90~200%
사모(50인 이상)	상장신청일 이전 6개월 이내 또는 상장신청 이후 KONEX 참여자를 규합하여 사모 대상이 50인 이상인 경우 사모발행가격(발행주식수 가중평균가격)을 평가가격으로 함	90~200%
복수의 기관투자자를 대상으로 한 주권발행	상장신청일 이전 3년 내 2개 이상의 기관투자자(VC포함)에게 주식 총수의 10% 이상의 주권을 발행한 경우 그 발행가격	90~200%
위 외의 경우	주당순자산가치	90~400%
그 외의 경우	지정자문인이 제시하는 가격 및 산정방법 등을 참고하여 거래소가 평가가격을 정함	90~400%

③ 혜택 및 지정자문인 제도

코넥스 상장사에 대하여는 한국채택국제회계기준(K-IFRS)을 면제해주며, 코스닥

시장에 비해 공시항목을 64개에서 29개로 줄여준다. 또한, 상장심사 업무를 한국거래소가 아니라 11개 증권사를 지정자문인으로 지정하여 지정자문인이 상장심사 및 상장 유지 여부 등을 결정하게 되며, 공시도 회사 또는 지정자문인이 하도록 하였다.

(4) 의무

코넥스 상장사는 6개월에 한 번씩 공개적으로 기업설명회(IR)를 하여야 한다.

(5) 거래방식

코넥스 시장 초기에는 외국인, 기관투자자와 3억원 이상의 장기 개인 투자자만 투자할 수 있도록 만들었다. 이는 코넥스 시장이 대부분 중소기업이라 위험도가 너무 높기 때문이다. 그러나 코넥스 시상 활성화를 위해 2022년 5월 말부터 예탁금 등의 제한을 해제하여, 이제는 개인 투자자도 간단한 주의 사항의 열람 후 거래가 가능하다. 거래 시간은 09:00~15:00로 코스피, 코스닥 시장과 동일하다. 가격 제한 폭은 전일 종가 대비 ±15%이다. 코스피와 코스닥은 2015년 30%로 늘어났다.

하지만 호가단위 실시간 경쟁 매매 체제인 코스피, 코스닥 체제와 달리 코넥스는 30분 단일가매매로 이루어진다. 30분마다 사람들의 매수/매도 주문을 받아서 일치하는 가격에 거래가 체결되는 방식이다. 경쟁 매매 체제이기는 하지만 경매방식도 일부 도입하였다.

코넥스시장 개설초기에는 전문투자자 중심의 시장인 점 등을 고려하여 매매 수량 단위를 100주로 정하였으나, 100주 미만의 단주인 경우 장외거래를 해야 하는 등 거래불편 문제가 제기되어 2014년 11월 17일부터 유가증권·코스닥 정규시장의 매매 수량 단위와 동일하게 1주 단위로 변경되었다.

4) 코스닥 시장

코넥스 시장은 그 규모나 거래 상황 등이 다소 조악하다. 증권시장이라 하면 코스닥 시장부터 일컫는다고 할 수 있다. IPO를 하는 것도 코스닥 시장에 하는 것이며, 요즘은 코스피 시장인 유가증권 시장에 상장할 기업들도 코스닥 시장을 거쳐 상장 절차를 거쳐 간다. 코스닥 시장의 내역은 다음과 같다.

(1) 개요

코스닥 시장은 한국거래소 코스닥시장본부가 운영하는 주식시장의 통칭이며, 그 시장 자체를 말하기도 하고, 또한 이와 연계된 지수를 가리키는 말이기도 하다. 시장을 감독하는 코스닥 시장위원회와 운영을 총괄하는 코스닥 시장본부가 있다.

컴퓨터만으로 거래가 이루어지는 것 등 미국의 나스닥을 벤치마킹한 것이 많다. 한국의 제2주식거래소이나 한국거래소가 유가증권시장과 코스닥시장을 동시에 관할하기에 양 시장의 차별점을 논하기에는 좀 어렵다. 나스닥은 뉴욕증권거래소와 완전히 별도의 시장이고 코스닥 역시 처음에는 한국증권업협회 관할로 한국증권거래소와 전혀 다른 별개의 시장이었다. 그래서 코스닥 시장을 초기에 장외거래 주식시장으로 부르기도 했었다.

1999년 4월 1일 IT버블에 발맞춰서 코스닥 활성화 정책의 일환으로 장내주식시장으로 분류했다. 2003년 코스닥 시장의 운영권을 증권업협회에서 한국거래소로 이관시키는 증권거래법(현 자본시장법=자본시장과금융투자업에 관한 법률에서 통합) 개정으로 2004년 2월 1일부로 당시 한국금융투자협회에 한국증권거래소가 운영권을 유상 인수하였다. 2004년 4월 1일부터 코스닥시장과 한국증권거래소, 한국선물거래소 3사를 합병하여 한국거래소가 출범했다. 2020년 이후는 코스닥시장을 폐지하고 코스피시장에 병합해도 될 정도로 구분이 희미해졌다.

물론 현재는 코스피시장도 컴퓨터만으로 거래가 이루어지지만, 코스닥시장이 처음 생겼을 때는 전체 종목 중 약 1/5에 해당되는 일부 종목의 경우 "전화"와 "수기"로 거래가 이루어졌었기에 어떤 면에서는 혁신적인 시장이기도 했다. 참고로 유가증권시장에서의 완전 전산화 시기는 1997년이다.

(2) 상세

코스닥 시장의 가격 제한 폭은 상하 30%이며 2005년부터 서킷브레이커 제도㈜도 시행되고 있다. 코스피 시장에 서킷브레이커 제도[7)]가 도입된 것은 2001년인데 발

---

7) ㈜ 서킷브레이커 제도: 주가의 급격한 변동으로 주식 시장이 단숨에 붕괴되는 것을 막기 위해 세계 각국에서 도입한 제도. 조건에 맞는 상황이 오면 일정시간 동안 주식시장 거래를 전면 중단하는 제도이다. 미국은 20분(15분 거래중단+5분 동시호가), 대한민국은 30분(20분 거래중단+10분 동시호가)간 거래를 중

동된 횟수는 코스닥이 더 많다.

호가 단위는 주식 가격이 2,000원 미만인 경우 1원, 2,000원~5,000원 미만 5원, 5,000원~20,000원 미만인 경우 10원, 20,000원~50,000원 미만은 50원, 50,000원~200,000원 미만인 경우 100원, 200,000원~500,000원 미만인 경우는 500원, 500,000원 이상인 경우는 1,000원 등으로 주가에 따라 다르다.

대기업들은 코스피 시장에 몰려있고 코스닥 시장은 벤처기업의 로망이라는 이미지가 강하다. 시가총액이 코스피에 비해 낮으나 1995년부터 1999년까지는 현대중공업이 코스닥 시장에 있었다. 키움증권, 교보증권, 기업은행 등도 코스닥 시장에 있었으나 전부 코스피로 이전했다. 코스닥은 코스피로 옮겨가는 정거장 역할을 하기도 한다. 코스닥 출범 이전과 출범 초기에는 코스닥을 거치지 않고 코스피에 바로 상장하는 경우가 많았지만, 지금은 코스닥을 거쳤다가 코스피로 가는 것이 일반적이다.

"코스피는 '실적'으로 먹고 살고 코스닥은 '꿈'으로 먹고 산다"고 하기도 한다. 그래서인지 내실 없는 기업의 주가가 부풀려지는 경우가 많다. 코스피의 평균 PER가 과거 10 정도였다가 2024년 5월 3일 기준 21.2배로, 2024.12.8.에는 다시 코스피지수 12개월 선행주가수익비율이(12M PER) 8.44로 롤러코스터를 탔고(이 점은 독자의 판단과 조사에 맞긴다), 코스닥의 평균 PER은 무려 20을 넘는다. 나스닥은 30 정도이다. 같은 실

표 1-8 기업의 상장경로별 상장 소요기간

상장경로	설립-상장(년)		상장신청-상장(개월)	
	평균값	중간값	평균값	중간값
정규상장	12.5	10.6	5.0	4.3
이전상장	14.2	14.4	4.3	3.9
우회상장	11.7	8.5	3.4	3.5
합병상장	14.6	14.2	5.9	5.7
전체	12.6	10.7	4.8	4.2

자료: 자본시장연구원

단한다. 다만 하락시에만 발동하는 건 아니고 폭등 때도 발동할 수 있지만, 보통 증시의 폭등량은 폭락량에 못 미치는 편이라 열에 아홉은 폭락 서킷브레이커만 존재한다. 1987년 10월 19일 블랙 먼데이 사태 때 뉴욕증시 다우 지수가 하루에 25퍼센트나 폭락하자 뉴욕증권거래소(NYSE)가 최초로 도입하였다. 이름 그대로 전기회로 차단기(circuit breaker) 같은 역할을 한다. 대한민국에서는 1998년도 도입하였다. 한창 1997년 외환위기의 여파로 주식시장이 무너진 해이다.

적이면 코스닥 종목이 두 배의 가치로 평가되며 거래된다.

이러한 장에 뛰어들어야 이 기운을 탈 수 있는데, 기업들의 상장 소요 연수를 분석한 자료는 자본시장연구원의 [표 1-9]를 참고할 수 있다.

2014년부터 거래활성화 및 벤처기업 지원을 위해 기업공개를 위한 상장예비심사 기준이 내려가고 있다. 코스닥 시장의 상장예비심사 청구 수수료는 100만원으로, 코스피 시장 500만원 대비 5분의 1 수준에 불과하다. 하지만 코스닥시장의 상장심사에 들어가는 인력은 코스피 시장 심사보다 더 많다. 연계파생시장이 없는 것에 비해서 거래대금이 너무 많기도 하다. 최근에는 오히려 코스닥 종목이 코스피 종목보다 더 홀대받는 코스닥 디스카운트현상이 발생하기도 한다.

① 상장수수료(유가증권시장 상장규정 시행세칙 별표 10)

본 수수료 외 발행수수료, 회계감사비, 법률자문비, 공시비용 등의 비용이 소요된다. 적용시에는 당시의 요율을 적용한다.

▪ 상장심사수수료

구분	상장수수료	
	자기자본	심사수수료
상장 심사	1천억원 이하	500만원
	1천억원 초과~5천억원 이하	1,000만원
	5천억원 초과~1조원 이하	1,500만원
	1조원 초과	2,000만원

▪ 상장수수료

상장할 금액에 다음의 수수료율을 곱한 금액. 다만, 2억 5천만원을 최대한도로 한다.

구분	상장할 금액(기준시가 총액)	수수료율
신규 상장	500억원 이하	100만원
	500억원 초과 1,000억원 이하	500만원 + 500억원 초과금액의 10억원당 7.5만원
	1,000억원 초과 2,000억원 이하	875만원 + 1,000억원 초과금액의 10억원당 6만원
	2,000억원 초과 5,000억원 이하	1,475만원 + 2,000억원 초과금액의 10억원당 4.5만원
	5,000억원 초과 2조원 이하	2,825만원 + 5,000억원 초과금액의 10억원당 3.5만원
	2조원 초과 5조원 이하	8,075만원 + 2조원 초과금액의 10억원당 2.5만원
	5조원 초과 10조원 이하	15,575만원 + 5조원 초과금액의 10억원당 1.5만원
	10조원 초과	23,075만원 + 10조원 초과금액의 10억원당 0.5만원

② 코스닥의 위치

코스닥은 시가총액에 비해서 거래대금이 많은 편이다. 즉 회전율이 높다는 뜻으로, 증권사영업직원들에게 주식추천을 부탁하면 대부분 코스닥 종목을 추천해주는 이유가 바로 여기에 있다(약정을 채워 수수료를 받아내기 쉽기도 하다). 코스피의 시가총액 2,074조원(2025년 2월) 대비 코스닥 시가총액 378조원(2025년 2월)으로 코스피 시가총액의 6분의 1(종전에는 10% 정도였음) 정도밖에 안 되는 시장이지만 거래대금은 244조원 대비 179조원으로 거의 4분의 3에 이른다. 코스닥 시장의 특징은 오를 때는 급격하게 오르고 내릴 때는 신용의 반대매매 물량이 쏟아져서 급락이 나오는 경우가 많다.

코스닥은 "개미들의 시장"이다. KRX 정보데이터시스템 기준, 2020~2023년의 매수대금 84.8%, 매도대금 84.3%가 개인이다. 동기간 코스피는 수치가 각각 57.1%, 56.1%이다. 그래서인지 외국인 투자자도 기피하는 편으로 위 기간 중 외국인의 코스닥 거래대금 비중은 코스피의 1/3 미만이다.

2025년 초 기준 시총이 19조에 달하는 알테오젠, 11조의 에코프로비엠 및 HLB, 레인보우로보틱스(주가 279,500, 시총 5.42조원), 삼천당제약(주가 153,600, 시총 3.6조원), 휴젤(주가 340,000, 시총 4.29조원), 코오롱티슈진(주가 45,450, 시총 3.7조원) 등(2025.4.18.일 기준)이 주종목이다. 코스닥은 주가 조작의 대상이 되기 쉬우며, 우회상장하는 경우도 많아 2000년 이후 우회상장한 기업 개수는 약 100개 정도 된다. 금융위원회에서는 보다 못해서 SPAC이라는 제도를 만들어 우회상장을 유도하고 있다. SPAC은 SPAC이 자금을 모아 비상장기업을 인수하는 방식의 우회상장 방법이다.

코스닥 시장 전체의 시가총액(종가기준 약 398.6조원/2023.11.28 → 365.2조원/2025.4.17)으로 좀 내려섰고, 코스피는 동일기준 2,023조원이다. 이는 트럼프발 악재들이 겹친 덕분이기도 하다. 동일 삼성전자의 시총은 326.2조원(종전 407.06조원/2025.3.27.기준)이다.

2021년 코스닥 시총이 한 때 400조원을 넘긴 적도 있으나 양적 긴축 불확실성에 우크라이나 전쟁 위험 등이 여러 악재들이 겹쳐 나스닥이 폭락하면서 지난 몇 년간 어마어마한 성장을 거듭한 나스닥과 달리 코스닥은 2018년 주가로 되돌아가 버렸으며 나스닥보다 훨씬 더 많이 떨어져 버렸다.

(3) 역사

코스닥은 1996년 5월 17일 (주)코스닥증권시장이 창립총회를 열어 설립되고 7월 1일 코스닥시장이 열렸다. 또한 코스닥위원회는 1998년 10월에 설치되었다.

코스닥의 설립목적은 이전까지 유가증권시장의 높은 문턱으로 애로가 많은 중소기업 및 벤처기업들의 상장요건을 원활히 조달할 수 있도록 하기 위해 미국의 나스닥을 본떠서 설립된 것이다. 사실 이 당시만 해도 중소기업이나 신생 벤처기업들은 기업공개(IPO) 과정에서 탈락할 소지가 엄청나게 많았다. 자본도 부족하지만 매출이나 여러 가지 실적 자체가 많이 미달되기 때문이다.

그러나, 그런 면이 시장초기에는 투자자들의 신뢰를 얻지 못했다. 거래량이 극심할 정도로 부족했기에 실제 여기에 상장해도 큰 도움이 안 된다는 말이 나올 정도였다. 요즘으로 따지면 제3시장으로 문을 연코넥스시장 같다고 보면 될 것이다. 거기에 설상가상으로 1997년 외환위기가 터지면서 극심한 침체를 겪는다.

그런 코스닥 시장이 살아나기 시작한 것은 외환위기 극복과정에서 새로운 정부가 추진한 IT벤처 붐이 컸다. 새롬기술 사태와 같은 거품논란도 일어났지만 정부의 벤처기업 활성화같은 정책으로 한때 700선까지 상승하기도 했다. 문제는 코스닥에 상장된 대형우량주들이 속속들이 유가증권시장으로 옮기면서 코스닥은 꽤 오랫동안 침체를 겪었다. 이후 2004년 한국증권선물거래소법(법률 제7112호)제정으로 기존의 유가증권시장과 코스닥시장이 합병되었다.

5) 코스피 시장

우리나라 코스피 시장은 세계 굴지의 증권시장이다. 코넥스 시장, 코스피 시장과 함께 우리나라 증권 거래 3대 시장을 이루며 세 시장 중 가장 긴 역사와 전통을 가지고 있다.

(1) 개요

코스피 시장의 정식 명칭은 유가증권시장으로 본래 한국증권거래소 시절부터 전해 내려온 한국거래소 유가증권시장의 '종합주가지수'를 가리키는 말이었으나, 오늘날 한국거래소 유가증권시장 전체를 일컫는 말로 그 의미가 확대되었다. 다만 한국어로 표기되는 정식 명칭은 그대로 '유가증권시장'이며 한국거래소에서 공식적으로 명칭을 변경한 적은 없다. 그럼에도 오늘날 유가증권시장은 '코스피 시장(KOSPI Market)'으로 불린다. 업무는 유가증권시장본부가 맡는다.

유가증권시장에 기업공개를 통해 상장하려는 기업은 상장예비심사청구수수료 일정액을 납부해야 한다. 유가증권시장에 상장한 회사들은 한국상장회사협의회의 당연직 회원이 된다. 여기서는 다음의 내용을 다룬다.

(1) 개요 (2) 코스피시장의 특징 (3) 지수계산 (4) 역사
(5) 연관주가지수 (가) 개요 (나) 세부내용 (다) 섹터지수 (라) KOSPI200 구성종목
(6) 각종 기록 (7) 뒷이야기

코스피 시장은 명실상부한 대한민국의 제1증권시장이다. 장중 기준 역대 최고치는 2021년 6월 16일에 기록한 3,316.08포인트이고, 종가 기준 역대 최고치는 2021년 7월 6일에 기록한 3,305.21포인트이다. 또한 거의 모든 대기업들은 이 코스피시장에 상장되어 있다. 2023년 기준 대표종목들로는 총 시총의 16.51%로 354조원의 삼성전자, 7.06%로 151조원의 SK하이닉스, 3.66%로 79조원의 LG에너지솔루션과 삼성바이오로직스, 현대차, 삼성전자(우), 기아, 셀트리온, NAVER, KB 금융 등이 포진되어 있다.

코스피 시장의 가격 제한 폭은 ±30%이다. 단, 종목이 상장 당일이거나 정리매매로 지정되었을 경우에는 가격 제한 폭이 사실상 없다. 코스피시장의 선물시장으로는 코스피200 선물이 있으며 이 코스피200 선물 시장은 거래량이나 거래대금으로 볼 때 세계 3~4위의 규모를 자랑한다. 사이드카 제도[8)]와 서킷브레이커 제도가 시행되고 있다.

대한민국의 공식적인 대표 주가지수는 KRX300이지만 정작 외국인들조차 코스피가 대한민국의 대표지수인 줄 알고 있다. 미국, 영국, 중국, 싱가포르, 홍콩. 일본 등 외국 경제방송 하단 자막에는 코스피와 코스닥지수가 나온다.

---

8) 사이드카: 선물가격이 전일 종가 대비 5% 이상 변동(등락)한 시세가 1분간 지속될 경우 주식시장의 프로그램 매매 호가의 효력이 5분간 정지되는 제도이다. 1987년 미국에서 일어난 검은 월요일(블랙 먼데이) 사태를 계기로, 선물시장에서 선물가격의 급등락이 일어날 경우 이를 막겠다는 취지로 서킷브레이커와 함께 생겨났다. 한국에는 1996년에 도입되었다. 미국에서는 1988년 도입되었다가 1999년 폐지되었다.

코스피시장은 만성적인 저평가(이른바 코리아디스카운트)에 시달린다. 과거에는 분단국가라는 지정학적 특성이 주요 저평가 요인으로 알려졌으나, 현재는 지나친 물적분할, 배당에 인색한 문화, 불투명한 지배구조, 경기 민감주 위주의 종목 구성, 지식재산권 개발보다 하청 및 위탁생산에 의존하는 산업구조, 장기적인 실적에 대한 불확실성, 상속을 위해 오히려 주가 하락을 조용히 환영하는 경영진 등이 주요 요인으로 꼽힌다. 여기에 코스닥 시장이 코스피 시장보다 더 홀대받는 상황도 문제점으로 손꼽힌다. 결국 코스닥 디스카운트를 해소해야 코리아 디스카운트를 해결할 수 있는 것이다.

(2) KOSPI 주가지수 계산

현재의 코스피는 시가총액식 주가지수로, 1983년에 지정되었다. 그 이전에 다우존스식 수정 주가평균방식으로 주가지수를 계산했는데 1964년에 처음으로 주가지수 산출을 시작하였고 경제 규모가 커져서 기존 주가지수가 새로 상장된 기업들의 주가 수준을 반영하지 못한다는 얘기가 나오면서 1972년에 한국종합지수로 지수를 새로 지정하여 1982년도까지 사용했다. 이후 1975년과 1981년에 걸쳐 두 차례에 걸쳐 산출 시점을 변경했기 때문에 사전지식이 없으면 이 당시의 주가지수가 어느 정도 수준이었는지 제대로 가늠하기가 힘들다. 코스피가 그리 높지 않아 보이는 것도 산출시점이 비교적 늦어서인 면도 없지는 않다. 만약 맨 처음 시기부터 시가총액식으로 산출되었다면 코스피가 2~3만 포인트대를 넘나든다는 계산도 나올 지경이다.

참고로 1980년 기준으로 기준지수는 100. 즉, 지금 지수가 1,600포인트이면 1980년 시가총액대비 현재의 시가총액이 16배라는 의미이다. 하지만 다른 기업들이 계속 들어오고 나가고 하기 때문에 2010년대 후반 시가총액은 1980년 대비 약 300배 정도로 불어난 상태다. 간단하게 식으로 표현하면 다음과 같이 된다.

$$\text{KOSPI} = \frac{\text{비교시점의 시가총액}}{\text{기준시점의 시가총액}} \times 100$$

여기서 비교 시점은 현재, 기준 시점은 1980년 1월 4일이다.

(3) 역사

1989년 이래 2000년대 중반까지 코스피가 1000p를 넘거나 넘을락 말락 하면 바로 하향세를 탔기 때문에 박스피, 가두리 양식장이라는 별명이 이때부터 나왔다. 이러한 추세는 비로소 2005년, 경제성장과 부동산 시장 활황, 연기금/펀드와 같은 금융 유동성이 높아지며, 전고점을 넘어섰고 2007년 마침내 2000선을 돌파했다. 이후 금융위기와 또 다른 박스피의 양상을 보이다 오늘에 이르렀다. 2008년 금융위기를 거치며 1000포인트 밑으로 다시 붕괴되었다가 2009년과 2010년도에 상승, 2000선을 회복하였으나 이후 오랫동안 1800~2200의 지루한 장세를 이어가면서 2000년대 중반과는 다른 의미로 박스피에 갇히게 되었다

명목 지수 대신 소비자물가지수로 조정한 실질 지수를 보면 박스권이 더 뚜렷해진다.

- 1987년 10월 20일 검은 월요일 증시 대폭락 여파로 12.23포인트나 폭락해 504.38포인트로 기록했다. 1988년 7월 12일에는 692.79로 최초의 코스피 지수를 기록 경신하게 되었다.
- 1989년 3월 31일 코스피는 사상 첫 1,000포인트를 돌파했다.
- 1990년 4월 26일 당시 코스피지수는 당시 최악의 폭락장으로 28.96포인트, 3.83% 폭락한 726.11포인트에 거래를 마쳤고 상승종목이 하나도 없었다.
- 1993년 8월 13일 금융실명제의 전격 시행 발표 다음날 코스피는 폭락했다. 지수는 32.37포인트, 4.46% 폭락한 693.57포인트로 마쳤다. 하한가도 당시 최대의 기록인 917개 종목이 기록해 이것이 지금까지도 최다 하한가 종목을 기록한 날이었다.
- 역사상 가장 최악의 증시는 1997년도로 당시 외환위기로 치닫던 날, 10월 24일에는 600선이 10월 29일에는 500선이, 12월 9일에는 심리적 마지노선이었던 400선이, 12월 12일에는 350선이 밀리기도 했다.
- 1999년도는 1,028포인트로 연중최고치 경신 이후 2011년 12월 20일 북한 김정일 위원장의 사망, 이후의 오랜 박스피, 2018년 1월 29일장 중 2607.10p의 역대 최고치 이후 10월 29일에 다시 2000선이 붕괴, 미·중 무역전쟁 본격화, 일본 무역제재와 자본 유출, 2020년도의 코로나19의 팬데믹 대폭락으로 1600선이 붕괴되었다가 3월 반등 후 하반기까지 동학개미들의 주도로 폭발적인 상승세를 이어가며 3000선을 돌파하였다.

- 그동안 있었던 악재와 불확실성 해소, 메모리 슈퍼사이클 진입과 자동차 및 화학 기업들의 실적 호조 기대, 카카오, 네이버 같은 높은 PER 가치를 지니는 경제 구조 변화, 초저금리와 양적완화로 인한 넘치는 유동성, 그리고 부동산 규제로 돈들이 주식으로 쏠리는 현상을 원인으로 애널리스트들은 이와 같은 강세장이 해를 넘어 지속될 것으로 전망하고, 심지어 J.P.모건에서는 3200까지 간다는 전망까지 내놓았다. 반면 짐 로저스 같은 일부 투자자는 이 지수가 부채로 만들어진 거품이라 경고하고 있어 논란이 되고 있는데 코스피는 원래 저평가되어 있었으므로 정상화 과정이라는 반박이 있었다. 실제로 11월과 12월 코스피가 폭발할 때에도 개미들이 가장 많이 매수한 종목이 곱버스[9]였고 결과적으로 큰 손해를 보기도 했다.
- 2021년 1월 4일, 새해 첫 개장에서 종가 2944.45로 2900선을 돌파, 1월 6일, 역대 처음으로 코스피가 장중 3000선을 돌파했고, 다음날인 1월 7일에는 종가 기준으로도 3000선을 넘었다. 연달아서 1월 8일, 삼성전자, LG화학, 현대차 등 상위 종목이 모두 폭등하며, 코스피가 종가 3100선을 돌파했다. 특히 이날은 장중 외국인의 강력한 매수로 코스피가 120포인트나 상승했는데 이는 포인트 기준으로 역대 두 번째로 가파른 상승이다.
- 2021년 1월 11일에는 개인투자자의 폭발적인 매수세에 힘입어 장중 3260선을 돌파(최고치 3266.23포인트)하며 JP모건의 한 해 예상치를 단 11일 만에 돌파해버렸다. 이후 1월 중 상승을 이어가다 외국인의 매도와 차익실현 매물의 출회 등으로 등락을 거듭하다 4월 20일 다시 전 고점을 회복하고 종가기준 3220.70으로 최고치를 다시 기록했다.
- 이후 장중 3255.9까지, 2021년 6월 25일, 역대 코스피 지수 최고점인 3,316.08포인트를 기록하였다. 그러나 2021년 10월 5일금리 인상, 중국 헝다 그룹 파산위기, 부채 협상 난항, 인플레이션 우려, 페이스북 마비 등의 여러 악재로 인해 결국 3000선이 붕괴해서 2900대가 되었다. 이후 3000대 언저리에서 횡보를 거듭하다 결국 10월 마지막 날에 2970대로 마감, 2022년 1월 17일, 2900선이 붕

9) 곱버스: 곱버스는 '곱하기+인버스'를 줄인 말로, 주가지수가 하락할 때 수익을 주는 인버스 상품으로 가격변동폭을 2배로 움직이는 상품을 의미한다.

괴되었고 2890.10으로 거래를 마감, 이후 2800, 2700, 2600, 2500, 2400, 2300, 2200, 2100 선이 차례로 붕괴되었다가 2022년 10월 11일, 장중 2100선이 붕괴되었다. 이후 2100~2200 박스를 형성, 2023년대 들어 2023년 1월 3일, 장중 또다시 2100선이 붕괴되었다가 다음날인 1월 4일부터 다시 2200선으로 상승한 후 2300, 2400, 2500, 2023년 8월 1일, 장중 2,668.21 포인트까지 상승하며 2023년 코스피 지수 최대치[기준]를 달성하였다. 당시 투자자들 사이에서 엄청난 관심을 끌었던 2차 전지 관련주의 영향이 클 것으로 추측된다. 대표적인 2차 전지 관련주로는 POSCO홀딩스, 포스코퓨처엠, LG에너지솔루션 등이 있다.

- 2024년 3월 26일에는 장중 2770선까지 올라갔었다. 4월 19일, 2024년 이스라엘 이란 공습사건은 2600선을 붕괴시켰다. 이후 2900선까지 도달하였으나 8월 2일 미국발 경기침체로 인해 이날 하루에만 101p, 결국 2700선이 붕괴되었으며, 8월 5일은 코스피 최악의 하루로 미국발 공포, 일본은행의 금리 인상으로 엔화 가치 급등과 엔 캐리트레이드의 불안, 예상보다 높은 미국 실업률 수치로 인한 침체 우려 고조, 이스라엘의 이스마일 하니예 암살 사건과 이란의 대응 선언으로 인한 중동 지방 정세의 불안 및 확전 가능성 등 여러 원인으로 이날 오전 9시에 장 거래를 시작하자마자 1분 후인 오전 9시 1분, 2600선, 오후 1시에 2500선, 한때 오후 2시 52분에 2400선도 차례대로 붕괴되었다가 오후 2시 58분에 다시 2400선을 회복하였고, 장 마감 종료 때 2,441p에서 멈추었다.
- 이날 장 거래 영향으로 장중 4년 5개월 만에 5% 폭락으로 인해 매도 사이드카(금융)가 발동되었고, 심지어 오후 2시에도 낙폭이 점차 심화되자 거래소에서 지난 2020년 3월 이후 약 4년 5개월 만에 서킷브레이커 1단계까지 발동되었다. 또한 장 하락 폭이 최대 289.23p로 기록되었는데, 이는 역대 하락폭 중 지난 2011년 8월 9일의 184.77p 이후 약 13년 만에 재경신했다. 또한 하락종목이 924개를 기록해 1993년 8월 13일 이후 31년 만에 역대 최다 하락했고, 시가총액도 약 192조원이 증발했다. 이렇게 되면서 2024년 연초부터 올린 코스피를 2거래일 동안 다 뱉어낸 셈이다.
- 8월 6일 최악의 하루를 보낸 그 다음날 장 거래를 시작하자마자 오전 9시 경, 2500선을 회복하면서 2500대 초반에서 머무르다 8월 19일, 2700선을 찍고 9월 9일, 2500선이 붕괴, 11월 13일, 2450선이 붕괴, 12월 6일, 2400선이 붕괴

되었다.

- 2025년 들어 등락을 거듭하던 코스피는 트럼프 발 관세 리스크로 2600선이, 코스닥은 700선이 다시 붕괴되어 2600 박스권에서 탈피하지 못하고 있다. 이것은 미국이나 인도가 수십배의 기업가치 상승을 보인 것과 매우 대조적이다.
- 트럼프 리스크는 언제 끝이 날지 모르는데, 자동차 관세를 때리자 우리나라 코스피는 장중 한때 2,566.38을 찍었고, 17개월 동안 중지됐던 공매도를 재개한 2025년 3월 31일 장중 2,360.18을 최저가로 하였다가 2,481.12로, 코스닥은 672.85로 마감하였다.

(4) 연관주가지수

KoreaStockPriceIndex200; KOSPI200 KOSPI200

특정일의 주가지수 공시: The KOSPI 200 live stock price is 323.53

① 개요

대한민국 주가지수 중 하나. 한국거래소(KRX)에서 1초 단위로 발표하고 있다. 2005년까지는 현행 코스피 지수 및 대부분의 다른 지수들과 마찬가지로 10초마다 발표되었으며, 2020년 12월 6일까지는 2초 단위로 발표되었다. 주가지수 선물이나 옵션을 만들려고 하는데 코스피 지수는 구성 종목이 너무 많아서 시장의 대표성을 갖기 어렵다고 판단, 대형주 위주의 새 지수를 만든 것이다. 다만 코스피 지수에 비해서 지수 값이 많이 낮은데(약 7.4배) 코스피 지수가 900p선이었을 때 산출을 시작했기 때문이다.

② 세부내용

코스피 지수와 마찬가지로 시가총액식 주가지수의 일종이다. 매년 7월 1일에 구성종목이 변경되었었으나, 현재는 코스피200 선물 6월물의 만기일 다음 날(6월 두 번째 금요일)에 변경한다. 물론 그 이전에도 거래정지나 상장폐지나 합병 그외의 지수의 공정성을 해칠 만한 상황이 발생하면 예비 종목으로 대체한다. 대한민국 주식시장의 산업별 최우량 200개 기업을 모아놨기 때문에 신뢰도가 굉장히 높다. 다만 거래량이 상대적으로 적거나 재무구조가 불안정한 종목이 편입되어 있었거나 삼성전자 단일 종목의 지나친 시가총액 비중으로 인한 지수 흔들림 현상 등의 논란이 있어 왔다. 그래서 예비종목을 또 지정하고 있으며, 2006년부터 구성 종목의 시가총액을 100% 반영하는 것이 아니라 거래량에 따라 일정 비율만을 피제수에 산입한다. 2011년부터는 시가총액과 거래량의 영향력을 최대한 중립화한 가중평균 지수가 따로 발표되고 있다.

코스피200 지수와 코스피 지수의 상관관계는 굉장히 높다. 코스피200 지수와 코스피 지수는 거의 같은 방향으로 움직인다. 이는 코스피200지수의 구성종목이 코스피의 시가총액 80% 이상을 차지하고 있어 나머지 20%의 수익률의 영향력은 미미하기 때문이다. 단 어긋나는 경우도 가끔씩 있다.

선물, 옵션뿐만 아니라 코스피200과 유사한 구성종목, 구성비율로 이루어진 ETF나 옵션으로 구성된 BW 등의 기초자산으로도 활약하고 있다. 또한 상당수의 인덱스 펀드가 이것을 추종하고 있다. 한국경제TV나 MBN 등 증권 TV를 보면 코스피 지수와 코스닥 지수에 이어서 이 지수가 나오는데, 이유가 이것 때문이다.

KOSPI200 지수는 1초마다 발표되며 기업들의 주가는 실시간으로 움직인다. 이에 슈퍼컴퓨터를 이용해 KOSPI200 지수를 산출해서 선물과 지수 ETF에서 미리 호가를 제시하는 방법을 통해서 프랍트레이더(프랍트레이딩: 금융회사가 고객돈이 아닌 회사 돈으로 수익 창출을 위해 거래하는 것)들이 매매하고 있다.

③ 섹터지수

코스피200 종목을 이용 여러 가지 조건으로 다시 산출하는 지수들이 있다. 이런 2차적이며 범위가 좁혀진 주가지수를 흔히 섹터지수라고 한다.

- 코스피100/50 지수: 각각 코스피200 시가총액 상위 100종목, 50종목이 편입된 지수이다. 주로 ELS들이 벤치마크 대상으로 삼는 지수이다. 코스피100과 코스피200의 상관계수는 정확히 1.0이라고 봐도 되지만, 코스피50과 코스피200의 경우에는 조금 다르게 움직이는 경향이 있다. 구성종목이 적어서 코스피50이 좀 더 둔하다. 기준지수는 1000.00이며, 아래의 지수들도 V-KOSPI를 제외하면 기준지수가 1000.00포인트이다.
- 코스피200건설/기계, 조선/운송, 철강/소재, 에너지/화학, 정보통신, 금융, 필수소비재, 자유소비재 지수: 기존 5개의 코스피200 업종별 주가지수를 2011년부터 개편하여 발표하고 있는 섹터지수이다. 산업구조에 대해 관심이 있는 사람

이라면 지수의 이름을 보면 대충 편입된 종목을 알 수 있을 것이다. 업종지수 시절에는 100.00이 기준지수였다.

- 코스피200/100/50 동일가중지수: 각각 원지수 편입종목의 전체 시가총액 중 실질적으로 거래되는 유동물량과 원지수의 시가총액 비중을 동일하게 계산한 지수이다. 예를 들면 삼성전자종목에게 최소한의 가중치를 주고 하이트진로홀딩스에는 많은 가중치를 준 것이다.
- 기타: 위에 속하지 아니하나 사용되고 있는 지표는 다음과 같다.
  - 코스피200 변동성지수(V－KOSPI200): 2009년 4월부터 발표되는 지수로 코스피200 옵션 최근월물과 차근월물 중 외가격 종목 가격의 변화율을 나타낸다.
  - 코스피200 리스크컨트롤 6/8/10/12% 지수: 포트폴리오를 운용중 목표로 하는 변동성 6/8/10/12%를 직전 20일간의 변동성지수 중 큰 값으로 나누어 비교한 것이다.
  - 코스피200 선물지수(F－KOSPI200): 2009년 4월부터 발표되는 지수이다. 선물 최근월물과 차근월물의 가격을 지수화했다.
  - 코스피200 선물인버스지수(F－KOSPI200 Inverse): 2009년 인버스 ETF의 등장에 맞춰 산출되기 시작한 지수로 F－KOSPI지수와 반대로 움직이기 위해 F－KOSPI 지수의 전일 종가와 현재가의 차이에 －0.85를 곱하고 금리 수익률을 더한 값이다.
  - 코스피200 레버리지 지수: 2010년부터 발표되는 지수로 F－KOSPI200의 움직임을 2배로 하고 F－KOSPI200을 원금의 2배로 보유하기 위한 차입금액의 이자손실을 제한 값이다.
  - 코스피200 커버드콜/프로텍티브풋지수: 2010년부터 산출된 옵션 합성포지션 지수이다.
    - 커버드콜지수: 코스피200 외가격 콜옵션을 매도하고 코스피200 구성주식을 콜옵션 값만큼(물론 원화가 아닌 거래승수) 매수했다고 가정했을 때의 수익률을 지수화한 것이다.
    - 프로텍티브풋지수: 코스피200 외가격 풋옵션과 코스피200 구성주식을 같은 금액만큼 매수했을 때의 수익률을 지수화한 것으로, 프로텍티브풋은

주식을 소유한 상태에서 그 주식의 하락 위험을 관리하기 위해 동일한 주식에 대한 풋 옵션을 구매하는 전략이다.

④ KOSPI200 구성종목

200개의 KOSPI200 종목의 일부를 소개하면 다음과 같다.

표 1-9 KOSPI200 종목 일부 예시

no	1/6	2/7	3/8	4/9	5/0
1	삼성전자	SK하이닉스	LG에너지솔루션	삼성바이오로직스	현대차
6	셀트리온	기아	KB금융	NAVER	고려아연
11	신한지주	현대모비스	POSCO홀딩스	HD현대중공업	삼성물산
16	카카오	삼성생명	메리츠금융지주	LG화학	SK이노베이션
21	삼성SDI	삼성화재	하나금융지주	HMM	크래프톤
26	HD한국조선해양	한화에어로스페이스	KT&G	LG전자	한국전력
31	HD현대일렉트릭	포스코퓨처엠	SK텔레콤	LG	우리금융지주
36	기업은행	카카오뱅크	KT	SK스퀘어	두산에너빌리티
41	삼성에스디에스	한화오션	SK	삼성중공업	유한양행
46	삼성전기	대한항공	현대글로비스	하이브	SK바이오팜
51	한미반도체	DB손해보험	포스코 인터내셔널	S-Oil	아모레퍼시픽
56	HD현대	에코프로머티	현대로템	HD현대미포	한국항공우주
61	LG생활건강	삼양식품	미래에셋증권	한진칼	코웨이

(5) KOSPI 시장의 각종 기록

우리나라 증권시장 중 가장 오래된 KOSPI 시장은 다음과 같은 기록들을 가지고 있다.

- 역대 최고 지수

기준	일자	지수
장중	2021년 6월 25일	3316.08
종가	2021년 7월 6일	3305.21

- 최다 연속 상승일수: 1984년과 2019년의 13거래일이며, 다음으로는 2006년의 12거래일, 1988년과 1999년의 11거래일이다.
- 최다 종목 상한가: 1998년 1월 30일의 792종목

- 월간 상승률 최고치: 1998년 1월의 50.77%
- 월간 하락률 최고치: 1997년 10월의 27.25%
- 연간 상승률 최고치: 1987년의 92.62%
- 연간 하락률 최고치: 2000년의 50.92%
- 보합 마감 기록 : 2018년 10월 16일, 코스피 지수가 전날대비 단 0.01포인트도 변동하지 않은 채 마감한 적이 있었다. 코스피가 전산화된 1987년 이후 8번째 기록이며, 2000년대 이후로는 3번째 있는 일이라고 한다.

(6) 뒷이야기

1953년 유가증권시장 개장 당시 처음으로 등록한 회사들 중 살아있는 회사들은 보통주의 종목코드가 0000n0인데, 이는 아직도 살아있는 회사들이 있다.

종목코드	상 호
2번	동화약품
4번	S&T모터스(구 대전피혁공업)
5번	경방

다음 기업들은 다른 기업에 인수되어 명맥을 이어오는 기업들이다.

종목코드	상 호
1번	조흥은행(최초의 시중은행. 신한금융그룹)
3번	한국상업은행(우리금융지주)

이들은 다른 금융회사에 편입되어 그 명맥은 유지한다고 볼 수 있다.

보수정권 시기보다 진보정권 시기에 코스피 상승률이 더 큰 모습을 보이고 있는데, 진영논리에 입각한 주장이 아니라 진짜로 진보정권일수록 주가가 많이 오르는 요인이 있다는 진지한 분석이 있다. 진보 정권은 성격상 투자자들에게 미래에 대한 부푼 꿈을 꾸게 만든다고 하며, 에너지, 철강, 군수 등의 제조업(소위 굴뚝산업)에 방점을 찍는 보수 정권과는 달리 진보 정권은 개혁의 기치를 내걸며 현재 주력 산업보다는 정보기술(IT), 바이오, 헬스케어, 4차 산업혁명 같은 미래 신성장산업을 키우는 데 방점을 찍기 때문이며, 코스피지수를 위시한 경제 지표에는 국내 요인 못지않게 대외 요인도 크게 작용하고, 특히 코스피지수는 대내 변수보다 대외 변수에 더 크게 좌우된다는 평이 많다.

미국의 경우 정권별 주식시장 성장률을 보면 다음과 같이 비교된다.

- 레이건(공화당): 약 200%
- 클린턴(민주당): 약 200%
- 부시(공화당): 제한적 성장(금융위기)
- 오바마(민주당): 약 180%
- 트럼프(공화당): 약 70%
- 바이든(민주당): 초기 긍정적, 후기 불안정

미국의 경우, 양당 체제하에서 보수 세력인 공화당은 다소 전통적이며 원칙 중심의 규범적 기업활동을 추구하고, 진보세력인 민주당은 공화당의 구태의연한 정체를 못마땅해 하여 새로운 시도를 통해 국가의 쇄신을 꾀함에 따라 산업의 재편이나 혁신을 추구하므로 상당한 발전을 이루게 된다. 그러나 그 속도에 따른 부작용으로 산업과 사회는 혼란에 빠지게 되고 그러면 국민적 신뢰에 손상이 가서 정권은 다시 바뀌게 된다. 안정추구형인 공화당과 혁신의 진보 민주당은 그렇게 미국이라는 수레바퀴를 돌리고 있다고 볼 수 있을 것이다.

3. 코스닥시장 상장 절차[10]

이제 목표로 하는 증권시장 상장하는 절차를 설명하는 자리에 도달하였다. [그림 1-2]는 IPO의 수행 절차이다.

---

10) ㈜ 본 코스닥 시장 상장 관련해서는 기 상장된 기업을 예를 들어 설명한다. 자료는 dart.fss.or.kr을 통하여 입수할 수 있으며, 이 자료들은 공개된 자료들이므로 자료를 그대로 쓰기로 한다. 경우에 따라서는 상호나 회사 임직원들의 성명이 실명으로 표기된 경우도 있다. 관련자들의 양해를 바란다. 또한 본 장의 자료들은 대부분 krx 홈페이지에서 가져왔다.

그림 1-2 IPO 절차

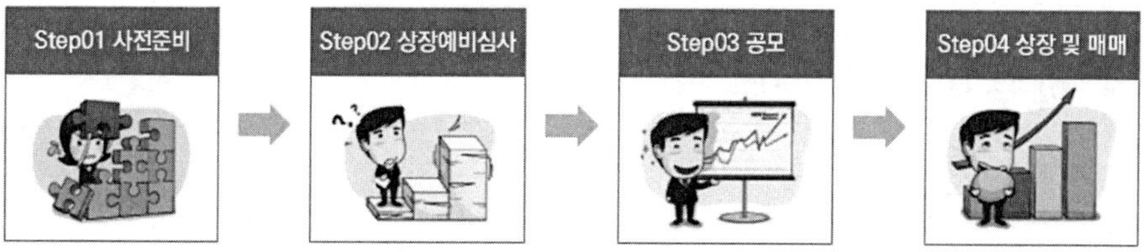

1) 기업공개의 절차

우리는 3개 증권시장 중에 코스닥 시장에 접근할 것이다. 코스피 시장은 코스닥 시장에서 큰 차이가 나지 않고, 코넥스 시장은 상장이라 할 수 없으니, 그래도 지금으로부터 가까운 시기인 1996년 7월에 미국의 나스닥(NASDAQ) 시장을 벤치마킹하여 개장한 코스닥(KOSDAQ: Korea Securities Dealers Automated Quotations) 시장이 성장성과 기술력 있는 유망 중소·벤처 기업의 장기 안정적인 자금 조달을 지원하기 위한 시장이므로 본서의 독자들이나 중소기업자들에게 더 친근하기 때문이기도 하다.

우리가 상관하는 기업가는 이제 사업도 어느 정도 성장 및 안정화되었고 외부회계감사도 받고 있으며 상장에 대하여 여러 번 듣고 기업을 성장시키려면 상장은 필수코스라는 것과 주식거래 경험도 있어 증권거래소에 대해서도 식견이 있는 터이다. 그러면 이제 바로 상장을 위한 전용 고속도로를 타본다.

(1) IPO 관련 기관

기업공개는 CEO와 재무팀에서 기업성장의 1차 목표로 정하여 추진하게 된다. 햇수가 지남에 따라 오매불망 바라던 매출액이 어느 정도 수준에 오르고 자산규모가 커지면 회사 내부의 직원 수와 보유 기술 수준, 영업이익, 미래비전 등에 따라 상장을 전제로 한 외부 자본주 또는 VC들이 입질을 하기 시작한다. 대표이사의 지분율을 조정하여 자금을 유입하며 IPO를 전제로 한 재무구조를 맞출 수 있다. 회계 감사를 조율하고 IPO 심사를 대비한다. 이때부터 회사는 내심 IPO 준비를 시작한다고 할 수 있다. IPO는 준비단계, 실사단계, 심사단계, 청약단계의 4단계로 구분할 수 있으며, 각 단계마다 발행 회사를 중심으로 여러 전문가 등 다양한 이해관계자가 관여하게 된다. IPO 추진시의 관련 기관 단체 및 그 절차는 아래와 같다.

표 1-10 IPO 절차 및 관련 기관

단계명	주관기관	관련성	관련기관 등
준비단계	대표주관회사 한국증권금융 명의개서 대행기관	대표주관 계약 및 IPO 컨설팅 우리사주조합 관리 주식사무 위임처리(정관 등 정비)	금융투자협회 금융감독원회계감독국
실사단계	대표주관회사 회계법인 법무법인	실사(due-dilligence) 증권분석 지정, 감사의견 '적정' 필요 신고서 및 법무이슈 검토	
심사단계	한국거래소	신청계획 제출/상장예비심사 신청 상장 예비심사	증권선물위 회계감리 코스닥상장위 심의
공모청약 단계	대표주관회사 금융감독원	증권신고서 제출 투자설명서 교부 및 IR 수요예측 및 공모가 결정 주식인수·청약·배정, 기업등록	금융감독원 DART조회 (dart.fss.or.kr)
신규상장 신청	대표주관회사 상장회사	신규상장신청(납입일까지) 상장요건충족여부 검토 (1.분산요건 2.외형요건)	한국거래소상장심사팀
매매개시	상장회사	상장승인, 매매	한국거래소상장심사팀

(2) IPO 절차

회사가 매출이 성장하고 대외 활동이 많아지게 되면 생산을 위한 기계장비의 도입이나 투입인력이 증가함에 따라 인건비 등의 비용도 급증한다. 성장하는 기업의 자금 소요는 가팔라지게 된다. 이 해소를 위한 IPO 절차는 다음과 같다.

표 1-11 IPO 절차

절차	비고
1. 대표주관회사 선정	IPO성패의 가장 중요한 절차로 보아야 할 것. 회사에서 추진팀을 꾸리는 과정까지 자문 받음이 좋음
증권 인수업무 규정: 상장예비심사 신청 2개월 전까지 대표주관 계약 체결	
대표주관회사를 통하여 IPO를 위한 각종사항 사전 점검 및 준비	
2. 기업실사(Due-Dilligence)	신청일 이전
상장예비심사 전까지 기업실사	
상장관련 다양한 이슈를 사전 검토/보완	
자본금 증자 등 수행	
3. 상장예비심사 신청	3~4개월 소요
거래소 지정양식의 상장예비심사 신청서 제출	
거래소 상장심사 팀에서 상장의 적정성 등 심사	
상장규정상 신청 후 45영업일 내에 심사결과 를 통보하여야 함	
일반적으로 약 2개월 이상의 심사기간 소요	
4. 증권신고서 제출	
공모를 위해 금융위에 증권신고서 제출	
공모의 적정성 등 심사	
제출일로부터 15 영업일 경과 후 효력발생	
5. IR, 수요예측(Book Building) 공모가격 확정(수요예측 결과 반영)	
6. 청약 및 납입	
대표주관회사 등의 전국 지점망을 통해 청약	
신고서 효력발생 후 3~4주 소요	
7. 상장신청 및 매매개시	신고서 효력발생 후 3~4주 소요
거래소에 상장신청서 제출	
신청 후 약 5영업일 이내 매매개시	
8. 상장 후 적정주가 관리	

2) 사전준비

(1) 예비심사 서류의 준비

IPO를 하려면 기업의 내실적인 면, 기업 재무적인 측면, 경영진이나 기술인력, 조직 등에서 많은 준비를 하여야 한다. 기업공개 및 상장은 상장기업에 있어 최종목표가 아닌 지속적인 성장을 위한 발판이다. 이러한 일은 해당 기업을 일반인에게 처음으로 알리는 일이기 때문에 그 준비와 시기를 결정하는 데 신중을 기하여야 한다.

이 과정에서는 상장예비심사를 위한 상장예비심사청구서의 내용을 채워서 예비심사서류를 제출하여야 한다. 여기에는 대표주관회사의 선정 및 대표주관계약을 하고 그 자문을 받아 기업실사 및 손익추정과 회사가치의 평가 및 준비단계의 마지막으로 한국거래소에 예비심사서류를 제출하는 데까지 업무를 수행하여야 한다. 이 중 가장 중요한 절차가 기업가치 평가과정이다.

한국거래소는 상장신청인인 기업이 제출한 상장예비심사신청서 및 첨부서류를 통해 상장적격성 여부를 검토하며, 학계·법률·회계·기술 등 다양한 분야의 전문가로 구성된 코스닥시장 상장위원회의 심의·의결을 거쳐 상장예비심사 승인 여부를 결정한다. 다만, 상장위원회의 심의결과가 상장 미승인이거나, 코스닥시장 시장위원회의 심의·의결이 필요하다고 인정한 경우 시장위원회의 심의·의결을 거쳐 상장예비심사 결과를 결정한다.

상장예비심사 소요기간은 45영업일(신속이전기업 30영업일, 적격 해외증권시장에 상장되지 않은 외국기업 65영업일) 이내이나, 형식적 또는 질적 요건 충족 여부에 대한 추가 심사가 필요한 경우 심사기간이 연장될 수 있다

이 과정에서 고려하여야 할 사항은 아래와 같다.

① 기업공개 및 상장의 목적
② 자본조달 규모 및 시설투자 계획
③ 동종업계의 증시 동향과 향후 전망
④ 기업공개 및 상장으로 얻는 손익
⑤ 신규상장 요건 충족 여부

신규상장요건은 다음과 같다.

표 1-12 신규상장요건

형식적 요건	질적 요건
• 주식의 분산	• 기업의 계속성
• 경영성과 및 시장평가 등	• 경영투명성 및 안정성
• 기타 투자자 보호 요건	• 투자자보호, 코스닥 시장의 건전한 발전

또한, 거래소의 상장예비심사결과 상장적격 통보를 받은 경우, 6개월 이내에 상장을 신청할 수 있도록 정하고 있으므로, 자금 조달 계획 및 증권시장의 동향을 충분

히 고려하여 공모 및 상장 시기를 조절할 수 있다.

(2) 대표주관회사

대표주관회사는 IPO를 처음 수행하는 기업이라면 가장 중요하다고 할 수 있다. 주식 관련 사무는 상당히 복잡하여 전문성이 요구된다. 이를 전문적으로 대행하는 명의개선 대행 회사를 선정하여야 한다. 발행주식의 20%를 인수하게 되고, 상장에 관한 제반 업무를 원활하게 진행할 대표 주관회사는 상장 예비심사 청구일 2개월 전에 계약을 체결하여야 한다.

표 1-13 대표주관회사의 역할

- 상장신청인의 경영실적, 영업 관련사항 등에 대한 자료 확인과 현지 조사
- 상장신청인의 재무, 회계 등에 대한 점검 및 자문
- 상장 요건과 관련한 협의와 자문
- 증권신고서 기재내용 점검 등에 관한 사항
- 상장관련 진행사항의 정기 점검과 상장관련 서류의 작성 지침
- 주식분석, 수요예측, 공모가격 협의
- 공모와 청약의 사무 주관

자료: 한국거래소

대표주관회사의 가장 중요한 역할은 상장 가능 기업의 발굴과 이 기업이 상장의 시작을 할 수 있도록 길을 안내하는 데 있다고 볼 것이다. 그 후에는 스스로의 노력으로 70%는 가기 때문이다. 대표주관회사는 상장신청인의 주식 등을 5% 이상 보유하고 있는 경우 다른 금융투자회사와 공동으로 업무를 하여야 한다. 이는 공모업무의 객관성을 위한 것으로 증권신고서의 객관성에 대한 투자자의 신뢰를 유지할 수 있도록 하기 위함이다.

한국거래소가 기업의 IPO 신청에 대하여 상장 예비심사 후 상장 적격 통보를 하면 6개월 이내에 상장을 신청하도록 하고 있다. 이때는 시간이 맞지 않으므로 준비단계에서 필요한 일들을 해두어야 한다. 일반 주주를 모집하여 요건을 충족시키는 일도 그리 쉽지는 않다.

IPO를 수행하면서 기업의 성격과 보유 기술, 인력 구조 및 그동안 혁신을 통한 기업 만들기를 얼마나 열심히 수행했는지, 더 큰 기업 발전을 통해 주주들에 대한 보

답과 주주이익 극대화를 위하여 노력할 자세가 되어 있음을 보여주어야 한다. 동종 업계의 현황과 회사의 경쟁력, 향후 전망 등을 분석, 홍보하고 경영관리조직 및 내규 정비 등 IPO 및 상장일 전에 맞추어 수행할 업무 등에 대한 준비를 한다. 상장을 전담할 프로젝트 팀이 필요할 것이다. 이 팀은 대표주관회사, 회계법인, 법무법인 및 기타 관련기관과의 창구 역할을 수행한다.

명의개서[11] 업무는 국민은행, 하나은행, 한국예탁결제원이 수행한다.

한편, 회사 직원에게 주식을 지급하는 우리사주 제도는 근로자에게 희망의 끈이 되기도 하는데, 근로자로 하여금 자사주를 취득 보유하게 되는 제도로 한국증권금융과 협력한다.

(3) 기업실사

대표주관회사는 상장요건과 관련한 제도 및 협의 등을 수행하고 각종 기록과 보고서의 신뢰성을 위하여 발행 회사에 수차례 방문 실사(Due－Dilligence)한다. 증권신고서의 기재사항 점검, 경영 실적, 영업 관련 사항 및 재무제표의 신뢰성과 재무 건전성, 감사대비 재무적 준비사항, 회계와 세무, 수요예측 및 주식분석, 공모가격협의 등을 수행한다. 상장하고자 하는 사업연도의 전년 또는 당해 연도의 회계 감사인 지정을 증권선물위원회에 신청하고 지정되는 감사인의 회계 감사를 받아야 한다.

3) 상장예비심사

신규로 한국거래소에 상장하는 기업은 거래소 지정양식의 상장예비심사 신청서를 제출하고 상장 적격성에 대한 심사를 받는다. 한국거래소는 제출받은 상장 예비심사 청구서를 토대로 당해 상장 예비기업의 상장 적격성에 대하여 심사하고 그 결과를 통보한다.

---

11) ㈜ 명의개서(名義改書)란 권리자의 변경에 따라 장부 또는 증권의 명의인의 표시를 고쳐 쓰는 것을 말하는 회사법의 개념이다. 기명식증권(記名式證券)의 권리이전의 사실을 공시하여 제3자에게 대항할 수 있도록 하기 위해 이루어진다. 주식회사에 있어서, 주주명부에는 주주의 성명과 주소, 각 주주가 가진 주식의 종류와 그 수, 주권의 번호, 각 주식의 취득연월일을 기재하는데(상법 제352조 제1항 1호~3호), 주식의 이전으로 주주가 교체되었을 경우 그 취득자를 주주명부에 주주로 기재하는 것을 말한다.

상장예비심사와 증권신고서

대표주관회사의 기업 실사 등 기업 실체의 분석 평가가 끝나고 평가자의 의견이 상장 가능성으로 인정되면 상장예비심사를 신청하게 된다. 상장 예비심사 서류는 한국거래소에 제출하고 한국거래소에서 이 기업이 상장을 하여도 될 기업이라고 인정이 되면 상장적격 통보를 해주는 근거서류들이다.

상장예비심사는 그 신청 후 45영업일(fast track의 경우는 20일) 이내 통보하도록 되어 있으며, 거래소로부터 상장적격의 통지를 받은 상장신청인은 상장예비심사결과 사본 등을 첨부하여 증권신고서를 금융위원회에 제출하여야 한다.

(1) 상장예비심사의 절차

상장예비심사의 절차는 다음과 같다.

〈절차 요약〉

1. 대표주관회사 선정: 상장예비심사 신청 2개월 전까지 대표주관회사를 선정하여 계약을 체결한다.

2. 기업실사(Due-Diligence): 대표주관회사는 상장대상회사의 기업평가를 위해 예비심사서류의 일환으로 심사청구문서를 재무상태, 경영 현황, 사업계획 인력 및 기술 등 기업 현장에 방문하여 꼼꼼히 검토하는 기업실사를 진행한다.

3. 상장예비심사 신청: 상장예비심사청구서를 한국거래소에 제출한다.

4. 예비심사: 한국거래소는 제출된 예비심사청구서를 바탕으로 심사를 진행한다. 보통 45일 걸린다.

5. 결과통보: 국내기업의 경우 영업일 기준으로 45일, 외국기업의 경우 65일 이내에 상장예비심사를 종료하여 통보한다.

6. 승인 후 절차: 상장예비심사 승인 후에는 투자설명서를 제출하고 시장에서의 주식 수요예측을 진행하며, 6개월 이내에 상장을 해야 한다.

7. 주식시장에 상장: 증권신고서 제출, 기업설명회(IR), 수요예측, 청약 등을 거쳐 주식시장에 상장한다.

그림 1-3 코스닥시장 상장예비심사 흐름도

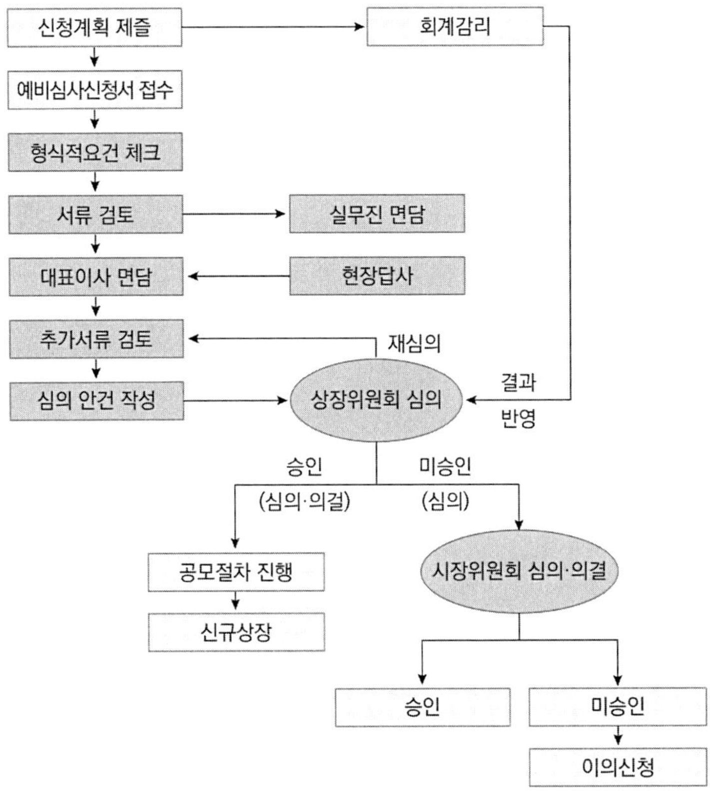

자료원: 2025 코스닥 상장심사 이해와 실무, 한국거래소

이 절차도는 신청계획서 및 예비심사 신청서를 제출하면 현장실사(Due Diligence)를 호함 회사를 조사하고 요건이 맞으면 승인한다는 업무흐름이다. 이 과정에 상장위원회의 심사를 통과하지 못할 경우 시장위원회의 보완적 절차가, 그 이후에는 이의신청의 절차가 예비되어 있다는 것을 보여준다.

(2) 유의적 심사

상장예비심사는 어디까지나 예비심사이다. 기업 입장에서는 예비심사가 어려우나 시장입장에서는 이후의 문제가 더 어렵다. 왜냐하면 시장에서 영속할 이 새내기 주식의 실패를 방지해야 하기 때문이다. 이를 위해 다음의 절차를 진행한다.

① 형식적 요건 심사

상장예비심사의 형식적 요건은 기업의 재무내용, 주식 유동성 확보를 위한 분산요건 및 투자자 보호 등을 위한 요건(외부감사인의 감사의견, 지배구조 관련 상법상 의무 준수여부 등) 등이다. 2023년부터 법률상 중소기업으로 인정되지 못하더라도 일정 요건을 충족하는 경우 기술성장기업 특례를 적용받을 수 있도록 혁신기술기업 대상이 확대되었다.

일반기업과 기술성장기업

표 1-14 형식적 심사요건(일반기업/벤처기업/기술성장기업)

구분	일반기업(벤처 포함)		기술성장기업	
	수익성·매출액 기준	시장평가·성장성 기준	혁신기술기업 (기술평가)	사업모델기업 (상장주선인 추천)
주식 분산 (택일)	① 소액주주 500명 이상(상장신청일 기준) & (a) or (b) (a) 소액주주 25%미만 소유시(예비심사신청일 기준) : 공모 10% 이상 & 소액주주 지분이 25% 이상(상장신청일 기준) (b) 소액주주 25%이상 소유시(예비심사신청일 기준) : 공모 5% 이상(10억원 이상)			
	② 소액주주 500명 이상(상장신청일 기준) & 공모 10%이상 & 공모주식수가 일정주식수 이상[주1)]			
	③ 소액주주 500명(상장신청일 기준) & 공모 25% 이상			
	④ 소액주주 500명(상장신청일 기준) & 국내외 동시공모 20%이상 & 국내공모주식수 30만주 이상			
	⑤ 소액주주 500명(예비심사신청일 기준) & (a) or (b) (a) 모집에 의한 소액주주지분 25% (b) 모집에 의한 소액주주지분 10%이상 & 공모주식수가 일정주식수 이상[주1)]			
감사의견 지배구조 기타요건	최근사업연도 적정 상법상 상근이사, 상근감사 충족 주식양도제한이 없음			
경영성과 및 시장평가 등 (택일)	① 법인세차감전 계속사업이익 20억원 [벤처: 10억원] & 시총 90억원 이상	① 시총 500억 & 매출 30억 & 최근 2사업연도 평균 매출증가율 20% 이상	① 자기자본 10억원 이상	
	② 법인세차감전 계속사업이익 20억원 [벤처 : 10억원] & 자기자본 30억원 [벤처 : 15억원] 이상	② 시총 300억 & 매출액 100억원 이상 [벤처50억원]	② 시가총액 90억원 이상	
경영성과 및 시장평가	③ 법인세차감전계속 사업이익 있을 것 & 시총 200억원 &	③ 시총 500억원 & PBR 2배 이상	<공통요건> 전문평가 기관의	<공통요건> 상장주선인주[2)]이 지식 기반 독창적

구분	일반기업(벤처 포함)		기술성장기업	
	수익성·매출액 기준	시장평가·성장성 기준	혁신기술기업 (기술평가)	사업모델기업 (상장주선인 추천)
등 (택일)	매출액 100억원 [벤처: 50억원] 이상		기술평가 결과가 A등급 & BBB등급 이상일 것	사업모델의 경쟁력과 성장성 등을 평가하여 추천할 것
	④ 법인세차감전 계속사업이익 50억원 이상	④ 시총 1,000억원 이상		
		⑤ 자기자본 250억원 이상		
		⑥ (코넥스 이전상장) 시총 750억원 & 코넥스 일평균 거래대금 1억원 이상 & 소액주주 지분율 20% 이상		

중소기업: '중소기업기본법' 적용을 받는 기업으로 ① 평균매출액이 업종별로 400~1,500억 이하이고, ② 자산총액이 5,000억 미만이며, ③ 소유와 경영의 실질적 독립성이 일정한 기준에 해당하는 기업

주1) 100만주(자기자본 500억~1천억), 200만주(자기자본 1천억~2,500억), 500만주(자기자본 2,500억 이상), 시가총액 기준은 자기자본 금액의 2배

주2) 상장주선인의 요건

① 최근 1년 이내(상장예비심사신청일 기준)에 코스닥시장 상장법인의 상장을 주선한 실적이 있을 것

② 최근 3년간 상장주선한 해당 상장법인이 상장 후 2년 이내 관리종목·투자주의 환기종목 지정 또는 상장폐지 사유가 발생하지 않았을 것

③ 그 밖에 투자자보호를 위하여 한국거래소가 자격을 제한한 상장주선인에 해당하지 않을 것

자료: 한국거래소, 코스닥시장 상장요건

SPAC과 코넥스 등

SPAC 합병이나 코넥스상장, 재상장 및 우회 상장의 구분별 형사적 심사요건을 보면 다음과 같다.

표 1-15 형식적 심사요건 구분(SPAC합병/코넥스기업/재상장/우회상장)

구분	SPAC합병		코넥스 기업 신속이전주3)	재상장	우회상장주5)
	일반	혁신기술기업			
주식분산			일반기업 주식분산 요건과 동일	보통주식총수 100만주 이상 (최대주주 등 제외)	
자기자본				자기자본 30 억(벤처15억원)	자기자본 30억(벤처15 억원)
자본상태				자본잠식 없을 것	자본잠식 없을 것
경영 성과	① 법인세차감전계	자기자본 10억원	일반기업 이익규모 등 요건 충족 &	분할이전될 영업부문	계속사업이익 有 &

구분	SPAC합병		코넥스 기업 신속이전[주3)]	재상장	우회상장[주5)]
	일반	혁신기술기업			
및 시장 평가 등 (택일)	속사업이익 20억원 [벤처:10억원]	이상 (시장평가 (기준시가 총액 90억원) 적용 X)	아래 ①~⑥중 택일: ①영업이익 有 & 매출액 100억원 & 기준시총 300억원	계속사업이익 有 & ①~③ 중 택일	①~②중 택일
	② 법인세차감전계 속사업이익 있을 것 & 매출액100억원 [벤처:50억원]		② 최근사업연도 계속사업이익 20억원 & 최근사업연도·직전사업연도 ROE 10% & 자기자본 10억원	① ROE 10% [벤처:5%]	① ROE 10% [벤처:5%]
		[공통요건] 전문평가 기관의 기술평가 결과가 A등급 & BBB등급 이상일 것[주2)]	③ 계속사업이익 20억원 & ROE 20% & 자기자본 10억원	② 당기순익 20억 [벤처:10억]	② 당기순익 20억 [벤처:10억]
			④ 매출증가율 10% & 매출액 200억원 & 영업이익 10억원	③ 매출100억 [벤처:50억]	
			⑤ 소액주주 10% & 코넥스 시총 2천억원 및 자본금초과 & 기준시총 3천억원		
			⑥ 소액주주 20% & 코넥스 일평균 거래대금 10억원 이상 & 기준시총 1,500억원 이상 & 기업계속성보고서 제출		
감사의견	최근사업연도 적정			분할 또는 분할합병 기일 기준 적정[주4)]	최근 사업연도 적정
지배구조	지배구조		상법상 사외이사, 상근감사 충족	상법상 사외이사, 상근감사 충족	
기타요건	주식양도 제한이 없을 것 등				

주1) 스팩합병상장의 경우 합병대상법인의 합병가액이나 최근 사업연도 말 현재의 재무상태표상 자산총액이 예치기관 등에 예치되거나 신탁된 금액의 100분의 80 이상이어야 함

주2) 스팩합병의 경우 공모가 없어 시가총액 5천억 이상일 경우 해당되는 기술등급 단수평가 요건 적용 불가

주3) 코넥스기업의 코스닥 신속이전상장을 위해 필요한 공통요건: 상장1년경과 & 지정자문인추천 & 기업경영의 건전성 요건 충족(일반 이전상장의 경우 일반기업 또는 기술성장기업 요건과 동일)

주4) 종속회사가 있는 법인은 연결재무제표에 대한 감사의견 포함되며, 이외에 이전될 영업부문 검토보고서상 검토의견이 적정일 것

주5) 중요한 영업양수에 따른 우회상장의 경우 형식적 심사요건: 양수 대상이 되는 영업부문은 주요사항보고서 제출일 기준 계속사업이익 有 & 부채가 자산을 초과하지 않을 것 & 감사의견 적정

② 질적 심사

질적심사: 공익과 투자자 보호 및 시장 성공을 위해 기업의 경영상태, 재무상태 등을 심사한다

사전상담: 한국거래소는 사전 상담 기능을 보유하고 있으며, 기업지원부 직원들이 사전상담자로 배정되어 상장 신청 전에 기업을 방문하기도 하고 사전 상담을 실시한다([표 1-3] 신규상장 심사요건 참조).

(3) 상장예비심사청구서의 체계

대표주관회사와 계약 후 기업 실사 등 기업 실체의 분석 평가가 끝나고 평가자의 의견이 상장 가능성으로 인정되면 예비심사를 신청하게 된다. 상장예비심사는 그 신청 후 45영업일(fast track의 경우는 20일) 이내 통보하도록 되어 있다. 상장예비심사청구서(이를 발전시켜 투자설명서, 증권신고서가 된다)에 기재되어야 할 주요 사항은 아래와 같다.

평가의견 등 행정사항

XX 투자증권 평가의견

정정신고(보고)

예비투자설명서

【대표이사등의 확인】

【본문】

요약정보

모집, 매출의 개요

1. 모집 또는 매출에 관한 일반사항
2. 증권의 주요 권리내용
3. 투자위험요소
4. 인수인의 의견
5. 자금의 사용목적
6. 그 밖에 투자자보호를 위해 필요한 사항

발행인에 관한 사항

1. 회사의 개요
2. 사업의 내용
3. 재무에 관한 사항
4. 감사인의 감사의견 등
5. 이사회 등 회사의 기관에 관한 사항
6. 주주에 관한 사항
7. 임직원 등에 관한 사항
8. 계열회사 등에 관한 사항
9. 이해관계자와의 거래내용
10. 그 밖에 투자자보호를 위해 필요한 사항

(4) 상장 예비심사 제출 서류

상장예비심사 서류를 법규를 근거로 하여 코스피 및 코스피－지주회사와 코스닥시장에 대한 제출서류를 요약하면 다음과 같다.

표 1-16 상장예비심사서류 리스트

유가증권시장-일반회사	유가증권시장-지주회사	코스닥시장-일반회사
주권상장예비심사신청서	주권상장예비심사신청서	상장예비심사신청서
감사보고서, 3사업연도 (개별, 연결)	감사보고서, 3사업연도 (개별, 연결)	감사보고서, 최근사업연도
반기재무제표, 검토보고서 (반기종료후 45일 경과시)	연결재무제표&감사보고서, 3개사업연도 (반기종료후 45일 경과시)	반기재무제표 & 검토보고서/45일 경과시
주식 계속보유확약서 보호예수증명서/ 심사승인 3일 내	계속보유확약서 보호예수증명서	상장주선인의 의무이행에 관한 각서 이해관계자의 투자현황 확인서
	지주/자회사-3개년사업계획서/ 예상수지계산서	계속보유확약서 보호예수증명서
주권의 권종별 견양 (통일규격유가증권 발행증명서제출시생략)	주권의 권종별 견양 (통일규격유가증권 발행증명서제출시생략)	주권의 권종별 견양 또는 명의개서대행기관의 증명서
예탁자계좌부기재확인서	예탁자계좌부기재확인서,	상장 이사회의사록

유가증권시장-일반회사	유가증권시장-지주회사	코스닥시장-일반회사
	본/자회사 법인등기부등본&정관	법인등기부등본 및 정관
법인등기부등본 및 정관	공정거래위원회에 신고한 신고서 사본 또는 금융감독위원회의 인가서 사본	상장교육수료증
현재 및 실질 주주명부	현재 및 실질 주주명부	최근사업연도말 주주명부
명의개서대행계약서 사본	명의개서대행계약서 사본	명의개서대행계약서 사본, 주채권은행 의견서
기타 거래소 요청 서류	기타 거래소 요청 서류	기타 거래소 요청 서류

(5) 코스닥 시장 상장요건

코스닥 시장에 증권을 상장하기 위해서는 일반기업의 경우 설립이 3년 이상, 자기자본이 벤처기업은 15억 원, 일반기업은 30억 원 이상이 되어야 한다. 이익에 관한 요건과 주식 및 경영진에 관한 요건이 있다.

(가) 코스닥 시장 상장 요건

표 1-17 코스닥시장 상장요건

상장요건	일반기업	벤처기업
설립 후 경과연수	3년 이상 경과 및 계속 영업 (건설업의 경우 5년 이상)	요건폐지
자기자본	30억원 이상 또는, 기준시가총액 90억원 이상(신규상장요건)	15억원 이상 또는, 기준시가총액 300억원 이상(신규)
경영성과	① 최근 사업연도 법인세비용차감전 계속사업이익 20억 원 이상 ② 최근 사업연도 법인세비용차감전 계속사업이익 실현 및 매출액 100억 원 이상 ③ 최근 사업연도 법인세비용차감전 계속사업이익 실현 및 시가총액 200억 원 이상, 매출액 100억 원 이상	① 최근 사업연도 법인세비용차감전 계속사업이익 10억 원 이상 ② 최근 사업연도 법인세비용차감전 계속사업이익 실현 및 매출액 50억 원 이상 ③ 최근 사업연도 법인세비용차감전 계속사업이익 실현 및 시가총액 200억 원 이상, 매출액 50억 원 이상 ※ 성장형 벤처인 경우 적용 배제
재무상태	최근사업연도말 자본잠식이 없을 것	
감사의견	최근사업연도 감사의견 적정	

(나) 주식분산기준

(i) 공모상장(일반적인 IPO 방식)

- 요건: 상장 신청일 현재 소액주주(지분율 1% 미만)수가 500명 이상이어야 한다.
- 주식 분산: 상장 예정 주식 총수의 25% 이상이 소액주주에게 분산되어야 한다.
- 특례: 자기자본이 일정 규모 이상이거나 시가총액이 일정 수준 이상인 경우, 공모 주식 수가 100만 주 이상이어야 하는 등 규모에 따라 요건이 완화된다.

(ii) 직상장

- 요건: 상장 예비 심사 청구일 현재 소액주주(우리사주조합 제외)의 수가 500명 이상이고, 소액주주 소유 주식 총수가 발행 주식 총수의 25% 이상이어야 한다.
- 용어: '직상장'이라는 표현은 일반적인 용어이므로 그대로 사용 가능하다.

(다) 기타의 기준

구분	주요 내용	비고
자본금 변경 제한	무상증자, 유상증자 등으로 인한 자본금 증가액이 특정 기준을 초과하면 일부 주식에 대해 보호예수 의무가 부과된다. • 상장예비심사 청구일 전 1년 이내 무상증자 또는 유상증자 등으로 인한 자본금 증가 총액이 상장 전 2개년 자본금 합계의 100%를 초과할 경우 해당 초과분은 1년간 보호예수해야 한다.	자본시장법 제165조의7, 코스닥시장 상장규정 제19조의4
주식 양도 제한	정관 등에 주식 양도를 제한하는 규정이 없어야 한다. • 예외적으로 다른 법령에 의해 제한되는 경우, 코스닥 시장에서의 매매를 저해하지 않는다고 인정되면 허용된다.	코스닥시장 상장규정 제7조
최대주주 변경 제한	상장예비심사 청구일 전 1년 이내에 최대주주가 변경된 사실이 없어야 한다. • 예외: 정부나 예금보험공사의 주식 매각, 상속·유증 등 기업 경영의 계속성을 해치지 않는다고 거래소가 인정하는 경우.	코스닥시장 상장규정 제7조
액면가액	주식의 액면가액이 다음 중 하나여야 한다. • 100원, 200원, 500원, 1,000원, 2,500원, 5,000원	코스닥시장 상장규정 제7조
사외이사 및 상근감사	법에서 정한 요건에 따라 사외이사 및 상근감사를 선임해야 한다. • 일반기업 및 최근 사업연도 말 자산총액 1,000억 원 이상인 벤처기업은 사외이사 요건을 충족해야 한다. • 최근 사업연도 말 자산총액 1,000억 원 이상인 법인은 상근감사를 두어야 한다.	자본시장법 제542조의8, 제542조의10

(6) 상장예비심사신청

(가) 실사를 통한 상장 타당성 평가

이미 언급한 IPO 절차와 상장절차 전체를 통틀어 가장 중요한 절차는 상장하려는 기업의 본질가치(Intrinsic value)를 도출하는 기업가치평가이다. 이 가치평가서를 작성하는데 시간도 가장 많이 소요되며, 본 사례에서는 2년이 넘게 걸렸다.

기업의 내재적 가치를 정확히 파악하여 미래 주주들에게 소개하고자 하는 행위가 가치평가이며 이를 위해 회사에 실사(due diligence) 방문을 수차례 하고 수년간 끌어가는 것이 가치평가이다. 대상 기업을 똑바로 보기 위함이다. 실제로 가치평가 이외의 부분은 일상적 행정업무로 보아도 무방할 것이다.

실사시에는 대표주관회사는 발행회사와의 대표주관 계약 후 그동안 문서와 외형으로만 보아왔던 기업의 실상을 기업 실사를 통하여 상세히 살피며 상장기업으로서 타당한지 면밀히 살핀다. 한국거래소의 심사과정에서의 정정 및 미흡한 사항에 대한 정정신고까지 합치면 이 분야 전문가 수십명이 협조하고 있는 형상인 것이다. 회사의 매출 등 재무추정과정을 통해 당기순이익 및 가치산정과 주당가치까지 산정이 되고 상장 수준이 된다고 판단하면 인수인의 의견을 적극적으로 제시하고 상장예비심사신청서를 한국거래소에 제출하게 된다.

상장예비심사신청서의 제출은 기업이 넘어야 하는 높은 산이다. 신청서 제출 전까지 대표주관회사는 상세 현장실사(가치평가 포함)를 수차례 하며 제출문서 등을 통해 평가가 진행되고 그 결과가 상장예비심사신청서로 작성된다. 제출된 후에서 여러 번의 정정작업이 수반된다.

(나) 상장의 고뇌

상장사의 고뇌는 많다. 고강도 감사 수검, 소액주주 등 관리의 복잡성과 배당 압력, 공매도 및 지분 먹튀 위험, 경영권 위험(고려아연 같은 적대적 M&A 타깃 가능) 등 실은 셀 수 없이 많다. 세계를 쥐고 흔드는 기업 중 상장을 하지 아니한 기업은 (조사에 착오가 있을 수 있으나) 우리나라는 부영, 이랜드, 호반, 교보생명, 한국야쿠르트, 세스코 등이 비상장 기업이고, 중국의 경우(딥시크 검색) 초대형 국영 기업 등이 비상장으로, 중국가전망공사, 중국석유천연가스그룹, 중국석유화학그룹, 중국공정그룹, 중국항공업그룹, 중국우정그룹, 중국철도공사, 중국철도건설공사, 중국선박공업그룹, 중국무기공업그룹, 중국선사성보산업그룹, 화웨이그룹 등이며, 세계적으로는 사우디의 아람코, 타타그룹, 미국의 카길, 델테크, 에너지 기업인 코크인더스트리즈, 마스(Mars), 스웨덴의 이케아, 독일의 보쉬, 슈바르츠 그룹 등이 있다. 대형 기업임에 비상장은 정부의 국가 인프라 기업들이 많다.

그러나 우리가 잘 아는 삼성전자나 하이닉스, 현대자동차, 대우조선, 삼성물산, LG 등이나 애플, 마이크로소프트, 엔비디아 등도 모두 상장기업들이다. 다만, 상장에는 그만큼 주의를 기울여야 한다는 점이다. 상장예비심사 신청 전에 한 번은 짚고 넘어갈 일이다.

상장을 위한 상장예비심사신청서는 다음과 같다.

표 1-18 상장예비심사신청서

상장예비심사신청서

한국거래소 이사장 귀하

신 청 일 : 년 월 일
신청회사명 :
대표 이사 : (인)
주관계약체결일 :

코스닥시장상장규정 제25조에 의거 당사의 주권을 신규로 상장하고자 상장예비심사를 신청합니다.

1. 회사에 관한 사항

회사명			영문 회사명	
본점소재지		(연락처 :)		
주사업장 소재지		(연락처 :)		
최대주주 현황		(주주명) 외 명	(지분율)	%
대표 이사		(만 세)	최대주주와의 관계	
설립년월일		년 월 일	업 종	( )
			주제품	
			결 산 기	xx월
자본금	수 권	억원	관계회사 현황	
	납 입	억원	계 열 명	
	주당금액	원	임직원수	xx명
매출구성				

항목 \ 최근3년간(주)	'X1년도(제xx기)	'X2년도(제xx기)	'X3년도(제xx기)
회계처리 기준			
자산총계(백만원)			
부채총계(백만원)			
자기자본(백만원)			
매출액(백만원)			
영업이익(백만원)			
법인세비용차감전 계속사업이익(백만원)			
당기순이익(백만원) (주당순이익, 원)			
ROE(%)			
배당실적(백만원)			

주) 1. 최근사업연도 회계처리 기준으로 작성된 재무내용을 기간별 비교가 가능하도록 기재하며, 반기 결산 후 신청하는 기업은 최근 2사업연도 및 신청일이 속하는 사업연도 반기 자료 기재
2. 매출구성은 매출비중이 10%이상인 제품·제품군에 대한 내용을 매출비중과 함께 기재
3. 업종은 [코스닥시장 상장규정 시행세칙 별표 11]의 업종 및 코드분류표를 중심으로 기재

2. 주식에 관한 사항

주식의 종류	액면/무액면	주당액면가액	발행주식수	상장할 주식수	비 고
		원	주	주	
합 계		원	주	주	

[기재상의 주의]
보통주식 및 종류주식별로 구분하여 내용을 기재하며, 발행주식수는 상장예비심사신청일까지 발행한 주식수를 기재

3. 공모 및 상장(할) 주식에 관한 사항

종 류	
주 식 수(주)	주
초과배정옵션 주식수	주
주당공모가액(예정)	원 ~ 원
총공모금액 및 비율(예정)	천원 ~ 천원(%)
상장예정 주식수(주)	주
주관사 의무인수주식수(주)	
기준시가총액(예정)	백만원 ~ 백만원
공모시기(예정)	년 월중

주) 1. 종류주식을 공모하는 경우, 그 내용을 별도로 기재
2. 상장예정주식수는 주관사의무인수분을 포함한 총 주식수를 기재

4. 기업유형에 관한 사항

구 분	해당 여부(✓)	비 고
기업 구분	일반( ) / 벤처( )	(인증기관 이노비즈 인증여부, 이익미실현기업 요건 적용여부 기재)
기업 규모	중소기업( ) / 대기업( )	
대형법인 여부	해당( ) / 미해당( )	(해당 근거 기재)
우량대형법인 여부	해당( ) / 미해당( )	(해당 근거 기재)
코넥스시장 상장법인 여부	해당( ) / 미해당( )	'신속이전기업' 여부 별도 기재 코넥스시장 상장중에 한국거래소 중소기업회계지원센터의 '내부회계관리제도 컨설팅 및 코넥스시장부의 '공시체계구축 컨설팅'을 받은 경우 별도 기재
기술성장기업 해당 여부	해당( ) / 미해당( )	혁신기술기업, 사업모델기업 여부 별도 기재 바이오산업·딥테크 산업 등 관련 업종 해당여부 별도 기재

자료: 한국거래소 홈페이지(업무관련 서식)

(7) 인수인의 의견

상장예비심사서의 문서에는 인수인의 의견란이 있다. 이곳에 대표주관회사의 긍

정적 의견이 첨부되어야 한다. 이 중 가치평가 내용이 들어있는 인수인의 의견은 다음과 같이 구성된다.

인수인의 의견 제시

참고 인수인이란 상장하는 회사의 지분의 일부를 인수하는 투자 전문기관으로 본 상장 절차에 대하여 주로 협력하는 주관회사를 가리킨다. 이 회사의 주관회사로서의 평가 및 상장은 농협투자증권에서 수행하였다. 인수인의 의견은 다음과 같다(일부의 내용은 의미가 달라지지 않는 범위 내라고 판단되는 정도에서 생략 및 변경하였음).

① 인수인의 의견

본 증권신고서는 Ⅳ. 인수인의 의견(분석기관의 평가의견)에서 다음과 같이 기술하고 있다.

사례 인수인의 의견

Ⅳ. 인수인의 의견(분석기관의 평가의견)

■ (인수인의 의견의 성격과 법적 근거) 본 장은 「자본시장과 금융투자업에 관한 법률」 제119조제1항 및 동법 시행령 제125조제1항제2호마목에 의거, 금번 공모주식의 인수인이 공모주식에 대한 의견을 기재한 부분입니다.

■ (본 의견의 형성 근거) 본 장에 기재된 평가의견은 금번 한국거래소 코스닥시장 상장의 대표주관회사인 엔에이치투자증권㈜가 금번 공모주식의 발행회사인 이엔셀㈜에 대한 기업실사 과정을 통하여 발행회사인 이엔셀㈜으로부터 제공받거나 취득한 정보 및 자료에 기초하여 코스닥시장 상장법인으로서의 조건 충족여부 및 상장과정에서의 희망공모가액 제시범위(공모가 밴드) 산정논리와 적정성에 대한 판단범위로 한정됩니다. ~ 주관적인 의견입니다.

■ (인수인 의견의 한계) 전략~ 인수인의 분석의견 제시가 본 증권신고서, 예비투자설명서, 투자설명서 기재내용의 고의적인 허위기재사실 이외 진실성, 정확성과 관련하여 자본시장법상에서의 모든 책임을 부담하는 것은 아니라는 사실에 유의하시기 바랍니다.

■ (예측정보의 포함 및 그 한계) 인수인의 분석의견 중에 포함된 예측정보에 대한 실제 결과는 여러 가지 내·외부 요인들의 변화에 의해 기재된 예측정보와는 다르게 나타날 수 있음을 투자자는 유의하셔야 합니다.

② 당기순이익에 관한 의견

본 의견은 대표주관회사(이 경우 엔에이치투자증권㈜)에서 추정한 당기순이익에 대한 인수인의 의견으로 본 당기순이익에 일정 배수를 곱하여 기업의 가치를 산정하는 것이므로 인수인 입장에서는 가장 중요하며, 문제가 생겼을 경우 인수인의 과실 여부도 이 부분에 집중될 것이므로 그 한 한계를 설명하고 있다. 그럼에도 만약 실제 문제가 불거졌을 경우 그 책임에 대한 면제를 받을 수 있는가에 대하여는 별론이다. 이는 모든 상장평가의 경우에 해당한다.

사례 인수인의 의견

(마) 주당 당기순이익의 산정내역 - 사례

대표주관회사인 엔에이치투자증권㈜는 이엔셀㈜의 희망공모가액 산출을 위해 회사가 제시한 아래 추정 손익계산서 항목별 추정 근거에 대해 충분히 검토하였으며, 『제1부 모집 또는 매출에 관한 사항 - Ⅳ. 인수인의 의견(분석기관의 평가의견) - 3. 기업실사 결과 및 평가내용』에 기재한 회사의 기술성(기술의 완성도, 기술의 경쟁우위도, 연구개발인력의 수준, 기술의 상용화 경쟁력), 시장성(시장의 규모 및 성장잠재력, 시장경쟁 상황), 성장성(기업 성장전략, 사업의 확장가능성) 등을 종합적으로 고려하였을 때 회사가 제시한 추정 손익계산서 및 항목별 추정 근거는 합리적이라고 판단됩니다.
그럼에도 불구하고 회사의 추정 매출 및 손익은 회사가 영위 중인 CGT CDMO 사업과 회사가 개발중인 파이프라인의 성공적인 임상시험과 조건부 시판허가 후 제품 매출 등을 가정하여 산출하였으므로 불확실성이 여전히 존재합니다. 또한, 추정에 적용된 수치는 파악할 수 있는 객관적인 자료와 논리에 따라 판단하였으나, 주관적인 의견이 반영될 수 있습니다.

따라서 향후 실제 매출 및 이익 달성 수준은 현재의 추정과 상이할 수 있으므로 이 점에 유의하시기 바랍니다. 또한 추정 손익계산서 상의 매출액, 영업이익, 당기순이익 등은 회사의 과거 영업실적과 연속성 및 연관성이 높지 않다는 점을 숙지해주시기 바랍니다.

인수인의 의견이 부정적이면 상장절차의 진행이 되지 않는데, 본 평가보고서는 인수인의 적극 의견이 표명되어 있고, 회사는 한때 상장 철회설에 휩싸이기도 하였으나 정상적인 IPO를 하였으며, 상장 후 주가는 공모가를 중심으로 일정 박스를 형성하면서 정상 거래되었다.

이 회사의 희망공모가는 13,600~15,300원이었으며, 2024년 8월 12일의 확정공모가는 15,300원이었다. 이후 꾸준한 거래가 되어왔으나 필자가 확인한 2024년 10월 20일 13,020원으로 공모가를 하회하였으며, 12월 3일 계엄 후에도 꾸준히 14,000~15,000원 대를 유지하였다가 2025년 3월 28일(금) 종가는 16,270원이었다. 지표상으로는 최저가가 12,100원(2024.12.10.), 최고가가 22,800원(2025.02.21.)이었다. 이 기간 동안 공모가의 반도막이 난 새내기 주식들이 많은데 이 회사는 상당한 분발을 한 것으로 볼 수 있다.

(8) 회계감사 대상 기업

회계감사대상 기업은 다음과 같이 식별한다.

계속감사기업은 결산 종료일 후 45일(2월 14일) 이내에 차년도 감사계약을 체결하도록 하고 있다. 다만, 초도감사일 경우 4월 말까지 그 기간을 유예하고 있다. 회계감사대상 기업의 판정은 [표 1-19]에 의한다.

표 1-19 회계 감사 대상기업 식별표

주식회사외부감사에 관한 법률 제4조(외부감사의 대상) ① 다음 각 호의 어느 하나에 해당하는 회사는 재무제표를 작성하여 회사로부터 독립된 외부의 감사인(재무제표 및 연결재무제표의 감사인은 동일하여야 한다. 이하 같다)에 의한 회계감사를 받아야 한다.

1. 주권상장법인
2. 해당 사업연도 또는 다음 사업연도 중에 주권상장법인이 되려는 회사

3. 그 밖에 직전 사업연도 말의 자산, 부채, 종업원수 또는 매출액 등 대통령령으로 정하는 기준에 해당하는 회사. 다만, 해당 회사가 유한회사인 경우에는 본문의 요건 외에 사원 수, 유한회사로 조직변경 후 기간 등을 고려하여 대통령령으로 정하는 기준에 해당하는 유한회사에 한정한다.

대통령령의 정함:
외부감사의 대상(주식회사외부감사에 관한 법률 시행령 제5조: 외부감사의 대상)
① 법 제4조제1항제3호 본문에서 "직전 사업연도 말의 자산, 부채, 종업원 수 또는 매출액 등 대통령령으로 정하는 기준에 해당하는 회사"란 다음 각 호의 어느 하나에 해당하는 회사를 말한다.
  1. 직전 사업연도 말의 자산총액이 500억원 이상인 회사
  2. 직전 사업연도의 매출액(직전 사업연도가 12개월 미만인 경우에는 12개월로 환산하며, 1개월 미만은 1개월로 본다. 이하 같다)이 500억원 이상인 회사
  3. 다음 각 목의 사항 중 2개 이상에 해당하는 회사
    가. 직전 사업연도 말의 자산총액이 120억원 이상
    나. 직전 사업연도 말의 부채총액이 70억원 이상
    다. 직전 사업연도의 매출액이 100억원 이상
    라. 직전 사업연도 말의 종업원이 100명 이상

② 제1항에도 불구하고 다음 각 호의 어느 하나에 해당하는 회사는 외부의 감사인에 의한 회계감사를 받지 아니할 수 있다.
  1. 「공공기관의 운영에 관한 법률」에 따라 공기업 또는 준정부기관으로 지정받은 회사 중 주권상장법인이 아닌 회사
  2. 그 밖에 대통령령으로 정하는 회사

기업을 상장하는 것은 외부 회계감사와 같이 의무사항이 아니다. 상장을 하고 싶으면 자기 회사를 그 요건에 맞추어 상장 등록을 하면 된다. 상장을 하지 아니하는 기업도 있다. 삼성생명은 회사의 규모가 맘모스만큼 클 때까지 비상장기업으로 있었으며 결국은 많은 염문을 뿌리고 상장사의 비전을 함께 했다.

(9) 기타 서류 제출

평가자료에 관한 제출하는 서류들의 내용은 다음과 같다.

1. 증권인수업무등에 관한 규정(금융투자협회) 제10조(실사 및 의견 제시)에 의거 인수인은증권신고서의 핵심 기재사항에 대하여 충분한 실사(Due Diligence)를 수행하고 그 결과를 토대로 '인수인의 의견'을 제시한다. 이 의견은 인수인의 종합적인 판단을

의미한다.

2. 「자본시장과 금융투자업에 관한 법률」 119① 및 동법 시행령 120①2 의거 공모주식의 인수인이 가진 공모주식에 대한 의견이 긍정적일 것

   (자본시장법제119조(모집 또는 매출의 신고)① 증권의 모집 또는 매출(대통령령으로 정하는 방법에 따라 산정한 모집가액 또는 매출가액 각각의 총액이 대통령령으로 정하는 금액 이상인 경우에 한한다)은 발행인이 그 모집 또는 매출에 관한 신고서를 금융위원회에 제출하여 수리되지 아니하면 이를 할 수 없다.)

3. 한국거래소 코스닥 시장 상장의 대표 주관회사 엔에이치투자증권의 이엔셀 기업심사 후 발행회사인 이엔셀(주)의 상장법인으로서의 조건 충족여부, 희망 공모가액 제시 범위(공모가 밴드) 산정 논리와 적정성에 대한 판단범위로 한정

4. 기업심사 과정에서 "코스닥 시장 상장 및 공모주식의 가치평가"에 관한 자료에 기초한 주관적 의견을 표명하였음을 표시

5. 예측 정보가 포함되어 있으므로 자료 활용에 유의를 할 것을 공지

4) 상장예비심사의 승인

(1) 상장예비심사 결과 통보서

국내기업의 경우 상장예비심사청구서를 제출한 후 영업일 기준으로 45일, 외국기업의 경우 65일 이내에 상장예비심사를 종료하여 통보한다. 대상 기업의 경우 대표주관회사와의 주관계약 체결이 2021년 4월 16일인데 상장예비심사 신청일은 2년 3개월이나 지난 2023년 7월 27일이었다. 또 상장 예비심사 승인일은 2024년 4월 11일로, 신청일로부터 물경 8개월 15일이 걸렸다. 후속 증권신고서도 정정과정을 통해 동년 8월 5일로 4개월이나 걸렸다. 이는 무슨 사연이 있는 것이며 무슨 문제가 숨어있다. 회사는 도중 상장으로 포기하려고도 했었다.

회사는 일부 조건을 붙인 상장예비심사 승인 통보를 받고 이후 행정 절차를 거쳐 정상적 주식 매매를 수행하였다. 상장 승인이 난 상장예비심사결과통보서는 다음과 같다.

표 1-20 상장예비심사결과통보서[12)]

예비상장심사결과

KRX 한국거래소

수신 수신처 참조

제목 코스닥시장 상장예비심사 결과 통보

1. 귀사의 일익 번창하심을 기원합니다.

2. 코스닥시장상장규정 제6조4항의 규정에 따라 코스닥시장 상장예비심사 결과를 붙임과 같이 알려드립니다.

붙임 코스닥시장 상장예비심사결과(이엔셀-벤처) 1부. 끝.

한국거래소 이사장

수신처 이엔셀(주) 대표이사 NH투자증권(주) 대표이사

담당 김춘기 팀장 주진우 부서장 이현국

협조 부서장 이현일

(붙임)

코스닥시장 상장예비심사 결과

회사명 : 이엔셀㈜

1. 상장예비심사결과

☐ 이엔셀㈜이 상장주선인을 통하여 제출한 상장예비심사신청서 및 동 첨부서류를 코스닥시장 상장규정(이하 "상장규정"이라 한다) 제6조(상장예비심사 등)에 의거하여 심사('24.4.11)한 결과, 사후 이행사항을 제외하고 신규상장 심사요건을 구비하였기에 다음의 조건으로 승인함

- 다 음 -

☐ 사후 이행사항

- 신청법인은 상장규정 제27조에서 정하는 신규상장신청일(모집 또는 매출의 주금납입기일)까지 상장규정 제28조제1항제1호(주식의 분산)의 요건을 구비하여야 함

- 만약 신청법인이 신규상장 신청일에 코스닥시장상장규정 제2조제1항제38호에서 정하는 벤처기업에 해당하지 않게 되는 경우에는 동 규정 제28조의 벤처기업 요건이 적용되지 아니하고 일반기업 상장요건을 구비하여야 함

이 회사는 2023년 7월 27일 증권예비심사청구서를 제출하였고 그 5개월 17일이나 지난 2024년 4월 11일이었고, 예비상장심사결과 사후 이행사항을 제외하고 신규상장 심사요건을 구비하였기에 다음의 조건으로 "승인함"이라고 조건부 통보를 받았다.

이 사안에 대한 절차는 한국거래소의 상장위원회 및 시장위원회의 심의·의결을 거쳐 상장예비심사 결과를 확정하며, 상장신청인이 상장예비심사 결과에 이의가 있는 경우 한국거래소의 통지를 받은 날로부터 7일 이내 상장주선인(대표주관회사)을 통하여 한국거래소에 이의를 신청할 수 있다. 한국거래소는 이의신청일로부터 15일 이내 시장위원회를 개최하고 시장위원회 심의·의결일로부터 3일 이내 결과를 통지한다. 이의신청 결정에 대해서는 다시 이의신청을 할 수 없다.

12) 본 IPO시의 가치평가는 실제 상장심사를 거쳐 코스닥에 상장한 기업의 평가 실례를 들어 기술했다. 따라서 본서에는 실제 공공기관에 제출된 문서가 첨부되어 있다. 이 과정에서 논리의 연결 등의 이유로 실제 회사명 또는 실제 숫자가 그대로 노출된 경우가 많다. 이 자료들은 공시된 자료들로 별 문제가 없다고 보이나 보시는 분들의 양해를 바란다. 이 책에서 증권발행사를 직접 언급하거나 대상회사 대상기업 또는 발행회사 등으로 썼으며 주관사를 대표주관회사, 평가자, 조사자 등의 용어로 그때에 적절한 용어를 썼음을 이해하여 주시기 바란다.

한국거래소로부터 상장예비심사 승인을 통보받은 기업은 금융감독원(금융위원회)에 증권신고서를 제출함으로써 모집 또는 매출을 위한 공모절차를 개시하게 되며, 동 증권신고서는 금융감독원(금융위원회)이 이를 수리한 날로부터 15일(코넥스 이전상장 기업의 경우 10일)이 경과하면 그 효력이 발생한다. 이후 수요예측, 공모가 결정, 청약 및 납입을 거쳐 공모가 완료된다.

당당하게 코스닥 시장에 입성할 채비를 차린 회사는 승인통보 3일 후인 8월 8일에 발행조건확정 증권신고서를 제출하였다. 제출의무는 대표주관사와 발행회사가 가지고 있지만 실제 발행회사가 작성 공시한 문서는 2024년 11월 기업 IR 시기부터라고 보아야 한다. 회사의 증권신고서 제출 및 IR 등에 대한 실적은 다음과 같다.

일자	제목	비고(주관자)
2024.5.23	증권신고서(지분증권) 인수계약서	
2024.5.23	증권신고서(지분증권) 기업실사	대표주관사
2024.5.23	증권신고서(지분증권)	대표주관사
2024.5.23	증권신고서(지분증권) 예비투자설명서	대표주관사
2024.5.23	증권신고서(지분증권) 예비상장심사결과	대표주관사
2024.7.2	[기재정정] 증권신고서(지분증권) 기업실사	대표주관사
2024.7.2	[기재정정] 증권신고서(지분증권)	대표주관사
2024.7.2	[기재정정] 증권신고서(지분증권) 예비투자설명서	대표주관사
2024.7.17	[기재정정] 증권신고서(지분증권) 예비투자설명서	대표주관사
2024.8.8	투자설명서	대표주관사
2024.8.9	[발행조건확정] 증권신고서(지분증권) 인수계약서	
2024.8.9	[발행조건확정] 증권신고서(지분증권)	대표주관사
2024.8.29	주식등의대량보유상황보고서(약식)	관계사
2024.8.30	주식매수선택권행사	대표주관사
2024.11.14	기업설명회(IR)개최	발행회사

* 상장 예비심사 결과 통보(D-Day): 한국거래소로부터 상장 적격 통보를 받는 시점으로, 이 시점부터 6개월 이내에 상장 절차를 완료해야 한다.

5) 예비심사 후 절차

상장절차는 예비심사 과정이 어렵다. 기업이 한국거래소로부터 상장 예비 심사 결과 통보(상장 적격)를 받는 것은 IPO 절차의 분수령이다. 이는 기업이 증권시장에 상장할 자격을 공식적으로 인정받았음을 의미하며, 이후는 상장의 본절차로 투자자를 대상으로 한 공모 절차에 본격적으로 들어가게 된다. 이 시점부터 상장까지의 주요 일정은 다음 [그림 1－4]와 같이 진행된다.

그림 1-4 상장업무절차 요약도

구분	절차	내용
증권신고	예비심사 승인	증권의 모집, 매출을 위한 **예비투자설명서** 제출 가능 (증권신고서가 효력발생 전 청약권유를 하고자 하는 경우) ⇒ 태핑 실시. 공모희망가격 산출
	⇓ 6개월 이내	
	증권신고서 제출(D)	
	⇓ 5~15영업일	
	증권신고서 수리(D)	신고서에 형식상 불비가 있거나 중요사항에 관한 거짓 또는 누락 여부 심사 **증권신고서 효력발생**
주주모집·상장	⇓ 10~15일	
	희망공모가(가치평가&태핑)	태핑이나 가치평가로 인한 희망공모가의 확정
	IR/수요예측/공모가 확정	IR, 수요예측(기관투자자 청약)에 의한 공모가 확정, 기관투자자 대상
	⇓ Yes	
	투자설명서 제출 및 교부	증권의 종류 및 모집방법에 따라 신고서 수리 후 일정기간 경과시 효력 발생
	⇓	
	공모주청약 및 납입 증권발행 실적 보고	일반투자자 대상(2영업일간) 청약일 전일까지 **정정신고서 제출 가능**, 청약 마감 익일 납입
	상장 및 매매개시	납입일로 7~10영업일 이내

(1) 공모희망가격 결정(결과 통보 후 약 2~4주)

상장 주관사인 대표주관회사는 발행 기업과 협의하여 투자자들에게 제시할 '희망공모가격 밴드(Price Band)'를 결정한다. 이 밴드는 기업의 가치평가(PER, EV/EBITDA 등) 결과를 기반으로 하되, 시장 상황과 투자 심리를 종합적으로 고려(태핑 등 수행)하여 설정된다. 이 가격 밴드는 향후 진행될 수요 예측의 기준이 된다.

(2) 증권신고서 제출(결과 통보 후 약 6개월 이내)

발행 기업은 공모 절차의 시작을 알리는 공식 문서인 '증권신고서'를 한국거래소의 예비심사 승인 후 6개월 이내에 금융위원회에 제출한다. 증권신고서에는 공모 예정 주식 수, 희망 공모가 밴드, 자금 사용 목적, 기업의 재무 상태, 사업 위험 요인 등 투자 판단에 필요한 모든 정보가 담긴다. 동시에 '예비투자설명서'도 제출하며, 이는 향후 IR 및 수요 예측에 사용될 자료의 초안이 된다. 증권신고서는 제출 후 15영업일의 심사 기간을 거쳐 효력이 발생한다. 만약 금융감독원이 심사 과정에서 중대한 하자를 발견하면 정정요구를 할 수 있으며, 이 경우 기업은 반드시 정정신고서를 제출해야 한다. 이로 인해 IPO 일정이 지연될 수 있다. 이는 법률에 근거한 투자자 보호를 위한 감독 행위에 해당한다.

(3) IR(기업설명회)(증권신고서 제출 후)

증권신고서 제출 이후부터 신고서의 효력 발생 전까지의 기간 동안, 대표주관회사와 발행 기업은 기관 투자자 및 잠재 투자자들을 대상으로 기업설명회(IR)를 개최한다. 이 자리에서 기업의 경영진은 회사의 사업 모델, 성장 비전, 기술 경쟁력 등을 직접 발표하여 투자자들의 이해를 돕고 관심을 유도한다. 성공적인 IR은 이후의 수요 예측에서 높은 가격을 형성하는 데 중요한 역할을 한다.

(4) 수요 예측(IR 진행 중)

'수요예측(Book Building)'은 IPO의 핵심 과정 중 하나로, 기관 투자자들을 대상으로 공모 주식에 대한 매수 희망 가격과 수량을 파악하는 절차이다. 기관 투자자들은 제출된 예비투자설명서와 IR 내용을 바탕으로 수요 예측에 참여하는데, 이 기간은 보통 공모가 확정 직전 며칠(2~5영업일) 동안 진행된다. 이때 가장 합리적이라고 판단되는 가격과 수량을 제시(청약)한다. 이 과정을 통해 발행 기업과 주관사는 시장의 정확한 수요를 파악하고, 공모 성공 가능성을 가늠할 수 있다.

기관투자자들 적용 공모가

기관투자자들에게 적용하는 초기 적용 주식 단가는 상장사의 최종 확정된 공모가가 일괄 적용된다. 이 기관들이 제시한 희망 가격은 공모가 확정에 큰 영향을 미친다. 각 기관투자자들 배정량은 그들의 제시한 수량 및 의무보유 확약, 즉 배정받은 공모주를 상장 후 일정 기간 — 15일, 1개월, 6개월 등 — 팔지 않겠다(Lock up)고 하는 약속과 그들의 평소 투자 성향 및 참여 실적, 운용자금 규모, 이전 공모주 참여실적 등을 종합적으로 고려하여 가중치를 부여, 배정 물량을 결정한다. 대량 매수하는 기관들이 의무보유 확약은 상장 초기의 대량 매도 물량을 막아주기 때문에 주가 변동성을 낮추는 효과가 있어 매우 중요하게 취급된다.

(5) 공모가 확정과 공모가확정신고서(수요 예측 결과 확인 후)

공모가 확정은 수요 예측 결과를 바탕으로 최종적인 공모가격을 결정하는 절차이다. 수요 예측 과정에서 기관투자자들이 가장 많이 제시한 가격, 즉 수요가 가장 집중된 가격을 중심으로 기업과 주관사가 협의하여 공모가를 결정한다.

공모가 확정 절차는 IPO의 목적인 조달 자금의 규모를 결정하므로 상장예비심사 이후 가장 중요한 과정이라 할 수 있다. 수요가 매우 높으면 공모가 밴드 상단이나 그 이상에서, 수요가 낮으면 하단 또는 그 이하에서 가격이 정해질 수 있다. 이 가격은 향후 일반 투자자 청약의 기준이 된다. 확정 발행 가격을 기재한 공모가확정신고서를 제출한다.

(6) 정정 증권신고서 및 투자설명서 제출(공모가 확정 후)

확정된 공모가액과 변동사항들을 종합하여 '정정 증권신고서'를 제출하며, 일반투자자들이 청약을 진행할 때 최종적인 투자 판단 근거가 되는 '투자설명서'를 제출한다. 예비투자설명서는 증권신고서가 효력을 발생하기 전 투자자 모집을 위하여 제출하는 것이며, 투자설명서는 여러 상황 변동 등을 반영하여 증권신고서가 효력을 발생한 이후 발행하는 증권에 대한 정보가 담긴 청약 권유 문서이다.

(7) 청약 공고 및 청약(확정 신고서 제출 후)

공모가를 확정한 후, 일반 투자자를 대상으로 주식 청약을 받는다. 청약 기간은 보통 이틀이며, 투자자들은 이 기간에 공모가로 주식을 매수하기 위한 청약 신청을 한다.

(8) 배정 및 배정 결과 공고(청약 마감 후)

청약이 마감되면, 경쟁률에 따라 투자자들에게 주식을 배정한다. 일반적으로 청약 경쟁률이 높을수록 투자자에게 배정되는 주식 수는 줄어든다. 배정 절차가 완료되면 그 결과를 공식적으로 공고한다.

(9) 환불, 추가납입, 주금납입, 신규 상장 신청(배정 後)

청약 경쟁이 치열해 배정받지 못한 주식 수에 대한 청약 증거금은 투자자에게 환불된다. 배정받은 주식에 대해서는 주식 대금(주금)을 납입한다. 모든 주금이 납입되면 발행 기업은 한국거래소에 '신규 상장 신청'을 제출한다.

(10) 예탁, 명의개서 및 증자 등기(주금 납입 後)

주식 발행과 관련된 법적, 행정적 절차를 마무리하는 단계로, 발행된 신주는 한국예탁결제원에 예탁되고, 주주명부에는 신규 주주들의 정보가 명의개서된다. 또한, 주금 납입으로 증가한 자본금을 반영하기 위해 자본금 증가 등기를 완료한다.

(11) 증권 발행 실적 보고 및 상장 공시와 매매 개시(상장 신청 後)

납입 등 모든 법적 절차가 완료되면, 발행 기업은 증권 발행 실적을 금융위원회에 최종 보고하고 상장 신청을 한다. 이후 한국거래소에 상장 공시를 제출하고, 정해진 날짜에 맞춰 해당 주식이 증권시장에서 매매되기 시작한다(납입일로 7~10 영업일). 이로써 하나의 새내기 상장기업이 탄생하고 길고 복잡했던 IPO 절차가 최종적으로 마무리 되며 증권시장에서 그 주식을 볼 수 있다.

아래에서는 이 과정 중 중요한 개념들을 부연 설명한다.

6) 주식 총액인수 및 모집 매출 계약 체결

대표주관사는 발행회사와 주식 총액인수 및 모집 매출계약을 체결하여야 한다. 상장예비심사결과의 통보 후 남은 일은 이 회사의 주식이 정상 모집되는가와 시장에서 거래가 정상적으로 되는가에 시장을 지키는 한국거래소는 관심이 있다. 이를 위해서는 막 상장되는 새내기 상장사의 초기 관리를 잘 하여야 한다. 그 의무를 대표주관사에 맡기는 것이다. 이 계약은 상장예비심사결과통보 익일 체결한다.

(1) IPO를 통해 불특정 다수의 투자자로부터 자금을 조달하는 과정(공모)

(가) **모집(募集, Offering)**: 기업이 새로 발행하는 신주(新株)를 투자자들에게 취득하도록 권유하는 행위로 기업의 자본금을 늘리기 위한 목적이다.

(나) **매출(賣出, Selling)**: 이미 발행되어 대주주나 기존 주주가 보유하고 있는 구주(舊株)를 투자자들에게 매도하도록 권유하는 행위로, 기존 주주들이 투자금을 회수할 수 있는 기회를 제공하기도 한다.

이러한 모집 또는 매출 절차를 원활하게 진행하기 위해, 발행 기업은 대표주관회사(주로 증권사)와 계약을 체결하는데, 이 계약이 바로 '주식 총액인수 및 모집·매출 계약'이다.

(2) 주식 총액인수 및 모집 매출계약의 개념

(가) **총액인수(總額引受, Firm Commitment Underwriting)**: 총액인수는 IPO의 핵심적인 계약 방식이다. 대표주관회사를 포함한 인수단(syndicate)이 공모 주식 전체를 발행 기업으로부터 전부 인수하기로 약정하는 것을 의미한다.

(나) **발행 위험 부담**: 계약 체결 시점에서 주관사는 공모 주식 전체를 먼저 인수하고, 이후 이를 일반 투자자에게 판매한다. 만약 공모 물량이 전부 팔리지 않아 잔여 물량이 발생하더라도, 그 재고 부담과 가격 변동에 따른 손실은 전적으로 주관사가 책임지게 된다.

(다) **안정적인 자금 조달**: 발행 기업 입장에서는 공모 성공 여부와 관계없이 필요한 자금을 약속된 시점에 안정적으로 확보할 수 있다는 큰 장점이 있다. 이것이 바로 대부분의 IPO가 총액인수 방식으로 진행되는 이유이다.

(3) 모집·매출 계약

이 계약은 총액인수된 주식을 어떻게 불특정 다수에게 판매할 것인지에 대한 세부적인 약속을 담고 있다.

(가) **모집/매출 역할**: 주관사는 인수단과 함께 공모 물량을 투자자에게 효율적으로 판매하기 위한 절차를 실행한다. 투자설명회(IR), 수요 예측, 청약 등의 과정을 통

해 주식을 모집하거나 매출하는 역할을 수행한다.

(나) 계약의 주요 내용: 계약서에는 다음과 같은 핵심 사항들이 포함된다.

(ⅰ) 인수 수량 및 대금: 인수단별로 총액인수할 주식의 수량과 인수 대금에 대한 내용.

(ⅱ) 수수료: 인수단이 공모 업무를 수행하는 대가로 받을 수수료에 대한 규정.

(ⅲ) 판매 방법 및 절차: 수요 예측, 청약, 배정 등 공모 주식을 판매하는 구체적인 방법과 일정

(ⅳ) 책임과 의무: 발행 기업과 인수단이 각자의 역할에 따라 부담해야 할 의무와 법적 책임에 대한 조항. 특히 증권신고서의 내용에 허위 또는 누락된 사항이 있을 경우 발생하는 손해배상 책임에 대한 내용이 중요하게 다루어진다.

(4) 왜 총액인수 계약이 중요한가

대표주관회사와의 총액인수 계약은 단순히 주식을 사고파는 계약의 의미를 넘어선다. 이는 발행 기업과 주관사가 IPO의 성공을 위해 서로의 역할과 책임을 명확히 하는 약속이다. 발행 기업은 주관사의 전문성과 신뢰를 바탕으로 공모 과정의 불확실성을 해소하고, 필요한 자금을 안정적으로 조달할 수 있다. 반면, 주관사는 발행 기업의 잠재력을 정확히 평가하고, 시장의 수요를 예측하는 능력을 통해 IPO를 성공적으로 이끌어내는 전문성을 증명하게 되는 것이다.

결론적으로, 주식 총액인수 및 모집·매출 계약은 IPO 절차의 시작과 끝을 아우르는 가장 핵심적인 법적 토대이며, 발행 기업의 성공과 주관사의 전문성이 함께 교차하는 지점이라고 할 수 있다.

7) 증권신고서와 예비투자설명서 제출

(1) 증권신고서의 제출

거래소로부터 상장 적격의 통지를 받은 상장신청인은 상장예비심사결과 사본 등을 첨부하여 증권신고서를 금융위원회에 제출하여야 한다. 증권신고서는 발행회사가

유가증권의 모집 또는 매출의 내용과 유가증권의 발행인에 관한 사항을 일정한 형식에 따라 작성한 서류로서 모든 청약권유의 근간이 되는 공시서류이다. IPO 신청인(발행회사)은 상장적격 통보 후 15일간의 준비를 거쳐 주식총액인수 및 모집·매출 계약을 체결하고 주식공모 및 청약에 들어간다.

(가) **증권신고서의 제출 의무자**: 모집 또는 매출하려는 목적물인 증권의 발행인(즉, 회사)이다.

(나) **제출 시기**: 발행인이 증권을 모집·매출하기 전에 증권신고서를 제출해야 하며, 청약일 전일까지 정정신고서의 제출이 가능하다.

(다) **제출대상**: 청약권유 합계액이 10억원 이상인 경우. 그 이하의 경우(소액공모)에는 공시서류만 제출하면 증권발행이 가능하다. 같은 증권을 지속적으로 발행하는 회사는 특정 요건을 갖추어 일괄신고제도를 이용할 수 있다.

(라) **증권신고서의 효력발생 기간**: 신고서는 수리된 날로부터 일정한 기간(15영업일)이 경과하면 효력이 발생한다.

주식과 채권의 효력 발생 기간

증권 / 발행기업	주식		채권		환매금지 집합투자 기구	기타 증권
	일반공모, 주주우선공모	주주배정, 제3자 배정	보증, 담보부, ABS	무보증		
주권상장법인	10일	7일	5일	7일	10일	15일
일반법인	15일					

* 상기 효력발생 기간은 영업일을 기준으로 산정
* 일괄신고서의 효력발생기간은 5일

(2) 증권신고서 기재내용

증권신고서는 제1부: 모집 또는 매출에 관한 사항, 제2부: 발행인에 관한 사항으로 나누어 기재하도록 하고 있다.

기재내용은 증권의 종류 및 특성에 따라 달리 정하고 있다. 지분증권 또는 채무증권 등 자금조달과 관련된 모집·매출의 경우,

- 모집 매출하는 증권의 성격에 따라 첨부해야 할 서류는 달라진다.

- 증권신고서에 기재해야 할 사항이나 첨부서류가 이미 제출한 서류와 동일한 부분이 있는 때에는 그 부분을 적시하여 이를 참조하라는 뜻을 기재함으로써 제출을 갈음할 수 있다.
- 일부사항에 대하 그 기준 또는 결정방식 등 예정내용만을 기재하여 제출이 가능하며, 이후 기재사항이 확정된 때에는 지체 없이 정정신고서를 제출하여야 한다. 이 경우, 정정신고서의 제출이 이전 제출한 증권신고서의 효력발생일에는 영향을 미치지 아니한다.

(3) 증권신고서와 투자설명서

싱장주식의 신주를 판매하기 위하여 투자설명서를 만들어 일반 대중의 투자를 유도하고 증권신고서를 제출하여 그 사실을 공시한다.

표 1-21 증권신고서와 투자설명서

증권신고서

증권발행조건확정

금융위원회 귀중　　　　2024년　08월　09일

회　사　명 : 이엔셀 주식회사
대 표 이 사 : 장종욱
본 점 소 재 지 : 서울시 강남구 영동대로 701, 11층
(전 화) 02-6205-8050
(홈페이지) http://www.encellinc.com/
작 성 책 임 자 : (직 책) CFO　　(성 명) 박진홍
(전 화) 02-6205-8050

1. 정정대상 신고서의 최초제출일 : 2024년 05월 23일
2. 모집 또는 매출 증권의 종류 : 기명식 보통주 1,566,800주
3. 모집 또는 매출금액 : 23,972,040,000원
4. 정정사유 : 공모가액 확정에 따른 기재사항 정정
5. 정정사항

금번 정정에 따른 변동사항은 투자자의 편의를 위해 '굵은 빨간색'으로 표시하였습니다.

정정전	정정후
- 모집(매출)가액(예정): 13,600원 ~ 15,300원 - 모집(매출)총액(예정): 21,308,480,000원	- 모집(매출)가액: 15,300원 - 모집(매출)총액(예정): 23,972,040,000원
- 일반투자자 배정주식수: 391,700주~ 470,040주 - 기관투자자 배정주식수: 1,049,756주~1,175,100주	- 일반투자자 배정주식수: 391,700주 - 기관투자자 배정주식수: 1,128,096주
- 일반투자자 배정비율: 25.00% ~ 30.00% - 기관투자자 배정비율: 67.00% ~ 75.00%	- 일반투자자 배정비율: 25.00% - 기관투자자 배정비율: 72.00%

투자설명서

투 자 설 명 서

2024년　08월　08일

(발 행 회 사 명)
이엔셀 주식회사
(증권의 종목과 발행증권수)
기명식 보통주식 1,566,800주
(모 집 또는 매 출 총 액)
21,308,480,000원 ~ 23,972,040,000원

1. 증권신고의 효력발생일 : 2024년 08월 08일
2. 모집가액 : 13,600원 ~ 15,300원
3. 청약기간 : 2024년 08월 12일 ~ 2024년 08월 13일
4. 납입기일 : 2024년 08월 16일
5. 증권신고서 및 투자설명서의 열람장소
 가. 증권신고서 : 전자문서 : 금융위(금감원) 전자공시시스템 → http://dart.fss.or.kr
 나. 일괄신고 추가서류 : 해당사항 없음
 다. 투자설명서 : 전자문서 : 금융위(금감원) 전자공시시스템 → http://dart.fss.or.kr
 서면문서 :
 1) 한국거래소: 서울특별시 영등포구 여의나루로 76
 2) 이엔셀 본사: 서울시 강남구 영동대로 701, 11층
 3) NH투자증권㈜
 - 본점: 서울특별시 영등포구 여의대로 108 파크원 NH금융타워(타워2)
 - 지점: 별첨 참조
6. 안정조작 또는 시장조성에 관한 사항

해당사항 없음

> 이 투자설명서에 대한 증권신고의 효력발생은 정부가 증권신고서의 기재사항이 진실 또는 정확하다는 것을 인정하거나 이 증권의 가치를 보증 또는 승인한 것이 아니며, 이 투자설명서의 기재사항은 청약일 전에 정정될 수 있음을 유의하시기 바랍니다.

(대 표 주 관 회 사 명)
엔에이치투자증권 주식회사

제출된 증권신고서가 수리된 후 효력 발생기간이 경과하면 발행조건이 확정된 투자설명서에 의하여 청약의 권유 및 청약의 승낙이 가능하다.

증권신고서 제출의 면제

다음의 경우에는 증권신고서 제출이 면제된다.

- 모집 또는 매출한 금액이 10억 원 미만인 경우
- 1년간의 보호예수조치(전매제한조치)를 취할 경우
- 해외증권 발행 시 내국인 취득을 금지하기 위한 다양한 조치 중 하나를 이행하는 경우

8) 주식 청약 및 배정 절차

IPO 절차에서 주식의 청약 및 배정은 기업이 발행한 주식을 투자자들이 실제로 매수하고 분배받는 과정이다. 이 단계는 크게 기관 투자자를 대상으로 한 수요 예측과 우선배정 후 일반 투자자를 대상으로 한 청약으로 나뉜다.

(1) 수요 예측 및 우선공모(기관 투자자)

수요 예측은 공모 가격을 결정하기 위해 기관 투자자들의 매수 수요를 조사하는 과정이다. 연기금, 자산운용사, 증권사, 투자회사 등 전문적인 기관 투자자들이 참여하며, 발행 기업은 공모 희망 가격 밴드(예: 10,000원~12,000원)를 제시하고, 기관 투자자들은 이 밴드 내에서 매수 희망 수량과 가격을 제출한다.

기관들은 단순 가격뿐만 아니라 일정 기간 주식을 팔지 않겠다는 의무 보유(락업) 확약 등을 제시하며 적극적으로 참여한다. 수요 예측을 통해 최종 공모 가격이 결정된다. 경쟁률이 높을수록 밴드 상단이나 그 이상에서 가격이 결정될 가능성이 커지기도 한다. 이렇게 결정된 공모가는 일반 청약의 기준 가격이 된다.

(2) 일반 공모 청약(일반 투자자)

기관투자자들의 수요 예측으로 공모 가격이 확정된 후, 일반 투자자들에게 주식 매수 신청을 받는다. 주로 개인 투자자들이며, 지정된 청약 기간(보통 2일) 동안 주관 증권사를 통해 청약을 신청한다. 청약 시에는 공모 가격의 50%를 증거금으로 납입한

다. 청약이 몰리면 경쟁률이 높아지며, 이는 배정받을 수 있는 주식 수에 영향을 미친다.

(3) 배정 및 납입

청약이 마감되면 투자자들에게 주식을 배정한다. 여기에는 균등배정과 비례배정의 두 가지가 있다.

(가) **균등 배정**: 2021년 2월부터 도입된 제도로, 청약에 참여한 모든 일반 투자자에게 최소 1주라도 균등하게 배정받을 기회를 제공한다. 이는 소액 투자자에게도 공모주 참여 기회를 확대하기 위함이다.

(나) **비례 배정**: 균등 배정 이후 남은 물량을 청약 증거금에 비례하여 배정하는 방식으로, 청약 증거금을 많이 납입한 자에게 더 많은 주식을 배정하는 방법이다.

배정 결과가 나오면, 배정받은 주식에 대한 잔금(나머지 50%)을 납입하고, 배정받

표 1-22 주식배정상황(증권발행실적보고서중 일반투자자 분)- 일반투자자 세부배정현황

청약현황			배정현황										총 배정 수량 (D=B+C)	배정 비율 (D/A)
			균등방식					비례방식						
청약 단위	청약 건수	청약 수량 (A)	배정 건수	1건당 배정 수량	추가 배정 건수	1건당 추가 배정 수량	균등 배정 수량 (B)	배정 건수	1건당 배정 수량	추가 배정 건수	1건당 추가 배정 수량	비례 배정 수량 (C)		
10	156,791	1,567,910	-	-	144,178	1	144,178	-	-	-	-	-	144,178	9.20%
20	6,045	120,900	-	-	5,569	1	5,569	-	-	-	-	-	5,569	4.61%
30	1,931	57,930	-	-	1,773	1	1,773	-	-	-	-	-	1,773	3.06%
40	1,398	55,920	-	-	1,281	1	1,281	-	-	-	-	-	1,281	2.29%
50	1,403	70,150	-	-	1,304	1	1,304	-	-	-	-	-	1,304	1.86%
60	684	41,040	-	-	631	1	631	-	-	-	-	-	631	1.54%
70	457	31,990	-	-	419	1	419	-	-	-	-	-	419	1.31%
80	287	22,960	-	-	267	1	267	-	-	-	-	-	267	1.16%
90	160	14,400	-	-	144	1	144	-	-	-	-	-	144	1.00%
100	2,013	201,300	-	-	1,841	1	1,841	-	-	-	-	-	1,841	0.91%
150	517	77,550	-	-	473	1	473	-	-	-	-	-	473	0.61%
200														

지 못한 주식에 대한 증거금은 환불받게 된다. 최종적으로 주금 납입이 완료되면 주식은 상장일 전일 예탁 결제원에 입고되고, 상장일부터 매매가 가능해진다.

9) 주식 거래와 사후관리

IPO를 마친 기업들의 주식이 자본시장에서 거래되기 시작한다. 기업의 기술이나 미래전망에 따라 주가의 등락이 있다. IPO를 추진해 온 주관회사, 관련 증권사나 투자자문사들은 다음의 서비스를 수행한다.

(1) 주식 매매

기업의 주식이 거래소에 상장된 후 기관 및 개인 투자자들에게 주식 매매를 지원해줄 수 있고, 실시간 주가정보와 거래량, 시세 등에 대한 정보의 제공, 거래용 온라인 플랫폼, 모바일 애플리케이션이 필요하므로 이를 제공하기도 한다.

(2) 자본시장 서비스

기업에 대한 분석 리포트 및 투자자 정보를 제공하기도 하며, 투자자들이 기업의 가치를 평가할 수 있도록 지원한다. 시장 동향, 산업 전망 등을 포함하는 연구보고서를 통해 투자자의 관심을 끌 수 있도록 하기도 한다.

(3) IR(Investor Relationship)

기업과 투자자간의 소통을 지원하며 투자자 대상 설명회, 컨퍼런스 콜, 뉴스레터 등을 지원할 수 있으며, 기업의 재무성과 전략 등을 담은 정기적인 공시 및 보고서를 발행하기도 한다.

(4) 사후관리서비스

주관회사는 주가가 급락하는 현상을 방지하기 위하여 IPO 후 일정기간 주가 안정을 위한 관리를 수행한다. 또한 소액주주들을 위하여 그 관계관리 및 커뮤니케이션 등으로 안정적인 주가 기반을 유지한다.

(5) 법률 및 규제 준수 지원

상장법인이 지켜야 할 법규와 규정은 의외로 많고 복잡하다. 능력 있는 전담원이 있어야 할 정도이다. 주관회사는 IPO 기업이 준수하여야 할 법규 등에 대하여 상장기업으로서 수행하여야 할 공시업무 등에 대하여 지원한다. 자본시장 관련 법규 및 규정의 변화를 모니터링하고 이에 대해 기업이 적절히 대응할 수 있도록 안내한다.

(6) 증권발행 실적보고서

상장 후 그 실적에 대해 금융감독원에 보고하는 내역은 다음과 같다.

증권발행실적보고서

문서목차

Ⅰ. 발행개요

Ⅱ. 청약 및 배정에 관한 사항

Ⅲ. 유상증자 전후의 주요주주 지분변동

Ⅳ. 증권교부일 등

Ⅴ. 공시 이행상황

Ⅵ. 조달된 자금의 사용내역

Ⅶ. 신주인수권증서 발행내역

Ⅷ. 실권주 처리내역

10) 기타 참고사항

(1) 한국거래소의 정정요청 및 회사의 대응 사례

한국거래소는 본 IPO 과정에서 상장에 합당한 기업을 상장시키기 위하여 많은 노력을 한다. 그 방법으로 제출된 문서들을 검토하여 의심되거나 소명이 부족한 내용, 근거가 미약한 부분에 대하여 끊임없이 수정 보완을 요청하며 완성되었다는 판단에 이를 때 상장예비심사의 승인에 이르게 된다.

한국거래소가 정정을 요청하여 회사에서 수정하여 재제출한 다른 사례를 들면 다음과 같다.

표 1-23 예비투자설명서 제출 및 정정 연혁(A기업)

제출일자	문서명	비고
2025년 01월 17일	예비투자설명서(지분증권)	최초 제출
2025년 02월 17일	[정정]예비투자설명서(지분증권)	1차정정("굵은 파란색")
2025년 03월 20일	[정정]예비투자설명서(지분증권)	2차정정("굵은 초록색")
2025년 03월 31일	[정정]예비투자설명서(지분증권)	3차정정("굵은 빨간색")

표 1-24 정정사항 예시(B기업)

항 목	정정요구·명령관련 여부	정정사유	정정 전	정정 후
<요약정보>의 정정내용은 본 신고서 본문의 정정사항을 동일하게 반영하였으므로, 중복기재로 인해 별도 정오표를 작성하지 않으니 참고하시기 바랍니다.				
[제1부 모집 또는 매출에 관한 사항]				
I. 모집 또는 매출에 관한 일반사항				
5. 인수 등에 관한 사항 - 나. 인수대가에 관한 사항	-	기재사항 정정	(주1)	(주1)
III. 투자위험요소				
1. 사업위험 - 차. 첨단재생의료 및 첨단바이오의약품안전 및 지원에 관한 법률 기반의 사업화에 대한 위험	-	기재사항 정정	(주2)	(주2)
2. 회사위험 - 가. 기술성장기업 특례 적용에 따른 이익 미실현 관련 위험	-	기재사항 정정	(주3)	(주3)
2. 회사위험 - 나. 연구개발비용 증가에 따른 재무 안정성 악화 위험	-	기재사항 정정	(주4)	(주4)
2. 회사위험 - 다. 임상 지연 또는 실패에 따른 위험	-	기재사항 정정	(주5)	(주5)
2. 회사위험 - 라. 사업계획에 근거한 추정손익 미달성 위험	-	기재사항 정정	(주6)	(주6)

항 목	정정요구·명령관련 여부	정정사유	정정 전	정정 후
2. 회사위험 - 마. 현금흐름 변동에 따른 위험	-	기재사항 정정	(주7)	(주7)
2. 회사위험 - 바. 공모 자금 사용에 관한 위험	-	기재사항 정정	(주8)	(주8)
2. 회사위험 - 사. 핵심인력 유출 및 인력수급 위험	-	기재사항 정정	(주9)	(주9)
2. 회사위험 - 아. 지적재산권 관련 위험	-	기재사항 정정	(주10)	(주10)
2. 회사위험 - 차. 경영권 안정성 관련 위험	-	기재사항 정정	(주11)	(주11)
2. 회사위험 - 카. 정부 연구개발 과제 수행 관련 위험	-	기재사항 정정	(주12)	(주12)
2. 회사위험 - 너. 이해관계자 거래와 관련한 위험	-	기재사항 정정	(주13)	(주13)
2. 회사위험 - 러. 주식보상비용 관련 위험	-	기재사항 정정	(주14)	(주14)

(2) 영문표기

증권신고서 등 관련 문서들에 대한 영문표기가 나오는 경우가 있다 . 투자설명서 등의 용어는 다음과 같다.

① Prospectus(투자설명서)

Registration Statement(한국의 증권신고서에 상응하는 공시서류)의 일부로 회사의 상황, 재무상태, 기타 중요한 사항을 기재하고 있다. 미 연방증권법상 증권의 매도나 청약은 Registration Statement(Prospectus 포함)를 SEC에 제출하고 SEC 심사 및 그 코멘트 반영을 거쳐 최종 승인되고 효력발생이 선언된 이후에야 할 수 있다.

② Preliminary Prospectus(예비투자설명서)

Prospectus는 SEC의 심사를 거쳐 최종 효력발생이 선언된 것이나 Preliminary Prospectus는 제출(filing)은 되었으나 효력이 발생하기 전의 것이다. Registration Statement가 발효된 후 Prospectus에 의해 증권의 offer를 하는 것이 원칙이지만 Registration Statement의 제출(filing)하고 효력발생 전까지의 기간(waiting period) 동안에도 구두(oral) 또는 예비투자설명서(Preliminary Prospectus)에 의해서 offer를 할 수 있다.

③ Red Herring Prospectus

예비투자설명서의 또 다른 명칭. 표지에 빨간색 굵은 글씨로 경고문구가 기재된 투자설명서라서 이렇게 부른다. Registration Statement가 제출되었지만 아직 효력 발생 전이고 향후 수정될 수 있으며, 해당 증권은 Registration Statement의 발효 전에는 매도/매수 청약의 승낙을 할 수 없다는 의미이다.

4. 공모가의 결정

공모가는 IPO에 의해 발행되는 신주의 수요 예측 결과를 바탕으로 최종적으로 결정되는 주식의 가격이다. 투자 전문가인 기관투자자들이 일반투자자들보다 먼저 입찰하며 이때 가장 많이 제시한 가격, 즉 수요가 가장 집중된 가격을 중심으로 기업과 주관사가 협의하여 공모가를 결정한다. `

공모가 확정은 상장예비심사 이후 가장 중요한 과정이라 할 수 있다. 수요가 매우 높으면 공모가 밴드 상단이나 그 이상에서, 수요가 낮으면 하단 또는 그 이하에서 가격이 정해질 수 있다. 이 가격은 향후 일반 투자자 청약의 기준이 된다. 이 내용은 '3. 코스닥시장 상장 절차'에서 일부 설명된 것이나 중요하므로 상세내용을 설명한다.

1) 공모가 산정의 흐름

공모가란 IPO를 하는 발행 회사가 자기의 주식을 처음 판매하는 단가를 말한다. 공모가는 공모하는 발행 회사와 (대표)주관회사 양측에 매우 중요한데, 발행 회사 입장에서는 발행 주식 몇 주 또는 몇 %를 내놓고 자금을 얼마를 확보하느냐가 상장의 목적 전체가 걸려있는 것이어서 공모가를 가능한 한 높이 설정하여야 하며, 주관회사 입장에서는 IPO 주관업무를 성공적으로 빨리 종료하여야 실적이 올라감은 물론, 실무자 입장에서는 IPO 수행에 대한 대행 수수료도 받아 회사에 기여도 하게 된다. 근래 IPO 수수료를 IPO를 성공하지 못하면 받지 못한다고 하여 이를 IPO 과정상 받으라는 감독기관의 권고도 있었다. 공모가 산정절차는 아래와 같은 6단계를 거친다.

표 1-25 상장 시 공모가 산정 절차

No	절차	업무내용
1	상장 시 적정 주가 산정	- 적절히 주가 분석. PER, PBR, EV/EBITDA, DCF 등 활용
2	적정 할인율 적용	- 적정 주가에서 사전 배정할 할인율을 결정함
3	공모가 밴드 제시	- 기준 주가를 기준으로 희망 공모가격 범위를 제시
4	IPO IR 활동	- 기업 설명회 등 수행, 대표 주관회사 주관
5	수요예측	- 투자사 대상 매수 희망수량, 희망가격 파악 예측. 물량 배정
6	최종 공모가격 결정	- 최종 제시되는 공모가격

(1) 상장 시 적정 주가 산정

상장 시 주가는 IPO를 하는 주식이 상장되었을 때 거래되는 주가를 말한다.

적정 주가는 제시하는 주가의 적정성을 말하며, 그 가격은 PER 등의 비례법(multiple method)이나 DCF 방법을 포함하며, 주주는 기 상장 유사업체 대비 가장 타당한 비례평가 방식으로 시가를 추정한다.

이렇게 산정된 적정 주가는 현실과는 응당 차이가 있으며, 이 가격을 유지하게 하여야 한다. 발행 회사의 혁신역량이나 세계 유망 기업과의 제휴, 빅테크들과의 거래나 파트너십 등은 주가 형성의 결정적 역할을 한다.

(2) 적정 할인율 적용

미래 현금흐름을 산정하였으면 이 미래 현금흐름을 현재가치로 할인하는 비율을 할인율이라 한다. DCF 방식에 의하여 가치를 평가할 경우는 비교 대상 회사의 베타와 회사 규모, Size Premium, Manager Premium 등을 감안한다. 시장위험 프리미엄과 기업 규모 프리미엄에 관한 한국 공인회계사회의 연구 결과도 참조한다.

비례평가법 방식의 상대가치 평가로 적정 주가를 계산하였다면 할인율은 필요 없다. 다만, 기준 연도를 미래로 잡고 일정 투자를 유치하여 시설 확충 등 사업의 균형이 잡혔을 때를 기준으로 이를 당해연도의 현재가치로 평가하는 경우에는 필요하다. IPO를 할 때는 이 방법을 쓴다.

(3) 공모가 밴드 제시

적정 주가가 시장 거래 주식 단가이므로 이 상품(주식)의 첫 거래자와 앞에서 수고한 (대표)주관회사 등은 그에 걸맞은 이윤을 보장 해주어야 한다. 이는 공모에 성공을 하지 못하면 이루어질 수 없는데, 이를 위하여 주관회사 등은 정보 비대칭 현상을 해소하기 위하여 공모가를 낮추는 경향이 있다. 이것을 IPO 공모가의 저가발행(IPO underpricing) 현상이라고 한다.

공모가 밴드는 희망 공모가액의 상한가와 하한가의 범위를 말하는 것으로, 적정 주가에 할인율을 적용한 기준 주가의 ±25% 이내에서 밴드 상한이 하한의 150%를 넘지 않도록 희망 공모가 밴드를 설정하도록 하였으나 지금은 자율화되었다.

(4) IPO IR

발행 회사는 증권시장에서는 신입 준비생(New Face)이다. 아직 상장 시장에 입학도 아니한 기업은 아무도 모른다고 보아야 한다. 따라서 이 주식을 그냥 둔다면 아무도 사겠다고 나설 기업이나 사람이 없다. 자금 있는 모르는 사람들에게 기업을 알려 매수자들을 모으는 것이 필요하다. 이때 주관회사의 역할이 중요하다. 대표 주관회사는 자신의 신용을 활용하고 자신이 분석한 발행 회사의 기술적 재무적 장점을 홍보하여 주식을 매각한다. 발행 회사의 내용이 좋을 경우 예상보다 많은 응모자들이 가격을 높게 형성하여 매진되는 경우를 자주 본다.

(5) 수요예측 실시

신주식의 수요예측은 발행 회사의 내용을 아는 기관 투자자를 대상으로 각사들의 매수 희망수량 및 희망가격을 접수하여 당해 주식의 수요 상황을 파악하는 것으로, 수요예측 참여자들의 운용 규모, 과거 참여실적과 관계, 투자 성향 등이 고려된다. 이 수요 예측의 결과와 각사의 개별 투자의사를 반영하여 각사별 공모 물량을 배정한다.

(6) 최종 공모가격 결정

수요예측의 결과를 집계하여 수요 상황 및 시장 상황 등을 고려하여 발행 회사와 대표 주관사가 협의하여 공모가격을 결정한다.

2) 공모가 산정 방법과 비교회사 선정

(1) 비교회사 선정방법

적정 주가는 발행 회사의 내재가치를 반영하는 것이나 실질가치를 산정할 수 있는 방법은 없다. 평가자 개인의 과오에서 자유로워지기 위해서라도 평가 담당자들은 객관적 데이터를 중시하여 상대평가 방식으로 적정 주가를 계산한다. 이것이 IPO Valuation에서 multiple 방식을 주로 사용하는 이유이다. 현재는 PER-multiple이 가장 많이 활용되고 있다. 주로 고정 설비산업의 경우도 감가상각비가 클 경우, 즉 석유, 화학, 장치산업 등에서는 EV/EBITDA도 좋은 대안이 될 수 있다.

우리나라 경제 규모가 성장하고 기업들도 세계적 TOP을 달리고 있으며, 제약 분야에서도 FDA 승인이 난 BIO 기업들의 제약 특허가 1조 원대에 매각되는 등의 환경으로 들어섬에 따라 지금의 유사상장기업의 개념은 이미 국제화 되었다. 원자력 발전이나 AI 또는 반도체, (핵)발전, 배터리, 양자컴퓨터, 전기자동차 등의 산업에서는 유사상장기업을 국경을 넘어 세계에서 찾아야 할 것이다. IPO를 담당하는 증권맨의 경우 실전에서 가장 어려운 것 중 하나가 적절한 비교 대상 기업을 어떻게 찾느냐이다. 상장 후 문제가 된 기업들의 비판 시 등장하는 것이 이 유사기업으로 어떻게 그런 기업으로 비교했느냐에 대한 비판이 많다. 적정 비교기업은 그 대상이 이미 세계가 되어 버렸다. [표 1-26]은 지금은 효력을 잃었으나 비교 대상기업 선정의 금감원의 지침이었으며 비교회사 선정 방식을 이해할 수 있다.

비교회사는 보통 다음과 같은 기준을 두고 선정한다.

① **업종 유사성**: 비교회사가 생산하는 제품이나 용역, 운영하는 업종이 유사해야 하며, 사업 모델과 시장 구조가 비슷한 회사들을 선택한다.

② **규모**: 상장기업의 시가총액, 매출, 자본금 또는 자산규모가 비슷한 기업을 선정하여 비교. 규모 차이가 많으면 효과적인 벤치마킹이 어렵기 때문이다.

③ **기업 건전성**: 비교회사 선택 시 재무 건전성 지표(예: 부채비율, 유동비율 등)를 고려한다. 재무 건전성이 높은 회사는 일반적으로 안정된 경영을 보여주어 공모가에 긍정적인 영향을 미칠 수 있다.

④ **결산기와 적용기준**: 비교회사가 같은 결산기를 가지거나 비슷한 회계 기준을 사

표 1-26 비교회사 선정 참고 기준

구분		선정기준
사업내용	업종분류	표준산업분류상 중분류 이내
	매출비중 및 주력상품	주력상품 및 매출비중이 유사
재무사항	자기자본	발행사의 5배 이내
	매출액	발행사의 5배 이내
일반기준	소속시장	유가증권시장/코스닥시장이 동일
	결산월 및 상장 후 경과기간	결산월이 동일, 3개월 이상 경과
	감사의견	최근 2년 간 적정
	기업구조의 변화	최근 1년 간 중대한 합병, 영업 양수도 등이 없을 것
	건전성	최근 2년 간 투자 유의종목, 관리종목, 행정기관으로부터 법령 위반조치 등을 받은 사실이 없을 것

자료: 금융감독원(김종일 기업가치평가실무, 조세통람, 2022, p.413)

용하는 기업이어야 한다. 회계 기준의 적용 차이로 인해 재무제표가 다르게 나타날 수 있기 때문에, 동질성 확보가 필요하다.

⑤ **매출 비중**: 전체 매출에서 특정 제품군 또는 서비스의 비중이 비슷한 회사를 고려하여야 한다. 매출 비중이 비슷한 기업들은 수익원과 위험 요인이 유사할 가능성이 높다.

⑥ **시장 위치**: 비교회사의 시장 점유율과 경쟁력, 그 위치를 확인하여 유사한 경쟁 환경에서 운영되는 기업을 선택한다.

⑦ **성장성**: 과거 및 예상 성장률이 유사한 회사를 선택하여 비교한다. 산업의 유형별 성장성은 비슷하다. 따라서 성장성의 유사성은 공모가 산정 벤치마킹에 중요한 요소이다.

⑧ **재무지표**: 주가수익비율(PER), 주가순자산비율(PBR), 기업가치/세전이익비율(EV/EBITDA) 등 다양한 재무 비율을 고려하여 재무적인 건강성을 평가한다.

⑨ **지리적 요소**: 업체가 운영되는 국가와 지역 및 시장이 비슷한 경우, 비교 분석을 통해 더욱 정확한 인사이트를 얻을 수 있다.

⑩ **기타 요소**: 경영진의 성격과 역량, 브랜드 가치, 고객 기반 및 시장 인지도를 고려하여 비교회사 선정 과정에서 반영한다.

(2) 비교회사 선정 기준

이를 위하여 [표 1-26]을 참고할 수 있다.

비교회사 선정기준은 IPO를 주관하는 증권사별로 대상 기업의 상황을 감안하여 적절한 기준을 정하여 선정한다. 그러나 상장일 기준 직전 과거 1년간의 당기순이익을 환산하여 산정하는 LTM/TTM(Last Twelve Months/Trailing Twelve Months) 기준을 많이 쓴다.

동일업종의 기업 선정에는 1. 업종 및 사업 유사성, 2. 재무유사성, 3.사업 유사성, 4.일반 유사성으로 나누어 평가한다. 일반유사성이란 감사의견, 상장일 1년 이내 합병 분할 또는 사업 양수도 등이 없을 것 및 산정된 PER의 범위 등을 검토한다. 이에 대하여는 '제2편 제2장 IPO 가치평가'를 참조한다. 실무적용상 다양한 고려요소들을 제시하였다.

3) 공모가 결정요소

주식의 가격은 기업가치를 주식수로 나눈 값이다. 기업가치는 지금까지 달려온 길이 목적회사의 수익성을 산정한 것이며, 여기에 유사회사의 PER을 구하여 이를 목적회사의 당기순이익에 곱해서 산출된다. 1주당 가치는 평가 시점의 기업가치를 주식수로 나누어 구하며 현재가치로 환산한다. 이 가격은 현재가치로 환산한 것이니 현재의 주가를 반영한다고 볼 수 있으며 판매가는 초기 구매자(투자자)의 공을 감안하여 일정률을 할인하여 공급하게 된다.

(1) 공모가 결정인자

공모가는 적정 주가 계산의 결과이다. 계산의 과정으로 보면 발행 회사 제품이 소속된 시장 상황, 제품의 특성과 미래 시장 진출 능력, 회사의 혁신 능력, 비교 대상 회사의 특성 등 수없이 많은 여러 요소들이 관여되고 있다. 이 이익은 기업의 기술이나 경영능력 등을 반영하고 있다고 볼 수는 없다.

현재의 공모가 결정에는 회사가 가진 기술의 심도 깊은 분석보다는 현금흐름이나 회계적 이익(PER, EV/EBITDA 등)에 의해 결정되기 때문에 형식적으로는 발행 회사의 회계상 이익 창출 능력이 중요하게 여겨지고 있다. 이 이익은 기업의 기술이나 경영능력 등을 반영하고 있다고 볼 수는 있다.

그러나 최근 빠르게 발전하는 기업과 그 기업의 상품을 보면, 회계상의 이익보다 회사의 기술력 또는 기술개발 역량, CEO의 기술 경력, 연구소의 R&D 능력, 세계 빅테크 기업들과의 네트워킹 능력과 제휴 관계 등이 점점 더 큰 결정적 요소로 나타나고 있다. 물론 이들은 장/단기 이익 창출 능력이며, 대규모 해외 기업을 유사기업으로 했을 경우 그 규모가 비교에 적절한지를 살펴야 하고, 규제가 많은 우리 기업들의 경영 환경 차이에 대하여 어떻게 얼마만큼의 차감인자를 반영할 것인지 등에 대한 고려가 있어야 할 것이다. 적용회계기준의 차이도 감안할 요소이다.

(2) 희망 공모가격 범위 결정

우리나라 IPO 신주식의 희망 공모가격은 계산방식이 제시되어 있다. PER이나 EV/EBITDA 등의 multiple에 의한 가치 계산 방식으로 적정 주가를 산정하였으면 다음 식에 의하여 희망 공모가격이 계산되게 된다.

현재의 증권시장에서는 보통 계산된 적정 주가에서 10~30%를 할인하여 희망 공모가격을 결정하며, 기준 주가의 ±8% 수준에서 가격 범위를 결정한다. 안정된 희망 공모가격 범위는 주관회사들 간의 수요 예측을 통하여 최종 공모가격을 결정한다. 다음 산식에서 10~30%의 범위 내의 비율을 결정하고 여기서 ±8%의 범위를 잡아 희망 공모가의 범위를 결정한 후 참여한 관계회사 전문가들의 협의를 더 거쳐 주관회사와 발행회사가 협의하여 최종 결정 공모가를 제시한다. 실제 이 비율들은 규범적 의미를 가지고 있을 뿐이다.

> 주당 공모가격=상장 시 적정 주가×(1−할인율)
>
> 공모금액=주당 공모가격×공모주식 수
>
> 희망공모가격 범위=적정 주가×(1-10~30%)±8% 범위

IPO를 진행하는 기업의 희망공모가액 산정 예를 보이면 다음과 같다.

표 1-27 희망공모가액 산정 사례

구 분	내용	중간값	편차	비 고
상대가치 주당 평가가액	25,888원	19,000	73.4(26.6)%	10~30%
평가액 대비 할인율	34.33% ~ 18.88%	26.65%	7.73%	±8%
공모희망가액 밴드	17,000원 ~ 21,000원	19,000원	2,000원	2000÷25888
확정 공모가액 주1)	-			

주1) 청약일 전에 실시하는 수요 예측 결과를 반영하여 대표주관회사와 발행회사가 결정한다.
※ 중간값을 26.6% 할인한 것은 주가형성에 다소 비관적이었음을 보여준다.

이 사례는 1주당 가액을 산정하고 34.33~18.88%의 범위를 잡아 공모희망가액 밴드를 19,000원을 잡았다. 이 금액은 주당 평가가액의 73.4%이다.

(3) 공모주식 수의 결정

공모주식 수는 발행 회사의 상장 시점 기준 총 발행주식 수의 5~25% 정도로 계산한다. 주식의 분산 정도, 자기자본의 규모, 자금 수요 등을 고려한다.

위 기업의 예에서 공모주식의 수를 계산한 결과를 보이면 [표 2-18]과 같다.

회사의 기발행주식수는 5,269,950주였으며, 이번에 신주를 1,200,000주 모집한다. 대표주관회사는 신규발행주식의 3%{본 사례에서는 36,000/(1,200,000+36,000)=2.913%}를 인수한다. 의무인수인이 인수하는 가액은 이 경우 6.12억원(단가 17,000원 적용)으로

표 1-28 공모주식수 결정 사례

구분	주식수(주)	비고	비율	공모가 및 비고
기발행보통주식수	5,269,950	보통주식수	76.9%	23.1% 매각
공모 신주발행주식수	1,200,000	신주모집 주식수	17.5%	228,000백만원
상장주선인 의무인수 분	36,000	-	0.5%	612백만원(2.913%)
주식매수선택권	348,705	상장 후 1년 이내 행사 가능 수량	5.1%	설정액 66.253백만원. 이보다 크면 자금유출이 너무 커진다.
합 계	6,854,655	-	100.0%	162,359백만원

계산하였다.

신주인수권의 가액은 단가를 19,000원이라 할 때 66.3억원까지 예산을 잡아놓은 것이다. 주식매수선택권을 예산 모두 소진한다고 했을 때 순자본유입으로 162억원

(228,000－66,253)＋상장주선인 인수분 인수가(612백만원)를 조달하게 된다. 주식매수 선택권은 확정 수치가 아니며 상장주선인의 인수가는 6억원 정도, 여기 조달비용 10억원 정도가 있으니 신주인수권이 100% 소진되지 않는다고 할 때 결국 회사는 한번의 IPO로 160억원 정도의 자금을 확보할 수 있다. 초기 연구 및 사업 발판을 굳히기 위한 비용으로 귀한 자금이 마련되는 셈이다.

이 논의를 할 수 있는 기업가라면 행복하다.

5. 기업공개의 효과

기업이 창업해서 IPO에 가기까지는 매우 험난한 역경을 거치게 된다. 모자라는 자금으로 시작하여 자본금을 몇 십억, 매출을 몇 백 억 자산을 몇 백 억을 만들기까지 그 개혁과 혁신 및 흘린 땀은 클 수밖에 없다. 그러나 IPO의 과정을 거치는 것은, 지금까지 자기 생각으로 회사를 키워 왔으면 이 과정은 타인의 생각에 자기의 생각을 맞추는 것이기 때문에 어려운 과정이다. 그러나 이 과정을 통과하여야 한다. 세계적인 무대에서 뛸 복서가 되기 위해서는 몸을 만들어야 하듯 세계 무대에서 활동할 기업은 체질을 세계인들의 시각에 맞추어야 하기 때문이다.

이러한 어려운 과정을 거친 기업은 국가가, 사회에서 인정 해주고 많은 혜택을 부여한다. 사회적 경제적 신뢰가 쌓여 있으므로 증권시장에서 주주 모집을 통한 자본조달이 간소화 되어 있으며 종업원들도 우리사주 등을 통한 주주직원이 되어 애사심 속에 근무할 수 있다. 회사가 널리 알려져 있으므로 다른 기업들이 거래를 요청하거나 기술제휴 또는 M&A를 요청할 기회도 늘어난다.

기업공개의 법적·제도적 장점을 요약하면 다음과 같다.

1) 기업공개의 규범적 효과

(1) 주식양도소득 비과세

상장주식은 대주주 등을 제외하고 주식양도에 따른 양도소득세를 부과하지 않고 있기 때문에 상장을 위해 모집하거나 유가증권시장을 통하여 양도하는 경우에는 양도소득세가 면제된다. 그러나 비상장주식은 양도차익의 20%(중소기업의 경우 10%, 대주주의 1년 미만 보유한 중소기업 외의 법인의 주식의 경우 30%, 대주주의 그 외의 주식의 경우 양도차익이 3억원 이하는 20%, 3억원 초과는 25%)를 세금으로 납부하여야 한다(소법§94).

양도소득세 계산 방법

주식의 양도에 따른 양도소득세는 양도소득과세표준에 양도소득세율을 곱하여 계산한다.

계산식: 양도소득세＝양도소득세 과세표준×세율

(i) 양도소득과세표준＝양도소득금액－필요경비－기본공제
(소법§92②, §97, §103①2)(기본공제는 연 250만원)

(ii) 양도소득세율(소법§104조①11)

표 1-29 주식양도소득세 부과세율

구 분	세 율
• 대주주가 양도하는 주식	
1) 1년 미만 보유, 중소기업 외의 법인 주식	30%
2) 위 1)외의 주식(1년 이상 보유 or 중소기업주식)	
① 양도소득과세표준 3억원 이하	20%
② 양도소득과세표준 3억원 초과	25%(초과누진율)*
• 대주주가 아닌 자가 양도하는 주식	
1) 소액주주(장내거래)	비과세
2) 중소기업의 주식	10%
3) 위 1)에 해당하지 않는 주식	20%

※ 초과누진율 계산법: 6천만원＋(3억원 초과액×25%)

※ 대주주란 다음의 어느 하나에 해당하는 자(소령167의8①)을 말한다.

1. 주권상장법인 대주주
2. 주권비상장법인의 주주로서 다음의 어느 하나에 해당하는 자
   1) 주식의 양도일이 속하는 사업연도의 직전 사업연도 종료일 현재 주주 1인 및 기타주주

의 소유주식의 비율이 4% 이상인 경우 해당 주주 1인 및 기타주주(직전 사업연도 종료일 현재 4% 에 미달하였으나 그 후 주식을 취득함으로써 소유주식의 비율이 4% 이상이 되는 때에는 그 취득일 이후의 주주 1인 및 기타주주 포함)

2) 주식의 양도일이 속하는 사업연도의 직전 사업연도 종료일 현재 주주 1인 및 기타주주가 소유하고 있는 해당 법인의 주식의 시가총액이 10억원(벤처기업의 주식의 경우에는 40억원으로 함) 이상인 경우 해당 주주 1인 및 기타주주(소령 § 157④)

(2) 상속세 및 증여세법상 재산평가의 용이

상속세 및 증여세법상 재산평가는 본시 시가평가(상속세 및 증여세법 §63, 동법 시행령 §53)로, 상속이나 증여가 발생했을 경우 그 자산가치와 수익가치를 계산하여야 세액을 계산할 수 있다. 그러나 상장주식의 경우는 증권시장에 시가가 형성되어 있으므로 평가의 절차를 간소화하여 평가 기준일(상속 개시일 또는 증여일) 이전과 이후 각 2개월간의 종가평균으로 한다. 이는 증권회사에서 쉽게 조회할 수 있다.

그러나 비상장주식의 경우는 이 경우 시가로 평가하는 것이 원칙이며 시가를 산정하기 어려운 경우 법에서 정한 방식('보충적 평가방법'이라 한다)으로 평가한다.

(3) 증권거래세 탄력세율 적용(증권거래세법 §8, 동법시행령 §5)

비상장법인의 발행주식을 양도하는 경우 0.5%의 증권거래세율이 적용되지만, 유가증권시장을 통해 양도되는 상장법인의 주식은 0.1%(0.15%의 농특세 추가부담)의 세율이 적용된다.

(4) 상법 · 자본시장법의 유익 등

• 일반공모증자의 용이(165조의 6): 정관에 의해 이사회 결의로서 주주의 신주인수권을 배제하고 신주모집이 가능하다.

• 주식 배당의 특례(165조의 13): 이익 배당을 이익 배당액 상장액까지 신주발행이 가능하다.

• 의결된 없는 주식의 발행한도 특례(165조의 15): 의결권 없는 주식의 발행한도는 총 발행주식의 25%까지 발행할 수 있다. 그러나 상장법인이 외국에서 주식을 발행하

거나, 발행한 CB, BW, 기타 주식관련 증서의 권리행사로 발행하는 주식은 한도 계산에 불산입한다.

- **주주총회 소집절차의 간소화(상법 제542조의4)**: 비상장법인의 주주총회의 소집통지는 주주총회일 2주전에 각 주주에게 서면으로 하게 되어 있으나, 상장법인의 주주총회 소집통지는 의결권 있는 발행주식총수의 1%이하를 소유하는 주주에 대하여 정관이 정하는 바에 따라 주주총회일 2주 전에 2개 이상의 일간신문에 각각 2회 이상 공고하거나 금융감독원 또는 한국거래소가 운영하는 전자공시시스템을 통하여 공고함으로써 이를 갈음할 수 있다.
- **소수주주권 행사완화 등(상법 제542조의6, 제542조의7)**: 상장법인의 경우 상법상 소수주주권 및 집중투표제 행사요건(1%) 등이 완화되어 적용된다.
- **기업구조조정의 원활한 추진**: 상장법인의 분할 또는 합병 등에 의해 설립된 회사를 쉽게 상장할 수 있도록 상장요건 정비 등 환경을 조성함으로써 상장법인의 경영목적에 맞는 방법으로 구조조정을 원활하게 추진할 수 있다.

2) 회사 공신력 등에 따른 유익

회사의 상장은 관련자들에게는 큰 변화를 의미한다. 상장이 갖는 의미는 다음과 같다.

(1) 회사 공신력 제고 효과

- 회사의 대외 인지도가 개선된다.
- 기업 홍보효과 및 공신력이 제고된다.
- 우수인력 채용에 유리해진다.
- 종업원들도 상장사 근무라는 자부심이 생긴다.
- 종업원 우리사주조합 및 Stock Option

(2) 자본조달능력 증대 효과

- 신규 상장시 공모를 통한 자금조달이 가능해진다.
- 공모증자가 가능해진다.
- 상장 후 공모 증자로 자금조달이 용이해진다.

- CB, BW, EB, RCPS 등의 발행이 가능해 진다.
- 자기주식의 취득방법이 확대된다.
- 주식 배당 한도도 늘어난다.

CHAPTER 02

IPO 가치평가

1. IPO Due Diligence와 가치평가
2. 상장환경 분석
3. 희망공모가격 산정
4. PER평가방법을 통한 상대가치 산출
5. 자금의 사용목적
6. 재무추정
7. 정정신고및 대표주관회사 검토 결과
8. IPO 유의점

상장을 준비하는 과정은 상당히 길다. 재무 보고서를 작성해야 하고 그 근거가 되는 회사의 기술 상태 및 그 경쟁력, 임직원 연구인의 상황과 경쟁기업과의 상대적 역량, 사업 방향의 타당성, 목표달성을 위한 전략의 실현가능성 등에 대하여 평가하고 제시된 숫자의 한 치 오차도 없게 하려는 노력이 대표주관회사 및 한국거래소 심사 담당자들과의 협업으로 철저하게 이루어진다. 그 배경은 투자자 보호를 위한 것이다.

그럼에도 상장 주가는 어느 한순간 곤두박질 쳐서 초기 투자자들에게 큰 손실을 주는 경우도 있다. 인위적인 접근이므로 모든 것이 완벽할 수는 없으나 관련자들은 이를 줄이거나 최소화하기 위한 노력을 경주하고 있다. IPO 가치평가는 재무적 평가뿐 아니라 회사 기술이나 재무능력, 경영능력 및 위기관리 능력 및 투자자보호 방안과 능력 등 철저하게 그리고 종합적으로 평가에 임한다.

IPO를 위한 절차는 앞장에서 언급하였다. 본장에서는 IPO 예비심사를 위한 가장 중요한 가치평가를 다룬다.

1. IPO Due-Diligence와 가치평가

IPO를 함에 있어서는 다음 내용이 가장 중요하다. 하나는 평가기관(증권사)의 통과를 위함이며 하나는 한국거래소의 심사통과를 위함이다.

- IPO 예비심사신청
- 인수인의 의견(분석기관의 평가의견)

인수인의 의견이 부정적이면 IPO를 할 수 없다. 그러나 주관회사는 IPO를 할 만한 기업을 선정하고 함께 만들어가므로 여기 못 미치는 기업은 중도에 도태되게 된다.

이하는 상장예비심사청구서의 내용대로 그 순서를 따라 평가 중심으로 기술한다.

1) 코스닥 상장예비심사 준비

IPO를 위한 코스닥 심사는 대표주관회사의 주도하에 사전 서류검토 및 기업실사(due diligence)를 하여 기업의 상황 조사 및 가치평가 후 신주 공모가를 제시하게 된다. 여기에 들어가는 내용은 앞에 목차로 제시하였다. 그 절차는 다음과 같다.

(1) 상장예비심사 문서의 작성

(가) 상장환경 분석

1. 소속 산업 분석 및 성장 잠재력 판단
2. 기술력 분석
3. 성장성 분석 ← 공모자금 사용 계획
4. 재무상황 분석
5. 경영환경 분석
6. 기타의 투자나 보존 방안 분석

(나) 공모가격 제시

1. 재무추정
    1) 추정 재무제표 – 추정손익계산서, 추정 재무상태표, 추정 현금흐름표
    2) 주요 항목의 추정 근거
        (1) 매출
        (2) 매출원가
        (3) 판매비와 관리비
        (4) 기타
2. 희망 공모가격 산정
    1) 공모가격에 대한 의견
    2) 공모가격 평가방법
    3) 비교기업 선정
    4) 희망 공모가격의 산출
    5) 희망 공모가격의 제시

3. 공모가격 결정

4. 상장예비심사

(2) 기업가치평가 준비

기업의 매출이 일정 수준이 되고 나름의 경쟁력이 보이면 상장에 대한 검토를 하게 된다. 회사 내부에서도 임직원들 간에 오가기도 하지만 증권사나 투자 전문회사들도 상장 대상 유망 기업들에 대한 촉각을 세우고 있으므로 상장 대상 명단에 올라가 있을 수 있다.

어떤 연유로 기업과 투자 전문회사 간 접촉이 되면 투자 전문회사는 회사의 미래 가치를 보고 상장에 대한 평가를 한다. 이때는 회사의 매출 추이, 보유 기술 및 구성원, 영업 전략 등을 통한 경쟁력을 판단하고 가치가 있다고 판단되면 상장 조건을 검토하고 경우에 따라서는 선 자금지원을 하기도 한다.

사전 자금지원은 고객으로 묶어두기 위함이기도 하지만 늘 자금 부족에 있는 성장기업의 Dead Sea를 지나 가치를 증대시키려는 전략적 의도도 포함되어 있다고 볼 수 있다. 본격적이지는 않지만 나름의 미래 가치평가도 하게 된다. 사전 검토 시 입수하는 문서는 다음과 같다.

1. 회사 3개년 재무제표
2. 회사의 등기부등본, 사업자등록증, 정관
3. 당해연도 부가세 신고서 및 집계표
4. 주요 인력 프로필 – 기술, 영업, 경영
5. 연구소 현황
6. 국내외 지점 및 관계사 명단
7. 주요 매출거래선 및 장기 매출계약
8. 주요 매입거래선 및 장기 매입계약
9. 주요 계약현황
10. 주요 주주 현황, 주주명부
11. 회사 연혁
12. 신용평가서
13. 회계감사 보고서

14. 정부 등 주요 용역 수행 내역

투자사 자체의 분석 툴이나 분석 방법에 의하여 대상기업을 검토하고 IPO 성공 가능성이 있으면 협약 후 기업실사 등 업무를 진행한다. 초기 접촉에서는 방향성을 점검하고 의견을 조정해 나가는데 기술의 우수성과 가치 극대화를 위한 자체 기술연구 및 대외 협력관계 확인, 인력구조, 영업의 시장과의 영합성, 재무회계 제도의 확립 등이다.

(3) 평가사례

IPO를 수행한 사례를 보면 다음과 같다.

(가) 평가기관

구분	증권회사(분석기관)	
	회사명	고유번호
대표주관회사	xx 투자증권 주식회사	xxxxxxxx

(나) 평가 개요 및 일정

IPO에서의 평가는 기업 실사를 일컫는다. 정정자료를 내거나 오류 수정행위도 기업실사의 일환으로 간주될 정도이다. IPO 대상 기업을 조사 및 실사하여 발전 가능성이 있는 좋은 기업의 결론을 얻었으면 그 결과를 보고하고 한국거래소에 예비상장 심사를 의뢰한다. 이때까지 조사 분석 평가한 내용들은 하나의 예비심사신청 자료가 되는 것이다. 기업실사는 기업의 가치를 평가하는 것이고 평가의 결과에는 각종 근거들이 첨부되며 실사결과의 좋고 나쁨은 예비심사를 넣을 수 있는가를 결정하게 된다.

기업실사(due-diligence) 결과를 기초로 대표주관회사는 발행회사 xxx(주)의 기명식 보통주 인수 및 주주를 모집하기 위하여 회사의 지분증권을 평가함에 있어 기업실사를 실시하고 이를 기초로 파악한 위험요인들을 주식 가치산정에 반영하여 평가를 수행한다.

평가 일정

이 회사의 평가일정은 다음과 같았다.

구분	일시	비고
대표주관회사 계약 체결	2021년 04월 16일	본격준비
기업실사	2021년 04월 16일~2024년 07월 16일	
상장 예비심사 신청(한국거래소)	2023년 07월 27일	약정 후 2년 3월
상장 예비심사 승인	2024년 04월 11일	신청 후 8월
증권신고서 제출(금융감독원)	2024년 07월 02일	
정정 증권신고서 제출	2024년 08월 05일	최종제출

다른 회사의 평가일정 예를 들면 다음과 같다.

구분	일시	비고
대표주관회사 계약 체결	2022년 03월 03일	본격준비
기업실사	2022년 03월 04일~2024년 07월 11일	
상장 예비심사 신청(한국거래소)	2024년 07월 12일	약정 후 2년 4월
상장 예비심사 승인	2024년 12월 24일	신청 후 5월
증권신고서 제출(금융감독원)	2025년 01월 17일	

2) 기업실사

상장 대상기업에 대한 실사(due diligence)란 증권시장에 주식을 상장하려는 기업이 공공과 기업과의 접촉을 통해서 원활한 자금의 조달 및 이를 통한 사업의 성공을 통해 투자한 주주들에게 이익을 제공하고 사회에 기여함에 정상적인 역할을 다할 수 있을 것인가를 초기자본을 조달하는 자본주와 관련 전문가들이 회사를 방문하여 점검하는 절차를 말한다.

기업실사 과정에는 현재까지 경영의 역사와 현재의 상태 및 미래의 계획들까지 교차 분석하여 미래 기업과 자본시장의 역할 관계를 정의한다. 이 결과로 기업이 부족한 부분은 보충되고 회계적, 재무적, 필요 시 기술력 등에 이르기까지 상장기업에 적합하도록 환골탈태 되어간다. 대표 주관회사는 기업 성장을 위한 컨설팅까지 수행하는 것이다. 기업실사의 결론이 평가보고서에 첨부되는 '인수인의 의견'이다.

(1) 기업실사 이행 상황

대표 주관회사인 xx투자증권은 xx의 코스닥시장 상장을 위하여 회사에 대한 기업실사(due diligence)를 수행하였으며, 동 기업실사의 참여자 및 일정, 심사내용은 다음과 같다.

대표주관회사 실사 참여자

소속	부서	직책	성명	업무분장	참여기간	IB 경력
xx 투자 증권 (주)	ECM 본부장	본부장	김xx	IPO 업무총괄	2021년 04월 16일 ~ 2024년 08월 04일	20년
	ECM1부	부서장	이xx	IPO 업무총괄	2021년 04월 16일 ~ 2024년 08월 04일	19년
	ECM1부	부장	박xx	IPO 업무총괄	2021년 04월 16일 ~ 2024년 08월 04일	13년
	ECM1부	차장	김xx	기업실사 및 서류작성 실무담당	2021년 04월 16일 ~ 2024년 08월 04일	11년
	ECM1부	차장	이xx	상동	2021년 04월 16일 ~ 2024년 08월 04일	7년
	ECM1부	과장	박xx	상동	2023년 05월 16일 ~ 2024년 08월 04일	5년

발행회사 실사 참여자

성명	직책	담당업무
정xx	xxx 대표이사(CEO)	경영 및 연구 총괄
전xx	xxx 상무	CTO
박xx	xxx 상무	기술연구소장
백xx	xxx 과장	경영기획본부 자금팀장
김xx	xxx 부장	공정개발팀
이xx	xxx 과장	

(2) 기업실사항목(예시)

항목	세부 확인사항
모집 또는 매출에 관한 일반사항	가. 당 증권 관련 정관상 근거, 청약방식, 발행가액, 발행절차 등 관련 법규를 준수여부 확인 나. 당 증권에 대한 이사회 결의 내용 확인 다. 당 증권 발행가액의 적정성 검토

항목	세부 확인사항
	라. 일반공모의 경우 공모기간과 청약방식, 최저청약금액 등이 일반투자자에게 충분한 청약 기회를 제공하는지 여부 마. 주주배정의 경우 신주인수권증서 상장 등 주주 보호방안이 있는지 여부 바. 발행회사 주식의 최근 시세가 액면가 이하이고 발행가액이 액면가 이상인 때에 발행회사 또는 발행회사의 대주주 등과 청약예정자 사이에 손실보전 등의 약정이 있는지 여부
증권의 주요 권리	가. 당 증권의 발행과 관련하여 신주인수권, 의결권, 배당 등의 사항이 정관에 명시되어 있는지 확인 나. 정관이나 관계법령에 회사의 지배권 변동을 실질적으로 제한하는 금지조항 등 특별한 조항의 존재 여부
투자위험요소	가. 발행회사의 사업위험, 회사위험, 기타 투자위험이 증권신고서에 적정하게 반영되어 있는지 여부 검토
자금의 사용 목적	가. 투자대상의 실재성이 있고 자금사용 예정시기, 소요자금 산출근거, 청약미달 시 자금집행 우선순위, 미달자금 충원계획 등이 구체적인지 여부 나. 기존에 공모를 통해 조달한 자금이 공시서류에 기재된 대로 사용되었는지 여부 다. 발행회사가 과거에 횡령 등이 발생했거나, 조달자금 사용계획을 변경한 사실이 있는지 여부 라. 자금사용처가 신규사업 진출이나 타법인주식 취득인지 여부
경영능력 및 투명성	가. 최대주주의 지분율 및 주식보유 형태(담보 제공여부 포함), 잦은 경영진 변경, 경영권 분쟁, 주식관련 증권 전환 또는 주식매수선택권 행사 등으로 인하여 경영권 불안정성이 대두될 가능성이 있는지 여부 나. 경영진의 불법행위가 있고 이에 대한 형집행이 종료되지 않은 경우 불법행위의 중요성과 업무 관련성에 비추어 회사경영에 불리한 영향을 미칠 가능성이 있는지 다. 최대주주등이 법인인 경우 직접 방문하거나 국세청 시스템(조회시점의 과세유형 및 휴면여부, 폐업일자 등) 등을 통해 실재성을 확인할 것 라. 최근 최대주주가 변경된 경우(경영권 양수도계약이 체결된 경우 포함) 지분 인수 조건 및 인수자금 조달방법 등이 타당한지 여부 마. 사외이사 선임, 경영지배인 선임, 이사진의 계열회사 이사 겸직 등과 관련하여 상법상 절차를 준수하였는지 여부 바. 최근 경영진이 변경된 경우 선임배경과 과거 근무경력(근무한 회사의 상장폐지 등 특기사항 포함), 형사처벌 내역 등에 비추어 회사 경영에 불리한 영향을 미칠 가능성이 있는지 여부 사. 정관상 이사회 의결정족수 강화, 이사 해임요건 강화 등 경영권 보호장치가 도입된 경우 효율적인 경영이 제한받을 가능성이 있는지 여부 아. 공시된 임원 외 고문, 회장, 부회장, 부사장 등 사실상 회사의 임직원으로 근무하는 사람이 있는지 여부 자. 발행회사가 최근 3년 중 최대주주등과의 거래가 있는 경우 내부통제절차 등에 명시된 관련근거가 있고 거래사유가 타당하며 거래조건이 제3자와의 거래와 비교하여 합리적인지 여부 차. 발행회사와 겸직회사간 거래내역이 있는 경우 관련 이사회 의결 절차를 준수하는 등 거래의 적절성이 확보되었는지 여부 카. 사내규정을 구비하고 있으며 내부통제절차가 관행적으로 이뤄지지 않고 문서화되어 있는지 여부 타. 사내 자금관리에 대한 내부통제제도 마련 및 운영이 타 기업사례에 비추어 적정한 수준

항목	세부 확인사항
	인지 여부 파. 법인인감, 통장, 어음용지, 수표 등의 관리책임이 특정인에게 집중되지않고 업무분장 원칙에 따라 관리되는지 여부 하. 과거에 횡령 및 배임이 발생한 경우 유출 자금의 회수방안, 재발 방지를 위해 내부통제 시스템이 개선되어 운영되는지 여부 거. 이사회 운영실태 관련하여 이사회의사록 원본 관리자와 관리대장 관리자가 분장되어 적절히 작성 및 관리되고 있는지 여부 너. 회사의 재무상태, 경영실적 등을 적시에 공시할 수 있는 관리조직이 구비되었는지 여부
회사의 개요	가. 직전 정기보고서 제출 이후 현재까지 발생한 회사의 주된 변동내용 확인 나. 최근 3년간 자본금의 변동내용 확인
사업의 내용	가. 발행회사가 속한 산업의 경쟁상황, 시장규모, 성장주기(Life Cycle), 정부규제 등 검토 나. 발행회사가 속한 산업에 대한 기재내용과 경쟁업계가 제출한 정기보고서 등의 기재내용의 부합여부에 대한 검토 다. 신성장산업, 바이오산업, 녹색기술산업 등 기술평가가 기업의 가치에 중요한 영향을 미치는 경우외부전문기관에 기술평가를 위탁할 필요성이 있는지 여부 라. 평판 리스크 존재 여부와 존재하는 경우 리스크 관리방안 검토 마. 사업의 수주현황, 수주조건 변경 추이에 비추어 영업활동이 악화될 가능성이 있는지 여부 바. 사업과 관련된 매출채권과 재고자산의 증가 추이, 주요 거래처의 신용등급 변동내역, 채권회수추이 등에 비추어 영업활동이 악화될 가능성이 있는지 여부 사. 주된 사업의 전부 또는 상당부분을 특정 거래처에 의존하는 경우 거래기간, 조건, 마진율 및 거래의 불가피성 등을 고려할 때 거래의 지속 가능성 여부 아. 발행회사가 유전사업, 바이오사업, 대체에너지사업 등 투자기간이 길고 수익성이 불확실한 사업을 영위하는 경우 동 사업의 경제성을 입증할 수 있는 증빙자료 존재 여부 자. 발행회사가 기존에 제출한 정기보고서나 주요사항보고서에 기재된 사업추진계획이 현재 진행 중인지 여부 차. 발행회사의 주된 사업이 해외시장에 진출되어 있는 경우인지 여부 카. 발행회사의 주된 사업이 수출입 거래 규모가 크거나 파생상품계약이 체결되어 있는지 여부
재무에 관한 사항	가. 주요 재무지표(안정성지표, 수익성지표, 성장성지표, 활동성지표 등)의 연간추이를 동일, 유사업종의 타 기업들과 비교하여 발행회사의 재무 위험요인을 검토 나. 발행회사의 규모에 비추어 중요성이 있는 투자가 있었거나 있을 예정인 경우 투자의 진정성과 투자자금 사용내역이 구체적인지 여부 다. 차입금(회사채포함) 규모가 클 경우 차입금 만기구조(조기상환 포함), 유동성, 차입금 상환일정 등을 고려하여 채무상환 불이행위험 가능성(가장 비관적인 시나리오도 가정)을 검토 라. 발행회사가 지급보증, 담보제공, 파생상품, 어음 등으로 인해 우발채무가 현실화될 우려가 있는 경우 재무안정성의 악화 가능성 검토 마. 자본잠식이 진행되고 있거나 진행될 우려가 있는 경우 자본구조의 개선을 위한 구체적인 대응방안 존재 여부 바. 자본잠식 해소 등을 위해 출자전환을 하거나 채무면제, 채무재조정 등이 발생한 경우 별도의 이면약정이 있는지 여부 사. 현금흐름 구조에 비추어 유동성이 급격히 악화될 가능성이 있는 경우 대응방안 존재

항목	세부 확인사항
	어부 아. 신용등급이 최근 3년 내 1단계 이상 하락한 경우 이로 인해 향후 자금조달계획 및 손익에 미치는 영향 검토 자. 재무정보에 활용된 재무제표의 기준일 및 단위, 기준통화가 통일되었는지 여부 차. 출자회사 등 관계회사와 발행회사의 특수관계인 등에게 대여금, 선급금을 지급한 경우 지급사유와 충당금 설정 추이에 비추어 회수 가능성이 있는지 여부 카. 자금 대여처가 원리금을 미상환하고 있음에도 불구하고, 추가로 자금대여를 하는 경우 발행회사와 대여처 간 관계 파악 및 채권회수 방안이 적절히 수립되었는지 여부 타. 차, 카의 내용을 확인하기 위해 발행회사의 경영자 및 내부통제관리자, 감사와의 면담을 하였는지 여부 파. 타법인 주식 취득가액 산정근거가 합리적인지 여부 하. 타법인이 비상장회사이거나 해외소재 회사인 경우 기존 회사운영 자금의 사용내역과 재무정보에 대해 신뢰할 만한 자료가 존재하는지 여부 거. K-IFRS 적용으로 인해 기존의 재무구조와 상당한 차이가 발생하거나 발생될 것으로 예상되는지 여부 너. 발행회사가 최근 3년간 회계변경 및 오류수정을 통해 매출, 이익 등이 변경된 사실이 있는지 여부
감사인의 감사의견 등	가. 최근 3개년간 회계감사인으로부터 적정의견 이외의 감사의견 받은 사실 여부 검토 및 발생 시 이에 대한 재무위험성 검토
회사의 기관 및 계열회사에 관한 사항	가. 발행회사가 계열회사 주식을 보유하고 있는지 여부
주주에 관한 사항	가. 직전 정기보고서 제출 이후부터 현재까지 최대주주의 지분율 변동 또는 주식 관련 증권 전환 또는 주식매수선택권의 행사 유무 검토 나. 최대주주 지분율 변동 또는 전환권 행사가 있을 경우 이로 인한 경영권 안정화 방안 마련 여부 검토 다. 최근 1년간 최대주주 변동내역 확인
임원 및 직원 등에 관한 사항	'경영능력 및 투명성' 항목 검토로 갈음
이해관계자와의 거래내용 등	가. 감사보고서상 관련 거래 내역의 기재 내용 검토 나. 거래조건이 다른 거래와 비교할 때 비정상적이라고 보여지는지 여부 다. 금전거래의 경우 자금 회수가 지연되거나, 적정한 충당금이 설정되었는지 여부 라. 비상장 당시 지급한 대여금이 상장 후 만기 연장되었는지 여부
기타 투자자 보호를 위해 필요한 사항	가. 유통주식수 증가(전환 및 행사가능 주식 포함) 및 자기주식 처분 등에 따른 주식가치 하락 가능성 검토 나. 최근 특수관계자 등에 대해 발행한 주식, 주식관련증권, 주식매수선택권 등과 관련하여 별도 약정이나 옵션부여 여부 다. 최근 제3자 배정자가 시가보다 높은 가격으로 유상증자에 참여하는 등의 경우, 제3자 배정자의 실재성 및 증자 참여의 진정성 등 검토 라. 발행회사의 관리종목 및 상장폐지 요건 해당 가능성 마. 발행회사가 금융당국 등으로부터 관련법령에 따른 제재조치를 받은 적이 있는지 여부

(3) 평가 및 리스크에 대한 위원회 의견 등

내부 위원회 명칭	위원회 주요 구성원	일시	논의내용	비고
신청서 제출전 인수위원회	IB1본부 본부장 IB1본부 기업금융1담당 IB1본부 기업금융2담당 IB1본부 기업금융1부 부서장 IB1본부 기업금융2부 부서장 IB1본부 기업금융3부 부서장 IB전략컨설팅부 부서장	2024-07-08	1. 사업의 수익성과 성장성	- 2024년 중 글로벌 기업인 일본 A사와 신소재평가솔루션 계약을 체결하였으며, 향후 마케팅을 위해 독일 Lambda Biologics를 설립하는 한편 생산성 증대를 위해 베트남 자회사 VOS Discovery를 설립하는 등 수익성과 성장성 확보 능력이 양호함
			2. 사업의 경쟁력	- 산업통상자원부의 국가첨단전략기술 지정으로 인해 객관적인 사업적, 기술적 경쟁력이 확인되었으며, 인체 적용이 가능한 오가노이드 기술을 보유하고 있어 새로운 모달리티의 치료제로의 확장이 가능할 것으로 보임
			3. 재무상태, 경영능력 및 투명성	- 다소 낮은 재무비율 등은 상환전환우선주에 기인한 것으로 2024년 중 보통주 전환이 완료되었으며, 2023년 말 기준 금융상품을 합하여 약 200억원 이상의 유동자산을 보유하고 있어 안정적인 재무 구조를 확보하고 있음 - 이사회 내 사외이사, 감사의 선임을 통하여 이사회 견제 기능을 수행하고 있으며, 유종만 대표이사의 오랜 업력 및 차의과학대학교 교원창업에 따른 차바이오그룹의 지분 확보로 인한 안정적인 지분율로 경영안정성을 확보하고 있음
신고서 제출전 인수위원회	IB1본부 본부장 IB1본부 기업금융1담당 IB1본부 기업금융2담당 IB1본부 기업금융1부 부서장 IB1본부 기업금융2부 부서장 IB1본부 기업금융3부 부서장 IB전략컨설팅부 부서장	2025-01-15	1. 2024년 3분기 재무상태 및 실적 현황	- 2024년 상환전환우선주의 보통주 전환으로 인해 안정적인 재무상태를 유지하고 있음 - 2024년 하반기에는 ATORM-C 임상의 추가 환자 모집을 완료함
			2. 상장예비심사신청서 제출 이후 경영 및 영업활동 주요 변동사항	- 다수의 신소재평가솔루션 추가 계약이 체결되었으며, 2024년 12월 자회사 포도테라퓨틱스의 세브란스병원 내 상용화 수가가 승인됨
			3. 기업가치 평가에 관한 사항	- 회사의 가치평가를 위하여 비교한 유사기업은 현대바이오랜드, 드림씨아이에스, HK이노엔, 씨엔알리서치 4개사임. - 회사의 2028년 추정 당기순이익 약 259억원을 2024년 말 현가로 할인한 약 125억원을 적용순이익으로 하였으며 할인율 적용 후 공모단가는 17,000원에서 21,000원. 희석가능주식수를 고려한 회사의 예상공모 시가총액은 1,164억원에서 1,438억원임.
			4.추정 손익에 관한 사항	- 매출 구성이 재생치료제의 기술이전분만 아니라 첨단재생의료 매출, 조건부 허가 매출, 신소재평가솔루션의 해외 매출, RUO, CDMO 등으로 다변화 되어 있고 정부

내부 위원회 명칭	위원회 주요 구성원	일시	논의내용	비고
				정책 또한 첨단재생바이오법 개정 등을 동해 우호적인 바 매출 추정의 적정성 인정됨

(4) 기업실사 주요일정 및 내용

이 내용을 보면 기업실사 시 어떤 부분에 중점을 두는지 파악할 수 있을 것이다.

일자	장소	참여자 및 기업실사 내용 / 확인자료
20xx년 xx월 xx일	본사회의실	참여자 - 대표 주관회사: xx본부장, xxx부장, xxx차장 - 상장 예정법인: xxx대표이사, xxx상무, xxx상무 [코스닥시장 상장을 취한 인수의뢰 및 대표 주관계약체결] - 상견례 - 코스닥 공모주식 인수 의뢰 및 대표 주관계약 체결 - 신청회사와 실사를 포함한 전체 상장 일정에 대해 협의
20xx년 xx월 xx일	본사회의실	참여자 - 상동 <실사 진행사항> • 형식적 요건 검토 • 대표이사 면담 - 실사의 일정, 취지, 진행방법 등 설명 - 설립배경, 산업동향, 신규사업계획, 자본거래내역 등 • 일반사항 검토 - 법인 등기부등본, 사업자등록증, 정관, 내부규정, 이사회 및 주주총회의사록, 목록표, 회사관련 주요 언론 보도자료 등 • 자본에 관한 사항 - 설립 후 자본금 변동내역 검토 - 주주명부 검토 - 증자 관련 이사회 의사록, 주금납입증명서 등 검토 • 재무/회계 관련사항 검토 - 최근 3개년 재무상황의 변동내역 및 원인질의 - 재무제표 계정과목 점검 - 자산, 부채, 자본 등 세부 계정과목 등 - 수익, 비용 등 세부 계정과목 등 - 대손충당금 및 대손상각 관련사항 - 자본 적정성 및 자산 건전성 관련사항 • 질적 요건 검토 - 시장성 검토: 주력시장 등의 규모 및 성장률, 주력시장의 경쟁정도, 매

일자	장소	참여자 및 기업실사 내용 / 확인자료
		출의 지속 여부 - 수익성 검토: 매출 및 이익 규모, 주력제품의 원가율 및 수익구조 - 재무상태 검토: 우발채무 위험도, 주요 재무비율 등 - 기술성 검토: 지적재산권의 보유 여부 - 경영성 검토: 경영진의 불법행위여부, 이해관계자 거래의 적정성, 내부 통제구조의 적정성, 지배구조 및 안정적인 경영권 확보여부
20xx년 xx월 xx일	본사회의실	참여자 - 상동 <실사 진행사항> • 기술성 평가 관련 논의 - 기술성 평가 제도개선 관련 내용 공유 - 기술평가 신청서 작성 착수 • 매년 실적점검 및 정기 주주총회 안건 검토 - 매년 가결산 실적검토 - 정기 주주총회 안건 검토 - 주식매수 선택권 부여 적정성 검토 - 정관/자규집 제·개정 검토
20xx년 xx월 xx일	본사회의실	참여자 - 상동 <실사 진행사항> • 일반 변동사항 검토 - 정기 주총사항 F/u - 사업, 파이프라인 진척사항 검토 - 특수관계자 현황 및 거래내용 검토 - 결산일 이후 발생한 중요사항 검토
20xx년 xx월 xx일	하남공장 회의실 본사회의실	참여자 - 대표 주관회사: xxx본부장, xxx부장, xxx차장 - 상장 예정법인: xxx대표이사, xxx상무(기술연구소장), xxx부장, xxx과장 <실사 진행사항> - 기술성 검토: 지적재산권의 보유 여부 - 기술평가신청서 전반 수정 - 기술평가 신 모델 개정안 소개 - 기술평가 관련 현장 실사 진행 - 기술성 평가 발표 및 자료 대응 - 기술성 평가 결과 수정 • 정기 주총 Fu 및 신청서 작성 - 정기주총 Fu - 미래 추정실적 검토

일자	장소	참여자 및 기업실사 내용 / 확인자료
		- 상장 예비심사 신청서 작성 안내
20xx년 xx월 xx일	본사회의실	참여자 - 대표주관회사: xxx본부장, xxx부장, xxx차장 - 상장 예정법인: xxx대표이사, xxx상무(CTO), xxx과장 <실사 진행사항> • 상장 전 전환관련 논의 - 의무보유 및 전환관련 논의 - 공모구조 및 공모가액 협의 - 내부통제 관련 Due-Diligence 체크리스트 작성 • 연구개발에 관한 변동사항 검토 - 연구개발 인력 현황 검토 - 연구개발비 회계처리 내역 검토 - 연구개발 실적(보유기술, 경쟁력 포함) 검토 - 향후 연구 개발계획 검토 - 지적재산권 검토 • 영업 관련사항 - 영업위험 평가 - 담당인원 면담 - 주요거래처 및 제품별 매출 현황검토 - 시장상황 및 성장성 검토 - 주요계약서 검토
20xx년 xx월 xx일	본사회의실	참여자 - 상동 <실사 진행사항> • 증권신고서 관련 검토 - 비교 가능 사업에 대한 추가검토 - 투자 위험요소 논의 - 신주발행이사회, 공모일정 등 논의 - 상장 예비심사 승인 이후 경영 및 영업활동 주요 변동사항 검토
20xx년 xx월 xx일	하남공장 회의실	참여자 - 대표 주관회사: xxx본부장, xxx부장, xxx차장 - 상장 예정법인: xxx대표이사, xxx상무(기술연구소장), xxx부장, xxx과장 <실사 진행사항> • 증권신고서 정정 관련 추가심사 진행 - GMP 시설 실사 및 시설관리자 인터뷰 - CDMO 기술 및 사업성 분석 검토 - 임상진행 관련 검토 - 자금사용 목적, 내부자금 활용 등에 대한 검토

일자	장소	참여자 및 기업실사 내용 / 확인자료
		- 추가매출 창출 가능성 검토 - 회사 영업체계 관련 인터뷰 - 회사영업 공정성에 관한 추가검토

자료원: 회사 예비심사신청자료(업무파악을 위한 핵심적인 부분만을 발췌하였음)

(5) 회사와의 커뮤니케이션

회사는 한국거래소 심사 과정 중 첨단재생의료 치료제의 출시와 관련한 불확실성과 위험 요소를 본 증권신고서에 정확히 기재할 것을 확약하였다.

구체적으로는 1. 법적 및 제도적 불확실성, 2. 안전성 및 유효성 불확실성, 3. 시장 및 운영 위험, 4. 규제 및 관리 책임의 불명확성, 5. 기타 예상치 못한 위험에 대해 기재하기로 약속한 것이다.

관련 사항은

「제1부 모집 또는 매출에 관한 일반사항」
Ⅲ. 투자위험요소
1. 사업위험
차. 첨단재생의료 및 첨단바이오의약품안전 및 지원에 관한 법률 기반의 사업화에 대한 위험」사항

에서 확인할 수 있다.

참고 증권신고서 원본은 문장 중 '동사(同社)'라는 단어를 상장지원회사를 지칭할 때 사용한다. 당해 문서가 대표주관회사가 작성한 서류이고 '회사'라는 용어는 자기회사를 지칭하므로 상장지원회사를 칭할 때 '동사'라는 용어를 사용하게 된 것이다. 그러나 본서에서는 상장지원회사에 관한 이야기이므로 편의상 '회사'를 발행회사로 지칭하였다.

2. 상장환경 분석

대표주관회사의 가장 중요한 업무는 분석기관으로서 상장기업의 실상을 정확히 파악하는 것과 투자자들에게 발행회사의 진면목을 보여주는 것이다. 상장기업은 주식을 증권시장에 상장하되 시장과 주주들에게 실망을 줘서는 안 된다. 기업의 본질가치를 잘 파악하여 주식을 적절한 가격에 시장에 공급해야 하는 것이다. 회사를 잘 평가하기 위해서는 회사의 내적·외적 환경분석 및 기술과 혁신능력을 판단하여야 하는데 우리나라의 상장증권 분석은 외부환경분석으로 당해 기업이 속한 산업을 분석하고 내부환경 분석에서는 기술력·재무상황 및 경영환경과 성장성 등을 분석한다.

여기에 기술성평가가 부가된다. 기술성 평가는 주로 회사의 자료를 이용하였으며 그중 하나의 제품과 그 기술의 예도 들어본다. 이 분석에는 제품의 명칭과 특성 및 시장, 경쟁과 경쟁자의 분석, 관련 논문이 조사된다.

1) 산업분석

(1) 포터의 5 Forces Model

(가) 5 Forces Model(5세력 모형)

5 Forces Model(M. Porter)은 산업분석의 틀로 이해되고 있다. 평가자는 기업이 제시한 자료를 토대로 하나 실제로 IPO를 수행하려는 기업에 대한 실질분석이나 그 기업이 속해 있는 산업에 대한 분석을 하여 경쟁력을 분석하고 기업이 제시한 매출액이나 향후의 경쟁력 확대방안, 기술의 전개 및 발전 등에 대한 확신을 가질 필요가 있다. 투자자에 대한 투자 컨설턴트로서의 책무 중 하나일 것이다.

여기서는 산업분석 방법론을 살피는데, 산업분석은 전통적으로 Michael Eugene Porter의 5 Force Model Approach를 쓴다. 현대 전략 분야의 아버지라 불리며, 피터 드러커, 톰 피터스 함께 세계 3대 경영 석학으로 불리는 M. Porter의 5 Force Model은 산업을 분석하는 데 매우 유용하다. 산업 수익률을 결정하는 세력 분석은 경쟁의 진정한 핵심이 판매가 아니라 수익을 올리는 것이라는 말로 대변되듯, 경쟁우위를 가질 진정한 전략의 수립과 수행으로 경쟁 기업과 산업에 대한 적절한 전략을 찾아낼

그림 2-1 M. E. Porter의 5 Force Model

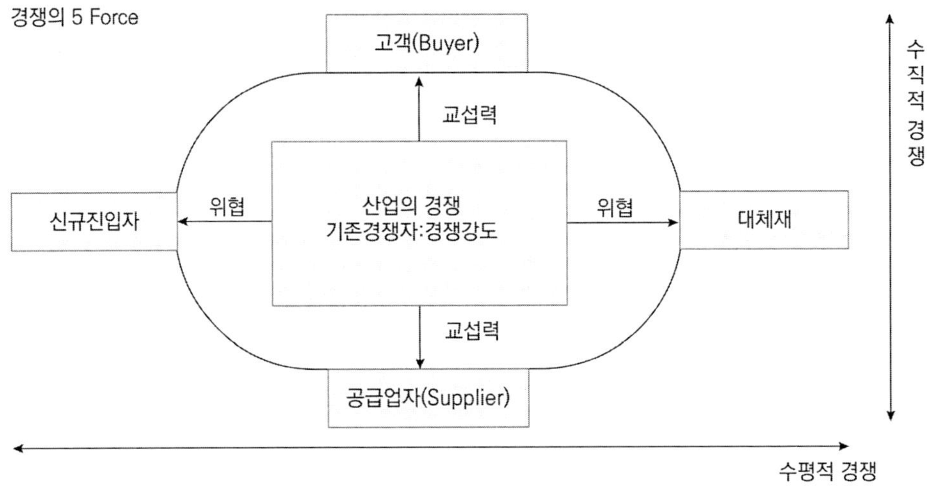

것을 요구한다. 경영학과 경제학을 가로지르는 개별 기업 및 산업구조, 국가를 아우르는 그의 연구는 17권의 저서와 100여 편의 논문에 기반을 둔 독창적 산업분석론으로 한국의 IPO를 지향하는 기업들에 대한 산업분석에 유용하게 쓰일 수 있을 것이다. 여기 간단히 그의 이론을 소개하고 IPO 기업들의 산업 분석에 쓰일 수 있도록 한다.

산업분석은 당해 기업이 속해 있는 산업 전체에 대한 분석이므로 시장과 경쟁에 대하여 분석한다. 마이클 포터의 5 Force 모델은 전통모델이 있고 수정모델이 있으며 다음과 같이 구성된다(본서 제1장 참조).

Porter의 산업구조분석 기본모형은 경쟁모델로 당해 기업과 경쟁요소 5가지를 개발하고 이들과의 경쟁관계를 분석하는 기법으로 다음과 같이 설명된다. 이 모형에서는 수평적·수직적 경쟁에 대하여 다음과 같이 정의하고 있다.

a) 기존 기업과의 경쟁

기존 기업들은 현재 시장에 얼굴을 내밀고 있는 플레이어들과의 경쟁관계를 의미한다. 현실적으로 얼굴을 부딪치고 있으므로 가장 중요한 경쟁자이다. 산업 내에서의 산업집중도, 경쟁기업과의 동질성과 이질성, 유통상품의 종류와 수량과 경기순환 등에 대한 경쟁의 강도를 검토하여야 한다.

i) 산업 집중도

산업 내의 경쟁 양상과 산업 전체의 수익률을 결정하는 핵심 요인으로 그 산업 내에서 이미 경쟁에 참여하고 있는 기업들 간의 경쟁 관계이다. 경쟁은 완전경쟁과 1사 독점의 중간 사이에 있다. 산업집중도는 지표로 분석하는데, 한국 공정거래위원회는 산업 집중도에 대하여 3사 집중도를 지표로 사용하고 있다. 상위 3개 기업이 점유하는 시장 점유율을 의미하며, 이것이 10~20%라면 이 산업은 비교적 경쟁력 있는 산업이라고 볼 수 있다.

ii) 경쟁기업의 동질성과 이질성

산업 내 참여자들 간 담합의 가능성은 기업들의 전략이나 목적 등 동질성이 강할수록 쉬워진다. 다른 참여자가 시장에 진입했을 경우 그의 품질이나 원가경쟁력 등에 따라 이 가능성은 낮아지나, 다수의 신규참여자가 있고 신규참여자 간의 동질성이 생성되면 시장구조가 달라질 수 있다. 이는 가격에 영향을 미치고 산업이익률을 변경시킨다.

iii) 기타의 요인

산업 내의 경쟁기업 간 시장에서 유통되는 상품이 많아 경쟁이 많지 않은 경우에는 가격 경쟁으로 산업의 수익률이 낮아진다. 반대로 제품의 차별화가 심하면 가격은 구매 결정력에 큰 영향을 주지 못하므로 수익성은 높아질 수 있다.

이는 산업 내 초과설비가 증가할수록 설비 가동률을 높여 감가상각비를 회수하려 하기 때문에 생산량이 늘어나고 가격이 낮아져 산업 내 수익률은 낮아진다. 경기의 등락이 심할 경우나 불황의 경우에 이런 현상이 발생할 수 있다. 진입 또는 퇴거 장벽이 높을수록 - 기본 설비비가 과다하고 전환이 안 되거나 어려운 경우 - 경기 불황에 대한 가격 탄력성이 커 수익성이 불황 시 급격히 감소할 수 있다.

산업의 비용구조도 변동비율이 높을수록 경기 민감도가 낮다. 고정비율이 높으면 대량 생산 시 원가가 낮아지므로 이윤율 향상에 기여한다.

b) 수직적 경쟁

(i) 공급업자의 교섭능력

공급자의 교섭능력이 크면 공급자가 가격을 올림으로써 자신의 이윤폭을 높이고 산업의 이윤은 감소한다. 공급자의 카르텔도 가격을 유지 또는 인상하는 결과를 초래할 수 있다. 노동조합의 영향력도 중요하다.

(ii) 고객과의 경쟁

생산된 제품은 소비자에게 이전되면서 그 목적을 달성한다. 구매자들은 제품의 가격과 자신이 가진 구매 교섭능력을 가지고 판매자와 교섭·협상한다. 판매자에게 구매자는 가장 중요한 고객이라는 칭호를 받는 자이며, 구매자의 교섭력은 판매자에 대한 정보를 알고 있는 정도에 따라 교섭력이 달라진다.

c) 수평적 경쟁

(i) 신규진입자

기존의 시장제품과 동일 또는 유사한 제품을 가지고 기존 유통시장에 진입하는 기업을 신규진입자라 하고 아직 진입하지 아니한 상태에서는 잠재적 진입자라 한다. 당해 산업의 이익률이 높다면 다양한 형태의 시장진입자들이 생겨난다. 기업이 항상 경계해야 할 대상이 신규진입자이다. 어느 날 갑자기 시장을 석권하는 특정 제품이 나타나 돌풍이 불어 닥칠지 모르기 때문에 신기술의 출현에 항상 주의를 기울여야 한다.

(ii) 대체재

대체재는 경쟁상품을 대신하여 쓸 수 있는 상품으로, 대체재의 존재는 당해 제품을 찾고 있는 고객들이 구매 의도에 어떤 변화가 생기면 구매 대상 상품을 이전할 가능성을 가지고 있음을 의미한다.

포터는 이 5가지 경쟁 구도를 분석하여 업계 구도와 시장 매력도를 평가 분석한다고 하였다. 기업의 경쟁력을 분석하고 수립할 전략을 제시할 수 있다는 것이다. 이 분석은 기업이 참여중이거나 진출하려고 하는 산업에 대한 대안을 제시한다. 특출한 마케터나 기업의 규모 여하에 불문하고 적용할 수 있다.

그림 2-2 5 Force & BCG Matrix(5 FBM)

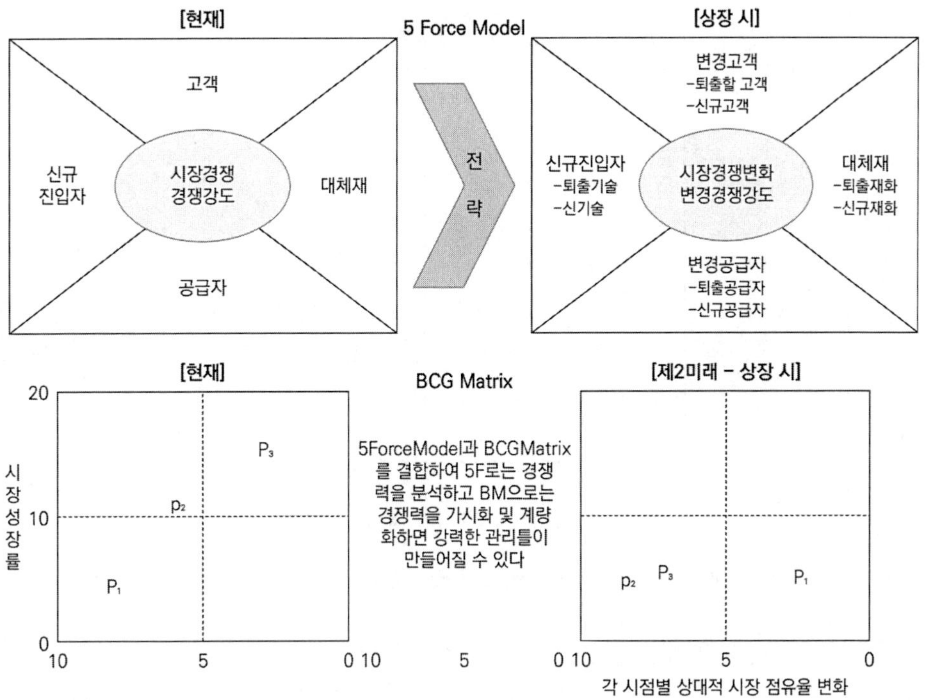

(나) 포터의 변형모델

포터의 5 Force 변형모델은 포터의 전통모델의 본질을 바꾸지는 않는다. 다만, 산업분석이 3~5년 기간 경과 후의 미래를 추정하는 것이므로 이 시기의 경쟁력을 추정해 보고 목표를 조정하며 분명히 하는 것이다.

고객과 경쟁자를 분석하면 시장 흐름이 파악되어서 BCG Matrix를 작성하고 계량화까지 할 수 있다면 포터의 5 Force Model은 기업들의 혁신적 전략수립 툴이 될 수 있을 것이다. BCG Matrix에 의한 경쟁력 변화 상황 추적은 기업의 미래 행동 방향을 정확히 보여주므로 기업의 올바른 전략 방향을 설정할 수 있다.

포터는 포터의 산업구조분석 모델로 산업을 분석한 후 채택할 수 있는 전략을 원가우위전략, 차별화전략 및 집중화전략을 제시한 바 있다. 이들은 각 전략의 Mix를 통하여 효율을 증대시킬 수 있다.

이 모델은 마이클포터의 5 Force Model에 의하여 산업을 분석하고, BCG Matrix

그림 2-3 BCG Matrix 기본모형

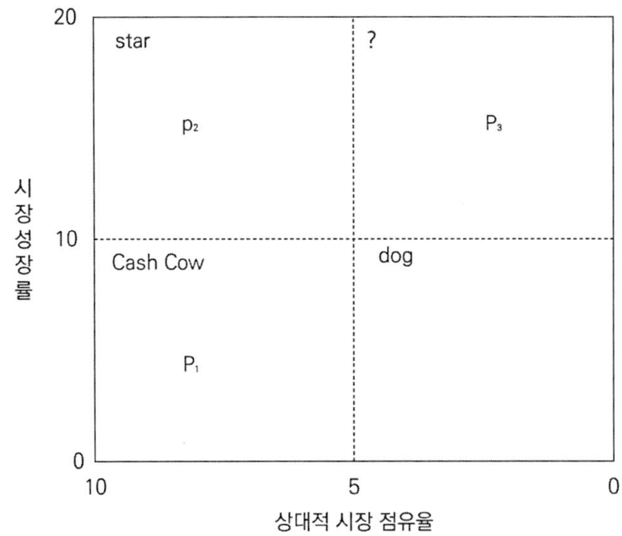

에 의하여 경쟁 위치를 파악하고 이를 계량화함으로써 수립된 전략의 결과를 미리 파악할 수 있도록 해주는 역할을 한다. 나아가서는 시장과 경쟁력의 분석을 하면 기업의 미래가치를 산정할 수 있는 근거들이 도출된다. 따라서 이 모델에 가치평가모델을 접합시키면 더 정교하고 강력한 경영관리 툴이 될 것이다. 이 변화를 주도하는 것이 전략이다.

(2) 보스턴 컨설팅 그룹의 BCG Matrix

(가) BCG Matrix의 기본 모형

1960년에 미국의 거대화된 기업들은 다각화에 따른 한 기업 내 다중의 사업으로 이를 어떻게 하면 합리적으로 경영할 것인가의 딜레마에 빠졌다. 이때 GE(General Electric)가 전략계획의 선두에 섰고 많은 제품 포트폴리오 매트릭스가 제시되었으며 이들에 대한 공과의 평가가 문제로 대두되었다. 이때 보스턴 컨설팅 그룹에서 1969년 기업 내 특정 사업부문의 경쟁력을 경쟁사와 비교하여 평가할 수 있는 TOOL로 만든 것이 BCG Matrix이다. 이 매트릭스는 기업의 각 사업부문 또는 제품(제품 포트폴리오)이 속해 있는 시장의 성장률과 당해 부문이나 제품이 그 시장 내에서 차지하는 상대적 점유율을 조사하여 포트폴리오의 상대적 위치로 경쟁력을 평가하는 방법이다.

[그림 2-3]의 BCG Matrix 기본모형에 나타난 프로덕트 P1, P2, P3 중 P1은 Cash Cow에, P2는 Star에, P3는 물음표(?)에 있어 P1이 벌어들인 수익으로 P3을 지원하는 형태이다. 상대적 현재의 제품 경쟁력을 표시한다.

그러나 이 BCG Matrix는 "현재 우리 회사의 상대적 포지션을 표시하고는 있지만 그러니 지금 어떻게 하라는 말이냐"라는 질문에는 적절한 답을 찾지 못한다. 이를 보고 Cash Cow 분면에 있는 사업만 할 것인지 물음표 부문에 있는 사업을 접으라는 의미인지 방향성도 표시하지 못한다. 물론 전략은 하나의 큰 계획이고 그 실행 후에는 변화가 따르기 마련인데, 본 BCG Matrix에서는 그 기본지식 정도를 얻는 데 그친다.

따라서 다음과 같은 변형된 BCG Matrix가 필요하다. 이 변형된 BCG Matrix에는 현재의 상태와 일정 전략의 구사 후 또는 일정 기간이 경과한 후의 기업 포트폴리오가 표시되므로 시간 경과에 따른 기업 제품의 경쟁력 변화를 파악할 수 있다.

자료의 조사도 다음의 몇 가지 가정만 추가하면 변동성에 대한 조사이므로 현재 상태를 막연하게 조사하는 것보다 더 합리적이고 분석적으로 조사가 가능하다.

(나) BCG Matrix 변형모델

변형된 BCG Matrix 도출을 위한 조사 가정 추가 항목

1. 상대회사는 업계 전체 및 세계시장을 대상으로 함이 좋다.
2. 상대회사의 개발능력, 시장 침투능력, 자본적 지수를 추가한다.
3 이를 기반으로 비교할 기간 3가지(현재, 미래, 그 미래)를 추정한다.
4. 추정치를 근거로 변형된 BCG Matrix를 작성한다.
5. 변형된 BCG Matrix를 바탕으로 작성된 가치평가를 수행한다.

분석 1년 후 및 3년 후의 상대적 경쟁력까지 표시한 [그림 2-4]의 변형된 BCG Matrix에서는 현재(첫해)의 경쟁력을 표시한 프로덕트 P1, P2, P3의 위치가 1년 후 및 3년 후에 변경된 것을 볼 수 있다. 이것은 전략을 수립하고 시행한 결과 산업에서 차지하는 회사의 경쟁력이 변경되고 있음을, 또는 변경될 수 있음을 표시한다. 따라서 전략의 중점이 어디 놓여야 할 것인지, 제품 퇴출전략을 어떻게 수립할 것인지가 나타나 경영자 입장에서도 자원 투입의 타당성에 힘을 얻을 수 있다. 두산그룹이 두산밥캣

그림 2-4 BCG 매트릭스 - 변형

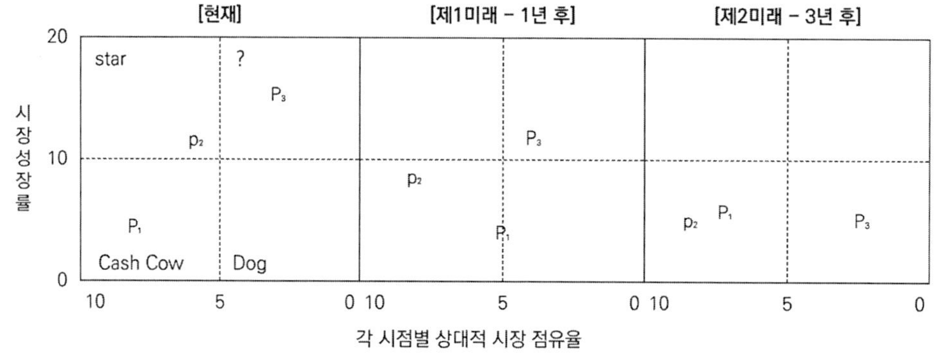

과 두산로보틱스의 합병과정에서 보여준 혼란은 변형된 BCG Matrix를 사전에 작성하여 배포하고 주주가치 증대 방안을 엮었다면 그렇게 어려운 과제가 아니었을 것으로 생각한다.

상기 예로 든 1년 후와 3년 후의 변화에 대한 소요원가는 사업목적 달성을 위한 계획서상 나타나는 소요 기자재와 소요인력 및 제반 비용들을 감안하면 변동원가산정은 어렵지 않을 것이다. 또한 미래 기간에 대한 가치산정도 기술성과 시장성을 감안하면 쉽게 산정된다. 이때는 수익접근법을 써야 한다.

기초 자료조사에 있어서는 현재와 미래의 비교와 추정이 결합되고 상대적 포지션이 산정되므로 현재 상태 하나만 조사하는 것보다 훨씬 분석적이고 신뢰성 있는 자료가 도출될 수 있다.

(3) 그 외의 산업 분석 모델

분석모델은 이 외에도 SWOT 모델, Ansoff의 기업전략 Matrix, PESTLE 모델 등이 있다.

① SWOT 모델

기업의 내부 환경(강점, 약점)과 외부 환경(기회, 위협)을 분석해 새로운 전략을 수립하는 데 사용되는 가장 기본적인 분석 모델

② Ansoff의 기업전략 Matrix

기업이 성장하기 위한 4가지 전략 방향(시장 침투, 시장 개발, 제품 개발, 다각화)을 '제품'과 '시장'의 조합으로 구분한 모델

③ Prahalad와 Hamel의 핵심역량분석

기업의 경쟁 우위가 특정 제품이나 시장이 아닌, 경쟁사가 모방하기 어려운 '핵심역량(Core Competence)'에서 나온다고 보는 전략 모델

④ Barney의 VRIO 모델

기업의 자원이 경쟁 우위를 갖는지 판단하는 기준으로, 가치(Value), 희소성(Rarity), 모방 불가능성(Inimitability), 조직화(Organization)의 네 가지 요소를 분석하는 모델

⑤ 파스칼과 아토스의 7-S 모델

기업의 성공을 위해 서로 연관된 7가지 요소(공유가치, 직원, 스타일, 기술, 전략, 구조, 시스템: 7S=Shared Value, Staff, Style, Skills, Strategy, Structure, System)가 조화롭게 정렬되어야 한다고 보는 조직 분석 모델

⑥ PESTLE 모델

기업에 영향을 미치는 거시적 외부 환경을 정치적, 경제적, 사회문화적, 기술적, 법률적, 환경적 요인(Political, Economical, Socio cultural, Technological, Legal, Environmental)으로 나누어 분석하는 모델

2) 기업분석

기업분석은 기업실사 과정을 통해 행해진다. 실사과정에서는 최근 사업계획서, 3개년 및 당해 사업연도 제1분기 결산서, 공인회계사 감사/검토 보고서 등을 바탕으로, 사업의 수익성과 성장성, 회사의 경쟁력, 재무상태, 경영능력, 투명성, 계열회사 등에 대하여 분석하고, 실사 결과를 토대로 파악한 위험요인들을 주식 가치산정에 반영한다.

대표주관회사의 가장 중요한 업무는 분석기관으로서 상장기업의 실상을 정확히 파악하는 것과 투자자들을 속이지 않는 것이다. 상장기업은 주식을 증권시장에 상장하되 시장과 주주들에게 실망을 줘서는 안 된다. 기업의 본질가치를 잘 파악하여 주식을 적절한 가격에 시장에 공급해야 하는 것이다.

회사를 잘 평가하기 위해서는 회사의 내적·외적 환경분석 및 기술과 혁신능력을 판단하여야 하는데, 우리나라의 상장증권 분석은 외부환경분석으로 당해 기업이 속한 산업을 분석하고 내부환경 분석에서는 기술력·재무상황 및 경영환경과 성장성 등을 분석한다. 기술성평가가 부가된다.

본 첨부 자료의 기술성 평가는 주로 회사의 자료를 이용하였으며 그중 하나의 제품과 그 기술의 예도 들어본다. 이 분석에는 제품의 명칭과 특성 및 시장, 경쟁과 경쟁자의 분석, 관련 논문이 조사된다.

이 자료들은 기업가치평가 시 입수하고 참조하거나 평가 또는 공모가 산정의 근거자료들로 제시하는 것이다. 본 IPO 실사자료에는 다음과 같이 정리되어 있다. 물론 이 체계는 정함이 있는 것은 아니다. 논리성과 합리성을 가지고 기업 실정에 맞추어 정리하면 되는 것이다. 본서에서는 독자들이 이러한 경우 어떻게 기술해나가는지를 알도록 하기 위하여 많은 부분을 원본 그대로 삽입하였다.

조사의 체계와 내용은 다음과 같다.

구 분	내 용
가. 산업의 개요 및 성장 잠재력	첨단바이오의약품 위탁개발생산(CDMO)사업과 샤르코-마리-투스, 듀센 근디스트로피 및 근감소증 치료제
나. 기술력	보유 기술의 완성도, 기술의 경쟁우위도 및 연구인력의 경쟁력과 기술의 상용화 경쟁력
다. 성장성	기업의 성장전략, 사업의 확장 가능성 및 공모자금의 사용계획
라. 재무상황	재무적 성장성과 안정성-부채비율, 자본의 잠식률 및 재고자산과 매출채권 회전율, 재무제표의 신뢰성
마. 경영환경	CEO의 자질, 인력 및 조직 경쟁력 경영의 투명성 및 안정성, 경영의 독립성
바. 기타 투자자 보호관련	바이러스 벡터 CDMO 사업으로서의 사업 원천 기술의 기술력·시장성, 바이러스 벡터 CDMO 매출 실현 가능성

(1) 성장잠재력 분석

이 내용들은 금융감독원 홈페이지에 들어가면 이러한 유사 문서나 증권신고서를 많이 접할 수 있다. 이 책의 이 부분은 단지 여러분이 이러한 길을 가는 데 도움을 드리기 위한 초기 가이드일 뿐이다.

공시 사이트에는 제시되지 않지만, 실사팀이 입수하는 자료에는 회사 보유자료 및 다양한 연구소의 연구자료, 통계기관의 미래예측 통계자료, 시장조사자료, 기술자료들이 조사되어 회사의 미래 추진에 대한 근거와 실천력을 적나라하게 조사하고 여러 다양한 그림 및 도표들로 표현하고 있다. 2019−2026 세포유전자치료제 CDMO 시장 전망, 첨단재생바이오법의 주요 개정안, 샤르코−마리−투스 병 시장 규모 및 전망 등이 포함된다.

아래 회사의 제품 예를 든다.

(가) 성장 잠재력 분석 예

기업이 속한 산업분석은 분석기관은 회사에서 제시하는 자료를 받아보고 검토하는 단계에서부터 시작한다. 아래 자료는 산업분석을 위하여 상장 추진기업이 게시한 자료를 예시한다. 제시한 자료는 첨단 바이오 의약품 위탁개발산업(CDMO) 관련 자료로 주요 제품의 성장과 파이프라인의 증가 추세에 힘입어 2026년까지 연평균 30% 이상의 성장이 기대되고 있는 산업이다.

표 2-1 품목: EN001-DMD(듀센 근디스트로피 치료제)

구 분	내용
명칭	차세대 중간엽줄기세포 치료제 (듀센 근디스트로피 병 치료에 특이적인 차세대 중간엽줄기세포 치료제, EN001-DMD)
적응증	듀센 근디스트로피 병
작용기전	중간엽 줄기세포는 XCL-1, GROα 및 MMP-1를 분비하여 근육세포의 항사멸/괴사, 근육의 항섬유화 및 근육 재생을 촉진하여, 듀센 근디스트로피 병에서 혈액 내 크레아틴 키나아제 효소 감소와 운동 기능 향상 효과를 보임.
제품의 특성	EN001-DMD는 노화가 감소되고, 줄기세포능이 보존된 초기 계대 중간엽 줄기세포로서 이엔셀㈜ 자체 노하우를 바탕으로 세포 수율 향상 및 배양기간을 단축시켜 10억개의 목표세포를 계대 3번의 배양(20일 소요)만에 생산된 안전하고 치료 효능이 뛰어난 치료제임.

구 분	내용
	EN001-DMD는 Off-the-shelf 치료제로 냉동된 제품을 해동하여 바로 인체 투여가 가능하므로 사용 용이성 및 안정성이 높으며 원가절감 효과가 있어 경쟁력이 높음. EN001-DMD는 고수율/고효능 줄기세포 선별법을 도입하여 1세대 줄기세포 및 경쟁제품과 비교하였을 때, DMD 질환에서 근육의 재생 촉진 및 항섬유화 효과를 동시에 나타내며 그 치료 효과도 뛰어남.
진행경과	국내 단회투여 임상1상 IND 승인(2024.05)
	국내 단회투여 임상1상 완료(2023.05)
	국내 반복투여 임상 1/2상 IND 승인(2023.06)
향후계획	국내 첨단재생의료 연구: 2024.12
	국내 반복투여 임상 1/2상 진행: 2026~2028년
	조건부 허가 신청: 2029년
경쟁제품	Sarepta Therapeutics의 Exon skipping(Exondys 51, Vyondys 53, Amondys 45) 치료제와 유전자치료제 Elevidys(시판허가)
	PTC Therapeutics의 스테로이드제 deflazacort, 합성의약품 Ataluren(시판허가)
관련 논문 등	EN001-DMD의 비임상연구 및 듀센 근디스트로피 치료 기전 관련 내용으로 XCL-1(Molecular Therapy, 2016), MMP-1(IJMS, 2020), miR499a (Biomedicines, 2021) 역할을 국제학술지에 각각 게재
	임상1상 결과를 2023년 미국 세포유전자치료제학회(ASGCT)에서 포스터 발표
	임상1상 결과를 2023년 대한소아신경학회에서 구두 발표
시장규모	듀센 근디스트로피 의약품 시장은 연평균 성장률 38.8%로 2027년까지 70억 달러(약 9.1조원)으로 성장이 전망(출처: Business wire, Market Watch).
기타사항	국내 개발단계 희귀의약품 지정(2022.05)

(나) 산업의 현황 및 성장 잠재력

첨단바이오의약품 위탁개발생산(CDMO)

CDMO(Contract Development and Manufacturing Organization)는 의약품 개발과 제조 서비스를 통합적으로 제공하는 것을 뜻한다. 의약품 위탁개발생산이라고도 한다.

CDMO의 주요 업무는 1. 신약후보물질 선별, 2. 세포주(cell line) 개발, 3. 분석법 개발 및 품질보증, 4. 세포 배양 및 정제 공장 개발, 5. 제형 개발, 6. 임상·비임상 물질 생산, 7. 임상시험계획, 8.허가서류 등 행정처리 등이다.

글로벌 바이오의약품 위탁개발생산(CDMO) 시장점유율 기업순위는 1위 :론자(스위스), 2위: 카탈런트, 3위: 우시바이오로직스, 4위: 삼성바이오로직스이다. 그 외에도 뵈링거인겔하임(독일), 위시앱텍(WiXi App Tec, 중국), Catalent(중국기반 글로벌 CDMO),

레시팜(Recipharm, 스웨덴), 알카미(Alcami, 미국), AMRI(Albany Molecular Research Inc.), 파마(Famar, 유럽), 합텐(Hapten) 등이 있다.

평가자는 이를 아래와 같이 분석하였다.

사례 IPO를 위한 산업 및 성장잠재력 분석 예

(1) 첨단바이오의약품 위탁개발생산(CDMO)

첨단바이오의약품은 2010년대 후반 주요 제품이 승인되기 시작한 초기단계의 시장으로 아직 규모가 크지 않지만, 주요 제품의 성장과 파이프라인의 증가 추세에 힘입어 2026년까지 연평균 30% 이상의 높은 성장이 기대되고 있습니다.
또한, 많은 제품이 바이오 벤처 기업, 중소기업에서 개발되고 있어 생산 아웃소싱 비중이 높은 편으로, 2026년 첨단바이오의약품 CDMO 시장은 2019년 대비 7배 증가된 100억 달러(약 14조원) 규모로 성장할 것으로 예상하고 있습니다.

출처: BioINdustry No. 155, 2021-1, 생명공학정책연구센터

최근 바이오 제약기업들이 아웃소싱 서비스에 대한 수요가 증가하고 있습니다. 바이오의약품 분야에서 생산부문 아웃소싱 비중이 높은 데에는 다음과 같은 이유가 있습니다.

- **제약사 설비투자 부담 축소**

제약사들이 설비투자 부담을 줄이고 R&D에 집중할 수 있습니다. 설비 크기에 따라 차이가 있지만, 바이오의약품 생산시설 건축에는 상당한 선투자가 필요합니다. 중소규모 제약회사 또는 임상단계에 있는 제약사의 경우, 투자여력이 부족하거나 임상 성공여부의 불확실성이 큰 상황에서 대규모 설비투자를 하는 대신 CMO를 활용하여 생산체제를 갖추고 신약연구개발이나 마케팅에 역량을 집중하는 것이 합리적일 수 있습니다.

• **엄격한 생산규제 생산**

생산 규제가 엄격한 가운데, 제조공정 기술이 복잡해지고 있습니다. 의약품의 경우 높은 안정성과 유효성이 요구되기 때문에 제조, 관리에 있어 규제기관의 엄격한 기준(GMP, Good Manufacturing Practice 등)을 충족해야 하며, 제품별로 규격과 품질요소를 만족하는 제품을 지속 생산할 수 있어야 합니다. 특히, 바이오의약품은 저분자 합성의약품 대비 제조공정이 복잡하여 바이오의약품을 연구·개발하는 제약사들이 관련 기준을 충족하는 생산시설을 자체적으로 갖추기는 어렵기 때문에 지적재산권 보호 강화 정책에 따른 충분한 기술이전을 통하여 위탁생산의약품의 품질에 대한 신뢰성이 담보되며 공정관리 및 인허가 경험이 풍부한 CDMO 사업자의 역할이 커질 수 있습니다.

• **유연성 및 안정성 확보**

적시성 있는 생산과 생산량 조절이 용이함. 바이오의약품 생산설비의 건설 및 허가에는 2년 이상의 기간이 필요하며, 제품별 Validation에도 시간이 소요됩니다. 제약사는 CDMO를 활용하여 개발 및 생산체제 구축 시간을 단축하고 수요에 맞춰 유연하게 생산량을 조절할 수 있습니다.

• **전략적 파트너사**

특히, 세포·유전자치료제는 항체의약품에 비해 생산과정이 복잡하고, 자가 제조 역량이 부족한 중소기업 또는 학술기관에서 많이 개발되고 있어 생산 아웃소싱 비중이 높습니다. 주요 바이오의약품의 생산 아웃소싱이 50~70% 수준인 데 반하여, 세포치료제, 유전자치료제 시장은 생산 아웃소싱 비율이 89%로 나타나고 있습니다. 이 때문에 세포치료제, 유전자치료제 시장의 고성장이 바로 CDMO의 수요 증가로 이어지며, 2026년 세포치료제, 유전자치료제 CDMO 시장도 2020년 대비 5배 증가된 100억 달러 규모로 성장할 것으로 예상되고 있습니다.

최근 첨단바이오의약품 시장 성장과 불치·난치질환자의 치료 기대가 증가하여, 우리나라뿐만 아니라 선진국에서는 첨단재생바이오법을 제정하고 이에 따른 규제 강화에 나서고 있으며, 식약처에서 세계 수준의 생산능력을 갖춘 국내 CDMO 기업을 집중 육성하기 위한 법적 기반 마련되는 등 국가적인 지원이 이루어지고 있습니다.

실제로 국내에서는 2024년 2월 첨단 재생바이오법의 개정안이 통과되면서 국내 세포치료제 임상 및 연구 확대가 가능해졌습니다. 첨단재생바이오법 개정안 주요 내용은 다음과 같습니다.

첨단재생바이오법 주요 개정안

구분	개정 전	개정 후
임상연구대상 범위	중대희귀 난치 질환 허용	모두 허용
첨단재생의료 치료제도	금지	중대희귀 난치 질환 허용
인체세포관리업 허가 기관	30개 기관	100개 기관

첨단바이오의약품 CDMO 산업의 성장 요인

환자들의 니즈	세포·유전자치료제에 대한 불치/난치 질환환자 치료 기대 증가
치료제 시장 성장	세포·유전자치료제 시장 급성장, 글로벌 제약사시장 선점 경쟁
첨단재생바이오법에 따른 규제 강화	기술장벽으로 인한 전문 CDMO 아웃소싱 증가
국가적 첨단재생의료 지원체계 마련	연구대상자뿐만 아니라 환자도 재생의료서비스를 받을 수 있게 되어 CDMO 시장 확대 예상
CDMO 육성법	식약처에서 세계 수준의 생산능력을 갖춘 국내CDMO 기업을 집중 육성하기 위한 법적 기반 마련
CDMO 사업의 생리	임상 허가 이후 GMP 공장의 변경은 중대 변경 사항으로 수주 이후 지속적 매출 구현 가능

상기 개정안에 따라 중대 · 희귀 난치질환자만이 임상연구 대상자였던 과거와 달리 기준에 부합하는 경우 신체적으로 재생이 필요하거나 회복이 필요한 질환이 있는 등 일반 환자도 임상연구에 참여할 수 있게 되었습니다. 또한 첨단재생의료 치료제도를 도

입하여 대체 치료제가 없거나 중대·희귀 난치질환일 경우 심의위원회로부터 안전성 및 치료계획 승인을 받아 임상시험 단계에 있는 세포·유전자 치료제도 치료 목적으로 사용할 수 있게 되었습니다.

또한, 임상허가 이후 GMP공장을 변경하는 것은 어렵고 첨단재생의료 R&D 국가 예산 지원체계가 마련됨에 따라 첨단바이오의약품 CDMO 수요는 지속적으로 증가하고 있습니다.

(2) 샤르코-마리-투스 병 치료제

샤르코-마리-투스 병 관련 의약품 시장은 COVID-19 팬데믹이 일어난 2020년 6.4억 달러로 측정되었으며, 연평균 성장률 23.4%로 2028년까지 34.6억 달러(약 4.5조원)으로 성장이 전망됩니다.

샤르코-마리-투스 병 시장 규모 및 전망

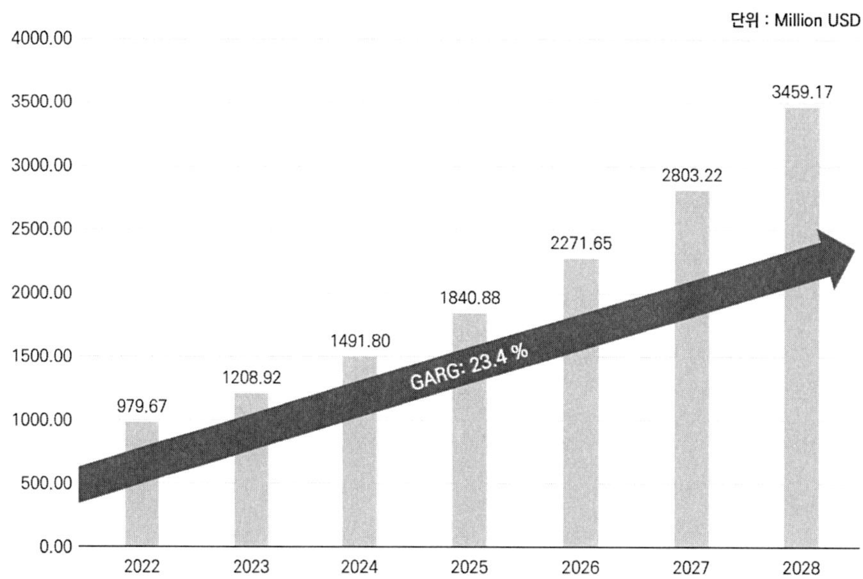

출처: Coherent Market insight

유전자치료제, 호르몬 치료제, 펩타이드 치료제, 세포 교환 치료 등 개발 및 생산 비용, 의약품의 단가가 매우 높은 차세대 의약품이 다양한 방법이 연구되고 있으며, 이는 시장의 연평균 성장률을 높이는 원인 중 하나로 판단됩니다.

샤르코-마리-투스 병(Charcot-Marie-Tooth disease, CMT)은 1886년 처음 이 질병을 발명한 세 명의 의사, 즉 프랑스의 장-마탱 샤르코(Jean-Martin Charcot)와 피에르 마리(Pierre Marie), 영국의 하워드 헨리 투스(Howard Henry Tooth)의 이름을 딴 신경 질환의 스펙트럼입니다. 유전성, 진행성, 만성 감각 및 운동 말초 신경병증 그룹에 속하는 가장 흔한 유전성 말초신경병증(hereditary Peripheral neuropathy) 중의 하나로, 현재까지 원인 유전자가 약 140여 종이 규명되었습니다. 주요 증상으로는 근육위축, 근력약화, 감각 소실, 균형장애, 보행장애, 실명, 청각장애, 호흡장애, 성대마비, 족부 기형, 척추측만증 및 반사 기능장애 등이 있습니다. CMT의 유병률은 약 2,500명당 1명으로 희귀질환 중, 가장 유병률이 높은 질병으로 알려져 있으며, 2021년 6월 조사된 세계 인구 78억 7,496만 5,732명을 기준으로 약 314만 9,986명의 샤르코-마리-투스 병 환자가 존재하고 있는 것으로 추정됩니다. 유전질환인 만큼 가족력의 영향도 존재하지만, 아무런 인과관계가 없이 유전자 돌연변이로 인한 신규 환자 또한 발생하므로, 꾸준히 유병률이 유지될 것으로 보입니다.
여러 세부 유형 중 회사의 파이프라인으로 타깃으로 하고 있는 CMT 1A형은 CMT 1 사례의 약 50~70%를 차지하여 CMT1의 가장 일반적인 하위 유형CMT 질환이며, CMT 1A형 치료제 개발 현황은 해외의 경우 프랑스 Pharnext사의 임상 3상을 진행 중인…중략…

(2) 기술력 분석

① 기술의 중요성

기술은 모든 것을 해결해준다. 기술경쟁에서 뒤처지면 이를 극복하기에 무한 노력이 들어가며, 따라잡지 못하면 그 기업의 희망은 없다. 삼성전자가 파운드리 사업에서 TSMC에 밀리고 HBM 기술에서 SK하이닉스에 밀리더니, 그 견고하던 한국의 간판 기업이 마치 흔들리는 것처럼 보이는 것은 기술의 중요성을 잘 말해준다. 한편, 미국의 골치덩어리가 된 인텔(Intel)은 기술경쟁에서 밀린 탓이며, 우주경쟁에서 Space X에 밀린 보잉사도 기술경쟁에서 밀린 탓이다.

기업의 자원은 유형자원, 무형자원 및 인적자원으로 구분된다. 이 중 중요한 것은 무형자원과 인적자원이며 CEO의 혁신능력은 가장 중요하다고 할 수 있다. 증권신고서에 나타난 이 회사의 기술력은 상당한 것으로 보이는바, 평가자는 이를 다음과 같이 기술하고 있다.

사례 기술력 분석

(1) 기술의 완성도

회사는 「다품목 세포, 유전자치료제 개발 GMP(제조 및 품질관리) 최적화 기술」을 바탕으로 하여, ① 첨단바이오의약품 위탁개발생산(CDMO) 서비스 사업과 ② 샤르코-마리-투스병, 듀센 근디스트로피, 근감소증과 같은 희귀/난치 근육 질환 대상 차세대 세포유전자치료제 신약 개발 사업을 영위하고 있습니다.

회사의 주력 기술은 다품목 세포·유전자치료제 개발 GMP(제조 및 품질관리) 최적화 기술입니다. 저분자 구조의 합성화합물을 주성분으로 하는 합성의약품은 물리·화학적 특성이 명확하고, 제조공정이 단순하지만, 첨단바이오의약품은 살아있는 세포 및 유전자가 주성분인 치료제로 열 및 미생물 오염에 취약하고, 제조 공정이 복잡, 다양하며 공정, 장비, 설비의 변화가 의약품의 특성 자체를 변화시키는 특성이 있습니다.

첨단바이오의약품과 합성의약품의 비교

합성의약품	VS	첨단바이오의약품
합성화합물	주성분	생체유래물질 (세포, 조직, 유전물질 등) 살아있음
물리화학적 특성이 명확한 저분자 구조	구조	정확한 특성 분석이 불가능하고, 활성과 구조가 일정하지 않음
온도, 빛 등 환경에 안정적	안정성	온도, 빛 등 외부 환경에 민감, 미생물 오염에 취약
간단한 화학합성으로 대량생산 생산공정의 변이성 매주 낮음 복제가 쉽고 낮은 제조 비용	제조공정	복잡한 제조공정, 맞춤형 소량 생산 제조공정의 변이성 매우 높음 복제가 불가능하고 높은 제조비용

[출처] 식품의약품안전처(첨단바이오의약품법안 검토 보고서, 의안정보시스템, 2017.11)

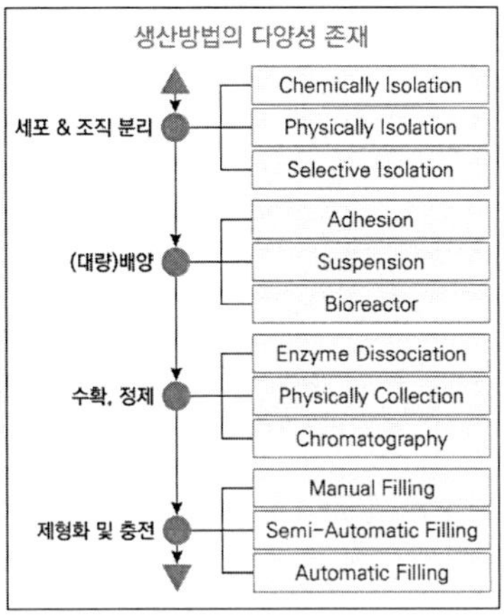

증권신고서 제출일 현재, 회사가 보유한 주요 파이프라인 현황 및 세부사항은 다음과 같습니다.

주요 신약 파이프라인 연구개발 진행 총괄표

구분	품목	적응증	현재 진행단계		비고
			단계(국가)	승인일	
차세대 중간엽 줄기 세포 치료제	EN001 -CMT	샤르코-마리-투스병	단회투여 임상 1상 완료 및 반복투여 임상 1b상 진행중(대한민국)	2023. 09	샤르코-마리 -투스1E형 첨단재생의료 진행중
	EN001 -DMD	듀센 근디스트로피병	단회투여 임상 1상 완료 및 반복투여 임상 1/2상 승인 (대한민국)	2023. 06	-
	EN001 -SP	근감소증	반복투여 임상 1/2a상 IND 승인 (대한민국)	2024. 06	-

품목: EN▪001-CMT(샤르코-마리-투스병 치료제)

구분	내용
제품의 특성	▪ EN001-CMT는 노화가 감소되고, 줄기세포능이 보존된 초기 계대 중간엽 줄기세포로서 이엔셀(주) 자체 노하우를 바탕으로 세포 수율 향상 및 배양기간을 단축시켜 10억개의 목표 세포를 계대 3번의 배양(20일 소요)만에 생산된 안전하고 치료 효능이 뛰어난 치료제임. ▪ EN001-CMTE Off-the-shelf 치료제로 냉동된 제품을 해동하여 바로 인체 투여가 가능하므로 사용 용이성 및 안정성이 높으며 원가절감 효과가 있어 경쟁력이 높음. ▪ EN001-CMT는 고수율/고효능 줄기세포 선별법을 도입하여 1세대 줄기세포 및 경쟁제품과 비교하였을 때, 샤르코-마리-투스병에서 중요한 말초신경 및 근육의 재생 촉진 효과를 동시에 나타내며 그 치료 효과도 뛰어남.
진행 경과	▪ 국내 단회투여 임상1상 IND 승인(2021.06) ▪ 국내 단회투여 임상1상 완료(2023.06) ▪ 국내 반복투여 임상 1상 IND 승인(2023.09) ▪ 국내 반복투여 일상 1b상 진행 중
향후 계획	▪ 국내 반복투여 임상 2상 : 2025년 ▪ 조건부 허가 신청: 2026년
경쟁 제품	▪ Pharnext의 PXT3003(임상3상) ▪ 셀라토즈테라퓨틱스의 CLZ-2002(일상 1/2a상)
관련 논문 등	▪ Fibulin-5를 통한 치료기전에 대한 내용으로 2020년 STEM CELLS지에 논문 게재 ▪ 임상1상 결과를 2023년 6월 23일 삼성서울병원 세포·유전자치료연구소 제110회 국제심포지엄에서 구두 발표 ▪ 임상 1상 결과를 2024년 국제말초신경학회(PNS)에서 구두 발표 예정(6/22- 6/25)
시장 규모	2020년 시장규모는 6.4억 달러로 측정되었으며, 연평균 성장률 23.4%로 2028년까지 34.6억 달러(약 4.5조원)으로 성장이 전망(출처: Coherent Market insight).

기타 사항	■국내 개발단계 희귀의약품 지정(2022.05) ■샤르코-마리-투스 병 1E 형 환자에서 ENO01-CMT를 이용한 첨단재생의료 임상연구 승인(2023.10)

(2) 기술의 경쟁우위도

• CDMO 사업부문

회사는 국내에서 유일하게 세포와 바이러스를 동시에 생산(One-stop service)이 가능한 GMP 시설을 구축하여 첨단바이오의약품 위탁개발생산(CDMO) 서비스 사업을 영위하고 있습니다. 위탁개발생산 규모 및 위험 물질(병원체 등) 사용에 따라 적용 가능한 다양한 크기의 공정실과 양압 또는 음압 공정실을 보유하고 있으며, 최신 국내·외 규제사항을 충족하는 시설관리시스템을개발·적용하였습니다.

회사 GMP 시설 현황

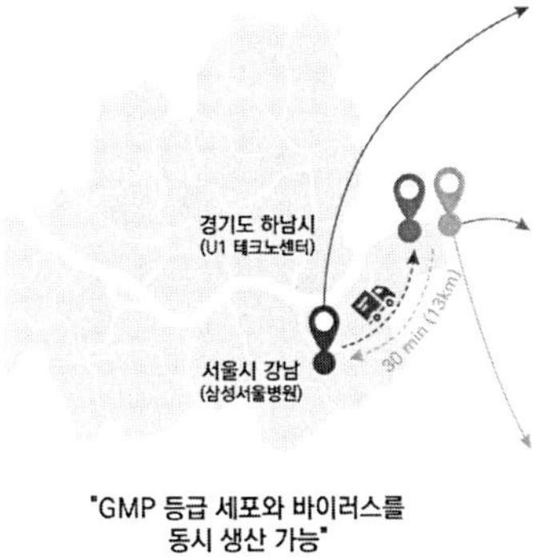

[GMP 제1공장] Cell Therapy				
위치	서울시 강남구 SMC 삼성서울병원		면적	580m² (175평)
구성	무균공정실 1, 2, 3, 4	무균처리실 A, B	QC lab	보관소
용도	독립공조기반 다품목 세포치료제 생산			

[GMP 제2공장] Gene Therapy (ex-vivo) / Cell Therapy/Exosome				
위치	경기도 하남시		면적	3,443m² (1,041)
구성	음압 GMP	양압 GMP	QC lab	보관소
용도	세포치료제, 유전자치료제 (CAR-T CAR-NK 등), 엑소좀생산			

[GMP 제3공장] Gene Therapy (in-vivo) / Viral Vector			
위치	경기도 하남시	면적	1,161m² (351평)
구성	Lentivirus, AAV (DS, DP)	유전자치료제	Fill & Finish
용도	바이러스 벡터, 유전자치료제, AAV 생산		

회사는 고도화된 GMP 품질시스템 운영을 위해 GMP 규정 60개, 표준작업절차서(SOP) 400개, 양식(Form) 700개, 밸리데이션 보고서 400개 문서를 운영, 관리하고 있으며, 글로벌 수준의 GMP 운영을 위해 PIC/s, cGMP 규정을 도입, 적용을 통해 회사의 GMP를 운영하고 있으며 고객사의 첨단바이오의약품을 생산하고 있습니다.

본 GMP 품질시스템에 대한 국내·외 고객사의 실태조사를 통해 KFDA, US FDA, EU GMP 수준의 품질시스템 역량을 인정받아, 국내뿐만 아니라 해외 제품 수주 역량을 보유하고 있습니다.

GMP 품질시스템에 대한 국내·외 고객사 실태조사 현황

구분	기관명		심사명	형태	결과	이력
국내	KFDA	식약처	GMP 실태조사	현장	적합	2018 (완료)
	고객사	A사	GMP 실태조사	현장	적합	2018 (완료)
	KFDA	지방청	인체세포등 관리업	현장	적합	2021 (완료)
			세포처리시설 실태조사			2023(완료)
			첨단바이오의약품제조업	서면	적합	2022(완료)

• **신약개발부문(초기 계대 탯줄 유래 중간엽 줄기세포 확보 가능)**

회사의 세대 중간엽 줄기세포치료제 생산 프로세스는 유전자 조작, 약물 처리 등 기타 다양한 효능증진 유도 방법들과는 다르게 탯줄 유래 중간엽 줄기세포의 특성 분석을 통해 최적의 배양 방법을 도출하여, 노화가 억제된 초기 계대 줄기세포를 대량 확보하는 기술입니다.

기존 중간엽 줄기세포 배양 기술의 경우 1×10^9개(10억) 이상의 줄기세포를 얻기 위하여 일반적으로 4번의 계대 배양이 필요하며, 이 단계에서 원료의약품 세포 은행을 구

차세대 중간엽 줄기세포치료제 생산 프로세스와 기존 배양 기술 비교

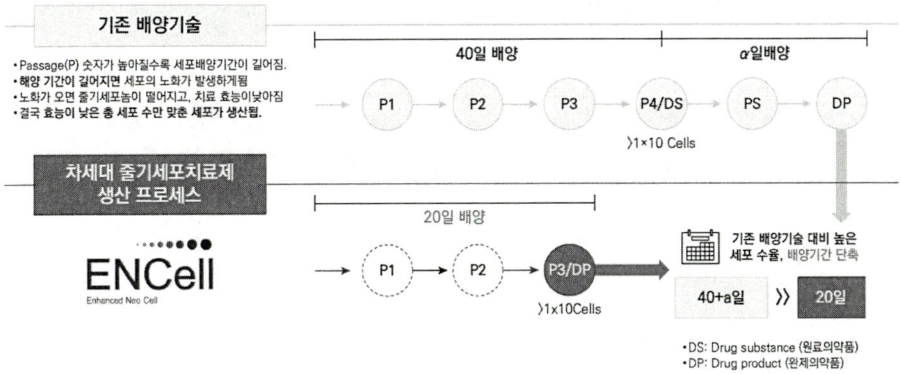

축하였습니다. 추가로 완제 의약품 생산을 위하여 동결된 세포를 해동한 뒤 추가 배양을 수행하는 것이 일반적입니다(5회 계대 배양 시, 40일 이상 소요). 계대 배양 횟수(passage)가 많아질수록 세포의 배양 기간이 길어지는데, 이는 세포의 노화를 촉진하고 궁극적으로 줄기세포의 효능을 저하시킵니다.

그러나 차세대 중간엽 줄기세포치료제 생산 프로세스를 통해 생산된 EN001은 단 3번

의 계대배양을 통해 1×10^9개(10억) 이상의 줄기세포를 얻을 수 있으며 최적 동결 기술을 통해완제의약품으로 보관이 가능하므로 20일 만에 모든 생산 절차가 완료됩니다. 따라서 회사의 차세대 중간엽 줄기세포치료제 생산 프로세스는 기존 배양기술 대비 고수율/고효능의 차세대 중간엽 줄기세포치료제 생산 기술입니다.

(3) 연구인력의 경쟁력

대표이사의 이력

구분	내용	
학력	2005.02	광주과학기술원(GIST) 생화학 박사
	1999.02	경북대학교 생화학 석사
	1997.02	경북대학교 생명과학 학사
경력	2013.09~현재	삼성서울병원 미래의학연구원 GMP 책임운영교수 성균관대학교 삼성융합의과학원 융합의과학 교수
	2007.05~2013.08	메디포스트㈜ 생명공학연구소 연구팀장/부장
	2005.10~2007.04	한국과학기술원(KIST) 프로테오믹스 이용기술 개발사업단 Post-doc

임원

직책명	성명	담당업무	주요 경력
사내이사 (상근/등기)	OOO	개발총괄	- 이엔셀(주) 세포유전자치료제연구소장 CTO - 메디포스트㈜ 연구부서장/부장 - 광주과학기술원(GIST) 생명과학 석사/박사 - 경북대학교 유전공학 학사
사내이사 (상근/등기)	OOO	CFO	- 이엔셀(주) 경영기획본부장 CFO - ㈜컬리 회계팀장 - 신라젠㈜ 회계팀장 - 안진회계법인 감사본부 Senior 회계사 - 연세대학교 경영학 학사
사외이사 (비상근/등기)	OOO	경영자문	- 이엔셀(주) 사외이사-김·장법률사무소 전문위원 - 코스닥시장본부 상장심사팀장 - 한국거래소 기술기업상장부 코스닥매매제도팀장 - 금융위원회 자본시장과(파견) - Michigan State Univ. (Finance 석사) - 고려대학교 회계학 석사 - 고려대학교 경영학 학사

직책명	성명	담당업무	주요 경력
감 (비상근/등기)	OOO	감사	- 이엔셀(주) 감사-광교회계법인 상무, Partner - Moody's Affiliate 한국신용평가, 금융평가실장 - 연세대학교 경영학과 학사

(4) 기술의 상용화 경쟁력

여기서는 회사의 기존 연구개발 실적 및 상용화에 대하여 기술하였다. 기술내용에 대하여는 다음 표를 참조한다.

구분	내용
연구개발과제	다품목 세포·유전자치료제 개발 GMP 최적화 기술
연구개발기관	이엔셀㈜
연구개발결과 및 기대효과	▪세포·유전자치료제와 같은 첨단바이오의약품은 표준화되지 않은 제조공정으로 인해 기존 바이오의약품 대비 높은 불량률을 나타내고 있음. ▪회사는 줄기세포, 면역세포, 엑소좀, 유전자치료제 등 다양한 종류의 세포 · 유전자치료제 맞춤형 생산을 위 한 공정개발이 가능한 다품목 세포 · 유전자치료제 개발 GMP 최적화 기술을 개발하였으며, 이를 통해 회사 및 고객사의 고품질의 치료제를 안정적으로 생산이 가능함. ▪회사는 이를 통해 2018년 창업 이후 2024년 1분기 기준으로 누적 260억의 매출을 달성하였음.
상용화 여부	▪현재 상용화 된 세포·유전자치료제 위탁개발생산(CDMO)에 활용되고 있음
연구개발과제	▪다품목 세포·유전자치료제 개발 GMP 최적화 기술
연구개발기관	▪이엔셀㈜
연구개발결과 및 기대효과	▪세포·유전자치료제와 같은 첨단바이오의약품은 표준화되지 않은 제조공정으로 인해 기존 바이오의약품 대비 높은 불량률을 나타내고 있음. ▪회사는 줄기세포, 면역세포, 엑소좀, 유전자치료제 등 다양한 종류의 세포 · 유전자치료제 맞춤형 생산을 위 한 공정개발이 가능한 다품목 세포 · 유전자치료제 개발 GMP 최적화 기술을 개발하였으며, 이를 통해 회사 및 고객사의 고품질의 치료제를 안정적으로 생산이 가능함. ▪회사는 이를 통해 2018년 창업 이후 2024년 1분기 기준으로 누적 260억의 매출을 달성하였음.
상용화 여부	▪현재 상용화된 세포·유전자치료제 위탁개발생산(CDMO)에 활용되고 있음.

(5) 성장성 분석

성장성이란 주주이익의 성장을 말한다. 기업에 투자한 주주들은 기업의 성장에 따라 주가가 상승하여 투자이익을 얻게 된다. 주주들이 추진하는 근본 목적은 여기에 있다. 초기 투자하는 주주들은 증권시장의 지수변동보다 개별주식의 가격 상승에 따른 이익을 목적으로 하며 투자한다. 본 사례에서는 기업 성장전략과 사업의 확장 가능성 및 공모자금 사용 계획에 대해 설명하였다. 여기서는 기업 성장전략과 사업의 확장 가능성 및 공모자금 사용계획을 설명한다.

(6) 기업의 성장전략

회사가 개발하는 제품들에 대하여 설명하고 특히 첨단바이오의약품 위탁개발생산(CDMO) 사업의 미래 발전성에 대하여 언급하였다. 한편, 첨단바이오의약품 연구개발 경험이 풍부한 전문인력에 대하여 미래 발전성을 언급하였다.

사례 기업의 성장전략

(1) 기업 성장전략

회사는「다품목 세포, 유전자치료제 개발 GMP(제조 및 품질관리) 최적화 기술」을 바탕으로 하여, ① 첨단바이오의약품 위탁개발생산(CDMO) 서비스 사업과 ② 샤르코-마리-투스병, 듀센 근디스트로피, 근감소증과 같은 희귀/난치 근육 질환 대상 차세대 세포유전자치료제 신약 개발 사업을 영위하고 있습니다.

CDMO 사업의 경우, 국내뿐만 아니라 노바티스, 얀센, 다국적 제약사들과의 협력을 통해 당사의 사업 영역을 확장 중이며, 2023년 기말 기준 누적 매출 242억원을 달성하였습니다. 이는 당사의 다품목 세포,유전자치료제 개발 GMP(제조 및 품질관리) 최적화 기술이 지속적인매출로 시현됨을 보여줌으로써, 핵심 기술력의 가치를 증명하였다고 볼 수 있습니다.

또한 회사는 첨단바이오의약품 연구개발 경험이 풍부한 전문인력 중심으로 차세대 중간엽줄기세포치료제 및 조직특이 근육타기팅 AAV플랫폼 개발 등의 연구개발을 진행 중입니다.

연구개발본부의 신약개발 전문성을 바탕으로 희귀/난치 근육 질환인 샤르코-마리-투스병, 뒤센 근디스트로피병, 근감소증 파이프라인에 대해서 비교적 짧은 기간만에 비임상연구를종료하고, 식약처로부터 임상시험계획을 승인받아 임상 연구를 수행 중입니다.

회사는 잠재적인 임상 실패 리스크를 안고 있는 신약개발 바이오 벤처와 달리, 첨단바이오의약품 CDMO 서비스 사업을 통해 핵심기술이 매출로 시현되는 모습을 지속해서 보여주고 있어 안정적인 성장전략을 보유하고 있다고 판단됩니다. 중장기적으로는 해당 CDMO서비스사업의 매출 및 영업이익을 통하여 신약 연구개발을 더욱 가속화 …중략…

(2) 사업의 확장가능성

회사가 영위하고 있는 세포유전자치료제 위탁개발생산(CDMO) 서비스 사업 분야는 첨단재생의료 및 첨단바이오의약품에 대한 국가적 …중략…

(3) 공모자금 사용계획

금번 코스닥시장 상장공모를 통해 조달된 공모자금 중 회사로 유입되는 순수입금 23,353백만원이며, 예상유입자금 전액은 향후 2년간 예상 자금수요를 충당하기 위하여 사용할 계획입니다. 공모자금 입금 후 실제 투자집행 시기까지의 자금보유기간에는 국내 제1금융권 및 증권사 등 안정성이 높은 금융기관의 상품에 예치할 계획이며, 자금의 사용시기가 도래하여 단기간 내에 자금의 사용이 예상되는 경우에는 회사의 단기금융상품 계좌 등에 일시 예치하여 운용할 계획입니다.

회사는 CGT(세포유전자치료제) GMP시설을 바탕으로 첨단바이오의약품 CDMO 사업을 영위하고 있습니다. 산업 내 규제로 인하여 첨단바이오의약품 임상의 진행과 허가 이후와 관련하여 GMP시설이 보다 더 중요한 역할을 차지하게 되었으며, 첨단바이오의약품 관련 바이오제약기업들의 생산 아웃소싱 서비스에 대한 수요 또한 증가하고 있습니다. 하지만 산업 특성상 바이오의약품 생산시설 건축에는 상당 규모의 투자가 사전에 필요하기 때문에, 회사는 금번 공모자금을 통해 CDMO 사업의 Capacity를 증가시키기 위하여 2025년까지 GMP 제4공장을 구축할 계획을 가지고 있습니다. GMP 제4공장은 유전자치료제 전용 생산공장으로 구축될 예정이며, 회사는 해당 신규 공장에 바이러스 벡터 Suite와 충전 Suite 등의 설비를 구축할 계획입니다. 회사의 제4공장 구축과 관련하여 예상되는 총 금액은 아래와 같습니다.

공모자금 사용계획(단위: 백만원)

구분		2024년	2025년	합계	비중
시설자금	4공장 구축 (주1)	5,500	7,500	13,000	55.67%
연구개발	임상시험	1,703	2,140	3,843	16.46%
	인건비	864	1,172	2,036	8.72%
	재료비	631	642	1,273	5.45%
	기타 연구개발비용	500	660	1,160	4.97%
	소계	3,698	4,614	8,312	35.59%
운영경비		950	1,091	2,041	8.74%
소요자금 합계		10,148	13,205	23,353	100%

xx공장 구축 상세 계획은 아래와 같습니다.

- 시설투자의 개요: 유전자치료제 생산공장(GMP 제4공장) 구축
- 구축기간: 2024년~2025년
- 구축설비: viral vector suite(50L×2개), viral vector suite(200L×1개), 충전 suite 1개
- 예상 총투자금액: 300억원
- 자금조달방법: 공모자금 130억원+회사자체보유자금 170억원
- 예상 총투자금액 상세 증권신고서 제출일 현재 회사의 바이러스벡터 관련 설비 현황은 1개 라인이 존재하며, 공모 후 3개 라인을 추가 증설하여 전체 생산 Capa를 확장할 계획입니다. 생산 Capa 확장 완료시, 배치 수 기준 기존 17 배치/년에서 68배치/년으로 증가될 전망입니다. 도입 예정 설비별 단가 및 수량은 아래와 같습니다.

(7) 재무상황 분석

회사의 재무상황은 재무제표를 분식이나 왜곡을 하지 않는 정당한 회계처리를 하는 것이 제일이다. 재무제표에 나타나는 회사의 안정성은 부채비율이나 자기자본비율 또는 자본 잠식률 등으로 분석되고 경영의 안정화 및 발전에 따른 성장성 등이 중요하다.

재무적 성장성은 매출액, 영업이익, 1인당 부가가치 및 법인세 차감 전 계속사업이익의 성장성을 분석하였으며, 이들을 매출액으로 나누어 계산한 경상이익률의 성장률과 재무적 안정성을 부채비율이나 자본 잠식률 등으로 계산하고 외부 회계감사 결과를 말하는 감사의견 현황을 공시하였다.

사례 재무적 성장성

회사의 최근 3년간 성장성 지표는 다음과 같이 공시하였습니다.

최근 3개 연도 성장성 지표(단위: 천원)

	2024년도 1분기	2023년도	2022년도	2021년도
	(제7기)	(제6기)	(제5기)	(제4기)
매출액	1,790,340	10,525,887	7,367,362	3,908,696
(증감률%)	(118.34%)	(42.87%)	(88.49%)	(178.37%)
영업이익	(2,929,307)	(11,755,056)	(9,315,442)	(2,522,951)
(증감률%)				
1인당 부가가치	16,980	99,301	79,219	67,574
경상이익률	경상손실	경상손실	경상손실	경상손실

주1) 1인당 부가가치는 연간 매출액을 기말 종업원 수로 나누어 산출하였습니다.
주2) 경상이익률은 법인세차감전계속사업이익을 매출액으로 나누어 계산하였습니다.

회사의 매출액은 최근 3년간 지속적으로 성장 중입니다. 이는 세포유전자치료제 산업 발전과 더불어 매년 회사의 CDMO플랫폼을 활용하여 생산하는 고객사가 증가하고 있으며, 고객사의 개발 및 생산품목 확장, 임상시험 단계 진행에 따른 생산 의약품 생산량이 매년 증가하는 것에 기인합니다. 회사는 2021년부터 본격적인 매출이 발생하면서 고정비 부담이 감소하여 매출액 총이익률이 증가하는 추세였으나, 2022년 하남

제2공장의 본격적인 가동으로 신규 공장 가동에 따른 고정비가 증가, 신약개발 분야의 경상연구개발비 지출 등에 따라 지속적으로 영업손실을 시현 중입니다.

(1) 재무적 안정성

최근 3개 연간 안정성 비율(단위: 천원)

구 분	2024년도 1분기(제7기)	2023년도 (제6기)	2022년도 업종평균	2022년도 (제5기)	2021년도 (제4기)
부채비율(%)	15.22	15.69	52.81	-	-
자본의 잠식률(%)	-	-	-	195.75	37.63
재고자산 회전율(회)	4.64	6.00	4.83	4.48	5.37
매출채권 회전율(회)	4.40	7.42	5.21	12.95	30.14
영업활동으로 인한 현금흐름	(1,467,925)	(6,440,273)	-	(6,962,221)	(2,026,067)
특정인에 대한 자금의존 또는 자금 대여	-	-	-	-	-

주1) 업종 평균 자료는 2023년 12월에 한국은행에서 발간한 2022 기업경영분석 'C21 의료용 물질 및 의약품'의 지표를 반영하였습니다.
주2) 재고자산회전율=매출액/(기초 재고자산+기말 재고자산)
주3) 매출채권회전율=매출액 기초 매출채권 기말 매출채권

• **부채비율, 자본의 잠식률**

회사는 지속적인 연구개발 투자로 인해 지속적으로 영업손실 및 (−)의 영업현금흐름이 발생하고 있습니다. 또한, 회사는 IFRS 회계 기준에 따른 전환상환우선주의 부채평가에 따라 2022년까지 완전자본잠식상태를 지속하고 있으며, 이에 따라 부채비율은 산출되지 않습니다.

• **재고자산 회전율**

회사의 재고자산은 CDMO 생산에 필요한 원재료 및 부자재로 구성되어 있으며, 대부분의 재고자산이 제품생산에 필요한 원재료로 구성되어 있어 장기재고 등의 위험은 제한적입니다. 재고자산 금액은 매출액 및 수주 증가와 더불어 같이 증가하고 있어, 연도별로 유사한 수준의 재고자산 회전율을 보여주고 있습니다.

• **매출채권 회전율**

회사는 과거 매출채권이 회수되지 않은 경험이 없어 향후 매출채권의 미회수 위험은 제한적이라고 판단됩니다. 회사의 매출채권은 3개월 이내에 대부분 회수되고 있으며, 2023년 말 기준 발생 후 96일이 경과한 매출채권 1건(110백만원), 2024년 1분기 말 기준 발생 후 97일이 경과한 매출채권 1건(479백만원) 외에 3개월을 초과한 매출채권은 존재하지 않는 등 매출채권에 대한 위험은 제한적이라고 판단됩니다.

(2) 재무자료의 신뢰성

회사는 2019년 1월 1일 한국기업회계기준에서 한국채택국제회계기준으로 전환하였으며 IFRS 도입 이후 외부감사 및 지정감사에서 적정의견을 수령하였습니다.
또한 회사는 상장시 신뢰성 있는 내부회계관리를 위하여 2022년 3월 15일 내부회계관리규정을 제정하였으며, 회계법인에 컨설팅을 의뢰하여 내부회계관리제도를 구축하였습니다.
(회계법인명: 삼일회계법인, 구축기간: 2022.11.14~2022.12.12)상근이사 1인을 내부회계관리자로 지정하여 효율적이고 안정적으로 내부회계관리제도를 운영할 예정이며, 증권신고서 제출일 현재 내부회계관리제도 구축 및 설계의 효과성 평가를 위한 Risk-Control Matrix 작성과 운영의 효과성 평가를 위한 Test Program 작성을 완료하였습니다.
내부회계관리자는 내부회계관리제도 평가를 위한 평가조직을 구성하여 평가를 실시하고 내부회계관리 모범규준과 회사내 내부회계관리 규정에 근거하여 그 결과를 사업연도마다 감사와 이사회에 보고하고 외부감사인으로부터 내부회계관리자의 내부회계관리제도 운영실태평가보고서에 대한 검토의견을 받을 예정이며, 내부회계책임자는 내부회계관리제도가 원활히 관리·운영되도록 관련 임직원을 교육하고 필요한 설비를 지원할 예정이므로, 회사의 재무자료는 신뢰성을 확보하고 있다고 판단됩니다.
또한 회사는 상장시 신뢰성 있는 내부회계관리를 위하여 2022년 3월 15일 내부회계관리규정을 제정하였으며, 회계법인에 컨설팅을 의뢰하여 내부회계관리제도를 구축하였습니다(회계법인명: 삼일회계법인, 구축기간: 2022.11.14.~2022.12.12.).

상근이사 1인을 내부회계관리자로 지정하여 효율적이고 안정적으로 내부회계관리제도를 운영할 예정입니다.

최근 회계감사 현황

사업연도	감사의견	감사인	채택회계기준	수정사항 및 그 영향	감사인 지정	특기사항
제6기 (2023년)	적정	삼덕 회계법인	K-IFRS	해당사항 없음	2023.10.13	없음
제5기 (2022년)	적정	삼덕 회계법인	K-IFRS	해당사항 없음	2022.06.10	없음
제4기 (2021년)	적정	삼일 회계법인	K-IFRS	해당사항 없음	-	없음

(8) 경영환경 분석

본 IPO 분석에서는 경영환경 분석으로 다음의 4가지를 분석하였다. 경영의 가장 큰 환경은 역시 CEO이며 임직원 및 그 조직, 경영의 투명성, 안정성 및 독립성이다. 그러나 주주에 대한 언급은 없다. 기존의 주식은 주변 혈연 학연 관계나 친인척으로 구성되어 있을 가능성이 많고 상장에 따른 큰 자금의 유입으로 인한 주주의 상당한 변화에 비해 그리 큰 영향을 미치지 않는다고 판단한 듯하다. 그러나 경우에 따라서는 현 주주가 대주주가 되니 이들에 대하 강력한 분석은 필요할 것으로 보인다.

(가) CEO의 자질

CEO의 자질에 대하여는 다음과 같이 분석하였다. CEO가 독립적으로 경영을 수행할 수 있는가와 임직원 및 조직 경쟁력을 검토 하고 임직원들의 대표이사와의 관계 등을 검토하였다.

(나) 인력 및 조직 경쟁력

이 부분에서는 대표이사의 사업 창출 및 기술을 기반한 일자리 창출을 위한 노력을 강조하고 연구개발부문 인력 32명 중 박사 인력은 7명, 석사 인력은 17명으로 석/박사급 연구인력 비중이 76%에 달하며, GMP기술개발 인력은 품질/생산본부 합하여 총 52명이며 첨단바이오 의약품 생산 GMP공장 3곳을 동시에 안정적으로 운영하고 있음을 적시하였다.

사례 투자자 보호: 사업 원천 기술의 기술력시장성 검토

회사의 장종욱 대표이사는 첨단바이오의약품 개발부터 상용화까지 경험한 세포유전자치료제 개발 전문가입니다.
특히 메디포스트에서 6년 동안 중간엽줄기세포치료제 개발 및 상용화를 리드하였고, 2013년부터는 삼성서울병원 세포·유전자치료연구소/성균관대학교 삼성융합의과학원 융합의과학과 교수로 재직하고 있습니다. 삼성서울병원 내에 첨단바이오의약품 GMP를 구축하여 병원 연구결과의 임상시험 진입 및 사업화를 주도하여 회사의 창업에 이르게 되었습니다.
또한, 삼성서울병원이 수주한 대형 국책과제인 보건복지부 연구중심병원 R&D 육성사업 과제 2건(1유닛 312억원, 4유닛 311억원), 총 623억원의 유치를 주도하고 성공적으로 운영하였으며, 그 밖에도 식약처, 한국연구재단, 과학기술정보통신부, 보건복지부에서 지원하는 다양한 국책과제의 책임자를 맡아 성공적으로 연구를 수행한 바 있습니다. 특히 보건복지부 연구중심병원 R&D 육성사업 1유닛(유닛명: 줄기세포 응용 재생치료제 실용화 플랫폼 구축)을 8년 동안 세부 책임자(4세부: 줄기세포 재생치료제의 GMP 기반기술 및 차세대 기술 연구)로 이끌면서 체감한 첨단바이오의약품 CDMO 수요를 반영하여 회사를 창업하였고, …중략…

(다) 경영의 투명성 및 안정성

회사의 대표 이사 및 임원은 증권신고서 제출일 기준 최근 5개년 동안 중요한 민형사상의 소송에 연루된 바가 없다는 점과 2018년 이후 다수의 대형 투자기관으로부터 투자를 받아 경영상 주요사항에 대해 투자자의 구두 또는 서면동의를 득하고 있으며, 임원과 관련한 불투명한 자금사용 등 경영투명성과 관련한 미비점은 발견되지 않았음을 강조하였다. 아울러 이사와 감사 5명의 명단을 첨부하였다.

(라) 경영의 독립성

회사는 상장 준비 과정에서 이사회의 감시 및 견제 기능을 하는 감사를 최대주주와 특수한 관계가 없는 인원으로 교체 선임하고, 사외이사 1인을 신규 선임하여 적정 이사회 요건을 충족하고 있다.

회사는 증권신고서 제출일 현재 상법 상 적정 이사회 구성 요건을 충족하고 있으며, 이사회가 공정하고 합리적으로 운영되고 있는지 감사의 견제를 받고 있다는 점과 대표이사 및 임원은 증권신고서 제출일 기준 최근 5개년 동안 중요한 민형사상의 소송에 연루된 바가 없다는 점을 중복하여 다시 한 번 강조하였다. 회사의 등기임원 현황 및 주요 경력을 첨부하였다.

3) 기타 투자자 보호 방안

증권의 상장으로 투자자에게 불이익이 주어진다면 이는 바람직하지 않은 것이 된다. 따라서 대표주관회사와 상장사는 대상회사의 상장이 투자자에게 좋지않은 영향을 주게 되지 않는가를 면밀히 살펴 투자자에게 불이익이 돌아가지 않도록 하여야 한다.

회사는 기업의 계속성이나 안정성 기업지배구조 및 내부통제제도 등의 측면에서 특별한 문제점을 보이지 않고 있고 건전한 경영철학과 비전을 보유하고 있으므로 상장 후 투자자 보호 및 코스닥시장의 건전한 발전을 저해하지 않을 것으로 판단하고 있다.

본 IPO 과정에서는 기타투자자 보호에 대하여 상당히 여러 가지를 논술하고 있는데, 주로 회사의 미래 수익력 향상 또는 안정성에 관한 내용이다. 여기에서는 회사 사업인 '바이러스 벡터 CDMO 사업 중 1) 사업 원천 기술의 기술력시장성과 2) 바이러스 벡터 CDMO 매출 실현 가능성을 들었다.

(1) 바이러스 벡터 CDMO 사업

사례 기타투자자 보호: 사업 원천 기술의 기술력 시장성 검토

회사는 핵심기술인 다품목 첨단바이오의약품 개발 GMP(제조 및 품질관리) 최적화 기술을 통해 제품마다 생물학적 특성과 제조 방법이 다양해 획일화된 방법으로 생산이 어려운 첨단 바이오의약품에 대한 대량생산 및 품질관리 서비스(CDMO)를 주요 사업으로 영위하고 있습니다.

첨단바이오의약품은 2010년대 후반 주요 제품이 승인되기 시작한 초기단계의 시장으로 아직 규모가 크지 않지만, 주요 제품의 성장과 파이프라인의 증가 추세에 힘입어

2026년까지 연평균 30% 이상의 높은 성장이 기대되고 있습니다.
첨단바이오의약품은 대체치료제가 없거나 생명을 위협하는 중대한 질환, 치매, 파킨슨, 척수손상, 당뇨 등 현재 적절한 치료법이 없는 희귀·난치질환 등에 대한 근본적인 치료 대안으로 주목받고 있는 기술입니다.
통상 의약품의 경우 높은 안정성과 유효성이 요구되기 때문에 제조 및 관리에 있어 GMP(Good Manufacturing Practice)와 같이 규제기관의 엄격한 기준을 충족하여야 합니다.

(2) 바이러스 벡터 CDMO 매출 실현 가능성

회사는 투자자 보호 영역에 자사의 주요 기술인 바이러스 벡터 CDMO 매출 실현 가능성을 들었다. 시장 조사 결과 당 제품의 기술력 대비 시장 가능성이 확인되었다는 것이다. 회사의 적시 내용은 다음과 같다.

사례 기타투자자 보호: 바이러스 벡터 CDMO매출 실현 가능성

- **레퍼런스 역량**

회사가 목표하는 바이러스 벡터 CDMO 서비스 시장은 초창기 시장 형태로 레퍼런스 역량(유관 업무 수행 경력) 보유 기업의 시장 점유율 상승 및 매출 성장이 돋보이는 시장으로 조사되었습니다. 해당 시장 형태는 비교적 성숙/소규모 시장의 형태를 띠며, 기성숙 시장에 비해 비교적 소규모 시장 참여자들로 구성되어 레퍼런스 역량을 갖춘 선도업체의 성장률이 전체 시장 성장률과 비슷하거나 초과하는 형태를 보입니다.
회사의 바이러스 벡터 CDMO 서비스와 관련한 레퍼런스 역량은 유관 업무 수행을 통한 매출 발생 이력의 보유와 이를 통한 구축된 고객사와의 네트워크, 그리고 바이러스 벡터를 …중략…
또한, 회사는 현재 바이러스 벡터 CDMO를 의뢰할 수 있는 15개의 개발사와 비밀유지계약서를 체결하였으며, 이 중 다수의 잠재적 고객사들의 파이프라인 진척도를 수시로 확인하며 지속적으로 논의하고 있습니다. 이러한 네트워크는 고객사들의 파이프라인 개발 과정 중 CDMO 서비스가 필요한 정확한 시점에서의 협력 가능성을 높이며, 회사의 시장 입지를 강화하는데 큰 도움이 됩니다. 잠재적 고객사와의 긴밀한 관계 유지는 CDMO 사업의 지속적인 성공에 중요한 요소로 작용합니다.

바이러스 벡터 종류	비밀유지계약 완료 개발사 수
Lenti Virus	7개사
AAV	6개사
기타	2개사

유전자 변형 세포치료제는 Lenti Virus 등을 이용하여 유전자를 도입, 세포치료제의 유전자를 변형시키는 것이 일반적입니다 . 회사는 바이러스와 유전자 변형 세포치료제를 동시에 생산할 수 있는 국내 유일의 회사입니다. 또한, 회사는 현재 유전자 변형 세포치료제인 CAR-T 치료제 및 유전자 변형 줄기세포 치료제 임상 물질을 생산하며 매출을 발생시키고 있으며, 동시에 다국적 제약사인 노바티스와 얀센의 CAR-T 반제품 생산도 담당하고 있습니다.

이러한 경험은 고객들이 회사에게 Lenti Virus 생산과 유전자 변형 세포치료제를 동시에 onestop형식으로 의뢰할 유인책이 됩니다. 고객사는 여러 업체와의 협력 없이 회사를 통해 한 번에 모든 제조 공정을 완료할 수 있습니다. 이러한 장점은 시간과 비용을 절감할 수 있게 하여 고객사의 만족도를 높이는 데 기여합니다.

회사의 생산공정 및 공급 역량

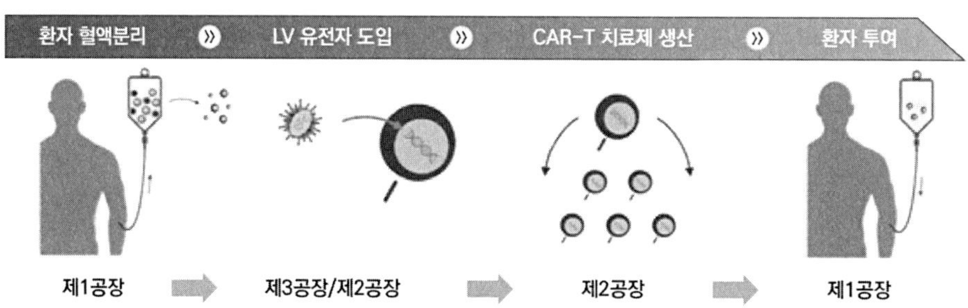

• **배양 역량**

바이러스 벡터는 생산세포를 숙주로 활용하여 대량 생산이 진행됩니다. 세포의 생존율 및 상태 등은 바이러스 벡터의 생산 효율에 큰 영향을 미치기에, 원료가 되는 세포 배양은 바이러스 벡터 배양 공정의 시작점으로 매우 중요한 의미를 가집니다.

회사는 세포치료제 CDMO 서비스에서 시작된 완성도 높은 세포 대량배양 플랫폼을 이미 갖추고 있으며, 이를 기반으로 다수의 세포치료제 세포은행을 구축한 바 있습니다. 치료제 등급의 세포은행 구축 이력은 바이러스 벡터 생산세포주 세포은행의 구축 전문성으로 이어집니다. 이를 바탕으로 고객사 제품의 임상 진입을 위한 생산 공정 기간을 단축시킬 수 있으며, 바이러스 벡터 CDMO 서비스 경쟁력으로 작용하고 있습니다.

3. 희망공모가격 산정

증권시장에 상장 초기 매도가를 제시하는 것을 공모가격이라 한다. 공모를 주관하고 컨설팅을 하는 전문가인 대표주관회사는 공모가를 제시하기 앞서 자신들의 평가 결과를 근거로 한 공모가를 범위로 제시하는데, 이 범위를 희망공모가격(밴드)이라 한다.

상장하려는 기업은 대표주관회사를 선정하고 대표주관계약을 체결하며 고강도의 기업실사를 거치는 것은 작게는 적정한 공모가격을 산정하여 증권시장에 상장을 위함이며, 크게는 시장을 보호하고 자본시장에 흠이 가지 않도록 하기 위함이다. 앞 절에서 산업분석을 하여 외부환경을 분석하였으면 기업 내부자원을 활용하여 경영을 했을 때 성취할 수 있는 목표를 설정할 수 있다. 이때 미래 이익이 산정되었으면 이를 현재가로 환산하고 주식 수로 나누어 주당 가격을 계산할 수 있는데, 이를 적절히 할인하여 시장에 내는데, 초기 시장 진입가를 공모가라 한다.

1) 제시 공모가 종합의견

(1) 공모가 제시

분석기관(대표주관회사의 주요 의무가 분석·평가이므로 평가·분석기관이라고 기술하기도 한다)은 상장 예정법인의 공모주식의 공모가에 대한 의견을 제시한다.

이 의견 제시는 기업실사 과정을 통하여 발행회사로부터 수취한 정보 및 자료를 근거로 하여 코스닥 시장 상장법인으로서의 조건 충족 여부 및 상장 과정에서의 희망 공모가액 제시 범위(공모가 밴드)와 그 산정 논리 및 적정성에 대한 판단을 범위로 한다.

이 평가의견은 공모주식 발행 회사의 코스닥 시장 상장 및 공모주식의 가치평가를 검토 및 산정하기 위해 제공받은 정보 및 자료에 기초한 합리적 추정 및 판단이 포함된다. 이 보고서의 평가에 관한 부분은 ① 기업심사 결과와 평가를 기록한 상장 환경분석과 ② 공모가격 산정에 관한 부분 및 ③ 재무추정의 3가지로 구분된다. 이 중 공모가격 산정 부문은 본 증권 신고서 중 가장 핵심적인 부분으로 본 보고서 전체의 논리를 유지하고 있는 것이다.

이 공모가격 산정 부분은 두괄식 형식으로 기재되며 평가결과를 먼저 기재하고 근거들을 제시하는 형식으로 되어 있다.

(2) 기록할 내용

제시 공모가에 대한 의견에는 평가기관이 수행한 평가의 전반적인 사항을 기입한다. 종합의견 부분에 기록할 내용은 다음과 같다.

① 종합의견부의 명칭

② 평가 방법

③ 평가 모델

④ 적용 재무수치

⑤ 계산식

⑥ 적용의 근거

⑥－1 평가 대상기간 마지막 연도의 당기순이익

⑥－2 ⑥－1의 평가시점의 현재가치

⑥－3 유사기업 PER

⑥－4 최종 발행 주식 수(상장시점)

⑥－5 주당 평가가액(상장일의 공모가액)

⑥－6 할인율(주당 평가가액에 대한 할인율)

⑦ 공모가 산정결과

⑧ 공모가 산정의 방법: 논거를 간략히 기록

평가 결과에 기록할 내용(⑥-5, ⑦)

① 희망공모가액을 제시한다는 의견

② 희망공모가액: 범위로 제시(밴드)

③ 확정공모가액: 단일금액 제시

④ 확정공모가액 결정 방법: 발행회사와 협의 하였으면 그 내용, 중요한 판단의 근거가 있을 경우는 그 근거

⑤ 확정공모가액의 불확정성, 이 제시금액은 가변적이며 확정될 수 없다는 뜻을 표시함. 즉, 국내외 경기의 변화, 주식시장의 상황, 산업의 변화, 경영 및 영업 환경의 변화 등에 따라 가변적이라는 뜻을 기록해 둠

⑥ 수요 예측에 관한 사항, 기관 투자가를 대상으로 수요 예측을 하였으며 발행회사와 협의 하였다는 내용을 기록해둠

⑦ 기타 필요한 사항

(3) 희망공모가액의 제시

평가기관은 대상기업의 공모가를 다음과 같이 제시하였다. 여기에는 확정공모가액이 포함되어 있다.

구분	내용
희망공모가액	13,600원~15,300원
확정공모가액	15,300원
확정공모가액 결정방법	수요예측 결과 및 주식시장 상황 등을 감안하여 대표주관회사와 발행회사가 협의하여 확정공모가액을 결정하였습니다.

사례　희망공모가 산정·제시

본 기업은 상대가치법(유사기업 PER)에 따라 증권신고서 제출일 현재 당해 연도 및 추후 3년간(2024년~2027년)의 손익을 추정하여 공모가를 산정하였으며, 산정시 직접 활용된 당기순이익은 다음 표에서 제시하는 바와 같습니다.

공모가 산정 요약표

<table>
<tr><td>평가방법</td><td colspan="4">상대가치법</td></tr>
<tr><td>평가모형</td><td colspan="4">PER</td></tr>
<tr><td>적용재무
수치</td><td colspan="4">추정치</td></tr>
<tr><td>적용산식</td><td colspan="4">공모가 = 추정 당기순이익 현재가치(①)
x 유사기업 PER(②) ÷ 주식수(③) x {1 - 할인율(④)}</td></tr>
<tr><td rowspan="7">적용근거</td><td colspan="2">구 분</td><td>수 치</td><td>참고사항</td></tr>
<tr><td>①</td><td>2027년 추정
당기순이익의
현재가치</td><td>7,335
백만원</td><td>4. 공모가격에 대한 의견 - 나. 희망공모 가액의 산출방법 - (4) 희망공모가액의 산출 - (다) 주당 평가가액 산출1)</td></tr>
<tr><td>②</td><td>유사기업 PER</td><td>30.47</td><td>4. 공모가격에 대한 의견 - 나. 희망공모 가액의 산출방법 - (4) 희망공모가액의 산출 - (나) 유사기업 PER 산출2)</td></tr>
<tr><td>③</td><td>주식수</td><td>11,181,016
주</td><td>4. 공모가격에 대한 의견 - 나. 희망공모 가액의 산출방법 - (4) 희망공모가액의 산출 - (다) 주당 평가가액 산출3)</td></tr>
<tr><td colspan="2">주당 평가 가액</td><td>19,988원</td><td>① x ② ÷③</td></tr>
<tr><td>④</td><td>주당 평가가액에 대한
할인율</td><td>23.46%</td><td>4. 공모가격에 대한 의견 - 나. 희망공모 가액의 산출방법 - (4) 희망공모가액의 산출 - (라) 희망공모가액 결정4)</td></tr>
<tr><td colspan="2">공모가 산정 결과(확정)</td><td>15,300원</td><td>수요예측 이후 발행회사와 협의하여최종 공모가액을 확정하였습니다.5)</td></tr>
</table>

주1) 7,335 = $13884/(1+0.2)^{3.5}$: 추정 2027년 당기순이익 13,884, 추정 연할인율: 20.0%

주2) 유사기업 PER중 최빈값을 선정

주3) 공모주식수(11,181,016) 산정: 기발행보통주식수(7,736,150) + 공모신주(1,566,800) +상장주선인분(87,004) + 주식매수선택권(695,837) + 전환우선주(1,095,225)

주4) 주당평가액 19,988원 대비 할인율 31.96%~23.46%의 밴드 13,600원 ~ 15,300원 중 하한율 23.46%를 선정(8%)

주5) 13,600원~15,300원의 하한율 해당액인 상위가(15,300)를 결정

(4) 확정공모가액의 결정

확정공모가액은 희망공모가액의 상한치 15,300원으로 결정하였다. 이 금액은 희망공모가의 범위를 13,600~15,300원으로 하였다. 다만 이 금액 밴드의 할인율은 35.24~23.46%인데 31.96~23.46%로 적은 것은 오타거나 특별한 의미가 있는 듯하다.

최종확정공모가: 15,300원

확정가는 발행회사와 대표주관회사 및 수관회사들 간 의견의 일치를 본 것이다 이후 주가 추이를 보면서 이후 초기 투자한 주주들에게 그리 큰 이익을 주지는 못하였으므로 증권시장에 크게 공헌을 하지는 못하였고, 그래도 현상을 유지하니 시장에 부정적 영향을 끼치지는 아니하였으므로 주관사 입장에서는 역할을 다하였다 할 것이다.

사례 확정공모가 결정

위 (3) 희망공모가액의 제시 사례 공모가산정요약표에서 제시한 확정공모가액은 이엔셀㈜의 절대적 가치가 아니며, 향후 국내 · 외 경기, 주식시장 상황, 산업 성장성 및 영업환경 변화 등 다양한 제반 요인의 영향으로 예측, 평가 정보는 변동될 수 있음을 유의하여 주시기 바랍니다.

금번 이엔셀㈜의 코스닥시장 상장공모를 위한 확정공모가액은 상기와 같이 제시된 희망공모가액을 바탕으로 국내외 기관투자자를 대상으로 수요예측을 실시하였으며, 수요예측 결과 및 주식시장 상황 등을 감안하여 대표주관회사인 엔에이치투자증권㈜와 발행회사인 이엔셀㈜와 협의하여 최종 1주당 15,300원으로 결정하였습니다.

2) 희망공모가액의 산출 방법

(1) 희망공모가액 평가방법 선정

희망공모가액을 산출하기 위해서는 평가방법을 선정하여야 하며 선정된 평가방법에 대한 합리적 논거가 제시되어야 한다. 가액평가에 적용할 수 있는 평가방법들을 예시하고 그 특성을 장단점으로 구분하여 설명하며 최종 선정되는 평가방법의 타당성 논거를 마련해갈 수 있다.

일반적으로 평가방법은 내재가치 평가모형인 현금흐름할인모형(DCF: Discounted Cash Flow Method), 본질가치 평가방법이 자산가치방식, 수익 가치방식 등과 상대가치 평가모형인 주식가치 배수법(P−multiple Method)과 기업가치 배수법(EV−multiple Method)으로 구분할 수 있다.

현금흐름할인모형은 미래의 현금흐름과 이와 대비되는 할인율[가중평균 자본비용(WACC: Weighted Average Cost of Capital)]을 적용하여 현재가치를 산정한다. 이 방법은 5년 이상의 미래현금흐름 및 할인율을 추정하여야 하며 비교기업의 선정 및 비교기업의 현금흐름 및 할인율 산정이 어려울 수 있다.

본질가치 평가방법은 최근 사업년도의 자산가치와 향후 2개년간 추정실적을 기준으로 한 수익가치를 1과 1.5의 가중치를 두어 산출하는 절대가치 평가방법의 한 방법이다. 그러나 자산가치는 역사적 가치로 기업가치를 평가함에 다소 미흡하며 이를 보완한 미래 수익가치는 2년 추정이 타당한가의 문제와 손익추정 자본 환원율 적용 등 평가자의 주관 개입 가능성 등의 한계점이 있다.

상대가치평가방법은 증권시장에 비교 대상기업과 동일/유사한 제품을 생산하여 비교 가능성이 높은 기업들이 존재하고, 주식시장이 이런 기업들의 가치를 평균적으로 올바르고 적정하게 금액(시가: Price)을 정하고 있다면, 이 기업들과 대상기업을 비교하여 평가함이 공정·타당할 수 있다. 그러나 적절한 비교기업이 있는가와 비교 대상 기업 선정의 오류 가능성 등은 그 한계로 지적되고 있다.

따라서 비교기업의 한계를 상장중인 많은 유사 기업들의 합리적 선정과정에 신뢰를 부여하고 상대가치평가방법을 선택하였다.

참고 비교기업의 문제(아시아경제 2024.9.3. 6면 유현석 기자)

적절한 비교기업의 선정은 상장하는 기업의 신뢰성을 높여준다. 반면 비교기업이 상상하는 기업에 비해 지극히 거대할 경우 증권신고서의 독자들로 하여금 상장 예정기업을 비교기업만큼 좋은 기업으로 인식하는 Halo효과(Halo Effect)가 생긴다.

토모큐브는 3차원 세포 이미징 전문기업으로 코스닥 기업공개(IPO)절차에 들어갔다. 이 회사 평가기관은 비교기업을 주가수익비율(PER)이 20배 수준이나 매출은 조 단위를 기록하고 있다.

토모큐브는 2015년에 설립, 홀로 토모그래피(Holo Tomography)기술 기반 세포 이미징 장비 및 분석 소프트웨어 개발기업, 홀로 토모그래피 기술은 세포손실과 변형없이 살아있는 세포나 오가노이드를 고 해상도로 실시간 관찰할 수 있는 토모큐브만의 독자적 기술로 3D 영상기술을 활용하여 살아있는 3차원 세포 구조체를 장기간 관찰 가능하며 기존 현미경으론 찾기 힘들었던 세포 내 독성을 찾아내고 오가노이드에 활용할 수 있다는 차별성이 있다.

주관사(대표 주관회사)는 대신증권이며, 비교기업은 미국 브로커(Bruker Corporation)와 칼 자이스메디텍(Carl Zeiss Meditec AG)이다. 양사의 PER은 각각 27.5배 및 27.6배이다. "토모큐브 외에 HT 기술을 기반으로 현미경 제품을 상용화한 회사는 전 세계적으로 매우 적고 상장 회사 중에는 없다. 사업의 유사성, 재무적 기준 등의 선정 기준에서 상기한 수준 이상을 충족하는 기업을 선정했다"고 증권 신고서에 적혀 있다. 회사는 2026년부터 이익이 발생할 것으로 본다. 이 해 매출과 영업이익은 163.5억원과 16.5억원이 될 것으로, 2027년에는 290.6억원 111.4억원으로 전망했다. 주당 평가가액은 15.675원이며 할인율은 14.51~30.46%로, 희망공모가는 10,900~13,400원이다. 공모에 의한 조달예정금액은 218억~268억원으로 80억원은 시설자금에, R&D와 마케팅 등에 135억원을 사용할 예정이다. 금번 토모큐브의 평가에서 우려되는 부분은 ① 비교기업의 매출액이 조 단위로 브로커와 칼 자이스메디텍의 2023년 매출은 각각 4.1조원 및 3.1조원이다. ② 최대주주 지분이 공모 전 지분율이 21.55%, 공모 후에는 18.07%이며 상장 후 추가자금 조달 시 더 떨어질 수 있다는 우려가 있다.

한편, 이에 앞서 상장한 아이빔테크놀로지가 토모큐브와 동일한 비교기업으로 공모가를 산정했으나 현재 주가는 부진하다. 희망공모가 7,300원~8,500원 대비 확정 공모가는 1만원으로 정하였으며, 8월 6일 코스닥 상장 첫날 13,360원으로 공모가를 넘겼으나 9월 2일 종가는 8,400원이다.

(2) 평가방법 선정

IPO 예비심사 문서작성의 다음 절차는 평가방법을 선정하는 것이다. 평가방법은 평가기관인 대표주관회사의 평가 책임자가 상장 예정기업의 대표나 실무자를 면담할 때 이미 개략적으로 결정을 해 둔 것이다. 여기서는 평가방법 선정에 대한 근거를 제시한다. 상장 대상법인의 가치 평가방법은 상대가치 평가법으로 한다. 주관적 의견이 들어가는 본질 가치평가 방법은 평가자 입장에서 주관을 객관화해야 하는 어려움이 있기 때문이다. 따라서 상대가치평가모형을 주로 선정하고 그 중에서도 기업의 성장성과 수익성을 가장 잘 반영하고 있는 PER법을 주로 활용한다.

PER(Price Earning Ratio)는 기업의 주가와 주당순이익(EPS)의 관계를 나타내는 비율로 주주들의 주식 선택에 대한 내적 원인을 밝혀주는 지표이다. 영업활동을 통한 수익력에 대한 시장의 평가와 성장성, 영업활동의 위험성 등이 총체적으로 반영되어 있다고 볼 수 있다. 따라서 특정 기업의 PER에는 소속산업의 비전과 함께 평가 대상기업의 수익성을 고려할 수 있고, 주식이 거래되면서 산업의 고유 위험과 기업의 고유 위험도 주가가 반영하게 된다.

현재가치할인모형(DCF)은 미래에 실현될 것으로 예상되는 기업의 연도별 현금흐름을 추정하고 이에 적정한 할인율(가중평균자본비용: WACC)을 적용하여 현재가치를 산정하는 방법이며, 산정하는 평가방법이며, 본질가치 평가방법은 최근 사업연도의 자산가치와 향후 2개년 추정실적을 기준으로 한 수익가치를 1과 1.5의 가중치를 두어 산출하는 절대가치 평가방법의 한 기법이며, 상대가치 평가방법(PER 비교, EV/EBITDA 비교, PSR 비교, PBR 비교, EV/Pipeline 등)은 분석대상 기업과 동일하거나 유사한 비교기업들이 존재하며, 분석대상기업과 비교기업을 비교, 평가하는 방법으로서 그 평가방법이 간단한 방법이다.

특정 평가방법을 사용할 시는 그에 대한 사유를 제시하면 된다. 평가기관의 PER 평가방법 선정 논리는 다음 예시와 같다.

사례 평가방법 선정

(1) 평가방법 선정 개요

일반적으로 주식시장에서 기업의 가치를 평가하는 방법으로는 절대가치 평가방법과 상대가치 평가방법이 있습니다.

절대가치 평가방법으로는 대표적으로 미래현금흐름의 현재가치 할인모형(DCF: Discounted Cash Flow Method)과 본질가치 평가방법이 있습니다. 미래현금흐름의 현재가치할인모형(DCF)은 미래에 실현될 것으로 예상되는 기업의 연도별 현금흐름을 추정하고 이에 적정한 할인율(가중평균자본비용(WACC: Weighted Average Cost Of Capital - 기업의 자본조달 원천별 가중치를 곱하여 산출한 자기자본비용과 타인자본비용의 합)을 적용하여 현재가치를 산정하는 평가방법입니다. 이를 위해서는 최소 5년 이상의 미래 현금흐름 및 적정 할인율을 추정하여야 하며, 비교기업과 비교하기 위해서는 비교기업의 미래현금흐름 및 할인율을 추정하여야만 상호 비교가 가능한 모형으로 이러한 미래 현금흐름 및 적정 할인율을 산정함에 있어 객관적인 기준이 명확하지 않고 평가자의 주관이 개입될 경우 평가 지표로서 유의성을 상실할 우려가 있습니다.

본질가치 평가방법은 2002년 8월 "유가증권인수업무에 관한 규칙" 개정 이전에 공모주식의 평가를 위해 사용하던 규정상의 평가방법으로 최근 사업연도의 자산가치와 향후 2개년 추정실적을 기준으로 한 수익가치를 1과 1.5의 가중치를 두어 산출하는 절대가치 평가방법의 한 기법입니다. 그러나 본질가치를 구성하는 자산가치는 역사적 가치로서 기업가치를 평가함에 있어 과거 실적을 중요시 한다는 점에 있어 한계가 존재합니다. 또한 이를 보완하는 향후 2개년간 추정손익에 의해 산정되는 수익가치는 손익추정시 평가자의 주관 개입 가능성, 추정 기간의 불충분성 및 자본환원율로 인한 기업가치의 고평가 가능성 등은 한계점으로 지적되고 있습니다.

상대가치 평가방법(PER 비교, EV/EBITDA 비교, PSR 비교, PBR 비교, EV/Pipeline 등)은 주식시장에 분석대상 기업과 동일하거나 유사한 제품을 주요 제품으로 하는 비교가능성이 높은 비교기업들이 존재하고, 주식시장은 이런 기업들의 가치를 평균적으로 올바르고 적정하게 평가하고 있다는 가정하에 분석대상기업과 비교기업을 비교, 평가하는 방법으로서 그 평가방법이 간단하고 연관성을 갖기 때문에 유용한 기업가치 평가방법으로 인정되고 있습니다.

그러나, 비교기업의 선정 과정에서 평가자(기관)의 주관적인 판단 개입 가능성과 시장의 오류(기업가치의 저평가 혹은 고평가) 등에 기인한 기업가치 평가의 오류 발생가능성은 상대가치 평가방법의 한계점으로 지적되고 있습니다. 이와 같이 상대가치 평가방법(PER 비교,EV/EBITDA 비교, PSR 비교, PBR 비교, EV/Pipeline 비교 등)을 적용하기 위해서는 비교대상 회사들이 일정한 재무적 요건 및 비교 유의성을 충족하여야 합니다. 또한 사업, 기술, 관련 시장 성장성, 주요 제품군 등 질적 측면에서 일정 수준 이상 평가대상 회사와 비교 유의성을 갖고 있어야 합니다.

(2) 평가방법의 선정

대표주관회사인 엔에이치투자증권㈜는 금번 공모를 위한 이엔셀㈜의 주당가치를 평가함에 있어 상기 평가방법 중 유가증권시장 또는 코스닥시장에 기상장된 유사회사를 이용한 상대가치 평가법을 이용하였습니다.

이엔셀㈜ 비교가치 산정시 PER 적용사유

적용투자지표	투자지표의 선정 논리
PER 배수법	PER(Price/Earning Ratio)는 해당 기업의 주가와 주당순이익(EPS)의 관계를 규명하는 비율로서 기업의 영업활동을 통한 수익력에 대한 시장의 평가, 성장성, 영업활동의 위험성 등이 총체적으로 반영된 지표입니다. 또한 개념이 명확하고 계산의 용이성으로 인해 가장 널리 사용되는 투자지표이기도 합니다. PER은 순이익을 기준으로 비교가치를 산정하므로 개별 기업의 수익성을 잘 반영하고 있을 뿐만 아니라, 산업에 대한 향후 미래의 성장성이 반영되어 개별 기업의 PER가 형성되므로, PER을 적용할 경우 특정산업에 속한 기업의 성장성과 수익성을 동시에 고려할 수 있고 산업 고유위험에 대한 Risk 요인도 주가를 통해 반영될 수 있습니다. 이에 따라 발행회사인 이엔셀㈜의 금번 공모주식에 대한 평가에 있어 상대가치 평가방법 중 가장 보편적이고 소속업종 및 해당기업의 성장, 수익, 위험을 반영할 수 있는 모형인 PER을 활용하였습니다.

(3) 대상에서 제외된 평가방법

아래에서는 다른 평가방법을 생각하는 증권신고서 독자를 위하여 다른 평가방식을 채택하지 아니한 이유를 설명한다. 여기서 설명의 대상이 되는 것은 주로 상대가치 평가방법으로 PBR, PSR 등의 P−multiple과 EV−EBITDA, EV−EBIT 등의 EV−multiple 등일 것이다. 절대가치평가방법인 DCF나 본질가치평가방법의 배제사유를 설명하였고 상대가치평가방법 중에서도 PSR 배수법을 선정한 이유를 변호하였다.

상대가치평가방법 중 PSR(주가·매출액 비율: Price Sales Ratio) 기업의 주가가 SPS(주당 매출액: Sales Per Stock)의 몇 배인가를 나타내는 지표로 기업이 적자가 날 경우에도 사용할 수 있다는 장점으로 PER의 보조지표로 쓰이기도 한다. PSR이 투자평가지표로 유용하기 위해서는 선정되는 비교기업들의 매출액이익률(EPS: Earning Per Sales)이 일정하여야 한다는 조건이 충족되어야 한다. 그러나 현실은 기업의 Start−up 단계나 R&D 투자액, 관리방식 등에 따라 큰 차이가 있다. 단순히 매출액으로 주가를 비교한다 하여도 주가를 수익성을 배제하고 외형적 크기만을 비교할 때 덤핑이나 관계사간 매출 등을 거르기 어렵다.

PBR(주가 순 자산 비율: Price Bookvalue Ratio)은 해당 기업의 주가가 BPS(주당 순 자

표 2-1 이엔셀(주) 비교가치 산정시 EV/EBITDA, PBR, PSR, EV/Pipeline 제외사유

제외투자지표	지표의 부적절 논거
EV/EBITDA	EV/EBITDA는 기업가치(EV)와 영업활동을 통해 얻은 이익(EBITDA)과의 관계를 나타내는 지표로 기업이 자기자본과 타인자본을 이용하여 어느 정도의 현금흐름을 창출할 수 있는 지를 나타내는 지표입니다. EBITDA는 유형자산이나 기계장비에 대한 감가상각비 등 비현금성 비용이 많은 산업에 유용한 지표로써, 회사 가치를 나타내는 데에는 적정한 지표로 사용되기 어렵다는 판단하에 가치산정시 제외하였습니다.
PBR	PBR(주가순자산비율)은 해당 기업의 주가가 BPS(주당순자산)의 몇 배인가를 나타내는 지표로 엄격한 회계기준이 적용되고 자산건전성을 중요시하는 금융기관의 평가나 고정자산의 비중이 큰 장치산업의 경우 주로 사용되는 지표입니다. 회사의 경우 금융기관이 아니며, 고정자산 비중이 크지 않아 순자산가치가 상대적으로 중요하지 않기 때문에 가치평가의 한계성을 내포하고 있어 가치산정시 제외하였습니다.
PSR	PSR(주가매출액비율)은 해당 기업의 주가가 SPS(주당매출액)의 몇 배인가를 나타내는 지표로 일반적으로 비교기업의 이익이 적자(-)일 경우 사용하는 보조지표로 이용되고 있습니다. PSR이 적합한 투자지표로 이용되기 위해서는 비교기업 간에 매출액 대비 수익률이 유사해야 하지만 현실적으로 기업마다 매출액 대비 수익률(ROS)은 상이하며, 단순히 매출액과 관련하여 주가 비교시에 수익성을 배제한 외형적 크기만을 비교하여 왜곡된 정보를 제공할 수 있기 때문에 가치산정 시 제외하였습니다.
EV/Pipeline	EV/Pipeline은 기업가치가 보유 파이프라인 시장규모의 몇 배인지를 나타내는 수치로, 현재 개발 및/또는 판매하고 있는 제품 파이프라인의 오리지널 의약품 시장규모, 개발 단계 및 성공가능성 등이 기업가치에 어느 정도 기여하고 있는지를 함의하는 배수입니다. EV/Pipeline 배수는 보유 파이프라인 시장규모 및 상업화 진행 단계가 기업가치에 중요한 역할을 할 때 적용할 수 있는 지표입니다. 특히 바이오시밀러 사업의 경우, 일반적으로 현재 개발 및 판매 중인 바이오시밀러 제품의 오리지널 의약품 시장규모, 바이오시밀러 파이프라인의 진행 단계 및 성공가능성 등에 따라 기업가치평가가 이루어집니다. 회사는 바이오시밀러 사업을 영위하고 있지 않고 희귀의약품 신약 파이프라인의 개발뿐만 아니라 CDMO 사업을 영위하고 있어 가치 산정시 제외하였습니다.

산-BookValue Per Stock)의 몇 배인가를 나타내는 지표이다. PBR은 엄격한 회계 기준이 적용되고 자산 건전성이 특히 중시되는 금융기관이나 상대적으로 유형자산(비유동자산)의 비중이 큰 장치산업의 경우 적용하기에 유용한 지표이다. 그 외의 부적절 사유는 주관기관의 논거를 참고한다.

EV-EBITDA와 EV-EBIT은 감가상각비의 차이로 EBIT(Earning Before Interest and Tax: 영업이익)에서 현금유출이 없는 비용인 DA(Depreciation and Amortization)를 더하여 현금흐름을 표시하는 현금이익을 계산한 것이 EBITDA(Earning Before Interest,

Tax, Depreciation and Amortization)이다.

EV－EBIT는 기업가치(EV)대 영업이익(EBIT)이므로 법인세와 영업외 손익을 감안하지 아니한 PER과 동일하다. 주가 산정에는 법인세나 지급이자(영업외 비용)도 감안하는 것이 타당하므로 EV－EBIT는 보다 더 효율적인 PER로 대체된다고 할 수 있다. 적자의 경우 PSR이나 EV－EBITDA가 고려된다.

한편 2027년부터 적용될 IFRS 18에서는 영업이익과 EBIT가 큰 차이를 보이지 않을 것 같다. 현재 다소의 회계 조작 수단으로 활용된 영업외 손익 항목들이 거의 사라지기 때문이다.

EV－EBITDA는 기업가치(EV)와 영업활동을 통해 얻는 현금흐름의 현금이익과의 관계를 나타내므로, 기업가치는 손익계산서상의 이익보다 현금흐름으로 산정하므로, 기업가치와 주가 산정의 지표로 적합하다고 할 수 있다. 다만, EBITDA가 가리키는 현금흐름은 기업 전체로서의 현금흐름(FCFF: Free Cash Flow to Firm)이므로 자기 과실과 타인자본 전체를 활용한 총 현금 흐름을 말하고, 주가는 자기자본에 대한 가치의 표시이므로 타인자본비용은 고려되지 않는다.

이를 보완하기 위해서는 FCFE(Free Cash Flow to Equity)를 계산해야 하는데, EBITDA(FCFF)는 손익계산서로부터 쉽게 구할 수 있으나 FCFE는 계산이 쉽지 않고, 이를 비교기업까지 적용하는 데는 많은 어려움이 있다. 그러나 평가대상 상장예상기업(차입금이 많지 않을 것으로 가정)이나 비교기업들의 재무상태로 차입금에 대한 감안을 하는 것이 타당하다.

본 사례에서는 EV－Pipeline 지표가 소개되어 있다. 이 지표는 해당 평가대상 기업의 가치가 확보한 파이프라인 시장규모의 몇 배 인지를 나타내는 지표로 보유 파이프라인의 시장규모와 기술성 및 경쟁력의 시장장악 가능성 규모 개발 성공 가능성 등이 기업가치에 주는 영향 등을 함의하는 배수이다. 이 지표가 유효할 경우 별도로 식별하여 사용할 수 있다. 전체 PipeLine의 이익률을 합하여 PER이나 EV－EBITDA 등과 연계하여 사용하여야 한다.

(4) 평가의 한계

상장되지 아니한 기업의 주식의 가격을 결정한다는 것은 주가에 미치는 영향이 매우 다기하다는 측면에서 참으로 어려운 일이다. 주주는 이익을 목적으로 하므로 이익을 기준으로 주가와도 비교를 해보고 비슷한 기업들의 주가와 그들과의 재무적 기술적 유사성을 가지고 상대가치를 산정해 보지만 그것이 정확하다고 할 수는 없다.

따라서 평가기관은 주식의 가치를 평가해 놓고 이를 결론으로 보지 않고 "희망"이라는 말을 붙이고 그 발표는 범위(구간)로 한다. 결정 판매가를 확정할 때도 전문가들을 동원한 수요예측과 환경을 감안하고 대표주관회사 독단적으로 결정하지 않고 발행회사와 협의 하였다는 문구를 넣어 주식 매수자들의 주의를 환기시킨다.

끝으로는, "금번 평가의 결과로 산출된 회사의 평가가치는 대표 주관회사가 그 가치를 보증하거나 향후 코스닥 시장에서 거래될 주가 수준을 예측하는 것이 아님을 유의하라"는 경고를 사용의 한계로 첨부한다.

사례 비교평가모형의 한계

회사의 주당 평가가액은 회사의 2027년 추정 주당순이익의 현가를 기준으로 PER을 적용하여 산출한 상대적 성격의 비교가치로서 회사의 기업가치를 평가하는 데 있어 절대성을 내포하고 있는 것은 아니며, 향후 발생할 수 있는 경기 상황의 변동 및 회사가 속한 산업의 성장성 및 위험, 회사의 영업 및 재무에 대한 위험 등이 계량화되어 반영되지 않았습니다.

또한, 회사의 2027년 주당순이익 추정을 위한 여러 가정 및 추정 주당순이익을 사업위험을 감안한 현재가치로 환산하기 위한 할인율에 대해 불확실성과 평가자의 자의성 개입 가능성이 있으며, 비교대상회사의 기준주가를 특정시점에서 산정하였으므로 향후 발생할 수 있는 비교대상회사의 주가변동에 의하여 회사의 주당 평가가액도 변화할 수 있습니다.

따라서 금번 평가의 결과로 산출된 회사의 평가가치는 대표주관회사인 엔에이치투자증권㈜가 그 가치를 보증하거나 향후 코스닥시장에서 거래될 주가수준을 예측하는 것이 아님을 유의하시기 바랍니다.

3) 비교기업 선정

(1) 비교기업 선정 기준

IPO를 담당하는 분석기관의 입장에서 가장 어려운 것은 비교기업을 선정하는 것일 것이다. 증권맨들은 대상기업을 국내에서 해외로까지 시각을 넓히고 가장 타당한 비교대상을 찾는다. [표 1－26]에 제시된 비교회사 선정 참고기준은 오래전 금감원에서 발표했던 내역인데, 지금도 어느 정도의 테두리는 제시하고 있다. 기타의 BIO기업의 비교기업 선정 기준과 본 평가에 적용된 비교기업 선정기준은 아래와 같다.

표 2-2 다른 유사 기업(BIO기업)의 비교기업 선정 기준

구분	선정기준	세부 검토기준	선정회사
1차	업종 유사성	한국표준산업분류상기초 의약 물질 제조업(C21100), 완제 의약품 제조업(C21210), 체외 진단 시약 제조업(C21301), 그 외 기타 의료용품 및 의약 관련 제품 제조업(C21309), 물 리, 화학 및 생물학 연구개발업(M70111), 의학 및 약학 연구개발업(M70113), 그 외 기타 분류안된 전문, 과학 및 기술 서비스업(M73909)에 속하는 상장회사	총 233개사
2차	재무 유사성	① 2024년3분기 LTM 기준 영업이익 및 당기순이익(지배주주 귀속 순이익 포함) 시현 ② 결산월이 12월로 동일할 것	총 81개사
3차	사업 유사성	2차 모집단으로 선정된 기업 중 하기 ① 또는 ②를 만족하는 기업 ① 국내외 CGT(세포 및 유전자치료제)에 해당하는 바이오신약 임상 1상 이상 진행 기업 ② 바이오 헬스케어 위수탁서비스 전문 회사	총 7개사
4차	일반 유사성	① 최근 사업연도 감사의견 적정 ② 분석기준일(2025년 1월 8일) 1년 이내 합병, 분할 또는 중요한 사업양수도 등이 없을 것 ③ 비경상적 PER(10배 이하, 50배 이상) 제외	총 4개사 (현대바이오랜드, 드림씨아이에스, HK이노엔, 씨엔알리서치)

금번 회사에서는 다음의 기준에 의거 비교기업을 선정하였다.

표 2-3 비교기업 선정 대비표

순서	선정기관	검토내역	비고
1차	모집단 선정	상장회사 중 한국 표준산업분류표상 평가대상 회사나 동일/유사산업 분류에 속한 기업	산업 분류표상 동종 분류기업 조사
2차	사업유사성	사업명 또는 제품명으로 동종/유사사업체 발췌	
3차	재무유사성	사업 유사기업 중 ① 결산월 유사성 ② 당기순이익 시현성(분기 LT기준) ③ 공시 유사성	12월 말, 6월 말 등 최근 분기 기준
4차	일반유사성	다음 기준으로 선정 ① 외부 감사의견: 적정 ② 상장일자의 회사 특성 반영 여부 ③ 특정기간 거래정지, 관리종목지정, 기타 투자위험의 부존재 ④ 비정상적 손익 영향 여하 ⑤ PER 범위	PER 범위 ~배 구간 등

사례 비교기업선정

평가자는 회사의 업종, 사업, 재무 및 일반유사성을 고려하여 유한양행, 보령, 메디포스트, HK이노엔 총 4개사를 회사의 공모가격 산정을 위한 비교기업으로 선정하였습니다.

최종 선정된 비교기업은 회사와 유사한 사업을 영위하고 있으나, 주요 사업 및 매출의 차이가 존재합니다. 또한 사업전략, 영업환경, 시장 내 위치 등의 차이가 존재할 수 있으므로, 투자자께서는 비교참고 정보를 토대로 한 투자의사 결정 시 이러한 차이점이 존재한다는 사실에 유의하시기 바랍니다.

또한 국내 바이오 벤처기업과 해외 바이오 벤처기업의 사업 제반 환경이 규제 및 자금조달등 다양한 측면에서 다르다는 점을 고려하여 1차 구분에서 국내기업으로 한정했다는 점과 2차 구분에서 상대가치 평가법 중 PER을 사용하기 위하여 2024년 1분기 LTM(2023년 2분기~2024년 1분기)기준 당기순이익을 시현한 기업으로 한정하여 2024년 1분기 LTM 기준으로 당기순이익을 시현하지 못한 바이오 벤처 기업들이 비교기업에서 제외되었다는 사실에 유의하시기 바랍니다.

참고 상속세증여세법상의 비교기업 선정 방법

가. 유사상장법인의 요건

유사상장법인의 요건은 다음과 같다(평가심의위원회 운영규정, 2024.05.20. §19).

① 유사상장법인은 평가기준일 현재 다음 각 호의 요건에 모두 해당하는 유가증권시장 상장법인 및 코스닥시장 상장법인이어야 한다.

1. 일반기준(§19①1)
   가. 상장일로부터 6개월이 경과할 것
   나. 최근 2년간의 감사의견이 적정의견에 해당할 것
   다. 최근 2년간 경영에 중대한 영향을 미칠 수 있는 합병, 영업의 양수도, 분할 등이 없을 것
   라. 최근 2년간 기업회계기준 위배로 인한 조치를 받은 사실이 없을 것
   마. 최근 6개월 이내에 관리종목으로 지정된 사실이 없을 것
2. 업종기준(§19①2)

「소득세법 시행령」 제145조제1항에 따라 국세청장이 결정하는 기준경비율·단순경비율의 업종분류를 기준으로 하여 평가대상 비상장기업과 같은 중분류 이내에 해당하는 업종을 영위하되, 도·소매 및 소비자용품 수리업의 경우에는 소분류 이내에 해당하는 업종을 영위할 것. 이 경우 해당 비상장기업 및 유사상장법인이 2 이상의 업종을 영위하는 경우에는 매출의 비중이 가장 높은 업종을 주업종으로 한다.

3. 규모기준(§19①3)
   가. 유사상장법인의 총자산가액이 평가대상 비상장기업의 총자산가액의 5배를 초과하지 않을 것
   나. 유사상장법인의 매출액이 평가대상 비상장기업의 매출액의 5배를 초과하지 않을 것

• 이 경우 규모기준 가목의 총자산가액은 해당 법인이 법인세법 제50조에 따라 제출한 평가기준일이 속하는 사업연도의 직전 사업연도의 재무상태표상의 자산총계에 따른다.

• 나목의 매출액은 해당 법인이 법인세법 제60조에 따라 제출한 평가기준일이 속하는 사업연도의 직전 사업연도의 손익계산서에 기재된 매출액에 따른다.

4. 유사상장법인으로 선정할 수 없는 경우(§19④)

유가증권시장 상장법인 및 코스닥시장 상장법인이 다음 각 호의 어느 하나에 해당하는 경우에는 제1항의 규정에도 불구하고 유사상장법인으로 선정할 수 없다.

1) 「자본시장과 금융투자업에 관한 법률」 제9조제18항에 따른 집합투자기구
2) 「자본시장과 금융투자업에 관한 법률」 제9조제19항에 따른 사모집합투자기구
3) 「자본시장과 금융투자업에 관한 법률」 제249조의13에 따른 투자목적회사
4) 「자본시장과 금융투자업에 관한 법률 시행령」제6조제4항제14호에 따른 기업인수목적회사
5) 「독점규제 및 공정거래에 관한 법률」제2조제1의2호에 따른 지주회사
6) 「금융지주회사법」제2조제1항제1호에 따른 금융지주회사
7) 그 밖에 제1호부터 제6호까지와 유사한 법인

나. 유사상장법인의 선정방법

유사상장법인의 선정방법은 다음과 같다(평가심의위원회 운영 규정, 2024.05.20. §20).

① 업종분류기준: 비상장기업과 비교할 유사상장법인은 위 가(§19①각호)의 기준에 해당하는 법인으로서 같은 조항 제2호에 따른 업종분류를 기준으로 하여 세세분류가 같은 2 이상의 법인으로 하며, 세세분류가 같은 법인이 2개에 미달하는 경우에는 세분류, 소분류, 중분류까지 순차로 적용하여 2개 이상의 유사상장법인을 선정한다. 다만, 중분류까지 순차로 적용한 법인이 2개에 미달하는 경우 1개를 선정한다.

② 자본이익률기준: 제1항에 따라 선정된 유사상장법인 중에서 자본이익률이 평가대상 비상장기업의 자본이익률과 가장 근접한 상위 2개 법인과 하위 2개 법인을 유사상장법인으로 선정한다. 다만, 유사상장법인의 수가 각각 2개에 미달하는 경우에는 그 미달하는 법인을 유사상장법인으로 선정하며, 제1항 단서 규정에 의해 1개의 법인을 선정한 경우에는 그 법인을 유사상장법인으로 선정한다.

③ 자본이익률의 계산: 제2항에 따른 자본이익률은 평가기준일이 속하는 사업연도의 직전 사업연도의 재무상태표 및 손익계산서를 기준으로 다음 계산식에 의하여 계산한다.

자본이익률＝당기순이익÷자산총계

④ 1년 미만 사업연도: 제3항을 적용함에 있어서 1년 미만의 사업연도가 있는 경우에는 해당 사업연도의 자본이익률은 다음 계산식에 의하여 연으로 환산한 가액에 따른다. 이 경우, 월수의 계산은 달력에 따라 계산하되, 평가기준일이 속하는 달의 일수가 1개월 미만인 경우에는 1개월로 본다.

환산자본이익률＝1년 미만 사업연도의 자본이익률×(12월÷월수)

(비교) 비상장기업 주가비교평가(§22), 1주당 경상이익/순이익

제21조(비상장기업의 유사상장법인 주가 비교평가액의 계산방법)

① 평가대상 비상장주식의 유사상장법인 주가 비교평가액은 제1호에 따라 평가한 가액에 의하되, 그 가액이 제2호에 따른 가액보다 적은 경우에는 제2호에 따른 가액으로 한다.

1. 유사상장법인별로 제2항에 따라 계산한 유사상장법인의 주가 비교평가액의 단순평균값
2. 영 제54조제2항에 따라 계산한 해당 비상장주식의 1주당 순자산가치의 100분의 80

② 제1항제1호에 따른 유사상장법인의 주가 비교평가액은 제1호의 계산식에 의하여 계산한다. 다만, 부동산과다보유법인(소득세법 제94조 제1항제4호다목에 해당하는 법인을 말한다)에 해당하는 법인의 경우에는 1주당 경상이익과 순자산가액의 비율을 각각 2와 3으로 가중평균 한다.

1. 유사상장법인의 주가 비교평가액 = 유사상장법인의 1주당 가액×[{(비상장기업의 1주당 경상이익÷유사상장법인의 1주당 경상이익)×3(비상장기업의 1주당 순자산가액÷유사상장법인의 1주당 순자산가액)×2}÷5]
2. 제1호의 경상이익은 법인세차감 전 손익에서 다음 각 목의 금액을 차감하여 계산한다.
   가. 자산수증익　나. 채무면제익　다. 보험차익　라. 재해손실

③ 제2항에 따른 유사상장법인의 1주당 가액은 제20조제2항에 따라 선정된 유사상장법인의 평가기준일 이전 2개월간의 보통주의 종가평균액을 말한다. 다만, 2개월간의 기간 중에 증자·감자·주식의 액면분할 또는 액면병합 등의 사유가 발생하여 해당 평균액에 의하는 것이 부적당한 경우에는 그 사유가 발생한 날의 다음날부터 평가기준일까지의 최종시세가액 평균액에 따른다.

④ 제3항을 적용함에 있어서 평가기준일 현재 유사상장법인의 주식 액면가액이 평가기준일이 속하는 사업연도의 직전 사업연도말의 액면가액과 다른 경우에는 제3항에 따른 유사상장법인의 1주당 가액은 다음 계산식에 의하여 환산한 1주당 가액에 따른다.

유사상장법인의 환산 1주당 가액=제3항에 따른 유사상장법인의 1주당 가액×(직전 사업연도말의 액면가액÷평가기준일 현재의 액면가액)

유사상장법인의 환산 1주당 가액=제3항에 따른 유사상장법인의 1주당 가액×(직전 사업연도말의 액면가액 ÷ 평가기준일 현재의 액면가액)

제22조(1주당 경상이익 및 1주당 순자산가액의 계산방법)

① 제21조제2항에 따른 1주당 경상이익은 다음 계산식에 의하여 계산한 가액에 따른다.

1주당 경상이익={(평가기준일이 속하는 사업연도의 직전 사업연도의 경상이익÷평가기준일이 속하는 사업연도의 직전 사업연도말 현재 발행주식총수)(평가기준일이 속하는 사업연도의 직전 전 사업연도의 경상이익÷평가기준일이 속하는 사업연도의 직전 전 사업연도말 현재 발행주식총수)}÷2

② 제1항을 적용함에 있어서 1년 미만의 사업연도가 있는 경우에는 해당 사업연도의 경상이익은 다음 계산식에 의하여 연으로 환산한 가액에 따른다. 이 경우, 월수의 계산은 달력에 따라 계산하되, 평가기준일이 속하는 달의 일수가 1월 미만인 경우에는 1월로 본다.

환산경상이익=1년 미만의 사업연도의 경상이익×(12월÷월수)

③ 제1항을 적용함에 있어서 평가기준일이 속하는 사업연도 직전 사업연도 개시일부터 평가기준일까지의 기간 중에 증자 또는 감자를 한 사실이 있는 경우에는 증자 또는 감자 전의 각 사업연도 종료일 현재의 발행주식총수는 다음 각 호의 계산식에 의하여 환산한 주식수에 따른다.

1. 증자의 경우

환산주식수=증자 전 각 사업연도말 주식수×[(증자 직전 사업연도말 주식수 증자주식수) ÷ 증자 직전 사업연도말 주식수)]

2. 감자의 경우

환산주식수=감자 전 각 사업연도말 주식수×[(감자 직전 사업연도말 주식수-감자주식수)÷감자 직전 사업연도말 주식수)]

④ 제1항을 적용함에 있어서 평가기준일이 속하는 사업연도의 직전 사업연도말의 주식 액면가액과 직전 전 사업연도말의 주식 액면가액이 다른 경우에는 평가기준일이 속하는 사업연도의 직전 전 사업연도말의 발행주식총수는 다음 계산식에 의하여 환산한 주식수에 따른다.

환산 주식수=평가기준일이 속하는 사업연도의 직전 전 사업연도말의 발행주식총수×(평가기준일이 속하는 사업연도의 직전 전 사업연도말의 액면가액÷평가기준일이 속하는 사업연도의 직전 사업연도말의 액면가액)

⑤ 제21조제2항에 따른 1주당 순자산가액은 평가기준일이 속하는 사업연도의 직전 사업연도말의 재무상태표를 기준으로 다음 계산식에 의해 계산한다.
1주당 순자산가액=(자산총계-부채총계)÷발행주식 총수
1주당 순자산가액=(자산총계 부채총계)÷발행주식 총수

납세자는 국세청장이 작성하여 발표하는 유사상장법인 비교요소일람표를 비상장주식의 평가신청자격 해당여부 판정, 유사상장법인의 선정 및 비상장기업의 유사상장법인 주가 비교평가액의 계산 등에 이용할 수 있다.

상장 예정법인의 분석을 담당한 기관은 평가를 위하여 비교기업을 선정함에 상기 금융감독원의 지침을 참고하여 상장예정법인과 업종, 사업, 재무 및 일반유사성을 감안, 선정한다. 그러나 선정된 비교기업은 상장예정법인과 동일하지 않고 다른 환경 속에 있으므로 비교 대상기업으로 평가함에는 주요 사업의 내용, 매출의 차이, 사업전략, 영업환경, 시장과 경쟁력 등의 차이로 한계가 존재한다.

증권시장에서 기업을 보는 시각을 따라 유사기업을 선정해 가는 절차는 다음과 같다.

(2) 1차 선정: 모집단 선정 - 대상 비교기업 총 수 선정

비교기업이 될 수 있는 기업은 업종이 동일해야 한다. 본 사례에서는 산업분류기준에 의하여 1차 모집단 277개 기업을 선정하였으며 점차적 절차를 통하여 4개 기업을 선정하였다.

참고사례에서 조건을 발췌하여 비교기업을 선정한 확정 절차를 보면 다음과 같다. 이 4단계 절차를 거쳐 최종 유한양행, 보령, 메디포스트, HK이노엔 등 4개 기업이 선정된 것이다.

산업분류기준에 의하여 선정된 모집단 기업의 수는 277개이다.

회사는 한국표준산업분류상(M70113) 의학 및 약학 연구개발업을 영위하고 있으며, (C20100) 기초화학물질 제조업, ▷ (C21000) 의료용 물질 및 의약품 제조업, ▷ (M70113) 의학 및 약학 연구 개발업, ▷ (M73900) 그 외 기타 전문, 과학 및 기술 서비스업에 속한 유가증권시장 또는 코스닥시장 상장회사를 1차 유사회사로 선정하였다. 이 결과 C20100(기초화학물질 제조업에 43개사, C21000(의료용 물질 및 의약품 제조업)

사례 비교기업선정

(가) 비교기업 선정 요약

구분	선정 기준	세부검토기준	선정회사
1차	모집단 선정	상장회사 중 한국표준산업분류상 (주)이엔셀와 동일 산업 분류 및 유사산업 분류에 속한 기업 ① (C20100) 기초화학물질 제조업 ② (C21000) 의료용 물질 및 의약품 제조업 ③ (M70113) 의학 및 약학 연구 개발업 ④ (M73900) 그외 기타 전문, 과학 및 기술 서비스업	- (C20100) 기초화학물질 제조업:43개사 - (C21000) 의료용 물질 및 의약품 제조업:172개사 - (M70113) 의학 및 약학 연구 개발업:50개사 - (M73900) 그외 기타 전문, 과학 및 기술 서비스업: 12개사 → 총 277개사
2차	사업 유사성	1차 모집단으로 선정된 기업 중 하기 ① 또는 ②를 만족하는 기업 ① 신약 임상: (a) 또는 (b) 관련 1상 이상 임상 파이프라인 진행 기업 (a) 국내외 희귀의약품 지정 임상 신약 (b) 국내외 CGT(세포 및 유전자치료제)에 해당하는 바이오신약 임상 ② CDMO: 국내 CGT(세포 및 유전자 치료제) CDMO 사업을 영위하는 기업	
3차	재무 유사성	2차 유사회사로 선정된 기업 중 ① 결산월이 12월인 기업 ② 2024년 1분기 LTM(2023년 2분기~2024년 1분기)기준 당기순이익(지배기업의 소유주에게 귀속되는 당기순이익, 없을 경우 별도 당기순이익)시현 기업 ③ 2024년 1분기 재무수치가 공시된 기업	→ 총15개사
4차	일반 유사성	① 2023년 1월 1일 이전 상장한 기업 ② 최근 사업연도 외부감사인의 감사의견 적정 여부	→ 총 4개사 (유한양행, 보령, 메디포스트, HK이노엔)

구분	선정 기준	세부검토기준	선정회사
		③ 2023년 1월 1일 이후 거래정지되거나 관리종목, 투자위험종목, 불성실공시, 기업회계기준 위배로 인한 조치를 받은사실이 없을 것 ④ 2023년 1월 1일 이후 합병, 분할 또는 중요한 영업 및 자산의 양수도, 주요 경영진의 변동, 소송 및 사법/행정기관 제재(유가증권시장공시규정 제7조제1항제2호라목 혹은 코스닥시장공시규정 제6조제1항제2호라목에 해당하는 경우에 한함) 등 기업가치에 중대한 영향을 미치는 사건이 없었을 것 ⑤ 2023년 이후 매출액 또는 손익구조 30%(대규모법인 15%)이상 변경 공시 발생 기업 중 비경상적 손익(당기순이익 변동률 100% 초과) 발생하지 않았을 것 ⑥ 2024년 1분기 LTM(2023년 2분기~2024년 1분기) 지배기업의 소유주에게 귀속되는 당기순이익 기준 PER 50배 이상의 비경상적인 멀티플 여부 (지배기업의 소유주에게 귀속되는 당기순이익이 없을 경우 별도 당기순이익 기준)	

172개사, (M70113) 의학 및 약학 연구 개발업에 50개사, (M73900) 그 외 기타 전문, 과학 및 기술 서비스업에 12개사, 합 277개사가 용의선상에 올랐다.

이를 유사기업 선정의 모집단으로 한다.

사례 1차 모집단의 선정

1차 선정작업 - 산업분류기준에 의한 모집단 선정

회사는 경우 한국표준산업분류상 (M70113) 의학 및 약학 연구개발업을 영위하고 있으며, CGT(세포 및 유전자 치료제) CDMO 사업 및 희귀/난치 근육 질환 대상 차세대 세포유전자치료제 신약 개발 사업을 영위하고 있습니다. 회사의 주요 기술 및 사업적 특성을 고려하여 한국표준산업분류상 ▷ (C20100) 기초화학물질 제조업, ▷

(C21000) 의료용 물질 및 의약품 제조업, ▷ (M70113) 의학 및 약학 연구 개발업, ▷ (M73900) 그 외 기타 전문, 과학 및 기술 서비스업에 속한 유가증권시장 또는 코스닥 시장 상장회사를 1차 유사회사로 선정하였습니다.

1차 모집단의 선정

한국표준산업분류	해 당 회 사
(C20100) 기초화학물질 제조업	KPX홀딩스, 일진다이아, KPX케미칼, 태경산업 등 43개사
(C21000) 의료용 물질 및 의약품 제조업	유나이티드제약, 신풍제약, 명문제약, 대웅제약 등 172개사
(M70113) 의학 및 약학 연구 개발업	프레스티지바이오파마, SK바이오팜, 셀리드, 압타바이오 등 50개사
(M73900) 그 외 기타 전문, 과학 및 기술 서비스업	지씨셀, 엔젠바이오 등 12개사
계	277개사

참고 국가과학기술표준분류체계(개정)

『국가과학기술표준분류체계』 고시가 개정되었음

그림 2-5 국가과학기술표준분류체계의 변경

개정 전 체계(2018-2022)

	연구분야	대분류	중분류	소분류
과학기술	자연	4	47	339
	생명	3	49	448
	인공물	9	112	858
인문사회과학	인간	5	61	546
	사회	9	88	634
	인간과학과 기술	3	14	73
합계	연구분야 6개	33	371	2,898

개정 체계(2023년 이후)

연구분야	대분류	중분류	세부영역
자연	4	47	2,799
생명	3	47	
인공물	9	109	
인문사회학	3	60	
인간 과학과 기술	3	14	
연구분야 5개	22	277	2,799

상세분류 내역은 '국가과학기술표준분류체계(2023. 2. 10) 참고

1. 개정이유

○ 「과학기술기본법」 제27조 및 동법 시행령 제41조에 의거하여

2018년 개정한 「국가과학기술표준분류체계」에 대해 관련기관의
개정수요 및 신기술 경향 등을 반영하여 개정안 마련
2. 개정 주요내용
○ 대분류 22개, 중분류 277개, 세분영역 2,799개 체계로 개정

(3) 2차 선정: 사업유사성에 의한 검증

2차 선정기준은 사업유사성 기준으로 검증하여 선정한다(2차 선정결과: 1차 선정 277개 대상업체 중에서 55개사 선정).

회사가 자체적으로 개발하고 있는 세포치료제는 초기 계대 탯줄 유래 중간엽 줄기세포의 대량 생산을 통한 차세대 중간엽 줄기세포 치료제로 샤르코－마리－투스병(CMT)과 듀센 근디스트로피(DMD)와 같은 희귀/난치 질환 기술에 해당하는 ▷ 국내외 희귀의약품 지정 신약 임상 1상 진행 파이프라인을 보유한 기업이거나 CGT(세포 및 유전자 치료제) 신약 임상 1상 진행 파이프라인을 보유한 기업 ▷ CGT CDMO 사업을 영위하는 기업으로 재분류하여 아래와 같이 55개사를 선정하였다.

사례 2차 비교기업 선정

2차 선정작업(사업유사성)

회사는 핵심기술인 '다품목 세포·유전자 치료제 개발 GMP(제조 및 품질관리) 최적화 기술'을 기반으로 세포치료제, 유전자치료제 등의 첨단바이오의약품의 CDMO 사업을 영위하고 있으며, 해당 기술 및 생산 인프라를 기반으로 자체적으로 세포치료제 등(EN001-CMT, EN001-DMD, EN001-SP 등)을 개발하고 있습니다. 회사가 자체적으로 개발하고 있는 세포치료제는 초기 제대 탯줄 유래 중간엽 줄기세포의 대량 생산을 통한 차세대 중간엽 줄기세포 치료제로 샤르코-마리-투스병(CMT)과 듀센 근디스트로피(DMD)와 같은 희귀/난치 질환을 타깃으로 하여 개발하고 있습니다.
1차 선정 유사회사 중 회사와의 사업 유사성을 검토하기 위해 ▷ 국내외 희귀의약품 지정 신약 임상 1상 진행 파이프라인을 보유한 기업이거나 CGT(세포 및 유전자 치료제) 신약 임상1상 진행 파이프라인을 보유한 기업 ▷ CGT CDMO 사업을 영위하는 기업으로 재분류하여 아래와 같이 55개사를 선정하였습니다. 2차 선정기준에 따른 비

교기업은 자의적인 선정을 지양하고자 1차 비교회사의 2024년 1분기 분기보고서(12월 결산법인의 경우)의 『II. 사업의 내용 - 6. 주요계약 및 연구개발활동』의 라이센스아웃(License-out) 계약 및 연구 개발진행 총괄표 등에 상기 기준에 해당하는 내용이 기재된 경우로 한정하여 선정하였습니다.

분석기준일 현재 2024년 1분기 분기보고서를 제출하지 않은 법인의 경우 2023년 사업보고서 또는 투자설명서 등 분기보고서에 준하는 사항을 확인할 수 있는 가장 최신의 보고서를 기준으로 판단하였으며, 사업 유사성 판단 시 계약 규모나 시기 등은 별도로 고려하지 않았습니다.

2차 비교기업의 선정

No.	기업명	임상 진행 정도			CDMO	선정 여부
		희귀의약품 국내 1상 이상	희귀의약품 (글로벌 1상 이상)	CGT (1상 이상)	CGT	
1	동화약품	X	X	X	X	X
2	유한양행	O	O	X	X	O
3	DL	X	X	X	X	X
4	유유제약	X	X	X	X	X
5	일동홀딩스	O	O	X	X	O
6	삼천당제약	X	X	X	X	X
7	삼일제약	X	X	X	X	X
8	JW중외제약	X	X	X	X	X
9	백광산업	X	X	X	X	X
10	삼성제약	X	X	X	X	X
145	나노	X	X	X	X	X
146	테고사이언스	X	X	O	X	O
147	HK이노엔	X	X	O	X	O
		- 중략 -				
273	원익홀딩스	X	X	X	X	X
274	아미노로직스	X	X	X	X	X
275	텔콘RF제약	X	X	X	X	X
276	디앤디파마텍	X	O	X	X	O
277	그리드위즈	X	X	X	X	X

1차 산업분석에서 모집단으로 선정된 277개 동종산업 내 기업들에 대하여 2차 사업 유사성을 기준으로 ① 신약임상 상황, ② CDMO 사업을 추진하는지를 기준으로 유사기업을 선정하였다. 이 결과 당 기준에 맞는 유사기업이 2차 단계에서 55개 기업

이 선정되었다.

(4) 3차 선정: 재무유사성에 의한 검증

결과: 2차 선정 55개사 중에서 15업체 선정

3차에서 재무적으로 유사한 기업을 선정함에 있어서의 기준은 2차 유사회사에 속한 회사 중 결산일이 일치하는가의 여부, 필요한 공시가 되었는가, 2024년도 1분기 LTM 기준 당기순이익을 시현한 법인인가의 공통분모를 선정하여 3차 비교기업을 선정하였다. 그룹 또는 지배회사 형태인 경우는 연결재무제표가 작성되며 단독기업일 경우는 개별재무제표가 제출되고 한국기업의 경우는 금융감독원의 공시시스템에 회계감사보고서 및 재무보고서가 공시된다.

사례 3차 선정작업

3차 선정작업(재무유사성 기준 비교기업의 선정)

2차 유사회사에 속한 회사 중 ▷ 12월 결산법인이 아닌 회사를 제외하고, ▷ 2024년 1분기 재무수치가 공시되었으며, ▷ 2024년 1분기 LTM 기준(지배기업) 당기순이익(지배기업의 소유주에게 귀속되는 당기순이익이 없을 경우 별도 당기순이익)을 시현한 회사로 재분류하여 아래와 같이 총 15개사를 선정하였습니다.

3차 비교기업의 선정

No	기업명	결산월	기준 통화	2024년 1Q LTM지배기업 당기순이익	2024년 1Q LTM별도 당기순이익	선정 여부
1	유한양행	12	KRW	126,562,788	95,178,982	O
2	일동홀딩스	12	KRW	(53,286,271)	(4,481,308)	X
3	한독	12	KRW	(26,698,926)	(2,907,682)	X
4	부광약품	12	KRW	(28,336,359)	(14,665,685)	X
5	영진약품	12	KRW	-	371,235	O
6	보령	12	KRW	52,253,825	50,811,219	O
7	삼진제약	12	KRW	-	13,242,884	O
8	파미셀	12	KRW	-	1,514,448	O
			- 중략 -			
50	SK바이오팜	12	KRW	(17,682,049)	(8,509,068)	X

No	기업명	결산월	기준 통화	2024년 1Q LTM지배기업 당기순이익	2024년 1Q LTM별도 당기순이익	선정 여부
51	지아이이노베이션	12	KRW	-	(57,185,051)	X
52	큐로셀	12	KRW	-	(39,121,778)	X
53	에이프릴바이오	12	KRW	-	(13,649,945)	X
54	프레스티지바이오파마	06	KRW	(24,530,620)	(4,276,674)	X
55	디앤디파마텍	12	USD	확인 불가	확인 불가	X

주1) 연결재무제표 미작성법인의 경우 별도 재무제표상 당기순이익으로 판단하였습니다.

(5) 4차 선정: 일반유사성에 의한 검증

4차 선정 작업에서는 3차 선정보다 더 엄격한 기준을 적용하여 비교기업 대상 숫자를 더 줄였다(4차 선정 결과: 3차 선정 15업체에서 4개사 선정).

4차 선정기준은 3차에서 선정된 기업에서 ① 상장일 기준 ② 외부감사의견 ③ 거래정지, 관리종목지정, 투자 위험종목, 불성실 공시, 기업회계기준 위배에 따른 조치 여부 ④ 합병·분할 또는 중요한 영업이나 자산 양수도, 주요 경영진의 변동, 소송 등 제재 ⑤ 매출액 또는 손익구조 제한 ⑥ PER 50배 기준 등에 대한 판단을 하여 선정한다. 최종 선정된 유사기업은 유한양행, 보령, 메디포스트 및 HK이노엔이다.

사례 4차 선정작업

4차 선정작업(일반유사성 기준 비교기업의 선정)

3차 유사회사에 속한 회사 중 ① 2023년 1월 1일 이전 상장한 기업 ② 최근 사업년도 외부감사인의 감사의견 적정 여부 ③ 2023년 1월 1일 이후 거래정지되거나 관리종목, 투자위험종목, 불성실공시, 기업회계기준 위배로 인한 조치를 받은 사실이 없을 것 ④ 2023년 1월 1일 이후 합병, 분할 또는 중요한 영업 및 자산의 양수도, 주요 경영진의 변동, 소송 및 사법/행정기관 제재(유가증권시장공시규정 제7조제1항제2호라목 혹은 코스닥시장공시규정 제6조제 1항제2호라목에 해당하는 경우에 한함) 등 기업가치에 중대한 영향을 미치는 사건이 없었을 것 ⑤ 2023년 이후 매출액 또는 손익구조 30%(대규모법인 15%)이상 변경 공시 발생 기업 중 비경상적 손익(당기순이익 변동률

100% 초과) 발생하지 않았을 것 ⑥ 2024년 1분기 LTM(2023년 2분기~2024년 1분기) 지배기업의 소유주에게 귀속되는 당기순이익 기준

PER 50배 이상의 비경상적인 멀티플 여부(지배기업의 소유주에게 귀속되는 당기순이익이 없을 경우 별도 당기순이익 기준)를 판단하여 4개사를 최종 비교기업으로 선정하였습니다.

4차 비교기업의 선정

회사명	2023년 이전 상장 여부 (상장일)	최근 사업연도 감사의견이 적정일 것	2023년 이후 관리종목, 투자위험 종목, 불성실 공시, 기업 회계기준 위배로 인한 조치를 받은 사실이 없을 것	2023년 1월 1일 이후 합병, 분할 또는 중요한 영업 및 자산의 양수도, 주요경영진의변동, 소송 및 사법/행정기관 제재(유가 증권시장공시규정 제7조제1항제2호라목 혹은 코스닥 시장공시규정 제6조제1항제2호라목에 해당하는 경우 에 한함) 등 기업가치에 중대한 영향을 미치는 사건이 없었을 것	2023년 이후 매출액 또는 손익구조 30% (대규모법인 15%)이상 변경 공시 발생 기업 중 비경상적 손익(당기순이익 변동률 100% 초과)이 발생하지 않았을 것	비경상적인 멀티플 (PER 50배 이상)을 나타내지 않을 것 (Outlier 제거)	선정 여부
유한양행	O (1962-11-01)	O	O	O	O	O (48.12)	O
영진약품	O (1973-06-25)	O	O	X (23.03.22소송 1심패소)	O	X (1024.73)	X
보령	O (1988-10-24)	O	O	O	O	O (12.40)	O
삼진제약	O (1988-06-18)	O	O	X (24.05.20벌금 등의 부과 24.01.10 품목에 따라 15일 및 1개월 제조업무정지)	O	O (20.86)	X
파미셀	O (1988-05-20)	O	O	X (24.05.10 경영권분쟁소송제기)	O	X (221.93)	X
- 중략 -							
종근당	O	O	O	O	X	O	X

	(2013-12-06)				(2022년 대비 2023년 당기순이익 167.1% 변동)	(6.27)	
HK 이노엔	O (2021-08-09)	O	O	O	O	O (18.76)	O
에스티팜	O (2016-06-23)	O	O	O	O	X (76.79)	X
하나제약	O (2018-10-02)	O	O	X (24.01.22 3개월 일부 품목 판매업무정지 및 과징금 139.5억원 부과)	O	O (9.76)	X

이 표에서 유한, 보령, HK가 선정여부 란에 O가 표시되어 있음을 볼 수 있다.

15개 기업을 전수 이와 같이 법규준수 여부 등을 검증하여 벤치마킹할 수 있는 유사기업을 찾아낸다. 여기서는 4개 기업을 선정하였다. 다음과 같은 검토표를 작성할 수도 있다.

회계감사 수감 검토표

회사명	상장 '23 이전	2년 감사의견	거래정지 관리종목 등	합병·분할 소송 등	매출액 손익구조 30%	PER 50배 초과	유사 여하
XXX ㈜							

(6) 비교기업 선정결과 및 더 유의할 사항

4단계에 걸쳐 선정기준을 주고 비교기업을 선정하였으면 선정된 기업들에 대하여 실질적으로 비교기업으로서의 대상이 되는지에 대하여 검토하여야 한다. 비교기업들의 PER을 산정하고 이를 상장 예정기업과 대비하여 공모가를 계산하였을 때 진실된 값을 왜곡시키지 않을 것인지가 검토의 대상이다. 사업 유형과 구조, 시장점유율, 인력 수준, 재무안정성, 소속 기업집단 내 지배구조 차이, 경영진, 경영 전략 등 주식가치에 영향을 미칠 수 있는 사항들에 차이점이 존재한다는 점을 이해할 필요가 있다는 것이다. 이들은 상장하려는 기업과 동일하지 않다. 앞서 예를 든 아이빔테크놀로지나 토모큐브는 비교기업이 외국계 기업이며 매출이 과다하고 상장 후 주가가 받쳐주지 못한다는 비판을 받았음의 상기가 필요하다.

사례 비교기업 선정 결과 및 더 유의할 사항

비교기업 선정 결과 및 유의할 사항

대표주관회사인 엔에이치투자증권㈜는 상기 선정기준을 충족하는 유한양행, 보령, 메디포스트, HK이노엔 총 4개사를 최종 비교기업으로 선정하였습니다.

그러나 회사와 선정된 비교기업이 사업의 연관성이 존재하고, 매출 구성 측면에서 유사성이 일정 수준 존재하여도 상대가치 평가방법의 특성상 적합한 비교기업 선정 및 과정에 대한 완전성을 보장할 수는 없습니다. 사업 구조, 시장점유율, 인력 수준, 재무안정성, 소속 기업집단내 지배구조 차이, 경영진, 경영 전략 등 주식가치에 영향을미칠 수 있는 사항들에 차이점이 존재함을 유의하시기 바랍니다.

최종 비교기업의 2023년 온기 기준 인력 규모 및 매출 구조

회사명	주요 현황	
유한양행	인력 규모	등기임원 8명, 미등기임원 27명, 직원 2,002명
	매출 구조	약품사업부문 72.0%, 생활유통사업부문 11.6%, 해외사업부문 13.0%, 기타 3.4%
보령	인력 규모	등기임원 8명, 미등기임원 22명, 직원 1,589명
	매출 구조	의약품 제조, 판매 99.91%, 기타 0.09%
메디포스트	인력 규모	등기임원 7명, 미등기임원 11명, 직원 290명
	매출 구조	제대혈은행 47.63%, 줄기세포치료제 31.43%, 건강기능식품 13.92%, 기타 7.02%
HK이노엔	인력 규모	등기임원 6명, 미등기임원 19명, 직원 1,709명
	매출 구조	전문의약품 88.7%, 숙취해소 제품 등 11.3%

또한 회사의 희망공모가액은 선정 비교기업의 기준 주가를 특정 시점에서 적용하였기에 향후 발생할 수 있는 비교기업의 주가 변동에 따라서 회사의 주당 평가가액도 변동될 수 있습니다. 비교기업의 기준 주가가 향후 예상 경영성과에 대한 기대감을 반영하고 있을 가능성 등을 고려하면, 회사의 주당 평가가액은 회사와 유사회사의 과거 경영실적을 활용하고 있다는 측면에서 평가방법으로서 완전성을 보장받지 못할 수 있습니다.

4. PER 평가방법을 통한 상대가치 산출

1) 평가방법

PER은 회사의 주가가 회계상 주당순이익(EPS: Earning Per Share = 당기순이익 ÷ 발행 총 주식수)의 몇 배인지를 나타내는 비율이다. PER은 상장기업으로 회사가 적자가 아니면 계산할 수 있으며, 대부분의 기업에 손익계산서만으로 간단하게 계산하여 적용할 수 있다. 산업 및 기업 특성에 따른 위험과 성장률을 반영하고 있으며 특히 수익성을 표방하는 대표적 계수이다.

대상기업의 당기순이익은 재무추정에서 구해진다. 대상기업의 당기순이익에 비교기업 PER 배수를 곱하여 대상기업 기업가치를 구한다.

각 비교기업의 PER, 대상기업의 기업가치를 구하는 방법은 다음과 같다.

비교기업(유사기업) PER 배수 = Σ비교기업 PER ÷ 비교기업 수
비교기업 개별 PER = 비교기업 개별 주가(기준주가) ÷ 비교기업 개별 주당 이익
비교기업 개별 주가(기준주가) = Min(1개월종가, 1주일종가, 전일의 종가)
1개월종가: 1개월간 종가의 거래량 가중평균
1주일종가: 1주일 종가의 거래량 가중평균
전일 종가: 분석기준일 전일의 종가
비교기업 개별 EPS = 비교기업 당기순이익 ÷ 주식수
비교기업 개별 PER = 비교기업 주가 ÷ 비교기업 개별 EPS

(1) 비교기업 기준주가 산정

비교기업의 PER 산정을 위하여 기준주가를 산정한다. 이들 비교기업들의 주가를 얼마로 보아야 하는가는 매우 중요하다. 주가는 하루에도 수없이 변하기 때문이다.

이때는 주가를 대표할 수 있는 지표인 일일 종가를 사용한다. 한 번만으로는 특정일의 변동성 때문에 기준일 종가가 대표성이 결여될 수 있으므로, 어느 정도 대표성

사례 비교기업 기준주가

비교기업 기준주가 산정

기준주가는 시장의 일시적인 급변 등 단기변동성 반영을 배제하기 위해 2024년 6월 27일(증권신고서 제출일로부터 3영업일 전일)을 분석기준일로 하여 1개월간(2024년 5월 28일~2024년 6월 27일, 22영업일) 종가의 산술평균, 1주일(2024년 6월21일~2024년 6월 27일, 5영업일) 종가의 산술평균과 분석기준일 전일의 종가 중 가장 낮은 가액을 기준주가로 적용하였습니다.

기준주가계산표

구 분		유한양행	보령	메디포스트	HK이노텍
기준주가 (Min[((A),(B),(C)])		75,936	9,430	6,554	36,240
분석기준일 종가(A)		79,300	9,430	6,630	37,500
기준전1주일평균종가		78,660	9,756	6,554	36,240
기준전1개월평균종가		75,936	10,155	6,669	36,677
일자 (1주일)	2024-06-27	79,300	9,430	6,630	37,500
	2024-06-26	79,600	9,670	6,610	37,150
	2024-06-25	78,800	9,810	6,590	36,450
	2024-06-24	78,000	9,730	6,460	35,150
	2024-06-21	77,600	10,140	6,480	34,950
(1개월)	2024-06-20	78,100	10,610	6,580	35,500
	2024-06-12	74,300	10,050	6,700	35,700
	2024-06-11	75,800	10,070	6,670	35,900
	2024-06-10	78,400	10,220	6,680	36,250
		-중략-			
	2024-06-05	79,600	10,330	6,720	37,650
	2024-06-04	78,500	10,390	6,750	37,700
	2024-06-03	75,000	10,340	6,780	38,100
	2024-05-31	68,800	10,280	6,780	38,650
	2024-05-30	69,800	10,290	6,800	38,300
	2024-05-29	69,700	10,410	6,850	37,250
	2024-05-28	70,300	10,480	6,760	36,150

을 갖는 ① 당일의 종가와 이 종가를 ② 1주일간 평균한 가액, 또 ③ 1개월간 평균한 가액을 쓰며 상증법에서는 이들 3개 가격을 평균하여 사용한다. 분석기준일은 증권신

고서 제출일로부터 3영업일 전일로 하며, 자연력 1개월간 종가의 산술평균, 자연력 1주일간의 종가의 산술평균이며, 분석기준일의 종가의 3가지 중 가장 낮은 가액을 기준 주가로 적용한다.

PER의 적용은 상장 예정법인의 일정한 미래이익에 반영한다. IPO를 통한 일정자금이 확보되고 목적하는 사업이 추진되면 IPO 후의 사업은 이전과는 다른 양상으로 전개될 것이며, 법인의 예측 가능한 미래 중 하나(약 3년 후)를 택하여 그 해의 이익을 현재가치로 할인한 이익에 PER을 적용하여 비교가치를 산정할 것이다.

이때 PER을 이용한 기업가치는 다음과 같이 계산된다.

대상기업 비교가치(기업가치) = 대상기업 주당 당기순이익 × 비교기업 PER 배수 대상기업 주당 당기순이익: 재무추정에서 당기순이익 ÷ 주식수 ÷ 현가계수 ※ 발행연도 당기순이익: 기준연도 추정 순이익의 할인가액 ※ 비교기업 PER: 비교기업별 PER ÷ 비교기업 당기순이익 ※ 현가계수: 유사기업 적용경험 있는 할인율 선택

(2) 비교기업 주식 수 산정

비교가치 산정 시 비교기업의 주식 수는 상장주식 수를 반영하게 되며 발행사의 발행 주식 수는 증권신고서 제출일 현재의 발행주식 총 수에 신주 모집주식 수, 희석화 가능 주식 수를 합하여 표시한다.

주식수(적용주식 수) 비교기업(유사회사): 분석기준일 현재 상장주식 수 대상기업(발행회사): 신고서 제출일 현재 주식 수 + 신주 모집주식 수 + 희석화 가능주식 수 + 상장주선인 의무인수주식 수 + 상장주선인 신주인수권 * 유사회사의 재무자료는 금융감독원 전자공시시스템의 자료 참조

PER 평가방법의 한계는, 미래 수년간의 이익을 추정하여야 하며 이 과정에서 여러 단계의 가정이 삽입된다거나 삽입될 수 있어 평가자의 자의성이 개입될 가능성이 있다는 것이다. 즉, 회사의 미래 사업 추진 내용에 대한 추정과 할인율 산정에 불확실성 및 자의성 개입 가능성이 존재한다.

(3) PER 방법 적용의 한계와 문제점

가치평가 방법으로 극복하지 못하는 요소들이 많다. 인위적 가치평가의 한계이며, 그 내용을 보면 다음과 같다.

1. 미래 여러 기간 재무추정(매출 및 이익 등) 및 할인율 추정에 불확실성 및 평가자의 자의성이 개입될 가능성이 있다.
2. 미래예상 재무추정에 쓰이는 자료들은 과거의 자료들이므로 과거로 미래를 추정한다는 분석의 내재적 한계가 존재한다.
3. 비교기업이 발행사와 동일업종과 동일 사업분야를 영위하여도 회사 간 고유한 사업구조, Product Mix, 마케팅 역량과 역점, 인력 수준, 경영진과 전략, 재무안정성 등에 따라 나타나는 결과는 상당한 차이가 있을 수 있다.
4. 업종이나 사업의 속성상 매출 시현 이전에 그 전제가 되는 기술 이전계약 체결, 연구인력의 보유·확보·유출방지 문제, 정부 정책의 변화, 법령의 개정이 유리하게 또는 불리하게 개정되는 등이 사업 실적이나 주가에 영향을 미칠 수 있다.
5. PER 배수 결정 요인에는 주당순이익 외에도 배당성향, 할인율, 성장률, 재무위험 등이 영향을 미치며, 그 외에도 자본금 및 순이익의 규모, 자금의 유보율 등 직접 비교하기 어려운 요소들이 많다.
6. PER은 타인자본을 감안하여 산정된 것이나 주가는 자기자본에 대한 것이다.
7. 비교기업들 간에도 적용 회계기준과 회계정책 등의 차이로 당기순이익은 달라지며 이는 PER에 영향을 미친다. 해외 기업과 비교할 때는 국가별 회계기준이 다르므로 유의할 점이 없는가 살펴야 한다.
8. 사업의 결손시에는 적용이 불가하며 이익이 극단적으로 적을 경우 비율이 너무 커진다.
9. 2027년 IFRS 18이 적용될 때의 영향을 고려하여야 한다.

(4) 유사기업 PER 산출

유사기업을 국내든 국외든 선정하였으면 이를 기업들을 토대로 상장 예정법인의 기업가치를 산정하여야 하므로 적용할 PER을 계산하여야 한다. 아직은 선정된 유사기업의 재무 수치 외에 감안할 요소는 없으며 선정 여부만 문제가 될 뿐이다.

회계기간이 손익 비교대상 기간과 다를 시(회계기간은 매년 1월 1일부터 12월 31일인데 이익 비교기간은 매년 7월 1일부터 익년 6월 30일 등) LTM(Last Twelve Months) 기준으로 손익 조정을 하여야 한다. 관련 비교기업의 PER을 산출하려면 아래 서식에 합당한 회계 수치를 산출하여 삽입하면 된다.

비교기업 PER 산출표

분석기준일: 20x5년 xx월 xx일 LTM기간: 20x5년 xx월 xx일 (단위: 천원)

비교기업명	결산기일	당기순이익	적용주식수	주당순이익	기준주가	PER	평균

참고: 1) 적용 주식수는 분석기준일 현재 상장주식 총 수임
2) 당기순이익은 연결재무제표 작성 법인의 경우 지배지분 순이익임.

사례 유사기업 PER

상기에서 산출한 기준주가 및 비교기업의 2024년 1분기 LTM(2023년 2분기 ~ 2024년 1분기) 기준의 (지배주주)순이익 수치를 비교하여 아래와 같이 적용 PER을 산출하였습니다.

2024년 1분기 LTM 기준 비교기업 PER 산출

(단위: 천원, 주, 원, 배)

구분	적용당기순이익(A) (주1)	적용주식수(B) (주2)	주당순이익 (C=A/B)	기준주가 (D)	PER (E=D/C)	평균
유한양행	126,562,788	80,209,064	1,578	75,936	48.12	30.47
보령	52,253,825	68,690,000	761	9,430	12.40	
메디포스트	5,264,901	34,217,785	154	6,554	42.60	
HK이노엔	54,741,388	28,329,891	1,932	36,240	18.76	

주1) 적용 주식수는 분석기준일 현재 상장주식총수입니다.
주2) 연결재무제표 작성법인의 경우 적용 당기순이익은 지배지분순이익을 기재하였습니다.

회사는 이런 방식으로 평균 PER 30.47을 얻었다. 그러나 여기에는 다음의 문제가 있다.

1. 비교대상 기업과 상장기업과의 규모차이가 너무 크다. 유한양행 같은 기업은 무려 매출액이 2조 원이 넘는 기업이고(2024 및 2023년도 각 2,067,791,451,854, 1,858,983,759,666원) 상장기업이 200억원의 매출이 발생한다고 할 때 물경 100배의 차이가 나며, 총자산은 각 2,942,048,836,634원과 2,812,305,590,753원으로 역시 100배 정도의 차이가 있으며, 유한양행의 주당이익이나 기준주가 및 PER 모두 월등하다. 유한양행이 이엔셀의 상장 비교기업으로 타당한지는 불명하다. 다만, 우리나라 상증법에서는 비교기업의 한도를 매출액이나 재산총액의 5배를 한도로 하고 있다.
2. 유사상장법인 규모기준을 정한 규정은 다음과 같다.

가. 유사상장법인의 총자산가액이 평가대상 비상장기업의 총자산가액의 5배를 초과하지 않을 것

나. 유사상장법인의 매출액이 평가대상 비상장기업의 매출액의 5배를 초과하지 않을 것

참고 평가심의위원회 운영규정(2024.05.20. §19①3(규모기준))

3. 기준주가는 6,554천 원에서 75,936천 원까지 무려 11.6배의 차이가 있으며, PER도 12.40%에서 48.12%까지 388.0%까지 차이가 있다.

사례 PER 평가의 다른 예

유사기업 PER 산출

1. 유사기업 선정 - 회사의 업종

회사는 항공, 공항 운영 관련 소프트웨어 전문기업으로서 독보적인 위치를 차지하고 있으며 현재 유가증권이나 코스닥 시장에서 직접적인 동종 경쟁기업을 찾기 어려운바 최근 코스닥 시장 상장 자료와 업종 등 유사성을 고려하여 핑거, 웹케시, 쿠콘, 브리지텍, 케이씨에스 총 5개 소프트웨어 전문업체를 유사기업으로 선정하여 적정 PER을 도

출함

한국표준산업분류상 다음 중 하나에 속하는 유가증권시장 또는 코스닥시장 상장회사

- 시스템 소프트웨어 개발 및 공급업(J58221)
- 응용 소프트웨어 개발 및 공급업(J58222)
- 컴퓨터 프로그래밍 서비스업(J62010)
- 컴퓨터 시스템 통합 자문 및 구축 서비스업(J58222)

2. 비교기업의 선정

업종과 규모 등을 감안하여 다음의 기업이 비교기업으로 선정됨

- 핑거, 웹케시, 쿠콘, 브리지텍, 케이씨에스

3. 비교기업의 PER 산출

2024년 1분기 LTM 기준 비교기업 PER 산출(단위: 백만원, 원, 주, 배)

구분	핑거	웹케시	쿠콘	브리지텍	케이씨에스
적용당기순이익(A)[주1)]	3,539	3,824	5,689	3,270	2,483
적용주식수(B)[주2)]	9,360,608	13,636,248	10,254,685	11,952,500	12,000,000
주당순이익(C=A/B)	378	280	555	274	207
기준주가(D)[주3)]	6,070	6,970	12,690	5,270	5,050
PER(E=D/C)	16.06	24.89	22.86	19.23	24.40
평균	21.49 배				

주1) 적용 당기순이익은 2024년 1분기 LTM 기준(지배주주) 당기순이익을 기재
주2) 적용 주식수는 평가기준일(2024년 8월 5일) 상장주식 총수
주3) 기준주가는 Min[1개월 평균종가, 1주일 평균종가, 기준일 종가, 평가기준일 종가 (2024.8.5.)]
※ LTM/TTM: Last Twelve Months/Trailing Twelve Months

참고 **비교기업으로 선정된 유한양행의 재무상황 등**

(1) 유한양행을 비교기업에 넣을 수 있는가

유한양행은 평가대상에서 제외 대상으로 보인다. 간단한 계산 예를 보이면 다음과 같다.

평가자의 비교회사 배제조건

이는 다른 증권신고서에도 동일함: ④ 비경상적 PER(10배 이하, 50배 이상)이 없을 것

당 이엔셀의 상장 예비심사신청일은 2023. 7. 27이므로 당 평가는 그 이전의 일자를 기준으로 했을 것인바, 가능성은 2023년 반기 1분기, 아니면 2022년 기말 재무제표일 것이다. 이 시기의 유한양행의 PER을 구해보면 다음과 같다. 본 시험평가에서는 당일, 1주일, 1달 평균주가 등으로 평가하지 않고 당일 주가로만 계산하였다. 주가추이를 보아 큰 변동은 없는 것으로 볼 수 있으며, 정밀평가를 하기 전에 이러한 시험적 평가를 해 보고 가능성이 있을 때 정밀평가로 들어가게 된다.

평가기준시점	주가	이익	발행주식수	EPS	PER
2022년 말일 경우	54,476	8,597mil	80,209,064	107	508.26
2023년 1분기일 경우	48,190	22,278mil	80,209,064	278	173.50
2023년 반기일 경우	57,524	30,875mil	80,209,064	385	149.44

위에서 언급한 3개의 기준 시점별 유한양행의 PER을 구하면 각각이 508.26, 173.50, 149.44로 평가자가 전제한 범위를 넘어선다. 이 경우에는 이 회사를 비교대상에서 제외해야 한다. 만약 유한양행을 제외하고 평가 대상회사에 적용할 PER을 구하면 24.6((12.4+42.6+18.76)/3)이 된다.

다만, 당해 평가는 오랜 경험을 가진 전문가들이 평가한 것일 것으로 본 저자가 보지 못한 것들이 있을 것으로 본 증권신고서의 평가가 맞을 것으로 판단한다. 다만, 본서는 독자들의 공부를 위한 것이므로 이런 경우는 이런 검증을 하여야 한다는 정도의 눈에 보이는 주의력을 하여야 한다는 의미로 설명하였다.

(2) 유한양행의 재무자료

참고로, 아래는 훌륭한 유일한 박사님의 유언을 업고 국가 사회에 크게 공헌하고 있는 유한양행의 재무상황과 연결포괄손익계산서 이익부를 보이면 다음과 같다. 그 규모만 보더라도 유한양행과 이앤셀을 직접 비교하는 것은 적절치 않다고 볼 수 있다.

기본 재무상황

구분	계정과목	제102(당)기	제101(전)기
연결재무상태표	유동자산	1,360,261,256,866	1,256,459,307,871
	비유동자산	1,581,787,579,768	1,555,846,282,882
	부채	791,378,826,075	711,649,335,160
	자본	2,150,670,010,559	2,100,656,255,593
	자본금	81,390,004,000	77,819,597,000
	부채와자본총계	2,942,048,836,634	2,812,305,590,753
연결 포괄손익계산서	매출액	2,067,791,451,854	1,858,983,759,666
	연구개발비	224,758,194,800	119,920,030,662
	법인세비용	6,268,414,683	571,397,555
	당기순이익	55,163,455,235	134,241,126,444

포괄손익계산서(2024년도, 3개년)

연결 포괄손익계산서
제102기 2024.01.01부터 2024.12.31까지
제101기 2023.01.01부터 2023.12.31까지
제100기 2022.01.01부터 2022.12.31까지

계정과목	제102기	제101기	제100기
매출액(주7,33)	2,067,791,451,854	1,858,983,759,666	1,775,846,942,745
매출원가(주13,31,34)	1,378,405,062,108	1,293,119,941,507	1,257,645,400,812
매출총이익	689,386,389,746	565,863,818,159	518,201,541,933
판매비와관리비(주27,31)	409,747,875,337	388,911,418,937	375,069,317,559
연구개발비(주18,31)	224,758,194,800	119,920,030,662	107,103,257,163
영업이익	54,880,319,609	57,032,368,560	36,028,967,211
기타수익(주28,33)	53,719,358,022	72,044,576,092	45,975,500,421
기타비용(주28)	98,599,886,616	60,984,591,387	43,307,301,269
금융수익(주29,33)	23,956,398,944	27,103,494,332	16,645,073,348
금융비용(주29)	19,397,356,560	15,951,253,526	17,227,654,806
지분법투자손익(주14)	46,873,036,519	55,567,929,928	56,811,788,583

계정과목	제102기	제101기	제100기
법인세비용차감전순이익	61,431,869,918	134,812,523,999	94,926,373,488
법인세비용(주30)	6,268,414,683	571,397,555	4,333,847,314
당기순이익	55,163,455,235	134,241,126,444	90,592,526,174
지배기업소유주지분	70,687,449,399	136,198,255,228	95,144,301,428
비지배지분	(15,523,994,164)	(1,957,128,784)	(4,551,775,254)
기타포괄손익	(1,336,306,885)	(16,262,109,860)	1,087,383,636
후속적으로 당기손익으로 재분류되지 않는 포괄손익	(12,204,259,234)	(19,568,731,694)	4,052,930,903
확정급여제도의 재측정손익(세후기타포괄손익)	(6,448,506,786)	(14,733,350,207)	34,678,539,658
지분법투자주식의 기타포괄손익 변동 (주14)	307,372,778	(1,878,929,026)	607,144,657
장기투자자산평가 · 처분손익(주26)	(6,063,125,226)	(2,956,452,461)	(31,232,753,412)
후속적으로 당기손익으로 재분류되는 포괄손익	10,867,952,349	3,306,621,834	(2,965,547,267)
지분법투자주식의 기타포괄손익 변동(주14)	7,663,860,167	2,856,153,769	(3,674,901,912)
해외사업환산차이	3,204,092,182	450,468,065	709,354,645
총포괄이익	53,827,148,350	117,979,016,584	91,679,909,810
지배기업소유주지분	69,760,444,185	119,888,270,487	96,467,952,956
비지배지분	(15,933,295,835)	(1,909,253,903)	(4,788,043,146)
주당손익(주32)			
보통주기본주당이익(손실)(단위: 원)	943	1,816	1,267
보통주희석주당이익(손실)(단위: 원)	943	1,816	1,267
우선주기본주당순이익(손실)(단위: 원)	953	1,826	1,277
우선주희석주당순이익(손실)(단위: 원)	953	1,826	1,277

(3) 주당 평가가액 산출

비교기업의 PER을 구하면 각 비교기업별 가중치를 주지 아니하고 단순 평균하여 상장 예정법인의 기업가치를 구하고 이를 토대로 적용주식 수와 주당 평가가액을 계산한다.

① 주당 평가가액의 산출 절차

목표로 하는 주당 평가가액의 산출 절차는 다음과 같다.

1. 추정이익 산출
   - 추정 매출액 산정(연도별)
   - 매출원가 산정
   - 판매비와 관리비 계산
   - 영업외손익 계산
   - 법인세 등 계산
   - 추정 순이익 계산

2. 주당 평가가액 산출
   - 추정 순이익을 계산한 특정 연도 선택
   - 할인율 선택 - 업계에서 타사 IPO시 채택한 비율을 선정함
   - 추정 순이익의 현재가치 계산
   - 추정 당기순이익에 PER을 적용하여 기업가치 산정
     (적용할 PER - 유사기업의 PER 평균을 적용하여 산정함)
   - 적용 주식 수 산정
   - 주당 가치 산정

② 주당 가액

주당 평가가액은 기업의 가치를 의미한다. 평가자가 이 금액이 이 회사의 가치가 적정하니 이 금액으로 거래해도 좋다는 내심의 의미가 담겨있다.

사례 주당 평가가액 산정

주당 가액 산출

PER에 의한 이엔셀(주)의 평가가치(단위: 천원, 주, 원, 배)

구 분	산출 내역	비 고
2027년 추정 순이익	13,884 백만원	A (주1), (주2)
연할인율	20.00%	B (주2), (주3)
2027년 추정 순이익의 현재가치	7,335 백만원	C=A/[(1+B)^3.5]
적용 당기순이익(2027년도)	7,335 백만원	C
적용 PER	30.47	D
기업가치 평가액	223,484백만원	E=C*D
적용주식수	11,181,016	F (주4)
주당 평가가액	19,988 원	G = E/F

주1) 2027년 추정 당기순이익의 산정내역은 하단의『(마) 추정 당기순이익 산정내역』참조.

이 금액은 기업이 현재의 비전에서는 자금의 조달 및 사업 전개를 목적한 수준에 올려놓고 정상적 경영을 하는 상태의 가치를 말하니 응당 이 시가는 평가자가 평가하는 미래의 시가가 될 것이며 이때의 가치는 평가시점으로 보아서는 현재가치로 할인하여야 하는 것이다.

③ 추정 순이익 산정

기업실사(due diligence)를 통하여 상장 예정법인 외부환경과 내부자원을 파악한 분석기관은 비교기업을 선정하고 시총을 계산하는 데 사용할 IPO 대상기업용 PER을 산정한 후 이를 Multiple로 하여 PER 배수만큼의 기업가치를 계산한다. 이때 상장 예정법인의 재무추정을 통해 매출액, 매출원가, 판매비와 관리비 등을 산정하고 연차별 추정 손익계산서를 작성한다. 상장 예정법인은 상장 후 일정 시점의 회계 기간에 대한 이익을 1차 목적으로 하므로 목적 연도의 당기순이익을 선택하고 이를 할인하여 사용한다.

최종수정: 이는 최종 정정 후 다음과 같이 수정되었다.

공모가 산정 요약표

<table>
<tr><td>평가방법</td><td colspan="4">상대가치법</td></tr>
<tr><td>평가모형</td><td colspan="4">PER</td></tr>
<tr><td>적용 재무수치</td><td colspan="4">추정치</td></tr>
<tr><td>적용산식</td><td colspan="4">추정 당기순이익 현대가치(①)×유사기업 PER(②)÷주식주(③)×{1-할인율(④)}</td></tr>
<tr><td rowspan="7">적용근거</td><td colspan="2">구분</td><td>수치</td><td>참고사항</td></tr>
<tr><td>①</td><td>2027년 추정
당기순이익의 현재가치</td><td>7,335백만원</td><td>4. 공모가격에 대한 의견-나. 희망공모가액의 산출방법-(4) -(다) 주당 평가가액 산출</td></tr>
<tr><td>②</td><td>유사기업 PER</td><td>30.47</td><td>4. 공모가격에 대한 의견-나. 희망공모가액의 산출방법-(4) 희망공모가액의 산출-(나) 유사기업 PER 산출</td></tr>
<tr><td>③</td><td>주식수</td><td>11,181,016주</td><td>4. 공모가격에 대한 의견-나. 희망공모가액의 산출방법-(4) 희망공모가액의 산출-(다) 주당 평가가액 산출</td></tr>
<tr><td colspan="2">주당 평가 가액</td><td>19,988원</td><td>①×②÷③</td></tr>
<tr><td>④</td><td>주당 평가가액에 대한
할인율</td><td>23.46%</td><td>4. 공모가격에 대한 의견-나. 희망공모가액의 산출방법-(4) 희망공모가액의 산출-(라) 희망공모가액 결정</td></tr>
<tr><td colspan="2">공모가 산정 결과</td><td>15,300원</td><td>수요예측 이후 발행회사와 협의하여 최종 공모가액을 확정(23.46% 할인)</td></tr>
</table>

2) 연할인율과 할인율

(1) 할인율의 목적

추정재무제표상 당기순이익을 현가화하기 위함이다. 연할인율과 할인율을 구분하는 것은 할인율이 기준사업연도(이 예에서는 2027년도)의 추정치를 상장시기인 2024년도로 환산하기 위한 할인율과 구분하기 위함이다.

재무추정은 2025~2027년도가 대상이므로, 이 기간 동안 자본시장에서 유입되는 자본의 투입 및 기타 정상적 영업활동을 통하여 기업의 안정적 기반을 이룩하게 되는 2027년도 이익을 산출하고 그때의 당기순이익을 정상이익으로 하며, 이를 이용하여 기업가치를 구하고 이를 상장시점인 현재의 기업가치로 할인하여 주식공모가액을 산출하는 방식을 취하는 것이다.

(2) 적용할 할인율의 산정

① 할인율 선정 방법

기업가치평가를 위해 미래 일정 기간 동안 추정한 이익이나 현금흐름 등은 일정한 할인율로 할인하여 현재가치를 산정한다. IPO의 경우에도 추정된 상장 예정법인의 특정 회계연도의 당기순이익은 평가 시점의 현재가치로 할인되어야 현재의 주가를 계산하여 주식의 배정 등 필요한 조치를 할 수 있다.

할인율은 일반적인 기업가치평가에서는 WACC(Weighted Average Cost of Capital)로 계산한다. WACC는 평가 대상기업의 목표 자본구조를 정해놓고 자기자본비용과 타인자본비용을 가중평균하는 방식이다. 그러나 이렇게 형식적으로 계산한 할인율이 실제에 꼭 맞다고 할 수는 없다. 따라서 IPO의 가치평가에서 할인율은 WACC는 물론 근래 IPO를 수행한 최근 상장사들이 적용했던 할인율도 검토 대상이다.

적용된 할인율에는 이론적으로 복잡한 계산과정을 거쳐야 하는 무위험 수익률 및 베타와 SRP 및 ERP 등이 포함되어 정상 할인율보다 다소 높게 산정된다는 의미를 가지고 있어 일반 주주에게 주가를 보수적으로 제시한다는 뜻을 내포하고 있다. 이러한 이유들로부터 대표주관회사는 확정 공모가를 희망 공모가액의 범위를 초과하여 제시하는 경우도 있다.

다만, 이 회사의 가치평가를 위한 할인율을 할인율의 객관성을 위하여 시장에서의 경험율을 채택하였는데, 그 절차는 ① 2022년 이후 상장 기술성장기업이 사용한 연할인율의 최빈값을 기반으로 ② 회사의 희망공모가액을 산출하기 위한 비교기업 선정 과정 중 최종 선정 여부와 관계 없이 [1차 모집단 선정]－[2차 사업유사성]－[3차 재무유사성]을 모두 통과한 15개 기업의 가중평균자본비용(WACC)의 평균값을 초과하는 할인율을 산출하였다.

② 기술성장기업이 사용한 연할인율

추정된 2027년의 당기순이익은 증권신고시점인 2024년으로 할인하여 현가화하여야 한다. 이를 위한 연 할인율은 재무위험, 예상 매출의 실현 가능성 등 시장위험과 재무위험, 정치적 산업적 위험 등을 종합적으로 감안하여야 한다. 본 평가에서는 2022년 이후 상장 기술성장기업이 사용한 연할인율을 구하고 그 최빈값과 평균값을 도출하며, 본 비교기업 선정 과정 중 1, 2, 3차 선정 과정을 모두 통과한 15개 기업의 가중평균자본비용(WACC)의 평균값과 비교하여 적용할 할인율을 산출하였다.

그동안 3차까지 통과한 유사기업들이 상장과정에서 사용했던 할인율은 그 의미가 크다. 조사된 내용들은 다음 사례와 같이 대상 전체 기업들에 대한 적용 할인율의 평균값은 22.22%였다.

사례 할인율 산정

2022년~2024년 기술성장기업 신규상장법인의 평가액 대비 할인율

주당 평가가액 산출을 위하여 2027년 추정 당기순이익을 적용한 이유는 회사의 CGT CDMO의 본격적인 매출 시현과 회사가 연구 개발중인 파이프라인의 조건부시판 후 제품매출이 예상되어 본격적인 매출이 가시화되는 시점의 추정 당기순이익에 PER을 적용하는 것이 회사와 같은 보유 기술의 수익화를 주요 사업모델로 하는 기업의 가치를 평가하기에 가장 타당할 것으로 판단하였기 때문입니다. 2022년 이후 코스닥시장에 상장한 기술성장기업의 적용 실적 및 할인기간은 아래와 같습니다.

2022년~2024년 코스닥 기술평가기업 적용실적, 연할인율 및 할인기간

회사명	상장일	적용실적	연할인율(%)	할인기간(년)
애드바이오텍	2022.01.25	2022~2023	30	1~2
이지트로닉스	2022.02.04	2023	20	2
스코넥	2022.02.04	2024	25	3
바이오에프디엔씨	2022.02.21	2023	15	1.15
중략 -				
아이엠비디엑스	2024.04.03	2027	25	4
디앤디파마텍	2024.05.02	2026	25	3
민테크	2024.05.03	2025	35	2
아이씨티케이	2024.05.17	2026	19	2.75
라메디텍	2024.06.17	2026	17.6	2.5
씨어스테크놀로지	2024.06.19	2026	20	2.75
평균			22.2%	

주) SPAC상장, SPAC합병 및 유가증권시장 상장은 제외하였다.

사례의 표는 2022년 이후 코스닥에 상장한 기술성장기업의 적용 할인율 및 할인기간이다. 총 30건을 분석하였으며, 평균값과 아래와 같이 적용한 최빈값을 산정하였다.

IPO 시 적용하는 할인율은 기업의 부채비율, 자본잠식률 등의 위험도나 규모에 대한 고려 등을 반영하여 할인율을 산정하여야 하나, IPO 심사대상 기업들은 환경적 상황이 비슷하다는 가정이 성립한다. 대상기업의 경우는 근래 IPO를 통해 상장한 기업들이 적용한 할인율을 조사하고, 이 중 가장 많이 적용된 율이 '남이 많이 가 본 길'로 타당할 것이다. 당 평가의 경우는 2022년부터 최근까지 IPO를 수행한 기업들이 대상이 되었는바, 만약 IPO를 추진하는 대상기업의 규모가 특별히 크다든가 특수 업종의 기술을 가지고 있다면 적용상 고려가 있을 것이나, 이 기업의 경우는 그런 차이점이 없기 때문이다.

상기 사례에서 대상기업과 유사성을 맞추어 온 유사기업 15개의 할인율을 조사한 결과 위와 같이 파악되었고, 이들 각각을 적용한 할인율의 평균은 22.2%이다. 이들이 적용한 할인율의 횟수는 아래와 같이 조사되었다.

평가사례: 기술성장기업이 사용한 연할인율의 사용빈도

코스닥 기술성장기업 할인율별 사용횟수

사용된 연할인율	추정에 사용된 횟수	사용 빈도
-	1	1.5%
15	7	10.4%
17.6	1	1.5%
18.15	1	1.5%
19	1	1.5%
20	31	46.3%
20.98	1	1.5%
25	16	23.9%
30	6	9.0%
35	1	1.5%
45	1	1.5%
합계	67	100.0%

이 표에서는 20%가 가장 많이 사용되었다. 이는 평균 22.2%보다 낮은바, 대상기업의 위험성이 코스닥 진출기업 평균보다 작다고 보아 최빈값을 적용하였다.

③ 유사기업의 WACC

가중평균자본비용(WACC: Weighted Average Cost of Capital)은 기업가치를 평가할 때 할인율로 사용하는 지표이다. 이 지표는 기업이 가지고 있는 재무구조, 즉 자기자본과 타인자본의 각각의 가격을 구하여 이들의 가중치로 계산한다. 재무적 차원에서는 현재의 재무적 비용을 가장 잘 반영하고 있으므로 합리적인 할인율이라 할 수 있다. 가중평균자본비용은 다음과 같이 구해진다.

$$WACC = Re \times \frac{E}{D+E} + Rd \times (1-t) \times \frac{D}{D+E}$$

$WACC$: 가중평균자본비용, Weighted Average Cost of Capital

Re: 자기자본 이자율(Interest Rate of Equity)

Rd: 타인자본 이자율(Interest Rate of Debt)

t: 법인세율 (TAX Rate)

E: 자본조달액(Equity)

D: 부채조달액(Debt)

이 산식에서 E는 자기자본의 조달액이며 조달비용은 Rd로 표현되어있고 D는 타인자본조달액으로 조달비용은 Kd로 표시되어 있다. e와 d는 equity와 debt를 표방한다고 볼 수 있다.

각각의 조달비용에 의해 조달액만큼 가중치를 두어 평균이자율을 산정한 것이다. 이때 $(1-t)$는 부채의 조달비용은 자기자본 조달비용에 비해 법인세율만큼 비용이 차감되기 때문이며, 이를 부채의 법인세효과라 한다. 이때의 D는 이자부 차입금만 포함되며 매입채무 미지급금 등은 포함되지 아니한다.

여기서 가장 어려운 부분은 자기자본비용인데, 자기자본비용은 CAPM이라는 모델에 의하여 계산된다. 그 표현식은 다음과 같다.

$$Re = Rt + \beta(R(m) - Rf)$$

Re: 자본이자율

Rf: 무위험이자율

β: 상관계수

$R(m)$: 시장이자율

$R(m) - Rf$: ERP(시장위험 프리미엄, 지분위험 프리미엄)

β는 증권시장에서 움직이는 당해 기업의 주가 변동율의 시장 전체의 주가변동률 대비율이라 할 수 있는데, 주식시장의 주가 변동이 1이 될 때 이 기업은 얼마나 되는가를 표시한다. βrk 1보다 작으면 이 기업의 주가는 외부 변화에 대하여 덜 요동을 치고 1보다 크면 시장 요동에 비해 더 요동을 친다는 것을 의미하며, 전자는 한국전력이 나 철도, 제약회사 등 시장에 안정적인 기업들을, 후자는 IT기업이나 투기적 자본기업 등이 해당된다. 본 이엔셀의 관련 유사기업들 15개 기업들의 WACC를 계산한 결과는 다음과 같다.

<참고> 2022~분석일 간의 기술상장기업의 적용 연할인율

회사명	상장일	적용실적	연할인율(%)	할인기간(년)
애드바이오텍	2022-01-25	2022~2023	30	1~2
이지트로닉스	2022-02-04	2023	20	2
스코넥엔터테인먼트	2022-02-04	2024	25	3
바이오에프디엔씨	2022-02-21	2023	15	1.15
퓨런티어	2022-02-23	2022~2024	20	1~3
풍원정밀	2022-02-28	2022~2023	30	1~2
노을	2022-03-03	2024~2025	15	3.25~4.25
모아데이타	2022-03-10	2024	15	3
비플라이소프트	2022-06-20	2024	20	3
보로노이	2022-06-24	2024	25	3
레이저쎌	2022-06-24	2022~2024	20	0.5~2.5
넥스트칩	2022-07-01	2024	30	3
코난테크놀로지	2022-07-07	2024	20	2.75
영창케미칼	2022-07-14	2023	20	1.75
루닛	2022-07-21	2025	20	3.75
에이프릴바이오	2022-07-28	2024	30	2.5

회사명	상장일	적용실적	연할인율(%)	할인기간(년)
아이씨에이치	2022-07-20	2022	20	0.5
에스비비테크	2022-10-17	2024	25	2.5
샤페론	2022-10-19	2025	30	3.5
핀텔	2022-10-20	2024	25	2.5
플라즈맵	2022-10-21	2024~2025	25	2.5~3.5
뉴로메카	2022-11-04	2025	15	3.5
엔젯	2022-11-18	2023~2024	25	1.25~2.25
인벤티지랩	2022-11-22	2025	15	3.5
티이엠씨	2023-01-19	2022	-	-
오브젠	2023-01-30	2024	25	2
샌즈랩	2023-02-15	2025	20	3
제이오	2023-02-16	2024	30	2
자람테크놀로지	2023-03-07	2024	25	2
지아이이노베이션	2023-03-30	2024~2025	30	2~3
마이크로투나노	2023-04-26	2025	20	3
에스바이오메딕스	2023-05-04	2025	20.98	3
씨유박스	2023-05-19	2025	20	3
모니터랩	2023-05-19	2024~2025	25	1.75~2.75
큐라티스	2023-06-15	2025	45	3
프로테옴텍	2023-06-16	2025	20	2.75
오픈놀	2023-06-30	2025	20	3
이노시뮬레이션	2023-07-06	2025	25	2.75
센서뷰	2023-07-19	2025	20	2.75
버넥트	2023-07-26	2025	20	2.5
파로스아이바이오	2023-07-27	2025	25	2.5
시지트로닉스	2023-08-03	2025	20	2.75
큐리옥스바이오시스템즈	2023-08-07	2025	20	2.75
스마트레이더시스템	2023-08-10	2025	25	2.5
시큐레터	2023-08-22	2025	20	2.5
아이엠티	2023-08-24	2025	25	2.5
아이엠티	2023-08-24	2025	25	2.5
퀄리타스반도체	2023-10-10	2025	20	2.5
쏘닉스	2023-10-27	2024~2025	20	1.5~2.5
큐로셀	2023-11-07	2026	20	3.5
그린리소스	2023-11-09	2024	20	1.5
에이텀	2023-11-09	2025~2026	20	3
와이바이오로직스	2023-11-24	2024~2025	25	1.5~2.5

회사명	상장일	적용실적	연할인율(%)	할인기간(년)
코셈	2023-12-01	2025	20	2.25
이에이트	2023-12-05	2025	20	2
케이웨더	2024-02-23	2025	20	2
케이엔알시스템	2024-02-23	2025	20	2
삼현	2024-02-22	2025	15	2
엔젤로보틱스	2024-03-07	2026	15	3
아이엠비디엑스	2024-03-21	2027	25	4
디앤디파마텍	2024-03-26	2026	25	3
민테크	2024-04-03	2025	35	2
아이씨티케이	2024-05-02	2026	19	2.75
라메디텍	2024-05-03	2026	18	2.5
씨어스테크놀로지	2024-05-17	2026	20	2.75
한중엔시에스	2024-06-17	2024~2025	20	1.25
에스오에스랩	2024-06-25	2026~2027	20	2.75~3.75
에이치브이엠	2024-06-28	2026	20	3
이노스페이스	2024-07-02	2026	20	2.75
하스	2024-07-03	2026	20	2.75
엑셀세라퓨틱스	2024-07-15	2028	20	4.5
피앤에스미캐닉스	2024-07-31	2026	20	2.75
아이빔테크놀로지	2024-08-06	2026~2027	20	2.75~3.75
뱅크웨어글로벌	2024-08-12	2026	20	2.75
넥스트바이오메디컬	2024-08-20	2026년	20	2.75
케이쓰리아이	2024-08-20	2025년	20	1.5
이엔셀	2024-08-23	2027년	20	3.5
아이언디바이스	2024-09-23	2026년	35	2.5
셀비온	2024-10-16	2026~2027	25	3
루미르	2024-10-21	2026	20	2.25
씨메스	2024-10-24	2026	15	2.5
웨이비스	2024-10-25	2026	17	2.5
클로봇	2024-10-28	2026	15	2.5
에이치이엠파마	2024-11-05	2027	20	3.5
토모큐브	2024-11-07	2027	15	3
에어레인	2024-11-08	2027	20	3.5
쓰리빌리언	2024-11-14	2028	20	4.5
온코크로스	2024-12-18	2027~2028	15	3.5
온코닉테라퓨틱스	2024-12-19	2027	20	3
쓰리에이로직스	2024-12-24	2025~2027	20	2.25
파인메딕스	2024-12-26	2027	20	3.25
평균	-	-	21.7	2.6

평가사례: 3차 선정과정 통과기업의 할인율

가중평균자본비용 산출

기업명	가중평균자본비용	기업명	가중평균자본비용
유한양행	18.2	이연제약	11.8
영진약품	16.0	한미약품	16.2
보령	15.3	엔케이맥스	13.4
삼진제약	10.3	종근당	15.3
파미셀	19.5	HK이노엔	11.3
HLB생명과학	20.3	에스티팜	18.7
대웅제약	12.8	하나제약	12.3
메디포스트	15.1	평균	15.1

가중평균자본비용의 계산은, β는 증권시장에서 변동률이 평균을 구하면 되므로 한국거래소 입장에서는 계산하기 쉽다. 따라서 한국거래소는 각 기업의 매일의 β를 증권시장에 공시한다. 증권사에서는 자기가 관련하는 기업의 β를 받아 해당 기업의 자본과 부채의 금액을 넣어 가중평균자본비용을 거의 자동으로 계산해낼 수 있다. 기업의 자본과 부채는 연 1~4차례 공시된다. 상장기업의 경우에는 연말 결산과 각 분기 및 반기의 4회로, 회계감사를 받는 비상장기업의 경우는 연 1회 결산 시 금융감독원 등에 자료가 공시되고, 감사를 받지 않는 기업의 경우는 연 1회 국세청에 신고하는 재무제표에서 그 숫자가 확정된다.

이렇게 산정된 15개 기업은 유사기업 선정과정에서 3차 재무유사성기준까지 통과한 유사기업군들에 대한 것으로 이들 15개 기업의 WACC 평균은 15.1%이다. 즉 상장을 대기 중인 이엔셀이 유사기업들의 평균적인 재무구조와 평균적 위험률로 사업을 한다면 15.1%가 자본비용률이 되어 기업의 가치평가에 쓰일 수 있다는 것이다.

사례: WACC 계산사례

금호석유화학과 코오롱인더의 WACC 산정 예를 보이면 다음과 같다.

계산결과

구분	금호석유화학	코오롱인더
Rf	2.45%	2.45%
시총E(억)	28,867	10,650
52주 베타	1.21	1.22
MRO(Rm-Rf)	8%	8%
Re	12.13%	12.21%
SRP	-0.25%	-0.25%
적용MRP	11.88%	11.96%
D(억원)	9,700	25,494
이자비용(백만원)	21,707	59,357
Rd	4.5%	4.7%
t(법인세비용,mil)	42,254	5171
반기세전이익(억)	2,248	540
법인세율	18.8%	9.6%
wacc	9.81%	6.49%
적용(평균)		

계산과정

WACC(가중평균자본비용)은 자기자본비용(R_e)과 부채비용(R_d)을 해당 자본의 시장 가치 비율로 가중 평균하여 계산한다. 자기자본비용(R_e)은 CAPM 모델(<$R_e = R_f + \beta \times (R_m - R_f)$>)을 이용하여 계산한다. 여기서 R_f는 무위험 이자율, β는 시장 민감도를, R_m은 당해 기업의 시장수익률을 의미한다.

1) WACC 계산

(1) 자기자본비용(R_e) 계산: CAPM 모델을 사용하여 추정한다.

(2) 무위험 이자율(R_f): 손실 위험이 없는 안전한 자산의 수익률로, 일반적으로 국채 수익률을 사용한다. 여기서는 2025.6.30. 3년 만기 국공채수익률을 사용하였다.

(3) 베타(β, B): 개별 회사의 주가가 시장 전체의 수익률 변화에 얼마나 민감하게 반응하는지를 나타내는 지표이다. 1보다 크면 시장보다 변동성이 크고, 1보다 작으면 변동성이 작음을 의미한다.

(4) 시장수익률(R_m): 주식 시장 전체의 평균 수익률을 의미한다.

(5) 시장 위험 프리미엄($R_m - R_f$): 시장수익률에서 무위험 이자율을 뺀 값으로, 시장 전체에 투자함으로써 얻을 수 있는 추가적인 수익률입니다. 본 계산에서는 한국공인회계사회의 연구결과(한국기업의 MRP는 7-9%)를 이용하였다.

2) WACC 계산공식

(1) 공식: $< R_e = R_f + \beta \times (R_m - R_f) >$

(2) 부채관련 근거

① 총부채(R_d) 계산: 기업이 조달하는 부채를 의미한다. 2025년도 반기 재무제표를 이용하였다.

② 부채 조달 비용, 즉 이자율은 반기 포괄손익계산상 이자비용을 부채로 나누어 연으로 환산하였다.

③ 차입금은 장단기를 포함하며 리스, 환율관련 등은 제외하였다.

(3) 세후 부채비용 계산: 부채 이자 비용은 세금 공제 대상이므로, 법인세율(t)을 적용하여 세후 부채비용을 계산한다.

(4) 공식: 세후 부채비용 $= R_d \times (1 - t)$

이때 t의 계산은 실제 부담하는 법인세율로, 반기 포괄손익계산서의 법인세비용을 법인세차감전순이익으로 나누어 계산하였다.

(5) 자본의 가중치 계산: 자기자본(E)과 부채(D)의 시장가치($V = E + D$)를 이용해 가중치를 구하였다. E는 주식시장의 시가총액을 이용하였으며, D는 그 실체가치와 재무상태표의 부채가치의 차이가 경미한 것으로 보고 재무제표의 부채 금액을 이용하였다.

(6) 자기자본 비중(W_e 또는 E/V): 자기자본의 시장가치를 총 자본의 시장가치로 나눈 값이다. ($V = E + D$)

(7) 부채 비중(W_d 또는 D/V): 부채의 시장가치를 총 자본의 시장가치로 나눈 값이다.

(8) WACC 계산: 계산된 자기자본비용, 세후 부채비용, 그리고 각 자본의 가중치를 공식에 대입하여 산출하였다.

(9) 공식: $WACC = (E/V) * R_e + (D/V) * R_d * (1-t)$

④ 적용할 할인율

지금까지 논의된 대표적 이자율을 종합하면 유사기업의 평균 가중평균자본비용율은 15.1%, 2022년부터 IPO를 감행한 상장기업들이 상장평가시 적용한 할인율의 최빈값은 20.0%, 평균값은 22.2%이다. 후자에는 당해 기업의 규모위험(size premium) 등은 적용된 율은 일반적이라 볼 수 있고, 당해 기업이 유별나게 큰 규모던가 예외적 산업군에 포함되어 있다면 별도 고려를 해 볼 것이다.

여기서는 할인율을 최빈값인 20.0%를 사용하였다. 유사기업 wacc(15.1%)보다는 높고 유사 상장기업의 적용할인율의 평균치(22.2%)보다는 낮은 율이다.

(3) 적용할 주식수

적용할 주식수는 상장할 회사가 금번 발행할 총주식수(발행주식수)를 말하는 것으로 상장시 증자에 따른 발행주식수를 가리킨다.

> 적용할 주식수 = 기발행주식수 + 공모주(신주발행분) + 상장주선인 인수분(의무인수 + 신주인수권등 추가 인수분) + 주식매수선택권 + 기타의 주식(전환주, RCPS 등)

대상 기업의 경우는 이를 총 11,181,016주로 계산하였다. 여기에는 신규모집 1,566,800주, 상장주선인 인수분 87,004주, 주식매수선택권 695,837주 및 전환우선주 1,095,225주 등이다.

적용주식 수는 상장 시점에 발행되는 주식 총 수로 상장시의 조건을 모두 갖추고 있는 주식이다. 적용주식 수에는 발행사 보유의 기발행 보통주식과 공모 신주발행주식, 상장 주선인의 의무인수분 및 신주인수권 표방주식 수, 상장 후 일정 기간 내 행사 가능한 주식 매수선택권 및 발행된 전환우선주가 포함된다.

사례 적용할 주식수 계산

적용주식수의 산정

적용주식수는 다음과 같이 산정하였음

구분	주식수(주)	비고	발행단가	자금조달액	실제유입액
기발행보통주식수	7,736,150	보통주식수		0	0
공모 신주발행 주식 수	1,566,800	신주모집 주식수	15,300	23,972,040,000	23,972,040,000
상장주선인 의무인 수분	47,004	-	15,300	719,161,200	719,161,200
상장주선인 신주인 수권	40,000	-	15,300	612,000,000	
주식매수 선택권	695,837	상장 후 1년 이내 행사 가능 수량	15,300	10,646,306,100	10,646,306,100
전환우선주	1,095,225	상장일로부터 7일 이내 행사 예정	15,300	16,756,942,500	16,756,942,500
합계	11,181,016	-			30,801,837,600

참고

공모주식의 배정: 이 회사의 공모주식 배정내용을 보면 다음과 같다.

가. 공모주식의 배정

공모방법: 일반공모

공모대상	주식수	배정비율	비고
우리사주조합	47,004주	3.00%	우선배정
일반공모	1,519,796주	97.00%	고위험고수익투자신탁등 및 벤처기업투자신탁 배정수량 포함
합계	1,566,800주	100.00%	-

주1) 「증권의 발행 및 공시 등에 관한 규정」제2-3조제2항제1호에 근거하여 정정 증권신고서상의 모집 또는 매출할 증권수는 금번 제출하는 증권신고서의 모집 또는 매출할 증권수의100분의 80 이상과 100분의 120 이하에 해당하는 증권수로 변경 가능하다.

주2) 「근로복지기본법」제38조제2항 및 「증권 인수업무 등에 관한 규정」 제9조제1항제2호에 근거하여

우리사주조합에게 공모주식의 100분의 20 의 범위에서 우선적으로 배정할 수 있으며, 금번 공모 시에는 우리사주조합에 47,004주(3.00%)를 우선 배정하였습니다.

주3) 「증권 인수업무 등에 관한 규정」 제9조제1항제6호에 의거하여 우리사주조합 미청약 잔여주식이 발생하는 경우 그 사유 등을 감안하여 최대 공모주식의 5%까지 잔여주식을 일반청약자에게 배정할 수 있습니다.

주4) 「증권 인수업무 등에 관한 규정」제9조제1항제4호에 의거 고위험고수익투자신탁등에 공모주식의 10% 이상을 배정합니다.

주5) 「증권 인수업무 등에 관한 규정」제9조제1항제5호에 의거 벤처기업투자신탁에 공모주식의 25% 이상을 배정합니다.

나. 청약대상자 유형별 배정 주식

청약대상자 유형별 공모대상 주식수

공모대상	주식수	배정비율	주당 공모가액	모집(매출)총액	비고
우리사주조합	47,004주	3.0%	15,300원(주1)	719,161,200원	(주2)
일반청약자	391,700주	25.00%		5,993,010,000원	(주3), (주4)
기관투자자	1,128,096주	72.00%		17,259,868,800원	(주5), (주6), (주7)
합계	1,566,800주	100.00%		23,972,040,000원	-

주1) 주당 공모가액 및 모집(매출)총액은 대표주관회사와 발행회사인 이엔셀㈜가 협의하여결정한 15,300원이 기준이다.

주2) 「근로복지기본법」제38조제2항 및 「증권 인수업무 등에 관한 규정」 제9조제1항제2호에 따라 우리사주조합에게 공모주식의 100분의 20 의 범위에서 우선적으로 배정할 수 있으며, 금번 공모에서는 우리사주조합에게 전체 공모수량의 3.0%(47,004주)를 우선배정하였다.

주3) 「증권 인수업무 등에 관한 규정」 제9조제1항제3호에 근거하여 일반청약자에게 공모주식의 100분의 25 이상을 배정한다.

주4) 「증권 인수업무 등에 관한 규정」 제9조제1항제6호에 따라 일반청약자 배정물량인 공모물량의 25%에 추가적으로 우리사주조합원의 청약 수량을 제외한 물량을 공모주식의 5% 이내에서 발행회사와 협의하여 일반청약자에게 배정할 수 있다.

주5) 「증권 인수업무 등에 관한 규정」 제9조제1항제4호에 따라 고위험고수익투자신탁등에게 공모주식의 10% 이상을 배정한다.

주6) 「증권 인수업무 등에 관한 규정」 제9조제1항제5호에 따라 벤처기업투자신탁에 공모주식의 25% 이상을 배정한다.

주7) 「증권 인수업무 등에 관한 규정」 제9조제1항제7호에 따라 (주3)~(주6)에 따른 배정 후 잔여주식을 기관투자자에게 배정한다.

주8) 「증권 인수업무 등에 관한 규정」 제9조제3항에 근거하여 본 공모주식의 청약조건을 충족하는 청약자 유형군의 청약수량이 배정비율에 미달하는 경우에는 다른 청약자 유형군에 배정할 수 있다.

(4) 1주당 평가액 및 공모가액 결정

주당 평가가액은 대표주관회사의 계산상 나타나는 금액이다. 실제 시장에서 이 금액에 거래된다는 보장은 없다. 지금까지 거쳐 온 것은 유사회사 및 이들을 통한 시장의 상황을 검토하였고, 가치평가를 위하여 기존의 IPO 수행상황 주가 및 기업들의 PER과 PER에 대한 주가배수 등이다. 이 기업의 본질은 기업실사를 통해 현장 조사 및 키맨들과의 면담을 수행하였다. 객관적인 사항으로는 당해 기술력의 나름 판단 및 사업의 사업성이 얼마나 되는지에 대한 조사도 수행하여 이 회사의 기술의 깊이와 미래 경쟁력을 어느정도 파악하고 있다는 것이다.

그러나, 막상 이 기업 주식을 시장에 내어놓았을 때 시장 반응이 어떨지, 미처 발견하지 못한 결정적 흠이 있어 투자자로부터 외면을 받는 것은 아닌지 등에 대하여는 알지 못한다. 피상에 아직 머무르고 있으므로 실제로 갖는 회사의 영업 위험, 재무위험 산업위험 등이 어떤지 모르며, 시장은 또 경기나 흐름을 타니 그에 대한 외생적 변수는 전혀 고려되지 못한 것이다.

그래도 당사 회사와 대표주관회사는 금액을 제시하여야 한다. 그 위험을 감소시키기 위해서 대표주관회사와 또 다른 협약을 맺은 주관회사들 간의 전문가적 협의가 이루어지고 처음에는 희망공모가액을, 그 다음에는 이를 확정하여 판매금액을 정하게 된다.

희망 공모가액은 주당 평가가액 대비 일정 할인율 구간을 가지고 희망 공모가액 밴드를 계산하여 제시한다. 본 사례에서 산출한 희망 공모가액은 다음과 같다. 희망 공모가액 산출을 위하여 적용한 할인율은 2022년 이후 코스닥 시장에 신규 상장한 기술 상장기업의 희망 공모가액 산출을 위하여 적용한 할인율을 적용하였다.

① 1주당 평가액은 다음과 같이 계산되었다.

기업가치: 223,484백만원

발행주식수: 11,181,016

1주당평가액 = 223,484백만원 / 11,181,016 = 19.988

② 이에 대하여 희망공모가액의 제시와 그 확정은 다음과 같다.

희망 공모가액은 주당 평가가액 대비 일정 할인율 구간을 가지고 희망 공모가액 밴드를 계산하여 제시한다. 대표주관회사인 엔에이치투자증권(주)는 이엔셀(주)의 공모희망가액 범위를 주당 평가가액을 기초로 하여 31.96~23.46%의 할인율을 적용하여 희망공모가액을 13,600~15,300원으로 제시하였다. 다만, 이 가격이 코스닥 시장에서 거래될 적정 주가 수준을 의미하는 것은 아니다.

이엔셀㈜의 희망공모가액 산출내역 및 확정

구분	내용
주당 평가가액	19,988원
평가액 대비 할인율	31.96% ~ 23.46%
희망공모가액 밴드	13,600원 ~ 15,300원
확정 주당 공모가액	15,300원

③ 확정공모가액은 주관사들과의 협의 등을 거쳐 15,300원으로 최종 확정되었다.

5. 자금의 사용목적

자금의 사용목적은 IPO상 매우 중요한 부분이다. 자금 사용계획은 매우 상세하게 보고되어야 하지만 여기서는 그 개념만을 다룬다. 자금의 사용목적은 투자설명서 또는 증권신고서 제5장(V. 자금의 사용목적)이다.

상장으로 모집한 자금은 그 목적에 적절히 사용되어야 한다. 자본시장을 기업에 공개하는 이유는 사업에 필요한 자금의 조달을 쉽게 하기 위함이기 때문이다. 우선 이 회사의 자금 조달 및 그 사용계획은 공시하도록 하고 있다.

1) 자금조달 금액

상장으로 인하여 조달되는 금액은 총공모금액에서 발생되는 제비용을 공제한 금액이다. 총공모금액은 신주발행 수에 발행가를 곱하여 계산되며 제비용은 각종 수수료, 각종 세금 등이고, 초기 상장시는 주식을 할인발행하지는 않으므로 주식할인발행차금은 이론상으로는 차감항목이어도 실제는 발생하지 않는다.

(1) 자금조달 내역

순조달액＝총공모금액－발행제비용－주식할인발행차금 총공모금액＝발행주식수×공모단가 발행제비용: 인수수료 등 ※ 실제 주식할인발행차금은 없음

자금조달 내역은 다음과 같다.

자금조달 내역 (단위: 백만원)

구 분	금 액
총 공 모 금 액 (1)	21,308,480
상장주선인 의무인수 금액 (2)	639,254
발 행 제 비 용 (3)	(1,091,521)
순 수 입 금 [(1)+(2)-(3)]	20,856,213

주1) 상기 금액은 공모가 하한인 13,600원을 기준으로 작성되었다(공모가 확정 전 작성).
주2) 상기 금액은 확정공모가액 및 실제 비용의 발생 여부에 따라 변동할 수 있다.
※ 실제조달액은 주식매수청구 금액(공모단가 적용)이 차감됨.

(2) 주식발행 제비용 등 사용

주식을 발행하는 데는 주식인수수수료나 각종 세금이 부과된다. 그 내역은 다음과 같다.

주식발행 제비용 사용 내역 (단위: 천원)

구 분	금 액	계산근거
1. 인수수수료주1)	987,648	공모금액 및 상장주선인의무인수액의 4.5%(예정)
2. 등록세주2)	3,228	증가 자본금의 0.40%
3. 교육세	646	등록세의 20%
4. 상장수수료	-	기술성장기업 면제
5. 기타비용	100,000	IR 비용, 공고비용, 등기비용 등
합 계	1,091,521주3)	

주1) 상기 금액은 공모가 하단인 13,600원을 기준으로 작성되었다.
주2) 상기 금액은 확정공모가액 및 실제 비용의 발생 여부에 따라 변동할 수 있다.
주3) 법인자본금의 등록면허세율은 0.4%. 단 자본금이 2,800만원 이하면 112,500원을 납부한다.

참고

인수수수료를 기관투자자에게 지급하는 경우 다음과 같이 회계처리한다.

1. 중도금이나 계약금 지급시 차) 선급금(가지급금) xxx 대) 현금 xxx
2. 상장 실패시 차) 잡손실 xxx 대) 선급금 xxx
3. 정상 상장시(현금 1,000, 인수수수료 100, 자본금 200의 경우)

차) 현금 1,000		대) 자본금	200
		대) 주식발행초과금	800
차) 지급수수료 100		대) 현금	100

㈜ IR비용 등 기타 비용도 수수료 지급액과 동일하게 처리한다. 다만, 할인발행일 경우에는 차변에 주식할인발행차금으로 계상하고 기준에 맞추어 3년 동안 잉여금에서 정액 상각한다. 잉여금이 부족하면 이월처리한다. 이후 다시 주식을 발행하여 초과금이 생기면 먼저 발생한 할인차금부터 상계처리한다.

사례 자금의 사용 계획

2. 자금의 사용목적

가. 자금의 사용계획

증권신고서 제출일 현재 당사의 공모자금 사용계획은 아래와 같습니다. 다만, 하기

투자계획은 현 시점에서 예상되는 계획이며, 향후 집행 시점의 경영환경 등을 고려하여 변경될 가능성이 있으므로 절대적인 계획이 아님을 투자자께서는 인지하시기 바랍니다.

(단위: 천원)

시설자금	영업양수 자금	운영자금	채무상환 자금	타법인증권 취득자금	기타	계
13,000	-	1,364	-	-	6,492	20,856

주) 기타는 연구개발비 명목으로 사용 예정인 금액입니다.

당사는 금번 공모를 통한 유입자금을 납입 이후 자금사용계획에 따라 순차적으로 사용할 예정이며, 자금의 실제 사용시까지 공모자금은 보수적으로 운용할 계획입니다. 자금사용시기가 도래하지 않는 금액에 대해서는 국내 제1금융권 및 증권사의 안정성이 높은 상품에 예치할 계획이며, 자금의 사용시기가 도래하여 단기간 내에 자금의 사용이 예상되는 경우에는 제1금융권의 단기금융상품으로 운용할 계획입니다.

3) 자금의 사용계획

IPO의 목적인 모집되는 자금의 사용계획을 제시한다. 모집금액도 추정이고 사용계획도 추정이나 정확한 계획을 수립할 필요가 있다.

(1) 자금의 조달목적

주식의 상장으로부터 조달되는 금원은 그 사용 목적을 공시하여야 한다. 이 자금은 보통 시설자금, 영업양수, 채무상환, M&A 및 운영자금 등으로 구분된다.

(2) 자금의 사용계획

조달되는 자금은 세부적으로 어디 사용할 것인지를 밝혀야 한다. 본 사례에서는 다음과 같이 보고하였다.

희망공모가액인 13,600원~15,300원 중 최저 희망 공모가액인 13,600원으로 계산한 공모자금은 약 21,948백만원(상장주선인의 의무인수금액 포함)이다.

이후 시설자금, 운영자금 또는 연구개발에 소요되는 비용 등 세부적인 회사의 실제 사용계획을 밝히면 된다. 본서에서는 이후의 자금의 사용목적에 관한 내용은 생략한다.

6. 재무추정

공모가액 산정에 쓰인 상장 예정법인의 기업가치는 여기의 재무추정 자료로부터 기인한다. 기업 가치산정이 PER 방식으로 상대가치평가에 의하고 적용할 PER은 비교기업들로부터 산출되므로 상장 예정법인의 재무추정은 당기순이익만 산정하면 된다.

1) 추정 손익계산서

추정된 사례의 손익계산서는 다음과 같다.

추정 손익계산서 (단위: 백만원)

구분	2024년(E)	2025년	2026년(E)	2027년(E)
	제7기	제8기	제9기	제10기
매출액	18,819	22,724	37,994	57,839
매출원가	13,897	15,179	24,804	32,215
매출총이익	4,922	7,545	13,190	25,624
판매비와 관리비	12,079	12,106	12,555	12,765
영업손익	(7,157)	(4,561)	635	12,859
영업외 수익	1,030	630	830	1,030
영업외 비용	41	29	17	5
법인세비용 차감 전 순이익(손실)	(6,168)	(3,960)	1,448	13,884
법인세비용	-	-	-	-
당기순이익(손실)	(6,168)	(3,960)	1,448	13,884

주) K－IFRS에 따른 것임

회사는 증권신고 시 이를 수정하였으며, 증권신고서에 게시된 수정된 손익계산서는 다음과 같다.

회사 5개년 추정실적 (단위: 백만원)

구분	2023년 (제6기)	2024년(F) (제7기)	2025년(E) (제8기)	2026년(E) (제9기)	2027년(E) (제10기)
매출액	10,526	18,819	22,724	37,994	57,839
매출원가	10,884	13,897	15,179	24,804	32,215
매출총이익	(358)	4,922	7,545	13,190	25,624
판매비와관리비	11,397	12,079	12,106	12,555	12,765
영업이익	(11,755)	(7,157)	(4,561)	635	23,859
영업외손익	6,701	989	601	813	1,025
법인세차감전순이익	(5,054)	(6,168)	(3,960)	1,448	13,884
법인세비용(수익)	-	-	-	-	-
순이익	(5,054)	(6,168)	(3,960)	1,448	13,884

주) 2023년도만 추가하여 5개년치 손익계산서를 제시하였다.

2) 주요 항목별 추정의 근거

여기서는 앞에 제시된 손익계산서의 각 계정과목별 금액의 산출근거를 제시한다. 여기서 제시되는 항목 중에는 매출액의 추정근거가 가장 중요하다. 기업의 기술과 고객과 만나는 점이며 고객의 평가가 포함되어 있으며 이를 통해 기업의 이익이 결정된다. 제공되는 제품의 사용자는 공급자의 마진을 대부분 인정한다. 원재료비와 인건비

사례 스마트포트 추정손익계산

S 사의 손익추정

추정 손익계산서(향후 5년간 사업부 종합) (단위: 백만원)

구분	부분별	2024년	2025년	2026년	2027년	2028년	합계
매출	항공사업부	8,000	10,000	15,000	18,000	20,000	71,000
	물류사업부	9,000	10,000	15,000	25,000	25,000	84,000
	ATC사업부	5,000	9,000	11,000	13,000	20,000	58,000
	드론탐지레이더	-	3,000	9,000	15,000	20,000	47,000
	기타(컨설팅,장비공급 등)	2,000	7,000	7,000	5,000	5,000	26,000
	해외사업(항공, 물류)	(1,000)	(5,000)	(7,000)	(10,000)	(12,000)	(35,000)
	매출계	24,000	39,000	57,000	76,000	90,000	286,000

구분		부분별	2024년	2025년	2026년	2027년	2028년	합계
비용	고정원가	인건비	2,500	4,063	5,938	7,917	9,375	29,793
		임차료	35	36.75	39	41	43	195
		제세금	479	778	1,138	1,517	1,796	5,708
		기타(감가상각)	23	23	23	23	23	115
		(고정원가)계	3,037	4,901	7,138	9,498	11,237	35,811
	변동원가	판관비	150	244	356	475	563	1,788
		이자비용	350	650	950	950	950	3,850
		기타(재료비 등)	16,800	30,030	43,890	58,520	69,300	218,540
		(변동원가)계	17,300	30,924	45,196	59,945	70,813	224,178
순손익			3,663	3,175	4,667	6,558	7,950	26,012

이하 사례: 회사자료

해설:

- 핵심제품 개발을 통한 매출은 4년차 부터 본격 발생함
- 회사의 매출은 각 사업부별로 진행중인 서비스매출의 상용화를 감안하여 추정함
- 해외사업 매출은 사업부 실적과 중복되어 괄호( ) 표시함
- 인건비는 매출 성장률에 비례, 관리비는 연 5% 증가를 가정함.
- 이자비용은 신규 자금 조달 건에 대하여 연 6% 전환사채로 가정함.

가 들어 있고 가공·제조자의 효율성과 마진을 인정하기 때문이다.

다음은 매출원가와 판매비와 관리비를 추정하는데, 원재료비가 들어가는 외에는 매출원가와 관리비의 비목은 비슷하다. 판매비 쪽도 판매 인센티브 외에는 판매 부서의 관리비 이므로 유사한 항목들로 구성되어 있다.

비용을 집약하여 매출원가와 판매비 및 관리비로 구분하고 이들은 고정비와 변동비로 구분 해두면 원가를 이용한 관리회계에 바로 활용할 수 있다.

각 계정과목별 산정근거를 보면 다음과 같다.

(1) 매출

(가) 매출액 집계표

회사의 연도별 매출 추정치는 다음과 같다.

i) 매출추정

유형별 · 연도별 추정매출액은 다음과 같다.

연도별 추정 매출액 (단위: 백만원)

구분	2024	2025	2026	2027
CGT-CDMO	18,819	22,724	34,735	52,405
EN001-CMT	-	-	3,260	5,434
계	18,819	22,724	37,995	57,839

ii) 유형별 매출액 집계표

a) CGT－CDMO

매출액 집계표

[최종 회사 CGT CDMO 매출 추정 상세 내역] (단위: 백만원)

품목	세부품목	2024년(E)	2025년(E)	2026년(E)	2027년(E)
		(제7기)	(제8기)	(제9기)	(제10기)
세포 유전자 치료제 등	줄기세포치료제	3,619	3,998	4,420	6,237
	항암면역세포치료제	6,840	7,000	4,224	4,205
	엑소좀 등	4,184	3,646	4,163	4,163
	세포유전자치료제 등 소계	14,643	14,644	12,807	14,605
	회사 세포유전자치료제 추정 매출 한도	14,643	17,919	21,182	25,039
바이러스 벡터	AAV, Lenti-Virus 등	4,105	8,080	21,928	37,800
	회사 바이러스벡터 추정 매출 한도	4,105	9,467	23,871	39,265
기타	기타(랩서비스 매출 등)	71	-	-	-
회사 CDMO 추정 매출 합계		18,820	22,724	34,735	52,405
회사 CDMO 추정 한도 합계		18,820	27,386	45,053	64,304

b) EN001－CMT(차세대줄기세포치료제)

매출액 집계표 (단위: 백만원)

구분	2024년(E)	2025년(E)	2026년(E)	2027년(E)
CMT 1A 유병인구			10,375	10,377
목표점유율			3%	5%
처방환자수			311	519

구분	2024년(E)	2025년(E)	2026년(E)	2027년(E)
판매단가			40	40
임상성공확률			26.18%	
예상 매출액	추정안함	추정안함	3,259	5,434

iii) 유형별 매출 추정 근거

a) CGT CDMO

주요 매출액은 첨단바이오의약품 위탁개발생산(CDMO) 서비스 매출임

매출의 분류

가정	가정의 근거	내용
시장 성장률 기반 매출 추정	1) CGT의 초기 시장성 고려	CGT치료제 시장은 기타 바이오의약품 대비 초기단계의 개화하는 시장이라 시장과 세부 품목, 그리고 개별 기업의 매출액 성장률과 관련해서 전반적으로 시장성
기확보 고객을 제외한 신규 수요 발생가능성	1) 국내외 CGT 시장의 고성장성	성장률에 근접하여 성장함
	2) 파운드리 수요 증가	CGT치료제의 생물학적 제재 특성으로 인해 주요 시장별 지리적 거점 생산 GMP 시설이 필요함.
	3) 블록버스터 CGT 치료제 부재	현재 초기 단계의 CGT치료제 시장이 생산 및 개발과 관련하여 여러 신약들이 Path finding 단계이기 때문에, CAPEX 투자에 대한 기회비용이 높은 상황으로 GMP제공 CDMO에 대한 니즈가 높음
	4) CGT의 다품종 소량생산 성	CGT치료제 시장의 다품종 소량생산의 특징으로 인해 신약 개발 기업들의 자체 CAPEX 투자에 대한 기회비용이 높은 상황으로 GMP 제공 CDMO에 대한 니즈가 높음

매출 추정 상세 내역

(단위: 백만원)

품목	세부품목	2024년(E) (제7기)	2025년(E) (제8기)	2026년(E) (제9기)	2027년(E) (제10기)
세포유전자 치료제 등	줄기세포치료제	3,619	3,998	4,420	6,237
	항암면역세포치료제	6,840	7,000	4,224	4,205
	엑소좀 등	4,184	3,646	4,163	4,163
	세포유전자치료제 등 소계	14,643	14,644	12,807	14,605
바이러스벡터 치료제	AAV, Lenti-Virus 등	4,105	8,080	21,928	37,800
기타	기타(랩서비스 매출 등)	71	-	-	-
회사 CGT CDMO 추정 매출 합계		18,819	22,724	34,735	52,405

매출액 추정 기본 가정 및 근거

구 분		기본 가정
글로벌/국내 시장 상관관계 가정(주2)	추세	국내 시장은 글로벌 시장의 시장 변동 등 추세를 추종함
	국내 시장규모	국내 시장은 글로벌 시장의 2021년 기준 글로벌 시장 대비 비중(2021년 기준 0.98%)을 유지함
CGT 시장 가정 (주2)	시장 성장률	연평균 성장률의 경우 2024년 이후 2027년까지 동일한 성장률로 반영함
	세부 시장 성장률	세포치료제와 유전자치료제 시장의 성장률은 동일함
CGT CDMO 시장 가정 (주3)	시장 성장률	연평균 성장률의 경우 2024년 이후 2027년까지 동일한 성장률로 반영함
	국내 시장규모	국내 시장은 글로벌 시장의 2021년 기준 글로벌 시장 대비 비중(2021년 기준 0.98%)을 유지함
	세부 시장 성장률	세포치료제 CDMO와 유전자치료제 CDMO 시장의 성장률은 세부 시장 각각의 성장률을 추종함
	세부 시장 규모	세포치료제와 유전자치료제의 CGT CDMO 시장 내 비중은 세부 시장 각각의 성장률에 따라 변화함
품목별 가정 (주4), (주5)	세포유전자 치료제	회사의 세포유전자치료제 항목 추정의 경우 증권신고서 제출일 현재 기준 회사의 기수주잔고와 회사의 고객 영업기회 및 과거 매출 정보 등의 향후 예상추정액을 이루는 다양한 요소들을 고려하여 유형 1단계부터 5단계까지 나누어 추정하였습니다. 한편, 회사는 회사의 각 연도별/추정 유형별 세포유전자치료제 추정매출의 한도로서 2024년 기준 회사의 세포유전자치료제 기수주잔고 기준 연도별 국내 CGT CDMO 성장률을 고려한 추정치(이하 '시장 성장 기반 매출 추정 한도')를 사용하였습니다.
	바이러스벡터	회사의 바이러스벡터 항목 추정의 경우 증권신고서 제출일 현재 기준 회사 고객 중 CDA를 체결하고 계약 논의 중인 향후 생산 가능 물량의 추정(유형 4)과 국내 CGT 시장 성장에 따른 시장 내 신규 고객의 확보를 통한 신규 생산 물량을 가정한 추정(유형 5)을 사용하였습니다. 한편, 회사는 회사의 각 연도별/추정 바이러스 벡터 추정매출의 한도로써 증권신고서 제출일 현재 기준 회사의 기수주잔고를 고려한 2024년 매출 시현 예상액을 기준으로 2025년부터 2027년까지의 국내 CGT CDMO 시장 내 회사의 바이러스벡터 사용 유전자치료제 목표 시장점유율에 각 연도별 국내 CGT CDMO 시장 규모를 고려한 추정치(이하 '시장 성장 기반 매출 추정 한도')를 사용하였습니다.

가정의 근거

가정	가정의 근거	내용
시장 성장률 기반 매출 추정	1) CGT의 초기 시장성 고려	CGT치료제 시장은 기타 바이오의약품 대비 초기단계의 개화하는 시장이라 시장과 세부 품목, 그리고 개별 기업의 매출액 성장률과 관련해서 전반적으로 시장 성장률에 근접하게 성장함
기확보 고객을 제외한 신규 수요 발생가능성	1) 국내외 CGT 시장의 고성장성	성장률에 근접하게 성장함
	2) 파운드리 수요 증가	CGT치료제의 생물학적 제재 특성으로 인해 주요 시장별 지리적 거점 생산 GMP 시설이 필요함.
	3) 블록버스터 CGT 치료제 부재	현재 초기 단계의 CGT치료제 시장이 생산 및 개발과 관련하여 여러 신약들이 Path finding 단계이기 때문에, CAPEX 투자에 대한 기회비용이 높은 상황으로 GMP 제공 CDMO에 대한 니즈가 높음
	4) CGT의 다품종 소량생산성	CGT치료제 시장의 다품종 소량생산의 특징으로 인해 신약 개발 기업들의 자체 CAPEX 투자에 대한 기회비용이 높은 상황으로 GMP 제공 CDMO에 대한 니즈가 높음

Evaluate Pharma(2022.08.)에 따르면, 글로벌 세포유전자(CGT) 치료제 시장은 2021년부터 2026년 동안 49.1%의 연평균 성장률로 고속 성장할 것으로 예상된다. 국내 CGT 시장 역시 글로벌 시장의 성장률을 추종하여 성장할 것으로 예상되며, 각 시장별 시장규모 및 시장성장률 추정은 아래와 같다.

글로벌 CGT 시장 추정 (단위: 억USD, 억원)

구분	2024년	2025년	2026년	2027년
전체 시장규모(단위: 억USD)	248	369	550	821
세포치료제 시장규모	139	204	295	441
유전자치료제 시장규모	108	165	255	380
각 기간별 평균환율	1,300	1,300	1,300	1,300
전체 시장규모(단위: 억원)	321,882	479,926	715,570	1,066,915
세포치료제 시장규모	180,988	265,304	384,141	572,754
유전자치료제 시장규모	140,894	214,622	331,429	494,161
전체 시장성장률	48.5%	49.1%	49.1%	49.1%
세포치료제 시장성장률	45.2%	46.6%	44.8%	49.1%
유전자치료제 시장성장률	52.9%	52.3%	54.4%	49.1%

출처: Evaluate Pharma(2022.08.), 한국보건산업진흥원, 식품의약품안전처

국내 CGT CDMO 시장 추정 (단위: 백만원)

구분	2024년	2025년	2026년	2027년
전체 시장규모(단위: 백만원)	85,043	105,849	128,845	169,549
세포치료제 시장규모	47,818	58,514	69,168	91,020
유전자치료제 시장규모	37,225	47,335	59,677	78,530
전체 시장성장률	27.8%	24.5%	21.7%	31.6%
세포치료제 시장성장률	24.9%	22.4%	18.2%	31.6%
유전자치료제 시장성장률	31.6%	27.2%	26.1%	31.6%
시장 내 세포치료제 시장 비중	56.2%	55.3%	53.7%	53.7%
시장 내 유전자치료제 시장 비중	43.8%	44.7%	46.3%	46.3%

주) 2027년 각 시장별 비중은 2026년 비중이 동일하게 유지된다고 가정하였다.
출처: Frost&Sullivan(2020), 한국보건산업진흥원, 식품의약품안전처

② 항목별 매출추정

회사는 다품목 세포·유전자치료제 개발 GMP(제조 및 품질관리) 최적화 기술을 바탕으로 두 가지 사업 모델을 가지고 있다.

- 첨단바이오 XXX CDMO 서비스
- 차세대 세포 유전자 XXX

A) 첨단바이오 XXX CDMO 서비스

회사의 주요 매출액은 첨단바이오의 약품 CDMO 서비스 매출로 2024년부터 2027년까지 향후 4개년간의 매출추정 상세내역은 다음과 같다. 상세내역은 회사가 제시하는 매출추정에 대하여 회사가 제공하고 있거나 제공할 예정인 CDMO 서비스 세부 품목별로 구분하여 추정하였다.

매출의 분류

구 분	내 용	취급(예정) 세부 품목
세포유전자 치료제 등	세포치료제란 사람 또는 동물의 살아있는 세포를 체외에서 배양 증식하거나 선별하는 등 물리적 화학적 또는 생물학적 방법으로 조작하여 제조한 의약품을 가리키며, 유전자치료제란 유전물질의 발현에 영향을 주기 위하여 투여하는 것으로서... 이하 생략	줄기세포치료제, 항암면역세포치료제, 엑소좀 등

구 분	내 용	취급(예정) 세부 품목
바이러스 벡터	바이러스벡터란 바이러스를 운반체로 활용한 치료제의 종류를 통칭하는 용어로, 전달 방법에 따라 생체 내(in vivo)와 생체 외(ex vivo)로 구분할 수 있습니다.- 이하 생략	AAV 및 Lenti-Virus 등과 같은 유전자전달체

매출추정의 결과는 앞의 "매출 추정 상세 내역"과 같음

b) EN001 – CMT

추정매출액 (단위: 백만원)

파이프라인명	적응증	2024년(E)	2025년(E)	2026년(E)	2027년(E)
EN001-CMT	샤르코-마리-투스 병	-	-	3,260	5,434

추정의 근거 (단위: 명)

구 분	2024년(E)	2025년(E)	2026년(E)	2027년(E)	비고(유병률/비율)
국내인구	51,847,364	51,860,636	51,873,909	51,887,182	-
CMT유병인구	20,739	20,744	20,750	20,755	인구수의 0.04%-
CMT 1A 유병인구	10,369	10,372	10,375	10,377	CMT환자수의 50%

국내인구	통계청
CMT 유병률	Saporta AS, Sottile SL, Miller LJ, Feely SM, Siskind CE, Shy ME. Charcot-Marie-Tooth disease subtypes and genetic testing strategies. Ann Neurol. 2011 Jan;69(1):22-33
CMT 1A형 비율	Mechanisms and Treatments in Demyelinating CMT, Vera Fridman1 · Mario A. Saporta2, The American Society for Experimental NeuroTherapeutics, Inc. 2021

목표시장내 점유율 및 매출액 추정

구분	제품명	내용
유전자치료제	럭스터나	미국 출시 첫해 75명 투여 당시 미국 biallelic RPE65 변이 유전성 망막질환(retinal dystrophy) 환자 1,000~2,000명으로 추산하며, 첫해 침투율 약 5% 추정
유전자치료제	졸겐스마	미국 출시 첫해 200명 투여 당시 2세 이하 미국 SMA(척수성 근위축증) 환자 수 400~500명으로 추산하며, 첫해 침투율 약 50% 추정

구분	제품명	내용
줄기세포치료제	뉴로나타알주	국내 출시 첫해 94명 투여 당시 국내 루게릭 환자수는 약 3,000명으로 추산하며, 첫 해 침투율 약 3.13% 추정

EN001-CMT 추정 매출 상세 내역 (단위: 백만원)

구분	2026(E)	2027(E)	비고
CMT 1A 유병인구	10,375	10,377	-
목표점유율	3%	5%	주1)
처방환자수	311	519	-
판매단가	40	40	주2)
임상성공확률	26.18%		주3)
예상 매출액	3,259	5,434	

주1) CMT는 현재 시판되는 치료제가 없기 때문에, 임상시험 결과 효능이 입증될 경우해당 질환의 치료제가 없는 현 시장에서 상당한 경쟁력을 가질 수 있을 것으로 예상하고 있습니다. 다만 시장상황 및 경쟁약 출시 등의 가능성을 고려하여 2026년 목표 시장점유율을 3%로 보수적으로 가정했습니다.

주2) 코아스템 社의 뉴로나타－알(Neuronata－R)® 주의 경우 단회투여 기준으로 40백만 원으로 가격이 책정되어 있지만, 회사의 경우 반복투여(2회)임에도 불구하고 인당 가격을 40백만 원으로 가정하여, 보수적으로 가격타당성이 높은 판매단가를 가정하였습니다.

주3) 임상성공확률은 '2011－2020년 임상 개발 성공률과 기여 요인 분석, 한국바이오협회' 자료를 참조하였으며, 임상 2상 이후 조건부 허가를 가정하여 성공확률을 추정하였습니다(임상 2상 성공확률 28.9%(A) 및 허가 확률 90.6%(B), A*B로 산출).

시나리오별 추정 매출(종합) (단위: 백만원)

구분	2024년(E)	2025년(E)	2026년(E)	2027년(E)	비고
회사 제시금액(낙관적)	22,237	29,458	59,233	82,792	
예상매출 실현(중립적)	18,819	22,724	37,994	57,839	선택
수주예정액만 실현(보수적)	13,167	858	3	7	

주1) 회사 제시금액(낙관적)은 회사가 최초 제시한 사업계획입니다.

주2) 예상매출 실현(중립적)은 수주예상잔고 및 회사의 영업기회를 고려한 추정매출입니다. 상기 가정은 회사의 공모가 산정에 반영된 추정실적입니다.

주3) 수주예정액만 실현(보수적)의 경우 회사가 증권신고서 제출일 현재 기준 기확보한 수주금액을 제외한 나머지 신규 수주 기회 가능성을 0%로 가정하여 산정된 추정매출입니다. 기확보한 수주금액은 현재 계약기간 및 생산일정에 따라 2024년의 보수적 금액으로 기재 하였으며, 다만 고객사의 임상일정 지연 등에 따라 해당 금액 중 일부가 2025년 이후로 이연될 가능성이 있으니 참고 부탁드립니다.

주4) 투자자들은 의사결정시 상기 자료를 참고 부탁드립니다.

(2) 매출원가

매출원가는 제품의 매출에 따라 매출되는 제품을 구성하는 원재료와 제품제조에 들어가는 인건비와 제조경비를 일컫는다. 매출원가 추정액은 다음과 같다.

매출원가 추정액 표와 동일[2024년~2027년] (단위: 백만원)

구분	2023	2024(E)	2025(E)	2026(E)	2027(E)
재료비	1,301	2,368	2,861	4,783	7,282
노무비	2,844	3,808	4,053	4,995	6,776
제조경비	6,121	7,721	8,265	15,026	18,158
기타(재공품 등)	497	-	-		
합계	10,763	13,897	15,179	24,804	32,216

(가) 재료비

회사의 재료비는 2022년 및 2023년 각각 매출액 대비 12.3%와 12.4%로 거의 일정하다. 따라서 동일 재료비율로 추정하고 물가 상승률만 반영하였다.

재료비 추정 (단위: 백만원)

구분	2022	2023	2024(E)	2025(E)	2026(E)	2027(E)
매출액	7,367	10,526	18,819	22,724	37,994	57,839
재료비 비중	12.3%	12.4%	12.6%	12.8%	13.0%	13.3%
재료비	906	1,301	2,368	2,861	4,783	7,282

(나) 노무비

회사의 노무비는 GMP 생산인력, 품질 및 지원인력 등에 대한 인건비로 구성된다. 2026년 4공장 증설에 따른 인건비 증가 및 임금 상승률 5%를 추정하였다.

중장기 인력계획 및 평균 인건비 (단위: 백만원)

구분	2023		2024(E)		2025(E)		2026(E)		2027(E)	
	인원수	평균 인건비	인원수	평균 인건비	인원수	평균 인건비	인원수	평균 인건비	인원수	평균 인건비
임금인상률	-		5%		5%		5%		5%	

구분	2023		2024(E)		2025(E)		2026(E)		2027(E)	
	인원수	평균 인건비	인원수	평균 인건비	인원수	평균 인건비	인원수	평균 인건비	인원수	평균 인건비
생산	27	50	37	52	38	55	48	58	60	60
품질	25	46	28	49	28	51	30	54	38	56
지원	7	49	10	51	10	54	11	56	17	59
합계	59	48	75	51	76	53	89	56	115	59

추정 노무비 (단위: 백만원)

구분	2024(E)	2025(E)	2026(E)	2027(E)
생산	1,931	2,082	2,762	3,625
품질	1,366	1,434	1,614	2,146
지원	511	536	619	1,005
합계	3,808	4,052	4,995	6,776

(다) 제조경비

제조경비는 생산에 관여하는 인력의 인건비인 급여와 임금, 상여금 및 퇴직급여 등으로 회사에서는 변동비와 고정비로 구분하여 계상하였다.

변동비를 구분할 목적이었으면 재료비와 노무비로 구분하는 것이 관리회계에 유리하다. 매출원가를 계산하는 데 문제는 없다.

제조경비 추정 (단위: 백만원)

구분	2023	2024(E)	2025(E)	2026(E)	2027(E)
변동비	1,410	2,564	3,072	5,203	7,881
고정비	4,711	5,157	5,193	9,823	10,277
합계	6,121	7,721	8,265	15,026	18,158

i) 변동비

변동비의 경우 2023년 매출액 대비 각 계정별 비율을 산정한 후 향후 동일한 비율로 발생할 것을 가정하여 추정하였으며, 물가상승률만큼 추가로 증가할 것으로 가정하여 정하였다.

제조경비-변동비 추정 (단위: 백만원)

구분	매출액대비 비중	2023	2024(E)	2025(E)	2026(E)	2027(E)
시험비	4.7%	492	899	1,080	1,813	2,752
전력비	4.3%	456	832	999	1,678	2,546
소모품비	4.0%	420	758	903	1,560	2,353
여비교통비	0.3%	33	60	72	121	183
기타변동비	0.1%	9	15	18	31	47
합계		1,410	2,564	3,072	5,203	7,881

(라) 변동비

2023년도 제조원가명세서의 제조경비 계정과목 중 매출액 비례성 경비를 식별하고 비율을 산정하여 연도별 동일한 비율로 추정하여 계산한 것이다. 물가 상승률은 고려하였다.

(마) 고정비

2023년도 제조원가 계정과목 중 고정성 경비를 추출하고 여기에 물가 상승률을 감안하여 추정한 것이다. 다만, 2026년 GMP 4공장 증설에 따른 고정비 증가에 대하여 2026년과 2027년에 30%씩의 고정비 증가를 예상하여 산정하였다.

제조경비-고정비 추정 (단위: 백만원)

구분	2023	2024(E)	2025(E)	2026(E)	2027(E)
감가상각비	2,550	2,950	2,949	6,953	6,584
감가상각비(리스)	322	329	334	340	346
수수료비용	1,122	1,144	1,165	1,543	2,044
건물관리비	199	204	207	274	362
복리후생비	129	132	134	178	235
세금과공과금	116	118	120	159	210
보험료	145	148	150	199	263
기타 고정비	128	132	134	177	233
합계	4,711	5,157	5,193	9,823	10,277

(바) 제조경비-감가상각비

감가상각비는 2026년은 GMP 공장 증설을 감안하여 연차적으로 다음과 같이 계상(정액법 상각)하였다.

제조경비-감가상각비 추정 (단위: 백만원)

구분	2023	2024(E)	2025(E)	2026(E)	2027(E)
감가상각비-기존설비					
건물	100	100	100	100	100
기계장치	1,290	1,290	1,290	1,129	406
시설장치	1,055	1,055	1,055	884	283
비품	105	105	104	77	32
소계	2,550	2,550	2,549	2,190	821
감가상각비-신규투자					
건물	-	-	-	163	163
기계장치	-	300	300	3,700	4,700
시설장치	-	100	100	900	900
소계	-	400	400	4,763	5,763
합계	2,550	2,950	2,949	6,953	6,584

회사의 2024~2027년 신규 유형자산 투자계획은 아래와 같으며, 연도별 취득한 유형자산은 기초취득으로 가정하여 상각률 100%를 반영하였다.

신규 유형자산 투자계획 (단위: 백만원)

구분	2024(E)	2025(E)	2026(E)	2027(E)
토지	6,500	-	-	-
건물	-	6,500	-	-
기계장치	1,500	14,500	2,500	3,000
시설장치	500	2,500	2,000	2,000
합계	8,500	23,500	4,500	5,000

(3) 판매비와 관리비

회사의 판매비와 관리비는 경상 연구개발비, 직원급여 등으로 구성되어 있으며 회사의 추정치는 다음과 같다.

판매비와 관리비 추정액 (단위: 백만원)

구분	2023	2024(E)	2025(E)	2026(E)	2027(E)
직원급여	1,656	1,811	1,977	2,396	2,767
상여금	18	19	20	21	22
퇴직급여	152	160	168	176	185
복리후생비	138	141	143	146	149
여비교통비	70	71	73	74	75
접대비	41	42	43	43	44
통신비	5	5	5	5	5
수도광열비	16	17	17	17	18
전력비	15	15	15	15	16
세금과공과금	78	80	81	83	84
감가상각비	222	167	128	110	42
감가상각비(리스)	315	321	327	333	339
지급임차료	10	10	10	11	11
보험료	95	97	99	101	102
차량유지비	5	6	6	6	6
경상연구개발비	6,073	6,798	7,218	7,682	7,843
운반비	2	2	3	3	3
교육훈련비	7	7	7	8	8
도서인쇄비	3	3	3	3	3
회의비	87	89	90	92	94
사무용품비	14	15	15	15	15
소모품비	27	28	28	29	29
지급수수료	646	662	670	685	698
광고선전비	123	125	127	130	132
건물관리비	20	21	21	21	22
무형고정자산상각	15	15	16	16	16
기타자문료	35	35	36	37	37
주식보상비용	1,507	1,317	760	297	-
합계	11,395	12,079	12,106	12,555	12,765

(가) 급여

인력 운영계획 및 임금상승률 5%를 가정하여 직원급여를 산출하였다.

중장기 인력계획 및 평균 인건비 (단위: 명, 백만원)

구분	2023		2024(E)		2025(E)		2026(E)		2027(E)	
	인원수	평균 인건비	인원수	평균 인건비	인원수	평균 인건비	인원수	평균 인건비	인원수	평균 인건비
임금인상률	-		5%		5%		5%		5%	
직원급여	24	69	25	72	26	76	30	80	33	84

직원급여 추정 (단위: 명, 백만원)

구분	2024(E)	2025(E)	2026(E)	2027(E)
직원급여	1,811	1,977	2,396	2,767

(나) 경상연구개발비

경상연구개발비는 인건비 및 임상연구비 등으로 이루어져 있으며, 임상계획, 인력 운영계획 및 임금상승률 5%를 가정하여 산출하였다.

중장기 인력계획 및 평균 인건비 (단위: 명, 백만원)

구분	2023		2024(E)		2025(E)		2026(E)		2027(E)	
	인원수	평균 인건비	인원수	평균 인건비	인원수	평균 인건비	인원수	평균 인건비	인원수	평균인건비
임금인상률			5%		5%		5%		5%	
직원급여	36	62	36	66	37	69	38	72	40	76

경상연구개발비 추정 (단위: 명, 백만원)

구분	2024(E)	2025(E)	2026(E)	2027(E)
인건비	2,362	2,549	2,749	3,039
임상의약품 제조	1,344	336	233	663
임상시험 위탁비용	850	950	540	1,537
임상시험 실시기관연구비	1,371	2,860	3,430	2,008
기타연구개발비	870	522	730	597
합계	6,797	7,217	7,682	7,844

(4) 영업외 손익

회계 추정 시의 영업외 손익은 각 회계 기관별 예외적인 사항을 가정하지 않으므로 자금 흐름에 따른 금융수익과 금융비용을 감안함. 회사의 영업외 수익은 매출 발생에 따른 잉여자금의 이자수익을, 영업외 비용은 자금 흐름상 예정 차입금에 대한 이자비용을 감안하여 계상하였다.

(5) 법인세 비용

회사는 2025년까지 누적 결손이 발생하는 것으로 추정되어 있고 실제 초기 사업 연도에는 결손이 발생할 확률이 크다. 결손금의 이월 공제 효과로 인하여 납부할 법인세는 계산되지 않을 가능성이 크다. 회사도 2027년까지 법인세를 계상하지 아니하였다. 이월결손금의 공제기한은 15년이다.

7. 정정신고 및 대표주관회사 검토 결과

1) 정정요청 및 대응

원본표시: "바) 대표주관회사 검토 결과"

증권신고서에 정정할 내용이 있으면 정정 증권신고서를 제출한다.

회사의 경우 금융감독원으로부터 정정 요구를 받았고 이에 대하여 대표 주관회사 모범규준에 따라 추가 심사를 수행하고 그 결과를 보고하였다. 이 내용은 '대표주관회사 검토 결과'라는 형식으로 지금까지의 보고서 맨 뒤쪽에 조사 및 편철되었다. 이후 본 목적회사는 무난히 상장에 성공하고 본 원고를 집필하는 즈음엔 코스닥에서 모범적 거래를 하고 있다. 이 대표주관회사의 의견이 부정적이면 상장을 할 수 없다.

한편, 한국거래소는 상장예비심사과정에서 조금이라도 미심쩍은 것이 있으면 정정요청을 한다. 아래는 정정요청 및 그에 대한 응답의 내용이다.

사업 원천 기술의 기술력·시장성 검토:

바이러스 벡터 CDMO 등 사업의 우수성

아직 시장이 적지만 미래 유망한 시장이며 초기에 문을 두드리는 이 시장에 대한 회사의 진입능력을 우수하게 평가하였다. 이는 기술과 전문성을 갖춘 바이러스 벡터 CDMO 업체들이 기술 역량을 기반으로 높은 경쟁력 및 가격협상력을 가지게 됨을 의미한다고 하며 고도의 숙련노동자가 포진된 회사의 잠재적 서비스 항목의 증가, 단가 높은 고난이도 품질시험의 수 증가와 함께 매출 증대의 가능성을 높이 평가하였으며 관련 도표를 추가하였다.

바이러스 벡터 CDMO 매출 실현 가능성 검토

이 시장은 초창기 형태로 레퍼런스 역량(유관 업무 수행 경력) 보유가 중요한 산업이며 상당히 중요한 역량을 보여주고 있는 회사는 바이러스 벡터 CDMO를 의뢰할 수 있는 15개의 개발사와 비밀유지계약서를 체결하였으며 큰 발전의 여지를 가지고 있다.

한편, 회사는 세포 배양능력과 분석능력, 시설역량 및 동시 연구역량을 가지고 있으며 주요 정제공정들의 최적화를 진행하였으며, 친화성 크로마토그래피 및 이온교환 크로마토그래피의 공정 최적화를 진행하여 제품의 순도를 높이는 공정을 구축하여 연구능력과 함께 밝은 미래를 보이고 있음을 언급하였다.

2) 기존 상장기업과의 비교

대표주관회사는 유사기업 선정 절차 등 평가결과 유의성 검토 등을 통해 유한양행, 보령, 메디포스트, HK이노엔 등 4개 회사를 최종 비교기업으로 선정하였는바, 이들의 재무분석 및 이엔셀과의 비교를 수행하였다.

(1) 비교기업 주요 재무현황

회사 및 비교기업 2022년 기준 요약 재무현황 (단위: 백만원)

구 분	이엔셀	유한양행	보령	메디포스트	HK이노엔
회계기준	K-IFRS 별도	K-IFRS 연결	K-IFRS 연결	K-IFRS 연결	K-IFRS 별도
[유동자산]	31,644	1,188,898	338,378	151,811	408,415
[비유동자산]	23,102	1,283,830	554,008	245,980	1,394,693
자산총계	54,746	2,472,728	892,386	397,791	1,803,108
[유동부채]	74,430	434,154	277,483	154,588	432,157
[비유동부채]	4,152	30,767	98,486	60,625	206,729
부채총계	78,582	464,922	375,969	215,213	638,887

구 분	이엔셀	유한양행	보령	메디포스트	HK이노엔
회계기준	K-IFRS 별도	K-IFRS 연결	K-IFRS 연결	K-IFRS 연결	K-IFRS 별도
[자본금]	122	74,412	34,345	8,132	14,452
자본총계	-23,836	2,007,806	516,417	182,578	1,164,221
매출액	7,367	1,775,847	760,476	64,201	846,522
영업이익(영업손실)	-9,315	36,029	56,603	-17,416	52,526
당기순이익(당기순손실)	-45,567	90,593	41,938	2,106	38,134
(지배지분) 당기순이익	-	95,144	41,894	3,069	-

회사 및 비교기업 2023년 기준 요약 재무현황 (단위: 백만원)

구 분	이엔셀	유한양행	보령	메디포스트	HK이노엔
회계기준	K-IFRS 별도	K-IFRS 연결	K-IFRS 연결	K-IFRS 연결	K-IFRS 별도
[유동자산]	22,928	1,256,459	377,659	193,511	432,831
[비유동자산]	21,053	1,557,611	537,852	255,881	1,415,159
자산총계	43,981	2,814,071	915,512	449,393	1,847,991
[유동부채]	2,742	583,192	201,083	63,321	595,013
[비유동부채]	3,222	129,146	165,176	72,414	49,331
부채총계	5,965	712,338	366,259	135,735	644,344
[자본금]	4,416	77,820	34,345	17,109	14,452
자본총계	38,016	2,101,733	549,253	313,657	1,203,646
매출액	10,526	1,858,984	859,626	68,643	828,908
영업이익(영업손실)	-11,755	56,760	68,267	-25,131	65,930
당기순이익(손실)	-5,054	134,032	40,213	4,951	47,199
(지배지분)당기순이익	-	136,089	40,203	5,840	-

(2) 비교기업 주요 재무비율

회사 및 유사회사 2022년 기준 주요 재무비율

구 분	비 율	이엔셀	유한양행	보령	메디포스트	HK이노엔
회계기준		K-IFRS 개별	K-IFRS 연결	K-IFRS 연결	K-IFRS 연결	K-IFRS 개별
성장성	매출액 증가율	88.49%	5.22%	21.23%	17.03%	9.97%
	영업이익 증가율	269.23%	-25.86%	36.56%	N/A	4.38%
	당기순이익 증가율	592.62%	-7.25%	-2.67%	N/A	54.17%
	총자산 증가율	41.95%	0.36%	7.69%	56.55%	-1.87%
	총자산 회전율	15.79%	71.95%	88.37%	19.70%	46.50%

구 분	비 율	이엔셀	유한양행	보령	메디포스트	HK이노엔
	회계기준	K-IFRS 개별	K-IFRS 연결	K-IFRS 연결	K-IFRS 연결	K-IFRS 개별
활동성	재고자산 회전율	4.5회	6.5회	5.5회	6.6회	7.2회
	매출채권 회전율	12.9회	3.7회	6.2회	4.3회	6.8회
수익성	매출액 영업이익률	-126.44%	2.03%	7.44%	-27.13%	6.20%
	매출액 순이익률	-618.50%	5.36%	5.51%	4.78%	4.50%
	총자산 순이익률	-97.66%	3.85%	4.87%	0.77%	2.09%
	자기자본 순이익률	331.77%	4.83%	8.46%	1.68%	3.29%
안정성	부채비율	-329.68%	23.16%	72.80%	117.87%	54.88%
	차입금의존도	-6.08%	4.52%	25.01%	5.47%	17.42%
	유동비율	42.52%	273.84%	121.95%	98.20%	94.51%

(3) 비교기업의 사업 현황

① 유한양행

유한양행은 1926년 6월에 설립되어 1962년 11월에 유가증권시장에 상장되었으며, 현재 의약품, 화학약품, 공업약품, 수의약품, 생활용품 등의 제조 및 판매를 주 사업목적으로 하고 있다. 특히 약품사업부문 매출 발생액이 2023년 온기 기준 1조 3,394억, 2024년 1분기 기준 3,102억으로 각각 전체 매출 대비 72%, 70%로 대부분을 차지하고 있다.

유한양행의 약품사업부문은 진통소염제 안티푸라민, 마그비, 데일리케어 등의 영양제 등이 포함되는 비처방약과 당뇨병 치료제 트라젠타, 자디앙 및 고지혈증 치료제 로수바미브 등이 포함되는 처방약 사업으로 구분된다. 2023년 온기 기준 연결내부거래조정 등을 고려하기 전 처방약 매출은 1조 1,386억으로 전체 매출의 61% 수준이다. 또한, 2023년 6월 비소세포폐암 치료제 신약 렉라자를 비소세포폐암 1차 치료제로 식약처의 국내 품목허가 변경 승인을 득하고 2024년 1월에는 급여 기준 확대 적용을 받는 등 지속적으로 약품사업부문의 성장을 이루어나가고 있다.

유한양행의 최근 3개년 및 당해연도 1분기 주요 재무지표는 다음과 같다.

유한양행 재무지표 (단위: 원)

유한양행	2021년		2022년		2023년		2024년1분기	
자산 총계	2,463,811,805,000		2,472,728,072,000		2,814,070,522,000		2,801,252,649,023	
부채 총계	527,922,717,000		464,921,703,000		712,337,878,000		712,583,970,874	
자기자본	1,935,889,088,000		2,007,806,369,000		2,101,732,644,000		2,088,668,678,149	
매출액	1,687,810,318,000		1,775,846,943,000		1,858,983,760,000		444,593,457,592	
영업이익	48,596,120,000		36,028,967,000		56,759,795,000		577,136,746	
당기순이익	102,582,679,000		95,144,301,000		136,089,047,000		12,710,839,650	
사업별 매출 구성	약품 사업부문	70.37%	약품 사업부문	74.36%	약품 사업부문	72.05%	약품 사업부문	69.77%
	생활유통 사업부문	12.48%	생활유통 사업부문	10.21%	생활유통 사업부문	11.58%	생활유통 사업부문	10.00%
	해외 사업부문	10.74%	해외 사업부문	11.89%	해외 사업부문	13.01%	해외 사업부문	16.67%
	라이선스 수익	3.07%	라이선스 수익	0.49%	라이선스 수익	0.61%	라이선스 수익	0.58%
	기타	3.34%	기타	3.05%	기타	2.75%	기타	2.99%

② 보령

보령은 1963년 11월 11일 설립된 제약회사로, 의약품 제조, 매매 및 소분업, 무역업, 무역대리업 등을 영위하고 있으며, 1988년 10월 24일 한국거래소에 상장하여 현재 유가증권시장에서 매매되고 있다. 보령은 현재 의약품제조 및 판매 단일 사업을 영위하고 있으며, 전문의약품(ETC) 및 일반의약품(OTC)을 모두 제조 및 판매하고 있다. 사업부문별 매출발생 비중은 전문의약품 매출이 2023년 온기에 7,173억원, 2024년 1분기에 1,962억원 발생하여 각각 전체 매출의 83%, 84% 비중으로 전문의약품 판매를 통해 대부분의 매출이 발생하고 있다.

보령은 전문의약품 사업을 고혈압 및 이상지질혈증 사업부문, Oncology(항암) 사업부문, 당뇨 사업부문, CNS(중추신경계) 및 Renal(투석/신장질환) 사업부문, Specialty Care(항생일반 및 호흡기, 원내의약품 등) 사업부문으로 구분하고 있으며, 특히 고혈압 신약인 카나브를 포함한 카나브 패밀리 6종(카나브, 듀카브, 투베로, 튜카로, 아카브, 듀카브플러스)을 주요 중심축으로 사업을 전개하여 2023년 1,912억원의 관련 매출을 기록하였다. 카나브 패밀리는 출시 후 빠른 시장 점유율 확대를 통해 출시 10주년인 2021년에 연 매출 1,000억원돌파, 2023년 연 매출 1,500억을 돌파하였다. 현재 보령은 카나브 패밀리 신규 복합제4종에 대하여 임상 3상을 진행하고 있다.

Oncology(항암) 사업의 경우 보령은 해당 사업을 위하여 항암 질환군만을 전담하는 별도 조직을 구성하여 운영하였다. 또한 특허만료 오리지널 브랜드의 인수전략(LBA)과 바이오시밀러 및 항암보조영역 진출을 통해 2023년 기준 연 매출 2,170억원을 기록하며 항암 사업부문은 보령의 외형성장을 이끌고 있다. 또한, 만성질환군 이외 영역을 포괄하는 Specialty Care 사업부문의 경우 호흡기용제, 항생제, 수액제, 백신, 소화기, 비뇨기 등 다양한 질환군 포트폴리오를 보유하고 있으며, 특히 호흡기용제 및 항생제 관련 제품의 매출 성장으로 2023년 기준 연 매출 1,665억원을 기록하였다.

이 외에도 2016년 일라이 릴리의 신약 GLP-1 RA 투리리 시티의 도입, 2023년 4월 SGLT-2i 계열 다파글리플로진 성분 특허 만료를 기점으로 제네릭뿐만 아니라, 기존 성분 간의 새로운 조합의 개량 신약을 개발하여 당뇨 사업부문에서 2023년 기준 연 매출 545억원을 기록하였으며, 혈액투석 의료기기, 복막투석, 신장성 약물 등 신장 질환 환자를 위한 제품 및 서비스를 제공하고 있는 Renal 사업부문 역시 2023년 연 매출 550억원을 기록하였다. 또한 불안장애, 우울증, 강박증 질환군의 포트폴리오를 보유하고 있는 CNS 사업부문 역시 2021년 LBA 전략을 통해 항정신병 품목인 자이프렉사를 인수하여 2023년 연 매출 249억원을 기록하는 등 안정적인 포트폴리오를 바탕으로 견고한 성장을 이뤄나가고 있다.

보령의 최근 3개년 및 당해연도 1분기 주요 재무지표는 다음과 같다.

보령의 재무지표 (단위: 원)

<table>
<tr><th>보령</th><th colspan="2">2021년</th><th colspan="2">2022년</th><th colspan="2">2023년</th><th colspan="2">2024년 1분기</th></tr>
<tr><td>자산 총계</td><td colspan="2">828,641,139,000</td><td colspan="2">892,385,915,000</td><td colspan="2">915,511,541,000</td><td colspan="2">1,001,422,915,000</td></tr>
<tr><td>부채 총계</td><td colspan="2">354,327,079,000</td><td colspan="2">375,969,361,000</td><td colspan="2">366,258,951,000</td><td colspan="2">434,385,503,000</td></tr>
<tr><td>자기자본</td><td colspan="2">474,314,060,000</td><td colspan="2">516,416,554,000</td><td colspan="2">549,252,590,000</td><td colspan="2">567,037,412,000</td></tr>
<tr><td>매출액</td><td colspan="2">627,279,390,000</td><td colspan="2">760,475,845,000</td><td colspan="2">859,625,586,000</td><td colspan="2">233,601,265,000</td></tr>
<tr><td>영업이익</td><td colspan="2">41,448,228,000</td><td colspan="2">56,602,877,000</td><td colspan="2">68,267,021,000</td><td colspan="2">16,346,628,000</td></tr>
<tr><td>당기순이익</td><td colspan="2">43,044,274,000</td><td colspan="2">41,894,432,000</td><td colspan="2">40,202,798,000</td><td colspan="2">23,402,984,000</td></tr>
<tr><td rowspan="3">사업별 매출 구성</td><td>의약품 제품 판매</td><td>58.49%</td><td>의약품 제품 판매</td><td>58.66 %</td><td>의약품 제품 판매</td><td>57.97%</td><td>의약품 제품 판매</td><td>48.64%</td></tr>
<tr><td>의약품 상품 판매</td><td>41.62%</td><td>의약품 상품 판매</td><td>41.22%</td><td>의약품 상품 판매</td><td>41.94%</td><td>의약품 상품 판매</td><td>51.28%</td></tr>
<tr><td>용역매출</td><td>(0.11%)</td><td>용역매출</td><td>0.12%</td><td>용역매출</td><td>0.09%</td><td>용역매출</td><td>0.08%</td></tr>
</table>

㈜ 메디포스트와 HK이노엔은 생략함

3) 금감원의 공정화 노력 - 정정요청

신고된 내용에 증권신고서의 형식을 제대로 갖추지 아니한 경우 또는 그 증권신고서 중 중요사항에 관하여 거짓의 기재 또는 표시가 있거나 중요사항이 기재 또는 표시되지 아니한 경우와 중요사항의 기재나 표시내용이 불분명하여 투자자의 합리적인 투자판단을 저해하거나 투자자에게 중대한 오해를 일으킬 수 있는 경우에는 정정요청을 한다. 기업과 대표주관회사는 이에 대하여 응답하여야 한다. 위험알림에는 위험에 대한 상세한 내용들이 구체적으로 적시된다. 아래 알림문의 생략된 부분에는 많은 내용이 들어있다. 이 내용들은 금감원 사이트에서 확인 가능하다.

정정신고서 제출 요구

◇ 정정신고서 제출 요구

2025.2.17. 제출된 증권신고서(지분증권)에 대한 심사결과 증권신고서의 형식을 제대로 갖추지 아니한 경우 또는 그 증권신고서 중 중요사항에 관하여 거짓의 기재 또는 표시가 있거나 중요사항이 기재 또는 표시되지 아니한 경우와 중요사항의 기재나 표시내용이 불분명하여 투자자의 합리적인 투자판단을 저해하거나 투자자에게 중대한 오해를 일으킬 수 있는 경우에 해당되어 2025.3.7. 정정신고서 제출 요구를 하였습니다.

◇ 투자참고사항

동 증권신고서는 본 건 요구를 한 날로부터 수리되지 아니한 것으로 보며 그 효력이 정지됩니다.

이에 따라 청약일 등 증권 발행과 관련한 전반적인 일정이 변경될 수 있으니 투자판단에 참고하시기 바랍니다.

아울러 본 정정신고서 제출요구를 받은 후 회사가 3개월 이내에 정정신고서를 제출하지 아니하는 경우에는 해당 증권신고서는 자본시장법 제122조 제6항에 따라 철회된 것으로 간주됩니다.

◇ 근거 법규 : 자본시장과 금융투자업에 관한 법률 제122조

<참고> 금융감독원의 투자위험 예고 예

핵심투자위험 알림문

본 증권신고서를 이용하시는 투자자 등이 기업의 투자위험을 쉽게 확인할 수 있도록 제공하는 서비스입니다.

※신고서가 1번 정정된 경우 노란색, 2번 이상 정정된 경우 붉은색으로 바탕화면이 표시되며, 투자위험 중 정정한 내용은 굵은 활자체와 밑줄로 표시됩니다.

동 알림서비스를 원하지 않는 분은 표시하시기 바랍니다. ☐

제 2 차 정정

하단의 핵심투자위험은 증권신고서 본문에 기재된 투자위험요소 중 중요한 항목만을 투자자의 이해도 제고를 위하여 간단·명료하게 요약한 것입니다. 자세한 투자위험요소는 "본문-제1부 [합병등]의 개요-Ⅵ. 투자위험요소"에 기재되어 있으니 참고하시기 바랍니다.

	하기 사업위험은 본건 분할합병 전, 증권신고서 제출일 현재 당사의 사업부문을 하여 작성하였습니다. **관련 증권 투자자께서는 본 분할합병이 분할합병 후 및 분할 후 두산에너빌리티의 사업에 미치는 영향에 대해 유의**하시기 바랍 **[공통 사업위험]**

핵심투자위험 알림문

본 증권신고서를 이용하시는 투자자 등이 기업의 투자위험을 쉽게 확인할 수 있도록 제공하는 서비스입니다.

※신고서가 1번 정정된 경우 노란색, 2번 이상 정정된 경우 붉은색으로 바탕화면이 표시되며, 투자위험 중 정정한 내용은 굵은 활자체와 밑줄로 표시됩니다.

동 알림서비스를 원하지 않는 분은 표시하시기 바랍니다. ☐

제 3 차 정정

(정정요구 2 회)

본 증권신고서의 제출 및 정정연혁은 증권신고서 표지를 참고하시기 바랍니다.(팝업 하단참조)

하단의 핵심투자위험은 증권신고서 본문에 기재된 투자위험요소 중 중요한 항목만을 투자자의 이해도 제고를 위하여 간단·명료하게 요약한 것입니다. 자세한 투자위험요소는 "본문-제1부 모집 또는 매출에 관한 사항-Ⅲ. 투자위험요소"에 기재되어 있으니 참고하시기 바랍니다.

구 분	내 용

8. IPO 유의점

1) 돌발상황의 발현 가능성

기업가들이 학수고대하고 오매불망 기대하던 IPO를 주관회사와 증권거래소에 상장서류를 제출하면 그것으로 할 사명을 다 하는 것은 아니다. 상장을 하였다 하더라도 시장에서 주가가 받쳐주지 않으면 회사의 추가적 자금조달이 어려워지는 것은 물론, 회사를 믿고 투자해 준 투자자들에 대한 신뢰도 부서지는 일이 되는 것이다.

주의할 대표적 사례가 2024년 12월 벌어진 한국의 상황이다. 실제로 상장한 기업들의 주가가 공모가 대비 많이 하락한 기업들은 연말 주가에 전전긍긍하고 있다.

상장주식의 단기 등락

종목명	상장일	공모가	12.10 종가	등락액	등락률
에이럭스	11. 1	16,000	9,390	-6,610	-41%
탑런토탈솔루션	1	18,000	9,230	-8,770	-49%
에이치이엠파마	5	23,000	13,580	-9,420	-41%
더본코리아	6	34,000	31,900	-2,100	-6%
토모큐브	7	16,000	13,470	-2,530	-16%
에어레인	8	23,000	9,290	-13,710	-60%
노퍼스	12	32,000	20,300	-11,700	-37%
닷밀	13	13,000	5,260	-7,740	-60%
쓰리빌리언	14	4,500	4,890	390	9%
에스켐	18	10,000	5,970	-4,030	-40%
엠오티	18	10,000	6,650	-3,350	-34%
사이냅소프트	19	24,500	18,010	-6,490	-26%
위츠	20	6,400	13,400	7,000	109%

위 표에서 보듯 2024년 11월 중 코스피와 코스닥을 포함 상장한 기업의 새내기 주식들은(SPAC 상장 제외) 에이럭스, 더본코리아 등 13개 사인데, 이중 공모가를 상회하고 있는 기업은 '위츠' 하나뿐이다.

위츠는 11월 20일 상장하여 12월 3일 계엄 파동을 겪고도 꿋꿋하게 주주를 만족시키는 주가를 유지하고 있다. 위츠의 IPO 공모가는 6,400원이며 12월 10일에는 13,400원으로 2배 이상의 가격을 유지하고 있다.

트럼프 미 대통령 당선으로 한국 증권시장이 큰 영향을 받아 심하게 하락하는 와 중에 12월 3일 윤석열 대통령의 계엄 선포가 있었고 그나마 펀더멘털이 약한 코스피, 코스닥 시장을 얼려놓은 것이다. 투자사들의 수요예측 경쟁률은 높아지고 있으나 의무보유 확약 비율은 미약한 상황이 유지되며 단기투자 형태에 따른 부작용으로 볼 수 있으며, IPO 시장에 대한 관심이 약해지면서 종목에 대한 옥석 가리기 현상이 심화된 것으로 본다.

이런 현상에 대한 상장 추진사들의 두려움은 상장 철회를 이끌어 내기도 한다. IPO 시장 침체 속에 시장부진, 탄핵 정국 등에 대한 심한 불확실성은 공모주 시장이 회복되기 위해서는 시장 변동이 필요하다.

반도체 장비 제조업체 아이에스티이는 국내 증시의 불안정성과 공모시장 위축의 장기화를 이유로 코스닥 상장 철회를 결정하고 공시하였다. 오름테라퓨틱, 씨케이솔루션, 미트박스글로벌 등이 철회 신고서를 제출하였고 SGI서울보증도 연내 공모 절차를 계획 했다가 내년으로 연기하였다. 케이뱅크는 10월 수요예측 부진으로 상장을 철회한 바 있다.

공모가를 내려잡는 기업도 있다. 수요예측의 부진으로 인공지능 플랫폼 기업 온코크로스는 희망공모가가 10,100~12,300원이었으나 하한가에 훨씬 못 미친 7,300원에 공모가를 결정하였으며, 방산용 모션 콘트롤 부품 전문기업 엠엔씨솔루션은 희망공모가가 80,000~93,000원이었으나 65,000원으로 결정하였다.

이러한 현상들은 2024년 말 터진 여러 불확실성이 영향을 주었으며, 수요예측 시장시스템의 구조적 문제이나 IPO 시장에는 항상 이와 같은 불확실성 및 위험이 도사리고 있는 것이다. 연말 현재의 상황에서는 국내 지수 반등 여하에 따라 IPO 시장의 흥행 여부도 결정될 것으로 보인다.

2) 동방매디컬

한방·미용 의료기기 전문기업인 회사는 증권신고서를 금감원에 제출하고 IPO 절차에 들어 있다. 2024년 9월 증권신고서를 제출한 후 수요예측에서 저조한 결과로 인해 동년 11월에 상장을 철회하였다. 그러나 연말의 IPO 시장 상황도 녹록치 않다. 시장이 좋지 않은데 탄핵 정국까지 겹친 것이다.

회사는 1985년 설립 이후 매년 성장하고 있으며, 2022년 연결기준 매출이 814억원에서 2023년에는 909억원으로 증가하였고 영업이익은 61억원에서 165억원으로 증가하였다. 2024년도 3분기까지의 누적 매출액은 770억원으로 12.99% 증가, 영업이익은 122억원으로 1.40% 감소하였다.

2024년 9월 상장을 철회한 이유는 "보통주에 대한 공모를 진행해 최종 공모가 확정을 위한 수요예측을 실시하였으나 회사의 가치를 적절히 평가받기 어려운 측면 등 제반 여건을 고려하였다"로 신고하였다. 금번은 재도전이며 희망공모가를 지난번과 같은 9,000~10,500원이고, 신주 모집물량을 340만 1,029주에서 300만주로 줄였고 공모자금도 270억~315억원으로 줄였다.

공모가 산정에는 대규모 설비를 보유한 제조기업이므로 상각전 영업이익 대비 기업가치(EV/EBITDA)를 사용하였다. 회사는 국내를 비롯 중국, 인도네시아에 현지 법인 및 생산시설을 가지고 있다. 평가 시 비교기업으로는 바이오플러스, 유메딕스, 제테마, 한국비엔씨, 메디톡스 등이 선정되었다. 이들 비교기업들의 3분기 연 환산기준 EV/EBITDA는 17.58배이다. 이를 반영한 회사의 주가는 17,152원이다. 할인율은 40.63~49.11%를 적용하여 희망공모가를 산정하였다. 우려되는 점은 2024년도 공모시장의 비우호성에 있다. 2024년도 상장을 철회하거나 공모를 철회한(스펙 포함) 기업의 숫자는 총 29곳으로 작년 같은 기간의 17곳 대비 70%나 늘었다. 현재의 탄핵 정국은 불확실성을 더 키웠으며 코스닥은 올해 7월부터 6개월 연속 하락하고 있다. 지난달 말 대비 7.55% 하락하였다.

3) 투자자들의 변동성

우리나라의 투자자들은 과거 한국 시장의 주식을 주로 매수하였으나 한국 주식의 수익성이 좋지 않고 한편 미국 주식들은 10~15% 수준, 또는 그 이상의 수익성을 가진 주식 또는 ETF 등이 있으며, 정보의 보편화로 인하여 이러한 사실들이 한국의 개미투자자들한테까지 알려지면서 국내 자금이 해외로 많이 몰려나갔다. 미국 주식을 직접 투자하지 않더라도 ETF(상장지수 펀드)를 통하여 미국 투자 전문가를 통해 미국 시장에 접근할 수 있는 것이다.

예로 TIGER 미국 S&P500 ETF는 나스닥 100, 다우존스 30과 함께 미국 3대 대표 지수 중 하나인 S&P500 지수를 추종하는데 연 15%의 수익성을 목표로 하기도 한다.

TIGER 미국 30년 국채 커버드콜 액티브(H) ETF는 미국 30년물 국채에 투자하여 커버드콜 전략을 활용해 매월 1% 이상의 분배금을 추구 한다. 커버드콜이란 기초자산

매수와 동시 해당자산 콜 옵션을 매도하는 전략을 뜻한다.

지난 2월 27일 상장 이후 10월 말 기준 총 8회 8.9% 배당을 지급했다. 우리나라 주식 투자수익률과는 차이가 크다. 이는 해당 기간 국내 상장된 채권형 월 배당 ETF 중 가장 높은 수준이다. 이 펀드의 콜 옵션 매도 비중을 최대 30%로 제한하고 나머지 70%는 금리 인하 시 채권 자본 차익을 따라간다. 최근 금리 인하 시점에 대한 불확실성이 높아지는 가운데 미국 장기채 시장의 높은 변동성을 활용해 꾸준한 월 배당을 받으며 금리 인하를 기다릴 수 있는 것이다.

한국의 투자자들은 혼란하고 저 수익성의 국내 시장을 피해 미 증시로 발길을 돌리고 있는 것이다. 아래 표는 이와 같은 미국 ETF로 올해 들어 개인 ETF 순 매수 종목 TOP 20개를 보인 것이다.

미국 ETF - 2024 개인 ETF 순 매수 종목 TOP 20

종목	규모
TIGER 미국 S&P500	1조 6,401억
KODEX 코스닥 150 레버리지	1조 848억
KODEX CD 금리 액티브(합성)	1조 318억
TIGER 미국 배당 다우존스	1조 135억
KODEX 레버리지	7,754억
TIGER 미국 30년 국채 커버드콜 액티브(H)	6,731억
KODEX 미국 S&P500 TR	6,617억
TIGER 미국 나스닥 100	5,748억
KODEX 미국 나스닥 100 TR	4,206억
ACE 미국 30년 국채 액티브(H)	4,068억
ACE 타겟 데일리 커버드콜	3,841억
ACE 미국 S&P 500	3,543억
TIGER CD 1년 금리 액티브(합성)	3,485억
TIGER 미국 배당 다우존스 타겟 커버드콜 2호	3,293억
KODEX 2차전지 산업 레버리지	2,894억
ACE 미국 나스닥 100	2,651억
KODEX 미국 30년 국채 타겟 커버드콜(합성H)	2,643억
RISE 200 위클리 커버드콜	2,246억
TIGER 미국 테크 TOP 10 타켓 커버드콜	2,146억
RISE 머니마켓 액티브	2,120억

4) 시기별 특징주 매수 - 정치테마주 등

윤석열 대통령의 탄핵이 굳어지면서 정치테마주에 대한 관심이 깊다. 투자자들은 이와 같은 기회가 있으면 자금을 그쪽에 투자하게 된다. 금번의 광풍은 그 정도가 높다. 당국에서는 이러한 투자를 위험하다는 이유로 주의 경고를 하고 있는데 손이 떨어지지 않는 것이다. 12.3 계엄선포 이후의 정황은 오리엔트정공이 12월 3일 1,131원이었던 주가가 닷새 만에 4,185원으로 270% 상승하였다. 오리엔트정공은 이재명 더불어민주당 대표 테마주로 분류된다.

이 대표가 1979년부터 1980년까지 오리엔트 시계에서 일했다. 그는 2017년 1월 23일 경기도 성남시 중원구 상대원동 오리엔트 시계 사옥 앞에서 대선출마를 선언하며 SNS를 통해 "오리엔트 시계 공장, 이 공장 출신 노동자가 이곳에서 대한민국 19대 대통령 출마를 선언한다"는 글을 올렸었다.

역시 이 대표 관련주인 이스타코, 동신건설, 일성건설 등도 닷새만에 200% 이상 올랐다. 동신건설은 이 대표 고향기업으로 불린다. 이외에도 에이텍, 토탈소프트 등도 투자 경고종목으로 지정됐다.

다음 표는 12.3 비상 계엄사태 이후의 주가상승률 상위 종목이다.

12.3 비상 계엄사태 이후의 주가상승률 상위 종목

순위	종목명	12.3 종가	12.10 종가	상승액	상승률
1	오리엔트정공	1,131	4,185	3,054	270.02%
2	이스타코	656	2,195	1,539	234.6
3	동신건설	20,900	65,800	44,900	214.83
4	일성건설	1,559	4,705	3,146	201.8
5	에이텍	14,440	40,500	26,060	180.47
6	CS	970	2,610	1,640	169.07
7	토탈소프트	4,890	13,030	8,140	166.46
8	형지엘리트	1,045	2,670	1,625	155.5
9	카스	1,125	2,830	1,705	151.56
10	오리엔트바이오	463	1,162	,699	150.97
11	코이즈	803	1,943	1,140	141.97
12	형제I&C	509	1,214	705	138.51
13	수산아이앤티	8,770	20,600	11,830	134.88
14	에이텍모빌리티	11,720	27,450	15,730	134.22
15	IMBC	2,375	4,830	2,455	103.37

정치 테마 주의 급등과 관련 '묻지마 투자'의 폐해는 이미 확인된 사항이나 아직도 그를 찾으며 초단기 수익을 노리는 이들은 여전하다. 대선을 앞둔 경우 유력 정치인 관련주 주가가 급등락하는 현상은 반복된다. 이번은 탄핵 및 이어지는 대선을 염두에 둔 발빠른 사람들의 행보가 반영된 것이나 이슈가 사라지고 잠잠해지면 주가는 제자리를 잡게 된다.

5) 트럼프 2기와 12.3 계엄사태

우리나라는 트럼프발 한국경제에 미치는 악영향으로 몸살을 앓고 있다. 온 나라가 아직 취임하지도 않은 트럼프의 근영에 벌벌 떨고 있다. 마치 골리앗 앞의 이스라엘과 같다. 그러나 트럼프 2기는 두려워할 것이 아니라 이러한 격변을 기회로 삼아야 한다. 윈스턴 처칠이 말한 바와 같이 위기를 기회로 활용하지 못하는 잘못을 저지르지 않아야(Don't make mistakes not to take the benefit of crisis) 한다.

트럼프 2기가 시작되고 윤석열의 12.3 계엄 사태가 있었지만 한미관계는 여느 때와 다름없이 공고하다. 2기 트럼프 행정부는 백악관, 상·하원 및 대법원에서 모두 공화당이 우위를 점하고 있는 안정적인 정치기반을 갖추고 있다. 재선에 대한 기대도 없으므로 강력한 정책을 힘있게 펼쳐나갈 수 있는 상황이다. 첫 번째 도전인 방위비 분담금을 10배 넘게 올려야(약 1조 5,192억원의 10배) 한다고 주장한 것은 미국 정부와 지도자들이 한·미·일 3국간 동맹을 매우 진지하게 여기고 있기에 트럼프는 지나치게 무리한 요구는 하지 않을 것(안호영 전 주미한국대사)이라고 본다. 이익을 추구하는 확실한 비즈니스맨인 트럼프는 '기브 앤 테이크(give and take)'적 태도로 접근하면 승기를 잡을 수 있다는 것이다. 기업들의 법인세를 대폭 깎아주겠다고 공약했지만, 현재도 큰 재정적자를 마냥 늘릴 수만은 없는 것이며 동반하여 발생하는 금리 상승과 물가 상승을 얼마나 견딜지는 모른다. 또한 큰 관세 폭탄이 물가에 미치는 영향을 주장하는 주장들이 국정의 세부사항을 파악하고서도 견조할지는 두고 봐야 할 것이다.

미국과 무역 등 관련 국가들은 여기에 트럼프의 약점이 노출되어 있으니 어떤 전략을 쓰느냐에 따라 기회를 만들 수도 있을 것이다. 캐나다는 트럼프 1기 때 역관세가 주효했었음을 주장하며 흠집을 내고 있고 멕시코도 멕시코진출 미국 기업들을 들어 반격의 태세를 갖추고 있다.

12.3 계엄 사태의 영향력도 제한적이라 할 수 있다. 박근혜 전 대통령의 탄핵 일

정과 경제 현황 및 주가변동 추이는 탄핵이 진행되면서 주식시장의 분위기는 좋아진 것을 알 수 있다. 대통령 담화에 따르면 자진 하야는 하지 않을 것 같고 국회의 탄핵 결의를 통해 헌재에서 인용 여부를 따질 것인데, 이 과정은 박근혜 전 대통령의 사례가 어느 정도 추정을 가능케 한다.

우리가 겪은 경제적 고난은 이전의 박근혜 대통령 탄핵뿐 아니라 몇 번의 경제공황이나 IMF 사태를 겪은 것은 근대이며, 박정희 대통령 유고가 있었던 12.12 상태와 5.18 민주화 운동 시에도 비상계엄으로 국회를 봉쇄하고 광주시민들의 시위를 폭력으로 진압하여 기소된 뒤 전두환 대통령은 내란 수괴로 무기징역이, 당시 수도경비사령관 이었던 노태우는 징역 17년(이희성 계엄사령관은 징역 7년, 정호용 특정사령관은 징역 7년, 장세동 30경비단장은 징역 3년 6월 등)을 확정했다. 윤대통령의 12.3 계엄사건은 12.12 사태와 닮아있다고 한다.

한편, 정계는 미 상공회의소에 공조를 요청하였다. 트럼프 2.0 시대의 불확실성을 미국 재계와 손잡고 공동대응을 하자는 것이다. 한국 경제인 협회와 미국 상공회의소는 12월 10일 미국 워싱턴 DC 미국 상공회의소에서 제35차 한미 재계 회의 총회를 열고 FTA 재협상, IRA 반도체법 개정 가능성 등 불확실성에 대응하기 위하여 미국에 진출한 한국기업의 생산·고용·기술 안정성을 보장하고 예측 가능한 투자환경 조성을 위해 양국 정부에 정책의 일관성을 유지해 달라고 촉구하는 공동 성명을 발표한 것이다. 여기 한미 우호협회도 나서야 한다. 한미 우호협회는 이승만 대통령이 친분 있던 미 상·하원 의원들과 정·재계 인사들을 연합하고 당시 트루먼이나 대통령과도 인연이 깊던 목사를 위주로 설립되어 6.25 전쟁의 병력 파견 조기결정 등 한국의 안정과 발전에 지대한 공헌을 해온 단체이다.

국회가 이런 와중에도 긴급법안인 금융투자소득세 폐지 법안을 통과시켰고 코인 과세를 2년간 유예하는 내용의 소득세법 새정안을 상정하여 내년부터 시행할 법령을 처리한 것은 돋보이기도 한다.

위기(crisis)는 위대한 기회(opportunity)라고도 한다. 역사의 큰 흐름으로 보면 트럼프 2기나 12.3 계엄사태는 그리 큰 일이 아니다. 설혹 큰 고통을 겪고 있는 분야가 있더라도 이는 곧 지나갈 것이다. 해방 후 국민소득 60달러 세계 최빈국으로 시작한 대한민국이 세계 10대 강국으로, 세계무역 6위, 국방력 세계 6위로 발돋움 한 것은 그럴 기회가 우리한테 주어졌기 때문만은 아니다. 각자가 자신의 저력을 믿고 자신의 정체성을 차분히 표출해 간다면 위기는 어느덧 사라지고 밝은 미래가 함께하게 될 것으로 믿는다.

IPO를 하는 기업가들은 다양한 상황을 감안할 일이다.

6) 국가와 화폐와 가상화폐의 동거

어느 시장이건 그 물건 재고를 많이 가지고 있는지가 시장을 주도한다. 물량 승급의 힘을 이용하여 가격을 통제하고 이익을 취한다. 최근 트럼프는 비트코인을 100만개 보유하겠다고 공언하였다. 비트코인 1개의 값은 10만 달러로 보면 1,000억 달러이다. 현재의 비트코인 시가총액 1조 9,000억 달러의 5% 정도이다. 비트코인의 경우 지금은 시장을 주도하는 자가 없으므로 5%를 보유하면 어느 정도의 시장 영향력을 미칠 수는 있을 것이다(2024년 12월 12일 현재).

그 목적은 무엇일까? 이전의 정치체제는 신정일치(神政一致)의 시대였다. 그러나 지금은 당연한 정교분리(政敎分離, separation of state and religion)의 시대이며 이는 당연한 질서체계로 인정되고 있다. 그런데 지금은 새 화두가 등장했다. 화폐와 국가에 대한 관계로 지금까지는 국가가 국가의 권위로 발행한 화폐를 사용했으나 국가와 분리되는 화폐를 인정할 수 있는가의 문제가 생겼다. 비트코인 등 가상화폐의 등장부터이며 이에 대한 적절한 용어도 없다. 정폐분리(政幣分離) 또는 독립화폐(獨立貨幣) 정도로 정의한다.

비트코인 시가총액이 구글 기업가치(시총 2조 3,000억 달러)에 근접한 지금 화폐를 국가가 아닌 어떤 주체에 맡길 경우 경제 주권이 넘어가는 것일까? 트럼프는 이 원리를 깨닫고 가상화폐 주조국이 돼야 미국이 달러 패권을 지킬 수 있다는 점을 간파한 것이다. 아니 국가와 분리된 화폐의 주인이 되겠다는 의도가 숨어 있나? 그의 야망으로는 4년 미 대통령의 임기는 너무 짧지 않나? 일론 머스크는 국가와 화폐의 일체 개념을 버렸다.

색스(신규 백악관 인공지능·가상자산 차르: Czar=대표)는 "비트코인은 미래에 화폐를 국가로부터 분리하는 기술"이라고 하여 화폐에 대한 패러다임이 변했음을 인정했다.

인터넷 화폐로 많이 쓰이는 테더(USDT)의 경우 발행한 스테이블 코인 테더를 미 테라·루나 사태 이후 준비자산을 달러 또는 미국채로 마련하라는 규제에 따라 미 국채를 준비자산으로 보유하였는데, 2024년 9월 말 기준 테더가 보유한 미 국채 규모가 1,025억 달러로 국가별 순위로는 18위에 위치한다. 세계 2위 스테이블 코인인 서클(USDC)은 350억 달러를 가지고 있다.

코인의 활용이 늘수록 스테이블 코인은 달러를 강하게 하고 미국채를 폭발적으로 늘려 보유하게 될 것이다. 고질적 재정적자에 허덕이는 미국 재정에 새로운 구세주로 중국을 떨쳐 낼 근거를 제공하기도 한다. 이 시스템의 붕괴는 미국에 큰 위협이 될 수 있다. 따라서 트럼프는 공존을 택하였고 연준이 발행하지 아니한 화폐를 기축통화라 하면서 연준과의 관계도 단절해 나가고 있는 것이다.

한국의 상황은 어떠한가? 한국인의 가상자산 거래량은 세계 3~4위권인데, 국내 거래 조건이 형성되지 않음으로 코인 이민이 급증한다. 세계 패권의 변화를 누가 잘 볼 수 있는가?

IPO 투자자는 이런 패러다임 변화에 어떻게 대응해야 하는가?

법령에 의한 가치평가

PART

03

CHAPTER 01

합병기업의 가치평가

1. 합병의 개념 및 법적 근거
2. 합병가액 산정 방법(상장, 비상장)
3. 합병의 종료
4. 가치평가방법의 실무와 학자들의 견해
5. 주주 보호 장치

기업을 경영하면서 기업의 생존이나 성장을 위하여 다른 회사를 합병하거나 특정한 기술이나 산업 부분을 인수하는 경우가 있다. 반대로 특별한 기술을 개발하여 기업을 설립하고 경영을 하다 다른 기업으로부터 인수제의가 들어올 때도 있다. 이럴 경우에는 인수나 합병 등의 논의가 오가고 조건이 맞으면 합병이 성사되기도 한다.

합병 성공사례로는 엔비디아가 이스라엘 기업 멜라녹스(1999년 설립, 2019년 3월 피인수)를 합병하여 AI 시장에서 세계 최강의 자리를 꿰찬 경우도 있으며, 엔비디아의 합병 기회가 왔었으나 가격이 높다는 이유로(2005년, 당시 호가 200억 달러, 본서를 집필하는 현재의 엔비디아 시총 4.28조 달러, 인텔 시총 968억 달러, 피합병기업의 위치의 엔비디아는 합병기업 위치였던 인텔의 36배로 성장) 당시 CEO 폴 오텔리니의 매수 의지에도 이사회의 반대로 무산되었으며, 챗GPT나 AI계의 거물 오픈 AI에 대한 투자기회(2017~18년 지분 15% 인수 회의)도 날려버려 기술의 결핍으로 회사를 매물로 내놓기까지 한 인텔(PC계의 거물로 모든 PC에 "Intel Inside"라는 로고를 붙이기까지 한 한때 세계 최강 기술기업)의 경우와 같이 합병에 성공하지 못한 실패의 상처를 가진 기업도 있다.

합병은 엔비디아와 같이 성장의 큰 밑거름이 될 수 있다. 그러나 그 과정은 복잡한 기업의 내부 하나하나를 조정해야 하며 관계된 다수가 있으므로 이들의 이해관계를 맞추어야 한다. 2000년대 닷컴버블 시 기업들이 성장 한계에 부딪히자 M&A에 열을 올렸는데, 당시 마이크로소프트는 많은 M&A의 부정적 영향으로 주가가 크게 떨어졌다가 2016년에야 2000년 닷컴버블 붕괴 전 주가 수준을 겨우 회복했다.

기업 가치평가는 M&A의 성공을 좌우하는 핵심 요소이다. 특히 기업 간 합병 시, 공정한 합병 비율을 산정하는 것은 단순히 숫자를 계산하는 것을 넘어, 모든 이해관계자의 권리를 보호하고 미래의 분쟁 소지를 최소화하는 중요한 과정이다. 본 장에서는 상장 및 비상장회사의 합병가액 산정 방법을 비롯하여, 가치평가를 둘러싼 법적, 실무적 쟁점을 심층적으로 다루고자 한다.

1. 합병의 개념 및 법적 근거

합병(Merger)은 두 개 이상의 회사가 하나로 법인으로 결합하는 통합되는 법적 절차이며 M&A의 핵심 기법이다. 이는 단순한 기업 결합을 넘어, 시장 점유율 확대, 비용 절감, 신기술 확보 등 전략적 시너지를 창출하여 기업가치를 높이는 데 그 목적이 있다.

한국의 경우, 상법은 합병의 절차와 요건을 엄격하게 규정하고 있다. 합병의 종류로는 한 회사가 다른 회사를 흡수하는 **흡수합병**과, 두 회사가 소멸하고 새로운 회사를 만드는 **신설합병**이 있다. 법적 구속력이 있는 합병 계약서 작성과 주주총회 특별결의는 합병을 성사시키는 데 필수적인 과정이다.

합병의 법적 근거

합병에 대해서는 주로 상법과 자본시장법에 명시하고 있다. 상법은 영리기업의 유지 및 강화, 기업활동의 활성화, 상거래의 안전과 원활한 거래 실현을 통해 국민 경제발전에 이바지하게 하는 데 목적이 있다. 자본시장법은 '자본시장에서의 금융 혁신과 공정한 경쟁을 촉진하고 투자자를 보호하며 금융투자업을 건전하게 육성함으로써 자본시장의 공정성, 신뢰성 및 효율성을 높여 국민경제에 이바지함'을 목적으로 제정되었다. 이 법은 기존의 증권거래법, 선물거래법, 간접투자자산 운용업법 등을 통합하여 2009년도 2월 시행된 법률이다. 주요 법률 조항은 다음과 같다.

- **상법 제522조(합병계약서와 그 승인결의)**: 회사가 합병을 할 때는 합병계약서를 작성하여 **주주총회의 특별결의**를 통해 승인을 얻어야 한다. 이는 합병이 주주의 이해관계에 중대한 영향을 미치므로, 주주들의 동의를 구하는 법적 의무를 명시한다.
- **상법 제523조(흡수합병의 합병계약서)**: 합병 계약서에 포함되어야 할 필수 항목들을 규정한다. 여기에는 합병으로 인한 존속회사의 자본금 및 준비금 증가에 관한 사항, 신주 발행 및 배정에 관한 사항 등이 포함된다.
- **상법 제235조(합병의 효과)**: 합병 후 존속하거나 새로 설립된 회사는 소멸한 회

사의 모든 **권리·의무를 포괄적으로 승계**한다고 규정한다.

- **자본시장법 제176조의5(합병의 요건·방법 등)**: **자본시장법**은 상장회사의 합병에 관하여 특별한 규정을 두고 있다. 특히 **자본시장법 시행령 제176조의5**는 상장회사의 합병가액 산정 방식을 구체적으로 명시하여, 합병의 공정성을 확보하고자 하였다. 이는 시장 주가를 기반으로 합병 비율을 결정하는 것을 원칙으로 한다.

자본시장법에 따른 평가는 상장기업 간의 합병이나 영업의 양수도, 주식교환, 기업공개 시 공모주식의 평가 등에 적용된다.[1]

법적 융통성 부여

과거에는 법률에 명시된 획일적인 합병가액 산정 방식으로 인해 소수주주들이 불이익을 받는다는 비판이 많았다. 그러나 최근 자본시장법 개정안은 이러한 문제를 해결하기 위해 합병가액 산정 시 주가 외에도 **자산가치 및 수익가치를 반영하도록 의무화**하고, 이사회 의견서 작성 및 공시를 강화하는 등 **일반 주주 보호**에 초점을 맞추고 있다. 이는 과거의 문제점을 인식하고, M&A 평가에 대한 법적 규제가 더욱 정교해지고 있음을 보여준다.

합병의 시너지와 위험

합병을 통한 시너지 효과는 이론적으로는 매우 크지만, 실제로는 성공률이 낮다는 연구 결과들이 많다. 한국금융연구원의 한 보고서(2009년)에 따르면, 국내 기업들의 M&A는 **단기적으로는 주가에 긍정적 영향**을 주지만, **장기적으로는 부정적인 성과**를 보이는 경우가 많았다고 분석한다. 이는 합병 시 예상했던 시너지가 제대로 발현되지 않거나, 기업 문화의 충돌 등 통합 과정에서 발생하는 어려움 때문이다. 합병의 개념과 법적

---

1) 주권상장법인에는 유가증권시장, 코스닥 시장 및 코넥스 시장을 포함한다. 다만, 코넥스 상장법인과 비상장법인의 합병 시는 합병가액 산정규정이 적용되지 아니하며, 상장법인과 비상장법인의 합병 시 적용되는 우회상장 규제도 적용되지 아니한다.
주권상장법인이 포함된 합병이나 중요한 영업의 양수도, 포괄적 주식 교환 및 일정 규모 이상의 주권상장법인 또는 주권비상장법인의 주식을 상장법인이 양도 및 양수하는 경우에도 적용한다.
자본시장법은 상장법인의 합병 시 주식 가치평가방법을 규정하고 있으며 일정한 경우 주식 가치평가를 하도록 하고 있다. 금융위원회가 제정한 자본시장법의 하위규정인 「증권의 발행 및 공시 등에 관한 규정」 및 그 시행세칙에서 가치평가방법에 대해 구체적으로 정하고 있다. 이 규정은 상장법인이 다른 상장법인이나 비상장법인의 주식을 인수하거나 보유하고 있는 주식을 매각하는 경우, 또는 우회상장의 형식으로 유상증자를 통한 자산 양수도 시에도 주식 가치평가가 쓰이고 있다.

근거를 명확히 이해하는 것은 단순히 법적 절차를 넘어서, M&A가 왜 필요한지, 그리고 어떤 위험을 내포하고 있는지를 파악하는 첫걸음이다.

합병의 요건 방식

합병에 관하여는 자본시장법 제165조의 4(합병 등의 특례)에서 상장법인이 대통령령의 합병의 요건 및 방법(동령 제176조의5, 합병의 요건·방식 등) 등의 기준에 따를 행위를 다음과 같이 정한다.

상장법인이 법정 요건 및 방법을 준수할 행위(자본시장법 제165조의 4: 합병 등의 특례)

1. 다른 법인과의 합병
2. 대통령령으로 정하는 중요한 영업 또는 자산의 양수 또는 양도
3. 주식의 포괄적 교환 또는 포괄적 이전
4. 분할 또는 분할합병

이런 행위를 할 때는 외부 평가기관으로부터 합병가액 등에 대한 평가를 받아야 한다. 그 조건은 동 시행령제176의5에서 정한다. 여기에는 합병을 하는 상장법인과 비상장법인 두 가지 형태에 대하여 가치평가의 방법을 정하고 있다.

가. 주권상장법인의 경우에는 기준주가(제1항제1호). 다만, 제1호의 가격이 자산가치에 미달하는 경우에는 자산가치로 할 수 있다.

나. 주권비상장법인의 경우에는 자산가치와 수익가치를 가중산술평균한 가액

(참고) 제1호의 가격

현행	2024.11.26. 이전
① 주권상장법인(기업인수목적회사는 제외한다)이 그 계열회사(계열회사가 아닌 법인 중 합병을 위한 이사회 결의일부터 최근 1년 이내에 계열회사의 관계에 있었던 법인을 포함한다. 이하 이 조에서 같다)와 합병하려는 경우	① 주권상장법인이 ~ [주변동: 다른 법인->계열회사, 기업인수목적회사로 변경. 실질적 적용범위 축소임]

또는 주권상장법인인 기업인수목적회사가	
다른 법인과 합병하려는 경우에는 다음 각 호의 방법에 따라 산정한 합병가액에 따라야 한다. 이 경우 주권상장법인이 제1호 또는 제2호가목 본문에 따른 가격을 산정할 수 없는 경우에는 제2호나목에 따른 가격으로 하여야 한다. <개정 2009. 12. 21., 2012. 6. 29., 2013. 6. 21., 2013. 8. 27., 2014. 12. 9., 2024. 11. 26.>	다른 법인과 합병하려는 경우에는 다음 각 호의 방법에 따라 산정한 합병가액에 따라야 한다. 이 경우 주권상장법인이 제1호 또는 제2호가목 본문에 따른 가격을 산정할 수 없는 경우에는 제2호나목에 따른 가격으로 하여야 한다. <개정 2009. 12. 21., 2012. 6. 29., 2013. 6. 21., 2013. 8. 27., 2014. 12. 9.>
1. 주권상장법인 간 합병의 경우에는 합병을 위한 이사회 결의일과 합병계약을 체결한 날 중 앞서는 날의 전일을 기산일로 한 다음 각 목의 종가(증권시장에서 성립된 최종가격을 말한다. 이하 이 항에서 같다)를 산술평균한 가액(이하 이 조에서 "기준시가"라 한다)을 기준으로	1. 주권상장법인 간 합병의 경우에는 합병을 위한 이사회 결의일과 합병계약을 체결한 날 중 앞서는 날의 전일을 기산일로 한 다음 각 목의 종가(증권시장에서 성립된 최종가격을 말한다. 이하 이 항에서 같다)를 산술평균한 가액(이하 이 조에서 "기준시가"라 한다)을 기준으로
100분의 10(주권상장법인인 기업인수목적회사가 다른 법인과 합병하는 경우에는 100분의 30)	100분의 30(계열회사 간 합병의 경우에는 100분의 10)
의 범위에서 할인 또는 할증한 가액. 이 경우 가목 및 나목의 평균종가는 종가를 거래량으로 가중산술평균하여 산정한다.	의 범위에서 할인 또는 할증한 가액. 이 경우 가목 및 나목의 평균종가는 종가를 거래량으로 가중산술평균하여 산정한다.
가. 최근 1개월간 평균종가. 다만, 산정대상기간 중에 배당락 또는 권리락이 있는 경우로서 배당락 또는 권리락이 있은 날부터 기산일까지의 기간이 7일 이상인 경우에는 그 기간의 평균종가로 한다. 나. 최근 1주일간 평균종가 다. 최근일의 종가	가. 최근 1개월간 평균종가. 다만, 산정대상기간 중에 배당락 또는 권리락이 있는 경우로서 배당락 또는 권리락이 있은 날부터 기산일까지의 기간이 7일 이상인 경우에는 그 기간의 평균종가로 한다. 나. 최근 1주일간 평균종가 다. 최근일의 종가

2. 주권상장법인(코넥스시장에 주권이 상장된 법인은 제외한다. 이하 이 호 및 제4항에서 같다)과 주권비상장법인 간 합병의 경우에는 다음 각 목의 기준에 따른 가격 가. 주권상장법인의 경우에는 제1호의 가격. 다만, 제1호의 가격이 자산가치에 미달하는 경우에는 자산가치로 할 수 있다. 나. 주권비상장법인의 경우에는 자산가치와 수익가치를 가중산술평균한 가액	2. 주권상장법인(코넥스시장에 주권이 상장된 법인은 제외한다. 이하 이 호 및 제4항에서 같다)과 주권비상장법인 간 합병의 경우에는 다음 각 목의 기준에 따른 가격 가. 주권상장법인의 경우에는 제1호의 가격. 다만, 제1호의 가격이 자산가치에 미달하는 경우에는 자산가치로 할 수 있다. 나. 주권비상장법인의 경우에는 자산가치와 수익가치를 가중산술평균한 가액

2024.11.26.일 두산 사태를 법적 정비 보완하는 형태로 령 개정이 이루어짐

합병기업 가치평가: 이론과 실무의 교차점

기업 가치평가는 M&A의 성공을 좌우하는 핵심 요소이다. 특히 기업 간 합병 시, 공정한 합병 비율을 산정하는 것은 단순히 숫자를 계산하는 것을 넘어, 모든 이해관계자의 권리를 보호하고 미래의 분쟁 소지를 최소화하는 중요한 과정이다. 최근 두산밥캣과 두산로보틱스 합병 실패 사례는 우리에게 많은 교훈을 안겨 준다. 본 장에서는 상장 및 비상장회사의 합병가액 산정 방법을 비롯하여, 가치평가를 둘러싼 법적, 실무적 쟁점을 다룬다.

2. 합병가액 산정 방법(상장, 비상장)

합병가액 산정은 합병 비율을 결정하는 핵심 과정이다. 회사의 상장 여부에 따라 법적 근거와 방법론이 달라진다. 우리나라의 경우, 상장 비상장회사 모두 자본시장법에 근거하여 가액을 산정한다.

1) 합병 가격의 산정

기업 간의 합병에 있어서는 합병가격 및 합병비율은 법으로 규제하고 있다. 합병

에 대하여는 자본시장법은 상장법인 간의 합병, 상장법인과 비상장법인 간의 합병을 규정하고 있는데, 위임규정인 증권의 발행 및 공시 등에 관한 규정 및 동 시행세칙(제4조~제7조)에 따른 가중산술평균방법은 자산가치와 수익가치를 각각 1과 1.5로 하여 가중산술평균하도록 하고 있다.

표 1-1 합병가격 산정기준

유 형	자본시장법 등의 정함	
상장법인 간 합병	양측 모두 기준 주가(기준시가)	
상장·비상장법인 합병	1방 상장법인: 기준주가 원칙. 단, 기준주가가 자산가치에 미달하는 경우는 자산가치로 함	2방 비상장법인: 자산가치:수익가치=1:1.5 상대가치 조합(증권의 발행 및 공시 등에 관한 규정 시행세칙 제4조)
비상장법인 간 합병	자본시장법은 무관심. 평가 규정 없음	
합병비율	a:b	(a) 합병법인 1주당 기준주가, (b) 피합병법인 1주당 기준주가
배부주식수	자신 소유주식 수 x 합병비율	
합병인수가격	주당단가(주당 교환가치) x 배부주식수	

합병비율은 합병법인 1주당 기준주가와 피합병법인 1주당 기준주가의 비율이다. 이에 따라 본인 소유 주식수에 비례하여 본인이 수령할 합병법인의 주식수가 산출되며, 여기에 배부단가를 곱한 것이 개인의 합병인수가격이다. 이는 자신의 구주 시가와 일치하게 된다. 단수차이는 합병법인이 인수하여 현금을 지급하는 등 별도의 보상을 받을 수 있다.

단주처리 방식

주식배정을 하고 난 후 발생하는 단수 계산 차이에 의한 잔여 주식이 있다. 이들은 경매 후 대금을 현금으로 지급(상법§443①)함이 원칙이며 그에 대한 처리는 다음과 같다.

1. 현금지급: 상장주식은 시장에서 매각, 비상장주식은 다른 방법으로 매각하여 현금지급을 할 수 있다.
2. 잔여주식 발행: 단수차이 분에 대한 잔여주식을 자기 주식으로 매수한다.

기업가치평가방법인 DCF 방법이나 시장가치 또는 원가에 의한 평가방법들은 평가자의 주관적 요소가 많이 삽입된다. 따라서 이해관계가 많은 합병, 특히 다수의 일

그림 1-1 가치의 구분도

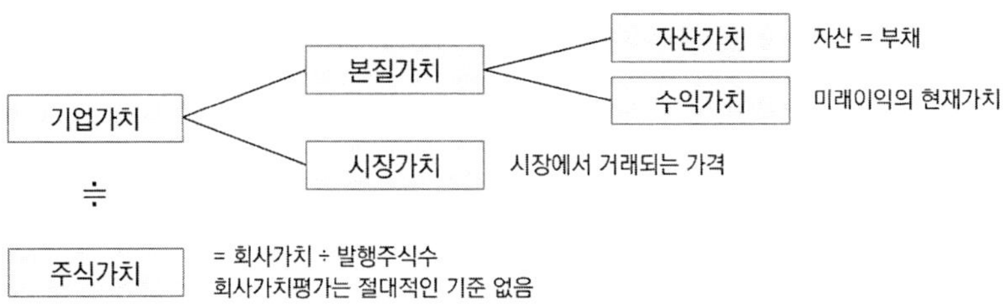

반 대중을 주주로 둔 상장기업에 대하여는 평가방법을 법으로 정하여 평가의 객관성과 일관성을 부여하였다. 한편으로는 규정에 의한 평가는 형식이 위주가 되어 다양한 합병 당사기업의 실질을 깊이 반영하지 못한다는 한계가 있다.

가치는 시장에서 거래되는 시장가치와 기업 자체가 보유한 본질가치로 구분된다. 이를 구분하면 [그림 1－1]과 같다.

한편, 기업의 가치를 평가하는 방법은 다음과 같다. 자본시장법 시행령제176의5에서는 기업을 상장법인과 비상장법인으로 나누고 다음과 같이 상장법인은 기준주가로, 비상장법인은 자산가치와 수익가치를 가중한 방식으로 평가할 것을 정하고 있다.

그림 1-2 기업합병 가치평가

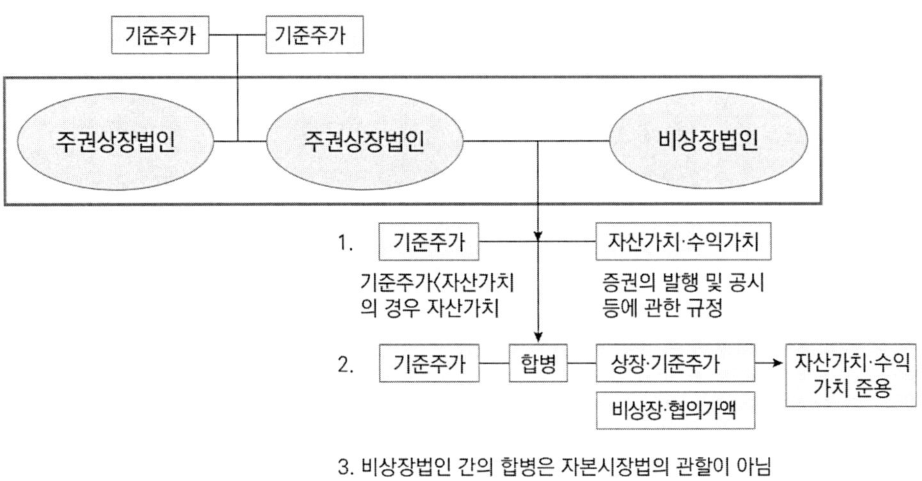

비상장법인 간의 합병은 자본시장법이 정하는 본질가치 방식을 준용하든가 다른 방법을 모색하여야 한다. 이는 대부분 각 기업 간의 협의에 의한다. 합병의 이유가 단순 재무적 가치에만 기반하는 것이 아니기 때문이다.

2) 상장회사 합병가액 산정

상장법인의 가치 산정은 시장의 눈으로 산정한다는 특징이 있다. 시장의 공정성을 확보하고 주주를 보호하기 위한 법적 절차로서의 상장회사의 합병가액은 자본시장과 금융투자업에 관한 법률에 근거한다.

자본시장법시행령 제176조의5(합병의 요건·방법 등) 제1항제1호는 상장법인의 가치를 주식시장에서 거래된 실적을 기준으로 평가한 기준주가(3가격평균가)를 적용하도록 하고 있으며, 제2호는 '주권상장법인과 주권비상장법인 간 합병의 경우 비상장법인 평가에는 자산·손익가치를 가중평균한 가격을 권하고 있다.

> 제176조의5제1항제2호 2. 주권상장법인과 주권비상장법인 간 합병의 경우에는 다음 각 목의 기준에 따른 가격
> 가. 주권상장법인의 경우에는 제1호의 가격. 다만, 제1호의 가격이 자산가치에 미달하는 경우에는 자산가치로 할 수 있다.
> 나. 주권비상장법인의 경우에는 자산가치와 수익가치를 가중산술평균한 가액

상장법인의 경우에는 '가. 주권상장법인의 경우에는 제1호의 가격. 다만, 평가된 기준주가가 순자산에 미달하는 경우, 즉, 제1호의 가격이 자산가치에 미달하는 경우에는 자산가치로 할 수 있다.'

- 상장회사의 합병가액은 자본시장에서 거래가격(시가)가 결정되므로 이를 이용한다. 자본시장법에 따라 거래 주가를 기반으로 계산하는 기준주가가 바탕이 된다. 기준주가는 합병 이사회 결의일 전 과거 1개월, 1주일, 그리고 최근일 종가의 산술평균을 통해 계산된다. 합병일에 가까우면서 다양한 앵글의 가격을 포함시키는 것은 가능한 한 시장의 객관적인 가치를 반영하려는 의도이다.
- 실무적 고려 사항: 시장 변동성이 큰 경우, 기준주가만으로는 기업의 본질 가치를 제대로 반영하지 못할 수 있다. 특히 합병 계획이 사전에 노출되거나, 특정

이슈로 인해 주가에 왜곡이 발생했을 때는 주가 기준만으로 합병 비율을 결정하는 것이 불공정하다는 논란이 발생할 수 있다. 이때는 외부 평가 기관의 추가적인 가치 평가를 통해 보완하기도 한다.

(1) 합병가액 산정 방법

주권상장법인 간 합병의 경우에는 기준주가를 기준으로 합병한다(령제176조의5① 1－주권상장법인간의 합병). 합병을 위한 이사회 결의일과 합병계약을 체결한 날 중 앞서는 날의 전일을 기산일로 한 다음의 3가지 종가 산술평균 가액(3가격평균)을 기준주가로 한다.

기준주가＝(가＋나＋다)/3 가. 최근 1개월간 평균종가. (다만, 산정대상기간 중에 배당락 또는 권리락이 있는 경우로서 배당락 또는 권리락이 있은 날부터 기산일까지의 기간이 7일 이상인 경우에는 그 기간의 평균종가로 한다) 나. 최근 1주일간 평균종가 다. 최근일의 종가

평균종가는 배당락 또는 권리락이 있는 경우에는 그날부터 기산일까지의 기간이 7일 이상인 경우에는 그 기간의 평균 종가로 하고 가와 나의 계산은 종가를 거래량으로 가중산술평균하여 계산한다.

산정된 기준주가에는 임의로 할인 또는 할증률을 적용할 수 있다. 이 율은 비계열회사 간 합병 시 최대 30%, 계열회사 간 합병 시 최대 10% 범위 내에서 적용이 가능하다(령제176조의5①1 본문).

(2) 산정 절차 (Flow)

합병가액은 다음의 절차를 거쳐 산정된다.

1. 합병 이사회 결의: 합병을 결정하고 합병 계약서의 주요 내용을 확정한다.

2. 기준주가 산정: 이사회 결의일 전일을 기산일로 하여 1개월, 1주일, 전일의 종가를 기반으로 기준주가를 계산한다. 필요시 외부 평가기관의 평가를 받는다. (외부평가기관의 평가 참조)
3. 합병가액 결정: 산정된 기준주가에 할인 또는 할증률을 적용하여 최종 합병가액을 결정한다.
4. 외부 평가: 특정 요건(예: 기준주가가 자산가치보다 낮은 경우 등)에 해당하는 경우에는 외부 평가 기관의 가치평가를 의무적으로 받아야 한다.

주권상장법인이 다른 법인과 합병하는 경우 외부평가기관의 평가를 받아야 한다(자본시장법 제176조의5(합병의 요건·방법 등) 제8항).[2]

외부평가기관의 평가

자본시장법 제176조의5(합병의 요건 · 방법 등) 제8항:

⑧ 법 제165조의4제2항에 따라 주권상장법인이 다른 법인과 합병하는 경우 다음 각 호의 구분에 따라 합병가액의 적정성에 대하여 외부평가기관의 평가를 받아야 한다. <2024. 11. 26>

1. 주권상장법인이 그 계열 주권상장법인과 합병하는 경우로서 다음 각 목의 어느 하나에 해당하는 경우
   가. 삭제 <2024. 11. 26.>
   나. 주권상장법인이 제1항제2호나목에 따라 산정된 합병가액에 따르는 경우
   다. 주권상장법인이 그 계열회사인 주권상장법인과 합병하여 주권비상장법인이 되는 경우. 다만, 제1항제1호에 따라 산정된 합병가액에 따르는 경우 또는 다른 회사의 발행주식 총수를 소유하고 있는 회사가 그 다른 회사를 합병하면서 신주를 발행하지 아니하는 경우는 제외한다.
2. 주권상장법인이 그 계열회사인 주권비상장법인과 합병하는 경우로서 다음 각 목의 어느 하나에 해당하는 경우
   가. 주권상장법인이 제1항제2호나목에 따라 산정된 합병가액에 따르는 경우
   나. 제4항에 따른 합병의 경우. 다만, 다른 회사의 발행주식 총수를 소유하고 있는 회사

2) 이 규정은 2024년 11월 24일 개정하였는바, 이 당시는 두산밥캣과 두산로보틱스에 대한 합병 물의로 규정의 개정을 가져 온 것이며 사건 발생 직후 개정된 것이다.

가 그 다른 회사를 합병하면서 신주를 발행하지 아니하는 경우는 제외한다.

다. 주권상장법인(코넥스시장에 주권이 상장된 법인은 제외한다)이 그 계열회사인 주권비상장법인과 합병하여 주권비상장법인이 되는 경우. 다만, 합병의 당사자가 모두 제1항제1호에 따라 산정된 합병가액에 따르는 경우 또는 다른 회사의 발행주식 총수를 소유하고 있는 회사가 그 다른 회사를 합병하면서 신주를 발행하지 아니하는 경우는 제외한다.

3. 주권상장법인이 그 계열회사 외의 법인과 합병하는 경우(코넥스시장에 주권이 상장된 법인이 그 계열회사 외의 법인과 합병하는 경우는 제외한다)
4. 기업인수목적회사가 다른 주권상장법인과 합병하는 경우로서 그 주권상장법인이 제1항제2호나목에 따라 산정된 합병가액에 따르는 경우

5. 공시: 결정된 합병가액 및 비율을 담은 주요사항보고서를 금융감독원에 제출하고 공시한다.

기타의 규정

주권상장법인이 그 계열회사와 합병하는 경우에는 제9항에 따른 외부평가기관(이하 "외부평가기관"이라 한다)의 선정에 대하여 감사의 동의(감사위원회가 설치된 경우에는 감사위원회의 의결을 말한다)를 받아야 한다. (령§176의5⑩)

외부평가기관은 외부평가업무의 품질을 관리하기 위하여 금융위원회가 정하여 고시하는 바에 따라 외부평가의 절차, 이해상충 방지 등에 관한 사항을 정한 규정(이하 "외부평가업무품질관리규정"이라 한다)을 마련해야 한다. (령§176의5⑪)

다만, 합병의 당사자가 되는 법인이 계열회사의 관계에 있고 합병가액을 제1항제1호에 따라 산정하지 아니한 경우에는 합병가액의 적정성에 대하여 외부평가기관에 의한 평가를 받아야 한다. (령§176의5⑯단서)

외부평가기관

외부평가기관은 다음과 같다. (시행령 제176조의5⑨)

① 법 제68조 제2항 제1호 및 제12호의 영업을 허가받은 회사

② 신용평가회사

③ 공인회계사법에 따른 회계법인

국제신용평가기관

세칙에서 정한 국제신용평가기관은 다음과 같다. (세칙 제3조)

1. Standard & Poor's Financial Services, LLC.
2. Moody's Investors Service, Inc.
3. Fitch Ratings, Inc.

issue: 두산로보틱스와 두산밥캣의 합병비율 문제(양사는 모두 상장회사임)

두산로보틱스와 두산밥캣은 초기 합병 시도를 실패하였지만 양사의 가치평가에 의한 교환가치는 각각 50,612원과 80,114원으로 합병비율은 0.63 : 1로 계산되었었다. 이 합병은 상장법인 간의 합병 시도로 두 회사 모두 규정에 따라 증권시장에서의 기준주가로 계산한 것이었다. 당시의 두산밥캣은 전년도 매출 9조 7,000억원, 영업이익 1조 3,000억원의 그룹 내 최고 캐시카우였으며, 두산로보틱스는 전년 매출과 당기순손실이 각각 530억원, 158억원이었다. 이는 법적으로 타당한 평가이다. 다만, 객관적인 회사 규모 등에 기반한 사회적 인식으로 보아 소규모회사에 가중치를 더 준 1:0.63의 비율은 규정에 따른 평가결과로는 타당하나 두 회사의 객관적 위상으로 보아 타당치 않아 보인다. 이는 많은 비판을 받고 합병은 좌초되었다. 그러나 기업의 리밸런싱 목적으로 야심차게 추진한 합병의 시도는 두산 오너가의 불로소득 부분이 빛을 퇴색시켰으나 기업 경쟁력 혁신 차원에서는 추진은 훌륭하였다고 할 수 있다.

이 합병이 성공하면 회사의 경쟁력은 증가하였을 것이다. 그러나 두산그룹의 오

표 1-2 양사의 교환가치 산정 예(상장기업 간의 합병)

주가구분	두산밥캣			두산로보틱스		
	주당평가액	평가금액	비고	주당평가액	평가금액	비고
A. 1개월가중평균주가	50,543		6.11~7.10	82,859		6.11~7.10
B. 1주일 가중평균주가	50,292		7.4~7.10	77,482		7.4~7.10
C. 이사회 전일 종가	51,000		7.10	80,000		7.10
주당교환가치(기준주가)	50,612	5.07조	기준시가	80,114	5.19조	기준시가

교환비율	두산밥캣	두산로보
주당교환가치	50,612	80,114
주당교환비율	0.6317462	1
시가총액	5조 700억원	5조 1,900억

* 법률에 의한 교환비율 1:0.63 평가는 타당하다.

너 일가는 위의 계산에 의한 합병의 결과 별도의 자본조달 없이도 두산밥캣 지분 약 16%에 대한 간접적인 영향력을 갖게 된다. 두산은 대주주가 7.64%, 친인척이 총 36.91%를 가지고 있다. '㈜두산 → 두산에너빌리티(30%)→ 두산밥캣(46%)'으로 이어지던 거버넌스 구조는 이 합병으로 개편되어 '㈜두산→ 두산로보틱스(42%) → 두산밥캣(100%)'의 구조로 변경된다. 이에 따라 ㈜두산의 두산밥캣에 대한 간접 지분율은 기존의 13.8%에서 42%로 대폭 증가하게 된다. 두산은 신설회사 두산로보틱스를 이용하여 두산의 지배구조를 크게 변화시키려 하였으며 이는 현행의 법규를 준수하면서 나온 기획된 합병 계획이다. 그러나 이 합병은 수많은 난관 끝에 실패하고 만다(합병종합사례 참조).

3) 비상장회사 합병가액 산정

(1) 자산가치와 수익가치를 가중산술평균한 가액 산정

합병의 당사자가 상장법인과 비상장법인이라면 상장법인은 위에서 언급한 기준주가에 의하여 가치를 산정하면 되나, 비상장법인의 경우 시장 가격이 없으므로 회사의 실질을 나타내고 있는 사업보고서 등을 기준으로 합병가액을 산정하도록 하고 있다. 합병가액은 주권상장법인이 가장 최근 제출한 사업보고서에서 채택하고 있는 회계기준을 기준으로 산정한다(규정5－13②).

가. 주권상장법인(코넥스 시장 상장법인 제외)의 경우에는 기준주가(위 (가)의 평가 가격). 다만, 이 가격이 자산가치에 미달할 경우에는 자산가치로 할 수 있다.

나. 주권비상장법인의 경우에는 자산가치와 수익가치를 산술평균한 가액(령176조의5①2나－주권비상장법인).

이 경우 금융위가 정하여 고시(증권의 발행 및 공시 등에 관한 규정)하는 방법에 따라 산정한 유사한 업종을 영위하는 법인의 가치(상대가치)를 비교하여 공시하여야 한다(자령176조의5②). 자산가치·수익가치 및 그 가중산술평균방법과 상대가치의 평가에 대하여는 '증권의 발행 및 공시 등에 관한 규정'에서 정하고 있다(자령176조의5②후단, "금융위원회가 정하여 고시한다").

(2) 자산수익가중평균가(비상장회사 합병가액)의 산정기준

자본시장법에서 비상장기업에 관심을 두는 경우는 비상장기업이 상장기업과 관련지어질 때이다. 비상장기업이 상장기업과 합병을 하는 경우에는 상장법인은 기준주가(3평균가액)로 하며 비상장기업의 경우는 자산가치와 수익가치를 계산하여 이들을 가중평균한 값(자산수익가중평균가)으로 한다. 비상장회사의 합병가액은 재무제표를 기준으로 산출된 자산가치와 수익가치를 각각 1과 1.5로 가중산술평균하여 산출한다(시행세칙 제4조='증권의 발행 및 공시 등에 관한 규정').

비상장법인의 주식가치는 자산가치와 수익가치를 계산하여 산정하는데 다음과 같이 구한다.

$$합병가액 = \frac{수익가치 \times 1.5 + 자산가치 \times 1}{2.5}$$

합병관련 법령은 자본시장법시행령 제176조의5(합병의 요건·방법 등) 제1항제2호 나목에 나. 주권비상장법인의 경우에는 '자산가치와 수익가치를 가중산술평균한 가액'에 대하여 동령동조제2항에, '자산가치·수익가치 및 그 가중산술평균방법과 상대가치의 공시방법은 금융위원회가 정하여 고시한다.'에 의거 증권의 발행 및 공시 등에 관한 규정(이하 규정)제5-13조 및 동 시행세칙 제4조(합병가액의 산정방법)에서 정하고 있다.

※ 증권의 발행 및 공시 등에 관한 규정 제5-13조에 따른 자산가치·수익가치의 가중산술평균방법은 자산가치와 수익가치를 각각 1과 1.5로 하여 가중산술평균하는 것을 말한다. 본서에서는 이 내용들이 많이 나오므로 일관한 방식으로 계산된 비상장주식의 주식가치를 '<u>자산수익가중평균가</u>'라 하였다.

(3) 자산가치(시행세칙 제5조)

비상장기업 주식가치 산정의 기준이 되는 자산가치는 분석기준일 현재의 평가대상회사의 주당 순자산가액으로서 다음 산식에 의하여 산정한다(제1항).

자산가치 = 순자산 / 발행주식의 총수

순자산: 최근사업연도말의 재무상태표상 자본총계에서 실질가치나 회수가능성, 시장성이 없거나 무형자산, 자기주식을 제외하며, 미계상 부채, 손상분, 비지배지분을 차감하고 미계상 유상증자, 전환권 행사분 등 자본의 증가분은 가산, 유상감자 등 자본의 감소분은 차감한다. (시행세칙 제5조② 참조)

발행주식의 총수: 분석기준일 현재의 총발행주식수로 한다.
단, 분석기준일 현재 전환주식, 전환사채, 신주인수권부사채 등 향후 자본금을 증가시킬 행사될 가능성이 확실한 경우에는 권리 행사를 가정하여 이를 순자산 및 발행주식의 총수에 반영한다.

순자산은 법 제161조 제1항에 따라 제출하는 주요사항 보고서를 제출하는 날이 속하는 사업연도의 직전 사업연도(직전 사업연도가 없는 경우에는 최근 감사보고서 작성 대상시점으로 한다) 말의 재무상태표상의 자산총계에서 다음 각 호의 방법에 따라 산정한다(제2항).

순자산 계산법

1. 분석기준일 현재 실질가치가 없는 무형자산 및 회수가능성이 없는 채권을 차감한다.
2. 분석기준일 현재 투자주식 중 취득원가로 측정하는 시장성 없는 주식의 순자산가액이 재무상태표에 계상된 금액과 차이나는 경우에는 순자산가액과의 차이를 가감한다. 단, 손상이 발생한 경우에는 순자산가액과의 차이를 가산할 수 없다.
3. 분석기준일 현재 투자주식중 시장성 있는 주식의 종가가 재무상태표에 계상된 금액과 차이나는 경우에는 종가와의 차이를 가감한다.
4. 분석기준일 현재 퇴직급여채무 또는 퇴직급여충당부채의 잔액이 회계처리기준에 따라 계상하여야 할 금액보다 적을 때에는 그 차감액을 차감한다.
5. 최근사업연도말 이후부터 분석기준일 현재까지 손상차손이 발생한 자산의 경우 동 손상차손을 차감한다.

6. 최근사업연도말 현재 자기주식은 가산한다.
7. 최근사업연도말 현재 비지배지분을 차감한다. 단, 최근사업연도말의 연결재무상태표를 사용하는 경우에 한한다.
8. 최근사업연도말 이후부터 분석기준일 현재까지 유상증자, 전환사채의 전환권 행사 및 신주인수권부사채의 신주인수권 행사에 의하여 증가한 자본금을 가산하고, 유상감자에 의하여 감소한 자본금 등을 차감한다.
9. 최근사업연도말 이후부터 분석기준일 현재까지 발생한 주식발행초과금등 자본잉여금 및 재평가잉여금을 가산한다.
10. 최근 사업연도말 이후부터 분석기준일 현재까지 발생한 배당금지급, 전기오류수정손실 등을 차감하고 전기오류수정이익을 가산한다.
11. 기타 최근사업연도말 이후부터 분석기준일 현재까지 발생한 거래 중 이익잉여금의 증감을 수반하지 않고 자본총계를 변동시킨 거래로 인한 중요한 순자산 증감액을 가감한다.

해설

상기 제2항 제6호에서 자기주식을 가산하는 이유는 자기주식 취득을 위하여 자산이 감소하였고 감소한 자산이 자기주식을 매각함으로써 자산으로 환원될 가능성이 크기 때문에 가산규정을 넣었다고 판단된다. 다만, 주식 가치의 증감에 따른 차액의 발생이나 자기주식을 우리사주조합에 매각할 경우의 차액 등에 대하여는 고려되지 않았으므로 자산평가의 기본 가정인 실질가치라는 차원에서 가치의 감소가 발생할 가능성이 매우 높으면 그 차액은 차감하는 것이 타당하다고 보인다.

제8호에서 전한사채나 신주인수원부사채, 전환우선주 등은 희석성을 가지고 있으므로 자산가치를 상쇄시키는 부분이 있으면 실질가치를 환산하여 차감 해 주어야 할 것이다. 상장법인의 회계처리는 한국채택 국제회계기준(K－IFRS)에 의한다.

상장법인과 합병하는 비상장법인도 K－IFRS에 의하여 작성된 재무상태표에 의하여야 한다.

비상장회사가 제1기(설립 첫 해)인 경우에는 재무제표를 K－IFRS 기준으로 작성(주요사항 보고서를 제출하는 날의 5영업일 전일 기준)하고 이에 대한 회계감사 실시 후 감사받은 재무제표를 기준으로 하여도 될 것이다.

(4) 수익가치(시행세칙 제6조)

수익가치는 자산가치와 함께 비상장회사의 가치를 구하는 핵심 요소이다. 가중치가 자산가치보다 1.5배가 많은 수익가치의 계산은 중요하다. 수익가치는 현금흐름할인모형, 배당할인모형 등 미래의 수익가치 산정에 관하여 일반적으로 공정하고 타당한 것으로 인정되는 모형을 적용하여 합리적으로 산정한다.

> 수익가치: 수익가치는 현금흐름할인모형, 배당할인모형 등 미래의 수익가치 산정에 관하여 일반적으로 공정하고 타당한 것으로 인정되는 모형을 적용하여 합리적으로 산정한다.<개정 2012. 12. 5.> (규정 제5－13조, 시행세칙 제6조)
>
> **참고: 종전규정과 비교**
>
> 수익가치＝(제1차연도 주당추정이익×3＋제2차연도 주당추정이익×2＋제3차연도 주당추정이익×1)÷5/÷자본환원율
>
> • 주당추정이익: 기업의 순이익을 주식 수로 나눈 값으로, 미래 예상 이익을 추정하여 계산
> • 자본환원율: 이익을 자산 가치로 환산하는 데 사용하는 할인율로, 현재 기획재정부 장관이 정(고시 2010－18)한 10%를 적용

수익가치는 현금흐름할인모형, 배당할인모형 등 합리적인 방법을 써서 산정할 수 있다. 현금흐름 할인모형을 써서 5년간의 FCF를 추정하였다면 주식 1주당의 가치는 다음과 같이 산정된다.

<u>대상 사업 식별 및 비영업자산 구분</u>

① 추정 FCF(5년)의 현가: $\sum FCF_t / (1+r)^t$

② 영구 현금흐름의 현가: $\{ TV = FCF_{n+1} / (r-g) \}$

③ 영업가치: ①＋②

④ 비영업 자산가치 합산

⑤ 기업가치: ③＋④

⑥ 부채가치 산정: 이자부 부채의 장부가액

⑦ 지분가치: ⑤－⑥

⑧ 발행주식 수

⑨ 1주당 지분가치 ⑦÷⑧

(5) 상대가치(시행세칙 제7조)

(가) 상대가치평가

상대가치는 유사회사별 비교가치(①)와 분석기준일 이전 1년 이내의 자본거래 등의 가액(②)을 산술평균한 가액으로 한다. {(①+②)÷2}

상대가치는 유사한 상장회사의 주가를 대상회사의 산정된 주가와 비교한 가치로 자본시장법 제176조의5에서 이를 비교 공시토록 하고 있다. 다만, 제2호에 따라 금액을 산출할 수 없는 경우 또는 제2호에 따라 산출한 금액이 제1호에 따라 산출한 금액보다 큰 경우에는 제1호에 따라 산출한 금액을 상대가치로 하며, 제1호에 따라 금액을 산출할 수 없는 경우에는 이 항을 적용하지 아니한다.

대상회사와 업종이 동일한 주권상장법인 중 매출액에서 차지하는 비중이 가장 큰 제품이나 용역의 종류가 유사한 법인으로 주당 법인세비용 차감 전 계속사업 이익과 주당 순 자산이 각각 30% 범위 이내에 있는 3사 이상의 법인을 선택하여 이들과의 상대가치를 산정한다.

증권의 발행 및 공시 등의 규정 제5－13조에 의거 상대가치는 동 규정 제7조(상대가치)에서 다음의 금액을 산술평균하여 정하도록 하고 있다. 다만, '가'에 따라 산출한 금액이 '나'에 따라 산출한 금액보다 적은 경우는 '가'로 정한다.

가. 유사회사 비교가치

나. 분석기준일 1년 이내 유상증자(발행가액 기준)나 CB, BW의 발행(행가사액) 사실이 있을 경우의 그 거래 가액을 산술평균한 가액의 할인(할인율: 10%) 금액

주권비상장법인이 상대가치를 비교하여 공시하는 경우 상대가치의 평가와 적용은 다음과 같이 한다.

상대가치의 평가: 아래 두 금액을 산술평균한 가액으로 한다. 2호에 따른 산출이 불가능한 경우 또는 1호에 의하여 산출한 금액보다 큰 경우 1호를 적용한다. 그러나 1호에 의한 금액의 산출이 불가능할 경우에는 이를 적용하지 아니한다.

1. 유사회사의 주가를 기준으로 다음 산식에 의한 가액

> 유사회사별 비교가치
> = 유사회사의 주가×{(평가대상회사의 주당법인세비용차감전계속사업이익/유사회사의 주당법인세비용차감전계속사업이익)
> + (평가대상회사의 주당순자산 / 유사회사의 주당순자산)}÷ 2

유사회사: 다음 조건 충족하는 3사 이상의 법인 - ① 평가대상회사와 한국거래소 업종분류에 따른 소분류 업종이 동일한 주권상장법인 ② 매출액에서 차지하는 비중이 가장 큰 제품 또는 용역의 종류가 유사한 법인 ③ 최근 사업연도말 주당법인세비용차감전계속사업이익과 주당순자산을 비교하여 각각 100분의 30 이내의 범위에 있는 법인

유사회사는 다음 각 호의 요건을 구비하는 법인으로 한다. (시행세칙§7⑤)

1. 주당법인세비용차감전계속사업이익이 액면가액의 10% 이상일 것
2. 주당순자산이 액면가액 이상일 것
3. 상장일이 속하는 사업연도의 결산을 종료하였을 것
4. 최근 사업연도의 재무제표에 대한 감사인의 감사의견이 "적정" 또는 "한정"일 것

유사회사의 주가: 당해 기업의 보통주를 기준으로 분석기준일의 전일부터 소급하여 1월간의 종가를 산술평균하여 산정하되 그 산정가액이 분석기준일의 전일종가를 상회하는 경우에는 분석기준일의 전일종가로 한다. 이 경우 계산기간 내에 배당락 또는 권리락이 있을 때에는 그 후의 가액으로 산정한다. (시행세칙§7②)

평가대상회사와 유사회사의 주당법인세비용차감전계속사업이익 및 제6항제1호의 주당법인세비용차감전계속사업이익: 다음 산식에 의하여 산정한다. 이 경우에 발행주식의 총수는 분석기준일 현재 당해회사의 총발행주식수로 한다. (제6항제1호 없음-법문오류)

평가대상회사의 주당순자산은 제5조제1항에 따른 자산가치로 하며, 제1항의 유사회사의 주당순자산 및 제6항제2호의 주당순자산은 분석기준일 또는 최근 분기말을 기준으로 제5조제1항에 따라 산출하되, 제5조제2항제8호 및 같은 항 제9호의 규정은 이를 적용하지 아니한다. (시행세칙§7④)

> 주당법인세비용차감전계속사업이익 = {(최근사업연도의 법인세비용차감전계속사업이익 / 발행주식의 총수)
> + (최근사업연도의 직전사업연도의 법인세비용차감전계속사업이익 / 발행주식의 총수)}÷ 2

2. 특수상황을 조정한 가액

> 분석기준일 이전 1년 이내에 다음 각 목의 어느 하나에 해당하는 거래가 있는 경우 그 거래가액을 가중산술평균한 가액을 100분의 10 이내로 할인 또는 할증한 가액
>
> 가. 유상증자의 경우 주당 발행가액
>
> 나. 전환사채 또는 신주인수권부사채의 발행사실이 있는 경우 주당 행사가액

유사회사의 구비요건(제7조제5항)

1. 주당법인세비용차감전계속사업이익이 액면가액의 10% 이상일 것
2. 주당순자산이 액면가액 이상일 것
3. 상장일이 속하는 사업연도의 결산을 종료하였을 것
4. 최근 사업연도의 재무제표에 대한 감사인의 감사의견이 "적정" 또는 "한정"일 것

분석기준일(제8조)

분석기준일은 주요사항보고서를 제출하는 날의 5영업일 전일로 한다. 다만, 분석기준일 이후에 분석에 중대한 영향을 줄 수 있는 사항이 발생한 경우에는 그 사항이 발생한 날로 한다.

(나) 상대가치평가법

일반적인 상대가치평가법은 비교할 유사 기업의 시장 가치와 주요 재무 지표를 활용하여 평가 대상 기업의 가치를 추정하는 방법으로, 주로 PER, PBR, PSR, EV/EBITDA 등의 배수(Multiple)를 이용한다.

(i) 개념

평가 대상 기업과 비슷한 업종에 속하고, 시장에서 거래되고 있는 유사 기업의 가치를 참고하여 대상 기업의 가치를 평가한다.

(ii) 활용 지표 및 산식

상대가치평가법은 다양한 지표와 배수를 활용하며, 다음과 같은 산식을 사용한다.

1. PER(주가수익비율) 활용

비교 대상 기업 PER=비교 대상 기업의 시장 주가/주당 순이익

대상 기업 가치=대상 기업의 주당 순이익×비교 대상 기업 PER

2. PBR(주가순자산비율) 활용

비교 대상 기업 PBR=비교 대상 기업의 시장 주가/주당 순자산

대상 기업 가치=대상 기업의 주당 순자산×비교 대상 기업 PBR

3. PSR(주가매출비율) 활용

비교 대상 기업 PSR=비교 대상 기업의 시장 주가 / 주당 매출액

대상 기업 가치=대상 기업의 주당 매출액 × 비교 대상 기업 PSR

4. EV/EBITDA 배수 활용

비교 대상 기업 EV/EBITDA=비교 대상 기업의 기업가치(EV)/EBITDA

대상 기업의 기업가치(EV)=대상 기업의 EBITDA×비교 대상 기업 EV/EBITDA 배수

(iii) 주의할 점

비교 대상 기업과 평가 대상 기업이 유사해야 하므로, 완전하게 동일한 기업은 찾기 어렵다는 한계가 있다.

비교 대상 기업의 평가가 합리적인지를 전제로 하므로, 시장 상황에 따라 평가 결과의 위험 요소가 존재할 수 있다.

(6) 예외사항: 유상증자 등이 있는 경우

분석기준일 이전 1년 이내에 다음 각 목의 어느 하나에 해당하는 거래가 있는 경우 그 거래가액을 가중산술평균한 가액을 100분의 10 이내로 할인 또는 할증한 가액(제7조 제1항 제2호)

가. 유상증자의 경우 주당 발행가액

나. 전환사채 또는 신주인수권부사채의 발행사실이 있는 경우 주당 행사가액

다만, 제2호에 따라 금액을 산출할 수 없는 경우 또는 제2호에 따라 산출한 금액이 제1호에 따라 산출한 금액보다 큰 경우에는 제1호에 따라 산출한 금액을 상대가치

로 하며, 제1호에 따라 금액을 산출할 수 없는 경우에는 이 상대가치 규정(세칙제7항)을 적용하지 아니한다.

4) 다른 형태의 합병

(1) 주권상장법인인 기업인수목적회사가 다른 법인과 합병(영§176의5③)

주권상장법인인 기업인수목적회사가 그 사업목적에 따라 다른 법인과 합병하여 그 합병법인이 주권상장법인이 되려는 경우 다음과 같이 합병가액을 산정한다.

1. 주권상장법인인 기업 인수 목적 회사: 3가격평균가 평가. (영§176의5①1)
2. 상대법인
   가. 상대법인(다른 법인)이 주권상장법인인 경우: 기준주가(위 (가)의 평가 가격). 다만, 이를 산정할 수 없는 경우에는 자산가치와 수익가치를 가중산술평균하여 구한다.
   나. 상대법인(다른 법인)이 주권비상장법인인 경우: 양사 협의에 의한다. 이 경우 본질가치 평가를 기준으로 하되 전략성을 감안하여 결정한다.
3. 조건: 이때 금융위가 정하여 고시하는 요건(영§176의5③)은 다음과 같다.
   1) 기업인수목적회사가 법에 따라 매수하는 주식을 공모가격 이상으로 매수할 것
   2) 투자매매업자가 소유하는 증권을 합병기일 이후 1년간 계속 소유할 것
   3) 주권비상장법인과 합병하는 경우 협의하여 정한 가격을 합병가액 및 상대가치와 비교하여 공시할 것

※ 상대가치의 공시방법은 제2-9조에 따른 합병 증권신고서에 기재하는 것을 말한다.

(2) 더 큰 비상장회사의 합병 상장(영§176의5④)

주권상장법인이 자신보다 큰 주권비상장법인과 합병하여 더 큰 주권상장법인이 되는 경우에는 주권비상장법인이 다음의 요건을 충족하여야 한다. 이때 비상장법인의 합병가액은 자산가치와 수익가치를 가중산술평균하여 구한다.

가. 자본시장법 제390조(상장규정)에 따른 증권 상장규정에서 정하는 재무 등의

요건

나. 감사의견, 소송계류 그 밖에 공정한 합병을 위하여 필요한 사항에 관하여 상장규정에서 정하는 요건.

※ 합병 법인가치의 산정기준: 이 경우의 법인의 가치는 주요사항보고서에 따른 합병가액에 발행주식의 총수를 곱하여 산정한다(제5-13조의2(합병 법인가치의 산정기준), 영 제176조의5제4항제2호).

④ 주권상장법인이 주권비상장법인과 합병하여 주권상장법인이 되는 경우에는 다음 각 호의 요건을 충족해야 한다. <개정 2010. 6. 11., 2012. 6. 29., 2021. 1. 5., 2025. 6. 2.>

1. 삭제 <2013. 8. 27.>
2. 재무제표(법 제161조제1항에 따라 주요사항보고서를 제출하는 날이 속하는 사업연도의 직전 사업연도의 것을 말한다)를 기준으로 한 자산총액·자본금 및 매출액 중 두 가지 이상 또는 주요사항보고서에 따른 합병가액을 고려하여 금융위원회가 정하여 고시하는 방법에 따라 산정한 법인의 가치가 합병의 당사자가 되는 주권상장법인보다 주권비상장법인이 더 큰 경우에는 그 주권비상장법인이 다음 각 목의 요건을 충족할 것

가. 법 제390조에 따른 증권상장규정(이하 이 호에서 "상장규정"이라 한다)에서 정하는 재무 등의 요건

나. 감사의견, 소송 계류(繫留: 사건이 해결되지 않고 계속 중인 상태를 말한다. 이하 같다), 그 밖에 공정한 합병을 위하여 필요한 사항에 관하여 상장규정에서 정하는 요건

5) 합병비율

합병비율은 합병 시 존속 회사가 피합병 회사의 자산을 인수하고 대가로 지급하는 신주의 교환 비율을 의미하며, 각 회사 주식의 가치인 합병가액을 기준으로 산정된다.

피합병법인과 합병법인의 주식가치(합병가액)를 산정하여, 피합병법인 1주당 합병법인의 주식 몇 주를 교환할지를 나타내는 평가된 가치의 비율이다. 상장법인은 주가를 기준으로, 비상장법인은 자산가치와 수익가치를 가중산술평균한 값을 기준으로 합병가액을 산정하며, 이 비율을 통해 1주당 주식 교환 비율인 합병비율이 결정된다. 상장법인과 비상장법인 간 합병 등에는 공신력 있는 외부평가기관의 평가가 필요하다.

1. 합병비율 산정의 근거

합병가액이란 합병의 대상이 되는 두 개 이상의 기업들의 법규에 의한 기치평가액을 말한다.

합병회사의 주식 1주당 가치를 말하며, 존속회사와 피합병회사의 주당 가치를 각각 산정하여 그 주당 가격의 비율로 합병비율이 결정된다.

이 율은 피합병회사 1주당 합병가액을 합병회사 1주당 합병가액으로 나누어 계산한 값이다. 예를 들어, 존속회사의 합병가액이 2,000원이고 피합병회사의 합병가액이 1,000원이라면, 합병비율은 1:0.5가 된다.

2. 합병가액 산정 방식

상장회사: 주가를 기준으로 하여 최근 1개월간 평균 종가, 1주일간 평균 종가, 최근 1주일 종가를 거래량으로 가중평균한 값인 기준시가를 적용한다.

비상장회사: 자산가치와 수익가치를 각각 산정하고 이를 1:1.5의 비율로 가중 산술평균하여 본질가치를 구한 후, 이를 기준으로 합병가액을 결정한다.

상장법인-비상장법인 간 합병: 자본시장법에 따라 일정 자격을 갖춘 외부 평가 기관의 평가 의견서를 통해 합병가액의 적정성을 평가하고, 주식 교환 비율을 결정한다.

3. 합병비율 산정 주체

합병비율은 합병계약 체결을 하는 회사들의 이사회에서 결정하며, 주주들의 직접적인 관여는 어렵다.

4. 참고 사항

합병 후 소멸하는 회사의 주식은 일정한 교환 비율로 합병회사의 주식으로 교환된다. 비상장회사의 수익가치는 미래 현금흐름을 현재 가치화한 DCF 방식이나 배당할인모형(DDM) 등을 활용한다.

6) 외부평가기관의 평가

2024.11.26 개정령은 외부평가기관의 평가조건을 엄밀하게 삽입하였다. 두산로보틱스와 두산밥캣의 물의 이후 개정된 항목들이다.

주권상장법인이 다른 법인과 합병하는 경우 다음 각 호의 구분에 따라 합병가액의 적정성에 대하여 외부평가기관의 평가를 받아야 한다. (영§176의5⑧)

1. 주권상장법인(기업인수목적회사는 제외한다)이 그 계열회사인 주권상장법인과 합병하는 경우로서 다음 각 목의 어느 하나에 해당하는 경우

가. 삭제 <2024. 11. 26.>

나. 주권상장법인이 제1항제2호나목에 따라 산정된 합병가액에 따르는 경우

다. 주권상장법인이 그 계열회사인 주권상장법인과 합병하여 주권비상장법인이 되는 경우. 다만, 제1항제1호에 따라 산정된 합병가액(3가격평균가)에 따르는 경우 또는 다른 회사의 발행주식 총수를 소유하고 있는 회사가 그 다른 회사를 합병하면서 신주를 발행하지 아니하는 경우는 제외한다.

2. 주권상장법인이 그 계열회사인 주권비상장법인과 합병하는 경우로서 다음 각 목의 어느 하나에 해당하는 경우

가. 주권상장법인이 자산가치와 수익가치를 가중산술평균한 가액에 따라 산정된 합병가액에 따르는 경우

나. 제4항에 따른 합병의 경우. 다만, 다른 회사의 발행주식 총수를 소유하고 있는 회사가 그 다른 회사를 합병하면서 신주를 발행하지 아니하는 경우는 제외한다.

다. 주권상장법인(코넥스시장에 주권이 상장된 법인은 제외한다)이 그 계열회사인 주권비상장법인과 합병하여 주권비상장법인이 되는 경우. 다만, 합병의 당사자가 모두 제1항제1호에 따라 산정된 합병가액에 따르는 경우 또는 다른 회사의 발행주식 총수를 소유하고 있는 회사가 그 다른 회사를 합병하면서 신주를 발행하지 아니하는 경우는 제외한다.

3. 주권상장법인이 그 계열회사 외의 법인과 합병하는 경우(코넥스시장에 주권이 상장된 법인이 그 계열회사 외의 법인과 합병하는 경우는 제외한다)

4. 기업인수목적회사가 다른 주권상장법인과 합병하는 경우로서 그 주권상장법인이 제1항제2호나목에 따라 산정된 합병가액에 따르는 경우

7) 사업보고서 제출 대상법인

(1) 사업보고서 제출

다음에 정하는 법인은 사업보고서를 제출하여야 한다(자본시장법, 증권의 발행 및 공시 등에 관한 규정).

1. 상장법인

2. 다음 각 목의 어느 하나에 해당하는 증권을 증권시장에 상장한 발행인

   가. 주권 외의 지분증권

   나. 무보증사채권

   다. 전환사채권·신주인수권부사채권·이익참가부사채권 또는 교환사채권

   라. 신주인수권이 표시된 것

   마. 증권예탁증권

   바. 파생결합증권

3. 제1호 외에 다음 각 목의 어느 하나에 해당하는 증권을 모집 또는 매출한 발행인

   가. 주권

   나. 제1호 각 목의 어느 하나에 해당하는 증권

4. 제1호 및 제2호 외에 「주식회사 등의 외부감사에 관한 법률」 제4조에 따른 외부감사대상 법인(해당 사업연도에 처음 외부감사대상이 된 법인은 제외한다)으로서 제2호 각 목의 증권별로 그 증권의 소유자 수가 500인 이상인 발행인

(2) 제출요건 해제

다음의 경우에는 사업보고서 제출 대상 법인에서 해제된다.

1. 법인이 파산한 경우
2. 「상법」 제517조, 그 밖의 법률에 따라 해산사유가 발생한 경우
3. 주권상장법인 등상장의 폐지요건에 해당하는 발행인
4. 제1항제2호의 경우는 각각의 증권마다 소유자 수가 모두 25인 미만인 경우로서 금융위 원회가 인정한 경우. 다만, 그 소유자의 수가 25인 미만으로 감소된 날이 속하는 사업연도의 사업보고서는 제출하여야 한다.

5. 제1항제3호의 경우는 각각의 증권마다 소유자의 수가 모두 300인 미만인 경우. 다만, 그 소유자의 수가 300인 미만으로 감소된 날이 속하는 사업연도의 사업보고서는 제출하여야 한다.

사업보고서 제출 대상 법인은 당해 기업보고서를 매 결산기 후 90일 이내에 금융위원회와 한국거래소에 제출하여야 한다.

(3) 금감원장이 정하는 시행세칙상 적용 재무제표

적용기준: 적용하는 재무사항은 「주식회사의 외부감사에 관한 법률」 제3조에 따른 감사인의 감사결과 수정된 재무제표를 기준으로 하고 기타 필요하다고 인정하는 사항을 고려한다. 이 재무제표를 위해 적용되는 회계기준은 한국채택국제회계기준(K－IFRS)이다.

3. 합병의 종료

합병에 대한 시작과 종료에 관련 이사회와 주총 결의 내용과 증권신고서는 금융감독원에 신고하여야 한다. 유상증자의 경우도 같다. 금융감독원에서는 이 신고서가 이상이 없으면 그대로 집행하면 되지만 내용상 하자나 무리하게 사회에 좋지 않은 영향을 미친다고 판단할 경우 검토 및 유예 의견을 내서 집행을 보류시킨다. 두산그룹은 두산밥캣과 두산로보틱스의 합병 관련 증권신고서를 금감원이 두 차례에 걸친 검토 유보로 무산시킨 바 있으며, 고려아연은 MBK·영풍과의 경영권 분쟁(적대적 M&A) 대응으로 2조 5천억 원에 이르는 유상증자를 하려 하였으나 금융감독원이 막고 나섰다.

정상적으로 합병이 이루어지면 금융감독원에 보고하고 공시 사이트에 공시하며 주주 등 관련 사무처리를 완료하고 합병 회계 정리를 하므로 종료된다. 대상회사들의 평가와 가치의 결정(10~30% 가감조건 포함), 교환비율에 따른 주식의 수수, 주식매수청구권의 처리, 관련 주주총회의 종결 등이 완료된 것이다. 증권시장에서 주식은 거래를 시작할 것이다.

4. 가치평가방법의 실무와 학자들의 견해

1) 가치평가 방법

실무에서는 쓸 수 있는 다른 방법은 DCF(현금흐름할인법)와 같은 수익가치 평가 방법, 그리고 CCA(유사회사 비교법), PTA(유사 거래 비교법)와 같은 상대가치 평가 방법이 있으며 이들을 혼합하여 사용한다. 아스와스 다모다란(Aswath Damodaran) 등 세계적 석학들은 단일한 평가 방법으로는 기업의 가치를 온전히 측정할 수 없다고 한다. 따라서 세계의 기업 합병 실무에서는 다음과 같은 다양한 방법론을 복합적으로 활용한다.

- 현금흐름할인법(DCF): 기업의 미래 현금흐름을 예측하고 이를 적정 할인율로 현재 가치로 환산하여 내재가치(Intrinsic Value)를 구하는 방법이다.
- 유사회사 비교법(CCA): 상장된 유사 기업들의 주가 지표(PER, EV/EBITDA 등)를 비교하여 가치를 추정하는 방법이다.
- 유사거래 비교법(PTA): 과거에 유사한 기업들이 실제로 거래된 사례를 분석하여 가치를 추정하는 방법이다.

3방법의 비교

평가방법론	기본 개념	합병에 미치는 영향
DCF	미래 현금흐름을 할인하여 현재 가치 산정	합병을 통한 시너지 효과를 수치화하여 내재가치에 반영
CCA	유사 상장기업의 재무지표를 비교하여 가치 추정	시장에서의 상대적인 위치를 파악하여 합병 비율의 타당성 검토
PTA	과거 M&A 거래 사례를 분석하여 가치 추정	실제 거래 가격에 반영된 경영권 프리미엄을 예측

(1) DCF(Discounted Cash Flow)

기본 공식:

$$기업가치 = \sum_{t=1}^{n} \frac{FCF_t}{(1+WACC)^t} + \frac{TV}{(1+WACC)^n}$$

DCF는 기업가치평가에서 상세히 설명한 바와 같이 기업이 미래에 창출할 잉여현금흐름(FCF)을 가중평균자본비용(WACC)으로 할인하여 현재가치를 산정하는 방법이다.

DCF가 합병에 미치는 효과는 DCF는 기업의 내재가치를 가장 잘 반영하는 방법으로, 특히 합병을 통해 얻게 될 시너지 효과를 구체적으로 수치화하여 가치에 반영할 수 있다는 장점이 있다.

(2) CCA(Comparable Company Analysis)

기본 공식: 가치 = 비교회사평균배수 × 대상회사재무지표(예: EV/EBITDA, P/E Ratio 등)

해설: 동종 산업에 속한 유사 상장기업들의 가치 배수(Valuation Multiples)를 이용하여 대상회사의 가치를 추정하는 방법이다.

합병에 미치는 효과: CCA는 시장의 현재 평가를 반영하여 합병가액을 산정하므로, 시장에서의 상대가치를 파악하는 데 유용하다.

(3) PTA(Precedent Transaction Analysis)

기본 공식: 가치 = 과거유사거래평균배수 × 대상회사재무지표

해설: 과거에 발생했던 유사한 M&A 거래 사례의 거래 배수를 활용하여 가치를 추정하는 방법이다.

합병에 미치는 효과: PTA는 실제로 M&A 시장에서 기업들이 얼마나 가치를 인정받았는지를 보여주기 때문에, 실제 거래 가격을 예측하는 데 효과적이다. 특히, 경영권 프리미엄을 포함한 가치를 반영한다. 이러한 방법론들은 각각 장단점을 가지고 있으므로, 실무에서는 이들을 종합적으로 활용하여 합리적인 가치평가 범위를 도출하는 것이 중요하다.

2) 세계 석학들의 이론과 주요 가치평가 방법론

가치평가의 개념을 체계화한 세계적인 석학들의 이론을 살펴보는 것은 M&A 평가의 본질을 이해하는 데 큰 도움이 된다.

(1) 아스와스 다모다란(Aswath Damodaran)

뉴욕대학교 스턴 경영대학원 교수로 '가치평가의 교과서'라 불린다. 그의 주요 저서로는 《The Little Book of Valuation》과 《Damodaran on Valuation》이 있다.

그의 핵심 논점은 그는 가치평가가 단순한 숫자가 아니라 '스토리(Narrative)'와 '숫자(Numbers)'의 결합이라고 주장한다. 즉, 기업의 미래를 예측하는 스토리가 있어야만 재무적 숫자에 의미를 부여할 수 있다는 것이다.

(2) 팀 콜러(Tim Koller)

맥킨지 & 컴퍼니의 전 파트너로, 《Valuation: Measuring and Managing the Value of Companies》의 공동 저자이다. 그의 핵심 논점은 그는 가치평가의 핵심이 미래 현금흐름에 있으며, 기업의 전략적 의사결정이 어떻게 가치에 영향을 미치는지를 강조한다. 특히, 기업이 속한 산업의 구조와 경쟁 환경을 심층적으로 분석해야 한다고 주장한다.

5. 주주 보호 장치

1) 주식매수청구권

합병 과정에서 소수 주주의 권익을 보호하는 것은 M&A의 필수적인 부분이다. 주식매수청구권은 합병에 반대하는 주주가 자신의 주식을 공정한 가격에 팔 수 있도록 보장하는 가장 강력한 보호 장치이다. 합병에 반대하는 주주의 권익을 보호하기 위해 주식매수청구권제도가 존재한다. 이는 합병을 반대하는 주주가 자신의 주식을 회사에 공정한 가격으로 매수해달라고 요구할 수 있는 법적 권리이다.

두산밥캣 사례의 교훈

2021년 두산로보틱스와 두산밥캣의 합병 추진 사례는 주식매수청구권의 중요성을 보여준다. 이 합병 추진은 결국 실패하였지만, 당시 합병 비율에 불만을 품은 소수 주주들이 대규모로 주식매수청구권을 행사하면, 두산그룹은 당시의 분위기로 보아 당초 예상했던 것보다 훨씬 큰 규모의 자금을 주주들에게 지급해야 했을 것이다. 이는 기업이 합병을 추진할 때 이사회에서의 합병 결의는 주주총회에 대한 우려를 넘어 먼저 주주들의 정서를 고려하고, 합리적인 가치평가를 통해 예상치 못한 재무적 부담을 최소화해야 함을 시사한다.

합병가액과 매수청구권 가격

합병가액은 합병 비율을 결정하는 기준이지만, 매수청구권 가격은 법적으로 별도의 협상과정을 거쳐야 한다. 이 가격은 시장 주가, 기업의 순자산가치, 그리고 평가 기관의 보고서를 바탕으로 결정된다.

상법 제522조의 3(합병 반대주주의 주식매수청구권)

상법 제522조의3(합병반대주주의 주식매수청구권) ① 제522조제1항에 따른 결의사항에 관하여 이사회의 결의가 있는 때에 그 결의에 반대하는 주주(의결권이 없거나 제한되는 주주를 포함한다. 이하 이 조에서 같다)는 주주총회 전에 회사에 대하여 서면으로 그 결의에 반대하는 의사를 통지한 경우에는 그 총회의 결의일부터 20일 이내에 주식의 종류와 수를 기재한 서면으로 회사에 대하여 자기가 소유하고 있는 주식의 매수를 청구할 수 있다.
② 제527조의2제2항의 공고 또는 통지를 한 날부터 2주내에 회사에 대하여 서면으로 합병에 반대하는 의사를 통지한 주주는 그 기간이 경과한 날부터 20일 이내에 주식의 종류와 수를 기재한 서면으로 회사에 대하여 자기가 소유하고 있는 주식의 매수를 청구할 수 있다.

상법에서는 기업합병에 대하여 합병과정에서 지켜야 할 절차 등을 정하게 하고 있다. 이사회의 결의를 통하여 합병에 관한 사항을 결의하고 합병 당사법인 간의 합병계약서[3]의 작성 및 승인, 주주총회에 의한 특별결의 승인, 주식매수청구권과 채권과

---

3) (주1) 합병계약서(상법 제523조) 흡수합병의 계약서 포함사항
① 존속회사의 합병으로 인한 증자의 경우 그 증가될 주식의 총 수 및 종류와 수
② 존속회사의 자본금 또는 준비금이 증가하는 경우 증가할 자본금 또는 준비금에 관한 사항

보호 절차 등 합병에 관한 사항들을 결정한다. 상법에서는 합병가액의 결정이나 합병 비율에 대하여는 규정을 하지 않고 있는데, 이 부분은 '자본시장과 금융투자업에 관한 법률'(이하 자본시장법)에서 정하고 있다.

2) 의무공개매수 제도

최근 재도입 논의가 활발한 의무공개매수 제도는 M&A 시장의 공정성을 한층 강화할 것이다. 이는 경영권을 인수하는 매수자가 특정 기업의 지분을 25% 이상 취득하여 대주주가 되면 잔여지분 중 일정비율(예:50%+1주)까지 모든 주주에게 동일한 가격으로 주식을 매수할 것을 의무화함으로써, 지배주주에게만 지급되는 경영권 프리미엄의 불공정한 분배를 해소하는 데 기여한다.

이 제도의 목적은 대주주가 소액주주의 주식을 저가에 인수하여 경영권 프리미엄을 독식하는 것을 방지하고 소액주주에게 경영권 변동 과정에서 주식 고가 매각의 기회를 얻게 된다.

이러한 제도적 장치들은 M&A가 소수 주주의 희생을 전제로 하는 것이 아니라, 모든 이해관계자에게 공정한 가치를 제공해야 한다는 원칙을 확립하는 데 중요한 역할을 한다.

주식매수청구권과 의무공개매수 제도의 차이점

구분	주식매수청구권	의무공개매수제도
행사주체	주주	인수자(대주주가 되고자 하는 자)
대상	회사	소액주주
성격	주주의 권리행사	인수자의 법적 의무 부과
강제성	주주의 선택적 행사	법에 의한 의무적 실행

③ 존속회사가 합병 시 신주발행 또는 자기주식 이전하는 경우 그 내용 및 소멸회사의 주주에 대한 신주의 배정 또는 자기주식의 이전에 관한 사항
④ 위 ③에 불구 존속회사가 소멸회사의 주주에게 그 대가의 전부 또는 일부로서 금전 등을 제공하는 경우 그 내용 및 배정에 관한 사항
⑤ 각 회사에서 합병의 승인 결의를 할 사원/주총 기일
⑥ 합병을 할 날
⑦ 존속회사가 정관을 변경하기로 한 때는 그 규정
⑧ 각 회사가 합병으로 인한 이익배당을 할 때에는 그 한도액
⑨ 합병으로 인한 존속회사에 취임할 이사와 감사 또는 감사위원회의 위원을 정한 때에는 그 성명과 주민등록번호

🕮 합병 종합사례

예시: 두산로보틱스와 두산밥캣의 합병 무산 사례
- 두산과 한국기업거버넌스포럼의 충돌

1. 두산그룹의 합병 논란

두산그룹은 그룹 리밸런싱의 일환으로 두산밥캣과 두산로보틱스를 합병하려 하였다. 합병 성패의 키인 주식의 합병 비율은 현재의 자본시장법에 따라 상장된 양사의 기준주가를 산정하여 계산하고 공시하였다. 기준주가는 최근 1개월간의 주가가 기준이 되어 계산된다. 그런데, 두산밥캣과 두산로보틱스는 자산의 구조나 영업이익 발생 구조가 너무 상이하였다. 두산밥캣(이하 밥캣)은 자산이 많고 영업이익도 많은 반면 두산로보틱스(이하 로보틱스)는 자산도 영업이익도 볼 것이 없던 상태였다. 반대로 주가는 로보틱스가 높고 밥캣이 낮아 시가로 평가한 기준주가를 기준으로 한 교환비율은 로보틱스가 상대적으로 더 높게 평가되는 상황이었다. 그 결과 밥캣 1주당 껍데기 같은 로보틱스 주식 0.63주를 지급한다고 하였다. 이때 평가된 양사의 기준주가는 50,612원 대비 80,614원이었으나 양사의 자산가치와 영업이익은 20배와 180배로 밥캣이 높았으며, 영업이익차원에서는 로보틱스는 2013년 설립 이래 합병 계획시기인 2024년 2분기까지 적자를 기록하고 있었다. 미래 사업성을 반영하는 주가 외는 두산로보틱스는 밥캣 대비 너무 형편없었던 것이다. 여기에 두산 일가의 밥캣의 간접적 지분율은 기존 13.8%에서 42%로 증가하며, 로보틱스 효과를 톡톡히 보게 되어 있었다.

이를 본 밥캣의 소액주주 및 한국기업거버넌스포럼 등이 밥캣 소액주주 불이익에 따른 권리 보호를 이유로 문제를 제기하고 나섰고 금감원도 이에 동조하여 주주이익 침해에 대한 강력한 경고와 함께 증권신고서를 두 번이나 반려하는 소동을 겪었다. 그러면서 기업의 사회적 책임과 주주이익, 기업 밸류업 등 핵심 이슈들이 떠올라 많은 논란을 빚었다. 법을 준수한 두산, 소액주주 이익과 공평을 앞세우며 두산의 사업구조 개편계획이 자본시장법의 취지를 벗어났다고 주장한 한국기업거버넌스포럼, 이들은 합병비율산정 과정의 모순으로 인해 추구하는 가치 차원에서 숙명적으로 부딪힐 수밖에 없었던 것이다.

이 논란은 누가 옳으냐 보다 사회 정의 실현을 위해 국가가 법령 등 사회적 시스템을 정의롭게 갖추어 나가기 위해서는 무엇을 어떻게 수정, 정비해야 하는가에 대하여 많은 문제점을 제기한 사례가 되었다. 두산의 합병이 무산되어 목적이 달성되었다고 꼭 한국기업거버넌스포럼의 주장이 옳다고 볼 수만은 없다. 악법도 법이라는 소크라테스의 경구는 여기 합당하지 않은 것인가? 두산은 정정신고를 하면서도 교환비율의 변경 등 근본조치를 하지 않았다. 가능한 버텨본 것이다. 법을 준수하지 않으면 어쩌란 말이냐라는 변명 속에 약한 기업의 하소연이 들리는 듯하다가 법에 기대어 이익을 추구하려는 기업의 욕심이 보이기도 한다.

2. 재무현황과 두산의 리밸런싱 계획

두산은 그룹의 취약한 재무구조를 개선하고 경쟁력을 확보하기 위하여 그룹 차원의 대규모 리밸런싱 계획을 가지고 있었다. 그중 첫 번째 중요한 단계가 두산밥캣과 로보틱스의 합병이다. 그러나 앞에 설명한 대로 두산밥캣과 두산로보틱스의 합병 비율은 다음과 같이 설정되었다.

주식교환가치 산정 및 합병 효과(2023회계연도 기준)

<table>
<tr><th colspan="3">두산의 합병 추진 내역</th><th colspan="2">합병효과 등</th></tr>
<tr><td>합병대상기업</td><td>두산밥캣</td><td>두산로보</td><td colspan="2">무산</td></tr>
<tr><td>발행주식수</td><td>100,249,166</td><td>4,861,998</td><td colspan="2" rowspan="3">두산주주: 박회장 7.64%,
친인척 36.91%
현구조: ㈜두산→두산에너빌리티(30%)
→두산밥캣(46%)
합병 후:
㈜두산→두산로보틱스(42%)→두산밥캣(100%)</td></tr>
<tr><td>주당교환가치</td><td>50,612</td><td>80,114</td></tr>
<tr><td>주당교환비율</td><td>0.631746</td><td>1</td></tr>
<tr><td>시가총액</td><td>5조700억원</td><td>5조 1,900억</td><td>1.02배</td><td rowspan="4">매출및 순자산가치비율로는 양사 간 차이가 큼. 로보틱스는 영업손실,
밥캣은 1조 4천억원 영업이익,
PSR: 5.07조/9.8조 52,000억/530억
=0.52/98.1=>189배</td></tr>
<tr><td>순자산가치</td><td>5조9,779억원</td><td>2,984억원</td><td>20.03배</td></tr>
<tr><td>전기) 매출</td><td>9조7,600억원</td><td>530억원</td><td>180배</td></tr>
<tr><td>전기)
영업이익</td><td>1조4,000억원</td><td>△192억원</td><td>로보:
영업손실</td></tr>
</table>

셔브라운은 양사의 적정 시총을 7,000억:15조(21.42배)로 보고 4:96(24배)을 제안

추진방향: 두산로보틱스는 두산밥캣 소액주주들이 보유한 나머지 54%의 지분에 대해 포괄적 주식 교환으로 100% 지분을 확보한 뒤, 두산밥캣을 상장폐지하고 완전

자회사로 둘 계획이다. 두산로보틱스는 신주 3,406만 1,202주를 교부하고, 이를 두산밥캣 주식 1주당 0.6317462주 비율로 교환한다.

정상 합병 시 두산의 지분구조 변경(두산의 계획)

두산그룹의 오너 일가는 위의 계산에 의한 합병으로 별도의 자본조달 없이도 두산밥캣 지분 약 46%에 대한 간접적인 영향력을 갖는다.

두산은 박회장이 7.64%, 친인척이 총 36.91%를 가지고 있다. '㈜두산→두산에너빌리티(30%) → 두산밥캣(46%)'으로 이어지던 거버넌스 구조는 이번 개편으로 '㈜두산 → 두산로보틱스(42%) → 두산밥캣(100%)'의 구조로 변경된다. 이에 따라 ㈜두산의 두산밥캣에 대한 간접 지분율은 기존의 13.8%(에너빌리티 30%×밥캣 46%)에서 42%(로보틱스 42%×밥캣 100%)로 대폭 증가하게 된다.

대신 두산밥캣 소액주주들은 캐시 카우이며 자산과 수익력이 튼실한 밥캣의 주식 1주에 마른 들소 같은 로보틱스 주식 0.63주를 받으니 주가는 멀리 있고 무언가 잔뜩 털렸다는 느낌을 받지 않을 수 없다.

두산은 신설회사 두산로보틱스를 이용하여 두산의 지배구조를 크게 변화시키려 하였으며 이는 현행의 법규를 준수하면서 나온 유리한 방향을 찾은 합병 기획이다.

두산의 사업 재편 일정과 계획

두산의 사업재편 관련 일정(최초계획)은 다음과 같다.

2024.7.11	인적분할 합병 이사회 결의
7.22	양사 주가 밥캣 48,850 로보틱스 79,700
9.25	주주총회
9.25~10.15	주식 매수청구권 행사 기간
10.29	분할합병 등 기일(에너빌 주주 로보틱스 교부)
11.05	주식교환일(밥캣 주주에게 로보주식 교부)
11.25	신주 상장 예정일

두산은 이를 통해 다음과 같은 조직구조 개편계획을 수립했다.

두산의 리밸런싱에 의한 지배구조 개편 계획

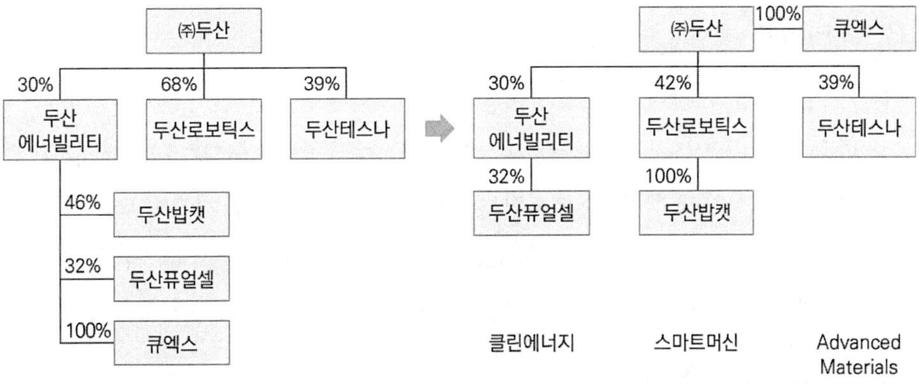

3. 관련자들의 반발

두산의 합병소식에 이에 관련되는 여러 이해관계자들이 목소리를 내었다. 첫째는 본 합병으로 인해 불이익을 본다고 주장하는 두산밥캣의 소액주주들의 반발이다. 저평가된 안정적 주식의 보유로 장기적 이익 실현에 투자하였는데 강제적 불가능에 이르게 된 것이다. 한편, 기업 거버넌스의 정의를 외치는 한국기업거버넌스포럼의 목소리는 이론과 사회적 영향력을 앞세워 강력하게 어필되었다. 포럼 정관 제3조(목적)는 “본 포럼은 바람직한 기업거버넌스 정착을 위한 연구, 교육, 참여 활동을 통해 우리 자본시장의 건전한 발전과 기업의 지속성장에 기여하고 궁극적으로 우리 경제의 지속가능한 발전을 추동함을 목적으로 한다.”고 하였다. 이 추진이 현실화될 경우 밸류업에 막 시동을 건 한국 기업들과 자본시장의 미래에 큰 걸림돌이 된다고 본 것이다.

한국거버넌스포럼의 논평(2024. 7. 12)

본 두산의 조치에 대해 상기와 같은 의도를 파악한 인사들은 두산 관계자의 “업종 구분 없이 혼재된 사업들을 시너지가 날 수 있도록 사업끼리 모아 클러스터화하는 게 이번 사업재편의 목적”이라는 언급에 대해 밥캣의 소액 주주들의 이익을 침해한 것이라는 주장으로 합병 비율의 부당함을 다음과 같이 지적하였다. 한국거버넌스포럼이 논평으로 제기(2024. 7. 12)한 두산 합병계획의 문제점은 다음과 같다.

1. 제목: 밸류업에 찬물을 끼얹는 두산, 그리고 그걸 방관하는 자본시장법

2. 소타이틀

1) 자본시장법의 상장회사 합병비율 조항을 최대로 악용한 사례가 나왔다.
2) 매출 규모가 183배 차이나는 두 계열회사 주식을 1:1(금액기준)로 교환할 수 있게 만드는 30년 묵은 자본시장법 시행령 도대체 언제 개정할 건가?
3) 1주일이 멀다하고 벌어지는 새로운 방법들 하나하나 막을 수 없다. 전체 주주에 대한 충실의무 원칙 도입하지 않으면 계속 악순환이 반복될 것이다.

3. 본문 중 일부 발췌

1) 슬프다. 어찌 백주 대낮에 또 이런 일이 발생하나?
2) 두산에너빌리티의70% 일반주주들도 당황스럽겠지만 –중략– 두산밥캣의 과반수인 54% 일반주주들은 어떤 상황에 처하는 것인가?
3) 두산밥캣 주식을 장기 보유하고 싶어도 로봇테마주로 바꾸던지 현금청산을 하도록 강요받음
4) 그 이유는 자본시장법이 상장회사의 합병시 예외 없이 기업가치를 시가로 정하도록 강제. 이런 제도는 한국에만 있으며, 가치측정 재무 기법 많음
5) 금융위는 제도개선을 비계열사 간 합병에만 적용. 계열사 간에는 시가 평가 방식 유지. 우리나라 합병의 99%는 계열사 간 합병, 이때 지배주주 유리하게 의사결정, 일반주주들은 회사 성장에 따른 수익 기회 박탈
6) 이것이 코리아디스카운트, 밸류업 기조에 악영향, 두산은 행동으로 법제도는 강제 및 방조로 일조, 당 합병을 반대할 법적 근거 없음
7) 저평가 우량주(밥캣)를 고평가 테마주(로보틱스)로 주식교환의 부당함: 그 책임은 지배주주인가 자본시장 관련 법규인가? 누가 더 책임이 있는가?

4. 주주에 대한 충실 의무, 보호 의무 등 일반원칙 필요

한국기업거버넌스 포럼은 제도상 기업의 주주에 대한 충실의무, 보호의무 같은 일반원칙이 필요하다고 하였다.

1) 한국기업거버넌스포럼의 이후 목소리와 언론

한국기업거버넌스포럼의 이후 목소리를 냈으며 언론들도 보도를 이어갔다.

1) 2024-07-22: '두산그룹 케이스로 본 상장회사 분할 합병 제도의 문제점' 세미나

- '두산그룹 케이스로 본 상장회사 분할 합병 제도의 문제점': "두산그룹의 사례는 상장 계열사간 합병 시 기준시가(시가총액)으로만 평가하라고 자본시장법이 강요를 하라는 점이 문제다"라고 지적했고, 2023년 10월 공모가에 따른 기업가치(1조 6,000억원)으로만 평가됐더라도, 같은 거래에서 두산의 최종 지분율은 18.7%에 머물렀을 것이라며 두산그룹에는 지배구조 개편 재고를 요청하는 한편, 당국 등을 상대로 공정가치 산정 방식 개편을 주문했다.

  S&P는 두산그룹의 지배구조 개편으로 인한 영향을 반영해 두산밥캣의 신용등급을 부정적 관찰대상(CreditWatch)으로 지정했다. S&P는 "이번 지배구조 개편으로 인해 두산밥캣에 대한 그룹의 부정적 개입 가능성이 높아졌다고 판단될 경우, 동사의 장기 발행자 신용등급을 하향조정할 수 있다"며 "이와 더불어 구조개편 이후 두산그룹이 두산밥캣의 견조한 수익성과 현금흐름을 성장을 위한 투자재원으로 활용할 경우 두산밥캣의 재무부담이 커질 수 있기에 동사의 재무정책 변화 여부도 평가할 예정이다"고 밝혔다.

2) 금감원의 반응: 이와 관련해 전날 이복현 금융감독원장은 "(두산그룹의) 정정신고서에 부족하다고 생각되는 부분이 있다면 횟수에 제한을 두지 않고 지속적으로 정정 요구를 하겠다"고 말했다.

3) 2024-07-23: 포럼 공지 제목: 두산 분할합병이 점화한 '지배주주 위한' 자본거래…"일반주주와 대립"

- 소제목: 거버넌스포럼 "두산밥캣-로보틱스 합병, 대주주 의결권 제한해야"
  민주 김현정, 자본시장법 개정안 발의 "합병가액 산정 책임 강화"
  '마법 같은' 자본거래를 통해 동일인은 변경되지 않고 합병을 통해 지분율만 바뀌는 과정에서 일반주주들의 허탈함이 크다는 지적이 나온다.

4) 2024-08-09: '분할합병 논란' 두산그룹에 공개 질의 – 이사회에서 합병을

놓고 실질적 논의가 있었는지에 대하여이며, 이사들이 선관주의의무와 충실의무에 입각해 일반주주 관점에서 이번 자본거래의 장단점을 상세하게 토론했는가, 구체적으로 이사회가 거래를 보고 받은 시점과 논의 시간, 외부 컨설팅사 자문 여부 등, 국민연금과 일반주주에게 많은 경제적 피해를 입힐 가능성이 높은 상황에서 이사회에서 기업가치제고 계획과 이번 자본거래의 관계에 대해 논의했는지, 외국인 투자자와의 컨퍼런스콜 녹음 자료를 회사 홈페이지에 공개할 의향 여부를 질의하였음

5) 금융위, "두산로보틱스, 밥캣 수익가치 산정근거 미흡" 금감원 2차 정정요구
"현금흐름할인법 등에 기반한 모형 적용... 기존 기준시가를 적용법과 비교해야"

금융감독원이 두산로보틱스와 두산밥캣 합병 추진 관련, 증권신고서를 다시 제출할 것을 요구했다. 투자자의 합리적인 투자판단을 저해하거나 투자자에게 중대한 오해를 일으킬 수 있는 경우에 해당한다는 것이 금감원 지적이다.

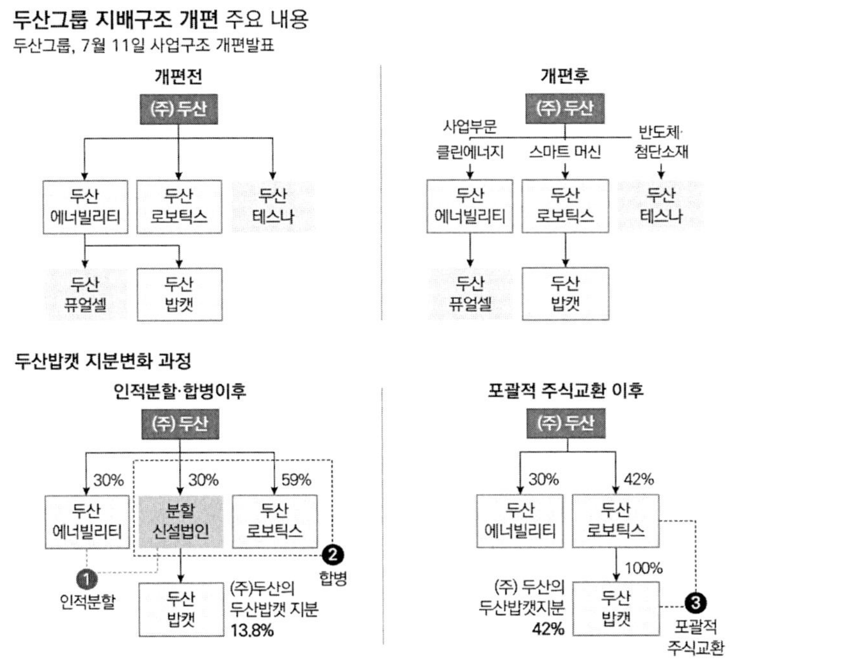

이복현 금융감독원장도 전날 KBS 시사프로그램 '일요진단 라이브'에 출연해 "법에 따라 시가(총액)를 기준으로 합병비율을 산정했으니 괜찮다는 (두산그룹의) 주장이 있지만 시가 합병이

모든 것의 면죄부가 될 수는 없다"고 지적한 상황이다. 또 두산의 정정신고서에 부족함이 있다면 '횟수 제한 없이 정정 요구'를 하겠다는 입장을 유지하고 있다.
금감원은 두산로보틱스가 제출한 증권신고서 검토 결과 △의사결정 과정 및 내용 △분할신설부문의 수익가치 산정 근거 등 금감원 요구사항에 대한 보완이 미흡한 부분을 확인했다는 입장.
"구조개편 관련 회사의 의사결정 과정 및 내용 등은 구체적으로 기재될 필요가 있으므로 구조개편을 논의한 시점과 검토 내역, 그간의 진행 과정, 거래시점 결정 경위, 구체적인 시너지 효과 등을 기재하도록 했다"며 "분할신설부문(두산밥캣 지분 보유)의 수익가치는 관련 규정에 따라 일반적으로 공정·타당하다고 인정되는 모형을 준수해야 하므로 현금흐름할인법, 배당할인법 등 미래 수익에 발생하는 효익에 기반한 모형을 적용하여 기존 기준시가를 적용한 평가방법과 비교할 것 등을 요구했다."

이어 "금감원은 향후 회사가 정정신고서 제출 시 정정요구 사항이 충실히 반영되었는지 면밀히 심사할 계획"이라고 덧붙였다(김미희 기자 파이낸셜뉴스 수정 2024.08.26. 23:40).

6) 금융위는 문제가 된 시행령을 개정하였음. 그러나 큰 흐름에는 손을 대지 못함(2024. 11. 26 자본시장법 시행령 개정).

2) 포럼의 활동에 대한 비판

포럼의 활동에 대해 비판적인 시각도 있다. 머니S의 [한국기업거버넌스포럼, 밸류업 수호자인가 사익단체인가]라는 제하의 다음의 기사를 참조한다.

한국기업거버넌스포럼의 MBK가 '고려아연 전체 주식 100% 공개매수하길 바란다'는 사모펀드 지지 발언 등에 경영계는 '가재는 게 편'이라고 지적한다. 한국기업거버넌스포럼은 행동주의 1세대로 불리는 강성부 KCGI 대표가 발기했다. 현재 회장은 이남우 전 노무라증권 아시아고객관리 총괄대표다. 부회장 천준범 와이즈포레스트 대표를 비롯해 주진형 전 한화투자증권 대표, 존리 전 메리츠자산운용 대표, 최준철 VIP자산운용 대표, 이창환 얼라인파트너스자산운용 대표 등 구성원 대부분이 전현직 투자사 관계자들이다. 경영계에선 투자 전문가를 비롯해 변호사, 교수들로 이뤄진 포럼인 만큼 자본시장에 대한 전문성은 탁월하지만 실제 기업 가치 제고에 도움이 되는지는 미지수라는 시각이다. 기업 거버넌스 개편에 대해 기업마다 산업의 특성과 구조가 다르기 때문에 특정 지배구조가 좋거나 나쁘다 하는 평가를 하기는 어렵다는 양면성을 두루 살펴야 한다는 의견, 투자자의 입장에서 기업활동을 평가하는 것은 장기적으로는 주주가치를 훼손하는 일, 기업의 영업환경 및 실적과 밸류업의 상호관계 등에 대하여도 일률적 평가는 어렵다.

머니S, [S리포트]②기업에 잦은 '훈수'… 주주가치 제고 현실성은, 김서연 기자 2024. 9. 30.

그러나 포럼은 지속적으로 기업 Value－up 등을 위한 활발한 활동을 전개하고 있다.

5. 두산의 대응

밥캣의 입장

밥캣은 앞의 언급처럼 매출이 9.76조 원 영업이익은 1.4조원(순이익 0.92조원)인데 비해 로보틱스는 매출 530억원 영업손실 192억원으로 비교가 되지 않는다. 다만, 주식의 시가총액 측면에서는 로보틱스가 6.85조원으로 밥캣의 5.47조원보다 크다. 그러나 이러한 재무상태 상에서 앞에 언급했듯 자산가치에 의한 상대적 평가가 논의될 수 있고, 그러면 밥캣의 소액주주들이 손해를 보는 경우가 발생할 수 있으며 이는 주가 하락으로 연결될 수 있다는 것이다.

이러한 현상을 두고 한국기업거버넌스포럼은 "자본시장법의 상장회사 합병비율 조항을 최대로 악용한 사례"라며 "두산은 밸류업에 얼음물을 끼얹고 있다. 이것이 코리아 디스카운트다."라고 비판했다. 이에 대해 두산은 "밥캣은 현재 실적은 좋지만 미래 성장성에 대한 의구심 때문에 주가가 오르지 못하는 한계가 있었다."며 "미래 성장 가능성을 높이 평가받는 로보틱스 사업이 추가될 경우 두 회사 간의 시너지가 극대화될 것"이라고 받았다.

일부 전문가의 의견은 "밥캣은 로봇산업에 진출해 기존 제품의 기술혁신 가속화 및 신성장동력 발굴을 추진하고, 로보틱스는 선진시장 고객 접점 확대와 전문 서비스 시장을 선점하는 시너지가 있을 것"이라고 했다.

주주 손익 분석

두산은 2024.7.11. 두산밥캣과 두산로보틱스의 합병 이사회에서 합병결의를 하면서 양사의 주식교환 비율을 1:0.63으로 공시하였다. 당시의 주당 주식가치로 산정한 것이다. 주가는 양사가 등락을 거듭하였으나 7월 22일 종가 기준으로 보면 두산밥캣이 48,850원 로보틱스가 79.700원으로 비율은 1:0.6129로 교환비율보다 0.017만큼 낮다. 7월 22일 현재 상태로라면 주식교환으로 두산밥캣의 주주들이 이득을 본다. 이대로 간다면 주식 매수청구권을 행사하는 주주의 비율이 다소 낮아질 수 있다는 것이다.

두산밥캣(근거: 2023년도 결산서 등) 지분율 등 근거:
밥캣의 순자산: 4.6조, PBR=1.24. 이 양사 간의 합병 거래가 성사되었다면 다음과 같이 처리된다.
로보틱스는 신주 발행 및 밥캣 주식 100% 인수. 신주 발행액=3.2조원(5.07×0.6317)
인수 후의 합병이익(염가매수차익): 1.4조(=4.6−3.2, ← 법인세납부, 자본잉여금 계산 필요)
두산의 로보틱스 지분은 40%로 변화한다. {(5.19×64%)/(5.07×.63+5.19)=40%(정밀계산은 42%)}

그러나 그때는 아직 주식 매수청구권 행사 기일이 많이 남아있었고 그동안 주식가치의 향배를 알 수 없었으므로 주총의 결과를 예단할 수 없었다. 소액 주주들은 이미 이런 계열사 간 내부합병의 경우 자산가치로 평가하여 주식 교환비율을 결정했던 여러 사례들을 알고 있다. 만약 두산밥캣과 두산로보틱스를 자산가치로 평가한다면 결과는 큰 차이가 있다. 그래서 두산은 이 불평등에 대한 완화를 위하여 7.23일 자로 두산밥캣의 매입주식을 소각시키겠다고 발표하였다. 인수되는 밥캣의 주식수를 줄임으로 주당 주가를 다소 높여 주주 이익을 도모하겠다는 의사표시이다.

합병의 여러 문제가 발생하여 주주총회일정은 12월 12일로 연기되었으나 결국 이날 주총을 열지 못하고 합병은 무산되었다.

6. 자본시장에 대한 교훈

두산밥캣과 두산로보틱스의 통합(리밸런싱) 실패사례는 우리에게 많은 것을 시사한다.

두산은 자본시장법에 의거(령§176의5: 합병의 요건·방법) 합병비율을 기준주가로 계산하여 1:0.63으로 하고 이를 공시하였다. 이에 대하여 밥캣의 소수주주들이 반발하였고 한국기업거버넌스포럼 등에서는 이것을 규정의 일방적 해석이라 하고 규정 악용의 예로 들며 미국의 경우라면 96:4 의 비율일 것이라는 외국 투자자의 선언과 함께 코리아디스카운트의 사례라 하였다. 이에 대하여 두산에서는 소수주주보호를 위하여 기존 자기 주식 및 주식 매수청구권으로 회수되는 주식(1조 5,000억 한도) 전량의 소각을 약속하였다. 언론은 이 조치가 양사의 합병에 긍정적 영향을 미칠 것이라 하면서도 주식가치 증대를 위한 조치를 주문하였다. 두산의 이후 조치는 미미하다.

두산의 두산밥캣과 두산로보틱스 합병을 통한 리밸런싱은 회사의 설명대로 두산밥캣의 미래 비전이 부족함에 따라 미래산업인 로봇산업을 접목하여 미래 성장동력을 부여하고 기업 전체의 전문화된 핵심 경쟁력을 확보하겠다는 것이며, 결손이 누적된 로보틱스에는 밥캣의 자금을 수혈하겠다는 것인데, 두산은 더 적극적인 대응으로 합병비율 변경 등의 조치 없이 하나의 요란했던 합병무산, 리밸런싱 실패의 사례를 남겼다.

이후 주가변동 분석

2024년의 소란 이후 2025년에 와서의 변동되는 주가를 분석해보았다.

2025년 4월 현재

일자	두산밥캣	두산로보틱스	주가차이	차이비율	주가비율	
합병기준시가	50,612	80,114	29,502	36.83%	0.6317469	1
2024.07.10	51,000	80,000	29,000	36.25%	0.6375000	1
2024.11.14	37,000	60,800	23,800	39.14%	0.6085526	1
2024.11.30	38,800	64,800	26,000	40.12%	0.5987654	1
2024.12.04	43,350	63,300	19,950	31.52%	0.6848341	1
2024.12.17	41,550	52,200	10,650	20.40%	0.7959770	1
2024.12.30	41,900	52,300	10,400	19.89%	0.8011472	1
2025.02.28	47,000	63,100	16,100	25.52%	0.7448494	1
2025.04.24	46,050	51,000	4,950	9.71%	0.9029412	1
단순평균	43,331	60,938	17,606	28.89%	0.7110769	1
상승/하락률	-9.71%	-36.25%				

이 표에서 합병기준시가는 합병기준일인 7월 10일을 기준으로 법에 의한 방법으로 거래를 위한 기준시가를 산출한 것이다. 이 가격에 의거하여 합병비율이 산출되었다. 여기서 주가비율은 밥캣과 로보틱스 간의 합병비율 산정 방법에 의한 주가의 비율, 차이비율은 로보틱스 대비 주가차이의 비율이다. 이는 (1－주가비율)과 같다. 여기 제시된 일자나 기간은 법이나 규정상 아무런 의미가 없다. 오직 필자가 이들 회사에 대하여 그 변화가 궁금하여 주가를 기록해두었던 날짜들을 선택하여 표시해 본 것뿐이다. 기간은 약 4개월간에 걸쳐 있다.

이 표에 나타난 두산밥캣의 주가는 약 4개월간 국가 계엄사태와 트럼프 발 위기상황 등에 타격을 받아 10% 정도 하락하였다. 그러나 두산로보틱스의 주가는 36.25%가 하락했다. 두산은 합병 추진 시 두 번이나 정정신고를 했음에도 자기들의 교환비율을 고치지 않았다. 민간 전문가들의 지적과 금감원의 압력에 불구 현행법을 위반하려 하지 않은 것이다.

논란

여기에는 여러 논란이 있을 수 있다. 첫째는 로보틱스의 주가가 상당 하락한 원인에 대하여 두산은 당시 이 합병 거래를 통하여 두산이 로보틱스의 주가를 끌어올려 밥캣의 지분을 더 싸게 확보하려는 내심을 가지고 있었다고 보는 견해가 있는바, 이 표에서 그 의도가 나타났다고 볼 수 있는 것인가? 그에 대한 설명이 필요하다.

둘째는, 두산이 제시한 합병비율이 법규에 어긋남은 없으니 그대로 합병을 하도록 두었더라면 밥캣 주주들이 손실을 얼마나 입었을 것인가에 대한 궁금증이 있고, 셋째는 만약 두산이 이 합병을 성사시켜 양사의 시너지를 발휘하게 하였다면 합병된 기업의 주주 손익은 어떠할 것인가에 대한 궁금증이다. 당시 두산의 계획은 이 합병을 그룹의 리밸런싱을 통해 기업을 혁신하고 국제 경쟁력을 끌어올리겠다는, 기업의 발전 및 소속 산업의 발전과 세계적으로 대두되는 AI 및 로봇 산업에 대한 대응을 위하여 추진했을 터인데, 이 합병 제동이 국가 기술 및 경제적 측면에서 어떠한 긍정적 아니면 부정적 영향을 주었을 것인지에 대하여 궁금증이 있다.

시장은 어찌 보면 자본시장법에서 상장 기업 간의 합병에 관한 규정이 허망하여 심지어는 두산을 일방적 법규 해석이라 하고 규정 악용의 예로 들었다. 션 브라운 테톤캐피탈 이사는 적정가치는 두산밥캣은 15조(PER 배수로 평가), 두산로보틱스는 0.7조

(PSR 배수로 평가)로 평가된다고 하며 미국의 경우라면 96:4일 것이라는 구체적 숫자까지 언급하며 비판하였고 금감원도 함께 이에 동조하였다. 이 논란이 있은 지 무려 9개월이 지났지만 현재의 주가 추이는 96:4 정도는 아니다. 우리나라 입법자들이 주식 시가 합병에 관한 규정을 제정하면서 그 정도를 전혀 예측하지 못하고 제정했겠는가에 대하여 법규 제정에 참여했던 공직자의 주의한계가 거기까지였을까에 대한 의문도 있다. 실제 지금까지는 두 회사가 합병하여 양쪽의 사업부를 운영했을 경우 그렇게 희석이 되어 24배까지 주주 손실을 초래했을 것 같지는 않다.

여기에는 두 가지 측면이 고려되어야 할 것이다. 하나는 두산이 이 리밸런싱을 하지 못함으로써 초래된 기회손실은 얼마인가? 만약 합병을 했을 경우 주주들이 입었을 손해는 얼마일까와 합병을 순탄하게 하고 기업 밸류업을 정상적으로 하였다면 합병된 두산로보틱스의 주가는 얼마나 상승 및 주주이익을 초래하였을 것인가에 대한 고려이다.

돌아보면, 현재까지의 결과로 법에 따라 수행한 일이 그만큼이나 비난을 받을 일이었는가에 대한 반성이 필요하다고 생각되는 것이다.

합병비율의 논란

두산은 이에 대하여 상장규정 상 합병비율 산정을 자본시장법에 의거, 산출하고 이를 공시하여 합병비율을 1:0.63으로 하겠다 하였다. 이에 대하여 밥캣의 소수주주들이 반발하였고 일부에서는 이것을 _규정의 일방적 해석이라 하고 규정 악용의 예로 들며 미국의 경우라면 96:4의 비율일 것이라는 션 브라운의 '날강도' 선언과 함께 코리아 디스카운트의 사례로 낙인하였다. 이에 대하여 두산에서는 기존 보유한 자기 주식 및 주식 매수청구권으로 회수되는 주식(1조 5,000억 한도) 전량을 소각하겠다고 약속하였다. 그만큼 주주가치를 높이겠다는 것이다. 언론은 이 조치가 양사의 합병에 긍정적 영향을 미칠 것이라 하면서도 주식가치 증대를 위한 조치를 주문하였다.

두산의 두산밥캣과 두산로보틱스 합병을 통한 리밸런싱은 회사의 설명대로 두산밥캣의 미래 비전이 부족함에 따라 미래산업인 로봇산업을 접목하여 미래 성장동력을 부여하겠다는 것이며, 결손이 누적된 로보틱스에는 밥캣의 자금을 수혈하겠다는 것인데 다음 사항들은 두산의 고려 대상이었을 것이다.

1. 밥캣은 1947년 미국 노스다코다 그위너에서 창업하였으며 오랜 역사를 자랑하던 건설기계 제조사로 광산개발용 기계를 제조하는 세계 선두에 서 있는 코스피 상장기업이고, 두산로보틱스는 두산그룹의 로봇 솔루션 전문 자회사로 2015년에 설립되었으며 자체 연구개발을 통해 글로벌 수준의 성능과 안전 및 이 분야 최다 라인업을 갖춘 협동 로봇을 보유한 신흥 기업이다. 이런 사업구조 개편에서 밥캣의 사업이 가지는 한계를 피력하고 로봇산업이 약진함에 따른 기업의 미래가치에 대한 청사진을 보였어야 한다. 미래 BCG Matrix 등으로 현재와 비교한 미래 비전을 보여주었으면 좋았을 것이다.

2. 위 1의 조치를 취하고 주주가치 상승을 위한 조치를 즉시 및 장기 계획을 예정으로라도 하였다면 법률의 정함(주식평가 및 증여세 등)까지 대비하여 문제가 이렇게까지 심각하게 번지지 않았을 수도 있다. 양사의 합병비율이 1:0.63인데 비해 분석된 합병결의 이사회 며칠 후의 주가비율은 1:0.619 정도로 시장 충격이 크지 않은 것은 밥캣의 주주들이 미미하지만 약간의 교환이익(1.5%)이 있기 때문이다. 손실이 아니라는데 합병에 대한 시장의 반응은 부정적 인식을 가진 이들은 그리 많지 않을 것이다.

3. 주식 매수청구권 행사에 의한 주주 권리 보호와 이것이 미치는 주주 가치에 대한 영향도 구체적으로 제시했으면 한다. 매수 한도금액인 1.5조 전체가 매수청구 될 것인지 극히 일부분이 청구될 것인지에 대한 불확실성하의 분명한 의사표시를 하여 이것이 주가에 미치는 영향을 주주들이 판단할 수 있도록 했으면 좋았을 것이다.

4. 이후의 주식가치 상승(밸류업)을 위한 구체적 노력의 내용과 적극적 설명들도 부가되었음이 타당하다. 회사는 이렇게 적극 대응을 하지 않았는데, 회사의 이와 같은 어정쩡한 태도들은 향후 회사의 경영에 악재로 작용할 가능성이 있다. 이후에 합병 결의를 위한 임시주주총회는 취소되었고 합병은 무산되었으며 리밸런싱을 위한 회사의 노력도 큰 암초에 부딪히게 되었다. 이와 같은 두산이 수행한 절차들을 귀감으로 이런 상황에 대한 대처능력을 높이는 지혜를 더하게 될 것이다.

7. 결론

결론으로, 두산의 금번 방계사 간 리밸런싱 시도로 인한 합병에 따른 문제는 두산의 입장과 이에 직접적 이해관계를 가진 주주 사이에 상당한 파문을 불러 일으켰다. 두산은 본 합병을 통하여 최대주주의 영향력을 두산밥캣에 대하여 13.8%에서 42%로 끌어올리려 하였는바, 이를 시가총액으로 계산하면 최대주주 또는 동일인은 물경 1.4조 원(5.07×28.2%)어치를 앉아서 이익을 보게 되는 것이다. 로보틱스에 대하여는 지분차손익은 없다.

증여세의 문제가 있다. 상장기업의 합병에서 PER, PSR 배수법을 사용하는 것은 법규에 맞지 아니한다. 만약 이런 방식 또는 다른 방식으로 결정하여 합병을 마쳤을 경우 상속세 및 증여세법에 따른 평가(상장법인 합병시의 평가는 시가로 하는 것은 같다)에 의거, 증여가 발생한다. 이에 대한 증여세는 물경(두산에 지급하여야 할 시총 3.2조, 실제 지급한 시총 24배 121.9조원(3.2/0.63×24에 대한 증여세) 59.35조 원{(121.9−3.2)×50%})을 내야 할 수 있다. 이 세금을 부담하기는 부담스럽다. 증여세법의 상장주식의 평가는 평가기준일 이전 이후 각 2개월간의 종가평균액으로 평가한다.

소액주주에 대한 손실은 기업의 비전과 관련이 있다. 기업이 신규로 좋은 아이템을 가지고 사업을 벌이면 엔비디아의 주가 폭등과 같은 결과를 만들어 낼 수도 있다. 두산은 소액주주들의 이해에 대하여 더 상세히 설명하였으면 좋았을 것 같다. 구조조정은 결국 주주들의 결실로 돌아가게 되므로 1년, 3년, 5년 후의 결과를 BCG Matrix 방식에 의하여, 각 시점별 가치증대 중심으로 실현 가능성을 따라 초단기를 포함한 대책들을 좀 더 적극적으로 표명하고, 현행법의 적용한계도 설명할 필요는 있었던 것으로 보인다. 정정신고 시 교환비율을 수정하지 않은 것은 잘못했다고 볼 수는 없다. 합병비율에 대한 논란은 시장으로 넘어갔으며, 법은 지켰으나 주주의 감정을 무시했고 과거의 다른 사례들에도 눈을 감았다. 이는 결국 법률가의 손에 위탁되었다고 보아야 할 것이다.

따라서 금번 두산의 이와 같은 대규모 딜은 현실적으로 불가능한 일이었다. 여기서 두산의 자기 그룹의 리밸런싱 및 구조조정을 위한 계획을 잘못했다 할 수는 없으며, 현행법하에서의 방법을 모색하였으니 최대주주의 지분에 대한 논란을 제외한다면 현행법상 문제가 될 수 없는 추진이었다라고 볼 수 있다. 한국기업거버넌스포럼의 지적은 지분에 대한 소수주주의 불이익에만 관심을 가지고 교환비율만을 언급하고 외국인 투자자를 불러 두산 측의 과오를 크게 광고하는 것보다는 차분하게 이러한 사항들에 대하여 현행법의 모순이 허용했던 이 추진이 불가함을 주장하고 합병 추진은 종료하게 했더라면 더 좋았을 것으로 보인다. 그러나 그 후에도 기업 밸류업에 대한 국가적 논의는 지속되었다.

두산은 그룹의 생존을 위해서는 기업 구조를 세상 흐름에 맞추지 않으면 안 될 것이다. 삼성이 HBM의 기회를 놓쳐 큰 어려움을 겪고 있는 것과 같이 기회를 놓치면 두산도 그러한 곤경에 빠질 수 있다. 가장 합당한 묘안을 찾아 그룹의 생존을 심각하게 모색하여야 할 때이다.

이 문제는 끝이 난 것이 아니다. 이와 같은 문제는 지속 발생할 것이고 일부 자본의 해외 이탈이나 외국 투자의 걸림돌로 작용할 수 있으며, 기업의 발전을 저해할 수 있다. 따라서 이 문제는 금융감독 당국, 국세청을 합쳐 법률가 및 시민사회가 공동으로 해결하여야 할 것으로 보인다.

합병주총불발

합병주총 불성립 공시(금감원) - by 두산로보틱스

정정신고(보고)

정정일자	2024-12-10

1. 정정관련 공시서류	주주총회소집 결의	
2. 정정관련 공시서류제출일	2024-10-21	
3. 정정사유	분할합병 계약 해제에 따른 분할합병 관련 모든 절차 중단	
4. 정정사항		
정정항목	정정 전	정정 후
1. 구분	임시주주총회	
2. 일시	2024-12-12 09:00	

회사는 합병 주총을 계획하였다가 이를 취소하였다. 정정 후의 임시주총 관련 칸은 공란이다.

CHAPTER 02

상속세 및 증여세법에 의한 가치평가

넥슨의 김정주 회장가가 상속세 6조원을 완납하였다. 2024년 8월 초 우리나라의 상속세는 유난히 높은 것으로 평가되고 있다. 이에 따라 상속세율을 낮추어야 한다는 논의에서부터 재산의 해외유출과 외화유치를 위하여 상속세의 폐지론까지 강하게 대두되어 있다. 그러나 현재 시행되고 있는 법에 대하여 평가자의 입장에서 숙지하지 않을 수는 없다.

1. 평가관련 근거법

1) 상속세 및 증여세법

상속세 및 증여세법에서는 상속재산 또는 증여재산을 상속개시일 또는 증여일(평가 기준일) 현재의 시가에 따라 평가하는 것을 원칙으로 한다(상증법§60①). 이 규정이 의미하는 재산은 상속 또는 증여되는 부동산과 주식을 포함한다. 동법에서 '시가'란 '불특정 다수인 사이에 자유로이 거래가 이루어지는 경우에 통상 성립된다고 인정하는 가액'이라 하여 **이상적인 시장거래**에 기반한다(상증법§60②). 이 법에서 말하는 시가는 수용·공매 가격 및 감정가격 등 대통령령이 정하는 바에 의하여 시가로 인정되는 것을 포함한다. 다만, 시가를 산정하기 어려운 경우에는 해당 재산의 종류·규모·거래상황 등을 감안하여 보충적 평가방법에 의하여 평가한 가액으로 평가하게 된다(상증법§60③). 시가를 산정하기 어려운 경우에는 해당 재산의 종류, 규모, 거래상황 등을 고려하여 다음의 규정에 의거, 평가한다.

평가규정 및 체계

상증법 §60①(시가평가)
상증법 §61(부동산 등의 평가)
상증법 §62(선박 등 그 밖의 유형자산의 평가)
상증법 §63(유가증권 등의 평가)
상증법 §64(무체재산권의 가액)
상증법 §65(그 밖의 조건부 권리 등의 평가)

(1) 부동산 등의 평가(상증법 §61)

1. 토지: 개별공시지가가 없는 지역은 납세지 관할세무서장이 인근 유사 토지의 개별공시지가를 지목, 이용상황 등을 고려하여 평가한 금액. 지가 급등지역은 국세청장이 배율방법으로 평가한 가액
2. 건물: 건물의 신축가격, 구조, 용도, 위치, 신축연도 등을 고려하여 매년 1회 이상 국세청장이 산정·고시하는 가액
3. 오피스텔 및 상업용 건물: 건물의 용도·면적 및 구분소유하는 건물의 수(數) 등으로 정하는 오피스텔 및 상업용 건물에 대하여는 국세청장이 산정·고시한 가액
4. 주택: 공시가("고시 주택가격"이 있을 때는 그 가격)인 개별주택가격 및 공동주택가격

   * 주택 공시가는 국세청장이 결정고시(고시 주택가격)한다.

(2) 선박 등 그 밖의 유형자산의 평가(상증법 §62)

1. 선박, 항공기, 차량, 기계장비 및 입목(立木)에 대해서는 "처분할 경우 다시 취득할 수 있다고 예상되는 가액, 그 가액이 확인되지 아니하는 경우에는 장부가액, 그 다음은 시가표준(상증법§62①)
2. 상품, 제품 등(상증법§62②)
   a. 상품, 제품, 반제품·재공품·원재료 기타 이에 준하는 동산 및 소유권의 대상이 되는 동산의 평가는 그것을 처분할 때에 취득할 수 있다고 예상되는 가액. 다만, 그 가액이 확인되지 아니하는 경우에는 장부가액으로 한다.
   b. 판매용이 아닌 서화·골동품 등 예술적 가치가 있는 유형재산의 평가는 서화, 도자기 등 구분에 의한 전문분야별로 2개 이상의 전문감정기관이 감정한 가액의 평균액 등
3. 소유권의 대상이 되는 동물 및 이 영에서 따로 평가방법을 규정하지 아니한 기타 유형재산의 평가는 a의 방법으로 평가한 가액(상증법§62③)

(3) 유가증권 등의 평가(상증법 §63)

1. 일반적인 평가

가. 주식 등의 평가

a. 상장주식은 평가기준일 이전이후 각 2개월 동안 공표된 종가의 평균액으로 평가

b. 그 외: 비상장주식의 본질가치평가법에 의한다.(령§54①)

* 본질가치평가법: 순손익가치와 순자산가치를 3과 2의 비율로 가중평균한 가액

1. 부동산 과다보유법인인 경우에는 비율을 2대3으로 한다.
2. 가중평균가액이 순자산가치의 80%에 미달하는 경우에는 순자산가치의 80%로 평가

순손익가치와 순자산가치

(-) 순손익 가치:	1주당 가액=1주당 최근 3년간의 순손익의 가중평균액 ÷ 3년 만기 회사채의 유통수익률을 고려하여 기획재정부장관이 정하는 이자율
순자산 가치:	당해 자산의 순자산가액 ÷ 발행주식총수(령§54①②)

※ 기획재정부장관이 정하는 이자율: 현재는 10%

참고 기획재정부장관이 정하는 이자율

상증법상 기획재정부장관 고시 이자율

1. 금전무상대출 등에 따른 이익의 증여 계산시 적용할 이자율(상증령 31조의7③)

적용시기	연 이자율	근거
2010.11.5.~현재	연 8.5%	기획재정부고시 제2010-18호(2010.11.5.)

2. 비상장주식의 1주당 순손익가치 평가시 적용할 이자율(상증령 제54조 제1항)

적용시기	연 이자율	근거
2010.11.5.~현재	연 10%	기획재정부고시 제2010-19호(2010.11.5.)

3. 전환사채 등의 평가시 적용할 이자율(상증령 제58조의2 제2항)

적용시기	연 이자율	근거
2010.11.5.~현재	연 8.0%	기획재정부고시 제2010-20호(2010.11.5.)

4. 정기금을 받을 권리 평가시 적용할 이자율(상증법 시행규칙 제19조의2 제2항)

적용시기	연 이자율	근거
2010.11.5.~현재	연 6.5%	기획재정부고시 제2010-21호(2010.11.5.)

*고시자료는 기획재정부홈페이지 ⇒「법령메뉴」⇒「고시」메뉴에서 찾을 수 있다.

나. 주식 등 외의 국채·공채 등: 재산의 종류, 규모, 거래 상황 등을 고려하여 평가

a. 거래소에서 거래되는 국채: '3평균가액'과 이전 최근일의 최종시세가액 중 큰 금액

b. 그외: ㉮ 매입국채 – 매입가액에 발생 미수이자를 가산한 금액

㉯ 그 외 국채: 처분예상금액

* 3평균가액: 평가일의 직전일의 종가, 직전1주일 거래량 가중평균 가액, 직전1달 거래량 가중평균 가액의 평균가액

(1주일과 1월 평균가액은 각 거래일의 거래량으로 가중평균한 가액)

* 최대주주의 경우는 20% 가산

2. 다음의 경우: 기업공개 신고법인, 상장신청 법인, 상장법인 주식 중 미상장된 주식

Max(결정된 공모가격, 위(1.가.a.)의 평가액)

만약, (1.가.a.)이 없으면 b.의 금액

(4) 무체재산권의 가액(상증법 §64)

무체재산권은 다음 1, 2 중 큰 금액으로 한다.

1. 당해 재산의 취득가액에서 「법인세법」상의 감가상각비를 뺀 금액
2. 장래의 경제적 이익 등을 고려하여 령으로 정하는 방법으로 평가한 금액(§64②③④)

a. 영업권, 어업권, 양식업권: 다음 초과이익금액에서 적정이익을 차감한 금액 [최근 3년간 순손익액의 가중평균액의 50%－자기자본×기재부령으로 정하는 비율]

* 적정이익은 자기자본의 일정률(기재부령의 정한 이율(10%))

* 1주당 최근 3년간의 순손익액의 가중평균액: 최근 직전연도부터 3:2:1의 가중평균액

b. 특허권·실용신안권·상표권·디자인권 및 저작권 등: 그 권리에 의하여 장래에 받을 각 연도의 수입금액을 기준으로 기재부율로 할인한 금액의 합계액(§64⑤)

c. 광업권 및 채석권 등: 평가기준일전 3년간 평균소득(실적이 없는 경우에는 예상순소득으로 한다)을 각 연도마다 기재부율로 할인한 금액의 합계액(§64⑥)

(5) 그 밖의 조건부 권리 등의 평가(상증법 §65)

a. 조건부 권리, 존속기간이 확정되지 아니한 권리, 신탁의 이익을 받을 권리는 모든 사정을 고려한 적정가액으로,

b. 소송 중인 권리는 소송진행의 상황을 고려한 적정가액으로,

c. 정기금(定期金)을 받을 권리에 대해서는 ㉮ 유기정기금은 기재부장관이 정하는 이자율로 할인한 금액, ㉯ 무기정기금의 경우는 1년 정기금의 20배, ㉰ 종신정기금의 경우는 통계청장이 고시하는 통계표에 따라 권리의 성질, 내용, 남은 기대여명 기간 등을 기준으로 기재부장관이 정하는 할인율로 할인한 방법으로 그 가액을 평가한다(①항)

d. 가상자산은 해당 자산의 거래규모 및 거래방식 등을 고려하여 다음과 같이 평가한다.

㉮ 신고가상자산사업자의 사업장에서 거래되는 가상자산: 평가기준일 전·후 각 1개월 동안에 해당 가상자산사업자가 공시하는 일평균가액의 평균액 ㉯ 그 밖의 가상자산: 미신고 가상자산사업자 등은 그 사업자의 사업장에서 공시하는 거래일의 일평균가액 또는 종료 시각에 공시된 시세가액 등 합리적으로 인정되는 가액(②항)

e. 신탁의 이익을 받을 권리에는 원본을 받을 권리와 수익을 받을 권리의 수익자가 동일한 경우와 다른 경우로 나누어 평가한다. 다만, 상속이나 증여에

의한 권리의 취득으로 평가기준일 현재 신탁계약의 철회·해지·취소 등을 통해 받을 수 있는 일시금이 아래와 같이 평가한 가액보다 클 경우에는 그 일시금으로 한다(상증령 §61①단서).

㉮ 원본과 수익의 권리자가 동일한 경우: 수익 시기까지의 기간 및 수익의 이익에 대한 원천징수세액 상당액을 감하여 평가 ㉯ 원본과 수익의 권리자가 다른 경우: 평가기준일 현재 원본의 가액에 수익 시기까지의 기간에 대한 수익을 향유하는 경우에는 순수익을 기재부고시 이자율로 할인하여 계산한다.

그 외의 경우는 법규의 취지에 따른 합리적 평가방법으로 평가한다.

2) 법인세법

법인세법은 기업활동을 다루므로 상거래 관계에 있어서 거래에 공정성이 있는가를 감독한다. 국세청의 감독은 상거래상 특수관계인 간의 거래에서 일방적인 이익의 분야를 다루고 이러한 내용은 '부당행위 계산의 부인'이라는 틀을 적용하여 합당치 못하다고 판단되는 부분만큼은 법인세·소득세법의 수익과 비용 시부인을 통하여 과세하고 자연인에게 분여된 것은 증여로 의제하여 상속세 및 증여세법에 따른 증여 또는 배당으로 이익을 분여받은 개인에게 과세하고 있다. 이때 법인세법에서 부당거래 행위로 보는 것은 '시가'보다 일정률을 낮게 또는 높게 거래한 경우를 따지는데, 법인세법이 정의하는 시가의 개념은 상증세법과는 차이가 있다.

법인세법이 정하는 '시가'의 개념은 '건전한 사회 통념 및 상관행과 특수관계인이 아닌 자 간의 정상적인 거래에서 적용되거나 적용될 것으로 판단되는 가격'이라고 하여 현실적인 정상거래 가격이므로, 상증법에서 말하는 시장균형가격인 '이상적인 시장거래 가격과는 차이가 있다(법법§52). 이는 상증법에서 시가를 '불특정 다수인 사이에 자유로이 거래가 이루어지는 경우에 통상 성립된다고 인정하는 가액이라고 하여 다소 개념상 차이가 있으며, 실무에서는 특수관계인이라는 개념 때문에 적용의 차이가 있다. K－IFRS의 공정가액은 합리성의 기준이다. 합의성은 정상적이고 자유로운 합리성이라는 평온한 개념에 이른다.

이때의 가격은 요율, 이자율, 임대료 및 교환비율 기타 이에 준하는 것을 포함하고 있다. 시가를 적용함에 있어 해당 거래와 유사한 상황에서 해당 법인이 특수관계인 외의 불특정 다수인과 계속적으로 거래한 가격 또는 특수관계인이 아닌 제3자 간에 일반적으로 거래된 가격이 있는 경우에는 그 가격을 시가로 볼 수 있도록 하고 있다. 만약 제3자 간에 거래된 가격이 없으면 「부동산 가격공시 및 감정평가에 관한 법률」에 의한 감정 평가법인이 감정한 가액이 있는 경우 그 가액을 우선적으로 적용한다(법령§89② 제1호). 동일한 재산에 대하여 둘 이상의 감정기관이 평가한 가액이 있는 경우에는 그 평균액을 재산가액으로 한다.

그러나 비상장주식의 경우는 감정평가 법인의 감정가액을 시가로 인정하지 않고, 감정가액이 없는 재산과 동일하게 상속세 및 증여세법 제38조 내지 34, 39조의 2에서 정한 방법과 동법 제61조 내지 제64조의 규정에 의한 평가방법을 준용하며 평가한 가액으로 하도록 하고 있다(법령§89② 제2호). 여기서 상증법 제38조~제39조의 2 규정은 「합병에 따른 이익의 증여」 증자에 따른 이익의 증여, 감자에 따른 이익의 증여 재산가액을 계산하기 위한 1주당 평가방법을 말하며, 제61조 내지 제64조의 규정은 각 재산별 보충적 평가방법에 의한 평가를 말한다.

다만, 금전의 대여 또는 차용에 있어서는 기획재정부령이 정하는 당좌대출 이자율을 부당행위 계산 대상의 판단에 사용한다.

3) 한국채택국제회계기준(K-IFRS)

한국채택국제회계기준(K-IFRS)에서는 시가와 유사한 개념의 '공정가액'이라는 용어를 쓰고 있다. K-IFRS에서 말하는 공정가액이란 '합리적인 판단력과 거래 의사가 있는 독립된 당사자 간에 거래될 수 있는 교환가격'으로 정의하고 있다. 시장 참가자들 간의 질서 있는 거래에서 공정가치로 자산을 판매하거나 부채를 이전할 수 있는 가격이다. 공개시장에서 거래되는 가격을 의미하며 이는 시장의 유동성, 시장 참여자들의 수요와 공급, 국가의 정책, 물품의 거래량 등 여러 요인이 반영되어 결정된다.

공정가치는 기업의 재무상태를 정확하게 반영하는 데 중요한 역할을 한다. 공정가치를 통해 투자자와 채권자, 정부 규제기관 등의 다양한 이해관계자들이 기업 재무건전성을 시장가치-실제가치에 근접하게 평가함으로써 재무제표의 투명성을 높인다. 상증세법과 법인세법에서는 시가를 거래 당사자들 간의 임박한 또는 지나간 거래를 전제로 하고 있는 인상이지만, K-IFRS에서는 거래의 성부에 불구 현실 시장의 교환가치를 반영하고, 따라서 재무보고서의 합은 객관적 기업의 가치를 표방하고 있다고 볼 수 있다.

2. 상장주식의 평가

시가를 기준으로 평가하는 것을 원칙으로 하고 있는 상속세 및 증여세법에서 상장주식(유가증권시장 상장주식, 코스닥시장 상장주식 및 코넥스시장 상장주식)은 거래 시장이 존재하므로 거래되는 시가에 따라 평가하기 적절한 주식이다. 다만 이 시가는 불특정 다수가 공개된 정보하에서 자신의 자유로운 의사로 편파되지 아니한 거래에 형성되는 시가를 말한다. 만약 평가 기준일 전 후에 시가에 영향을 미치는 사항이 발생했다면 발생된 왜곡된 시가를 치유하고 난 다음에 평가를 하여야 할 것이다.

1) 유가증권시장 상장주식

(1) 평가원칙

유가증권시장 상장주식은 평가 기준일 이전·이후 각 2개월 동안 공표된 매일의 한국거래소 최종 시세가액의 평균액으로 평가한다(상증법 제63조: 유가증권등의 평가). 상장주식이란 자본시장법 및 그 령에서 정하는 증권시장에서 거래되는 주식을 말한다. 평가 기준일은 만약 그 날이 공휴일 등으로 매매가 없는 날이면 그 전일을 기준으로 한다.

1주당 가액 = 평가기준일 이전·이후 각 2개월간 종가 평균액

이때, 시세가액은 거래소에서의 거래실적 유무를 따지지 아니한다.

그러나 이 거래는 장내에서 정상적 거래의 경우를 말하는 것으로

① 정규 거래시간 외 매매로 장외거래를 통해 형성된 매매가는 인정되지 아니하며,

② 평가기간 2개월 이내에 거래정지 또는 관리종목의 편입으로 정상적인 거래가

되지 않은 경우는 거래가 정상적이지 않은 비상장주식으로 인정하여 평가한다(상증령§52의2③).

다만, 정상적인 거래로 볼 수 있는 매매사례가 있다면 인용할 수 있다.

(2) 증자 또는 합병 등의 거래가 발생한 경우의 평가

평가 기준일 전후 2개월(평가기간) 중에 증자나 합병이 발생하면 주가는 그 영향을 받는다. 이런 경우 기준일 전후 2개월의 의미가 달라진다.

① 평가 기준일 이전에 이런 거래가 발생했다면 이런 거래가 발생한 날의 다음 날부터 평가기준일 이후 2개월이 되는 날까지의 주식 시세 가액을 평균하여 시가를 산정하고

② 평가 기준일 이후에 이런 거래가 발생되었으면 평가 기준일 이전 2개월과 동 사유가 발생한 날의 전일까지의 기간에 대한 시세가액의 평균으로 시가를 산정한다.

만약, 증자나 합병 등의 거래가 2회 이상 있었으면, 이 거래가 거래 기준일 전이나 후의 한쪽으로 몰려 있으면, 거래 기준일에 가까운 일자로 위 ①이나 ②의 방식으로 시가를 산정하고 기준일의 전후로 나뉘어 있으면 전·후의 발생일을 기준으로 위 ①과 ②의 해당 내용을 적용하여 시가를 산정한다.

2) 코스닥 시장 상장주식

코스닥 시장 상장법인의 상장주식은 평가기준일 이전·이후 월력에 따른 각 2개월 동안(총 4개월) 공표된 한국거래소 최종 시세가액의 평균액으로 한다. 이는 유가증권시장 상장주식의 평가와 동일하다.

1주당 가액 = 평가기준일 이전·이후 각 2개월간 종가 평균액

코스닥 시장 상장주식에 대하여도 장외 거래, 가격의 불안정이나 거래정지 또는 관리종목으로의 전환시 불안정 등 정상적인 거래가 되지 아니하는 경우 비상장주식으로 인정하여 평가한다. 증자나 합병 등의 사유가 있었으면, 그 발생이 평가기준일 이

전이면 그 사유가 발생한 날의 다음 날부터 평가기준일 후 2개월이 되는 날까지, 그 발생이 평가기준일 이후면 평가기준일 이전 2개월과 이후 그 사유가 발생한 날의 전일까지 산정하는 원칙 등은 동일하다.

3) 상장 준비중인 주식

(1) 기업공개 준비중인 주식

기업공개란 기업이 발행한 주식을 금융위원회에 유가증권 신고를 하고 유가증권시장(한국거래소)에서 일반투자자를 모집하거나 분산시키는 것을 말한다. 기업공개를 위하여 유가증권 신고를 한 법인의 주식 및 출자지분으로서 평가기준일 현재 유가증권 신고 직전 6개월(증여세가 부과되는 주식 등의 경우에는 3개월)부터 유가증권시장에 최초로 주식 및 출자지분을 상장하기 전까지의 기간인 경우에는 그 주식을 다음과 같이 평가한다(상증법§63 ②, 령§57 ①).

유가증권시장 이전 상장(코스닥 상장법인)

- 코스닥 시장에 이미 상장된 법인이 유가증권시장으로 이전 상장하는 경우, 공모가격과 코스닥 시장에서의 기준주가 중 큰 금액을 평가액으로 한다.
- 평가액 = Max(①, ②)

코스닥 시장 신규 상장(비상장법인)

- 비상장법인이 코스닥 시장에 신규 상장하는 경우, 공모가격과 비상장주식의 보충적 평가액(본질가치)중 큰 금액을 평가액으로 한다.
- 평가액 = Max(①, ③)

<범례>

① 공모가격: 자본시장법에 의하여 금융위가 정하는 기준에 따라 결정된 공모가격을 준용하여 평가한 가액

② 기준주가: 평가기준일의 종가, 최근 1주일간 가중평균종가, 최근1개월간 종가 가중평균 종가의 단순 평균액

③ 본질가치: 순손익가치와 순자산가치를 3:2 비율로 가중평균한 값

유가증권시장에 기업공개를 준비중인 법인의 경우 원칙적으로 공모가를 기준으로 평가한다. 코스닥 시장 상장법인이 유가증권시장에 상장하고자 할 때에는 금융위원회가 정한 공모가격 평가액과 코스닥 시장 상장법인의 주식 가치 평가액 중 큰 금액으로 평가하며[Max(공모가액, 기준주가)], 비상장법인의 기업공개를 하거나 할 때에는 금융위가 정한 기준에 따른 공모가격 평가액과 비상장주식의 보충적 평가방법에 의한 평가액 중 큰 금액[Max(공모가, 본질가치)]으로 평가한다.

즉, ① 코스닥 시장 상장법인의 주식 평가방법(주1)과 비상장주식 평가방법(주2)에 의한 평가액 중 하나를 선택하여 공모가격과 비교하고 큰 것으로 결정한다는 것이다. 단, 최대주주가 보유하는 주식에 대한 할증평가는 그대로 시행한다.

상장법인 주식평가방법은 기준주가로 계산(3가격평균가)하는 것이고 비상장법인의 주식평가방법은 본질가치에 의한 평가방법으로 다음과 같이 계산한다.

(주1) 기준주가 방식

자본시장법 시행령 §176호의 5(상장법인의 기준 시가를 계산하는 방법)

주식 가치(기준주가 방식) = 아래 ①, ②, ③을 기준으로 30%(계열사 간 합병의 경우는 10%)의 범위 내에서 할인 또는 할증한 가액의 평균

① 최초 1개월의 평균 종가 (*)

② 최근 1주일 간의 평균 종가 (*)

③ 최근일의 종가

*거래량을 기준으로 가중 산술평균한 종가

(주2) 본질가치평가법

$$주식\ 가치 = \frac{순자산가치 \times 2 + 순수익가치 \times 3}{5}$$

※ 증권의 발행 및 공시 등에 관한 규정

· 최대주주 주식의 할증 평가

상속세 및 증여세법은 평가대상 주식 등이 최대주주 및 그와 특수관계에 있는 자의 주식인 경우 20%를 할증하여 평가하도록 규정하고 있다. 이는 경영권 프리미엄을 반영하기 위한 것으로, 안정적인 기업 지배에 따른 가치 증가분을 평가에 반영하는 것이다.

증권시장에서 거래되는 주식 등은 평가기준일 이전·이후 각 2개월 동안 공표된 매일의 최종 시세가액의 평균액으로 평가한다. 다만, 제38조에 따라 합병으로 인한 이익을 계산할 때 합병(분할합병을 포함한다)으로 소멸하거나 흡수되는 법인 또는 신설되거나 존속하는 법인이 보유한 상장주식의 시가는 평가기준일 현재의 거래소 최종 시세가액으로 한다.

이때, 최대주주 등(최대주주, 최대출자자, 특수관계인에 해당하는 주주 등 포함)의 주식 등에 대해서는 법규(제1항제1호 및 제2항)에 따른 가액에 그 가액의 100분의 20을 가산한다(상증법제63조③).

· 할증제외

대통령령으로 정하는 중소기업, 대통령령으로 정하는 중견기업 및 평가기준일이 속하는 사업연도 전 3년 이내의 사업연도부터 계속하여 「법인세법」 제14조제2항에 따른 결손금이 있는 법인의 주식등 대통령령으로 정하는 주식 등은 제외한다.

힐증평가를 제외하는 대통령령으로 정하는 주식 등

(상증법제53조: 코스닥 시장에 상장신청을 한 법인의 주식 등의 평가 등)

④ 최대주주 등: 보유주식 등의 수가 가장 많은 1인을 말한다.

⑤ 최대주주 등이 보유하는 주식 등의 지분 계산에는 평가기준일부터 소급하여 1년 이내에 양도하거나 증여한 주식 등을 합산한다.

⑥ 중소기업: 「중소기업기본법」 제2조에 따른 중소기업을 말한다.

⑦ 중견기업: 직전 3개 사업연도의 매출액의 평균이 5천억원 미만인 기업

⑧ 중소기업, 중견기업 및 사업연도 전 3년 이내 계속하여 결손금이 있는 법인의 주식등

1. 평가기준일이 속하는 사업연도 전 3년 이내의 사업연도부터 계속하여 결손금이 있는 경우

2. 평가기준일 전후 6개월 이내의 기간 중 최대주주등이 보유하는 주식등이 전부 매각된 경우
3. 제28조, 제29조, 제29조의2, 제29조의3 및 제30조에 따른 이익을 계산하는 경우
4. 평가대상인 주식 등을 발행한 법인이 다른 법인이 발행한 주식 등을 보유함으로써 그 다른 법인의 최대주주 등에 해당하는 경우
5. 평가기준일부터 소급하여 3년 이내에 사업을 개시한 법인으로서 영업이익이 모두 영 이하인 경우
6. 상속세 및 증여세과세표준신고기한 이내에 평가대상 주식등을 발행한 법인의 청산이 확정된 경우
7. 상속 또는 증여로 인하여 최대주주등에 해당되지 아니하는 경우
8. 주식 등의 실제소유자와 명의자가 다른 경우
9. 제6항에 따른 중소기업 또는 제7항에 따른 중견기업이 발행한 주식등

(2) 코스닥 시장 상장 준비 중인 주식

코넥스 시장에 상장된 주식은 유가증권시장 상장주식의 평가와 동일하게 평가기준일 전 후 각 2개월간의 종가평균액으로 평가한다. 또한, 증자나 합병 등의 사안이 발생된 경우의 평가도 같다(상증법 §63② 2호, 령 §57②).

· 기업공개 준비중인 주식의 평가

유가증권시장(유가증권시장 상장주식, 코스닥 상장주식) 기업공개는 자본시장법 규정을 준용하며, 그중 코스닥시장 기업공개는 공모가와 보충적평가액 중 큰 것으로 한다.

평가액 = Max (①, ②) ① 공모주식 평가액(위와 동) 자본시장법에 의하여 금융위가 정하는 기준에 따라 결정된 공모가격을 준용하여 평가한 가액 ② 비상장주식의 보충적 평가방법에 의한 평가법

* 비상장주식의 보충적 평가방법에 의한 평가법(상증법령 제54조제1항)

1주당 가액=1주당 최근 3년간의 순손익액의 가중평균액÷3년 만기 회사채의 유통수익률을 고려하여 기획재정부령으로 정하는 이자율

* 기업공개준비 중인 주식이 평가기준일 전후 6개월(증여 3개월)이내에 매매사실이 있는 경우에는 그 매매가액을 시가로 본다.

3. 비상장주식의 평가

상장주식과 마찬가지로 비상장주식도 평가는 시가에 의하여 하는 것이 상증법상의 대원칙이다. 그러나 비상장주식은 불특정 다수 간의 거래장소가 없고 지속적 거래가 이루어지지 않으니 시가가 형성되지 않으므로 시가 평가를 할 수 없다.

그럼에도 비상장주식도 매매사례가 있으면 그 가격으로 평가할 수 있다. 수용이나 공매 등 대통령령이 정하는 것으로 시가로 인정할 수 있는 경우를 포함한다. 그러나 감정평가법상의 감정가액은 매매 사례가액으로 인정되지 않는다. 주식에 있어서는 그 가격 형성의 복잡성을 감정평가 기법으로 해결할 수 없다고 본 것으로 보인다.

평가 대상 주식에 매매사례가 없다고 필요한 평가를 하지 않을 수는 없으므로, 이때 법은 시가를 대신할 보충적 방법으로 평가할 수 있는 길을 열어 놓았으며, 법에 의한 보충적 방법에 의한 평가가 불합리하다고 인정되는 경우에는 공정 타당하다고 인정되는 가치평가방법으로 평가할 수 있도록 하였다. 법에 정한 평가가 아닌 기타의 방법으로 평가할 경우는 평가심의위원회의 심의를 신청하여 평가할 수 있다. 공정 타당하다고 인정되는 기타의 평가방법은 현금흐름 할인모형(DCF)나 배당 할인모형 또는 그 상황에 적합하다고 인정되는 평가방법 등이다.

1) 평가원칙

(1) 보충적 평가방법

비상장주식은 시가로 평가하는 것이 원칙이나 시가가 형성되지 않으므로 평가가 불가하나 매매사례가 있을 때는 매매사례로 평가한다. 그러나 매매사례도 없을 경우에는 기업의 실상을 반영한다고 인정할 수 있는 재무제표를 이용하여 평가할 수 있는데(다른 평가방법들도 결국은 재무제표에 대한 평가임), 재무상태표의 자산가치와 손익계산서의 수익가치로 평가하는 것이다. 손익계산서를 통해 산출된 순손익 가치와 재무상태표에서 산출된 순자산가치로 기업가치를 계산하면 기업의 가치를 온전히 대변한다고 보기는 어렵지만, 이들을 각각 3:2로 가중평균하여 계산(보충적 평가)하면 기업의 실제 가치에 어느 정도 근접한다고 볼 여지가 생긴다.

보충적 평가방법에 의한 1주당 가치의 산정은 다음과 같이 한다.

$$1\text{주당 가중평균가치} = \frac{1\text{주당 순손익가치} \times 3 + \text{순자산가치} \times 2}{5}$$

순손익가치: 수익을 추정하여 산정한 가치 ÷ 총 발행주식 수
순자산가치: 회사의 순 자산 ÷ 총 발행주식 수
총 발행주식 수: 연간 발행일수로 가중 계산한 보통주식 수

$$1\text{주당 순손익가치} = \frac{1\text{주당 최근 3년간의 순손익액 가중평균액}}{\text{순손익가치환원율}}$$

$$\text{순손익액 가중평균액} = \frac{1\text{년차 주당 순손익} \times 3 + 2\text{년차 주당 순손익} \times 2 + 3\text{년차 주당 순손익} \times 1}{6}$$

순손익가치환원율: 3년 만기 회사채의 유통수익률을 고려하여 기획재정부령으로 정하는 이자율
상속세 및 증여세법 시행령 제54조(비상장주식등의 평가) 제1항

$$1\text{주당 순자산가치} = \frac{\text{기준일 현재 순자산가액}}{\text{발행기준일 현재 총발행주식 수}}$$

상속세 및 증여세법 시행령 제54조(비상장주식등의 평가) 제1항

다만, 위 산식에서 산정된 가중평균가치가 계산에 사용된 순자산가치의 100분의 80(80%)에 미달하는 경우에는 그 가치로 한다. 따라서 1주의 가치는 다음 식으로 정리할 수 있다.

$$1\text{주당 가치} = \text{Max}(\text{수익·자산 가중평균가치, 순자산가치} \times \frac{80}{100})$$

(2) 부동산 과다법인

부동산 과다법인인 경우에는 평가를 달리한다(소득세법 제 94조 제1항 제4호 다목). 다음의 부동산 등의 가액이 자산 총액의 50% 이상인 법인을 부동산 과다법인이라 하고, 부동산 과다법인 판정에 쓰이는 부동산 등의 구분은 다음과 같다.

① 토지 및 건물: 토지는 공간정보의 구축 및 관리 등에 관한 법률에 따라 지적공부에 등록할 대상, 건물은 건물 및 건물에 부속된 시설물과 구축물을 포함한다.

② 부동산을 취득할 수 있는 권리·지상권·전세권·등기된 부동산 임차권은 건물이 완성되는 때에 그 건물과 이에 딸린 토지를 취득할 수 있는 권리를 포함한다.

③ 해당 법인이 직·간접으로 보유한 다른 법인의 주식가액에 그 다른 법인의 부동산 등 보유비율을 곱하여 산출한 금액은 다음과 같다.

(보유 유가증권 취득가액×피투자기업 부동산 등 보유비율)

이때 토지 등 부동산 가액이 50% 이상인지에 대한 판단은 상증법에 의해 계산한 가액으로 한다(재산 4604-1465, 1998.4). 평가 대상이 되는 비상장법인이 다른 비상장법인의 발행주식 총 수의 100분의 10 이하의 주식을 소유하고 있는 경우에는 그 다른 비상장주식의 평가는 취득가액에 의할 수 있다. 이 경우에도 매매사례가 있으면 먼저 그를 적용한다.

(3) 외국법인과 보충적 평가의 이유

비상장주식 중 외국법인이 발행한 주식의 경우 그에 대한 평가는 내국법인이 발행한 비상장주식 평가방법과 다를 것이 없다. 평가기준일 전후 6개월 이내 매매사례가액이 있는 경우는 그 가액으로 하되 없으면 보충적 평가방법에 따른다.

보충적 평가방법의 순손익가치나 순자산가치의 가중평균방식도 동일하다. 다만, 화폐는 현지의 화폐로 계산하고 외화자산 평가는 평가기준일의 기준환율 또는 재정환율에 의해 평가한다.

평가과정에서 순손익가치 또는 순자산가치가 음수(－)인 경우는 이를 '0'으로 한다. 다만, 어느 항목이 '0'이고 한쪽이 '+'인 경우 이를 나누는 가중치는 그냥 5로 한다. 예로, 순손익가치가 '0'일 경우, 평가액＝(순자산가치×2＋0×3)÷5로 계산한다.

한편, 다음의 경우에는 순자산가치에 의하여만 평가한다.

① 평가 대상법인이 청산절차의 진행 또는 사업자의 사망으로 사업의 계속이 곤란한 법인의 경우

② 사업개시 전의 법인, 사업개시 후 3년 미만의 법인, 휴·폐업중에 있는 법인

③ 법인의 자산 총액 중 부동산이나 주식이 각 80% 이상인 법인

④ 정관상 법인의 존속기한이 3년 이내인 경우

4. 순손익가치

1) 1주당 순손익가치의 계산

상증법의 비상장기업 가치는 그 시가를 매매사례를 기준으로 평가한다. 그러나 그 매매사례 또는 이를 대체할 수 있는 수단이 없을 경우는 보충적 방법에 의해 평가한다. 보충적 방법은 회사 재무제표에서 순손익가치와 순자산가치를 산정하고 이들을 3:2의 비율로 가중평균하여 구하는 것이다.

순손익가치는 평가 대상기업의 영업활동으로 인하여 발생하는 이익으로 표출되는 가치로 계속기업을 전제로 하는 영구기업가치이다. 최근 3년간의 1주당 순손익을 가중평균한 금액을 상증세법에서 정한 '순손익가치환원율'(기획재정부령으로 정하는 이자율 10%)로 환산한 가액이다.

순손익가치 산정에 쓰이는 1주당 순손익가치와 순손익의 가중평균방식은 다음과 같이 순손익가치환원율(10%)을 이용한다(상증령§54).

$$1주당\ 순손익가치 = \frac{1주당\ 최근\ 3년간의\ 순손익액가중평균액}{순손익가치환원율}$$

3년간의 순손익액 가중평균액 =

$$\frac{1년차\ 주당\ 순손익\times3+2년차\ 주당\ 순손익\times2+3년차\ 주당순손익\times1}{6}$$

순손익: 손익계산의 결과로 나타난 손익

순손익가치 환원율: 10%(적용 시 확인 필수)

가중치: 평가기준일 이전 1년(n년)차 3, 2년차 2, 3년차 1의 3, 2, 1의 합계

평가기준일이 사업연도 말인 경우는 그 사업연도를 1년 차 사업연도로 한다.

평가 대상 기간인 최근 3년 중 사업기간이 1년 미만의 사업을 한 기간이 있으면 그 회계기간의 순손익액은 연으로 환산한다. 어느 사업연도에 합병이 있는 경우는 다음과 같이 계산한다.

$$합병\ 전\ 각사업연도\ 1주당\ 순손익액 = \frac{합병법인순손익액+피합병법인\ 순손익액}{합병\ 후\ 발행주식\ 총수}$$

$$합병한\ 연도의\ 1주당\ 순손익액 = \frac{당해연도합병\ 전\ 양사의\ 순손익액\ 합계액 + 합병\ 후\ 존속법인\ 잔여기간\ 순손익액}{합병\ 후\ 발행주식\ 총수}$$

2) 발행주식 수의 계산

(1) 발행주식 수

1주당 순손익액을 산정하기 위한 발행주식 총수는 연으로 환산한 보통주식 총수이다. 연환산은 발행존속일수로 가중평균한다.

증자 감자가 있는 경우의 주식 총수 계산

$$\text{각 사업연도 발행주식 총수} = \text{증(감)자 전 각 사업연도말 주식수} \times \frac{\text{증(감)자 전 각 사업연도말 주식수} \pm \text{증(감)자 주식수}}{\text{증(감)자 전 각 사업연도말 주식수}}$$

예를 들어 계산 해보자.

감자 전 2년 차 말 총 발행주식 수 10,000주, 1차 년도 감자 2,000주이면

$$\text{1차 연도 발행주식 총 수} = 10{,}000 \times \frac{10{,}000 - 2{,}000}{10{,}000} = 8{,}000\text{주}$$

(2) 순손익가치 환원율

순손익가치는 최근 3년 간 1주당 순손익액의 가중평균액을 자본화한 값으로 이 때 쓰여진 순손익가치 환원율은 '금융기관이 보증한 3년 만기 회사채의 유통수익률을 감안하여 기획재정부 장관이 고시하는 이자율'로 상증법 시행령 제54조 제1항에서 정하고 있으며 현재는 10%가 적용된다. 2016년 법 개정으로 공식적으로는 없어진 용어이나 의미전달에 무난하므로 그대로 사용한다. 고시는 2010년 10월 6일 공표되었다.

3) 각 사업연도 순손익액 계산

매 회계연도에는 손익계산서로 당기순이익을 보고한다. 그러나 상증세법에서 다루는 순손익은 세무상의 손익을 말한다. 따라서 기업회계의 이익을 세무상 이익으로 세법의 규정에 맞추어 조정한 금액을 말하는 것이다.

순손익액은 각 사업연도 소득(법법§14)에 아래 제1호 금액을 가산하고 제2호 금액을 차감한 금액으로 한다.

제1호: 가산 할 금액 - 손금산입 및 익금불산입

① 국세 및 지방세 과도납 환급금 이자

② 수입배당금 중 익금 산입금액

③ 기부금 한도 초과액 중 이월 손금산입액

④ 외화 환산이익 중 미반영금액

제2호: 차감 할 금액 - 익금산입 및 손금불산입

① 법인세 비용

② 벌금, 과료, 과태료, 가산금, 체납처분비

③ 손금으로 용인되지 않는 공과금

④ 업무에 관련 없는 지출

⑤ 각 세법에 정하는 징수 불이행분

⑥ 기부금 한도 초과액

⑦ 접대비 한도 초과액

⑧ 각종 경비 등의 과다경비 한도 초과액

⑨ 지급이자 손금불산입 계산액

⑩ 간주 대여금 등 수입이자 계산액(인정이자 등)

⑪ 감가·감모 상각 한도 초과액

⑫ 외화 환산 손실 중 미반영금액

⑬ 기타

4) 과거 손익자료의 불합리성 정정 - 추정에 의한 계산

(1) 적용대상

법인의 일시적· 우발적 사건으로 인한 과거의 순손익액으로 평가하는 것이 불합리하다고 인정되는 경우에는 과거 실현이익이 아닌 미래 추정이익으로 평가할 수 있다.

(i) 1주당 순손익액은 다음과 같이 계산한다(상증령§56①)

a. 계산방법

b. 적용요건

다음의 경우에는 2 이상의 평가기관이 다음 기준에 따라 산출한 최근 3년간의 평균액을 1주당 추정이익의 평균액으로 할 수 있다.

1. 일시적이고 우발적인 사건으로 해당 법인의 최근 3년간 순손익액이 증가하는 등 기획재정부령으로 정하는 아래 경우에 해당할 것

일시적이고 우발적인 사건: 기획재정부령이 정하는 경우

1. 삭제
2. 기업회계기준의 자산수증이익, 채무면제이익, 보험차익 및 재해손실(이하 이 조에서 "자산수증이익등"이라 한다)의 합계액에 대한 최근 3년간 가중평균액이 법인세 차감 전 손익에서 자산수증이익등을 뺀 금액에 대한 최근 3년간 가중평균액의 50퍼센트를 초과하는 경우
3. 평가기준일전 3년이 되는 날이 속하는 사업연도 개시일부터 평가기준일까지의 기간 중 합병 또는 분할을 하였거나 주요 업종이 바뀐 경우
4. 법 제38조의 규정에 의한 증여받은 이익을 산정하기 위하여 합병당사법인의 주식가액을 산정하는 경우
5. 최근 3개 사업연도중 1년 이상 휴업한 사실이 있는 경우
6. 기업회계기준상 유가증권 · 유형자산의 처분손익과 자산수증이익등의 합계액에 대한 최근 3년간 가중평균액이 법인세 차감전 손익에 대한 최근 3년간 가중평균액의 50퍼센트를 초과하는 경우
7. 주요 업종(당해 법인이 영위하는 사업중 직접 사용하는 유형고정자산의 가액이 가장 큰 업종을 말한다)에 있어서 정상적인 매출발생기간이 3년 미만인 경우
8. 제2호부터 제7호까지와 유사한 경우로서 기획재정부장관이 정하여 고시하는 사유에 해당하는 경우

2. 법 제67조 및 제68조에 따른 상속세 과세표준 신고기한 및 증여세 과세표준 신고기한까지 1주당 추정이익의 평균가액을 신고할 것
3. 1주당 추정이익의 산정기준일과 평가서작성일이 해당 과세표준 신고기한 이내일 것
4. 1주당 추정이익의 산정기준일과 상속개시일 또는 증여일이 같은 연도에 속할 것

1주당 순손익가치 = 1주당 추정 이익의 평균액÷순손익가치환원율(10%) ※ 1주당 추정 이익은 세무법인, 회계법인 및 신용평가회사 중 둘 이상이 산출한 평균액 ※ 이 방법과 1주당 순손익액의 가중평균액과 유리한 방법을 선택할 수 있음

(ii) 과거의 순손익액이 불합리하다고 인정되는 경우는 다음과 같음

① 기업회계기준의 자산수증이익, 채무면제이익, 보험차익, 재해손실의 합계액에 대한 최근 3년간의 가중평균액이 법인세 차감 전 손익에서 이들 금액을 제외한 금액에 대한 최근 3년간의 가중평균액의 50%를 초과하는 경우

조건

자산수증익 등 가중평균액 ÷ (법인세 전 이익 – 자산수증익 등 가중평균액) > 50%

자산수증익 등: 자산수증이익, 채무면제이익, 보험차익, 재해손실 등

가중평균: 평가기준일이 속하는 연도의 직전연도에 3, 직전 전연도에 2, 직전 전전연도에 1의 가중치를 둔 평균

② 평가대상 사업기간 중 합병·분할·증자·감자나 주요 업종이 바뀐 경우

③ 상증법 제38조의 규정에 따라 증여받은 이익을 산정하기 위하여 합병 당사법인의 주식가액을 산정하는 경우

④ 최근 평가대상 3개 사업연도 중 1년 이상 휴업한 사실이 있는 경우

⑤ 기업회계기준(K-IFRS)상 유가증권·유형자산 처분이익과 자산수증이익 등의 합계액에 대한 최근 3년간의 가중평균액이 법인세 차감 전 손익에 대한 최근 3년간의 가중평균액의 50%를 초과하는 경우

조건

$$\frac{\text{유형자산처분이익 등의 3년간 가중평균액}}{\text{법인세 차감 전 손익가중평균액}} \times 100 > 50\%$$

- 유형자산 처분이익 등의 3년간 가중평균액: 유형자산 처분이익, 자산수증이익, 채무면제이익, 보험차익, 재해손실 합계액의 연도별 가중평균액
- 법인세 차감 전 손익 가중평균액: 법인세 차감 전 손익의 가중평균액

⑥ 주요 업종에 있어 정상적인 매출 발생기간이 3년 미만인 경우

※ 주요 업종이란 당해 법인이 영위하는 사업 중 직접 사용하는 유형고정자산의 가액이 가장 큰 업종을 말함

⑦ 상기와 유사한 경우로서 기획재정부장관이 정하여 고시하는 사유에 해당하는 경우

(2) 추정이익 산정방법

가. 추정모델: 현금흐름 할인모형, 배당할인모형 등을 자율적으로 적용하여 순익가치를 산정

나. 연도별 주당 추정이익=(추정법인세비용차감전계속사업이익－우선주배당조정－법인세 등)÷사업연도 말 발행주식 총 수

다. 유의사항

열거된 사유 외는 적용되지 않게 하며 규정세칙에 의해 평가해야 한다. 다음을 공시한다.

① 부외부채 등 확인절차 없었음

② 경영진이 제공한 정보에 한정

③ 평가된 추정손익 등에 대한 보증·확신이 아님

④ 배포·공개 제한규정

(3) 평가기관

상증법상 1주당 추정이익을 평가할 수 있는 평가기관을 정하고 추정이익은 이들 기관 중 둘 이상의 평가기관이 산출한 가액의 평균 가액으로 하도록 하고 있다(상증령 §56①).

<u>평가기관</u>

- 자본시장법 제176조의5 제6항 제2호에 따른 신용평가 전문기관(「신용정보의 이용 및 보호에 관한 법률」에 따라 허가받은 신용평가회사)
- 공인회계사법에 따른 회계법인
- 세무사법에 따른 세무법인

이 경우는 추정기간을 향후 2년으로 하여 계속기업의 공준과 기업의 영속성 평가 전제에 배치되며, 할인율도 일률적이어 평가 대상기업의 위험도에 맞지 않는다는 한계가 있다.

(4) 제약조건

추정이익에 의하여 순손익가치를 계산하기 위해서는 상속세 및 증여세 신고기한 내에 신고를 하여야 한다. 1주당 추정이익 산정기준일, 상속개시일 또는 증여일이 동일연도에 속하여야 하며 평가서 작성일이 과세 표준 신고기한 내에 속하여야 한다.

또한 이 적용은 3년간의 순손익액이 증가하는 경우에 한하나, 이 경우라도 이 방법을 적용할 것인지는 납세자가 판단한다. 이를 적용하지 않으면 3년간의 순손익액 계산방법을 이용할 수 있다.

5. 순자산가치

순자산가치는 평가기준일 현재의 당해 법인의 순자산가액을 평가기준일 현재의 발행주식 총 수로 나누어 계산한다(상증령§54②, ⑤). 순자산가액은 상증법에 의해 평가한 가액에서 무형고정자산, 부채 등을 차감하여 계산한다. 순자산가액은 평가심의위원회 서식인 순자산가액계산서로 할 수 있다(기획재정부령이 정하는 무형고정자산·준비금·충당금등 기타 자산 및 부채의 평가와 관련된 금액은 이를 자산과 부채의 가액에서 각각 차감하거나 가산한다. 상증령§54②).

개별 자산별로 상증세법에 따라 평가한 가액이 장부가액보다 작으면 장부가로 하는 점은 유의할 사항이다. 그러나 그 정당한 사유가 있으면 인정된다(상증령 §55 ①후단: ~장부가액보다 적은 정당한 사유가 있는 경우에는 그러하지 아니하다).

$$1주당\ 순자산가치 = \frac{발행기준일현재\ 순자산가액}{발행기준일현재\ 총발행주식수}$$

순자산가액 = 자산총액 - 부채총액 + 영업권 평가액

이 산식에서 정하는 순자산가액 계산에는 영업권을 포함하도록 하고 있다. 이는 일종의 내재 영업권으로 최근 3년간의 순손익액의 가중평균액의 50%에서 자기자본에 대한 일정 수익률(10%)을 차감한 값을 국세청장이 정하는 고시이자율로 할인하여 구한다. 순자산가액은 기업회계기준상 재무상태표로부터 자산과 부채의 각 가감항목들을 반영하여 산출할 수 있다.

자산가액	부채가액
자산가액 = 재무상태표상 자산총계 + 상증법상 평가차액 법인세법상 유보금액 유상증자 등 - 선급비용·이연자산 등 + 영업권	부채가액 = 재무제표상 부채총계 + 법인세 비용 등 배당금, 상여금, 퇴직금 - 제준비금·제충당금 등

순자산가액을 자산과 부채의 각 가감항목들을 반영하여 산출하는 방법

1) 자산에 가산하는 항목

① 평가차액: 상증법으로 조정(자산증가)한 부분

② 법인세법상 유보금액: 법인세법상 손금불산입 유보는 세법상 자산이 감소된 부분으로 이를 증가시킨다.

③ 유상증자: 전기 재무제표에 반영되지 아니한 증자분 가산

④ 기타: 평가기준일 현재 권리이나 자산으로 계상되지 아니한 부분

2) 자산에서 차감하는 항목

① 선급비용: 지난 해 지급한 올해의 비용

② 개발비: 회계상의 개발비는 부인함

③ 증자 전의 잉여금 유보액: 무상증자 시 자산변동 없음

3) 부채에 가산하는 항목

① 법인세 등: 평가기준일까지 발생한 법인세, 부가세나 감면액은 합당하게 처리

② 배당금, 상여금, 퇴직금 등: 확정된 비용 등은 부채에 가산

③ 기타: 부채로 계상하여야 할 채무를 계상함

4) 부채에서 차감하는 항목

① 제충당금: 평가기준일 현재 비용화된 것은 응당 차감함

② 「조세특례제한법」 등 법률상 준비금 등: 보험업법상 책임준비금과 비상위험준비금은 제외함

5) 영업권

자기창설에 의한 영업권을 가산함. 회계기준에서는 부인한다.

순 자산가액에 가산하는 영업권 가액은 자기자본이익률을 초과하는 이익의 현재가치를 측정하여 가산한다. 그러나 청산 중이거나 사업개시 전의 법인 등 영업권 평가액을 추가로 고려하는 것이 불합리하다고 판단되는 경우에는 그러하지 아니한다.

6. 개별 자산·부채의 평가

개별 자산평가의 기본원칙은 시가평가이다. 또한 비상장주식 평가 외에도 상속세와 증여세의 평가기준이 된다.

1) 국공채 등 기타 유가증권의 평가

(1) 한국거래소에서 거래되는 국채 등

다음의 평가액 중 큰 금액으로 한다. 평가기준일 이전 2개월의 기간 중 거래실적이 없는 국채 등은 한국거래소에서 거래되지 않는 국채 등의 평가방법과 동일하게 평가한다(상증령 §58①11).

평가액 = Max(①, ②)
① 평가기준일 이전 2개월 동안 공표된 매일의 최종 시세가액 평균
② 평가기준일 이전 최근일의 시세가액

(2) 한국거래소에서 거래되지 않는 국채 등(전환사채 등 제외)

다음의 평가방법에 의한다(상증령 §58①2, 동칙 §18의2①).

① 타인으로부터 매입한 국채 등: 매입가액에 매입 시점부터 평가기준일까지 미수이자 상당액(액면이자)을 가산한 금액. 단, 국채 등의 발행기관 및 발행회사로부터 액면가액으로 직접 매입한 것은 제외

② 그 외의 국채 등은 평가기준일 현재 이를 처분하는 경우에 받을 수 있다고 예상되는 금액(처분 예상금액). 다만, 그 금액을 산정하기 어려운 경우 자본시장법에 의해 인가를 받은 평가자(투자매매업자, 투자중개업자, 회계법인, 세무법인) 중 둘 이상이 평가한 평균가

(3) 전환사채 및 신주인수권 증서

이 증서들이 거래되지 않을 경우 다음 중 하나로 평가한다(상증령 §58의2 ②).

(가) 주식으로의 전환 등이 불가능한 기간 중인 경우에는

① 신주인수권 증권: 신주인수권부 사채의 만기상환금액(이자 포함)을 사채 발행이자율에 따라 발행 당시의 현재가치로 할인한 가액에서 그 만기 상환금액을 금융기관이 보증한 3년 만기 회사채의 유통수익률을 고려하여 기획재정부 장관이 정하여 고시하는 이자율(적정이자율)에 따라 발행 당시의 현재가치로 할인한 가액을 뺀 가액. 그 가액이 0원 이하인 경우는 0원으로 한다.

② 위 ① 외의 전환사채 등: 만기상환금액을 사채 발행이율과 적정할인율 중 낮은 이율에 의하여 발행 당시의 현재가치로 할인한 가액에서 발행 후 평가기준일까지 발행한 이자상당액을 가산한 가액

(나) 주식으로의 전환 등이 가능한 기간 중에는

① 전환사채: 위 (가) ② 에 의하여 평가한 가액과 당해 전환사채로 전환할 수 있는 주식 가액에서 57조 제3항의 규정에 의한 배당차액을 차감한 가액 중 큰 가액

② 신주인수권부 사채: 위 (가) ②의 규정에 의하여 평가한 가액과 동 가액에서

동호 가목의 규정을 준용하여 평가한 신주인수권 가액을 가산한 가액 중 큰 가액

(4) 대부금, 외상매출금, 받을어음 등

이 채권들의 경우에는

① 회수 불가능한 부분을 제외한다.

② 원본 회수기간이 5년을 초과하거나 회사 정리절차 등으로 채권의 내용이 변경된 경우: 회사폐 절차, 처리절차의 개시 등의 사유로 당초 채권의 내용이 변경된 경우에는 각 연도에 회수할 금액(원본에 이자 상당액을 가산한 금액)을 적정 할인율(8.0% 상증칙§18의3)에 의하여 현재가치로 할인한 금액의 합계액으로 평가한다.

③ 그 외의 대부금 등은 원본의 가액에 평가기준일까지의 미수이자 상당액을 가산한 금액으로 평가한다.

(5) 예금·적금 등

예금·적금·저금은 예입 총액에 평가기준일 현재의 미수이자 상당액을 더하고 원천징수 세액을 차감하여 평가한다.

(6) 집합 투자증권

평가기준일 현재의 한국거래소의 기준가격에 의하거나 집합투자업자 또는 투자회사가 같은 법에 따라 산정 또는 공고한 기준가격으로 한다. 평가기준일의 기준가격이 없는 경우는 판매가격 또는 평가기준일 전 가장 가까운 날의 기준가격으로 한다.

2) 토지의 평가

토지는 「부동산 가격공시 및 감정평가에 관한 법률」에 의하여 공시한 개별 공시지가에 의해 평가한다(상증법§61①1). 공시지가는 평가기준일 현재 고시되어 있는 금액을 적용한다. 개별 공시지가는 매년 초 고시되지만 고시의 시기에 차이가 있을 수 있으므로 평가기준일 현재의 공시되어 있는 가액으로 하는 것이다.

[1. 토지: 「부동산 가격공시에 관한 법률」에 따른 개별공시지가(이하 "개별공시지가"라 한다). 다만, 개별공시지가가 없는 토지(구체적인 판단기준은 대통령령으로 정한다)의 가액은 납세지 관할세무서장이 인근 유사 토지의 개별공시지가를 고려하여 대통령령으로 정하는 방법으로 평가한 금액으로 하고, 지가가 급등하는 지역으로서 대통령령으로 정하는 지역의 토지 가액은 배율방법(倍率方法)으로 평가한 가액으로 한다.(상증법 § 61①1)]

(1) 개별 공시지가가 없는 토지

개별 공시지가가 없는 토지의 가액은 납세지 관할 세무서장이 인근 개별 공시지가를 공시한 유사토지를 참작하여 대통령령이 정하는 방법에 의하여 평가한 금액으로 한다.

(2) 배율방법에 의한 평가

지가가 급격히 상승하는 지역의 토지에 대하여는 배율 방법으로 평가한 가액으로 한다.

(3) 환지 예정지의 가액

환지 예정지의 가액은 환지관리면적에 따라 계산한 가액에 따른다. 재산적 가치가 없는 경우는 그 평가액을 '0'으로 한다.

3) 건물의 평가

(1) 건물

건물은 국세청 기준 시가를 적용하여 평가한다. 국세청장은 매년 1회 이상 건물에 대한 기준 시가를 산정·고시하고 있다. 기준 시가의 산정은 건물의 신축가격, 구조, 용도, 위치, 신축연도 등을 고려하여 종합 평가한다.

건물은 일반건물, 상업용 건물 및 특수용도, 공동주택과 개별주택 등으로 분류하여 평가한다.

[2. 건물: 건물(제3호와 제4호에 해당하는 건물은 제외한다)의 신축가격, 구조, 용도, 위치, 신축연도 등을 고려하여 매년 1회 이상 국세청장이 산정 · 고시하는 가액(상증법§61①2)]

(2) 오피스텔 및 상업용 건물

건물에 딸린 토지를 공유로 하고 건물을 구분·소유하는 것으로서 건물의 용도·면적 및 건물의 수 등을 고려하여 대통령령이 정하는 오피스텔 및 상업용 건물(부속토지를 포함)에 대하여는 건물의 종류·규모·거래상황·위치 등을 참작하여 매년 1회 이상 국세청장이 토지와 건물에 대하여 일괄하여 산정·고시한 가액(상증법§61①3)으로 한다.

(3) 주택

주택은 「부동산 가격공시 및 감정평가에 관한 법률」에 따른 개별 주택가격 및 공동주택가격으로 평가한다. 다만, 공동주택가격의 경우에는 동법 제18조 제1항의 단서 규정에 의거 국세청장이 결정·고시한 공동주택이 있는 때에는 그 고시주택가격에 의한다. 만약 그 가격이 없으면 유사주택을 참작한 가격을 대통령령이 정하는 방법에 따라 평가한 금액으로 한다.

(4) 철거대상 및 건설중인 건물

평가기준일 현재 다른 법령에 의하여 철거 대상으로 지정된 건물은 그 재산의 이용도, 철거의 시기 및 철거에 수반하는 보상 등 제반상황을 감안한 적정가격으로, 건설중인 건물은 건설에 소요된 비용의 합계액으로 한다. 건설자금이자는 제외한다.

(5) 기타 시설물 및 구축물

토지 및 건물에 포함하여 일괄 평가한 공동주택에 부속 또는 부착된 시설물 등은 토지 및 건물과 일괄 평가한 것으로 본다. 그러나 부속 평가되지 아니한 경우는 다시 신축 또는 재취득에 소요되는 가액에서 감가상각비를 차감한 가액으로 평가한다.

공동주택에 부속된 시설물 및 구축물은 일괄하여 평가한 것으로 본다.

(6) 부동산을 취득할 수 있는 권리

취득시기가 도래하기 전 해당 부동산을 취득할 수 있는 권리를 취득하였으면 평가기준일까지 납입한 금액과 프리미엄에 상당하는 금액을 합한 금액으로 평가한다.

(7) 특정 시설물을 이용할 수 있는 권리

특정시설물을 이용할 수 있는 권리는 회원권이나 이용권 등으로 취득가액과 프리미엄을 합한 금액으로 평가한다.

(8) 지상권

지상권은 토지의 가액에 기획재정부장관이 정하는 비율(2%)(상증칙§16①)을 곱하여 계산한 금액을 잔존연수를 감안하여 다음과 같이 환산하여 평가한다.

$$\text{지상권 평가액} = \sum_{t=1}^{n} \frac{\text{각연도의 수입금액}}{(1+10\%)^{n}}$$

n: 평가기준일로부터의 경과연수

※ **지상권의 존속기간**

- 존속기간을 약정한 지상권(민법 § 280):

① 계약으로 지상권의 존속기간을 정하는 경우에는 그 기간은 다음 연한보다 단축하지 못한다.

1. 석조, 석회조, 연와조 또는 이와 유사한 견고한 건물이나 수목의 소유를 목적으로 하는 때에는 30년
2. 전호 이외의 건물의 소유를 목적으로 하는 때에는 15년
3. 건물 이외의 공작물의 소유를 목적으로 하는 때에는 5년

② 전항의 기간보다 단축한 기간을 정한 때에는 전항의 기간까지 연장한다.

- 존속기간을 약정하지 아니한 지상권(민법 § 281):

① 계약으로 지상권의 존속기간을 정하지 아니한 때에는 그 기간은 전조의 최단존속기간으로 한다.

② 지상권설정당시에 공작물의 종류와 구조를 정하지 아니한 때에는 지상권은 전조제2호의 건물의 소유를 목적으로 한 것으로 본다.

4) 선박 등 기타유형재산

(1) 선박·항공기·차량·기계장비 및 입목

선박·항공기·차량·기계장비 및 입목(「입목에 관한 법률」적용)에 대하여는 해당 재산의 종류·규모 및 거래상황 등을 감안하여 다음의 평가가액을 순차로 적용·평가한다(상증법 §62①)(상증령§ 52①).

① 재취득 가액: 관련 재산 등의 재취득 예상가액

② 장부가액: 취득가액에서 감가상각비를 공제한 가액

③ 시가표준액: 시가표준액(지방세법령§4 ①)

처분할 경우 다시 취득할 수 있다고 예상되는 가액으로 평가하고, 그 가액이 확인되지 아니하는 경우에는 장부가액으로, 그도 확인이 안 되는 경우에는 시가표준으로 평가한다(법§62①).

(2) 상품·제품·서화·골동품·소유권의 대상이 되는 동물 기타

상품·제품·서화·골동품·소유권의 대상이 되는 동물 기타 유형재산에 대하여는 해당 재산의 종류·규모 및 거래상황 등을 고려하여 평가한다(상증법 §62②).

(가) 상품·제품·반제품·재공품·원재료 기타 이에 준하는 동산 및 소유권의 대상이 되는 동산: 처분할 때에 취득할 수 있다고 예상되는 가액. 그 가액이 확인되지 아니할 경우에는 장부가액으로 평가한다.

(나) 판매용이 아닌 서화·골동품 등 예술적 가치가 있는 유형재산: 아래 전문분야별 구분에 의한 분야별로 2개 이상의 전문감정기관이 감정한 가액의 평균액으로 평가한다.

* 감정전문분야(상증령 §22②2)

가. 서화·전적

나. 도자기·토기·철물

다. 목공예·민속장신구

라. 선사유물

마. 석공예

바. 기타 골동품

사. 가목부터 바목까지에 해당하지 아니하는 미술품

다만, 그 가액이 국세청장이 위촉한 3인 이상의 전문가로 구성된 감정평가심의회에서 감정한 감정가액에 미달하는 경우와 특수관계인 간에 양도·양수하는 경우로서 감정평가심의회에서 감정한 감정가액의 100분의 150을 초과하는 경우에는 감정평가심의회에서 감정한 감정가액으로 한다.

(다) 소유권의 대상이 되는 동물 및 따로 평가방법을 규정하지 아니한 기타 유형재산의 평가는 위 (가)를 준용하여 평가한 가액

5) 무체재산권(무형자산) 등

무체재산권은 대가를 지급하고 취득한 무체재산권과 자가창설한 무체재산권으로 구분된다. 기업 자체의 연구·개발 활동에 의하여 기업 내부의 가치로 형성된 것을 자가창설 무체재산권이라 한다.

자가창설 무체재산권은 DCF 평가가 원칙이나 조세 징수목적을 위한 자의성 방지를 위해 소득 흐름 추정 요소인 내용연수, 할인율 등에 관하여 개별적으로 정하고 있다.

취득한 무체재산권은 취득금액에 기간별 원가배분(감가상각)한 금액과 미래이익을 손익가치로 평가한 금액 중 큰 금액으로 하기도 한다.

(1) 취득 무체재산권

타인으로부터 매입한 무체재산권의 평가는 ① 감가상각한 취득원가(취득 부대비용 가산)와 ② 미래 경제적 이익을 가치로 계산한 금액(상증법§64조2호) 중 큰 금액(상증법§64)으로 한다.

공업소유권(특허권, 실용신안권, 상표권, 디자인권) 등(저작권 포함)과 광업권 등(채석권 포함)으로 구분하여 평가한다.

(가) 공업소유권

산업재산권인 특허권, 실용신안권, 상표권 및 디자인권과 저작권 등의 공업소유권은 그 권리에 의하여 장래에 수취할 각 연도의 수입금액을 기준으로 현재가치로 환

산한 금액으로 평가한다(상증령§ 59⑤)(김찬일 ①).

다음 산식에 의하여 환산한 금액으로 평가한다(상증칙§ 19②).

$$\text{특허권 등의 평가액} = \sum_{t=1}^{n} \frac{\text{각연도의 수입금액}}{(1+10\%)^{t}}$$

각 연도의 수입금액: 합리적 추정액

t: 평가기준일부터의 유효연수※

※ 법에는 경과연수로 하고 있음

각 연도의 수입금액이 확정되어 있지 않은 경우에는 평가기준일 전 최근 3년(사용이 3년에 미달하는 경우에는 그 연수)의 각 연도 수입금액의 합계액을 각 연도의 수입금액으로 한다(상증령§59⑤). 수입금액이 없거나 저작권이나 저작인접권의 경우는 평가기준일 현재 장래에 받을 각 연도의 수입금액이 하락할 것이 명백한 경우에는 세무서장 등이 2 이상의 공신력 있는 감정기관(감정평가법인, 감정평가 및 감정평가사에 관한 법률) 또는 전문가의 감정가액 및 해당 권리의 성질 기타 제반사정을 감안하여 적정한 가액으로 평가할 수 있다(상증칙§ 19④).

(나) 광업권 및 채석권

광업권 및 채석권 등은 평가기준일 이후의 채굴 가능 연수에 대하여 평가기준일 전 3년간 평균소득(무실적의 경우에는 예상분 소득으로 함)을 다음 산식으로 환산한 금액으로 한다. 조업할 가치가 없는 경우에는 설치된 설비 등에 의하여만 평가할 수 있다(상증령§ 59⑥).

$$\text{광업권(채석권)의 평가액} = \sum_{t=1}^{n} \frac{\text{평가기준일 전 3년간 평균소득}}{(1+10\%)^{t}}$$

t: 평가기준일로부터의 채굴 가능 추정 연수

평균소득: 3년 미만인 경우는 그 기간, 영업기간이 1년 미만일 경우는 월은 절상, 월수는 연으로 환산해야 할 것임.

(2) 영업권(어업권 포함)

기업이 경영을 하면 대부분 영업권이 생긴다. 남의 사업을 양수하면 영업권 대가를 지급하는 것은 양도인이 스스로 창설한 영업권이 있기 때문이다.

회계 이론에서는 자가창설한 영업권을 보수주의상 인정하지 않으나 상속세 및 증여세법에서는 유형의 가치에 대한 과세를 위하여 무형의 가치를 산정하여 과세가액에 가산하게 된다. 다만 청산중인 경우 등을 고려하지 아니한다.

영업권의 평가는 초과 이익금액을 평가기준일 이후의 영업권의 지속연수(원칙적으로 5년으로 한다)를 감안하여 다음(상증칙 §16②)과 같이 계산한다.

$$\text{영업권평가액} = \sum_{t=1}^{n} \frac{\text{최근 3년간의 순손익액의 가중평균액} \times 50\% - \text{평가기준일 현재의 자기자본} \times 10\%}{(1+10\%)^t}$$

순손익액의 가중평균액: 최근 연도부터 3:2:1로 가중

자기자본: 상증법에 의한 자산·부채의 평가가 완료된 총 자산 - 총 부채의 금액

이때 영업권은 자산에 포함하지 않는다(상증통 §64-59...②)

제시된 증빙에 의한 자기자본 산정이 불가능한 경우에는 다음과 같이 한다.

자기자본 인정액 = Max(①, ②)

① $\text{자기자본}_1 = \frac{\text{사업소득금액}}{\text{자기자본이익률}}$

② $\text{자기자본}_2 = \frac{\text{수입금액}}{\text{자기자본회전율}}$

- 사업소득금액 및 수입금액: 법인세법상의 금액
- 자기자본이익률 및 자기자본회전율: 소득세법 시행령 제165조 제10항 제1호와 제2호중에서 규정하는 것으로 한국은행이 업종별·규격별로 발표한 것을 말함.

- 영업권의 지속연수는 5년으로 하며 초과이익의 계산에는 10%를 적용한다(상증칙§ 19①).

- 영업권을 평가함에 있어서 양도자가 제시한 증빙에 의하여 자기자본을 확인할 수 없는 경우에는 다음 각호의 산식에 의하여 계산한 금액.. (소령§165⑩1), 한국은행기업경영분석(한국은행)

6) 기타권리의 평가

상증법이 정하는 평가대상 기타권리는 조건부권리, 존속기간이 불확정한 권리, 신탁의 이익을 받을 권리, 소송 중인 권리 및 대통령령이 정하는 정기금을 받을 권리 등이 있으며, 이들에 대하여는 해당 권리의 성질, 내용, 잔존 기간 등을 감안하여 다음과 같이 평가한다(상증법§ 65①).

(1) 조건부권리 등의 평가(상증령§ 60)

조건부권리 등에는 권리 행사에 관한 조건이 명확한 경우와 분명한 경우 및 소송 중인 권리 등으로 구분하여 평가한다.

(가) 조건부권리

조건부권리는 본래의 권리의 가액을 기초로 하여 평가기준일 현재의 조건내용을 구성하는 사실, 조건성취의 확실성, 기타 제반사정을 감안한 적정가액으로 하고 있다.

(나) 존속기간이 불확정한 권리

존속기간이 불확정한 권리는 평가기준일 현재의 권리의 성질, 목적물의 내용연수, 기타 제반사항을 감안한 적정한 가액으로 평가한다.

(다) 소송 중인 권리

소송 중인 권리의 가액은 평가기준일 현재의 분쟁 관계의 진상을 조사하고 소송진행의 상황을 고려한 적정가액으로 한다(상증법§ 65①, 상증령§ 60).

(라) 정기금을 받을 권리

정기금(定期金)을 받을 권리는 유기정기금, 무기정기금 및 종신정기금으로 구분하며 상속이나 증여에 따라 평가기준일 현재 계약의 철회·해지·취소 등을 통해 받을 수 있는 일시금이 개별 평가한 가액보다 큰 경우에는 그 일시금의 가액에 의한다.

(i) 유기정기금

그 잔존기간에 각 연도에 정기금액을 기준으로 다음과 같이 계산한다.

$$\text{유기정기금 평가액} = \sum_{t=1}^{n} \frac{\text{각 연도에 받을 정기금액}}{(1+\text{적정이자율})^t}$$

t: 평가기준일로부터의 경과연수

적정이자율: 30%

(ii) 무기정기금

무기정기금의 경우는 1년 수령하는 정기금의 20배

(iii) 종신정기금

종신정기금 목적으로 설정된 자의 기대여명의 연수까지의 기간 중 각 연도에 받을 정기금액을 기준으로 유기정기금 산식과 같이 계산 평가한다.

기대여명의 연수란 「통계법」 제18조에 따라 통계청장이 승인하여 고시하는 통계표에 따른 성별·연령별 기대여명의 연수를 말한다.

(마) 가상자산

가상자산은 해당 자산의 거래규모 및 거래방식 등을 고려하여 다음과 같이 평가한다.

(i) 신고가상자산사업자의 사업장에서 거래되는 가상자산

평가기준일 전·이후 각 1개월 동안에 해당 가상자산사업자가 공시하는 일평균가액의 평균액

(ii) 그 밖의 가상자산

미신고 가상자산사업자 등은 그 사업자의 사업장에서 공시하는 거래일의 일평균가액 또는 종료시각에 공시된 시세가액 등 합리적으로 인정되는 가액(②항)

(2) 신탁의 이익을 받을 권리

신탁의 이익을 받을 권리에는 원본을 받을 권리와 수익을 받을 권리의 수익자가 동일한 경우와 다른 경우로 나누어 평가한다. 다만, 상속이나 증여에 의한 권리의 취득으로 평가기준일 현재 신탁계약의 철회·해지·취소 등을 통해 받을 수 있는 일시금이 아래와 같이 평가한 가액보다 클 경우에는 그 일시금으로 한다(상증령 §61①단서).

(가) 원본과 수익의 권리자가 동일한 경우

상증법에 의하여 평가한 신탁재산의 가액에 대하여 수익 시기까지의 기간 및 수익의 이익에 대한 원천징수세액 상당액을 감한다.

(나) 원본과 수익의 권리자가 다른 경우

평가기준일 현재 원본의 가액에 수익 시기까지의 기간에 대한 수익을 향유하는 경우에는 다음 산식에 의한다.

저당재산 평가액 = Max(①, ②) ① 해당 재산의 시가, 시가가 불분명한 경우 보충적 평가방법 적용 ② 담보하는 채권 등을 기준으로 령이 정하는 바에 의하여 평가한 가액(평가특례)

7) 저당권 등이 설정된 재산에 대한 특례

저당권 등이 설정된 재산에 대해서는 당해 재산이 담보하는 채권액 등을 기준으로 령이 정하는 바에 의하여 평가한 가액과 상증법 제60조의 규정으로 평가한 금액을 비교하여 그중 큰 금액으로 한다.

다음의 재산은 저당권이 설정된 재산이다.

$$\text{권리의 가액} = \frac{\text{각 연도에 받을 수익의 이익} - \text{원천징수세액상당액}}{(1+\text{신탁자산의 평균수익률 등을 감안한 기재부 이자율}(3\%))^{n}}$$

n: 평가기준일로부터 수익 시기까지의 연수

① 저당권 또는 질권이 설정된 재산

② 양도 담보재산

③ 전세권이 등기된 재산(임대보증금을 받고 임대한 재산 포함)

④ 위탁자의 채무이행을 담보할 목적으로 령으로 정하는 신탁계약을 체결한 재산

평가대상 재산에 저당권 등이 설정되어 있는 경우에는 다음의 금액을 그 평가금액으로 한다(사증령§ 63①).

1. 저당권(공동저당권 및 근저당권을 제외한다)이 설정된 재산의 당해 자산이 담보하는 채권액
2. 공동저당권이 설정된 재산의 가액은 당해 재산이 담보하는 채권액을 공동저당된 재산의 평가기준일 현재의 가액으로 안분하여 계산한 가액
3. 근저당권이 설정된 재산의 가액은 평가기준일 현재 당해자산이 담보하는 채권액
4. 질권이 설정된 재산 및 양도 담보 재산의 가액은 당해 재산이 담보하는 채권액
5. 전세권이 등기된 재산의 가액은 등기된 전세금, 임대보증금을 받고 임대한 경우에는 그 임대보증금

다만, 해당 재산에 설정된 근저당권의 채권 최고액이 담보하는 채권액보다 적은 경우에는 채권 최고액으로 하고, 당해 재산에 설정된 물적 담보 외에 신용보증기관의 보증이 있는 경우에는 담보하는 채권액에서 당해 신용보증기관이 보증한 금액을 차감한 가액으로 하며 동일한 재산의 다수의 채권(전세금 채권과 임차보증금 채권을 포함한다)의 담보로 되어 있는 경우에는 그 재산이 담보하는 채권액의 합계액으로 한다(상증령§ 63②).

7. 평가심의위원회

1) 평가심의위원회 개요

(1) 설립배경

주식은 상증법상 시가로 평가하도록 되어 있다. 그러나 평가대상 비상장법인에

시가에 대응되는 거래가격을 찾을 수 있는 경우는 극히 제한되어 있다. 따라서 비상장 주식의 평가는 보충적 평가로 자산가치와 순손익가치로 평가하는데 이 중 비중이 높은 순손익가치는 회사의 과거 실적으로 산정한다. 결과로 기업의 가치는 '미래의 현금 창출 능력의 현재가치'라는 면에서 실제 대비 하향 평가된다. 납세자는 이에 대한 불만이 많았다. 이에 따라 국세청에서는 「평가심의위원회 운영 규정」(이하 규정)을 국세청 훈령 제2209호(2017.7.1.)로 개정하고 이를 근거로 평가심의위원회(이하 위원회)를 설치하여 구체적으로 그동안의 불만을 받아들인 것이다.

이때까지 과거 손익에 기초하여 평가하던 보충적 방법이 불합리하다고 판단되는 경우 납세자는 전문평가기관을 통해 미래가치를 토대로 한 평가를 할 수 있게 된 것이다. 이때는 DCF 평가모형 등 납세자의 뜻에 맞는 적절한 방법을 사용할 수 있게 되었다. 물론 평가의 편파성을 방지하기 위하여 몇 가지 제한을 두기는 하였다. 이에 관한 세부적인 내용은 상속세 및 증여세법과 「재산평가위원회 운영규정」에 정해져 있다.

(2) 주요기능

평가심의위원회 운영 규정은 「상속세 및 증여세법 시행령」 제49조의2에 따른 평가심의위원회의 설치 및 운영, 재산의 가액에 대한 시가인정 심의 신청절차, 비상장주식의 가액평가 및 평가방법, 시가불인정 감정기관 지정, 가업상속공제 및 가업의 승계에 대한 증여세 과세특례 사후관리 시 업종변경 승인 여부, 오피스텔·상업용 건물의 기준시가 및 건물 기준시가산정방법 고시를 위한 자문 등에 필요한 사항을 규정하는 것을 목적으로 하고 있다.

평가심의위원회는 「상속세 및 증여세법 시행령」 제49조의2에 따른 평가심의위원회의 설치 및 운영을 통한 여러 이의 사항(특정 사안에 대한 가액의 시가인정, 감정기관의 지정, 비상장주식 평가, 업종의 변경, 자문 등)을 해소하기 위한 심의를 수행한다(상증령§49조의2①).

2) 평가심의위원회 구조

평가심의위원회는 국세청평가심의위원회와 지방청평가심의위원회로 이원화되어 있다.

(1) 위원 및 임원의 위촉

국세청평가심의위원회

위 원 수: 내부위원 3명, 외부위원 11명(2명은 비상임) 이내의 외부위원

위 원 장: 국세청 자산과세국장

내부위원: 국세청 자산과세국장, 상속증여세과장, 자본거래관리과장

외부위원: 변호사, 공인회계사, 세무사, 감정평가사, 그 밖에 기업의 인수·합병과 관련하여 학식과 경험이 풍부한 사람 중에서 국세청장이 위촉

지방청평가심의위원회

위 원 수: 내부위원 3명, 외부위원 4명 이내

위 원 장: 내부위원 중 해당 지방청 성실납세지원국장

내부위원: 각 지방국세청 소속 다음에 해당하는 자

가. 서울지방국세청: 성실납세지원국장, 조사2국 조사관리과장, 상속증여세과장

나. 중부지방국세청: 성실납세지원국장, 조사1국 조사1과장, 자본거래관리과장

다. 인천지방국세청: 성실납세지원국장, 조사1국장, 자본거래관리과장

라. 대전지방국세청: 성실납세지원국장, 조사1국장, 상속증여세과장

마. 광주지방국세청: 성실납세지원국장, 조사1국장, 상속증여세과장

바. 대구지방국세청: 성실납세지원국장, 조사1국장, 상속증여세과장

사. 부산지방국세청: 성실납세지원국장, 조사1국 조사관리과장, 자본거래관리과장

외부위원: 외부위원은 제1항제2호를 준용하여 지방국세청장이 위촉하는 자로, 제1항제2호에 따른 외부위원 1명(국세청장 위촉자)을 포함하여야 한다.

외부위원의 임기: 2년으로 하되 1회에 한하여 연임할 수 있다

- 외부위원의 위촉: 국세청 평가심의위원회는 국세청장이, 지방청 평가심의위원회 위원은 지방청장이 선정된 위원을 위촉
- 외부위원의 임기: 2년, 1회에 한하여 연임할 수 있음(임시위원은 해당 사안에 한정)(상증령§49조의2③). 다만 아래 사유로 해촉된 자의 후임위원은 전임자의 나머지 기간으로 하고, 조직개편으로 선임하는 외부위원은 1년 내지 3년 범위로 한다(규정§4③).

(2) 해촉

- 외부: 위원이 다음의 어느 하나에 해당되게 된 경우에는 해임 또는 해촉할 수 있다.
  1. 형벌의 집행 또는 심신장애로 인하여 직무를 수행할 수 없게 된 경우
  2. 평가심의위원회의 심의내용에 관하여 비밀을 누설한 경우
  3. 직무와 관련된 비위사실이 있는 경우
  4. 위원 스스로 직무를 수행하는 것이 곤란하다고 의사를 밝히는 경우
  5. 직무태만, 품위손상이나 그 밖의 사유로 인하여 위원으로 적합하지 아니하다고 인정되는 경우
  6. 위원이 서약서(별지 제2호 서식)의 사항을 위반한 경우
  7. 그 밖에 제1호부터 제6호까지의 규정에 준하는 사유가 있는 경우

3) 평가심의위원회의 평가 대상 등

평가심의위원회는 다음의 업무를 수행한다.

(1) 비상장기업의 주식에 대한 평가 등

납세자가 평가액 및 평가방법에 대한 심의를 요청하는 경우 다음 방법으로 평가한 내용들을 심의할 수 있다.

- 현금흐름할인법
- 배당할인법
- 자산평가법
- 유사상장법인 비교평가법

(2) 기타의 자문과 심의

- 오피스텔·상업용 건물의 기준시가 및 건물 기준시가 산정 방법 고시를 위한 자문
- 상속재산 및 증여재산의 평가에 대한 시가인정 심의

(3) 다음 사항들에 대한 심도 있는 논의 수행

- 새로운 제도의 시행
- 법령해석 등 심도 있는 논의가 필요한 경우
- 그 밖에 국세행정 집행 및 납세자 권리·의무의 이행에 중대한 영향을 미치는 경우

4) 비상장 기업의 주식에 대한 평가(규정제11조~제25조)

(1) 비상장주식 등에 대한 평가심의

① 요건: 비상장주식을 보충적 방법으로 평가한 가액이 불합리하다고 인정되는 경우

② 평가방법 적용: 현금흐름 할인모형, 배당평가모형, 유사 상장법인 비교평가 방법 등 대체적 방법 인정

③ 대상기업: 기업규모 제한 없음

(2) 재산가액에 대한 시가 인정 심의

위원회의 시가인정 심의는 감정가액이 부적정하다고 인정되거나 시가 인정기간에 대한 논란이 있는 경우 등에 대하여 심의한다.

(3) 평가신청 등

(가) 평가대상

국세청평가심의위원회는 납세자가 영 제54조 제1항·제4항, 제55조 및 제56조에도 불구하고 영 제54조제6항각 호에 해당하는 방법으로 평가한 가액을 첨부하여 비상장주식등의 평가가액 및 평가방법에 대한 심의를 신청하는 경우 심의에 응할 수 있다.

(나) 평가서 작성자

평가서의 작성자는 「자본시장과 금융투자업에 관한 법률」 제335조의3에 따라 신용평가업인가를 받은 신용평가전문기관, 「공인회계사법」에 따른 회계법인, 「세무사법」

에 따른 세무법인을 말한다. 다만, 법률 등 특별한 관계가 있거나 2회 이상 평가서를 작성하여 신청하였으나 인정되지 아니한 자 등의 경우에는 평가서를 작성할 수 없다.

(다) 비상장주식에 대한 평가신청(제13조)

상속세 과세표준신고기한 만료 4월 전(증여의 경우에는 증여세 과세표준 신고기한 만료 70일 전)까지 다음 각 호의 서류를 첨부하여 납세지 관할지방국세청장(성실납세지원국장)에게 신청(별지 제3호 서식)하여야 한다.

1. 법령 등에 따라 평가한 비상장주식등의 평가액 및 그 평가 부속서류
2. 보충적 평가방법에 따른 주식평가액이 불합리하다고 인정할 수 있는 근거자료와 해당 평가업무에 적용한 평가방법
3. 영 제54조제6항 각 호의 어느 하나의 방법에 따라 평가한 비상장주식등의 평가액 및 그 평가 부속서류

※ 영 제54조 6항 각 호: 유사 상장법인 비교평가 방법, DCF, 배당평가 모형. 일반적으로 공정하고 타당한 것으로 인정되는 방법

(라) 비상장주식에 대한 요건심사와 보정요구(제14조)

비상장주식 평가신청에 대하여 검토하기 전에 청구요건을 검토하고 반려 또는 1회 10일 이내의 기한을 정하여 보정요구를 할 수 있다. 평가신청서류를 접수한 관할지방국세청장(성실납세지원국장)은 접수된 날로부터 5일(보정시 15일) 이내에 국세청장에게 제출서류 원본을 송부하여야 한다.

(마) 위원회의 평가가액 결정 통지

국세청평가심의위원회는 납세자가 신청한 내용을 결정하고 이를 해당 상속세과세표준신고기한 만료 1개월 전(증여세과세표준신고기한 만료 20일 전)까지 납세자에게 서면으로 통지하여야 한다(규정§24).

(바) 통지한 평가가액 등의 활용

납세자는 국세청평가심의위원회가 통지한 평가가액 또는 평가방법으로 계산한 평가가액을 해당 비상장기업의 1주당가액으로 할 수 있다(규정§25).

5) DCF(현금흐름 할인모형)와 배당할인법에 의한 평가 조건

다음의 평가요소를 적용하여야 한다.

① 추정기간: 5년

② 할인율: 10%

③ 영구성장률: 0%

④ 주요 거시경제지표, 임금상승률 등의 가정은 한국은행 경제전망보고서 및 한국은행 경제통계시스템을 이용한다.

이 외의 평가방법은 한국공인회계사회가 제정한 "가치평가서비스 수행기준" 및 금융감독원 기업공시본부에서 제시한 "외부평가업무 가이드라인"을 준수하여 평가하여야 한다.

6) 유사 상장법인 비교평가 방법에 의한 평가

(1) 평가대상법인의 요건

평가대상법인의 요건은 사업개시 후 3년이 경과한 회사로 1주당 경상이익 및 1주당 순자산가액이 양수(陽數)이어야 하며 유사 상장법인이 1개 이상, 자산 총액 중 부동산 등의 비중이 80% 미만이어야 한다.

(2) 유사상장법인의 요건

유사상장법인은 상장 이후 6개월 이상 경과하고 최근 2년간의 감사의견이 적정의견이며, 최근 2년간 합병, 영업 양수도, 분할, 기업회계기준 위배, 관리종목 지정 등이 없어야 하며, 1주당 경상이익과 순자산액이 양수(陽數)여야 하고, 국세청장이 결정하는 기준경비율·단순경비율의 업종분류상 중분류 이내, 매출액과 총자산가액이 각각 5배 이내일 것으로 건실한 기업일 것을 요구한다.

(3) 유사상장법인의 선정

선정된 유사상장법인 중에서 자본이익률이 평가대상 비상장기업의 자본이익률과 가장 근접한 상위 2개 법인과 하위 2개 법인을 유사상장법인으로 선정한다(자본이익률

= 당기순이익 ÷ 자산총계).

(4) 비상장기업의 주가 비교평가

유사 상장법인을 이용한 비상장기업의 주가는 다음과 같이 평가한다.

비상장기업의 1주당 가액 = Max(①, ②)

① 유사 상장법인별 주가 비교평가액의 단순 평균값

② 해당 비상장주식의 1주당 순자산가치(상증법령§ 54③에 의한 평가액)의 100분의 80에 해당하는 금액

관련 조문 및 해설

③제1항 및 제2항을 적용할 때 법 제63조제1항제1호나목의 주식등을 발행한 법인이 다른 비상장주식등을 발행한 법인의 발행주식총수등(자기주식과 자기출자지분은 제외한다)의 100분의 10 이하의 주식 및 출자지분을 소유하고 있는 경우에는 그 다른 비상장주식등의 평가는 제1항 및 제2항에도 불구하고 「법인세법 시행령」 제74조제1항제1호 마목에 따른 취득가액에 의할 수 있다. 다만, 법 제60조제1항에 따른 시가가 있으면 시가를 우선하여 적용한다. (상증령 §54③)

령§54① 1주당 가액=1주당 최근 3년간의 순손익액의 가중평균액÷기재부령이자율

② 1주당 가액=당해법인의 순자산가액÷발행주식총수(이하 "순자산가치"라 한다)

법§60(평가의 원칙 등) ① 이 법에 따라 상속세나 증여세가 부과되는 재산의 가액은 상속개시일 또는 증여일(이하 "평가기준일"이라 한다) 현재의 시가(時價)에 따른다. 이 경우 다음 각 호의 경우에 대해서는 각각 다음 각 호의 구분에 따른 금액을 시가로 본다.

※ 1주당 경상이익: {(평가기준일이 속하는 사업연도의 직전 사업연도의 경상이익÷평가기준일이 속하는 사업연도의 직전 사업연도말 현재 발행주식 총수)+(평가기준일이 속하는 사업연도의 직전 전 사업연도의 경상이익÷평가기준일이 속하는 사업연도의 직전 전 사업연도말 현재 발행주식 총수)}÷2

→ 평가일 직전 사업연도와 직전 전 사업연도의 1주당 경상이익을 1:0.5로 가중평균한 가액

※ 유사상장법인의 환산 1주당 가액=유사상장법인의 1주당 가액×(직전 사업연도말의 액면가액÷평가기준일 현재의 액면가액

유사상장법인의 주가 비교평가액 = 유사상장법인의 1주당 가액 × 비상장/유사상장기업 간 1주당 경상이익과 순자산가액 비율을 3:2로 가중평균한 율

비상장/유사상장기업 간 1주당 경상이익과 순자산가액 비율을 3:2로 가중평균한 율
= [{(비상장기업의 1주당 경상이익 ÷ 유사상장법인의 1주당 경상이익) × 3 + (비상장기업의 1주당 순자산가액 ÷ 유사상장법인의 1주당 순자산가액) × 2} ÷ 5]

7) 기타의 사항

(1) 오피스텔 등 기준시가 및 그 산정방법 고시를 위한 자문

국세청평가심의위원회는 오피스텔·상업용 건물의 기준시가 및 건물 기준시가산정방법 고시에 활용할 가격반영률, 건물신축가격기준액, 구조·용도지수 등의 적정 여부에 대한 자문 및 심의할 수 있다.

(2) 상속재산 및 증여재산의 평가에 대한 시가인정 심의

지방청평가심의위원회는 일정 기간의 가격변동, 유사매매사례, 감정상의 다툼, 타 세목의 재산평가, 소액거래가(출자총액의 1%와 3억원 중 적은금액)의 타당성에 대한 의문 시 납세자, 납세지 관할세무서장 및 지방국세청장의 재산의 가액에 대한 시가인정 심의 요청에 응할 수 있다.

심의는 일정 증빙을 갖춘 신청에 의하며, 그 신청을 받은 납세지 관할지방국세청장(성실납세지원국장)은 이를 사전검토할 수 있고 보완요구 및 반려를 할 수 있으며, 시가인정 여부를 심의하여 해당기한까지 평가결과를 통지하여야 한다.

보론-가치평가 인접지식

1. 회계기초
2. 원가계산
3. 재무비율 분석과 듀퐁의 ROE 분해

Supplement

1. 회계기초

여기서는 가치평가에 필수적으로 소요되는 회계의 기초지식을 설명한다.

1) 개요

(1) 쉬운 회계

많은 사람들이 회계를 어려워한다. 숫자만 보면 머리에 쥐가 난다는 사람도 있다.

여기다 원가를 붙여 원가회계라 하면 그 난이도는 한층 심해진다. 어떤 사람은 아예 쳐다보지도 않을 것이다.

실제로 회계학이나 원가계산의 학습에는 상당한 시간이 소요된다. 절대적인 시간과 역경이 땀으로 흘러야 드디어 회계에 다다를 수 있는 것은 사실이다. 그러나 그 과정이 문제이다. "서울에서 부산을 가는데 가장 쉬운 방법은 무엇인가"라는 상투적 질문에 대한 답은 사랑하는 사람과 같이 가는 것이다.

회계학 공부도 마찬가지다. 회계를 재미있게 공부할 수 있는 방법이 있다면 그와 함께 놀면 되고 놀다보면 회계는 나한테 가까이 와 있는 것을 알게 될 것이다. 본인이 공부해 본 바로는 회계학은 재미있는 것(아니까 저런다 할지 모르나)이라 하겠지만 회계 문외한으로 시작하여 1년 만에 일정 수준(특별한 시험에 합격)에 올랐다는 것은 억지로 원리를 머릿속에 넣으려 해서는 안 되는 것이었을 것이다.

회계는 우리가 보는 여러 가지 것들 속에 녹아있다. 식당에서 음식값을 계산하고 스토어에서 물품을 구매하는 행위나 야구장 전광판에도 회계의 원리가 숨어 있다. 모든 거래의 근거에는 회계가 구렁이처럼 똬리를 틀고 앉아 있으며 그 중요성을 알기에 중앙대학교에서는 회계학을 전 학부 필수과목으로 정하기도 했던 것이다. 다만, 이것을 어떻게 쉽게 배우느냐는 또 다른 이야기일 것이다.

증권투자 또는 채권을 접해 본 사람들은 재무제표, 즉 재무상태표(과거에는 대차대조표라 했다. 지금도 중소기업회계기준에서는 대차대조표라 한다)나 손익계산서 등 재무제표를 잘 분석하라는 소리를 들었을 것이다.

재무제표는 숫자로 표시되는데 그 속에 내가 투자하는기업의 비밀이 숨어 있다. 내가 투자하는 회사의 이익이 크며 이에 비해 주가가 낮다면 가치주로 투자대상에 편입시켜도 될 것이다.

이익은 기업의 손익계산서에 나타난다. 보통 주가는 우리나라의 경우 이익의 10배 이하에서 미국 등 선진국에서는 15배 내외에서 형성되므로 투자대상 주식의 매수가격에 회사 손익계산서를 빗대 살펴봄은 매우 중요하다.

(2) 이익 산정의 도구 손익계산서

일정기간(주로 1년, 혹은 반기나 분기 등)의 회사의 경영성과는 손익계산서에 나타난다. 손익계산서에는 회사에서 일정 기간 동안 상품이나 제품을 판매한 매출액에서 관련되는 원가, 즉 매출원가, 급여 등 판매관리비, 지급이자 등의 영업외 수익과 비율을 차감하고 세금(법인세비용)을 지급하면 주가 형성의 기초인 당기순이익이 계산되는 과정이 표시된다.

(3) 현재의 재무적 실태를 보이는 재무상태표

재무상태표는 기업의 일정 시점의 재무상태를 보여준다. 재무상태란 회사가 보유한 건물 등 유형자산, 현금과 예금 등의 자산과 자산 형성의 근원인 자본과 차입금 등의 부채를 말한다. 재무상태표의 예는 별도로 표시한다. 이 재무상태표로 몇 가지 상식적 거래를 산정하고 그 결과를 표시한 것이다.

재무상태표는 회사 운영의 기초가 되는 판매 대상 제품 및 그 제조과정 중의 재공품, 원재료 등이 표시되고, 이들이 판매되었을 때 유입되는 현금과 예금 또는 외상매출금 등의 매출채권, 제품 제작을 지원하는 기계장치나 건물 등이 나타난다. 이들은 회사영업의 시작이며 영업의 결과이기도 하다.

(4) 자본의 변동을 보여주는 자본변동표

회사의 자본은 매우 중요하다. 이는 회사의 설립 기초를 제공하고 배당을 지급하며 미래사업에 대한 투자자금을 공급하기도 한다. 자본금은 발행주식의 액면가액이며 자본잉여금은 주식을 매수 발행함에 따른 발행주식 액면을 초과하는 현금유입분을, 미처분이익 잉여금은 배당이나 향후 투자자금 등으로 쓰일 여유자금을 의미한다.

(5) 현금이익을 표시하는 현금흐름표

재무상태표 외의 외상매출금이나 외상매입금, 미수금이나 미지급금 등 채권과 채무가 다수 포함되어 있다. 이것은 발생주의라는 회계의 특성 때문인데, 현금의 수수가 되지 않았더라도 이를 거래로 인정하며 이런 거래들은 현금이 수수될 때까지 재무상태표에 남아있게 된다. 손익계산서는 현금 정산이 되기 이전의 거래현황이 표시되어 당기순이익을 보여주게 된다. 이러한 처리는 중간에 거래처의 부도 등에 의한 위험이 존재한다. 따라서 투자자는 현금기준의 이익 또는 현금의 흐름을 원하며, 실무에서도 현금이익을 계산하게 되는데 이때 보여준은 현금흐름에 대한 계산서가 현금흐름표이다.

현금흐름표는 현금흐름의 실제를 표시하되, 우리가 익숙한 손익계산서의 당기순이익으로부터 현금의 유출이 없는 비용인 감가상각비 등을 더하며 현금거래가 아닌 외상매출금, 외상매입금 등의 증가와 감소(이 증감은 현금의 유출·유입이다)를 계산하며 (여기까지가 순현금흐름), 유형자산의 취득이나 처분 및 자본·차입금의 증감 등을 가산하여 총 현금흐름을 계산하여 순현금손익(현금의 증감액)을 표시해 준다.

표 S-1 현금흐름표의 구조

과 목	금 액	
Ⅰ.영업활동으로 인한 현금흐름		XXX
1. 당기순이익	XXX	
2. 가감	XXX	
Ⅱ. 투자활동으로 인한 현금흐름		XXX
Ⅲ. 재무활동으로 인한 현금흐름		XXX
Ⅳ. 현금의 증가(감소) (Ⅰ+Ⅱ+Ⅲ)		XXX
Ⅴ. 기초의 현금		XXX
Ⅵ. 기말의 현금		XXX

기업은 현금으로 움직이며 경영활동에 현금은 중요하다. 현금흐름표를 통하여 기업의 현금창출 능력과 현금지급 능력을 함께 가늠할 수 있으므로 기업의 위험과 지속가능성을 평가할 수 있다.

현금흐름이 수반되는 기업의 경영활동은 영업활동, 투자활동, 재무활동의 세 가지로 구분된다.

(가) 영업활동으로 인한 현금흐름

영업활동(operating activities)이란 기업이 원자재를 구입하고 노동력 및 자본을 투입하여 생산한 제품을 고객에게 판매하여 대가를 얻는 활동으로 이자수익, 배당금수익 등까지 포함하며 경영상 지출하는 모든 비용 등이 포함된다. 영업활동에서의 이 기업의 궁극적인 목표이며, 따라서 기업의 경영성과는 영업활동이 얼마나 효율적으로 이루어지는지가 결정된다.

(나) 투자활동으로 인한 현금흐름

투자활동(investing activities)이란 현금의 투자와 회수활동으로 유가증권, 투자자산, 유무형자산 등의 취득과 처분 등 기업의 영업활동에 필요한 각종 자산에 투자하거나 투자목적으로 자산을 취득하고 처분하는 활동을 포괄적으로 의미한다.

(다) 재무활동으로 인한 현금흐름

재무활동(financing activities)이란 현금의 차입 및 상환, 신주 발행이나 배당금 지급 등 기업이 영업활동이나 투자활동을 수행하기 위해 필요한 자금을 조달하거나 상환하는 활동들을 의미한다. 재무활동으로 인한 자금의 유입에는 장단기 차입금의 차입과 어음이나 사채의 발행, 신주의 발행 등이 포함되며, 유출에는 차입금이나 발행채권의 상환, 배당금의 지급 등이 있다.

표 S-2 현금흐름표 예시(간접법)

현금흐름표 – 간접법

㈜xxx 20x1년 1월1일부터 20x1년 12월 31일까지 (단위: 천원)

과목	제x(당)기	
I. 영업활동 현금흐름		-1,000
1. 당기순이익	15,000	
2. 현금유출이 없는 비용 등의 가산	8,000	
가. 감가상각비	6,000	
나. 퇴직급여	2,000	
3, 현금유입이 없는 수익 등의 차감	(2,000)	
가. 유형자산 처분이익	(2,000)	

4. 영업활동으로 인한 자산과 부채의 변동	(22,000)	
가. 재고자산의 감소(증가)	(20,000)	
나. 미수금의 증가(감소)	(10,000)	
다. 매출채권의 감소(증가)	(5,000)	
라. 매입채무의 증가(감소)	8,000	
마. 미지급금의 증가(감소)	5,000	
II. 투자활동 현금흐름		5,000
1. 투자활동으로 인한 현금유입액	15,000	
가. 토지의 처분	15,000	
2. 투자활동으로 인한 현금유출액	(10,000)	
가. 기계장치의 취득	(10,000)	
III. 재무활동 현금흐름		16,000
1. 재무활동으로 인한 현금유입액	21,000	
가. 단기차입금의 차입	10,000	
나. 유상증자	11,000	
2. 재무활동으로 인한 현금유출액	(5,000)	
가. 사채의 상환	(5,000)	
IV. 현금 및 현금성 자산의 순 증감		20,000
V. 기초의 현금 및 현금성 자산		10,000
VI. 기말의 현금 및 현금성 자산		30,000

2) 재무제표 및 재무제표 간 상호 관계

회계기준에서는 기본재무제표를 정하고 있다. 일반적으로 기본재무제표는 재무상태표, 손익계산서, 자본변동표, 현금흐름표 및 주석이다. 재무제표에 표시된 자산에는 담보가 제공된 것도 있고 외부로부터 담보를 제공받은 내용, 관계회사와의 거래, 토지 등 시가와 장부가와의 차이, 주주 등과의 거래 내용들은 재무제표에 나타나지 않는 사항들로 별도의 설명이 되어야 회사에 대한 이해를 할 수 있다. 잉여금의 처분계획이나 결산서 승인일 등과 기타 중요한 재무정보들은 주석으로 표시된다.

이 중 재무상태표, 손익계산서, 자본변동표, 및 현금흐름표는 상호 밀접한 관계가 있고 주석의 설명 형태를 도해하면 [그림 S−1]과 같다.

그림 S-1 재무제표 간 관련도

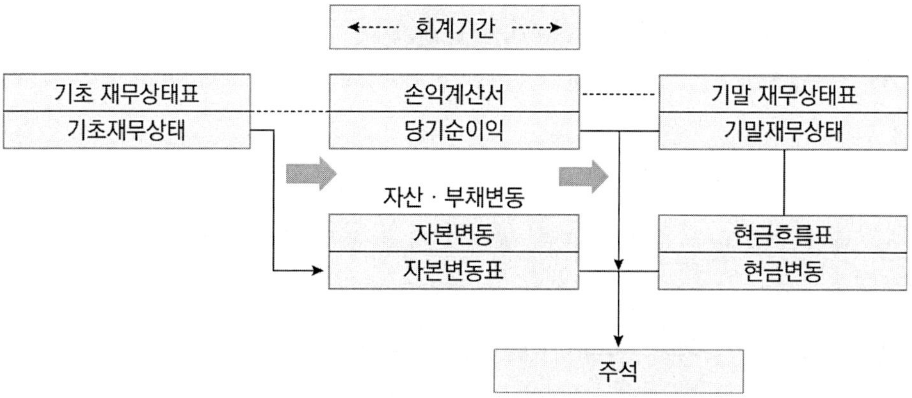

3) 현금흐름과 가치평가

[그림 S-2]는 현금흐름으로부터 가치를 산정하는 흐름이다. 기본적으로 재무제표는 공정가치로 계산하기 때문에 늘 현재가치를 염두에 두고 있어야 한다.

앞에서 언급한 현금흐름할인법의 적용과정을 재무제표를 변형하여 도해하면 다음과 같다.

그림 S-2 재무제표와 현금흐름할인법

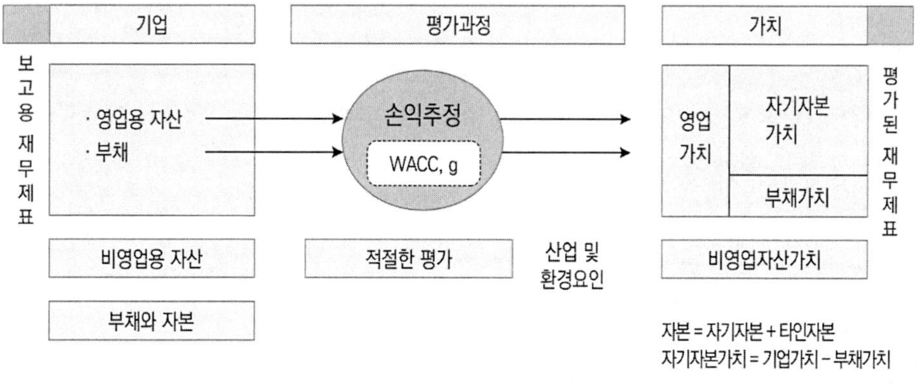

4) 회계와 원가의 연결

손익계산서에는 매출원가가 감안되어 매출총이익이 계산된다. 매출총이익은 판매비와 회사관리비 및 세금 등의 지급 후 회사가 처분할 수 있는 이익잉여금을 구성하게 된다.

기업의 매출은 기업이 제공하는 제품이나 용역을 외부로 판매하는 것이다. 매출원가는 매출된 부분에 대한 원가로, 팔리지 않는 많은 재고량에도 이익이 발생할 수 있는 논리가 여기 있다.

당기생산량과 금액은 제조원가명세서에서 계산되며 매출액은 매출거래에서 발생하여 손익계산서에 계상되며 그에 대한 매출원가는 [그림 S-2]의 논리와 같이 기초 및 기말 제품과 당기제조원가(생산량에 대한)로 계산된다.

원가를 계산하는 구조는 다음과 같다.

그림 S-3 손익계산과 재고흐름

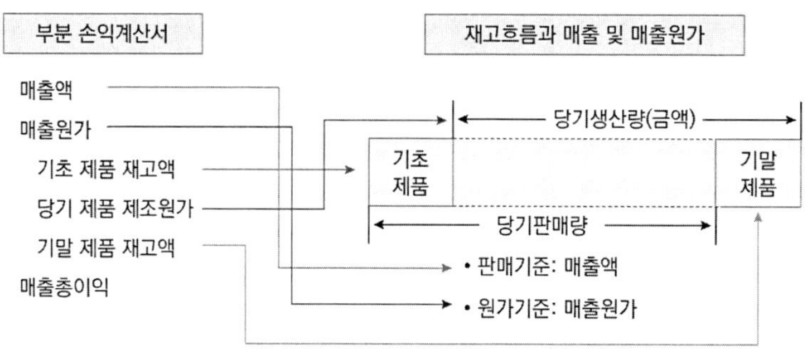

여기서 중요한 것은 기말제품의 금액 결정 과정인 평가, 생산과정인 재료비, 노무비 및 제조경비 등의 계상 절차이다. 이를 원가계산이라 한다.

2. 원가계산

여기서는 가치평가에 필수적으로 소요되는 원가계산의 기초지식을 설명한다.

1) 재료비의 원가계산

제품을 제조할 목적으로 외부에서 구매한 물품을 재료라 하며, 이 재료의 소비는 재료비를 발생시킨다. 재료비(material cost)란 외부에서 구입한 원재료가 자산으로 계상되었다가 그 소비를 통하여 제품의 제조원가로 변환되는 것이므로 자산의 형태적 또는 물리적 변화를 수반하는 데 대한 회계적 개념구분이다. 원가의 3요소는 재료비, 노무비, 제조경비이다.

생산계획에 따라 공정 투입을 위하여 구매 조달된 원재료는 가공비와 만나 재공품의 형태를 거쳐 생산공정을 거치며 제품으로 모양을 바꾸어가며 가치를 증대시켜간다. 물리적인 형상이 변하며 재공품으로 되었다가 제품으로 최종 변화한다. 이들은 각각의 처리된 계정들을 통하여 적절한 회계처리와 제조원가명세서를 거쳐 손익계산서 및 재무상태표에 도달하게 된다.

요소별 원가계산은 제품별 원가계산의 기초를 마련하기 위한 것으로써, 원가의 3요소인 재료비, 노무비, 경비의 개별적인 계산을 의미한다.

표 S-3 원가요소와 원가부문 및 원가계산 구분

원가요소	재 료 비	요소별 원가계산
	노 무 비	
	제조경비	
원가부문	제조부문	부문별 원가계산
	보조부문	
제　　품	원가직접부담	제품별 원가계산

2) 생산흐름의 주체인 원재료의 구매

생산과정이란 원재료의 흐름과정이라 할 수 있다. 생산은 생산계획에 따른 원재료의 구매로부터 시작된다. 구매는 계속거래선에 컴퓨터 메시지로 품목과 납품일정 및 수량을 통보하는 방식으로 하거나 몇 개의 판매업체들로부터 견적을 받아 구매 또는 나라장터[4] 등을 통하여 공개경쟁입찰 방식으로 할 수 있다.

4) 국가에서 운영하는 공개경쟁입찰 사이트 – www.g2b.go.kr

특별 제조물품이 아닌 표준품이라면 재고관리시스템을 통하여 주문점(order point) 메시지를 받아 발주한다. 주문점 또는 발주점과 그 시기는 판매일정과 자재의 구매리드타임, 생산리드타임 및 생산일정 등을 감안하여 계산되며, 발주시기를 알려주는 자동화 체계의 기능이다.

• 구매의 절차

구매의 절차는 다음과 같다.

제1단계: 구매요청

발주점에 이른 재고나 생산계획에 의거 계획된 구매나 자재구매부서에 구매요청서를 발부함으로써 구매는 시작된다. 발주점에 이른 재고의 경우는 자재구매부서에서 임의로 발주할 수도 있고 생산부서의 통제를 위하여 생산부에서 기안을 할 수도 있다. 생산계획에 따른 체계적 일괄구매의 경우는 생산책임자의 확인을 거친 구매계획서 또는 구매요청서를 구매부서로 보내 처리하게 한다. 구매요청서는 관련 부서들에 공통 통보되도록 복사본을 발행하여 관련 부서들에 각 1부씩 전달한다.

제2단계: 구매주문

구매요청서를 입수한 자재구매부서는 구매 일정에 따라 납품처에 구매 발주서를 보낸다. 서식의 명칭은 다양하며, 구매품의 품명과 코드번호, 납품일정, 수량 및 납품처와의 소통을 위한 메모 등을 포함한다. 발주서도 필요한 부서에 사본을 송부한다.

제3단계: 원재료입고

발주된 원재료는 납품처에서는 제품이다. 원재료가 일정에 따라 입고되면 입고검수를 하고 창고에 입고시킨다. 납품처로부터는 납품서 등의 문서를 물품과 함께 수령하고 이를 토대로 입고서 또는 입고증을 발부하며 복사본 한 장은 납품처에는 납품서로 또 한 장은 인수증으로 사용한다. 입고 검수는 기존 거래처로 신뢰가 쌓인 납품처라면 수량확인이 중심이 된다. 원재료의 기능과 품질에 특별한 주의가 필요하면 시험실에서 테스트를 하거나 외부 전문기관의 검증을 받을 수 있다. 이 과정이 종료되기까지는 아직은 회사 소유 자산이 아니며, 이러한 절차와 일정은 발주 시 일정에 감안되어야 한다.

제4단계: 기장

입고 완료된 원자재는 회사의 관리통제하에 놓인 회사 소유 자산이다. 입고증을 기준으로 재고자산 원장에 기입하고 재고 보유 수량을 증가시킨다. 기장을 함으로써 생산에 투입될 준비가 되었다고 볼 것이다. 긴급을 요하는 자재는 납품되는 즉시 생산부서로 전달될 수도 있다.

3) 원재료의 출고

제품 생산을 위한 작업지시서(job order)가 발부되면 생산체계가 가동된다. 생산의 첫 시작은 원재료의 생산현장 이송으로부터 시작한다. 이때 자재출고(요구)서가 발행된다.

자재출고요청서(신청서)는 생산부서에서 발행되는데, 자재출고신청서 번호와 작업공정, 생산제품 및 그 Lot No, 작업일정 등이 정보공유의 필요에 따라 포함될 수 있고 작업자의 코드가 기록될 수도 있다. 이는 원가의 집계를 위한 것이다. 원재료의 출고가 이루어지면 이를 기장하며, 당해 원재료는 재공품으로 계정을 이동한다. 생산중 재료에 문제가 발생할 수 있다. 가공중 주물의 불량이 나타나거나 완성되어 시험중 요구성능에 못 미치는 원자재가 발견될 수도 있다. 이럴 경우는 반품전표 또는 재료반환표를 발부하고 책임자가 날인하여 자재부서로 반환한다. 불량자재에 대한 생산부서의 원재료 재청구 및 재작업 등은 내규로 정해진 절차에 따른다. 이러한 원재료 불량에 따른 재작업, 구매처에 대한 배상 등은 별도의 규정을 두고 불량률을 관리한다. 불량처리비가 일정 한도를 넘을 경우는 납품처와 손해배상을 협의하며, 가공불량 등 자체오류의 경우는 이 발생비용을 영업외비용 등으로 처리한다.

4) 재료비의 분류

재료비로 형태를 바꾼 원재료는 다음과 같이 구분된다.

(1) 제품 관련성에 따른 분류

① 직접재료비: 특정 제품에 직접 투입되어 불출 시 생산 Lot No 등에 연결될 수

있는 재료의 원가이다. 원재료 중 개별로 식별되어 제품에 연결될 수 있는 원재료이다.

② 간접재료비: 제품과 직접 관련시킬 수 없는 재료비로서 작업장으로 불출한다. 보조재료비, 소모품비 등이 여기 속한다.

(2) 재료 형태별 분류

① 주요재료비: 가공을 통하면 제품의 실체가 되는 원재료의 소비액이다. 펌프나 모터 등의 주물, 기계 제작용 철재, 제빵용 밀가루, 버터 생산용 우유, 가구용 목재 등이다.

② 보조재료비: 제품의 제조에 보조적으로 사용되는 원자재 부품 등이다. 제조공장의 일반 볼트와 너트, 목공용 붓이나 제빵용 기름과 설탕, 포장재 등이다.

③ 부분품 또는 부품비: 형태의 변형 없이 제품에 그대로 부착되어 완제품을 형성하는 원재료로 베어링, 자동차의 타이어, 핸들, 라이트, 엔진 등이다.

④ 소모품비: 생산현장에서 작업 시 소모되는 물품으로 장갑, 걸래, 테이프, 빗자루, 쓰레받기, 포장재 등이다.

⑤ 공기구 비품비: 제조 작업의 보조 물품으로 여러 차례 지속하여 쓸 수 있으나 금액 규모가 적어 회계상 비용 처리하는 것으로 렌치, 스캐너, 드라이버, 스패너 등 각종 공구기구와 작업대, 시험용 탁자 등 비품 등이 포함된다.

5) 재료비의 계산

재료비는 생산과정에서 사용된 원재료의 금액으로 '재료소비량×단가'로 계산한다.

(1) 재료소비량의 결정

(가) 계속기록과 실지재고조사법의 병용

재료 소비량 계산 방법은 재료를 불출 시 재료원장에 기입한 불출량을 합하면 사용량 또는 소비량이 산출된다. 이렇게 사용량을 계산하는 방법을 계속기록법이라 한다.

원재료 사용량 계산은 원재료의 불량처리, 효율상 과다 사용, 기장 오류, 혹은 절도 등으로 실제와 차이가 있을 수 있다. 이를 보완하는 방법으로 재고실사를 수행한다. 재료 소비량은 다음과 같이 계산한다.

재료소비량 = 기초 재고량 + 당기 매입량 - 기말 재고량

기초재고량은 재료원장에 전기로부터 이월된 재고량이며, 당기매입량은 구매 발주하여 납품·입고된 재료의 금액이다. 기말재고량은 기말에 남아있는 재고량으로 차기로 이월 될 것이며, 앞에 지적한 대로 기록과 차이가 있을 수 있는데, 기말 또는 기중에라도 재고 실사를 통하여 그 차이를 규명하는 과정에서 원인을 찾고 이를 정정한 실제 재고량이다.

· 재고수량 오류의 예

① 기장오류: 수정하면 된다.

② 과다(과소) 사용: 원인을 규명한다. 과다 사용의 경우는 작업자의 비능률성이나 설계소요량 산정의 오류, 기술 미흡, 자재 불량 및 성능 미흡 등으로 분류하여 원인에 따른 처리를 하게 된다.

③ 절도 등으로 원인이 밝혀지는 경우 회수 및 보안 등의 대책을 수립한다.

회계는 자산 보호의 기능이 있다. 이는 자산 실사를 통하여 구현된다. 따라서 그 보유량이 많고 이동이 큰 재고실사는 매우 중요하다. 재고 실사의 범위는 원재료 및 제품과 재공품, 소모공기구 및 비품 등을 포함한다. 소모품도 경우에 따라 포함될 수 있으며 전기로부터 이월된 보유중인 불량품도 구분되어 실사되어야 한다. 회사에 보유하는 타인 소유 물품의 구분이 되고 외부 보유 중인 회사 소유재산, 예로, 납품 후 검수 중으로 아직 세금계산서가 발부되지 아니한 자산, 외주 가공품으로 외주처에 보관 중인 자산, 수입 중으로 미착된 물품, 발송하였으나 매출처 미도착품 등이 식별되어야 하며 실사중 불량품이 발견될 수 있으므로 이들은 분류하여 관리되고 원인 규명 및 대책이 수립되어야 한다.

따라서 재고자산은 회사 내 있는 자산, 회사에 있으나 남의 자산, 외부 보관 중인 자산, 이동중인 자산, 불량자산 등으로 구분하여 실사되어야 한다.

(나) 역산에 의한 소비량의 계산(검증)

원재료가 수불기록을 위한 측정이 현실적으로 불가하거나 부품 수가 너무 많아 장부기록이 불가능하거나 노력과 비용이 현저하게 과다 소요되는 경우가 있다. 이럴 경우에는 제품의 단위당 기준소비량을 원재료별로 설계나 기타 과학적인 방법으로 미리 산정(BOM 또는 part list라 한다)해 놓고 원가계산 기간의 말에 이를 기준으로 원재료 소비량을 산출하는 방법이다. 이 경우는 다음 산식이 이용된다.

당기원재료 소비량 = 당기 제품 생산량×제품 단위당 원재료 표준소비량±실사차이

재고실사의 결과 실제 재고 수량과 장부 수량과의 차이를 실사차이라 한다. 재고실사를 하면 실사차이가 발생한다. 앞에서 언급한 재고 수량 오류에 대한 모든 정정이 이루어진 후의 차이이다.

실사차이의 처리방법은 세 가지가 있는데, 전체 원가에 부담시키는 방법, 기말재고에 부담시키는 방법 및 영업외비용으로 처리하는 방법이 있다. 위 산식은 제조원가 전체에 부담시킨 방법이다.

실사 차이는 다음과 같이 계산된다.

실사차이＝실지재고조사 수량－장부상기말수량 장부상기말수량＝기초재고＋당기매입량－소비량

원가계산기준 제12조에서는 원칙적으로 계속기록법을 적용하되 그 적용이 곤란하거나 필요 없는 경우에는 실지재고조사법 또는 역계산법을 적용할 수 있다고 정하고 있다.

(2) 재료소비단가의 결정

재료소비수량을 살펴보았다. 소비수량도 중요하나 기말에 남아있는 재고는 차기의 손익계산에 영향을 미치므로 또한 중요하다.

한편, 재료비는 수량에 단가를 곱하여 계산한다.

재료비(재료소비가격)=소비된 재료수량×소비된 재료의 단가

수량이 계산되었으면 단가를 구해야 하는데 구입단가는 변동성이 있으므로 어느 단가를 적용하는가의 문제가 있다. 여기에는 몇 가지 가정을 가지고 산정한다. 재료비의 계산은 원가계산의 목적, 재료의 중요성, 가격 변동의 크기, 재료의 특성 등에 따라 다를 수 있다. 소비된 재고자산의 단가는 재고의 원가흐름을 가정한 단가 결정방법인 개별법, 선입선출법 및 평균법(단순평균법, 이동평균법, 총평균법), 후입선출법을 사용할 수 있다. 물가변동이 심하거나 제조기술상 재료의 입출이 빈번한 경우에는 시장가격, 예정가격 또는 표준가격으로 소비단가를 결정할 수도 있다. IFRS에서는 재고자산의 시가가 하락 했을 경우는 저가 기준으로 하도록 하고 있다.

(3) 재료감모손실과 재료평가손실

재고실사를 하여 차액을 조사한 결과 원료의 증발 등의 원인으로 실지 재고액과의 차액이 발생했다면, 이 차액을 재고감모손실이라 한다. 재고감모손실이 예상된 범위 내에서 정상적으로 발생되었으면 이를 매출원가에 가산하고 비정상적인 것이라면 영업외비용으로 분류한다.

산출식

재고자산감모손실=(재고의 장부수량－실제 재고수량)×단가(취득원가)

2) 노무비의 원가계산

생산과정에서 부가가치를 창출하는 것은 사람의 손이 가는 노무비이다. 원재료가 가공비의 투입으로 가치가 증대한 재공품으로 변환되는 것이다. 노무비는 발생과 동시 제조계정에 대체되어 원가화된다.

노무비는 임금과 급료, 잡금, 상여금 및 퇴직급여를 말한다. 임금과 급료는 회사에서 계정과목을 설정하기 달려있으며, 제조공정에서는 임금이라 한다. 퇴직급여는 당기에 발생한 금액을 지급여하에 불구하고 발생하였으면 노무비로 계상한다. 지급하지 아니하였으면 급여나 임금의 경우는 미지급비용으로, 퇴직급여는 퇴직급여충당금으로 처리한다.

제품과의 관련성에 따라 특정 제품의 작업지시서(job order)나 LoT No.에 직접 연결될 수 있는 인건비는 직접인건비로 제품에 직접 배부하고, 그 외의 인건비는 간접노무비라고 하며 제조간접비를 통해 배부율에 따라 제품에 배부한다.

(1) 지급임금

임금은 생산 현장의 각 근로자에게 지급하는 금원과 제조원가를 나타내는 임금소비액으로 개념을 구분한다. 지급임금은 종업원에게 실제 지급하는 금원이다. 일반적으로 일정한 기간 단위로 정기적으로 일정한 계산방식에 의거 지급하고 비용으로 처리한다.

지급임금액＝노동량×지급임률
• 노동량은 일급, 시급, 주급, 월급 등으로 계산. 성과급제에서는 생산량으로 계산
• 지급임률은 종업원 개인별 지급률임

임금은 임금총액(기본급＋제수당)이 있고 소득세나 의료보험료, 국민연금, 경조사비, 노동조합비 등은 공제 후 지급하게 되므로 공제한 실지급액 등으로 구분한다. 상여금, 특별수당은 지급 시 계상한다. 연월차수당은 회사에 현금보상의무가 발생한 회계 기말에 휴가(유급휴가)로 사용하지 아니한 부분에 대하여 일괄 미지급부채로 계상하므로 이때 노무비로 처리한다.

연월차사용촉진제도를 채택한 경우에는 소멸률(휴가사용률)을 추정하여 미사용 추정분을 회계처리한다.

임금 지급 시에는 다음과 같이 회계처리한다.

<분개> - 임금지급시의 회계처리

(차)	임금	xxx	(대)	현금	xxx
				예수금	xxx
(차)	퇴직급여	xxx	(대)	퇴직급여충당금	xxx
(차)	제수당	xxx	(대)	현금	xxx

• 예수금은 소득세, 지방소득세, 의료보험료, 국민연금, 경조사비, 노동조합비 등 공제금. 이들은 법과 규정에 따라 회사에서 원천징수하여 처리한다. 소득세의 경우 임금지급 익월 10일까지 원천징수세로 신고하고 납부한다.

연월차수당의 회계처리

• 발생한 연도에 비용처리

(차) 연월차수당(비용) xxx (대) 미지급비용 xxx

해설: 이 다음 연도에 사용할 경우 미지급비용을 상계함. 다만, 연말에 일괄 결산수정분개를 할 것이니 이때 처리하되 기중 지급분은 미지급금을 직접 상계하거나 가지급금 처리하였다가 연말에 일괄 결산수정분개로 처리함이 쉬운 처리방법임

• 연월차사용촉진제도를 채택한 경우

차) 연월차수당(비용) xxx (대) 미지급비용 xxx

해설: 연월차수당=총발생연월차수당 x (1-소멸률)

(2) 소비임금

임금이 종업원과 회사간 급료의 대가로 지급하는 보수의 총칭이라면, 소비임금이란 임금의 지급을 회사 자원의 소비로 본 것으로 노무비의 별칭이며, 제품원가 중 인건비 부분을 의미한다. 노무비는 공정별, 부문별, 제품별 등으로 분류할 수 있다.

임금은 대부분 작업시간에 따라 결정되므로 이 계산을 위해서는 작업시간(MH)과 지급임률을 판단하여야 한다. 출근카드, 작업카드 등에 의하여 작업시간을 계산하고 임률은 정해진 룰로 적용한다.

작업근로자와 작업카드, 작업전표 등에 생산 LoT No나, 작업지시 번호(job order No)가 연결되면 직접노무비로, 그 외엔 간접노무비로 처리한다. 지급임금 중에는 시간(공수, MH) 외에 생산량을 기준(실적급)으로 하는 경우도 있다.

예정원가를 계산할 때는 실제 작업시간에 예정임률을 적용하여 예정노무비를 구한다.

(3) 지급임금과 소비임금의 구분계산

임금의 발생은 노무비로 인식되나 꼭 즉시 지급되는 것은 아니다. 월 임금을 익

월 10일 지급하는 경우는 미지급이 가불의 경우는 선급임금이 발생한다. 지급임금은 회사의 사정에 따라, 또는 근로자의 형편에 따라 지급이 달라질 수 있으나 소비임금 즉, 노무비는 기간계산을 하여 엄격하게 산정한다.

당기소비임금＝전기선급임금＋당기지급임금＋당기미지급임금 －당기선급임금－전기미지급임금 → 소비임금＝당기지급임금＋당기미지급임금－전기미지급임금

3) 제조경비의 원가계산

제조경비는 원가요소인 재료비와 노무비를 제외한 일체의 원가 항목들을 말한다. 제조경비 중에는 간접재료비나 간접노무비의 경우 특정 제품을 지정하지는 못 하더라도 일정 그룹의 제품들을 위해 서비스하는 경우도 있다.

(1) 경비의 구분

경비는 월별 지급, 발생 시 지급, 계기에 의한 측정에 의한 지급 또는 지급 시 경비로 계상하는 등의 비용으로 구분한다. 경비 중 외주가공비, 특허권 사용료 등과 같이 특정 제품에 직접 배부할 수 있는 직접경비는 구분하여야 하며, 그 외의 간접경비는 적절히 배부한다.

(가) 지급경비

지급경비는 수시로 발생하는 경비이며 교통비, 여비, 수선비, 보관료, 교육비, 문서비 등의 경비로 지급하는 기간에 당기의 소비액으로 하여 제품원가에 산입한다.

다만, 발생하였으나 미지급이 있을 수 있으므로 다음과 같이 당기 해당 제조간접비를 계산한다.

당기 미지급이 발생하는 경우

당기 지급경비＝당기지급액－전기미지급액＋당기미지급액

당기 발생경비는 당기 소비된 경비이며, 전기 미지급이나 선급분은 당기 지급할 금액에만 영향을 주고 제조경비에 영향을 주지는 아니한다.

당기 선급이 발생하는 경우

당기 제조간접비＝당기지급액＋전기선급액－당기선급액

(나) 측정경비

사용량에 대한 계량기의 검침에 의하여 요금을 지급하는 경우 이는 계측 및 부과월에 경비를 소비한 것으로 보고 제조경비로 계상하고 원가배부시에는 제조간접비로 대체한다. 전기, 수도, 가스, 전화, 인터넷 사용료 등이 있다.

(다) 월할경비

경비 발생액이 1월이나 3월 6월 등으로 지급기간이 정해져 있는 경비를 말한다. 대부분 연지급총액이 정해져 있다. 이는 발생한 월에 제조경비로 계상하고 그 후처리는 동일하다. 월할경비로 미지급, 선급 등이 있을 수 있으며, 지급경비와 같이 처리한다.

(라) 발생경비

경비의 지급을 수반하지 않고 실제 발생액에 의하여 소비액을 계산한다. 재고 감모손실, 재고평가손실, 투자손실 등을 예로 들 수 있다.

(2) 제조경비의 회계처리

제조경비의 소비액이 결정되면 특정제품 제조에 직접 연결되는 직접 제조경비로 재공품 계정에 대체하고 그 외의 모든 경비는 제조간접비에 대체하여 제조간접비에서 배부한다.

4) 종합원가계산의 절차

(1) 종합원가계산 대상의 공정흐름

소품종 대량생산 기업의 경우 여러 공정이 연결되어 제품의 생산을 이루어낸다.

그림 S-4 재고자산의 계정흐름

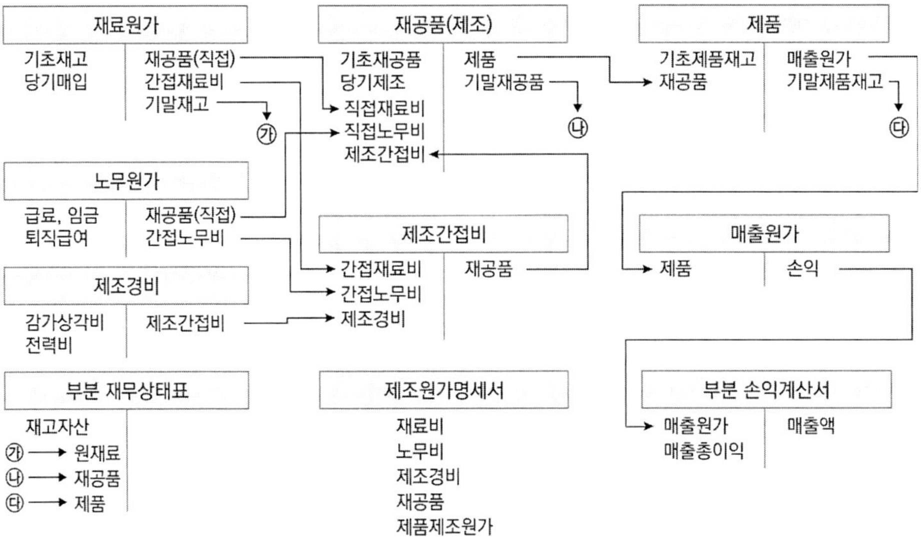

공정에서 작업이 이루어지는 제품에 대해 수량과 발생원가를 파악하여 원가계산 및 당해공정의 완성품과 작업중인 재공품을 파악하고 결산기에 그 금액을 파악하여 원가를 산정한다. 재공품이 최종공정을 통하여 완성되면 최종 제품이 완성된다. 더 이상 거칠 공정이 없고 해당 공장에서는 더 이상의 가치 증대가 이루어지지 않는다. 결산시에 완성되지 못하고 남아있는 재공품과 당해기간 중 완성된 제품의 수량을 파악하여 원가계산서를 작성하게 된다.

(2) 종합원가계산 절차

종합원가계산에서는 다음의 과정을 거쳐 기중 완성품 원가와 기말재공품 원가를 계산한다.

제1단계: 재고의 흐름을 파악한다.

재고는 원재료에서 가공비가 가산되면 재공품으로, 그 다음 제품으로 형태를 바꾼다. 기말 원가계산에서는 공장 전체로서의 재고흐름을 파악하므로 생산의 최종공정과 기타공정으로 구분하고 재고흐름을 파악하면 된다.

그림 S-5 재고의 원가흐름과 가치증대 과정

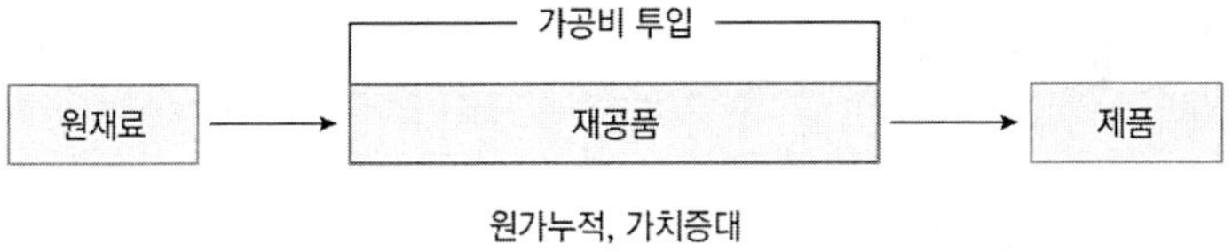

[그림 S-5]에서 보면 원가의 발생은 재공품까지이다. 원재료비에 공정의 진행에 따라 가공비가 투입되고 가치가 증대되어 제품이 완성된다. 이 과정에서 원가의 투입은 재공품 단계까지이다. 재고자산 중 재공품과 제품만 원가계산 시 고려할 대상인데, 다음단계에서는 기말재공품의 원가를 계산한다.

제2단계: 재공품의 완성품 환산량을 계산한다.

재공품은 시간이 경과하면서 공정의 단계를 거치고 제품으로 변화한다. 공정과 원가의 흐름은 다음 그림과 같다.

그림 S-6 재공품의 제품화

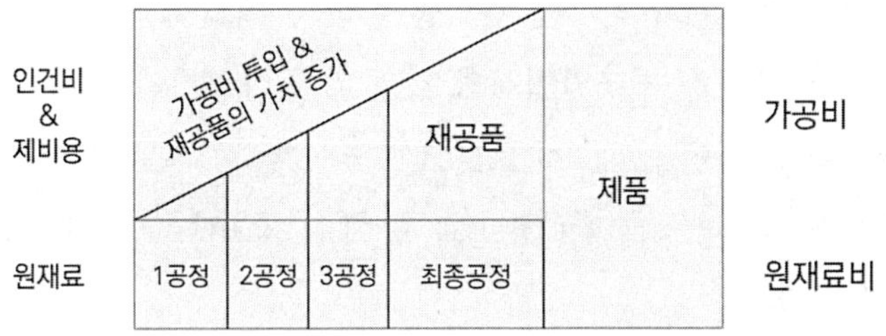

[그림 S-6]에서는 원재료에 가공비가 쌓여 제품이 되는 것을 알 수 있다.

종합원가계산의 최종 목표는 기말 재공품과 제품의 금액을 제대로 계산하여 당기손익을 정확히 측정하는 데 있다. 만약 기말재공품의 금액이 과다평가되면 이익이 과다계상되어 가공의 이익이 생겨 여기서 발생되는 문제들이 많다. 재공품과 제품의 관계는 다음과 같다.

그림 S-7 투입과 결과 등식

재공품 제품	+	재료비 가공비	=	재공품 제품	+	매출원가

투입은 그대로 결과로 나타나며, 기말 재공품은 완성품으로 환산하여야 평가를 할 수 있다. 완성품환산량은 다음 식으로 구해진다.

완성품 환산량＝기말재공품수량×완성도

기말(전기와 당기)에 미완성된 재공품이 있는 경우 이를 제품과 동등하게 취급하기 위하여 재공품을 완제품으로 환산하여 계산한다.

완성도(degree of completion)란 생산의 진행정도를 나타내는 개념으로 당해 재공품이 완성품 대비 몇 %가 완성(원가투입)되었는지를 의미한다.

제3단계: 재료원가 및 가공원가 파악

종합원가계산에서는 투입원가를 편의를 위하여 재료비 및 가공비로 구분하여 계산한다. 가공비는 노무비와 제조간접비의 합계로 종합원가계산에서는 재료비 외에는 모든 원가를 완성품량에 일괄 배부하므로 별도로 구분할 필요가 없다. 이 단계에서는 공정별 집계된 재료투입량(자재대장 확인)과 금액, 노무비 및 제경비를 회계팀과 협조하여 집계한다.

제4단계: 원가배분

완성품환산량과 배부할 원가가 계산되었으면 이 원가를 기존에 판매된 제품을 포함하여 제품 및 재공품의 단가와 재공품, 제품 및 매출원가를 확정한다. 그 산식은 다음과 같다.

이 금액들은 보고용 재무제표에 보고되는 수치가 된다. 다만 제품의 수가 많을 경우 그들을 합계하여야 한다. 또한, 기초와 기말의 제품과 재공품의 단가가 다르므로 재고의 평가를 감안하여야 한다.

$$완성품\ 단가 = \frac{배분대상원가(기초재공품\ 금액 + 당기투입\ 총원가)}{완성품량(당기생산제품 + 기말재공품\ 환산량}$$

제품금액 = 당기생산제품수량 × 완성품 단가

기말재공품 금액 = 기말재공품 완성품 환산량 × 완성품 단가

5) 재공품과 제품의 평가

종합원가계산의 결과로 나타나는 재공품과 제품의 금액은 전기로부터 이월된 재공품과 제품의 단가와 당기에 투입된 원가를 감안한 기말의 재공품과 제품의 단가는 차이가 있다. 이 재고자산의 단가는 평균법과 선입선출법으로 평가한다.

(1) 선입선출법

(가) 기말재공품 평가

선입선출법(FIFO:First In First Out)은 먼저 입고된 재고가 먼저 쓰이거나 판매된다는 가정하에 기말에 남아있는 재고자산의 금액을 결정하는 것이다. 즉 재고의 흐름이 순차적으로 흘러간다는 가정하에 재고자산을 평가한다.

그림 S-8 선입선출법에 의한 원가배분

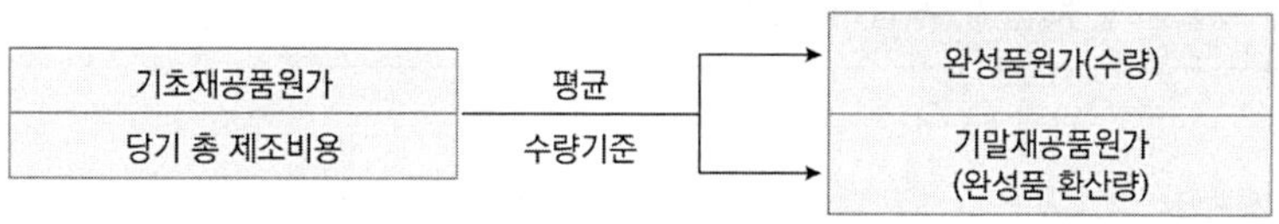

[그림 S−8]의 경우 당기투입원가가 기말재공품보다 큰 경우는 선입선출법에서는 기말재공품은 모두 당기 투입원가로 구성된다. 원재료가 제조활동이 진행됨에 따라 투입되는 경우의 기말 재공품평가액은 다음의 식으로 계산된다.

$$기말재공품\ 원가 = \frac{당기\ 총\ 제조비용 × 기말재공품의\ 완성품\ 환산수량}{완성품수량 - 기초재공품의\ 완성품\ 환산수량 + 기말재공품의\ 환산수량}$$

원재료의 투입은 작업개시 시에만 투입되는 경우도 있다.

원재료가 제조 개시 시점에서만 투입되는 경우 기말 재공품 평가

- 재료비에 대한 기말재공품 원가

$$=\text{당기재료비}\times\frac{\text{기말재공품수량}}{\text{완성품수량}-\text{기초재공품수량}+\text{기말재공품수량}}$$

- 가공비에 대한 기말재공품 원가

$$=\text{당기가공비}\times\frac{\text{기말재공품의 완성품 환산수량}}{\text{완성품수량}-\text{기초재공품의 완성품 환산수량}+\text{기말재공품의 완성품 환산수량}}$$

(나) 기말제품의 평가

기말제품도 선입선출법에 의해 평가할 수 있다. 다만 가공비의 변동이나 완성품 환산의 필요가 없으므로 다음과 같은 계산식으로 기말제품을 평가할 수 있다.

- 기말제품 원가

$$=\text{기말제품재고수량}+\text{당기 총 제조비용}\times\frac{\text{기말재공품 완성품 환산수량}}{\text{완성품 수량}+\text{기말재공품 완성품 환산수량}}$$

그림 S-9 재공품과 제품의 투입과 기초/기말 관련도

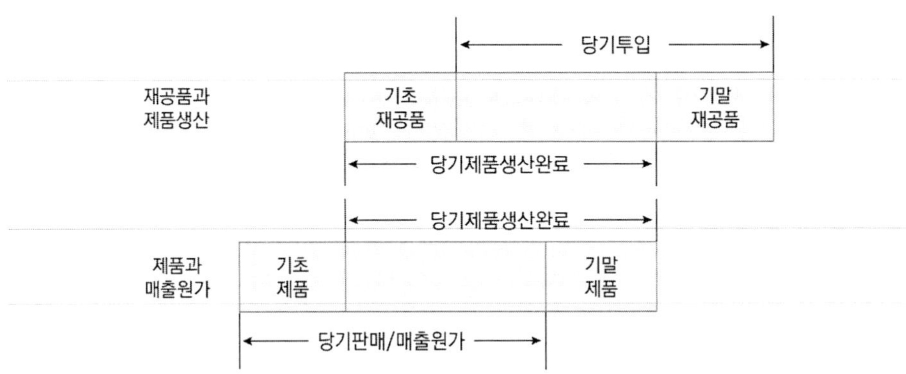

참고

기초재공품에의 투입과 제품생산, 기초제품과 제품생산 및 기말제품의 관련성은 [그림 S-7]과 같이 표시된다. 제조원가 관련 문제에서는 가장 먼저 구분해야 하는 개념이다.

기초재공품 + 당기제조투입 - 당기제품제조원가 = 기말재공품

기초제품 + 당기완성품원가(당기제품제조원가) - 매출원가 = 기말제품원가

(2) 평균법

(가) 기말재공품 평가

당기중 생산에 투입된 자원은 기초재공품과 당기 총 제조비용이다. 이 비용은 기말 당기 제품생산과 기말재공품으로, 당시 생산량은 매출원가와 기말제품을 구성한다. 이를 그림으로 보면 다음과 같다.

그림 S-10 평균법에 의한 원가배분

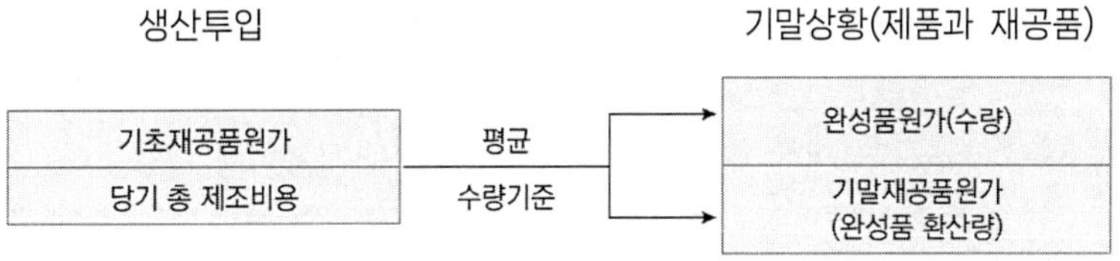

평균단가로 기초재공품 원가와 당기 총 제조비용은 원가로 투입되므로 수량환산을 필요하지 않다. 평균단가로 당기 완성품 수량과 기말재공품의 완성품 환산량으로 배분한다.

(ⅰ) 재료투입이 제조활동의 진행에 따라 투입되는 경우

대부분의 제조과정에는 원재료가 제조의 진행에 따라 수시로 투입된다.

기말재공품 완성품 환산수량은 완성율의 비율이고 완성품과 합하면 당기 총 완성량을 의미한다.

• 기말제품 원가

$$= \text{기말제품재고수량} \times \frac{\text{당기 총 제품 생산원가} - \text{기초제품원가} + \text{기말제품 원가}}{\text{당기 총 제조수량}}$$

• 당기 총 제품생산원가= 당기 총제조비용 – 기초재공품재고액 + 기말재공품재고액

(ii) 재료가 제조시점에서만 투입되는 경우

특수한 제조의 경우에는 재료를 공정초기에 투입하며 여기에 지속적 가공비의 투입으로 공정이 완료되고 제품이 생산된다. 특정 공정일 경우에는 공정완성품이 생산되는 것이다.

• 재료비에 대한 기말재공품 원가

$$= \text{기초재공품원가} \times \text{당기재료비} \times \frac{\text{기말재공품 수량}}{\text{완성품 수량} + \text{기말재공품 수량}}$$

• 가공비에 대한 기말재공품 원가

$$= \text{기초재공품가공비} \times \text{당기가공비} \times \frac{\text{기말재공품 완성품 환산수량}}{\text{완성품 수량} + \text{기말재공품 완성품 환산수량}}$$

• 기말재공품 원가 = 재료비에 대한 기말재공품 원가 + 가공비에 대한 기말재공품 원가

(나) 기말제품 평가

평균법에 의한 기말제품의 평가는 당기 생산활동에 투입된 모든 원가가 기말 제품과 매출원가에 배분되었으므로 이 양자에 평균적으로 배분한다.

기말제품 원가

$$= \text{기말제품 수량} \times \frac{\text{기초제품원가} + \text{당기생산 총 원가}}{\text{당기 총 생산수량}}$$

당기생산 총 원가=기초재공품 원가+당기총제조비용–기말재공품 원가

다양한 제품이 생산될 경우 이 산식은 각 제품이나 재공품에 구분되어 적용되고 각 제품 및 재공품에 대한 원가를 합하여 재무제표에 보고한다.

3. 재무비율 분석과 듀퐁의 ROE 분해

재무비율은 유동성 비율, 안전성 비율, 수익성 비율, 활동성 비율 등으로 나누어지며, 부채비율, 유동비율, 영업이익의 크기와 영업이익률 등은 매우 중요한 비율이다. 그 외의 비율분석은 수익성(자기자본순이익률, 매출액 순이익률, 자산회전율), 활동성, 안정성, 위험성(단기유동성 분석, 장기 채무 변제능력) 등의 분석을 한다.

1) 재무비율 분석

(1) 유동성 분석

유동성은 기업의 현금 확보력이라 할 수 있으며 채무상환능력을 말한다. 금융기관이나 부품 납품업자 등의 채권자들은 거래기업의 유동성에 관심이 크다. 일반적인 유동성비율은 다음의 비율들이 있다.

(가) 유동비율

유동비율은 유동성 비율 중 가장 중요한 비율로 1년 이내 현금화 될 자산(유동자산)과 1년 이내 상환해야 할 부채(유동부채) 간의 비율이다.

산식 $$\text{유동비율} = \frac{\text{유동자산}}{\text{유동부채}} \times 100$$

(나) 당좌비율

유동부채는 1년 이내에 모두 상환하는 것이 일반적이나 유동자산은 재고자산을 포함하고 있어 유동자산의 정의상 1년 이내 현금화가 어려울 수 있다. 따라서 유동자산에서 재고자산을 뺀 당좌자산과 유동부채를 비교하는데 이를 당좌비율이라 한다.

산식 $\text{당좌비율} = \dfrac{\text{당좌자산}}{\text{유동부채}} \times 100$

(당좌자산＝유동자산－재고자산)

(다) 현금비율

외상매출금이나 미수금 등의 회수가능성 문제와 현재의 일시지급가능성 간의 일괄 조정비율로 현금비율을 쓴다.

산식 $\text{현금비율} = \dfrac{\text{현금 및 현금성자산}}{\text{유동부채}} \times 100$

(2) 안전성 분석

기업은 외부 충격에 취약성을 가지고 있다. 재무적 충격은 부채로부터 오는데, 이 부채비율과 자산의 구조 등이 기업의 안전성을 결정한다. 이 비율은 다음과 같다.

(가) 부채비율

기업의 자본은 타인자본과 자기자본으로 구성되는데 부채가 많을수록 기업의 안전성은 저해된다. 기업의 가장 중요한 안전성 비율이 부채비율이다.

산식 $\text{부채비율} = \dfrac{\text{부채}}{\text{자기자본(자본)}} \times 100$

(나) 이자보상비율

부채 중 이자를 부담하지 아니하는 부채는 기업에 큰 위험이 되지는 않는다. 이자를 부담하는 부채와 당 부채로부터 발생하는 이자 및 기업의 영업이익 간 대비율이 이자보상비율이다.

산식 $\text{이자보상비율} = \dfrac{\text{이자비용}}{\text{영업이익}}$

(다) 비유동 장기적합률

기업의 자산 중 유동자산은 현금화가 쉬운 자산, 비유동자산은 그 반대이다. 부채 중 유동부채는 단기 상환해야 하는 한편, 비유동부채는 다소 여유가 있다. 따라서 비유동자산과 비유동부채 및 자본의 합계 비율은 자산의 구조안전성에 대한 주요한 지표가 된다.

산식 $\text{비유동장기적합률} = \dfrac{\text{비유동자산}}{\text{자기자본} + \text{비유동부채}} \times 100$

(3) 수익성 분석

기업의 목적은 이익이라 할 수 있다. 스타트업의 기업은 미래 가능성을 보지만, 정상 경영을 영위하는 기업들에게는 이익률이 중요하다. 기업가치와 주주가치를 중히 여기는 현대 경영에서 이익은 배당 등 주주가치를 높이는 증거이기 때문이다.

(가) 자본이익률

투자자의 투자금에 대한 이익률로 순 투자에 대한 자기자본이익률과 타인자본을 포함한 총 자본이익률로 나뉜다.

(i) 자기자본이익률

주주에게 돌아갈 이익의 비율을 말한다.

산식 $\text{자기자본이익률} = \dfrac{\text{당기순이익}}{\text{자기자본(자본총계} - \text{기초기말평균)}} \times 100$

(ii) 총자본이익률

타인자본을 포함한 총 자본의 당기순이익에 대한 비율이다.

산식 $\text{총자본이익률} = \dfrac{\text{당기순이익}}{\text{총자본}} \times 100$

(나) 매출이익률

매출이익률에는 매출액 순이익률, 매출액 영업이익률 및 매출 총이익률을 산정한다. 매출 증대를 위한 덤핑 등은 하지 않고 얼마나 실속 있는 경영을 하였는가에 대한 비율이다.

(i) 매출액순이익률

산식 $\text{매출액순이익률} = \dfrac{\text{당기순이익}}{\text{매출액}} \times 100$

(ii) 매출액영업이익률

자기자본과 타인자본의 전체 이익이 매출액 대비 몇 %나 났느냐의 비율이다.

산식 $\text{매출액영업이익률} = \dfrac{\text{영업이익}}{\text{매출액}} \times 100$

(iii) 매출총이익률

매출에서 매출원가를 차감한 매출 총이익과 매출액의 비율이다. 매출총이익으로 판매관리비 등을 지출하며 회사 경영을 하게 된다.

산식 $\text{매출총이익률} = \dfrac{\text{매출총이익}}{\text{매출액}} \times 100$

(4) 주식관련 이익률

주식 1주당 이익은 투자자에게 중요하다. 한 주당 이익이 얼마냐에 따라 경영 효율성이 산정된다. 주당이익과 시가와의 비율은 투자자들의 핵심 투자포인트이다.

(가) 주당이익(EPS: Earning per Share)

1주당 이익은 본인이 소유한 주식수를 곱하면 본인에게 할당된 이익의 규모를 계산할 수 있다.

산식
$$\text{주당이익률(EPS)} = \frac{\text{순이익} - \text{우선주배당금}}{\text{유효보통주식수}}$$

* 유효보통주식수 = 가중평균유통보통주식수

(나) 주가수익률

주가수익률은 구매하는 주식의 시가 대비 이익의 비율이므로 이자율 대비 투자 여부를 결정하는 핵심 비율이다.

산식
$$\text{주가수익률(PER)} = \frac{\text{주식시가}}{\text{주당이익(EPS)}}$$

본서 집필 시점의 우리나라는 주가수익률이 13~15배 정도, 미국은 18~20배 정도 된다. 이를 근거로 업종별 평균치를 비교·확인하고 투자의사결정을 할 수 있다.

(다) 주가순자산비율

주가관련 중요한 비율 중 하나가 주가순자산비율이다. 이 비율은 회사의 주가가 순자산의 몇 배인가를 나타내는 비율로, 회사의 자산을 매각하여 주식시장에서 얼마를 살 수 있느냐의 비율이며 밸류업의 핵심 지표이기도 하다.

산식
$$\text{주가순자산비율(PBR)} = \frac{\text{주식시가}}{\text{1주당순자산}} = \frac{\text{시가총액}}{\text{순자산(자본)}}$$

(5) 활동성 분석

기업은 경영이라는 활동을 통해 수익을 창출한다. 재무적 활동의 정도를 분석하는 것으로, 자본의 활동과 재고자산, 매출채권, 매입채무 등의 활동성을 산정할 수 있다.

(가) 총자산회전율

경영위임을 받은 대리인은 주식을 위한 총력을 다할 것을 요구받는다. 이 비율은 전 자본주에 대한 활동의 정도를 나타낸다.

산식 $$\text{총자산회전율(=총자본회전율)} = \frac{\text{순매출액}}{\text{총자산(=총자본)(기초기말평균)}}$$

(나) 자기자본회전율

주주자본에 대한 활동의 정도를 나타낸다.

산식 $$\text{자기자본회전율} = \frac{\text{순매출액}}{\text{자기자본(기초기말평균)}}$$

(다) 재고자산회전율

재고자산은 매출을 직접 창출하는 재화이다. 이 비율은 생산활동력을 표시하며, 제조업의 경우 특히 중요하다.

산식 $$\text{재고자산회전율} = \frac{\text{순매출액}}{\text{재고자산(기초기말평균)}}$$

(라) 매출채권회전율

매출채권은 빨리 현금화되어야 한다. 효율적 현금 관리 여부를 판단하는 비율이다.

산식 $$\text{매출채권회전율} = \frac{\text{순매출액}}{\text{매출채권(기초기말평균)}}$$

(6) 생산성 분석

기업활동의 효과 및 효율을 측정하고 개별 생산요소의 기여도 및 성과 배분의 합리성을 측정하는 비율, 이는 경영합리화의 척도라 할 수 있으며 생산성 향상으로 얻은 성과의 분배 기준이 된다.

(가) 노동장비율

생산과정에서 종업원 한 사람이 어느 정도의 노동장비를 사용하고 있는지를 나타낸다.

산식 노동장비율 $= \dfrac{\text{유형자산} - \text{건설중인 자산}}{\text{종업원 수}}$

(나) 총자본투자효율

기업에 투하된 총 자본이 1년 동안 얼마만큼의 부가가치를 창출하였는가의 지표이다.

산식 총자본투자효율 $= \dfrac{\text{부가가치}}{\text{총자본}} \times 100$

(7) 현금흐름에 관한 지표

현금흐름표를 이용하여 보유현금 및 그 변동요인을 파악, 기업의 단기지급능력을 판단한다.

(가) 현금보상비율

부가가치

부가가치＝인건비＋영업잉여(＝영업이익＋대손상각비－이자비용)＋세금과공과 ＋감가상각비＋이자비용

영업활동에서의 현금수입으로 단기차입금 등 금융비용을 얼마나 충당할 수 있는가를 나타낸다.

산식 현금보상비율 $= \dfrac{\text{영업활동현금흐름} + \text{금융비용}}{\text{단기차입금} + \text{금융비용}} \times 100$

(나) 금융비용 보상비율

영업활동에서의 현금수입으로 금융비용을 얼마나 충당할 수 있는가의 지표이다.

산식 금융비용보상비율 $= \dfrac{\text{영업활동금융비용} + \text{금융비용}}{\text{금융비용}} \times 100$

(다) 투자적정성 비율

영업활동으로 인한 현금흐름으로 어느 정도의 투자자금을 충당하고 있는지를 보여준다.

산식 $\text{투자적정성비율(1)} = \dfrac{\text{영업활동현금흐름}}{\text{투자활동현금지출}}$

산식 $\text{투자적정성비율(2)} = \dfrac{\text{영업활동현금흐름}}{\text{유동자산현금지출}}$

2) 듀퐁 ROE 분해(Dupont ROE decomposition)

듀퐁의 ROE 분석법은 대단히 유용한데, 자기자본은 주주의 총 투자액으로 보고 주주 투자수익이 얼마나 이루어졌나, 그 원인은 무엇인지를 분석하는 방법이다. 듀퐁(Dupont)은 자기자본이익률(ROE)을 세부적으로 분해하였다(Dupont ROE decomposition).

$$ROE = \frac{\text{이익}}{\text{자기자본}} = \frac{\text{이익}}{\text{매출액}} \times \frac{\text{총자산}}{\text{자기자본}} \left(= \frac{\text{타인자본}+\text{자기자본}}{\text{자기자본}}\right)$$

$$= \text{매출액순이익률} \times \text{자기자본회전율} \times \text{재무레버리지(자기자본비율의 역수)}$$

듀퐁 ROE 분석은 투자자의 투자목적인 투하자본이익률(ROE)을 자기자본과 매출액 이익률 및 자기자본비율(역수)로 표현될 수 있다는 것을 축약하여 설명하고 있다.

※ 자기자본이익률의 자기자본은 기초와 기말 금액의 평균이다. 기타는 재무제표의 기말 금액이다. 대부분의 비율분석에 비교되는 금액에 재무상태표와 손익계산서의 금액이 섞여 있으면 재무상태표 금액은 평균으로 한다.

그림 S-11 듀퐁 ROE 차트(Dupont Chart)

부록 1

상장일정

일정	진행절차	주요 내용	담당	대상
사전 준비	감사인 지정	금융감독원에 감사인 지정 신청	금감원	상장 신청인
	외부감사	최근 사업연도 재무제표에 대한 감사	감사인	상장 신청인
	대표주관계약 체결	상장예비심사 준비기간을 고려하여 체결	상장 신청인	대표 주관사
	이사회개최	상장계획 확정 및 우리사주조합 결성 등	상장 신청인	이사회
	주주총회 개최	재무제표 승인과 정관변경 등	상장 신청인	주주 총회
	명의개서대행계약 및 통일규격증권발행	명의개서대행기관이 통일규격증권 발행 업무 대행	상장 신청인	명의개서 대행기관
	상장예비심사신청계획 통보	신청예정기한에 따른 통보기한 준수	대표 주관사	거래소
	재무제표 심사 및 회계감리 실시	최근사업연도 감사보고서에 대한 재무제표 심사 및 회계감리 실시	금감원 한공회	회계법인 상장신청인
	주식 의무보유	최대주주 및 특수관계인의 보유주식 의무보유	상장 신청인	예탁원
	우리사주조합 결성	조합총회 및 이사회 개최 후 지주관리위탁계약	우리사주 조합	증권금융
	거래소 사전협의	심사 주요 쟁점 사항 사전 협의	거래소	
D	상장예비심사신청	상장예비심사신청서 및 첨부서류 제출	상장 신청인	거래소
D+1-60	상장예비심사	상장적격성 심사	거래소	-
	상장예비심사 심의	상장공시위원회의 상장적격성 심의	거래소	-
	상장예비심사 결과통보	상장예비심사신청서 제출일로부터 45영업일(Fast Track 20일) 이내에 금융위와 상장신청인에게 통보	거래소	상장 신청인, 금융위
D+61	주식총액인수 및 모집매출계약 체결	주식공모, 청약, 배정에 관한 사항 등	상장 신청인	대표 주관사
D+62	공모희망가격 결정	증권신고서, 예비투자설명서, 수요예측 등에 제시할 공모희망가격 결정	상장 신청인/ 대표 주관사	--
D+65	증권신고서 및 예비투자설명서 제출	증권신고서 효력 발생 후 청약 가능	상장 신청인	금융위
D+81	증권신고서 효력발생	증권신고서 수리일로부터 15 영업일 경과	금융위	상장 신청인
	투자설명서 비치, 교부	투자자에게 공람 및 교부	상장 신청인/ 대표주관사	금융위, 거래소
D+82-88	기업설명회(IR)	수요예측 전 투자자 대상 설명회 개최	상장 신청인	투자자

일정	진행절차	주요 내용	담당	대상
	개최	(약 1주일)		
D+88	수요예측공고	수요예측에 관한 사항 공고	대표 주관사	신문사
D+89, 90	수요예측실시	기관투자자 수요예측, 공모가격 결정 및 배정준비(2일)	대표 주관사	기관투자자
D+92	공모가격 최종결정	수요예측결과를 참고하여 대표주관사와 발행사가 합의하여 결정	대표 주관사	기관투자자/증권사
D+92	공모 확정신고서/투자설명서 제출	정정내용을 첨부하여 청약 3일 전 제출	대표 주관사, 상장 신청인	금융위
D+94	청약공고	청약에 관한 사항 신문 공고	대표 주관사	신문사
D+94, 95	청약	대표주관회사 및 인수단에서 청약접수(2일간)	인수단	투자자
D+98	배정결과 공고	배정결과 및 환불내역 공고(인터넷)	대표 주관사, 인수단	-
	환불 및 추가납입	배정결과에 따라 환불 및 추가납입	인수단	청약자
	주금납입	신주모집금액의 주금납입	대표 주관사	납입은행
	신규상장신청	주금납입일까지 상장신청서 및 첨부서류 제출	상장 신청인	거래소
D+99		한국예탁결제원 및 명의개서대리인에 일괄예탁통지	대표 주관사	명의서 대리인
		자본금 증가에 관한 사항 등기(납입일 다음날 등기)	상장 신청인	관할등기소
		금융위에 발행실적보고	상장 신청인	금융위
D+102		신규상장 신청 후 상장 승인 여부 통지	거래소	상장 신청인
D+105		상장승인일을 포함하여 3영업일 이내에서 결정	상장 신청인	거래소

출처: 2024_KRX_guidebook, p.276

부록 2

상장예비심사신청시 제출서류(유가증권시장 상장규정 시행세칙 별표1)

제출서류	일반기업	자회사
① 주권상장예비심사신청서	○	○
② 신규상장신청인에 대한 재무서류[주1)] 가) 최근 3사업연도 개발·연결 재무제표와 그에 대한 감사인의 감사보고서 나) 상장예비심사를 신청한 사업연도의 개별·연결반기 재무제표와 그에 대한 감사인의 검토보고서. 다만, 신정사업연도의 반기 종료 후 45일이 지난 경우만 제출	○	○
③ 법인등기등본	○	○
④ 정관	○	○
⑤ 최근 사업연도말 현재 주주명부 및 소유지명세	○	○
⑥ 명의개서 대행 계약서 사본	○	○
⑦ 명목회사가 최대주주인 경우 명목회사 확인서	○	○
⑧ 자회사에 대한 ②의 서류	-	○
⑨ 일정요건충족 지주회사주[2)]의 경우 지주회사 및 자회사의 향후 3사업연도 사업계획서 및 예상 수지계산서	-	○
⑩ 자회사의 법인등기부등본	-	○
⑪ 공정거래위원회에 신고한 신고서 사본 또는 금융위 인가서 사본	-	○
⑫ 최대주주등이 소유하는 주식 등의 의무보유확약서 및 의무보유 증명서류. 단, 의무보유 증명 서류는 거래소가 상장예비심사 결과를 통보한 날부터 3일(영업일을 기준으로 한다) 이내까지 제출 가능	○	○
⑬ 제3자배정방식 또는 최대주주 소유주식 취득시 의무보유계약서 및 의무보유 증명 서류. 단, 의무보유 증명 서류는 거래소가 상장예비심사 결과를 통보한 날부터 3일(영업일을 기준으로 한다) 이내까지 제출 가능	○	○

주1) 재무서류는 다음의 기준에 따라 제출
- 최근 사업연도는 K-IFRS에 따라 작성
- 설립 후 3사업연도 미경과 법인은 설립 전까지 합병 등에 따라 이전된 영업부분에 대한 개별재무제표(검토의견) 제출

주2) 다음의 요건을 모두 충족하는 지주회사
- 유가증권시장 주권상장기업인 자회사 각각의 발행주식총수를 모두 소유하고 있을 것
- 개시재무상대표상 장부가액 기준으로 유가증권시장 주권상장기업인 자회사 주식가액의 합이 전체 자회사 주식가액 합의 75% 이상일 것
- 자회사 중 주식가액이 가장 작은 유가증권시장 주권상장기업보다 주식가액이 큰 주권비상장기업이 있는 경우, 해당 주권비상장기업은 이익규모가 주권상장요건 이상이고 감사의견요건을 충족하고 있을 것

찾아보기

ㅇ

ㅈ

ㅊ

ㅋ

ㅌ

ㅍ

ㅎ

R

S

W

임득수

학력	Technology Commercialization Research at UC Berkeley 국민대학교(경영정보학 박사) 한국외국어대학교(경영정보학 석사) 경기대학교(회계학 학사) 방송통신대(경영학과) 유한공업고등학교(전기과)
경력	국방대학교 직무연수부 교수 육군사관학교 고려대학교 행정대학원 국민대학교 BIT전문대학원 서울산업대학교 기타 강의: 단국대학교, 광운대학교, 오산대학교, 재능대학교 삼일회계법인(공인회계사) 한국기업평가원 원장 정림시스템컨설팅(설립운영) 청우공업주식회사(생산관리기사) 국방창업진흥원 이사장 한국정보통신기술사협회 부회장 인문경제사회연구회 기획평가위원 한국기술거래소 감사 심사, 조정, 자문위원: 서울시, 한국지능정보사회진흥원, 경기테크노파크, 정보통신산업진흥원, 한국전자통신연구원, 환경산업기술원 등 다수 이의신청조정위원회 부위원장(한국소프트웨어산업협회) 차정일특별검사 특별수사관(이용호게이트) 한국공인회계사회 전산연구위원
자격	공인회계사 정보관리기술사 원가분석사 기술거래사 정보시스템수석감리인 SPICE, ISO 국제심사원
저서	원가회계(2026, 박영사) IPO와 가치평가(2026, 박영사) 경영전략(2026, 박영사) 부가가치세신고실무(2006, 세경북스) 종합소득세신고실무(2006, 세경북스) 갑근세 세액조견표(2006, 세경북스) 세무편람(2006, 세경북스)

IPO와 가치평가

초판발행 2026년 2월 15일

지은이 임득수
펴낸이 안종만 · 안상준

편 집 전채린
기획/마케팅 장규식
표지디자인 BEN STORY
제 작 고철민 · 김원표

펴낸곳 (주) 박영사
서울특별시 금천구 가산디지털2로 53, 210호(가산동, 한라시그마밸리)
등록 1959. 3. 11. 제300-1959-1호(倫)
전 화 02)733-6771
f a x 02)736-4818
e-mail pys@pybook.co.kr
homepage www.pybook.co.kr
ISBN 979-11-303-2363-3 93320

정 가 39,000원